미국의 한반도 지배사 **2**

해방자의 얼굴로 분단 점령, 동포끼리 증오·분열시켜

미국의 한반도 지배사 2

초판 1쇄 인쇄일 2018년 11월 21일
초판 1쇄 발행일 2018년 11월 28일

지은이 박지동
펴낸이 양옥매

펴낸곳 도서출판 책과나무
출판등록 제2012-000376
주소 서울특별시 마포구 방울내로 79 이노빌딩 302호
대표전화 02.372.1537 팩스 02.372.1538
이메일 booknamu2007@naver.com
홈페이지 www.booknamu.com
ISBN 979-11-5776-646-8 (04910)
ISBN 979-11-5776-644-4 (세트)

이 도서의 국립중앙도서관 출판시도서목록(CIP)은 서지정보유통지원 시스템
홈페이지(http://seoji.nl.go.kr)와 국가자료공동목록시스템
(http://www.nl.go.kr/kolisnet)에서 이용하실 수 있습니다.
(CIP제어번호 : CIP2018037625)

미국의 한반도 지배사 2

| 박지동 편저 |

자주·평등·민주·정의·복지 세계 실현을 위한
우선 과제는 진실역사의 공정한 인식과 실천

생명체로서의 인간은 누구나 고통의 감각을 지니고 있기 때문에 대체로 육신과 정신에 평안과 즐거움을 주는 평화와 행복을 추구하며 괴로움을 주는 육체노동이나 불쾌한 정신작용은 가능한 한 피하려 하지요. 그러나 불행하게도 인구가 늘어나 경쟁사회가 되면서 의식주 해결에 필수적인 노동고통을 피하고 노동의 결실만을 빼앗고 싶어하는 일부의 인간집단들은 이웃(개인과 민족)을 수탈하려는 욕구에서 정치·경제·군사적으로 근로민중을 침해 겁탈함으로써 집단간의 모순·충돌·학살전쟁까지도 서슴지 않고 저질러 왔습니다.

봉건시대의 지배세력은 「예의 도덕과 질서의 존중」이라는 우수한 보편적 이념을 앞세워 표방하면서 의식주 생산에 필수적인 고통스러운 농업노동을 신분이 고정된 약자들에게만 맡겨놓고 수탈과 피수탈의 범죄적 모순대치관계를 형성해오다가 결국은 다수의 피수탈계층의 거듭되는 불만 폭발에 의해 마지못해 조금씩 자유롭고 평등한 정치경제관계의 길을 가까스로 열어가게 되었습니다.

그러나 시간이 지나 다음 단계인 자본주의체제에서도 제국주의 침략집단이 기승을 부리면서 자본계층과 근로계층간의 불평등관계는 봉건시내 못지않게 대를 이어 악화되어 갔지요.

그리하여 인류는 한층 더 각성하여 수탈 없는 평등·민주 지향의 사회주의 이념에 의한 단결투쟁으로 수탈모순 타파에 성공하는 듯했으나 「육체노동을 싫어하고 불로소득과 자산증식·독점소유를 좋아하는 인간들의 욕망」은 여전히 지속되어 어떠한 정치경제체제의 윤리도덕으로서도 백약이 무효한 지경으로 치달아가게 되었습니다.

한반도의 경우 3·1운동 전후시기에서 볼 수 있듯이 일본제국주의자들은 "반항하면 닥치는 대로 고문하고 때려죽였으며, 고분고분 말을 잘 듣거나 아부하는 소수의 지주·자본가·지식인들에게는 관직과 재물로 출세를 보장하여 충성할 기회를 제공함으로써" 총칼의 폭력에 겁먹은 식민지 민중을 농락하면서 분열·음해·증오를 조장하였습니다.

일본제국이 주도적으로 도발한 동아시아 침략전쟁은 다행히 연합국의 승리로 돌아오긴 했으나 많은 희생을 치른 연합국들 역시 본래 제국주의 속성을 가지고 있었던 데다 식민지 해방의 은공을 빌미삼아 또 다른 점령을 강제함으로써 조선반도의 백성들은 보다 더 확고한 조국분단의 운명을 짊어지게 되었지요.

해방의 기쁨에 들떠있던 상황도 잠깐 사이에 지나가고 동포 형제자매들의 몸과 마음은, 제국주의와의 민족(외부) 모순에다 식민지 아부세력과의 내부모순에 꽁꽁 얽혀, 자주독립 투쟁 및 지향세력은 오히려, 친일반역으로 비난받던 아부세력이 미점령군의 후원으로 권력을 잡자 보복적 억압정책을 펴는 바람에 자주·평등·민주화의 정당한 요구도 못한 채 또 다시 기를 죽이고 살아가게 되었습니다.

2차대전 후 해방의 사도처럼 등장한 미국 점령군은 일본 제국군 보다는 민주화된 합리적인 통치술을 표방했음에도 불구하고 역시 제국주의 전통의 지배세력으로서의 자세를 버리지 못함으로써 분열 상쟁하고 있던 한반도 구성원 가운데 수탈적 지위의 친일계층을 영합지원하고 피수탈 노동자·농어민 계층을 배제하는 불평등·불공정한 통치사회를 방임 내지는 조장하여 왔던 것입니다.

바야흐로 해방 분단 70년이 지난 오늘의 한반도 상황은 한쪽은 지난 조선전쟁에서 무자비하게 당한 공중폭격의 참혹한 기억에 이어 세계 최대 군사강국들의 최악의 파멸 위협 속에 자주국방무력 강화에 국력을 집중시키다보니 대다수의 서민대중은 궁핍과 굶주림에 시달리도록 방치되어 있고, 다른 한쪽의 상층부는 철옹성의 재부를 콘크리트 빌딩으로 감싸 안은 채 만고강산, 불로소득의 자유가 당당히 보장되어 있는 한편 중하층 서민들은 가난 해결과 실직의 고통에 대대로 시달리고 있습니다.

이상의 모든 고통의 핵심 근원은 바로 일본제국의 식민지 분열통치와 미군의 장기간 점령·주둔 및 전쟁 주도에 있었다고 생각되며 이들 외세지배의 역사를 다시 기술하는 목적도 바로 이 같은 동포 형제자매 증오 조장의 근원을 반성의 자료로 추적해 보려는 데 있습니다.

사실 한반도의 경우는 앞에서 서술된 부편적 모순(빼앗고 빼앗기는 두 주체의 싸움에서, 이겨서 즐기는 쪽⊕과 져서 고통을 당하는 쪽⊖이 이루는 zero sum game의 대결 관계)에 더하여 제국주의 나라들에 의한 장기간의 극악한 식민통치로 인한 민족 분단·수탈 모순에다 동포형제가 칼부림하는 증오·분열의 모순이 굳게 굳게 얽혀 있어 어지간한 자연·사회·역사 과학적 지혜가 아니고는 풀어가기 힘든 상황에 이르렀습니다.

지난 200년간 한반도를 둘러싸고 전개된 동북아 주변 열강들의 전쟁과 외교사를 대충 살펴보면 한반도를 분단 관리하게 된 목적은, 자국 이익의 보장을 위해 쟁투하여 왔다는 것이 분명해졌습니다. 강대국들은 자기들끼리의 국익을 타협하면서 한반도 전체 또는 절반을 자국의 이익보장의 장터로, 혹은 침략의 발판이자 항구적인 전초기지로 삼으려는 데 있었습니다.

이처럼 4대 군사대국이 총을 겨눈 채 눈을 부라리며 대결하고 있는 상황에서, 그들의 요구대로 갈라져있는 분단국 백성들은, 동포형제자매끼리 피를 뽑는 살육의 참극을 거듭해왔고 앞으로도 계속할 수밖에 없는 위험한 미래를 훤히 내다보고 있습니다.

현실이 이처럼 비인도적이며 동포에 대한 패륜적 사태로 역행하는 엄혹한 상황임에도 불구하고 외세의 분열장단에 맞추어 춤을 추어온 어리석은 아부세력은 사리사욕의 화신이 된 채 민족공동체의 이익에 반하는 수탈통치를 거침없이 수행했으며 이는 필연적으로 근로민중의 민주 평등화 요구와 저항에 부닥치게 되었습니다.

민족과 국민의 요구에 부응하지 않으려는 내부 통치세력은 무서운 탄압법의 시행과 함께 '붉은 악마' '좌익 ×××'라는 저주의 구호를 외쳐댔고, 그에 따라 고문과 처형을 직간접적으로 경험해온 선량한 국민들은 '살인자'라는 지탄보다 훨씬 더 무섭게 들리는 이 공포의 악담을 피하려고 귀와 입을 막고 움츠려 왔습니다.

「아는 것이 힘」이라고 했습니다. 독자제현은 아무쪼록 애국과 반역의 역사를 올바로 이해하고 인간의 도리를 정확히 실천함으로써 당당히 정의로운 공동체 역사 창조의 주인이 되어주시기를 간절히 바라면서 이 책 출생의 소망으로 기원하여 봅니다.

그리하여 영국이 제국주의 시기에 개척한 세계 도처의 식민지에 앵글로 색슨의 여러 우방을 수립했듯이, 정반대의 경우이지만 '동족 우방'으로서 상호 인정과 경제교역 정도는 충분히 가능함에도 불구하고 오히려 외세에 질세라 앞장서서 적대감을 부추겼고 군비경쟁을 심화시켜 왔던 어리석음을 깨닫고 이제는 발달된 정보수단에 의해 가능해진 지피지기와 아량의 성숙한 자세로 평화공존과 세계평화에 기여하는 인정어린 사람들이 되어주시기를 기대해 봅니다.

편저인으로서는 서툴고 부족한 정리 편집 능력으로 말미암아 독자 여러분에게 끼칠 지루하고 불편한 독서의 수고를 크나큰 인내심으로 감내해 주시기를 부탁드리는 바입니다.

본 저술에서는 역사자료 수집과 연구에 무능력한 편저인이 쉽게 얻을 수 없는 「역사적 진실들」을 다음에 열거된 저술들에서 무엄하게 제공받음으로써 크나큰 은혜를 입었습니다. 선배 저술인들의 염원과 저의 소망이 일치하리라는 주관적 이유를 달아 예의 없이 인용한데 대해 송구스러운 마음과 감사의 마음을 함께 드립니다.

저로서는 이들 여러 학자·교수 분들이 땀 흘려 탐색·수집·정리해 놓은 서책과 도해자료들을 해설·전달하는 「기자의 역할」에 그치는 일만을 거들었을 뿐입니다.

강동진 『일제의 한국침략 정책사』 한길사 1987
강만길 『한국현대사』 창작과 비평사 1984.
강만길 「남북분단 누구의 책임인가」 『신동아』 1988년 8월호
강준식 「해방정국, 미군정의 이승만 옹립 드라마」 『신동아』 1989년 1월호
구대열 『한국 국제관계사연구』 역사비평사 1995
국사편찬위원회 「북조선 토지개혁에 관한 법령」 『북한관계사료집』 1987
권영진 「6·25살상 다시 본다」 『역사비평』 1990년 봄호
김기조 「2차대전 말 일본의 '화평공작'과 연합국의 대응, 한반도를 둘러싼 막후 외교비사」 『외교』 1998
김병화 『韓國司法史』 3권 일조각 1979
김삼웅 『곡필로 본 해방 50년』 한울 1995
김삼웅 『해방 후 양민학살사』 가람기획
김양선 『한국기독교해방10년사』 예수장로회 1956
김주완 『토호세력의 뿌리』 불휘 2006
김주환 「해방 후 북한의 인민민주주의혁명과 사회주의혁명」 『해방전후사의 인식』 한길사 2011
김태관 「해방 후 최대의 양민참극 보도연맹사건」 『말』 1988년 12월호
류대영 『한국 근현대사와 기독교』 푸른역사 2011
박원순 『국가보안법연구Ⅰ』 역사비평사 1989
브루스 커밍스 『한국전쟁의 기원』 김자동 옮김, 일월서각 1986
서중석 『한국현대사』 웅진 2006
송건호 외 『언론과 사회』 민중사 1987

송광성 『미국점령 4년사』 한울 1995

송남헌 『해방 3년사』 까치 1985

심지연 『한국민주당연구』 풀빛 1982

역사문제연구소 『북한 현대사』 웅진닷컴 2004

오충근 「조선반도를 둘러싼 미・소 관계」 김동춘 편역 『한국현대사연구』 I 이성과현실 1988

유일상 「미군정기의 언론」 『새로 쓰는 한국언론사』 아침 1997

이상호 『맥아더와 한국전쟁』 푸른역사 2012

이선영 「미군정의 언론정책에 관한 연구」 고려대 석사논문 1981

이완범 『삼팔선 획정의 진실』 지식산업사 2001

이종석 「북한 지도집단의 항일무장투쟁의 역사적 경험에 대한 연구」 성균관대 정외과 석사학위논문
        1988

정진석 『한국언론사론』 전예원 1985

정해구 「미군정기 이데올로기 갈등과 반공주의」 『한국정치의 지배이데올로기와 대항이데올로기』
        역사비평사 1994

정휘상 「미군정의 언론대학살」 『말』 1987년 5월호

제민일보 4・3취재반 『4・3은 말한다』 전예원 1994

제임스 메트레이 저, 구대열 역 『한반도의 분단과 미국』 을유문화사 1989

허영선 지음 『제주 4・3을 묻는 너에게』 서해문집 2018

황성환 『제국의 몰락과 후국의 미래』 소나무 2009

끝으로 많은 한자와 영어 낱말까지 겹쳐서 까다롭고 시간이 걸리는 타자에 참여해
주신 여러분들과 편집해주신 분에게 깊은 감사를 드립니다. 그리고 평생 반실업자가
된 가장의 무리한 행동에 묵묵히 참고 협력해준 가족들에게도 미안하고 감사하는 마
음입니다.

2018년 8월 박지동 올림

차 례

자주 · 평등 · 민주 · 정의 · 복지 세계 실현을 위한
우선 과제는 진실역사의 공정한 인식과 실천 / 5

제1장 2차대전 승리한 세계 최강 미국, 한반도 분단, 남부 점령

1. 맥아더의 경력을 통해 본 미국의 동북아 지배전략 구상
  1) 미국과 일본의 동북아 정복 야욕은 같은 시기에 발동, 경쟁 암투 ············· 13
  2) 미국과 소련은 2차대전 발발과 동시에 세계 재편 구상 ······················ 20
  3) 트루먼, 소련과의 신탁통치 배제, 반공친미 성향 종속화 유도 ··················· 25
  4) 미국, 소련과의 전후처리문제 회담중 원자탄 실험 성공 ······················ 31
  5) 미국, 승리 확실해지자 동북아와 한반도 독자적 점령전략 구상 ················· 37

2. 미국, 한반도를 필리핀 · 일본에 이어 대륙통제 교두보로 구상
  1) 군 주둔과 폭격기 출격의 불침 함대이자 경제시장 적격 ······················ 43
  2) 미국의 조선반도 분단점령 구상과 소련의 일본 진격 구상 ······················ 57
  3) 원자폭탄 투하와 소련 참전, 일본은 항복하고 정세 급변 ······················ 64

3. 남북 분단, 조국 동포 형제자매간의 증오 · 비극 시작
  1) 대륙세력 및 자주독립세력의 필연적 저항 제압할 악법 강화 ············· 71
  2) 독일군에 대한 반격으로 돌아선 소련군, 극동전선도 강화 ······················ 93

4. '해방자'로 영접 받은 미 점령군의 자주독립세력 진압과정
  1) 전승한 미국군, 일본 총독부 경찰 안내 받아 입국, 조선인은 구경꾼 ········ 105
  2) 점령군이 앞세울 무력 통치기구 설치, 반공질서로 민중 배제 ·················· 122
  3) 국방 · 치안조직에 이어 정당 · 언론기구 앞세워 친미반공 여론 유도 ········· 133

제2장 친미 이승만, 친일派와 손잡고 자주 · 민주 · 민중세력 배제

1. 군대 · 경찰 · 사법 등 치안조직과 경제체제는 일제통치 계승
   1) 일본 · 미국 이념따라 '반공 기치' '반공 입법'을 통치수단으로 민중 제압 … 148
   2) 신탁통치도, 전국적 통일정부도 편파적 독점욕으로 무산 ………………… 161
   3) 미국 의도이자 이승만의 야망, 비민주 · 반통일 단독정권 창출 추진 ……… 175
   4) 2차 미소공위도 파탄, 이승만 주도 임시정부 수립 추진 ………………… 183

2. 외세 배경의 단독정부 수립에 저항한 제주도민 참혹한 희생
   1) 8 · 15 전후 제주도 상황과 자주 독립 지향 세력(서민대중)의 분노 ……… 192
   2) 육지와는 독자적인 건국 활동 ……………………………………………… 202
   3) 3 · 1절 기념일의 발포, 미군정 및 친일파세력의 반민중 탄압 ……………… 207
   4) 외세 배경 친일경찰의 고문 · 학살에 분노한 민중, 결사 항전 ……………… 218

제3장 38선 이북에 「조선민주주의인민공화국」 수립

1. 조선반도 역사상 최초 근로민중 중심 사회주의 정권 등장
   1) 최하층 근로민중 조직 「인민위원회」가 건국의 중심 ……………………… 283
   2) 남북 대립 · 협상과 두 개의 정부 수립 …………………………………… 295

2. 민족 독립 혁명과 인민민주주의 혁명을 동시에 진행
   1) 식민지 굴욕에서 벗어난 민중, 새사회 건설에 매진 ……………………… 303
   2) 「북조선 임시인민위원회」 수립과 반제통일전선 강화 …………………… 316

3. 반제 · 반봉건 개혁, 자주 · 평등 · 민주사회 건설에 박차 ………… 326
   1) 평등 사회 건설의 핵심, 반제 반봉건 사회경제개혁 ……………………… 326
   2) 북조선인민위원회 수립, 소련군 지도 감독 종결 ………………………… 354

제4장 친미 반공정부, 자주 · 평등 · 민주화 갈망하던 민중과 갈등 심화

1. 「반공 국시」「붉은 악마」에 막힌 서민대중의 민주 · 평등 주장
  1) 자주 · 평등화 주장 세력의 용공혐의 추궁한 공포의 「국가보안법」 ············ 374
  2) 이승만정권의 노동 및 토지 정책과 용공혐의 대량 학살 ················· 401
  3) 자주 · 민주화 세력, 미군 지휘 친일경찰에 대량 학살돼 ··············· 405
  4) 「보도연맹사건」의 전개 과정과 진상 ······························· 417

2. 친일파 군경 · 관료 · 지주세력 뭉쳐 근로민중 수탈체제 계승
  1) 근로계층의 자주독립 · 민주열망 누르고 반공 독재의 길로 매진 ·········· 451
  2) 제1공화국의 등장과 권력 유지를 위한 언론통제 ····················· 457
  3) 근로민중의 경제적 자주 · 평등 · 민주화운동 파괴, 민중 봉기 빈발 ······· 468
  4) 일본 자산 접수, 수탈 계층엔 특혜, 근로계층엔 통제 ················· 484
  5) 친일파 지주의 수탈과 피수탈 농민간의 모순 심화 ··················· 494
  6) 조선민중의 항쟁과 침략세력의 참혹한 학살 진압 ··················· 501
  7) 노동자 · 농민의 투쟁 대상은 미군정과 친일경찰 ··················· 512

제5장 남북전쟁, 친미반공세력과 반제 자주독립세력의 충돌

1. 대륙봉쇄전략에 맞선 약소국 자주평등주의의 협상 실패
  1) 이승만은 미국에 더 많은 경제지원과 무력강화 요구 ················· 528
  2) 조국통일 지향의 내전으로 출발, 참혹한 초토화 폭격으로 마감 ········· 535

2. 인천상륙작전 성공으로 전세 반전, 38선 넘어 북침
  1) 약소국의 자주통일 전략에 미국은 유엔군을 동원 · 반격 ·············· 555
  2) 미국은 종속우방 지원 명분 즉각 참전, 신중국 방위력도 시험 ········· 561
  3) 유엔을 지배한 미국, 「유엔군사령부」 깃발로 작전 지휘 ··············· 574
  4) 미 · 영 혼성군, 서해안 양동작전 펴며 인천상륙 성공 ··············· 585

찾아보기 ··· 597

제1장
2차대전 승리한 세계 최강 미국
한반도 분단, 남부 점령

1. 맥아더의 경력을 통해 본 미국의 동북아 지배전략 구상

1) 미국과 일본의 동북아 정복 야욕은 같은 시기에 발동, 경쟁 암투

맥아더의 아시아에 대한 관심은 아버지 아더 2세가 미국의 식민지 필리핀의 군정 총독으로 재직(1900~1901)했을 때부터 시작된다. 1904년 러일전쟁이 발발했을 때 아더 2세는 미국 정부에 자신을 옵서버로 아시아에 보내 줄 것을 요청했고, 그의 청원이 받아들여졌다. 그러나 그가 아시아에 도착하기도 전에 일본군이 무크덴Mukden(센양)에서 결정적인 승리를 거두었고, 주요 전투는 이미 종료된 상태였다.

평화회담 후에 그는 육군 무관으로 도쿄에 갔다. 거기에서 아더 2세는 부인 핑키 그리고 이젠 자신의 부관이 된 아들 중위 더글러스와 함께, 전쟁부의 지시에 따라 아시아 지역의 정찰을 위해 8개월 동안 중국·프랑스령 인도차이나·말레이·태국·미얀마·실론·인도 등지를 여행했다.

이때 맥아더는 베버리지Albert Beveridge의 유명한 연설문을 애독했다. 당시 유명한 제국주의자였던 인디애나주 출신의 베버리지 상원의원은 다음과 같이 말했다.

"필리핀은 영원히 미국의 것이다. 그리고 필리핀 바로 바깥에는 중국이라는 거대한 시장이 있다. 태평양은 우리 것이다. 태평양을 지배하는 힘은 곧 세계를 지배할 수 있는 힘이다."

이는 맥아더의 인식과 일치하는 발언이었다. 나중에 맥아더는 이 여행이 "의심할 나위

없이 나의 전 생애를 준비하는 데 가장 중요한 요소가 되었다. 미국의 존립 그 자체 그리고 미국의 장래는 아시아와 아시아 지역의 전 기지들과 불가분한 상관관계를 가지고 있다. 이 여행은 내가 극동으로 되돌아가기 16년 전의 일이었는데, 아시아에 대한 신비스러운 감정은 항상 나를 매혹시켰다"고 기술했다.(이상호 『맥아더와 한국전쟁』 푸른역사 2012)

맥아더는 최초의 아시아 여행에서 서부태평양과 인도양의 주변에 있는 나라들로부터 진정한 역사적 의의와 운명관을 느낄 수 있었다고 회고했다. 즉 아시아 - 태평양 지역은 세계 인구의 절반이 살고 있고 미래 세대들을 지탱할만한 원료의 반 이상을 갖고 있기 때문이라는 것이다. 따라서 맥아더는 미국의 존재 자체는 물론 그 장래까지도 아시아와 그 주변의 섬들과 불가분의 관계가 있다고 주장했다.

○ 맥아더의 이같은 주장은 19세기 후반부터 20세기 초에 미국의 팽창주의자들이 주장하던 논리와 일치한다. 대표적 팽창주의자(제국주의자)로는 해군사관학교 교장을 역임하고 후에 미국 역사학회 회장을 역임한 머핸Alfred Mahan이 있다.(이상호 「미국의 태평양안보정책과 한국정책」『미국사연구』 9집, 한국미국사학회 1999)

1930년 육군참모총장이 되어 필리핀을 떠나며 맥아더는 마닐라 호텔에서 다음과 같은 연설을 했다.

현재는 어느 시대보다 변화가 급격히 일어납니다. 그 변화 중 가장 두드러진 것은 세력의 중심축이 대서양으로부터 아시아로 이동한다는 것입니다. 아시아 대륙은 현재 동양의 경험으로부터 서양의 사고방식으로의 적응기간을 경험하고 있습니다.

맥아더의 이러한 대對아시아관은 이후 군부나 워싱턴 정가의 대서양주의자들과의 논쟁에서도 지속되었다. 초급장교 시절의 아시아에 대한 동경이 1, 2차 세계대전을 겪으면서도 지속적으로 맥아더에게 영향을 주었던 것이다. 그러나 이러한 맥아더의 동양에 대한 인식은 자주 예측을 벗어났다는데 문제가 있었다. 그는 늘 자신이 동양에 대해 잘 이해하고 있다고 주장했다. 한 예로 1939년 맥아더는 "일본이 필리핀을 공격하리라고 생각하는 사람은 아마도 일본인의 정서를 잘 모르기 때문일 것"이라고 주장했다. 하지만 1941년 12월 일본은 진주만을 기습하고, 필리핀에 있는 미군 기지를 폭격하여 태평양전쟁을 도발했다. 맥아더 본인이 일본군의 공격으로 인해 가장 큰 곤란을 겪기도 했다.

한국전쟁이 발발하여 남한이 패배에 직면했을 때, 맥아더는 인천상륙작전을 통해 전세를 역전시켰다. 38선 진격에 이어 북부를 공격하는데 성공하자 중국은 전쟁 개입을 공개적으로 천명했다. 맥아더는 이를 중국의 허세에 지나지 않는다며, 그 의도를 간과했다.(맥아더의 그후 논리에 의하면 일부러 중공을 끌어들인 것 일 수도 있었다. 중화인민공화국을 건국(1949) 초기의 약세를 이용, 패망시킴으로써 미국 본래의 야심을 채울 수 있는 기회였으니까.)

결국 중국군의 참전으로 전세가 위급해지자, 맥아더는 "만약 아시아에서 공산주의에 패배한다면, 유럽에서도 패배할 것이다. 승리 이외에 대안은 없다"라고 주장하며 중국으로 확전할 것을 주장했다. 이렇듯 아시아에 대해 가장 잘 이해하고 있다는 맥아더의 판단은 오판으로 귀결된 적이 많았다.(Trumbull Higgins, *Korea and the Fall of MacArthur-A Precis in Limited War*, New York :Oxford University Press, 1960)

한편 맥아더가 표방하는 아시아우선주의에서 일본·대만·필리핀·한국에 대한 각각의 인식은 어떻게 구분할 수 있을까. 부하이트Russel Buhite의 분류에 따르면, 기존의 역사가들은 2차 세계대전 이전 미국의 대외정책을 '사활적 이익Vital Interest'과 '주변적 이익Peripheral Interest'으로 구분했다. 여기서 사활적 이익이란 미국의 생존에 직접 적인 이익이 되는 것으로 서유럽의 안보가 이에 해당된다. 반면 주변적 이익이란 미국의 이익과 직접적 관련이 없는 지역으로 동부 유럽과 2차 세계대전 이전의 중국을 의미했다.

하지만 2차 세계대전 이후 미국이 전 세계적으로 영향력을 확산하면서 세계 최강대국의 하나로 등장하기 시작하자, 미국의 이해관계는 복잡해지기 시작했다. 사활적 이익이 걸려 있는 지역과 주변적 이익으로 간주되던 지역 사이에 새로운 층위의 관련 지역이 나타나기 시작했던 것이다.

부하이트는 이러한 지역을 주요이익Major Interest이라고 정의했고, 이를 미국의 대외이익 기운데 하나로 미국의 생존에 상당한 영향력을 끼치는 지역이라고 설명했다. 즉 미국은 이러한 지역에 대해 외교 및 경제적 방법을 사용하는 게 기본이지만, 미국의 군사 능력이 허용된다면 직접적 방법으로 군사적 수단을 사용할 수도 있다는 것이다. 1940년대 후반 동아시아 지역에 있어 중국·대만·한반도는 이러한 미국의 이익 가운데 주요이익 지역으로 간주되었다.

맥아더는 청문회에서 일본과 대만을 미국의 안보와 이해관계에 직접적으로 영향을 끼치는 지역으로 평가했다. 앞에서 언급한 두 지역은 공산주의라고 하는 미국의 위협세력에 대한 전진교두보의 역할을 담당하는 것으로 평가했다. 말하자면 맥아더는 일본과 대만 지역을 사활적 이익 지역으로 선정한 것이다. 반면에 한반도에 대해서는 일본의 안보에 직접적 이해관계가 걸린 지역으로 평가했다. 앞의 부하이트의 분류에 따르면, 맥아더는 일본과 대만을 사활적 이익 지역으로, 한반도를 주요이익 지역으로 전략적 평가를 달리 하고 있었다.

(1) 피수탈·피침략 민중 고통 모르는 지배세력 가치관 확고

1920년대 후반 미국 사회는 평화주의가 팽배했다. 당시 3군관구 사령관이었던 맥아더는 이러한 평화주의에 대해 깊이 우려했다. 이 시기 맥아더는 뉴욕에서 행한 한 연설에서 러시아는 '빨갱이Red'의 위험에 빠져있고 이제 이러한 사상이 평화주의라는 가면을 쓴 채 미국을 물들여가고 있다며 공산주의자에 대한 혐오감을 드러냈다. 맥아더는 공산주의자와 평화주의자를 국가 안정을 위협하는 적으로 보고 그들을 동일한 집단으로 간주했다.(Clayton James, The Years of MacArthur)

1930년 6월 어느 언론기자에게 보낸 발표문에서 맥아더는 "이단은 인종주의·공산주의·볼셰비즘 등 자유정부를 위협하는 다른 사상들을 동반한다"며 공산주의를 신랄하게 비난했다. 그에게 공산주의는 이단의 하나였던 셈이다. 당시 미 군부 장교들 역시 공산주의와 같은 혁신주의가 미국의 가치를 훼손시킨다고 인식하고 있다는 점에서는 어느 정도 일치하고 있었고, 군부의 반동적 견해는 맥아더의 반공주의를 강화시켰다. 이러한 맥아더의 반공주의를 견고하게 만든 계기가 1932년 소요사태였다.

육군참모총장으로 취임한 후 미국의 대공황이라는 어려운 시절에 맥아더는 생존권 확보를 요구하는 퇴역군인들의 거리 시위를 겪게 되었다. 즉 1932년 말 제대군인들이 연금 인상을 주장하며 워싱턴 지역에서 시위를 전개했다. 이를 '보너스 행진The Bonus March'이라고 불렀는데 당시 맥아더는 육군참모총장으로 이 시위를 진압했다. 자신의 명령으로 시위대들에게 발포해 사상자가 발생하자 맥아더는 이를 소련의 음모에 의한 사건으로 몰고 갔다. 즉 모스크바의 지지와 지령을 받은 미국 공산당의 모략으로 시위대들이 폭력적으로 변모했다고 주장한 것이다.

맥아더의 입장에서는 이들의 목표가 소요를 혁명적인 무드로 조성하고 이를 다른 도시로 파급하여 끝내는 미국 전역에 확산, 정부 전복으로 이어질 것으로 평가했다. 이 사건을 계기로 맥아더의 반공주의는 철저하게 소련에 대한 의구심과 반감에 근거를 두게 되었다. 그는 죽을 때까지 이 보너스 행진 사건을 공산주의의 음모로 확신했다고 한다.

이를 두고 마이클 샬러Michael Schaller는 맥아더가 풀뿌리운동인 항의 시위대를 근거 없이 비난했다고 비판했다. 하지만 후에 미국 공산당 지도자였던 페이스John Pace와 지틀로Benjamin Gitlow는 모스크바로부터 미국혁명을 위해 '보너스 행진' 시위대에 침투하여 ㄱ 주도권을 쟁취하라는 지시를 받았다고 술회했다. 1933년에 모스크바에서 개최된 코민테른 집행위원회에서는 이러한 미국 공산당의 실책을 비난하는 결정서를 채택하기도 했다.

(2) 미국 지배체제는 '민주주의', 그 밖의 것은 '이단' 적대시

맥아더에게 있어 반공주의는 그의 참모총장 재임 시절부터 지속되어 오랫동안 내재화되고 견고화된 신념이 되었다. 이러한 맥아더의 반공주의는 남한 점령 이후 더욱 확고하게 한반도에 투영되었다. 맥아더는 하지와 마찬가지로 공산주의는 전염성이 강한 질병으로 민주주의가 성장하기 전에 이를 강제로라도 박멸할 필요가 있다고 여겼다. 따라서 남한 내의 소요사태를 공산주의 확산의 전조로 간주했다. 당시 공산주의자들에 대한 처벌도 맥아더의 반공주의가 강력한 영향을 끼쳤음이 틀림없었을 것이다.(정용욱 『해방전후 미국의 대한정책』 서울대 출판부 2003. 맥아더의 아시아 우선주의와 반공주의가 미군 점령 후 미군정에 미친 영향은 바로 점령 주체의 이 같은 편견과 이기주의에 근거하고 있었다.)

이렇듯 맥아더의 반공주의가 강화된 것은 그의 측근들의 영향도 깊었다. 대표적으로 윌로비는 과격한 반공주의자이자 파시스트적인 기질이 강한 인물로 주로 그의 정보에 의존했던 맥아더에게 영향력이 컸다. 맥아더에게 끼친 이데올로기 가운데 반공주의와 더불어 깊은 영향을 주었던 것은 기독교 사상이었다. 맥아더는 기독교 정신·민주주의 그리고 애국심을 늘 하나의 가치로 높게 평가했다. 하지만 그의 이러한 기독교주의는 인종주의와 반유대주의로 나타나기도 했다.

1942년 초 미 전쟁부는 흑인으로 구성된 부대를 태평양전쟁에 파병하려고 계획했다. 이때 맥아더는 육군참모총장인 마셜에게 자신은 흑인병사를 기꺼이 받아들일 것이라고 언급했다. 2차 세계대전 당시 유럽 지역에 배치된 흑인 숫자보다도 태평양에 배치된 흑인 비율이 2배 이상이 되었다. 이를 두고 제임스는 맥아더의 오랜 아시아 근무와 필리핀인들과의 유대관계가 그로 하여금 인종적 편견을 버리게 하는 계기가 되었다고 평가했다.

그러나 맥아더는 때때로 인종주의적 편견을 노골적으로 드러내었다. 트루먼 대통령이 그에게 흑인을 백인부대와 통합하도록 명령했지만 맥아더는 이를 단호히 거부한 적도 있었다. 1948년 7월 트루먼은 행정명령 9981호를 통해 군대 내에 인종·피부색·종교·국적에 관계없이 평등의 원칙을 적용할 것을 명령했다. 그러나 이러한 정책도 맥아더 관할 사령부 내에는 적용되지 않았다. 맥아더의 부관이었던 보어즈Faubion Bowers는 맥아더가 대통령을 상대로 "백악관에 있는 그 유대인 놈"이라고 욕하는 것을 들었다고 회고했다.

1951년 당시 연방대법원 판사였던 마셜Thurgood Marshall은 5주간에 걸쳐 한국과 일본에서 제8군 내 흑인병사에 관한 군법 적용을 조사했다. 이 조사를 통해 인종 차별이 군대 내에 만연해 있고 이는 군법 석용에서 흑인병사에게 큰 영향을 주는 것으로 드러났다.

맥아더 뿐만 아니라 그의 부관이자 참모장으로 활약했던 휘트니의 경우도 강경보수적인 인물로 반反유대주의를 공공연하게 표명하고 다니던 인물로 유명했다. 점령사령관으로서 일본을 통치했을 때나 한국전쟁기 북조선과 중국인을 상대로 한 인식과 발언을 볼 때, 맥아더는 분명히 인종적 편견을 가지고 있었고 이는 기독교우월주의를 그 밑바탕에 두고 있었다.

(3) 십자군 전쟁에서처럼 제국주의 전쟁의 영웅되길 다짐

잘 알려져 있지 않지만 맥아더는 프리메이슨Free Mason의 일원이었다. 그가 1930년대 후반 필리핀 군사고문으로 재직했을 시에도 그는 마닐라에서 프리메이슨의 스코틀랜드 의식에 참여했다. 맥아더가 프리메이슨에서 차지하는 위치는 매우 높아 32도의 직위를 차지했다.(33도가 제일 높은 직위)

이러한 맥아더의 신앙은 그의 가문의 영향을 어느 정도 받았던 것으로 보이는데, 바로 켐벨 가문 출신이기 때문이다. 켐벨 가문은 십자군전쟁에 주도적으로 참여했고 또한 템플기사단Knights Templar의 일원으로 활약하기도 했다.(그의 직위는 기사단장 Knight Commander of the Court of Honor이었다.)

그런데 문제는 맥아더가 개인적인 신앙을 그의 점령지에서 구현하려 했다는 점이다. 그는 일본을 기독교국가화하려는 복음주의적 경향을 공개적으로 표현하기도 했다. 더욱이 맥아더는 기독교 사상을 일본을 문명화하는 수단이자 평화애호국으로 만들기 위한 방법으로 여겼다. 더 나아가 그토록 그가 혐오하던 "공산주의를 예방할 수 있는 백신이 바로 기독교 복음주의"라고 주장했다.

맥아더는 일본 '천황'을 기독교로 개종시키는 문제에 대해 포리스틀James Forrestal 해군장관과 논의를 할 정도였다. 그는 일본의 가타야마片山哲 내각이 출범했을 때, 중국의 장제스 정권과 필리핀의 로하스Manuel Roxas 정권과 함께 일본 또한 기독교인들이 통치한다는 것은 매우 중요한 사건이라고 지적하며 "동양의 위대한 3국이 현재 그들 정부의 수장으로 기독교 신앙을 믿는 사람들이 차지하고 있다"고 언급했다.(Michael Schaller, The American Occupation of Japan, New York Oxford University Press 1985)

그는 기독교 신앙의 확산이 곧 아시아를 통합하고 더 나아가 공산주의와 같은 악evil의 이데올로기에 대항하는 "불굴의 영적 방어막"을 세우는 것이라고 주장했다. 그리고 자기가 교황 피우스 12세Pius XII와 함께 공산주의라고 히는 무신론자들에 대해 공동의 전투를 하고 있다고 강조했다.(John Gunther, The Riddle of MacArthur, New York 1950)

○ Free mason 프리메이슨단團

중세의 숙련 석공조합. 17세기 초기에 재래의 석공조합societies of freemasons이 새로 명예회원accepted mason의 참가를 허가하게 되어 그 회원으로 되는 것이 일종의 유행이 되고 사상적으로도 훈련이 되어 차차 발전하고 오늘날에는 세계적으로 퍼져 회원은 400만 이상으로 추정된다. 회원 상호간의 부조와 우애를 목적으로 하고 각국에 지부를 두어 이상사회의 실현을 지향하여 세계평화와 인류애를 창도한다는 것. 대체로 비밀조직으로 되어 있다.

○ Knights Templars템플기사단

성지 순례와 성묘 보호를 위하여 1118년 무렵 Jerusalem서 결성된 승병단僧兵團. 1312년에 폐지.

○ 십자군(十字軍 crusades 1096~1270)

서유럽의 그리스도 교도들이 성지 예루살렘을 이슬람 교도들로부터 탈환하기 위해 일으킨 8차례의 종교 침략전쟁이다. 11세기에 셀주크 투르크가 비잔틴제국을 압박하자 비잔틴제국(동로마)의 황제가 로마교황에게 구원을 호소하였다. 이에 교황 우르바누스 2세는 1095년 프랑스의 클레르몽에서 종교회의를 열고 십자군 원정을 결의하였다. 이 원정은 종교적 동기 외에도 하급 영주들의 새로운 토지에 대한 욕구, 기사들의 모험심과 탐욕, 이탈리아 상인들의 경제적 욕구, 봉건제에서 벗어나려는 농민들의 욕구 등 다양한 동기가 한데 어울려 이루어진 것이었다. 1차 원정은 예루살렘 탈환에 성공하여 예루살렘왕국을 세웠으나 그후 2, 3차는 실패했으며 4차는 본래의 목적에서 벗어나 콘스탄티노플을 점령하고 라틴제국을 세웠다. 그밖의 원정도 역시 실패하였으나 이 원정의 결과 교황권은 쇠퇴하고 봉건제후와 기사층이 몰락하였으며 봉건체제가 흔들리면서 세속국왕의 권위가 커지는 결과를 가져왔다. 또 동서교역과 이슬람문화와의 교류가 확대되는 결과도 가져왔다. 그런데 이 십자군 전쟁은 구미 기독교인들의 선전대로 세계 구제를 위한 구원의 원정이 아니라 중동의 무수한 비그리스도 교인(주로 이슬람교도)들을 닥치는 대로 하나님의 이름으로 살육한 잔인한 침략전쟁이었다.

이러한 맥아더의 신앙은 일본과 한국에서 기독교 사상을 전파하는데 지대한 영향을 주었다. 최재건의 연구에 의하면, 맥아더는 전후 일본을 통치하면서 자신의 권한을 활용해 정책적으로 기독교 전파를 위해 노력했다. 맥아더는 연합국총사령부GHQ·SCAP 산하 민간정보교육국CIE을 통해 일본의 기독교화를 추구했다. 그는 신도神道를 비국교화하고, 미 본국에 선교사들의 파송을 요구하며, 국세기독교내학 실립, 일본에서의 성경 보급과 일본 복음화를 위한 전도 집회를 전국적으로 개최했다.(General Headquarters, Supreme Commander of the Allied Powers 연합군 최고 사령관)

하지만 이렇듯 기독교를 전파하기 위한 맥아더의 노력은 오히려 간접적인 파급효과에 의해 한국에서 기독교정권이라 할 수 있는 이승만정부의 수립에 기여했다. 미군정 역시 선교사들의 귀임을 적극 추진했으며, 인사정책에 있어서도 개신교 엘리트 집단을 등용했다. 이러한 한국교회 인사들이 미군정의 요직에 등용되어 활동했던 것은 간접적으로 기독교가 성장하는 데 중요한 요인이 되었으며, 이승만의 정권 수립과 기독교계에 대한 온갖 특혜의 중요한 배경으로 작용했다.

2) 미국과 소련은 2차대전 발발과 동시에 세계 재편 구상

(1) 미국은 가능한 대영역 확보, 소련은 자국 안전보장 모색

2차 세계대전이 발발하자 미국과 소련은 전후 국제질서의 재편과 이에 따른 자국의 이해관계를 고려하기 시작했다. 소련은 일본군이 진주만을 공격해 태평양전쟁이 발발한 1941년 12월 말부터 일본의 패배를 예측하고 전후 구상에 착수, 외무인민위원부가 중심이 되어 전후 동아시아에 관한 프로그램을 기획하기 시작했다.

1942년 1월 소련 공산당 정치국은 전후 유럽과 아시아의 국가체제에 관한 외교자료 준비를 위해 위원회를 설치했다. 이 위원회의 작업을 토대로 1944년 1월 외무인민위원부 마이스키Ivan Maysky 차관은 스탈린Joseph Stalin과 몰로토프Vyacheslav Molotov에게 '장래 강화講和의 바람직한 기본에 대해서'란 제목의 체계적인 전후 구상을 제의했다.

이 구상에는 아시아와 관련해 첫째, 소련의 참전 없는 일본 군국주의 해체, 둘째, 민주적·진보적·민족적이며 소련에 우호적인 중국 만들기 등이 과제로 거론되었다. 조선과 관련한 내용이 구체적으로 드러난 것은 1945년 6월 29일에 작성된 외무인민위원부

제2극동국장 주코프Zhukov와 부국장 자브로딘Zabrodin이 작성한 보고서에서였다. 이 보고서에 따르면 "1. 일본은 조선에서 영원히 축출되어야 한다. 2. 조선이 일본이나 다른 나라에 의해 소련에 대한 공격 근거지로 전환되어서는 안 된다. 3. 조선에서 일본의 정치ㆍ경제적 영향력을 제거한다. 4. 조선이 신탁통치를 받게 되면 소련은 이에 주도적으로 참여한다" 등이 그 핵심내용이었다. 이를 볼 때 소련의 대對한반도 정책은 자국의 안보적 측면에서 강조되었음을 알 수 있다.

한편 미국의 전후 구상도 소련과 비슷한 시기에 입안되었다. 2차 세계대전이 발발하자 국제 문제에 대한 관심이 미국 내에서 폭발적으로 증가했다. 외교협회Council on Foreign Relations(이하 CFR)는 전쟁과 평화기획War and Peace Studies Project이라는 연구기구를 설립했다. 미 외교협회는 전후 계획의 목적을 「미국이 주도하는 국제정치ㆍ경제질서의 수립」에 두었다.

2차 세계대전 시기 독일을 제외한 지역에 대해 미국의 주도적인 입장은 '대지역Grand Area'이라는 개념으로 구체화되었는데, 미 외교협회의 광범위한 연구와 토론은 최소한 대부분의 비독일 점령 지역을 제외한 '대지역'이 자유로운 활동 공간으로 바뀌어야 한다고 결론지었다. 그것은 서반구ㆍ영국ㆍ영연방의 나머지 지역, 네덜란드령 동인도제도, 중국과 일본을 포함하는 것이었다. 1941년 중반 이후부터 외교협회는 추축국의 패배를 전제로 정치ㆍ경제ㆍ국제조직을 통하여 전 세계의 모든 나라들에 대해 미국의 지도력이 관철되는 (좌지우지 할 수 있는) 새로운 국제질서 창출을 계획하고 있었다.

그러니까 주도적인 대지역 구상은, 세계 자본주의 체제에 대한 미국의 전반적 통제를 강조하는 미국의 국제주의(제국주의)논리의 핵심이었다. (이혜정 「미국패권의 논리, 제2차 세계대전과 미국의 대영역」 국제관계연구회 『국제정책과 한국 2 : 동아시아 국제관계와 한국』 을유문화사 2003)

한편 1941년 12월 국무부는 전후 계획을 위한 특별위원회를 만들었다. 이것이 바로 전후 외교정책을 위한 자문위원회The Advisory Committee on Postwar Foreign Policy이다. 자문위원회의 기원은 1941년 9월 12일로 거슬러 올라가는데, 국무장관 특별고문이자 경제학자인 파스폴스키Leo Pasvolsky가 외교협회의 '전쟁과 평화기획' 상임위원회 위원장 데이비스Norman H. Davis와의 협의를 통해 작성, 제출한 문서를 토대로 했다.

자문위원회 구성은 최종적으로 1941년 12월 18일 대통령 루즈벨트에 의해 승인되었다. 이 자문위원회는 국무장관 헐Cordell Hull, 국무차관 웰즈Sumner Welles, 데이비스, 유에스스틸의 전 회장이자 루즈벨트 대통령의 바티칸 개인특사였던 테일러Myron Taylor, 경제 문제 전문가인 국무차관보 애치슨Dean Acheson, 외교협회의 지도자인 암스트롱Hamilton Fish Armstrong, 국무차관보 벌 2세Adolf Berle, Jr., 외교협회의 영토
그룹 책임자 보우만Isaiah Bowman, 파스폴스키 등 14명으로 구성되었다. 파스폴스키는
이 업무에서 가장 중요한 역할을 담당했다. 이 가운데 8명이 외교협회와 관계가 있었다.
이렇게 하여 국무부의 자문위원회와 외교협회의 전쟁과 평화기획은 공동 작업을 수행하
게 되었다.

(2) 조선(한)반도를 미 · 영 · 소 · 중 4대국 분할통치 구상

1942년 연말 이후 자문위원회 산하에 있는 정치소위원회Subcommittee on Political
Problems와 영토소위원회Subcommittee on Territorial Problems는 극동문제에 대한 논
의 과정에서 처음부터 조선(반도)을 신탁통치 적용 지역으로 설정했다. 조선 문제에 관
해 특기할 것은 태평양의 도서들과 마찬가지로 미국의 안보적 요소를 우선적으로 고려했
다는 점이다. 이는 이후 조선반도 문제에 관한 논의의 전제가 되었고 2차 세계대전 종전
이후 조선반도 문제를 둘러싼 열강의 첨예한 이해관계가 충돌하게 된 계기를 마련했다.

일본의 패망이 가시화되자, 미국에서는 아시아 지역에 대한 전후 계획을 구체화하기
시작했다. 이는 일본제국의 해체를 중심으로, 일본의 식민지였던 만주 · 대만 · 조선반도
지역을 어떻게 관리해야 하는지에 관한 문제로 귀결되었다.

조선 문제는 1944년 1월부터 표면화되기 시작했다. 소규모 도서 지역과 조선반도를
포함한 일본과 대만에 대한 민정 문제와 관련하여 미국의 전략국과 민정국 사이에 의견
교환을 통해 논의가 시작되었다.

1944년 조선반도 점령과 군정 문제에 관한 정책문서가 국무부에 의해 작성되었다.
이 문서에 의하면 한반도에 미국 · 영국 · 소련 · 중국 등 4대 강국에 의한 점령과 마지막
단계에서 신탁통치 혹은 국제적 권위를 통한 감독을 제시하고 있다. 이러한 정책 목표 아
래 미국은 그 개입의 정도를 실질적으로 결정해야 하고, 상당한 기간 동안 군정에 참여해
야 하며, 북태평양 지역에서 미국의 안보이익을 위해서라도 조선반도에 대한 영향력을
지속적으로 확보해야 한다고 강조했다.

조선반도에 대한 구체적인 전략은 3부조정위원회State-War-Navy Coordinate
Committee (SWNCC)에서 작성한 문서를 토대로 기획되기 시작했다. 1945년 2월 5일
3부조정위원회는 일본 등의 항복 지역 점령과 점령군 구성에 관한 문서를 작성했다.

○ 2차 대전시기, 중요한 미국의 정책 결정 기구가운데 하나로 국무부-전쟁부-해군부 삼부

조정위원회를 들 수 있다. 1944년 12월에 정식으로 설립된 삼부조정위원회는 군부와 외교부 서간의 종전終戰 후 세계 질서와 관련된 긴밀한 협조의 필요성에 따라 설립되었다. 설립 초기에 삼부조정위원회는 차관보급의 협의·조언기관에 불과했으나, 1945년에 그 위상이 크게 강화되어 이 위원회는 정치·안보의 통합적인 정책을 결정하는 기관이 되었다.

이후 1947년 7월 26일 승인된 국가안보법National Security Act에 따라 대통령 직속 하에 국내외 안보 문제를 결정할 최고 협의체로서 국가안보회의National Security Council (NSC) 및 중앙정보국Central Intelligence Agency(CIA)이 설치되었다. 군부는 공군부가 설치되어 육군부 - 해군부 - 공군부로 재편되었으며 이들을 통합 조정하기 위해 국방부 Department of Defense가 신설되었다. 기존 SWCC도 군부의 재편에 따라 1947년 10월 국무부 - 육군부 - 해군부 - 공군부 4부조정위원회State-Army-Navy-Air Force Coordinating Committee(SANACC)로 확대·개편되었다. 이후 SANACC의 임무는 NSC로 이관되었다.(History of the National Security Council, 1947~1997)

1945년 7월 초 미영연락장교단American-British Conversation(ABC)은 전후 점령 지역에 관한 문서를 작성했다. 'Occupation and Control of Japan in the Post-Defeat Period'라는 명칭으로 작성된 문서의 주요 내용은 다음과 같다.(이완범 『삼팔선 확장의 진실』 지식산업사 2001)

미국은 만주와 대만을 중국에 반환하도록 하고 조선은 적절한 시기를 거쳐 독립시키도록 해야 한다. 미국은 일본의 전략 지역을 점유해야 하는데, 이는 미국의 능력에 맞추어 각각 다른 지역을 선별해야 한다. 일본의 패배 후 즉시, 미국은 일본 내의 유일한 실질적 권력을 행사해야한다. 따라서 기본적으로 미군사령관은 연합국최고사령관의 권한을 행사해야 할 것이다. 연합국자문위원회에는 주로 옵서버의 자격만을 주어야한다.

일본과 달리 미군은 조선반도 문제에 있어서 연합국의 협정에 의해 처리되도록 해야 한다. 왜냐하면 긴박한 시간 안에 조선반도에 진주할 지상군은 소련군이나 중국 공산군이 될 것이기 때문이다. 미국은 4대국 신탁통치안이 종전 후 조선반도에서 즉각적으로 실시되어야만 한다는 이전의 협정을 고수해야한다.

그리고 미국은 전략지역으로 점령해야 할 최대한maximum의 지역을 다음과 같이 선정했다. 일본 지역으로는 쓰가루열도~홋카이도, 도쿄~요코하마, 나고야, 오사카~고베~교토, 후쿠오카~모지~시모노세키, 쓰시마와 류큐, 보닌, 마리아나, 대만 지역 그리고 조선반도는 부산~진해, 서울~인천 지역이었다.

한편 위의 최대한의 요구조건이 불가능할 경우, 홋카이도와 쓰시마는 러시아에, 쓰가

루 열도는 연합국 관리, 오사카~고베~교토는 영국, 대만은 중국, 서울~인천은 국제
관리나 영국 혹은 중국이 관할하도록 제안했다. 만약 조선반도 지역을 지구별로 점령해
야 할 경우라면 다음과 같은 선택 사항도 고려되었다. 여기에는 4대 강국이 조선반도를
4분하여 점령하는 것으로 기획되었다.

이러한 전제 하에 극동 지역에서 미국의 목석과 이익을 다음과 같이 결론지었다.
(「American Aims and Interests in the Far East」 1945.7.5. 신복룡 『한국분단사 자료집』 서
울 원주문화사 1992)

태평양 지역에서 미국의 주요 이익은 알래스카를 포함한 국토와 부차적으로 서반구 전체의
안보를 위한 전략적인 것이다. 따라서 이 지역에 대한 미국 정책의 주요 관심은 다른 강대국에
의한 자원 독점이 불가능하도록 동아시아에 있어서 군사적 균형을 유지해야 한다고 설정했다.
이를 위해 첫째, 미국은 일본의 운명을 결정하는 데 중요한 역할을 해야 한다. 둘째, 일본 점령
에 있어서 러시아의 참여는 최소화되어야 한다. 셋째, 조선반도는 향후 조직될 국제연합안보
기구의 감독 하에 미국·영국·소련·중국의 신탁통치 하에 둘 것을 제안한다. 따라서 일본에
대한 작전은 미국에 의해 단독으로 이루어져야 한다. 최종적 승리에 있어 다른 주요 강대국들
이 어느 정도 기여하겠지만, 미국의 역할이 가장 클 것이다. 미국은 일본의 운명을 결정하는
데 주도적인 역할을 해야 한다.

1945년 7월경에 작성된 문건으로 보이는 『Korea』에서는 조선이 일본과 군사적으
로 통합되어 있다고 평가했다. 이 문서에서는 소련이 전쟁과 평화 시기에 조선반도를 전
략적으로 중요하게 여기고 있기 때문에 만주와 조선반도를 점령하려고 시도할 것으로 전
망했다. 특히 미군이 조선반도에 대한 작전을 수행하기 전에 소련이 이 지역을 점령할 수
있을 것으로 보았다. 즉 소련은 미국이 일본을 실질적으로 패배시킬 때까지 여유를 두고
있다가 적은 비용으로 조선을 점령할 것으로 예상했다.

이러한 상황에서 부산~진해는 쓰시마 열도 및 일본의 주요 섬들과 함께 전략적으로
중요한 지점이기 때문에 이 지역에 대한 미군 점령이 필요하다고 보았다. 여기에 서울~
인천지역 역시 수도이자 조선반도 통신망의 중추 지역으로서 중요한 전략적 지역으로 판
단했다.

3) 트루먼, 소련과의 신탁통치 배제, 반공친미 성향 종속화 유도

일본의 갑작스러운 항복이 예견되던 1945년 7월, 미국은 1944년 10월 이래로 계속 추구해 온「힘의 공백지대화(통치세력의 부재) 전략」과 트루먼 등장 이래로 수행해온 한반도 신탁통치에 대한 구체적 논의를 지연시키는 전략을 더욱 진전시켜 결국 현실적 방안인「독점적 점령」을 선택할 수밖에 없는 계기를 만들어갔다.

트루먼은 취임 후 루즈벨트가 입안했던 동북아시아 구상을 전면 재검토하여 정책을 전환하는데, 이를 좀 더 구체적으로 살펴보면 다음과 같았다.

루즈벨트와 트루먼은 전후 세계에서 평화를 유지하는 방법에 대한 인식차이가 있었으며, 특히 소련에 대한 인식은 두드러진 차이를 보였다. 국제주의자 루즈벨트는 전쟁중 소련의 역할을 비교적 정당하게 평가했는데 반해 국수주의자nationalist 트루먼은 그렇지 않았다. 트루먼은 "미국인들이 소련을 구해주었음에도 불구하고 소련으로부터 보상받은 것은 거의 없다"고 판단했다. 따라서 그는 소련이 동구에서 세력권을 구축하려는 행위는 정당하지 않으며, 공산주의로부터 유럽을 구하는 것이 필요하다고 생각했다.

○ 루즈벨트는 4대 강국의 협조 아래 국제기구의 틀 속으로 소련을 통합시키면서 견제하는 방법('하나의 세계' 건설 ; 정교한 국제기구, 즉 집단안보체제의 구축이 미국의 안보를 지켜줄 것이라고 믿었던 그는 유엔에 국가안보의 거의 전부를 의지할 만큼 확실한 국제주의자였음)을 택한 반면, 처칠의 생각에 동조한 트루먼은 현실적 세력균형 원리를 적용한 '분리를 통한 봉쇄'의 방법('자유세계'의 보존)을 택했다. 루즈벨트는 일련의 전시 회담에서 처칠보다는 스탈린과 더 심중에 있는 대화를 나누었다는 평가도 있다. 루즈벨트는 장차 국제정치의 위협이 영국의 제국주의적 욕망에 의해 야기될 것이라고 생각했지, 소련으로 인해 발생할 것이라고는 믿지 않았다는 것이다. 루이스는 루즈벨트가 소련보다 영국의 전통적 제국주의를 더 혐오했다고 평가했다.(Roger Louis, Imperialism at Bay: The United States and the Decolonization of the British Empire, 1941~1945) 그렇지만 루즈벨트가 영국을 어느 정도 혐오하기는 했지만 소련을 좋아했던 것은 아니었다. 따라서 결정적인 국면에서 루즈벨트는 영국을 포용했지, 소련에 유리한 정책을 구사하지는 않았다. 루즈벨트를 비롯한 미국인들은 자국이 영국 제국을 대신해서 세계제국a global power이 될 것이라고 생각했다. 그렇지만 영국이 미국과 함께 세계제국의 하나로 유지되는 것에 대해서도 관심을 가졌다.(Martin Sherwin, A World Destroyed : The Atomic Bomb and the Grand Alliance)

직접 당사자였던 소련의 최고당국자는 이러한 양인의 차이를 당연히 실감했다. 루즈벨트가 처칠보다 상대적으로 진보적이라고 생각했던 스탈린은 루즈벨트와 비교적 우호적인 관계를 유지했는데, 트루먼이 대통령직을 계승하자 전임자의 진보성을 상대적으로 더욱 절감하게 되었던 것이다. 미소간의 대립은 이러한 상호간의 인식차이에 기인한 상 승작용으로 심화되었다. 그리하여 루즈벨트의 죽음은 냉전 시작에 있어 하나의 중요한 역사적 계기를 제공했다고 할 수 있다.

(1) 강경파, 소련에 많은 약소국 점령기회 줄 필요 없다고 주장

알타회담 이후 미·소 관계가 교착된 상황에서 트루먼은 취임 후 일주일이 채 안 된 1945년 4월 18일 루즈벨트의 신탁통치 집착에서 벗어나 스팀슨·포레스탈 등 대소對 蘇 강경론자들의 건의를 경청했다.(Yalta Conference : 1945년 2월 미·영·소의 수뇌가 모 여 2차 세계대전 종전의 사후처리를 논의한 회담) 유엔 설립을 위한 샌프란시스코회의(1945. 4. 25~6. 26)에서 루즈벨트의 요청에 따라 보편적 국제신탁통치제도에 관한 기구 구성 이 논의될 예정이었으나 트루먼은 세부적 논의를 회피했다. 이런 와중에 결국 독일이 항 복하여 유럽전쟁은 1945년 5월 8일 끝났다.

트루먼은 1945년 5월 8일 소련에 대한 무기대여lend·lease를 갑작스럽게 중단했으 며, 폴란드를 점령한 소련군의 존재를 의식했고, 다액의 소련에 대한 재건차관을 재검토 할 것을 지시했다. 그가 전임자 루즈벨트와는 다른 세계관을 갖고 있었기 때문이었다. 결국 유럽승전기념일 다음 주가 되자 유엔 창설이 무산될지도 모른다는 위기감이 감돌았 다. 1945년 5월 이미 미·소 갈등이 가시화되었던 것이다.(이완범『삼팔선 획정의 진실』지 식산업사 2001)

한편 스테티니우스 전임 국무장관도 대통령의 뜻에 따라 1945년 6월 주미 소련대사 그로미코Andrei Gromyko가 신탁통치 지역trusteeship territory에 대해 샌프란시스코 회 담에서 구체안을 토의하자는 요청(20일)을 알타협정에 의거하여 거부(23일)했다. 이는 추후에 포츠담에서 구현될 지연작전의 전주였다.

소련의 비타협적 태도와 과도한 참전 대가 요구에 실망했던 미 군부 내에서는 대일전 對日戰의 소련의존전략蘇聯依存戰略에 대한 회의론이 점차 우세해졌다. 1945년 4월에 이 르러 미국이 규슈작전으로 일본을 항복시킬 경우 더 이상 소련의 참전이 꼭 필요하지 않 다는 주장이 대두되었다.

이러한 남쪽으로부터의 공격전략을 채택한다면 특히 소련이 보상을 요구하면서 끝까 지 허락하기 주저하던 「시베리아 기지 설정 및 쿠릴열도를 경유하는 보급선의 개통」 작전은 종전보다 중요성을 상실하게 될 것으로 보였다 따라서 귀중한 이권을 계속 양보하여 소련의 참전을 유도하기보다는 미국의 힘으로 전쟁을 종결시키자는 주장이 대두되었다. 객관적인 전황이 미국에 유리하게 전개되자 이런 자신감이 생겼던 것이다.

맥아더의 측근 정보장교들이 1945년 4월 12일에 작성한 속칭 '대령들의 보고서 Colonel's Report'에서는 이 분위기가 극명하게 표출되어 있다. 미·영의 군사능력으로 보아 타국의 도움 없이도 일본의 항복을 받을 수 있으므로 소련의 참전은 군사적 의의가 거의 없다는 것이 결론이었다. 또한 소련은 종전이 임박해서야 참전할 것이며 참전을 서두르도록 유도한다는 것도 불가능했다. 최선의 방책인 참전을 막는 일도 당시로서는 불가능하므로, 더 이상의 양보를 하지 않는 상태에서 논의를 지연시키는 것이 차선책이라는 주장이었다. 즉 다음과 같이 소련을 견제하는 분위기가 형성되었던 것이다.

소련의 아시아전 참전은 세계를 동요시킬 중요한 사건이며 그 악영향은 앞으로 여러 대 decades를 두고 미칠 것이다. … 소련은 어차피 그들이 원할 때 참전할 것인데, 대일전 참전이 거의 확실한 소련에게 미국이 독자적으로 불필요한 양보를 한다면 중국·한반도·만주는 각각 아시아의 폴란드·루마니아·불가리아가 될 것이며 이는 대서양헌장과 세계평화에 대한 반역행위가 될 것이다.

이렇게 회의론이 군부 내 일각에서 점차 힘을 얻어가고 있었으나 당시에는 앞의 보고서 작성자들의 상관인 맥아더조차도 "대소 보상조건을 적극 제시하여 조기 참전을 유도해야 한다"고 건의했다. 1945년 5월 소련의 대일전 참전을 강력히 희망했던 미 합참은 만주와 한반도에 대한 미군 파병이 소련의 참전을 지연시킨다는 이유에서 반대했다.

○ 1945년 4월 16일 딘 소장이 모스크바에서 협의차 워싱턴에 귀임 했을 때 모스크바 주재 미 참모단은 미·소 협력문제가 이미 미국에게 결정적인 중요성을 가지는 문제가 아니라는 견해를 밝히면서 시베리아 기지 설치의 백지화를 건의했다. 이들은 군사작전의 조정을 위한 미·소간의 회의 개최를 4월 17일 부로 포기했으며 결과적으로 미·소 연합작전은 와해될 지경에 이르렀다. 이에 합참은 4월 24일 기지문제는 취소하고 보급선 문제는 보류하도록 결정했으며 소련의 대일전 참전이 일본 본토 진격과 항복접수에 더 이상 필수적이 아니라는 의견을 개진했다.(U. S. Department of Defense, "The Entry of the Soviet Union into the War Against Japan : Military Plans, 1941~1945")

국무부(소련 참전에 대한 신중론)와 군부(즉각적 참전촉진론)가 대립하는 가운데 트루먼은 여러 가지 고려 끝에 1945년 5월 15일 소련 참전촉진론을 승인했다. 따라서 이 시점까지 그는 소련의 참전을 원하고 있었다. 전쟁의 조기 종결에 대한 국민들의 요구와 미국 전역에 유포된 반전사상을 의식할 수밖에 없었던 것이다. 소련의 의구심을 불러일으키는 어떤 행동도 자제했었던 루즈벨트의 영향력 아래 있던 트루먼은 취임 이후 3개월이 경과한 뒤에야 비로소 소련 배제론을 구체화했다. 아직 핵무기 개발을 확실하게 끝내지 못했던 포츠담회담 이전까지 미국의 공식성책은 소련의 조기 참전을 유도했던 루즈벨트의 노선을 계속 추구했다.

  ○ 트루먼이 취임한 지 1개월도 되지 않았던 1945년 5월 10일에 작성한 미 육군의 전략계획에는 한반도 작전이 유럽전쟁 종결 후 8~10개월 내에 이루어질 것으로 예정되어 있었다. 이는 미국 주도하에 만주 및 한반도 작전을 수행하려는 것으로, 소련의 태평양전쟁 참전 자체 및 기여도를 다시 숙고하려는 의도에 근거했던 것이다. 그러나 이 계획이 트루먼에게 보고되었는지는 확인할 수 없으며 여러 다양한 안들 가운데 하나에 불과했을 가능성이 높다.

(2) 소련과의 점령지 경쟁과 냉전, 한반도 신탁통치 배제, 독점 추구

  냉전의 출현이 예견되던 상황에서 소련의 동북아시아 지배와 한반도 독점을 우려한 그루Joseph Grew 국무차관은 트루먼에게 "소련은 이 지역에서 야욕이 없으며 얄타협정을 이행할 것"이라는 확약을 유도 하고 미해결 상태인 "4대국 신탁통치 실시문제에 관하여 소련과 명백히 해두라"고 건의했다. 또한 해리먼 대사도 1945년 5월 중순 한반도 신탁통치에 관하여 소·영과 확실히 할 것을 대통령에게 건의하던 상황이었다.

  ○ 국무부는 해방 '즉시' 한반도에 4대강국에 의한 신탁통치를 실시해야 하며, 신탁통치 4대 집행국이 「과도정부 선출을 위한 단 하나의 기구」를 구성하는 데 합의해야 한다고 주장했다. 또한 해리먼은 포츠담회담 개최 전인 1945년 7월 8일 작성한 건의문에서도 "한반도의 4개국 신탁통치에 대한 세부적 토의를 위한 준비를 하라"고 권유했다.("Harriman to the President and the Secretary of State", 9 July 1945. Joseph Grew, *Turbulent Era : A Diplomatic Record of Forty Years, 1904~1945.* Leonard Hoag, "American Military Government in Korea : War Policy and the First Year of Occupation, 1941~1946")

  그루와 해리먼은 앞으로 미·소관계가 순탄치 않으리라 판단했으므로 트루먼에게 건의했던 것인데, 트루먼도 이들의 입장을 받아들였다. 트루먼은 1945년 5월 말 "루즈벨트의 정치적 대리인"이라고 불리던 홉킨스Harry Hopkins를 특사로 파견하여 스탈린과 개인회담을 통하여 당면 문제를 협의하게 했다. 트루먼은 홉킨스에게 「한반도문제 해결에 대한 기존 원칙(한반도문제 해결방안은 군사점령이 아닌 신탁통치뿐이라는 것)의 재확인」을 하나의 주요한 과제로 부과했다 부임 초였던 트루먼은 한반도 문제에 대한 합의가 없음을 인지하였으므로 스탈린과 루즈벨트 간의 구두합의를 다시 확인하여 소련의 독점을 미연에 방지하고자 했던 것이다.

결국 1945년 5월 28일 회담에서 홉킨스는 스탈린에게 "미국의 의견으로는 4대국 신탁통치가 바람직하고 그 기한은 25년 정도로 예견되며 경우에 따라서 단축될지 모르나 최소한 5～10년은 거의 확실하다"고 언급했다. 스탈린이 홉킨스에게 한반도의 4개국 신탁통치안에 대하여 바람직한 구상이라며 전적으로 동의한다고 말하자, 이러한 비공식적 동의를 공식적 합의로 받아들인 트루먼은 6월 초순 스탈린에게 "한반도 신탁통치안에 대한 공식합의가 이루어졌다"는 전보를 발송했다.

◎ 소련의 의중을 타진하고 루즈벨트의 죽음이 미국의 정책을 변화시키지 않으리라는 것을 스탈린에게 재확인시키려고 했던 이 회담에서 오히려 미묘한 갈등이 표출되었다. 따라서 이 회담은 냉전의 출발에서 중요한 사건으로 간주되기도 한다. 한편 이는 폴란드문제의 교착 상태를 타개하기 위한 회합이었으므로 무기대여문제와 폴란드문제가 가장 중심적인 주제였다(트루먼은 스탈린 · 홉킨스 회담에서 폴란드문제에 관하여 양보했다. 이것은 트루먼이 소련에게 행한 최초의 양보로 기록되었다. 따라서 트루먼이 취임 직후 최초로 행한 강경책이었던 폴란드문제 대응은 특별한 소득 없이 실패로 끝났다. 극동문제(한반도문제가 부차적 문제로 포함)는 세 번째 주제에 불과했다. 그러나 스탈린의 극동지역에 대한 의도를 탐색하는 것은 폴란드문제에 필적하는 중요한 문제였다.(Robert Sherwood, *Roosevelt and Hopkins : An Intimate History* (New York : Harper & Brothers, 1948). Paul McGrath, "U. S. Army in the Korean Conflict", Manuscript, Office of the Chief of Military History, Department of Defense, 1953)

6월 15일 트루먼은 장개석에게도 소 · 영 · 미가 4개국 신탁통치에 동의 했다고 알렸다. 트루먼은 중국 외교부장 송자문朱子文에게 4개국 신탁통치안을 설명하여 그의 동의를 얻었으며, 9월 영국대사관에 구두로 알렸으나 별다른 반응은 없었다. 영국의 노코멘트는 소극적 반대로 해석되었다.

스탈린 · 송자문朱子文 회담에 배석했던 해리먼은 1945년 7월 3일자 전문에서 다음과 같은 사실을 전했다. 스탈린이 송자문에게 4개국 신탁통치안에 동의한다고 말하자 몰로토프가 끼어들어 "그러나 이것은 공식적 합의가 아니므로(an unusual arrangement with no parallel) 차후에 자세한 논의가 있어야 한다"고 말했다.("Harriman to Truman and the Secretary of State", July 3, 1945)

1943년 11월 테헤란회담에서 스탈린은 조선의 독립 약속 등을 규정한 카이로선언에 관해 "완전히 동의하지만 약속은 할 수 없다(although he could make no commitments he thoroughly approved)"고 말했다.("Roosevelt-Churchill-Stalin Luncheon Meeting", November 30, 1943)

1945년 12월의 모스크바 3상회의 전후 사정을 정확히 몰랐던 영국 대표 베빈Ernest Bevin이 조선의 탁치와 관련하여 미국과 소련 사이에 어떤 합의가 있었느냐고 물었을 때 몰로토프는 협정agreement은 없었으며 "구두 의견 교환an exchange of views만이 있었을 뿐"이라고 단호하게 대답했다. 이렇게 소련은 1945년 이후의 트루먼과 같이 한반도 탁치안에 대하여 확실한 합의를 기피하며 눈치를 살폈다.

(3) 신탁통치안은 미·소가 상대방에게 전국 독점 못하게 하려는 술수

유럽전쟁은 끝났으나 한반도문제에 관해서는 시한도 확정하지 않았던 위와 같은 합의가 미·소간의 「유일한 공식 장전章典」이 될 정도로 불확실성이 지배하던 분위기였다. 이런 식의 동의는 공식합의가 아니라는 몰로토프Molotov 외상의 주장도 있었으므로 한반도 신탁통치안에 대해서 구체적으로 결정된 것이 거의 없다고 해도 과언이 아니었다.

따라서 포츠담회담 전 소련이 시베리아지역 조선인 부대를 전후에 이용할 가능성을 경계하면서 소련의 팽창을 극도로 의식하던 미국의 정책담당자들은 다음과 같이 소련을 신탁통치의 구체적 테두리 안에 묶어두어 파격적 행동을 방지하라고 건의했다.(Potsdam 독일 동북부 도시. the ~ Declaration 포츠담 선언 1945년)

우선 국무부의 요원들은 1차로 '영토적 야심이 없다는 확답과 카이로 선언(1943년)의 준수 서약'을 받아내라고 건의했다. 또한 "신탁통치는 조선반도에서 소련 지배를 방지하기 위한 유일한 수단일지 모른다"고 생각했던 정책담당자(국무부 요원과 트루먼 측근)들은 "한반도 신탁통치안에 대하여 소련과 세부적으로 토의하여 사전협정을 작성하라"고 계속 강조했으나, 최고 당국자들은 소련에 대한 견제의 방법에서 정책담당자들과는 한 차원 높게 생각해야 했으므로 위와 같은 실무자들의 건의를 무시했다.

세력확보의 복안을 가지고 있던 트루먼은 1945년 5월 28일자 한반도 신탁통치에 관한 소련의 확인에 만족했으며, 포츠담회담에서 이를 구체적으로 논의하여 소련에게 한반도에 대한 세력권을 확실하게 보장하기보다는 논의를 회피하는 전략을 택했다. 상대방이 선제 점령하지 않도록 힘의 공백지대화 전략을 추진하면서 미국만의 「독점과 점령」을 비밀리에 추구했던 것이다.

◎ 소련을 불신케 한 것에는 다음과 같은 공식적이 두 가지 문서가 가장 특기할 만하다.

① 국무성에서 나온 정책자료(Policy Paper Prepared in the Department of State, June 22, 1945.) : 재소在蘇 한인에 의한 친소정부 수립 가능성을 언급한 이 보고서에서는 조선의 빈곤한 상황이 공산주의 이념을 확산시킬 것이며, 소련이 후원하는 사회주의 정권이 대중들의 지지를 받게 될 가능성이 있다고 분석했다. 또한 청진이 소련에 대립적인 적국의 군사기지로 사용된다면 소련에게는 심각한 위협이 되므로 이 지역은 반드시 소련이 통제권 내에 두려고 할 것이라고 분석되었다.

② 스팀슨의 보고서(Trusteeship for Korea : Stimson's Memorandum for the President, 16 July 1945, *FRUS*, 1945.)(FRUS : 미 국무성 외교문서 Foreign Relation of the United States) : 대통령 일행보다 하루 늦게 포츠담에 도착한 전쟁장관 스팀슨은 만약 탁치信託統治가 실현되지 않는다면 소련은 자신들이 훈련한 조선인 2~3개 사단이 통제하는 비독립적이며 소련 지배하의 정부(소비에트 지방정부)를 수립할 가능성이 높다고 보았다. 스팀슨은 미국이 국제적 신탁통치안을 더욱 적극적으로 추진하면서 신탁통치 기간 중 미 육군이나 해병대가 단지 명목상으로라도 진주해야 한다고 주장했다. 조선 문제를 「극동으로 이식된 폴란드문제」라고 보았던 스팀슨은 러시아가 4개국 탁치에 동의했지만 더 이상의 상세한 논의는 없었으며 스탈린이 외국군이 주둔하지 않아야 한다고 주장했던 사실도 알고 있었다. 따라서 이 시점까지 미국과 소련이 논의했던 안은 「외국군 주둔 없는 신탁통치안」이었다. 이 외에 민간 언론에서도 소련에 대한 견제의 목소리가 나타났다.(*Washington Evening Star*, 21 February 1945. *The Sunday Observer (an English Journal)*, 8 April 1945)

그런데 2만 명 이상의 소련 주재 한인(조선인) 사단이 과연 존재했는가는 의문의 여지가 있다. 미국과 중국 등이 포착한 그 문제의 사단이 바로 김일성의 88여단인가도 아직 확인되지 않았다. 미국 등이 김일성 부대를 파악했을 가능성에 대해 구대열 교수는 회의懷疑하는 편이다. 2개 사단의 존재에 대해 중국과 미국이 확실한 증거를 제시하지 못하므로 이들 국가가 소련에 대한 경계심을 높이기 위해 개연적 상황에 기초하여 만들어 낸 하나의 추정일 것이라고 주장했다. 또한 친소 조선인 부대에 대항하기 위해 미국은 친서방적인 조선인 부대를 육성하려고 시도했다는 설도 있다.(구대열 『한국 국제관계사연구』 역사비평사 1995)

4) 미국, 소련과의 전후처리문제 회담중 원자탄 실험 성공

전시 최고 지도자 회담 가운데 가장 장기간에 걸쳐 진행된 포츠담회담(1945년 7월 17일~8월 2일의 18일간)은 냉전사冷戰史에서 중요한 의의를 가지는 열강 수뇌간의 대전 가운데 만난 마지막 회합이었다. 일본의 조기 항복이 예상되는 와중에 미·소는 겉으로 화합과 단결을 과시했지만 속으로는 세력쟁탈전을 벌였다.

이 회담의 표면적 쟁점은 유럽의 전후 처리문제였으나 이 책에서는 이에 못지않게 중요했던 '핵무기 개발과 이에 따른 외교의 지연'이라는 비밀공작에 초점을 맞추고자 한다. 동맹 국 소련을 배제한 상태에서 미·엉이 함께 미·소 대립을 가속화시켰던 핵무기 개발은 냉전사에서 가장 획기적인 사건들 가운데 하나였다. 한반도문제도 핵무기의 영향을 받은 많은 국제적 이슈들 가운데 하나가 되었다는 사실을 확인할 수 있다.

유럽전쟁이 1945년 5월 8일 종결되었음에도 불구하고 전후 처리를 위한 3거두간의 회담은 7월 17일에야 열렸다. 이 회합은 종전 직후부터 당연히 논의되었으나 원자폭탄이 소련과의 외교에서 결정적 수단이 될 것이라고 확신했던 제조계획 책임자 스팀슨 장관은 5월 16일 회담을 연기할 것을 건의하여 무조건 연기되었다. 이미 5월부터 핵무기에 대한 고려가 미국 정부의 극히 일부에서 논의되었던 것이다.

○ 원폭과 관련한 전반적 문제를 검토하기 위해 설치된 '잠정위원회'는 1945년 5월 31일과 6월 1일에 걸쳐 국제관리·제조방법 공개문제와 일본에서의 사용문제 등을 검토했다. 6월 18일 백악관에서 전쟁장관과 해군장관, 각군 참모총장을 초청하여 열린 전쟁대책 중대전략회의에서 원폭문제에 관한 최종 논의가 이루어졌으며 중요문제를 포괄적으로 결정했다.

트루먼은 신무기를 시험할 '시간을 벌기 위하여' 1945년 6월 16일까지 회담을 연기한다고 6월 6일 스팀슨에게 언급했다. 또한 선거가 임박했던 처칠이 7월 3일까지 회담을 연기하려고 하자 트루먼은 7월 17일까지 지연시켰다. 7월 16일에 원자탄 실험이 있을 것이라는 보고를 받았기 때문이다. 그로미코는 미국이 핵무기라는 대안을 수중에 넣기까지 전후의 유럽부흥이나 기타 여러 문제의 결정을 지연하려 했다고 주장했다.

○ 1944년 12월 30일 원폭 제조계획 실무 책임자 그로브스Leslie Richard Groves 준장은 1945년 8월 1일경에 원폭이 완성될 것이라고 상부에 보고했다. "The Commanding General, Manhattan District Project (Groves), to the Chief of Staff, United States Army (Marshall)", December 30, 1944, *FRUS, Yalta*, 1945.

그로미코, 박형규 역『그로미코 회고록』문학사상사 1990. 그로미코는 회담을 연기시키려 했던 트루먼이 6월에서 7월로 변경했다고 분석했다. 스팀슨의 회고록을 인용한 그의 분석은 정확했다.

(1) 일본온 항복 직전, 중립조약 중인 소련에 조약 연상 기대

1945년 7월 일본의 항복조짐을 간파한 소련과 미국은 각기 이에 대하여 치밀하게 대응했으며 전후 세계에 대한 구상을 더욱 구체화하고자 했다.

스탈린은 나날이 약해지던 일본의 조기 항복조짐을 먼저 간파했다. 일본은 마지막 방법으로 소련에 의지하려했다.

전황이 결정적으로 불리해짐에 따라 일본의 고노에 후미마로近衛文麿 전 수상은 1945년 2월 14일 거의 확정된 패전이 공산혁명을 일으킬 가능성이 많으므로 천황제를 옹호하는 「국체호지國體護持」의 입장에서 조기 화평을 해야 한다고 천황에게 상소했다. 결국 스즈키 칸타로鈴木貫太郎 내각은 아직 동북아시아쪽에서는 참전하지 않았으며 중립조약 체결의 당사자였던 소련을 파트너로 고려하기 시작했다.

그러나 일본의 기대와는 달리 1945년 4월 5일 몰로토프 외상은 사토佐藤尙武 일본대사에게 유효기간이 1년이나 남은(1941년 4월 13일 조인, 5년 유효) 소·일 중립조약을 연장할 의사가 없다고 통고했다. 당황한 사토가 그렇다면 향후 1년간은 조약의 효력이 존속하느냐고 궁색하게 문의하자, 몰로토프는 이를 인정했다.

○ 소련은 중립조약(1941년 4월 13일 체결) 1조의 "평화와 우호 관계 유지"와 2조의 "상대방이 어느 한 나라나 여러 나라의 공격 대상이 되었을 때 중립을 유지한다"는 조항을 일본이 일방적으로 어기고 러시아를 침략한 나치 독일을 도왔으며, 소련 국경지방에서 중립 위반을 자행하여 조약의 의미를 상실케 했으므로 기한 내에 일방적으로 파기할 수밖에 없었다고 후일 합리화했다. 독·소전쟁이 일어난 후인 1941년 6월 25일 소련은 모스크바 주재 일본대사 마쓰오카에게 독·소전쟁과 일본의 태도에 대해 문의하였는데, 이때 마쓰오카는 "만약 추축국 조약이 중립조약과 충돌할 경우에는 중립조약은 더 이상 효력을 가질 수 없다"고 말했다는 것이다. ("Transcript of a Conversation Between Soviet Ambassador in Japan and Japanese Minister for Foreign Affairs Matsuoka", June 25, 1941, Soviet Foreign Policy Archives in A. A. Gromyko and B. N. Ponomarev, *Soviet Foreign Policy, 1917 ~1980*. 김기조 「소련의 대일참전과 일본의 패망」, 『외교』 제20호. 김기조 『38선 분할의 역사』 동산출판사 1994)

대부분의 인사들은 몰로토프 외상의 통고를 일본을 침공하겠다는 소련의 예고로 생각했지만 유효기간이 1946년 1월까지 지속될 것으로 믿고 그때까지 희망을 가지려 했던 인사들도 있었다. 독일 패전(1945.5.5) 후 5월 11~14일간 개최된 일본의 '최고전쟁지도회의'에서는 소련의 참전을 막기 위하여 소련을 조정자로 내세워 전쟁 종결에 유리한 입지를 확보하자는 제안을 채택했다. 그 결과 1945년 5월 15일부터 히로타廣田 전 수상이 소련의 말리크Yakov Malik 주일대사와 접촉을 시도했으며 6월 3일과 4, 24, 29일에 구체적으로 교섭했으나, 기대했던 반응을 얻지는 못했다. 그럼에도 불구하고 그해 6월 일본 내각과 군부는 소련에 대한 공작을 최종 추인했다.(김기조 「38선에 관한 이면사」, 『한국발전』. 安東義良 「終戰外交の內幕」『拓殖大學論集』. 油橋重遠 『戰時日ソ交涉小史 : 1941∼1945年』東京)

이에 1945년 7월 10일과 11일 사토는 몰로토프와 로조프스키Lozovsky 차관에게 소련이 이번 전쟁에서 중재자 역할을 할 수 없겠냐고 문의했다. 스즈키 내각은 이를 협의하기 위해 특사 고노에를 파견하겠다는 공식서한을 소련에 7월 13일 전달했다. 7월 18일 소련의 거부 의사에 접한 사토는 25일까지 로조프스키에게 간청했으나 아무 성과가 없었다. 전쟁의 희생을 줄이기 위하여 소련 정치가가 나서줄 것을 희망한 사토에게 몰로토프는 "소련은 전쟁을 짧게 하고 희생을 줄이기를 원하고 있다"는 말로 답을 대신했다. 이에 사토는 태평양전쟁이 오래 가지 않을 것이라고 말했다.

소련은 조만간 일본이 항복할 것이라고 예견했으므로 태평양전쟁에 참여하여 이권을 확실하게 확보하는 것이 화평공작에 직접 개입하는 것보다 명분은 물론 현실적으로도 더 큰 소득을 얻을 수 있다고 판단하여 일본의 화평제의를 회피했으며, 결국 일본은 소련과의 화평공작에서 그다지 큰 소득을 얻지 못했던 것이다.

○ 사토는 몰로토프에게 소련이 중재자가 되어 달라는 포괄적 제안을 했으며, 몰로토프는 그 내용이 너무 포괄적이라면서 추후에 논의할 것을 제의하자, 그 후 연이어서 내방한 사토는 일본 천황이 "우리는 전쟁을 끝내려 하는데 만약 무조건 항복만을 강요한다면 온 힘을 다해 싸울 것"이라는 내용의 메시지와 함께 고노에를 파견하려 한다고 말했다. 이에 그 메시지가 너무 포괄적이며 아무런 구체적 내용이 없으므로 명확한 회답을 할 수 없다는 내용의 답장을 일본 대사에게 보냈다는 스탈린의 설명에 접한 트루먼은 찬의를 표명했다. 스탈린은 일본이 제안을 통해 연합국을 이간시키려 하고 있다고 트루먼에게 말했다.(김기조 「2차대전 말 일본의 '화평공작'과 연합국의 대응, 한반도를 둘러싼 막후 외교비사」, 『외교』 1998)

○ 한편 당시 일본의 유럽(스웨덴 · 포르투갈 · 스위스 등)을 통한 화평공작에 대해서 미국의 OSS는 주목하고 있었다.(Office of Strategic Services 미전략사무국. CIA의 전신 Central Intelligence Agency)

포르투갈을 통해서 1945년 5월에, 스위스를 통해서 1945년 4월부터 7월 사이에 집중적으로 화평공작이 이루어졌으며, 스웨덴을 통해서는 1944년 9월에 이루어졌다. 특기할 만한 사실은 스위스에 부임한 일본의 해군 무관보 후지무라가 설탕과 쌀의 공급원인 조선 없이는 일본이 식량을 자급자족할 수 없다며 조선을 식민지로 계속 보유할 것을 주장했다는 것이다.(Edward Buxton(OSS Acting Director), "Alleged Japanese Peace Feelers", 4 June 1945, Geographic File, 1942~1945)

이외에도 바티칸(1945년 1월)과 중국(1945년 4월~7월)을 통한 공작이 이루어졌다. 이러한 화평공작이 실패하자 영·미에 대해 일본에 유리한 조건을 제시할 나라는 소련 외에는 없다고 일본 당국자들은 생각하여 소련을 중재로 삼을 의도로 화평공작에 나섰던 것이다.

(2) 미국은 원자탄 실험 성공을 몰래 즐기면서 소·일 화평에 신경

미국은 일본 소련간의 화평공작에 당황하면서 매우 예민하게 반응했다. 포츠담회담이 열리기 전인 1945년 6월과 7월 초에 행해진 일련의 소·일 교섭을 미국은 일본의 암호를 해독해서 간파했다. 일본의 외교전문을 미 정보부서가 포착하여 그 가운데 중요한 것들은 포츠담회담에 참석하고 있던 마셜 육군참모총장에게 7월 26일분까지 송달되었던 것이다.(김기조 「한반도 분할과 일본(조선군)의 책임」 경남대 극동문제연구소 세미나 발표문 1995년 4월 24일)

미 대표단이 포츠담으로 출발하기 직전에 작성된 연합정보위원회Combined Intelligence Committee 보고서에 의하면 일본의 다음과 같은 행동이 예상된다는 내용이었다. "일본은 만약 필요하다면 중요한 영토를 할양하거나 그 밖의 어떤 양보를 제시하면서 동시에 미·영과 소련 간의 불화를 조장하기 위하여 온갖 노력을 기울임으로써 소련으로 하여금 중립을 지키게 하도록 노력할 것이다. 사태가 지금보다 더 악화 된다면 일본은 소련을 종전의 중재자로 이용하기 위하여 노력할 수도 있다." 번스James Byrnes의 해석에 의하면 일본은 소련과 담판을 지어 협력을 얻을 수 있다고 자신했으며 참전 의사 유무를 명확히 탐지할 수 있다고 확신했다는 것이다.(Byrnes, *Speaking Frankly*. 번스는 대심원 판사Justice로서 얄타회담에 참석하는 등 외교정책에 관한 자문역할을 수행하던 중 1945년 7월 3일 국무장관으로 발탁되었다.)

결국 미국은 ① 일본의 조기 항복 가능성과 ② 소·일 밀월 가능성에 대하여 우려할 수밖에 없었으며, 만약 일본이 얄타에서 연합국이 제공한 범위를 넘어선 조건을 제시한다면 소련이 참전하지 않을지도 모른다고 생각했다. 미국은 우선 소련과 일본의 밀월을 방지하기 위하여 다음과 같이 소련의 참전을 기정사실로 표면화시키려 했으며, 포츠담회담 전후로 일본의 갑작스런 항복에 대비하여 일본 본토와 식민지 점령안을 계속 구체적으로 진전시켰다.

1945년 7월 15일 포츠담에 도착한 트루먼은 16일 저녁 원폭실험 성공 소식을 접했으며, 회의 첫날인 17일 미·소 정상회담에서 스탈린에게 대일전對日戰 참전에 대하여 문의해서 참전에 대한 확답을 얻었다. 원자 폭탄 때문에 18일부터는 동북아시아문제에 대한 모든 논의를 지연시켜 「소련 참전 전의 종전」을 추진했지만, 그와는 별도로 소·일의 밀월을 방지하기 위하여 확답을 얻어내는 것이 급선무였다. 당시 트루먼은 소련의 참전을 진정으로 원했다기보다 소련으로 하여금 다른 공작을 시도하지 못하게 하려고 참전 여부에 대한 확답을 얻으려 했던 것이다. 미국은 이후에도 소련과 일본의 협상이 이루어질 수 있는 여지를 차단하려고 노력했으며 이 공작을 매우 중시했다. 7월 18일에 일본의 화평공작을 확실하게 인지했던 트루먼은 "일본이 러시아가 참전하기 전에 전쟁을 종결하려 한다"고 우려했다.

미국은 내부적으로 조기 종전을 위한 항복 조건의 완화 등을 검토했으나, 이렇게 협상의 여지를 준다면 일본은 미국보다 소련에 접근할 가능성이 많아지므로 대외적으로는 연합국들에게 무조건 항복을 고수하도록 요구했던 것이다. 번스 회고록에 등장하는 "일본의 화평공작과 뉴멕시코의 폭탄실험 성공으로 인하여 대통령과 나는 소련이 참전하기 전에 일본이 항복하기를 원했다"는 내용에서 트루먼이 화평공작을 의식해서 전쟁을 조기에 종결하도록 기도한 사실을 확인할 수 있다.

○ 트루먼은 핵무기의 효용성에 대하여 아직 확신을 갖지 못했기 때문에 소련의 참전을 확인했다는 주장도 있다. 그러나 원폭 때문에 여러 날 회담을 연기시켰던 상황이었으므로 그때까지도 확신이 생기지 않았다는 설명은 설득력이 없다.

트루먼의 편지에 의하면 그는 스탈린으로 부터 '국민당 정부 지지'라는 얄타에서의 서약을 재확인하고 참전에 대한 확답을 얻어내자 부인에게 "나는 나의 목적을 이루었소"라고 언급했다. 이 자료만 보면 트루먼은 적어도 7월 17일에는 참전을 원했던 것으로 풀이된다.(Harry S. Truman, *Off the Record : The Private Papers of Harry S. Truman*)

○ 제2차 세계대전시 독일·이탈리아·일본 3국동맹에 속했던 나라에 대하여는 무조건 항복 외에 다른 타협은 있을 수 없다는 것이 1943년 1월 27일 카사블랑카회담에서 미·영이 합의한 원칙이었다.("Political and Economic Aspects of the Terms of Surrender for Japan", September 27, 1943)

1945년 7월 1일자로 작성된 미국의 포츠담선언 초안에는 일본의 주권이 "本州, 北海道, 九州, 四國 및 우리가 결정하는 인접 小島嶼로 局限된다"고 함으로써 한반도와 대만을 계속 보유하려는 일본의 공작이 좌절되었다.(김기조 「第2次 世界大戰 末期 日本의 和平工作과 聯合國의 對應經過 : 韓半島 分割을 둘러싼 幕後外交 過程」 한국정치학회 춘계학술회의 발표문 2001년 4월 20일)

또한 원자폭탄을 투하하여 소련이 참전하지 않은 상태에서 종전하려면 미국에게 얼마간의 여유가 있는지 참전 시점을 알아내는 것도 필요했다. 스탈린은 1945년 7월 17일의 회담에서 어느 누구도 참전 일자를 문의하지 않았음에도 불구하고 8월15일(the Middle of August)에 준비가 될 것이라고 자진해서 언급했으며 중국과 사전협정을 해야 한다는 선결조건과 만주의 이권들에 대하여 장황하게 언급했다.

참전에 관한 한 소련이 더욱 적극적이었던 것이다. 이전처럼 미국의 강력한 참전 요청 때문에 수동적으로 약속한 것이 아니라 자신들의 이권 확보가 무산될 것을 우려하여 이를 확보하기 위해서 알려 주었던 것이다. 소련이 언급하려 했던 것은 참전 일자라기보다 그들의 참전 조건을 기정사실로 만드는 것이었다.

이렇게 소련의 참전을 기정사실로 만드는 데 성공한 미국은 안정을 되찾고 전쟁 조기 종결과 동북아지역 점령에 대한 별도의 공작을 다음과 같이 비밀리에 진행시켰다.

5) 미국, 승리 확실해지자 동북아와 한반도 독자적 점령전략 구상

포츠담회담에서 미국은 핵무기를 통해 소련의 참전을 배제하고 동북아시아에 대한 적극적 독점전략을 추구했는데, 이를 구체적으로 살펴보고자 한다.(이완범『삼팔선 획정의 진실』지식산업사 2001)

(1) 핵무기 위력에 고무되어 미국의 세계지배욕은 끝없이 상승

당시 미국 전략가들 사이에 소련 참전 필요에 대한 마지막 논쟁이 벌어졌다. 우선 원자폭탄의 존재나 위력을 모르는 인사나 신무기로 인하여 일본의 항복이 보장되지 않는다고 판단한 신중론자들은 소련의 참전이 필요하다고 주장했는데, 이들은 군사적으로 사고한 군부의 인사들이 대부분이었다.

한편 좀 현실주의적 군사전략가들인 합참의장 리히William Leahy 제독과 육군참모총장 마셜 장군 등은 논의를 지연시켜도 소련이 때가 되었다고 판단하면 이권을 확보하기 위하여 참전할 것이라고 생각했다. 따라서 이들은 일단 소련이 언제 참전할 것인지 타진해 보고 이에 대처하자고 주장했다. 리히와 마셜 등은 소련이 중국의 동의 없이도 전쟁에 참여할 것이며 원하는 것을 장악하게 될 것이라고 생각했다.

그런데 원자폭탄의 가공할 위력을 확인하자 정치적으로 사고했던 몇몇 최고결정자들은 참전불필요론을 개진했다. 번스 국무장관이 바로 "소련 참전 전에 원자폭탄을 투하하여 일본을 항복시킨다"는 지연전술의 주창자이며, 처칠도 이 입장에 충실했다. 또한 원폭의 비밀을 누구보다도 잘 알았던 트루먼도 이 입장을 견지하게 되었다. 그런데 1945년 6월 18일 백악관 회의의 소련 참전에 대한 난상토론에서는 소련의 참전을 권상하는 쪽으로 이미 결론 내렸던 적이 있었기 때문에 정책전환은 매우 급박하게 이루어졌다고 할 수 있다.

○ 스팀슨 전쟁장관과 해리먼 주소대사 그리고 국무부 관리들 가운데 일부는 설사 원자폭탄을 사용한다 해도 극동문제에 대하여는 포츠담회담에서 소련과 분명한 합의에 도달해야 한다고 주장했다. 특히 스팀슨은 소련과의 불편한 오해를 방지하기 위해서라도 스탈린과 좀 더 상세하게 토의할 것을 누차 강력하게 요청했다. 그러나 스팀슨도 후일 "원자폭탄 실험성공 소식이 전해진 16일, 소련을 참전시키려는 더 이상의 외교적 노력은 미국에게 전혀 의미가 없어졌음이 명백해 졌다"는 사후적 회고를 하고 있다.

그런데 스팀슨은 "극동에서 미국이 소련을 움직이는 데는 한계가 있다"고 말하면서 그루와 해리먼보다는 온건한 강경책을 구사했다.

1945년 7월 18일 번스는 친구 브라운Walter Brown에게 "소련 참전을 원하지 않으며 비밀무기로 인하여 미국과 영국이 공동으로 2주 내로 전쟁을 끝나게 할 것"이라고 말했다. 또한 1945년 7월 28일 번스는 일본이 점령했던 지역에 소련군이 진주하면 "그들을 몰아내는 것이 쉽지 않을 것"이라고 우려하면서 "소련이 참전하기 전에 일본의 항복을 받아내 여순·대련에 대한 소련의 지배권도 봉쇄되기를 바란다"고 포레스탈 해군장관에게 말했다.

초기의 트루먼은 루즈벨트의 외교정책을 답습하고 있었으므로 소련 참전 필요 문제에 대하여 새로운 노선을 채택할 때 심사숙고할 수밖에 없었다. 트루먼은 아직 한 번도 사용되지 않은 불확실한 핵무기로 조기에 종전시킬 자신이 없었다. 관동군도 막강하다고 평가되었으며(이는 물론 과장이었으나 미국은 현실을 잘 몰랐음) 전임자가 기왕에 소련의 참전을 수차 요구했으므로, 트루먼은 일관성을 유지하기 위해서라도 초기에는 소련 참전촉진론을 견지했다.

그러나 원자폭탄 실험이 완료되고 그 위력이 예상보다 훨씬 큰 17,500톤의 TNT와 같은 것으로 드러나자 정책을 바꾸기 시작했다. 원자폭탄의 위력에 대하여 여러 경로로 자문을 받은 트루먼은 시간이 지남에 따라 자신이 생겨 점점 확고하게 소련 배제론을 구체화하기 시작했다.

1945년 5월 25일부터 6월 7일까지 열렸던 스탈린·홉킨스·해리먼 회담에서 트루먼은 소련이 일본을 점령하는 데 참여할 의사가 있음을 전달받았다. 트루먼은 일본을 독점하려 했기 때문에 소련의 이러한 의사를 과도하게 의식했다. 동북아시아에서 전략적 핵심을 일본으로 파악했던 미국은 적어도 일본만은 양보할 수 없다는 정책을 확립했던 것이다. 그런데 트루먼은 전쟁을 조기에 종결시킬 수 있다면 일본을 완벽하게 독점할 수 있다고 생각했으며, 원폭실험 성공 소식을 독점을 실현하기 위한 복음처럼 여겨 활력을 얻었다.

7월 16일과 17·18일 스팀슨으로부터 원폭실험 성공에 대하여 보고받은 트루먼은 18일 자신감을 얻었던 것이다. 처칠에 의하면 그날 트루먼은 원자폭탄 때문에 전쟁의 조기 종결이 가능하다고 말했으며, 그들은 소련 참전 불필요론을 공유했다는 것이다. 트루먼이 베를린에서 작성한 7월 18일자 일기에 "만약 원폭이 일본에 떨어지면 소련이 들어오기 전에 일본 천황은 평화를 청하면서 망할 것"이라고 적었다. 또한 처칠은 "미국이 현재로서는 소련의 대일전 참전을 원하지 않고 있음이 명백하다"는 전문을 7월 23일 런던으로 발송했다. 7월 21일 스팀슨이 핵무기에 대하여 더 상세한 보고를 하자 트루먼은 더욱 고무되었다.

(2) 소·일 접근 막으려고, 의도와는 반대로 「소련참전 필요」 표명

1945년 7월 23일 마지막 결심을 굳히고자 했던 트루먼은 실제 상황을 알아보기 위하여 마셜 참모총장에게 소련의 도움이 필요한지 자문을 구했다. 7월 24일 마셜은 소련의 힘이 필요 없다고 보고했다. 이에 트루먼은 소련 참전을 배제한 상태에서 일본의 조기 항복이 이루어져 인명희생의 최소화와 소련 세력권 확보의 백지화를 동시에 추구하는 전략을 확실히 견지할 수 있었다.

그는 기본적으로 참전필요론을 표방했었다고 주장했지만, "나는 우리가 길고도 쓰라린 고통을 감수하고 과감한 노력을 기울여 얻었던 결실을 소련이 전혀 기여하는 바 없이 가져가게 하고 싶지 않았다"고 술회함으로써 적어도 심정적으로는 참전배제론을 견지했음을 시사했다. 트루먼의 회고록을 제외한 대부분의 비공식 민간 문헌에서는 참전배제론이 대세를 이루고 있다.

○ 한편 7월 23일 마셜은 스팀슨에게 소련군이 이미 시베리아에 결집하고 있어 스탈린이 원하는 어떠한 영토 확보도 미국으로는 저지하기가 쉽지 않다고 설명했다. 또한 마셜은 스팀슨에게 일본의 조속한 항복을 위하여 소련의 참전을 원한다고 말했다.

그런데 23일 마셜은 소련의 참전을 원했으므로, 23일의 회합에 대한 스팀슨의 기술(마셜은 소련의 참전이 불필요하다고 간주했다)은 오해이거나 과대평가의 소치라는 주장도 있다. 한편 트루먼은 스팀슨 장관에게도 같은 질문을 던져 역시 필요 없다는 회답을 얻었다. 따라서 트루먼은 전술한 바와 같이 7월 25일 일본의 급격한 항복에 대비하라고 맥아더에게 지시했다. 그런데 마셜은 "그 당시 우리는 9개의 원폭이 필요하다고 예측했을 정도로 실제적인 위력을 몰랐다"고 후일 회고했다.

○ 마셜도서관에 소장되어 있는 마셜의 7월 26일자 극비 메모에 의하면 그는 7월 27일 워싱턴으로 귀환할 계획을 세워놓고 트루먼에게 "우리가 내일 출발하는 것은 미국이 더 이상 소련의 지원을 추구하지 않으며 소련의 극동전 참전에 의존하지 않는다는 것을 보여줄 수 있다"는 보고를 했다. 그리고 소련 참전 전에 전쟁이 종결될 것에 대비해 한반도를 점령지역에 포함시키라는 지시를 7월 25일 앞 주前週에 내렸다는 것이다.

○ 트루먼은 후일 그의 회고록에서 "내가 포츠담에 간 이유는 스탈린으로부터 소련의 대일전 참전에 관한 개인적인 재확약을 받는 데 있었다"고 쓰고 있으며, 핵무기의 개발을 이미 알고 있었던 7월 24일의 시점에서도 "소련의 대일전 참전 보장을 받는 것이 미국에게 매우 중요했다"고 적고 있다.(Harry Truman, *Memoirs*) 공식정책에 의거하여 브리핑할 수밖에 없었던 미·영 연합참모회의(Combined Chiefs of Staff)는 1945년 7월 24일 트루먼과 처칠에게 "러시아로 하여금 대일전에 참전 하도록 고무하라"고 건의 했다. 피상적으로 위의 회고를 분석하면 참전배제론의 「숨겨진 의도와는 반대」되는 것처럼 여겨지지만 전술한 바와 같이 "소·일 접근을 방지한다"는 의도에서 이해하면 부분적으로는 사실과 부합되는 설명일 수 있다. 단지 참전불필요론을 포함시키지 않았으므로 그 정직성에 의심이 간다고 평가할 수는 있다. 회고록을 작성할 당시에 모든 사실을 밝힐 수 없었던 몇 가지 속사정이 있었다. 먼저 '참전불필요론'은 소련을 기만하기 위하여 비밀리에 진행된 공작이었으므로 정치도의상 밝힐 수 없었을 것이다. 둘째 문제는 이 공작이 실패했다는 데에 있다. 그는 맥아더와의 갈등 때문에 1953년 대통령 출마를 포기해야 했을 정도로 잠시 여론의 지탄을 받았으므로, 명예에 치명적인 손상을 끼칠 여지가 있는 '실패한 기록'들을 구태여 밝힐 필요가 없었을 것이다. 따라서 그는 공식입장인 '참전불가피론'에 입각하여 회고했던 것이다.

소련의 참전이 그들의 제보대로 8월 중순 이후에 이루어질 수 있을 것으로 예상한 트루먼은 8월 첫 2주전에 전쟁을 종결시키려 노력했다. 그는 원폭이라는 힘을 담보로 소련과 대결하려는 자세로 전환했던 것이다. 포츠담회담 시작 때인 7월 17일 소련의 참전 확답을 들었지만 이는 소련과 일본의 밀월을 방지하기 위한 차원이었고 이후로는 만약 소련의 참전을 원한다면 당연히 했어야 할 참전 종용은 일체 없었다. 더 많은 이권을 공여해 참전을 촉진시키는 전략은 전혀 택하지 않았고 대신 다소 유보적이며 애매한 태도를 보이면서 지연작전을 구사했던 것이다.(미국의 작전 수뇌부에서조차 모르게 했다. 마지막 단계까지 원폭은 비밀에 붙여졌기 때문이다. 일례를 들면 1945년 중반 전쟁부 작전국 내에서는 국장

［힙〕· 부국장〔크레이그Howard Craig 소장〕· 링컨 준장 외에는 전혀 이 사실을 모르고 있었다.）

○ 처칠은 7월 17일 오후와 18일에 스팀슨 미 전쟁장관으로부터 핵무기 실험의 성공에 대하여 보고받았다고 기록했다. 또한 처칠은 핵실험이 있기 전인 7월 4일 그 무기의 일본에 대한 사용을 동의했다고 한다. 한편 1945년 7월 4일 미 전쟁부에서 열린 정책 회의에 의하면 일본에 대한 핵무기 사용을 결심한 미국은 이미 영국의 동의를 얻었으며 소련과의 협의가 남아 있던 상태였다. 만약 포츠담에서의 미·소 관계가 원만하다면 트루먼이 스탈린에게 곧 개발이 완료될 핵무기의 사용가능성을 알려주는 것이 좋을 것이라는 건의가 이 회의의 결론이었다.

그런데 만약 원만한 미·소 관계가 정립되지 않은 상태에서 스탈린이 신무기에 대한 정보공개를 요청해 오면 트루먼이 "현재로서는 이 문제에 대하여 더 이상 고려할 만한 준비가 되어 있지 않다"는 식으로 은폐하라고 스팀슨 전쟁장관을 비롯한 회의 참석자들은 건의했다. 스팀슨은 1945년 7월 19일의 메모에서도 핵무기에 대하여 소련에게 그들의 대일전 참전 협정과 연계하여 서서히 알려주어야 한다고 건의했다.("Memorandum by the Secretary of War〔Stimson〕", July 19, 1945)

트루먼은 동맹국 원수인 스탈린에게 조만간 원자폭탄의 존재를 알릴 수밖에 없다고 판단했으며, 이 문제는 미국과 영국이 공유했던 특급비밀이었으므로 7월 18일 점심을 같이 하면서 처칠과 협의했다. 트루먼은 회담이 끝날 때에 알리는 것이 가장 좋을 것이라고 말했고 처칠은 방금 실시된 실험의 결과가 판명된 후에 알리자고 주장했으나, 만약 그렇게 되면 러시아인들이 "왜 우리에게는 미리 알려주지 않았느냐"고 항의할 것이라고 트루먼이 말해 결국 회담 종반 경 통보하는 방향으로 논의가 집약되었다.

6일 뒤인 7월24일 3국 공식 정상회담 중 쉬는 시간에 비공식적으로 대좌한 자리에서 스탈린과 만난 트루먼은 "우리는 오랜 실험 끝에 다른 무기보다 파괴력이 강한 신무기를 제조했으며 일본이 곧 항복하지 않으면 이를 사용할 것이다"라고 언급했다. 20,000톤의 TNT와 파괴력이 맞먹으며 일주일 내로 일본에 떨어뜨릴 수도 있을 것이라고 말했다. 트루먼은 폭탄의 특성nature에 대해 상세하면서도 구체적인 언급을 하지 않았음에도 불구하고 스탈린은 그에게 공손하게 감사의 뜻을 표했다고 한다.

당시 스탈린은 원자폭탄에 대하여 어느 정도나 인지하고 있었을까? 이 문제에 대해 미국은 스탈린이 핵무기에 대하여 별다른 지식을 가지고 있지 않았다고 해석하는 경향이 있다. 소련의 바실레프스키Aleksandr Mikhailovich Vasilevski 원수도 스탈린이 원폭의 존재 여부에 대하여 몰랐다고 증언했으며, 번스의 1947년 회고록의 다음 대목도 이를 뒷받침한다.

스탈린의 반응은 "축하하오. 그 무기가 (훌륭하게) 사용될 수 있기를 바라오"라는 단 두 마디의 말뿐이었다. 나는 그가 왜 그렇게 관심 없어 하는지 놀랐다. 그가 이 발명의 중요성에 대하여 아직 인식하지 못하고 있다고 판단했다. 다음날 더 많은 정보를 구하리라고 예상했으나 그는 그렇게 하지 않았다. 후일 나는 군사무기의 개발을 비밀에 부치는 러시아인들의 관습상 남에게 물어보는 것은 예의에 벗어난다고 생각했기에 그렇게 했다고 결론 내렸다.

그러나 그는 1958년 회고록에서 다른 각도로 이 문제를 술회하고 있다.

나는 그때나 지금이나 스탈린이 그 정보의 의미를 간파하지 못했다고 믿고 있다. 그러나 소련 정보망의 치밀함에 대하여 잘 알고 있다고 자처하는 미국인들은 스탈린이 뉴멕시코의 핵실험에 대하여 이미 알고 있었으므로 그렇게 무관심한 척했었다고 후일 평가했다.

스탈린은 이 무기가 핵무기라는 사실을 인지했다는 것이 위 주장의 주안점이다. "훌륭하게 사용될 수 있기를 바란다"는 언급은 '예견하고 있는 듯한 외교적 언사'일 수도 있다는 것이다. 이에 입각한다면 스탈린은 트루먼보다 일주일 늦게 보고받았으나 핵무기에 대한 사전 지식이 전혀 없지는 않았던 것으로 판단된다.

그로미코도 스탈린은 핵무기에 대하여 알고 있었다고 주장한다. 스탈린은 핵무기에 대하여 표면적으로는 무관심하고 무감각한 태도를 보였음에도 불구하고 트루먼에게 소식을 들은 직후 비밀리에 자국의 물리학자에게 자문을 구하면서 2년 전에 추진했던 소련의 원자폭탄 개발에 박차를 가하라고 지시하는 등 치밀하게 대응했다는 것이다.

○ 그로미코의 책에 의하면 스탈린은 트루먼의 통보 직후 바로 참모회의를 소집하였는데 이 자리에서 스탈린은 원폭 제조 사실을 비밀에 부쳐온 루즈벨트의 태도를 비난함과 동시에 미국이 원폭 독점을 이용해 강경하게 나올 것을 우려해 초조한 기색을 감추지 못했다는 것이다. 소련이 이미 알고 있었다는 것은 윌리엄스의 다음 저서 등에서도 확인된다.(William Appleman Williams, *The Tragedy of American Diplomacy*, 1962)

이미 소련 스파이를 통해 원자폭탄에 대한 정보를 입수했던 스탈린은 미국의 제보에 별다른 반응을 보이지 않았다는 것이다. 다른 자료도 이를 뒷받침하므로 바실레프스키 원수의 회고담보다 스탈린을 직접 보좌했던 그로미코의 회고가 더 정확하다고 풀이된다. 또한 몰로토프 회고록에 의하면 로젠버그 부처Julius and Ethel Rosenberg가 미국에 심어놓은 소련의 원폭 간첩망에 이 정보가 연결되었다고 한다.

또한 스탈린을 수행했던 몰로토프는 1993년 영어로 간행된 회고록에서 다음과 같이 좀 더 구체적으로 기술했다.

트루먼은 우리를 놀라게 하려고 했다. 1945년 7월 24일 저녁 미국 대표단이 주최한 만찬이 끝난 뒤 트루먼은 스탈린과 나를 옆으로 데리고 가더니 은밀한 표정을 지으며 "우리는 이제까지 존재한 일이 없는 특별한 무기, 아주 별난 무기를 갖고 있다"고 말했다. 트루먼은 우리에게 충격을 주고 싶어 했다. 그러나 스탈린은 "그러냐"고 대답하면서 침착히 반응했다. 트루먼은 스탈린이 뭘 모른다고 판단했을 것이다. 그러나 스탈린은 정확히 알고 있었다. 트루먼은 원폭이란 표현을 전혀 쓰지 않았지만 「아주 별난 특별한 무기」가 원폭임을 알고 있었던 것이다. 그러나 스탈린은 아는 척을 하지 않았다.

따라서 이러한 맥락에서 본다면 기존의 정설보다 「핵무기에 대한 소련의 주도면밀 대응설」이 더 설득력이 있는 것으로 판단된다.

2. 미국, 한반도를 필리핀 · 일본에 이어 대륙통제 교두보로 구상

1) 군 주둔과 폭격기 출격의 불침 함대이자 경제시장 적격

유럽전쟁이 종결되지 않은 상황에서 열린 얄타회담에서는 아직 산적山積한 과제가 있었기 때문에 동북아시아문제에 대한 논의는 별 진전이 없었다고 평가할 수 있으나, 유럽전쟁이 끝나 일본과의 전쟁이 주요 관심사로 등장했던 포츠담에서 소련의 대일전 참전을 비롯한 동북아시아 구상이 구체적으로 논의되지 않았다는 사실은 석연치 않다. 물론 유럽의 전후 처리문제가 중심의제였으므로 아시아문제를 배제했다고 해석할 수 있으나, 전쟁을 조기에 끝내기 위해서는 소련의 참전 조건에 대한 확고한 논의가 있어야 했다. 유럽의 전후 처리문제는 태평양전쟁의 종전과 비교한다면 여유가 있는 문제였던 것이다. (이완범 『삼팔선 획정의 진실』 지식산업사 2001)

태평양전쟁의 종전과 관련하여 당시 가장 시급했던 문제는 역시 소련의 참전을 가능케 할 중 · 소 교섭의 추진이었다. 소련은 자국의 중국에 대한 이권요구를 당사국 중국이 동의해야 참전이 가능하다고 여러 차례 공언했던 것이다. 트루먼의 핵심 참모인 해리먼과 스팀슨 등은 모두 중국문제를 구체적으로 논의할 것을 건의했다. 그러나 트루먼은 이들의 의견을 묵살했으며 번스의 의견을 받아들여 중국문제를 논의하지 않았다. 후술하는 바와 같이 중·소 교섭의 과정에 직접 개입하여 교섭을 촉진시키기보다는 중국을 배후조종하여 중·소 협상의 타결을 지연시킴으로써 소련이 참전하기 전에 종전하려 했던 것이다.

○ 번스는 당초 만약 중·소 교섭이 시작되지 않는다면 소련이 무작정 즉각적으로 참전하여 얄타에서 공여된 것뿐만 아니라 무엇이든 얻을 수 있음을 우려했으나 이제 교섭이 시작되었으므로 그 우려를 불식하면서 지연작전을 구사했다. 따라서 "소련이 얄타에서의 합의를 넘어선 과도한 요구를 한다"는 중국의 주장에 접한 번스는 대통령의 재가를 받아 7월 6일 해리먼을 통하여 송자문宋子文에게 다음과 같이 요구했다. "미국은 얄타협정 범위를 넘어선 중국의 양보를 원하지 않으며 협약이 타결되기 전에 중국은 미국과 사전에 상의해야 한다." ("Harriman to Truman and the Secretary of State", July 3, 1945)

번스의 측근인 월터 브라운은 7월 20일 다음과 같이 기록하고 있다. "번스는 중국문제에 있어서 스탈린을 이기려고 했다. 그는 송자문이 계속 확고한 태도를 취할 것을 바라면서 그렇게 되면 소련이 참전하지 않을 것이라고 생각했다. 또한 소련이 참전하기 전에 일본이 항복할 것이며 이것이 중국을 구원할 것이라고 생각했다." 또한 7월 23일 트루먼은 번스의 건의에 따라 장개석에게 서한을 보내 미국이 얄타협약의 한계를 넘어서면서까지 양보하기를 기대하지는 않으며 스탈린과의 협상재개를 요구했다.

핵무기가 현실로 다가오기 전인 7월 7일 미국은 위난트John Winant 주영대사와 해리먼 주소대사를 통해 영국과 소련 당국에 보낸 전문에서 6개항의 의제에 이어 "극동관계정책에 관한 협의가 예정되어 있다"고 언급했다. 이 시점까지도 극동문제를 주요한 의제로 채택하는 것이 미국의 공식입장이었으므로 급격한 노선전환이 있었던 것으로 풀이된다. 따라서 원자폭탄에 고무된 미국이 고의로 중국문제를 중심으로 한 동북 아시아문제에 관한 토의를 회피했던 것으로 판단된다. 트루먼은 얄타 회담에 관한 미국의 해석에 대한 동의를 소련으로부터 얻어내려는 계획도 포기했던 것이다.

(1) 독·이·일의 식민지 및 피점령지역 등 전리품 놓고 미·소 신경전

소련의 대일전 참전과 연관지어 논의해야 할 한반도문제 또한 원자 폭탄의 영향을 강력히 받는 주제가 되었다. 미국은 독일에 대한 4대국 분할점령에 참여하였고 동구에서 소련의 팽창을 경험하였으므로 이미 냉전을 향한 사고를 하기 시작했다. 따라서 동북아시아문제를 다루면서 소련의 팽창을 저지하려는 목적을 가지고 한반도 정책을 입안했다.

결론적으로 말하면 신무기를 통해 소련에 대한 힘의 우위를 확인한 트루먼은 동북아

지역에 대한 이전의 정책을 완전히 재검토하여 소련이 참전하기 전에 전쟁을 종결시키려고 시도했다고 할 수 있다. 미국의 소극적 힘의 공백지대화 전략이 적극적으로 변하면서 한반도를 독점하려는 전략까지 시도했던 것이다.

1945년 7월 22일 6차 확대정상회담에서 이탈리아 식민지의 신탁통치 실시 문제를 토의할 때, 소련은 한반도 신탁통치안에 대하여 문제를 제기했으나 미·영·소 간에 구체적으로 토의되지는 않았다. 소련은 어떤 맥락에서 이 문제를 제기했으며, 왜 계속 문제 삼지 않았을까? 이에 대한 해답을 얻기 위하여 먼저 논의 배경부터 살펴본 후, 당시 회의록을 면밀히 검토하고자한다.

1945년 7월 17일의 첫 번째 회담에서 몰로토프는 아직 누구의 세력권으로도 분류되지 않았던 이탈리아의 아프리카 식민지를 소련의 신탁통치 지역으로 배당해야 한다고 암시했다. 20일 아침 그로미코 대사는 번스 미 국무장관을 만나 신탁통치 문제를 논의했고 같은 시간에 몰로토프는 외상회담에서 그 문제를 논의하자고 제안했으나, 이든Anthony Eden 영국 외상이 상정을 반대하여 결국 오후에 열릴 정상회담으로 연기되었다. 이때 몰로토프는 신탁통치에 관한 소련의 보고서를 제출했다. 소련은 이 보고서에서 자국의 안보와 직접 관련이 없는 이탈리아의 아프리카 식민지를 요구함으로써 그들의 야심을 드러냈는데, 당시 번스는 이를 충분히 인식하고 있었다.

쟁점이 되었던 아프리카의 이탈리아 식민지는 리비아이다. 지중해 연안에 소련과 영국이 관심을 갖고 있었던 리비아는 트리폴리타니아·치레나이카Cirenaica·페잔으로 이루어져 있었다. 페잔은 사하라 사막에 치우쳐 있어 활용 가치가 적었으므로 앞의 두 지역이 관심의 초점이 되었다. 본래 분리되어 있던 트리폴리타니아와 치레나이카는 1934년 12월 리비아로 통합되었으며 이탈리아가 패전한 이후 리비아는 다시 3분되어 각각 군사행정(영국이 지배하는 치레나이카·트리폴리타니아와 프랑스가 지배하는 페잔)이 시행되고 있었다.(Benjamin Rivlin. *The United Nations and the Italian Colonies*)

소련은 신탁통치문제에 대하여 별다른 의견이 없었던 것이 아니라 비교적 신중하게 검토했음이 이 회담의 보고서를 통하여 확인되었다.

먼저 일반론으로서, 신탁통치 대상지역은 ① 현재 국제연맹의 위임통치령, ② 적국으로부터 탈취한 영토, ③ 자발적으로 신탁통치를 받겠다고 하는 지역, 그리고 ④ 앞으로 유엔회의 등에서 논의되지 않을 지역 등 4가지로 구분되며, 이들 각 지역의 경우 추가적 협정(유엔헌장 79조와 83조 1항. 85조 1항)에 의거하면 1945년 12월의 모스크바 코뮤니케와 같은(Ali Maalem, *Colonialism-Trusteeship-Indépendance* 〔Paris : Défense de la France, 1946〕) 관계국간의 협정을 우선하여 이 협정을 안보리 혹은 총회가 승인하는 수순을 밟아야 한다. 따라서 미국은 1945년 12월의 모스크바 3상회담에서 이 문제를 의제로서 상정했던 것이고, 소련은 이러한 대상지역이 얄타협정 문안에 이미 들어있다는 사실에 주목하고 있었다.

사실 얄타회담이나 샌프란시스코 회담에서도 신탁통치 실시 지역을 구체적으로 거명하지는 않았다. 또한 그로미코가 자국의 신탁통치 시정국施政國 포함을 속셈으로 스테티니우스와 1945년 6월 20일과 23일에 교환한 서신에서도 구체적 지역이 명시되지 않았으나 서로가 이 사실을 인지했다.("Gromyko to Stettinius", June 20, 1945 ; "Stettinius to Gromyko", June 23, 1945) 그러나 몰로토프의 보고서에서는 아프리카와 지중해 연안 지역의 이탈리아 식민지를 외상위원회에서 심의할 것과 소·미·영의 공동신탁통치나 개별신탁통치로 하자는 등의 구체적인 지역 이름이 거론되었다.

포츠담회담 이전에도 소련은 이러한 야심을 표출한 적이 있다. 1945년 1월 13일 그로미코 워싱턴 주재 소련대사는 미 국무부 직원과의 대담에서 이탈리아와 일본으로부터 탈취된 지역에 신탁통치를 실시할 경우 자국이 권한행사를 해야 한다고 주장했다.

식민지 및 피점령지역 현지 주민들의 반제국주의 독립투쟁 정서를 고려해 볼 때 당시로서는 막연한 상태로나마 평등민주화 이념의 발원지로서의 기대를 받고 있던 소련이 이들 지역의 해방과 독립, 잠정적 조정형태인 신탁통치에 관심을 가진 것은 당연했을 것으로 보인다. 한편 나중에 드러났지만 적대적으로 싸웠던 미국과 일본은 끝내 군사동맹까지 맺는 모순된 모습을 보이면서 주변국들에게 재침의 위협을 주게 된다.

(2) 핵무기로 소련에 대한 우위 확인한 미국, 한반도 독점 의지 굳혀

그런데 소련 외교관들의 보고서에서 왜 한반도를 구체적으로 거명하지 않았을까? 만약 소련이 한반도 신탁통치에 대하여 불만을 느꼈다면 이 보고서에서 언급했을 것이다. 그러나 소련은 한반도를 신탁통치하는 데 참여가 보장되어 비교적 만족했기 때문에 문제를 제기하지 않고 당시까지 자신들의 참여가 보장되지 않았던 이탈리아 식민지를 확보하기 위하여 문제를 제기했던 것으로 풀이된다. 그렇지 않으면 이탈리아 식민지문제에 주력했기 때문에 한반도에 대해서는 문제를 제기하지 않았던 것으로 해석할 수도 있다.

물론 아시아에서 전쟁은 아직 끝나지 않았고 전쟁에 참전하지 않았던 소련은 전쟁당사자가 아니어서 '전리품'에 관하여 논의할 처지가 아니라고 판단했기 때문에 그렇게 했다고 해석할 여지도 있다. 그러나 후술하는 바와 같이 대일전에 참여하기 전인 1945년

7월 22일에도 한반도 신탁통치문제에 대한 의견교환을 제의했던 것에 주목하면 소련이 한반도 문제 해결의 당사자가 아니라고 생각했던 것은 아닌 것으로 해석된다.

7월 22일자 회의록에는 두 판본이 있다. 톰슨 회의록을 저본으로 하고 코헨노트를 보완본으로 간주하여 아래와 같이 정리하여 본다.

신탁통치문제는 7월 21일의 확대회담에서 연기된 주제였으며, 7월 22일에는 폴란드 문제에 뒤이은 두 번째 주제로 배정되었다. 의장인 트루먼은 폴란드 서부 국경선문제에 대해 토론을 조기에 종결시키고 신탁통치문제를 토의하려고 시도했으나 영국과 소련의 열띤 토론으로 계속 지연되던 중 바로 아래 내용과 같이 문제를 제기하자 소련이 주도적으로 나섰다.

트루먼 : 신탁통치문제에 대하여 토의합시다. 소련의 의견부터 듣지요.
스탈린 : 이 분야는 몰로토프가 전문가요.
몰로토프 : 소련의 안은 이미 제출되었소. 샌프란시스코회담의 결과로 소련 대표단의 성명이 나올 수 있었소. 신탁통치제도는 유엔헌장에 의거하여 결정되었던 것으로 알고 있소. 지금 단계에서는 (어느 지역이 신탁통치지역으로 분류될 것인지) 구체적인 영토문제 논의가 있어야 한다고 생각하오. 본 회담에서 상세한 토의를 하는 것은 불가능하겠으나 약간의 진전은 있을 수 있다고 생각하오. 먼저 아프리카와 지중해의 이탈리아 식민지에 대하여 논의할 수 있을 것이오. 이 문제는 (포츠담에서의) 외상회의에서 논하든지 내일 이 자리에서 논할 수 있을 것이오.

이렇게 이탈리아 식민지문제를 제기하자 이든 영국 외상은 "그렇다면 지금 당신들은 우리 세력권을 원한다는 말이오?"라며 반발했다. 지중해 지역의 이탈리아 식민지인 리비아·트리폴리·치레나이카에서 이탈리아군과 싸워 이를 탈취한 영국은 소련의 식민지 확보 암시에 대하여 "영국만이 식민지를 얻을 수 있으며 그와 별개인 신탁통치문제는 후일의 강화회담에서 논의해야 할 문제이고 설사 신탁통치지역으로 분류된다 해도 궁극적 시정施政은 유엔이 행할 것"이라는 기본입장을 견지하고 있었다. 영국이 의외로 강력하게 반발하자 당황한 소련은 무마하기 위한 발언을 했는데 이것이 한반도와 관련되는 중요한 부분이다.

몰로토프[스탈린] : (나는 꼭 당신들의 세력권인 이탈리아 식민지만 논의하자는 것이 아니라) 샌프란시스코회담에서 3거두가 합의한 원칙에 부합되는 다른 지역도 논의할 수 있다는 것이오. 예를 들면 한반도문제에 관해서도 의견을 교환할 수 있다는 얘기요.

소련이 한반도문제를 제기한 것은 이를 토의하기 위한 것이 아니라 자신들의 의도를 은폐하면서 영국의 반발을 무마하기 위한 것이었다. 그러나 영국의 반발은 줄어들지 않았으며 오히려 원칙적 문제를 제기하는 단계에 이르렀다. 양국간의 상이한 세력확보 복안腹案(속마음)이 마찰하여 갈등이 표출되었던 것이다.

처칠 : 나는 어떤 문제에 관해서도 논의할 수 있으나 결정을 내릴 수 없다면 이 논의는 단지 흥미로운 이야기에 불과하다고 생각하오. 현존하는 위임통치령에 대하여는 샌프란시스코회담에서 논의되었던 것으로 알고 있소.

이에 트루먼은 양국간의 반목을 무마하기 위하여 외상회의로 신탁통치문제를 이관시킬 것을 주장했다.

트루먼 : 유엔헌장 77조(부터 79조까지)를 읽으면서 위임통치권자의 동의가 없으면 위임통치령을 신탁통치지역으로 분류할 수 없게 되어 있소. 소련이 논의하자는 지역은 77조 2항에 의거한 적국으로부터 분리된 지역인데 나는 이 문제를 (포츠담에서의) 외상회의로 넘겨버렸으면 하오.

처칠 : 우리는 샌프란시스코회담에서 합의된 사항을 절대적으로 지지하오. 국제기구에 관련된 문제를 여기(포츠담)서 토의한다는 것은 문제가 있다고 생각하오.

신탁통치문제를 논의할 자리가 아니라는 처칠의 극단적 주장에 대하여 트루먼은 영국을 무마하려고 재차 시도했다.

트루먼 : 유엔헌장 79조는 당신(영국)의 위임통치령을 보호할 수 있는 근거를 제공하고 있소.

그러나 스탈린이 계속 논쟁에 참여하여 격론이 진행되자 트루먼은 영국 편만을 들지도 않고 소련을 비판하는 것도 아닌 애매한 중재자 역할을 하면서 속셈을 조정할 뿐 신탁통치에 대한 구체적 안을 제출하지 않았다. 미국은 이탈리아 식민지에 대하여 여러 가지 구상을 검토했으나 '복안을 숨기면서 소련을 견제하는' 유보적 태도를 보였다.

○ 미국에게 이탈리아 식민지에 대한 정책이 전혀 없었던 것은 아니다. 1942년 5월 대외관계협의회는 리비아의 장래 문제에 대하여 토론했다. 또한 국무부는 1943년부터 북아프리카문제를 조사했으며 이 지역에 신탁통치가 적용될 가능성이 있으며 영국의 태도가 중요한 변수

라는 사실까지 인지하고 있었다.

1944년 3월 25일 국무부 아프리카과에서 작성한 보고서에 의하면 이탈리아 식민지에 대하여 심층적 토론을 할 단계가 아니라고 전제하면서도 에리트리아는 에티오피아로 반환하는 것이 좋겠으며, 이탈리아령 소말리랜드나 리비아에 대하여는 아직 확실한 결론이 없다는 의견을 첨부했다. 한편 영국은 이탈리아령 소말리랜드와 영령 소말리랜드, 불령 소말리랜드, 에티오피아의 일부(오가덴)까지 포함하는 연방을 구성하고자 했는데, 이의 실현 가능성에 대하여 회의하는 미국은 아직 확정적인 정책은 없었다. 리비아의 경우는 이탈리아로부터 분리한다는 정책만이 확정되어 있었으며, 자립하기 어려운 치레나이카는 이집트에 포함시키거나 세누시 추장의 영도 하에 자치를 허용하는 방안이 검토되고 있었다.

미국은 예전에 식민제국이었던 영국이 세력을 다시 장악하려는 기도를 견제해야 했으나 소련의 요구는 더욱 견제해야 할 이중적 위치에 있었다. 결국 7월 22일에는 한반도 신탁통치문제를 더 이상 논의하지 않았다. 미국은 한반도 신탁통치문제를 소·영간의 대립으로 묻은 채 자연스럽게 회피할 수 있었다.

그러면 포츠담의 신탁통치 논의가 7월 22일 이후 어떻게 결말지어졌는지를 살펴보자.

7월 23일 외상회담에서 몰로토프는 이탈리아로부터 식민지를 분리하여 미·영·소 3국의 신탁통치에 두자고 제안하자 식민지를 점령하여 관리 중이던 영국의 외상은 이탈리아로부터 식민지를 박탈할 것인가의 여부는 외상위원회와 강화조약에서, 신탁통치문제는 유엔에서 다룰 문제라는 종전 입장을 되풀이했다. 이에 번스도 신탁통치의 구체적 세부논의를 반대하여 이든과 입장을 같이했다. 전날 트루먼이 모호한 중립을 지켰던 것과는 달리 번스는 영국과 함께 소련에 대한 공동전선을 폈다.

몰로토프는 8월 1일 공동선언을 만드는 과정에서 재차 문제를 제기했다. 공동선언에 신탁통치안의 일반규정을 삽입시키면서 이탈리아 식민지에 신탁통치안을 적용시키려고 회담 마지막까지 노력했는데, 결국 이탈리아 식민지는 9월 외상위원회에서 논의할 것으로 규정하는 데 그쳤다. 당시 몰로토프는 신탁통치문제에 관한 한 이탈리아 식민지에만 관심이 있었으며 한반도에 관심을 가질 만한 여력은 없었다.

포츠담회담은 독일과의 전쟁이 종결된 직후 전후 처리문제를 논의하기 위한 회합이었으므로 신탁통치문제는 하나의 주변문제에 불과했다. 가장 중심이 된 문제는 전후 평화체제 구축을 위한 미·영·소 외상위원회(a Council of Foreign Ministers) 개최와 독일문제 해결이었다. 의정서와 공동선언의 거의 80퍼센트 이상이 이러한 문제이며, 이탈리아만을 언급한 신탁통치문제가 11번째 항목에 간략하게 기록될 뿐이었다.

결국 포츠담회담에서는 한반도 신탁통치문제는 소련이 한 번 문제를 제기했을 뿐 구체적으로 논의되지는 않았다. 다른 문제가 더 시급했기 때문에 논의되지 않았을 가능성도 있지만, 회담 직전 여러 인사들이 한반도에 대하여 확실히 해둘 것을 건의했던 사실에 주목한다면 트루먼이 논의를 회피했을 가능성이 더 농후하다. 한편 소련도 포츠담회담 이선에는 문서에 기반한 동의를 의도적으로 하지 않았으며 포츠딤에서도 문제제기만 했을 뿐 더 이상의 구체적인 논의를 회피했다. 소련도 한반도 탁치문제에 대해 그렇게 적극적으로 논의하려고 하지는 않았다.

결국 한반도 탁치에 대한 확고한 정책은 전시회담에서는 마련되지 못했다. 이 문제는 그 주된 당사자인 미국과 소련이 침묵했기 때문에 논의되지 않았다고 풀이할 수 있다. 한반도문제에 대한 논의를 자연스럽게 회피할 수 있게 만들어 준 부수적인 요인은 바로 영·소의 대립이었다고 할 수 있다.

미국은 핵무기를 사용하여 소련 참전 전에 전쟁을 종결시킬 수만 있다면 「한반도 문제에 대한 구체적 합의에 의해 소련의 전통적 이권을 인정하는 사태」를 막을 수 있다는 판단을 했던 것으로 해석된다. 신탁통치안을 구체화시켜 한반도를 소련의 확실한 세력권으로 만들어 주는 것보다 현재와 같이 모호한 상태(힘의 공백지대)로 남겨두는 것이 낫다고 판단했던 것이다. 물론 다국적 신탁통치에 대한 논의가 구체화된다 해도 한반도가 소련의 확실한 세력권에 속하리라는 보장은 없으며, 루즈벨트의 의도대로 "소련에 대한 유일한 견제안으로서의 신탁통치안"이 작동하여 오히려 한반도에서 소련의 세력이 약화될 가능성도 있었다.

그러나 트루먼은 소련의 이익에 부합되게 작용할 가능성을 전혀 무시할 수는 없었으므로 논의를 회피하면서도 조기 종전과 독점을 기도하는 확실한 방법을 택했던 것으로 판단된다. 이와 같이 트루먼은 루즈벨트와는 달리 신탁통치의 틀에서 벗어난 정책지향도 가지고 있었다. 그러나 둘 사이의 차이는 방법상 차이일 뿐이며 미국에만 유리한 세력권을 확보하려는 목적은 일치했다.

결과적으로 「소극적이던 힘의 공백지대화 전략」에서 「적극적인 독점전략」으로 바뀌었던 것이다. 만약 소련이 참전하여 독점전략이 실패한다 해도 소련의 작전구역에서 한반도를 배제하는 「힘의 공백지대화 전략」이 최후의 보루로 남아 있었기 때문에 최소한 자의적인 침범을 방지할 수는 있었다.

미국은 신탁통치에 대한 구체적인 토의를 불가능하게 만들었던 지연전략을 채택함으로써 힘의 공백지대화 전략은 성공적으로 구현되었다. 그렇지만 이 전략의 채택으로 인하여 신탁통치의 실현 불가능성은 한층 가중되었으며, 한반도 분단의 운명을 가져올 점령마이 미국의 유일한 현실적 대안으로 고려하게 되었다고 할 수 있다.

(3) 군사전략회의에서도 미국은 힘의 공백화와 논의 회피 술수

포츠담회담의 군사전략회의에서는 미국의 한반도 논의지연에 의한 독점전략이 정상회담에서보다 한 차원 더 구체적으로 표출되었다. 힘의 공백지대화 전략은, 육상작전 분계선에 대해 미국이 아예 논의를 회피하는 형태로 추진되었는데, 이를 구체적으로 살펴보면 다음과 같았다.

1945년 7월 24일 오후 2시 30분부터 시작된 미·영·소 3국 군사회담에서 소련 수석대표 안토노프 장군은 중화민국과 회의한 결과에 따라 결정할 문제이지만 소련의 잠정적 참전 예정 시점은 8월 하반기 말이며, 전쟁목표는 미국이 할당한 대로 관동군 격파와 요동반도 점령이라고 천명한 후, 알래스카~시베리아 간 통로 개통을 위한 쿠릴열도의 작전협력문제를 논의하는 과정에서 소련이 한반도를 공격하는 문제에 대하여 잠시 언급했다. "조선반도 공격을 가하게 될 소련 병력에 호응하여 미국이 조선반도 해안에 대한 작전을 감행할 수는 없는지" 문의했다.

여기서 두 가지 중요한 점을 지적할 수 있는데 ① 소련은 조선반도 공격이 마치 계획된 것처럼 적극적으로 말하면서도 ② 이 시점에서 조선반도를 자국의 독점 구역으로 간주하지는 않고 있었다는 것이다. 소련은 조선반도를 독점할 능력이 없었던 것으로 판단할 수 있다.

마셜 참모총장은 "소련의 작전에서 조선반도가 차지하는 중요성은 알고 있으나" 규슈작전에 주력해야 하므로 막대한 장비와 인명이 소요될 "조선반도 공격은 규슈 상륙작전 이후에나 그 가능성을 결정할" 문제라고 설명했다. 조선반도와 요동반도에 대한 미국의 작전은 해·공군력에 의존한 공격을 계획하고 있을 뿐이라고 공식적으로 표명했다. 이 때 마셜은 조선반도 남부southern Korea라는 표현까지 사용하면서 일본 규슈 등을 자주 언급해 이 지역이 자신들의 세력권임을 암시했다고 할 수도 있다.

이에 안토노프는 자신들의 일차 공격목표가 만주 관동군이며 남사할린은 이차 공격목표라는 사실을 확인시켜 주었으며 조선반도는 언급하지 않았다. 그럼에도 불구하고 조선반도 진격작전에 대해 소련이 먼저 언급했으므로 미국은 조선반도가 소련의 공격목표에 속할 수 있다는 사실은 감지했을 것이다.

미국은 소련의 조선반도 독점을 방지하기 위하여 공동작전이 필요하다고 인식했지만 막상 소련이 그렇게 제안하자 긍정적으로 대답하기보다는 지연작전을 구사했다. 소련의 조선반도 진격을 정면으로 막을 수 없었던 미국은 "현재로서는 공동작전이 있을 수 없다"고 표명함으로써 「조선반도는 소련이 얼마간 독점할 수 있는 지역」이라는 판단을 소련에게 심어주어 진격을 지연시키고 최대한 힘의 공백지대로 만들려고 노력했다. 미국은 점령과 군정은 물론 진격작전까지 검토했지만 시치미를 뗀 채 이를 숨기면서 논의 자체를 회피하여 조선반도를 힘의 공백지대로 묶어 놓으려 했던 것이다. 미·소 모두 속으로는 조선 점령을 고려하면서도 이를 노출하는 것은 상대방을 자극하는 일이라고 판단하여 구체적 복안을 은폐했던 것이다. 또한 미·소 모두 상대방의 독점을 용인할 수 없으며 자국의 독점이 바람직하긴 하지만, 이는 능력이나 상황으로 볼 때 쉽지 않은 방안이고 분할 정도는 타협 가능하며 용인할 수 있는 현실적인 방안이라고 생각했을 것으로 보인다. 조선반도는 대륙세와 해양세가 용호상박하는 사이에서 갈라질 운명에 처해질 가능성이 아주 높아졌다.

7월 26일의 군사회담에서 안토노프가 규슈작전을 언제 결행할지 문의하자 마셜은 10월 말경에 상륙작전이 이루어지며 규슈에서 확고한 발판이 마련되는 12월 중순이나 첫 상륙 후 6주 이내에 비로소 쓰시마 해협이 열릴 것이라고 예측했다. 이러한 논의과정에서 소련은 자국의 독점적 행보가 조선반도에서 몇 개월간 가능하다고 예견했을 것이다.

1944년 7월 11일에 미국 합동참모본부가 승인한 전쟁계획에 의하면 1945년 4월 1일~6월 30일에 보니스와 유구에 상륙한 후 1945년 10월 1일에 규슈 진격이 이루어지며, 1945년 12월 말까지 동경에 진격하는 것으로 되어 있다. 그러나 1945년 6월 18일의 백악관 회의에서는 오키나와 다음 목표를 규슈로 확정하면서 예상 D-day(공격 개시일)를 11월 1일로 변경했기 때문에 소련측에 비교적 정확하게 알려 준 것이다.

결국 암암리에 소련의 세력권으로 묶이던 조선반도를 소련의 제1차 군사작전구역에서 배제시킨 것만으로도 미국은 외교적인 성공을 거두었다고 평가받을 수 있었다. 또한 미국은 비록 육상작전은 아니었으나 해·공군의 공격구역에 조선반도와 요동반도(대련 포함)를 구체적으로 명기함으로써 이 지역에서 소련을 더욱 확실하게 견제할 수 있는 실익을 얻을 수 있었다.

미국이 지연작전과 병행한 다음 단계 작전은 원자폭탄을 이용하여 소련이 참전하기 전에 전쟁을 종결하는 전술한 바와 같은 독점전략이었다. 만약 이 작전이 완벽하게 성공했다면 만주와 조선반도를 모두 독점할 수 있었을 것이며, 소련이 이차 목표인 조선반도에 진입하기 전에 종전시킬 수 있었다면 조선반도를 넘겨주지 않을 수 있었을 것이다. 따라서 만주와 조선반도를 소련에게 넘기는 듯한 태도를 보인 것은 소련을 여유 있게 만들려는 미국의 연막전술이었다고 풀이할 수 있다. 그러나 이러한 독점작전이 현실적으로 가능할지 아닌지에 대해 미국은 그다지 확신할 수 없는 상황이 전개되고 있었다.

한편 소련은 미국이 위장한 계획을 대체로 믿었지만, 다른 대책이 전혀 없었던 것은 아니었다. 소련은 장래가 불투명한 조선반도에 대해 진격을 지연하고 주요 공격목표를 그들의 핵심적 이권이 걸린 만주로 한정했다. 비록 미국의 힘의 공백지대화 전술에 이용당했던 것처럼 보이지만, 소련의 전술은 만약 돌발적 사태가 발생한다면 전격적으로 전환할 수 있는 융통성 있는 것이었다는 점이다.

또한 보는 시각에 따라서는 독점이 가능할 정도로 지리적으로 근접해 있던 소련이 왜 이 시점에서 조선반도 전체를 원하지 않았을까? 그것은 당시 소련이 가장 중요한 지역으로 간주했던 만주에서의 작전을 핵심 작전으로 간주하고 있었고, 조선반도 전체를 신경 쓸 정도로 여유와 능력이 없었다는 데 큰 이유가 있다. 또한 소련이 미국 등과 세력을 공유하여 조선반도에 일종의 완충지대를 만든다면 러일전쟁 때와 같이 조선반도가 침략기지화 하는 것은 방지할 수 있을 것으로 생각해 대체로 만족했다고 할 수 있다.

(4) 38선은 미국이 먼저 긋고, 세력균형 완충지대 바라던 소련이 수용

1944년 10월 모스크바회담 이래로 미국은 소련의 전쟁목표를 만주로 한정하려 했음에 반하여 소련은 조선반도와 중국 관내로 전쟁목표를 확장하려고 노력했는데, 포츠담에서도 비슷한 논의가 전개되었다.

미국은 1945년 7월 24일 제출한 작전구역 안案에서 해상·대륙을 구분하지 않았으며, 육상작전구역에 대하여는 언급하지 않고 공군과 해군 작전구역을 획정했다. 조선반도에 국한하면, 공군의 경우 청진과 남양 부근의 두만강 철교를 잇는 선 이서以西 지역의 매우 협소한 관북 해안 지방만을 소련의 작전구역으로 획정했다. 해군의 경우 동해에서 미군이 무제한으로 작전하고, 잠수함작전의 경우 북위 38도선과 조선반도가 마주치는 부분이 작전분계선의 한쪽 끝이었다. 38선이 동해를 반분하는 적당한 선이었으므로 미국이 주목했던 것으로 생각할 수 있다.

이후 미국이 작성한 미·소 간 작전분계선이나 점령지역 할당 등 거의 모든 안의 결정에는 조선반도를 적당히 반분하는 38선 같은 종류의 분계선이 준거틀로 작용했다. 미국은 태평양전쟁 말기에 조선반도의 반을 자신의 세력권으로 간주했던 것으로 해석할 수 있다. 이러한 세력균형적 발상은 적어도 미·소 양국의 정책결정자간에는 암암리에 공유하던 생각이었다.

7월 24일의 안토노프·마셜 논의와 위의 안을 통해 미국이 조선반도 육상작전을 계획하고 있지 않다고 판단한 소련은 7월 26일 군사회담에서 미국의 원래 안에 의거하여 육상작전분계선은 언급하지 않고 해·공·잠수함 작전분계선만을 수정하여 관철시켰다.

○ 과연 육상작전분계선은 전혀 논의하지 않았을까? 이는 후술하는 바와 같이 사실이 아닐 가능성이 있다. 그렇다면 7월 26일에는 논의되지 않았을 가능성과 군사회담에서는 논의되지 않았지만 고위급 회담에서는 비밀리에 논의한 채 회의록에는 남기지 않았을 가능성이 있다. 만주작전의 일환으로 조선반도 북단의 육상 작전은 논의되었다.("Meeting of the United States and Soviet Chiefs of Staff, Thursday, July 26, 1945)

해상과 대륙의 작전구역을 별도로 마련한 소련의 수정은 대체로 자국의 작전구역을 넓힌 것이었다. 해상분계선 가운데 조선반도에 관한 부분에 주목하면, 동해에서는 해·공·잠수함 작전구역을 통일하여 함경북도 하단 부근에 위치한 무수단舞水端(북위 41도선 바로 아래)을 분계선으로 삼았다. 결국 소련은 미 해군의 무제한 작전을 일부 수정하여 함경북도 해안 대부분을 자국의 해군 작전구역으로 확보했으며, 공군의 경우도 함경북도의 공업지대 대부분과 동만주를 포함하는 등 작전지역을 약간 넓혔다.

잠수함 작전의 경우만 분계선이 위도 3도 정도 북상하여 좁아졌을 뿐이다. 조선반도와 만주대륙에서의 공군작전도 미군의 안에 나타난 소련 작전구역의 협소함을 극복하여 무수단에서 장춘長春을 연결한 선 이북을 자신의 영역으로 두었으므로 함경북도 거의 모두를 자국의 작전구역으로 확장하는 결과를 가져왔다.(미국은 소련 참전 전에 함경북도 지역을 자신의 작전구역으로 명확하게 분류하지 않았음에도 불구하고 나진 등의 항구지역을 폭격했다.)

진격작전에서 해·공군작전과 육상작전을 엄밀하게 분리할 수 있는 것은 아니다. 따라서 소련 해·공군의 작전구역을 고찰하면서 육상진격 작전의 성격을 간파할 수 있는데, 소련이 미국의 안을 수정하여 확장하려던 해·공군 작전구역의 중심은 함경북도 전역과 북경 이북의 관내였던 것이다.

그런데 소련이 함경북도 지방에 관심을 둔 이유는 부동항을 확보하려는 러시아의 전통적 욕구를 충족하려는 것이라기보다 만주작전의 일환으로 관동군의 퇴로와 교통을 차단하기 위한 것이었다. 만약 소련이 조선반도에 대한 본격적 진격작전을 계획했다면 더 많은 작전지역을 확보하려 했을 것이다. 그런데 미국이 조선반도를 비워 놓았기 때문에 소련으로서는 진격을 서둘러야 한다고 생각하지 않았을 뿐만 아니라 당시 상황에서 그것은 무리라고 판단했던 것으로 보인다.

포츠담회담에서 미국은 일본의 3대 세력권인 본토·식민지(조선반도)·만주 가운데 일본 본토는 미국의 세력권으로, 만주는 소련의 세력권으로 분류하면서 식민지를 상대방이 독점하지 못하게 하는 힘의 공백지대로 분류했으며 사태의 진전에 따라서 반분半分을 통한 세력균형이나 공유가 가능한 지역으로 분류할 수 있는 여지를 남겨놓았다. 소련의 만주 작전 보조공격선에 조선반도 최북단 일부 지역만이 포함되어 최소한 소련의 독점은 저지할 수 있는 방향으로 나아갔으므로 미국의 「힘의 공백지대화 전략」은 대체로 성공했던 것이다.

포츠담회담에서 미국은 위와 같이 정상회담은 물론 군사전략회의에서도 조선반도 육상 점령작전에 대해 전혀 언급하지 않았다. 군사적으로 중요한 지역이 아니었으므로 육상작전을 논의하지 않았다는 주장은 설득력이 없으며, 「적극적 독점전략 혹은 단독 부분점령을 이면에서 추진했기 때문에 논의하지 않았던 것」으로 풀이할 수 있다. 미국은 점령을 검토했으나 이를 구태여 공개함으로써 소련의 조선반도 진격을 서두르게 할 필요는 없었던 것이다.

○ 오충근(「조선반도를 둘러싼 미·소 관계」, 김동춘 편역 『한국현대사연구』 I 이성과현실 1988)에 의하면 음모가 있었던 것이 아니라 조선반도에서 적극적으로 행동할 것을 주장하는 국무부와 전략적 가치를 낮게 평가하여 배제시킬 것을 주장하는 군부 간에 타협이 이루어져 논의하지 않았던 것이라고 한다. 그러나 정치적 계산이 없었다고 해석한다면 냉전 출현 이후 빈틈없이 전개된 미국의 적극적 행동들을 일관된 틀 안에서 설명할 수 없다.

정치적인 독점전략을 극비리에 추진하던 트루먼은 군사적으로도 만주와 조선반도에 대한 점령을 추진하는 양면작전을 구사했다. 힘의 공백지대화 전략 추진과 병행하여 입안했던 미국의 조선반도 점령에 관한 구상은 일본의 항복이 임박하던 1945년 7월 하순부터 현실적인 군사작전 차원에서 더욱 구체화되었는데, 이를 살펴보면 다음과 같다.

일본과 조선반도에 대한 점령작전은 전술한 합참의 1945년 6월 14일 지시에 의거하여 태평양 현지에서 작전중인 육군과 해군이 각각 구상했다. 육군인 맥아더 사령부는 '블랙리스트BLACKLIST'라는 암호명으로, 그리고 니미츠Chester Nimitz 제독의 태평양함대사령부는 '캠퍼스CAMPUS'라는 암호명으로 기안했던 것이다. 그런데 1945년 7월 16일 작성된 블랙리스트 원안에는 조선반도에 대한 언급이 없었다. 마셜은 7월 16일부터 21일 사이에 맥아더와 니미츠에게 조선반도를 포함하라는 지시를 하달했다. 그리하여 블랙리스트 작전의 개정안에는 조선 점령이 포함되었으나 캠퍼스 작전안은 계속 일본 점령만을 상정했다.

1945년 7월 21일 합참은 포츠담으로부터 맥아더 장군과 니미츠 제독에게 전문을 보내 8월 15일 이루어질지도 모를 소련 참전 전에 일본의 항복을 받아낸다는 방침으로 어떤 조치를 취하는 것이 필요하다고 경고했으며, 그들의 상륙계획에 조선반도에 대한 작전도 포함시키도록 지시했다. 이는 트루먼의 독점전략과 부합하는 것으로 '소련 참전 전 종전'을 추구하려는 분위기가 트루먼뿐만 아니라 군부의 최고책임자에게까지 광범위하게 공유되었다는 사실을 증명해 주는 사례라고 할 수 있다.(James Schnabel, *United States Army in the Korean War : Policy and Direction, The First Year* [Washington, D.C. : United States Army, 1972] 김기조 『38선 분할의 역사』 동산출판사 1994)

◎ 미국이 점령 직전에 그은 헐선 (38도 분계선)

포츠담회담이 진행 중이던 7월 24일 마셜 육군참모총장은 현지에서 작전국장 헐 중장과 다른 한 요원(링컨 준장으로 판단됨)에게 조선반도 이동(진주)계획을 수립하라는 명령을 하달했다. 헐John Hull의 회고에 따르면 국무장관 번스는(아마도 마셜을 경유하여) "미국이 조선에 상륙할 준비를 해야 하며" 분할선을 그을 것을 권고했다. 헐은 1949년 6월 17일 해리스 대령(전직 미 군사실 직원)과 전화인터뷰를 통해 다음과 같이 회고했다.

38선은 포츠담에서 마련되었다. 번스는 조선반도를 러시아와 분할할 것을 원했다. 번스는 미국인이 조선에 상륙해야 한다고 주장했다.

우리들 전략가들은 3개의 주요 항구를 주목했으며 그 가운데 2개의 항구(인천과 부산)는 우리 지역에 포함시켜야 하며 서울 바로 북쪽에 선을 그어야 한다고 생각했다. 따라서 38선을 따라(along the 38th parallel) 횡단하는 분계선 일대가 가장 좋은 위치라고 판단했다. 우리는 이 분계선을 마셜과 JCS에 보내어 승인받았다. 그 후 이 안은 번스에게 보내졌으며 그는 러시아인들에게 이것을 내어놓았다.(JCS : Joint Chiefs of Staff 합동참모부)

○ 헐의 인터뷰는 학계에 처음 공개되는 것으로 엄밀한 사료비판과 다른 자료와의 교차비교가 필요한 자료이다. 왜냐하면 그의 인터뷰에는 마치 "자신이 다 결정"한 듯한 공명심에 사로잡혀 있는 부분이 있을 수 있기 때문이다. 후술하는 바와 같이 해리먼은 8월 10일 대통령에게 보낸 편지에서 "포츠담에서 마셜 장군과 킹 제독은 만약 소련이 조선반도와 만주의 대련을 점령하기 전에 일본이 항복하면 이 지역에 상륙해야 한다고 건의했음"을 상기했다.("The Ambassador in the Soviet Union (Harriman) to President Truman and the Secretary of State", Moscow, 10 August 1945) 이는 아마도 7월 24일 마셜의 헐에 대한 지시를 지칭하는 것으로 판단된다. 만약 그렇다면 '헐선'은 일본 항복 이후의 조선 점령을

대비하는 것으로, 작전분계선이 아니라 점령분계선이었다.

○ 애플먼은 그의 1957년에 검토된 초고(Roy Appleman, "Korea Combat History, The Land and Its Background")와 그 결과를 공간한 전사 3쪽에서 "이것은 정확히 38선은 아니었으나 그 근처였으며 대개 그 선을 따라서(not on the 38th Parallel but was near it and, generally along it)"라고 주장했다. 이는 헐의 1952년 8월 1일의 인터뷰에 의존한 서술이다. 그런데 헐의 회고에는 단순히 따라서(along)라는 표현만이 나오므로 그 이상의 표현은 애플먼이 첨가한 것이다. along이라는 표현은 on이 아니므로 그것이 정확히 38선은 아니라는 의미를 함축할 수도 있으나 헐은 단지 '38선을 따라서'라고 썼을 뿐 그것이 정확한 38선은 아니라고 암시한 것은 아닐 가능성이 많다. 왜냐하면 그의 회고에서 (미·소 양국에 의해 받아들여진) 38선이 포츠담에서 마련되었다고 단정하였기 때문이다. 다른 권위 있는 자료에서 헐에 대한 언급이 별로 없으며 러스크 등 다른 인사의 증언과 엇갈림을 확인했던 애플먼이 헐의 본의와는 달리 은폐했을 가능성도 결과적으로는 있다.

○ 국방부전사편찬위원회 역 『한국전쟁』(1990)에 의하면 번스는 마셜에게 "일본과의 전쟁이 종결되자마자 미군이 조선에 투입되기를 원한다"고 말했다고 나온다. 따라서 번스가 직접 헐에게 분할에 관련된 지시를 내렸다기보다 마셜을 통해 지시를 내렸을 가능성이 농후하며 38선안도 마셜을 통해 번스에게 전달되었을 가능성이 더 많다. 따라서 직접 번스에게 지시를 받은 것처럼 되어 있는 헐의 인터뷰는 과장된 것일 가능성이 있으며 다른 자료와의 교차 비교가 필요하다. 그런데 통일부 편 『통일부 30년사』(통일부 1999)에 따르면 포츠담회담 "당시 미 육군작전국장이며 군사대표단의 일원인 헐은 미·소 대표가 포츠담회담에서 조선반도의 분할선을 논의한 적은 없다고 주장했다"는 데 별다른 전거典據는 달지 않고 있다.

2) 미국의 조선반도 분단점령 구상과 소련의 일본 진격 구상

(1) 미국은 서울과 중요 항구 포함하는 남부지역 점령 확정

종전 직전 미국과 소련은 조선반도에 대하여 각각 이전부터 추구하던 서로 다른 각도의 구상을 구체화했는데, 미국은 점령구상을 진전시켜 일본의 항복에 대비했고 소련은 진격계획을 계속 구체화하여 일본과의 전쟁에 대비했다.

종전이 임박하던 1945년 7월 말부터 8월 초 사이에 미국은 조선반도 점령과 분할에 대한 구체적인 구상을 계속 입안하여 확정했다. 전쟁부 작전국은 1945년 7월 하순 일본의 항복이 더욱 확실해지자 동경과 서울 단 두 도시만을 점령 1순위로 분류하면서 일본과 조선반도 동시 점령을 제의한 안을 작성했다. 이 안은 7월 30일 크레이그 작전국 부국장(소장)이 회람을 의뢰한 안에 포함되었는데, 서울제일주의에 입각해 구상한 안이다. 부산과 군산·전주는 2순위였다.

○ 이 안은 수정되지 않은 상태에서 다음날 마셜 총장에게 회람되었다.("H. A. C〔raig〕's Memorandum for Marshall ∶ Planning for Early Surrender of Japan", 31 July 1945) 위 안의 우선순위 나열은 7월 27일 맥아더의 순서와 거의 똑같다. 일본의 야하타·시모노세키, 고베·오사카·교토, 아오모리·오미나토가 맥아더의 안에는 1순위인데 비해 위 안은 2순위이다. 또한 맥아더의 안에는 나와 있지 않은 중국의 세력권, 즉 북부 대만·상해·체푸·칭왕타오·타쿠(가능하다면) 등이 추가로 나열되어 있다. 이들 중국지역은 VICTORY 357에서 고려되던 곳이다.

1945년 7월 30일 합동전쟁기획위원회JWPC는 연합국의 점령지역을 분할하는 내용에 대한 보고서 JWPC 390·1을 작성했다. 이는 헐선에 나타난 분할선 논의가 더 확고하게 자리 잡았음을 알 수 있는 자료이다. JWPC 390·1의 내용은 1945년 6월 28일자 JWPC 375·2에서 기안되었던 분할구도(조선반도는 미국의 독점지역으로 분류)를 좀 더 구체화하고 수정한 것인데, 가장 중요한 수정 부분은 아래 인용문에서 보는 바와 같이 조선반도를 「남북으로 분할」하는 내용이었다.

7월 25일 헐선 획정 이후 거의 모든 구상에서 조선반도를 미·소가 분할하는 것을 기정사실로 인정했는데, 왜 이 시점에서 독점을 포기하고 분할을 인정했을까? 이는 헐선의 연장선상에서 논의할 수 있다. 즉 JWPC 390·1은 당시 미·소의 정책결정자들이 광범위하게 공유하던 분할의식의 산물이거나 아니면 헐선이 미·소간 혹은 미 군부 내에서 구체적으로 논의되었기 때문인 것으로 추정할 수 있다.

○ 미·영·소 점령가능 지역들(보고서 작성)
b. … 점령지역의 분할에 대한 어떤 협약도 없으므로 미국은 일본과 일본 점령지역 가운데 다음 지역을 최초 점령할 것을 제안해야 할 것이다.
　일본 본토·조선 남부·남서제도·남방제도·일본위임통치령·볼케이노제도·보닌섬·일본이 소유한 태평양 내 통과제도
c. 대통령은 영국의 수상에게 다음 지역을 영국의 점령지역으로 제안할 수 있을 것이다.
　솔로몬제도·비스마르크제도(애드미럴티스 제외)·말라이군도(필리핀 제외)·말라야·미얀마(버마)·태국·불령인도차이나(중국과의 협정이 아마도 필요할 것임)
d. 대통령은 장개석에게 다음 지역에 대한 점령을 제안할 수 있을 것이다.

① 만주 포함 중국과 대만 …

② 소련이 참전할 경우 만주지역의 항복과 무장해제에 관한 협정이 필요할 것이다.

e. 대통령은 소련이 만약 참전할 경우 스탈린에게 사할린과 쿠릴열도·조선 북부의 점령을 제안할 수 있을 것이다.

○ 다음과 같은 대안代案에 대한 토론도 있었다.

a. 미군 : 남서제도·볼케이노제도·보닌섬·일본위임통치령·일본 본토·중국 해안지방의 한 항구·조선 남부·일본이 소유한 태평양 내 통과제도·대만(중국과의 협정 필요)

b. 영국군 : 솔로몬제도·비스마르크제도(애드미럴티스 제외)·말라이군도(필리핀 제외)·말라야·미얀마(버마)·태국·불령인도차이나(중국과의 협정이 아마도 필요할 것임)

c. 중국군 : 중국의 일본점령지·만주의 초기점령과 북중국·대만은 다른 나라와의 협력이 필요할 것이다.

d. 소련(전쟁에 참전할 경우) : 만주·사할린과 쿠릴열도·조선 북부·(중국과의 협력을 전제로) 북중국

　앞의 두 안은 전반적으로 크게 다르지 않으며 특별히 조선반도 문제에 관한 한 똑같다고 할 수 있다. 이러한 미·소·영·중의 세력분할은 그 이후 정책결정에서 대체로 변동이 없었던 골격이다. 이 자료들에 38선은 나와 있지 않으나 남북 분할론은 정식화되어 있으며, 구체적 분할선만 논의되지 않았을 뿐이었다. 38선은 헐에 의해 이미 결정되었으므로 토의할 가치가 없었든가, 아니면 미정이었을 것이다. 앞의 두 안은 38선에 대한 구체적 안을 제외하면 점령구역 지정은 이미 다 나와 있으므로 매우 중요한 문서라고 할 수 있다.

　이렇게 점령구역 지정은 일본 항복 바로 직전인 8월 11일경 즉흥적으로 구획된 것이 아니다. 추후 8월 11일 이후 일반명령1호가 기안될 때 발생했던 변동사항은 주로 미국 세력권이 아닌 중국과 영국 세력권 획정에서 이루어졌다. 이는 앞서 언급한 바와 같이 헐선에 나타난 분할선 논의가 더 확고하게 자리 잡았음을 알 수 있는 자료이다. 또한 최소한의 미군 부대로 조선 남부를 점령하는 것이 건의되었는데, 조선을 특별한 경우로 상정하여 다음과 같이 분석한 것은 특기할 만하다.

　조선 : 러시아가 먼저 이 지역에서 군사작전을 이미 전개하고 있을 가능성이 많다. 또한 조선의 점령은 궁극적으로 4개국에 의해 이루어질 것이다. 만약 러시아군이 조선의 전부를 점령하지 않았을 경우(If Russian forces have not already overrun Korea) 미군이 조선 남부 조

기 진입을 시도할 수 있을 것이다.

　이렇게 소련을 의식했기 때문에 미국이 조선반도 전체를 점령하는 일은 불가능하다고 인식하는 분위기가 지배적이었으며 남부 점령이 더 가능성 높은 것으로 고려되었다.

　JWPC(합동전쟁기획위원회)의 육군 책임자로서 JWPC 390·1의 기안 실무책임자 가운데 하나이던 링컨 준장은 1945년 8월 3일 JPS(Joint Planning Staff 합동기획단) 212차 회의에서 위 문서에 관해 토론하면서 세력분할과 같은 문제는 자신과 같은 군사전략가들보다는 고위책임자들이 논의해야 할 정치적 문제라고 평가했다. 따라서 JPS의 기획관들은 상부로부터 내려온 승인된 정치적 지침political guidance이 필요하다는 데 의견을 같이 했다. 결국 JWPC는 군사행동의 기반이 되는 국가정책과 군사정책을 정의하는 보고서를 만들기로 결의했다.("Basic Policies Required for Coordination of Planning Relating to Occupation", JWPC 390·2·D, 4 August 1945, JCS, Geographic File, 1942~1945)

　그런데 JWPC 390·1과 같은 문서들은 장성급인 링컨·가드너뿐만 아니라 본스틸 3세Charles Bonesteel Ⅲ 대령에게까지 직접 보내졌다. 이 문서는 헐선을 이미 인지했던 링컨 등의 자문에 의해 작성되었을 가능성이 있다.

　세력권 분할의 경우 고위층에서 지침이 내려왔던 것으로 판단된다. 상부와 실무진 모두 조선반도는 분할해야 할 지역으로 이미 합의하고 있었던 것이다. 따라서 후일 세력권 분할을 확정하라는 지시가 상부로부터 구체적으로 하달될 때 이미 준비된 초안에 의거, 분할선을 신속히 확정할 수 있었던 것으로 추정된다.

　또한 1945년 8월 1일 육군 항공대의 브라이트 2세Walter Bryte Jr. 대령이 합동전쟁기획위원회의 링컨과 가드너 등의 정책입안을 위하여 작성한 일본초기점령 계획에는 북위 40도까지 육박하는 조선반도 분할점령안이 제기되었다.

　1945년 8월 8일 완성된 'Blacklist' 세 번째 안에는 두 번째 안과 같이 조선반도 남부의 3대 인구밀집 주요도시들, 서울(1 순위)·부산(2순위)·군산·전주(3순위)가 미국의 점령지역으로 순차적으로 분류되어 있었다. 이 문서에서도 역시 조선 남부만을 미국의 점령지역으로 분류하는 분할의식이 나타나며, 서울 우선주의가 구현되어 있다.

　한편 미 전쟁부 작전국은 1945년 8월 초순 「일본 항복에 대비한 행동지침Directive for Action on Japanese Capitulation」을 마련하여 해군의 회람을 거쳤는데, 5항이 우리가 주목할 부분이다.

5　a　태평양사령부의 자원이 허락하는 한 일본 본토에 대한 점령은 최우선 과제임.

　　b　서울에 대한 (일본 본토와의) 동시점령은 자원이 허락하는 한 두번째 과제임.

　　c　위 두 과제가 달성된다는 것을 전제로 중국 해안과 대만에 대한 점령이 수행되어야 한다.

　일본과 서울을 점령한 후 중국 등 나머지 지역에 대해서는 여유가 있으면 점령할 계획이었다. 원안에는 일본 본토와 서울에 대한 점령을 동시에 수행하는 것으로 되어 있었는데, 해군부의 쿡Cooke 제독은 동시 점령이 아닌 조기 점령으로 수정하여 8월 9일에 헐 장군에게 회신했다. 또한 원안과 회람안 모두 부산에 대한 언급이 없으므로 서울제일주의가 더욱 확고해졌다고 할 수 있다. 또한 조선 북부지역에 대한 언급도 없으므로 세력권 분할의식이 이미 확고하게 정립된 것이라고 할 수 있다. 헐이 직접 검토했던 문서이므로 역시 헐선의 영향력 아래 있었던 문건으로 추정될 수 있다.

　합동전쟁기획위원회는 블랙리스트작전에 입각해 1945년 8월 10일 JWPC 264·8을 작성하여 서울제일주의를 종합적으로 집약했다. 서울제일주의는 전술했던 7월 25일과 27일의 Blacklist Ⅱ(맥아더 전문 포함. 7월 하순과 8월 초순)와 8월 8일의 Blacklist Ⅲ에서 더 구체화되었다. JWPC 264·8에 의하면 일본 다음으로 고려되어야 할 조선반도의 경우 최우선 점령지역은 수도인 서울이었다. 서울은 교통과 철도의 중심이며 이 지역의 점령이 완수된 후 부산과 그 이외 남부지역을 점령할 수 있을 것이라고 분석했다.

　북부지역에 대한 점령은 전혀 언급하지 않고 있다. 이를 통해 헐선의 연장선에서 서울제일주의와 남북 분할안이 이제 움직일 수 없는 확고한 원칙임을 확인할 수 있다. 이러한 서울제일주의는 8월 10일 밤 「서울을 포함하기 위해 획정한 38선」과 그대로 직결되었다.(다음의 작전지도는 지명이 모두 일본어 발음으로 되어 있다.)

　헐선과 38선에 대하여 이미 인지하고 있던 링컨과 가드너가 위의 여러 문서들을 검토했을 것이므로, 그들이 38선안을 기안起案하는데 참여하게 되었을 때 40도선과 38선, 그리고 서울의 위치 등 조선반도의 지리 사정을 잘 알고 이 과업에 관여했을 것이다.

　일본의 항복이라는 급격한 사태변화에 대비한 군사점령을 38선 획정 이전부터 계속 검토해왔기 때문에, 분할선이 전혀 준비 없이 편의적으로만 결정된 것은 아님을 확인할 수 있다. 38선을 획정한 워싱턴의 당국자들은 소련이 참전할 경우 대륙인 만주는 대륙세력 소련의 세력권에 속하며, 해양인 일본은 해양세력 미국의 세력권에 속하고 해양과 대륙을 연결하는 조선반도는 미·소 모두 반분半分할 것이라는 의식을 공유했던 것으로 판단할 수 있다.

　전술한 합동전쟁기획위원회 문서 외에 맥아더의 우선순위 안에도 유사한 생각을 보여주고 있어 워싱턴의 기획요원뿐 만 아니라 현지의 군사전략가도 세력분할의식을 공유했으며, 이는 헐선 획정 때 고려된 원칙의 연장선이라고 해석할 수 있다.

미국은 병력의 여유가 없었으므로 많은 병력을 요구하는 진격계획에 대한 준비가 부족할 수밖에 없었지만, 점령작전은 별다른 구체적이고 물리적인 사전공작 없이 진주하면 되었다. 물론 이에 대해 충분히 문서를 준비했다. 소련이 주로 '진격안'을 입안했던 것과는 달리, 미국은「독점 전략이 실패할 경우 진주를 추진한다」는 대안을 갖고 있었던 것이다.

결국 미국은 1945년 8월에 이르러 이전부터 고려한 조선반도 점령계획을 좀 더 구체화하여 분할을 더욱 적극적으로 검토했다. 분할로 귀착될 수밖에 없었던 지금까지의 과정을 요약하면 다음과 같다. 1944년의 중앙집권적 단일단위의 점령안이나, 1945년 7월의 거대 지역별 4분안과 경계선 없는 양분안 등이 배경이 되어, 1945년 7월 25일경 헐선으로 논의가 집약된 후, 7월 하순과 8월 초에는 미·소의 엄격한 지역분할을 수반한 양분안으로 진전되었던 것이다.

(2) 소련은 독일 침략에 대한 반격작전 때문에 극동 참전 늦어져

소련이 극동에서 일본과의 전쟁을 예상하여 작전계획을 구체적으로 수립한 것은 1942년 5월 이전이었으나, 이때는 독일군의 침공에 총력으로 대항할 때였으므로 그들을 소련 땅에서 축출한 1944년에 들어서야 비로소 일본과의 전쟁을 준비할 수 있었다. 그해 여름 스탈린은 참모총장인 바실레프스키 원수에게 장차 극동 소련군을 지휘하게 될 것이라고 예고했다. 이것은 스탈린이 대일 극동전에 대한 의중을 굳혔다는 사실을 의미한다. 소련이 일본과의 전쟁을 구체적으로 준비하기 시작한 것은 소련군 최고총사령부의 지침이 발령된 1944년 7월이었다.(USSR, *Great Patriotic War, A General Outline*, Moscow : Progress Publishers, 1974)

스탈린은 얄타회담 직후인 1945년 2월에 작전계획 초안을 작성하라는 지시를 내렸다. 이 무렵 그는 바실레프스키 원수를 극동전 준비에만 전념하게 하기 위하여 참모총장 직에서 해임시켰다. 결국 소련의 극동전 구상은 일반참모부에서 1945년 6월 27일 완성되었으며 다음날 사령부의 재가를 받았다.(치스챠코프「제25군의 전투행로」소련과학아카데미 편『레닌그라드로부터 평양까지 : 조선해방에 있어 소련장성 11인의 회고록』함성 1989)

광활한 만주를 주요대상으로 하는 이 작전계획에 의하면, 조선반도에 대한 본격적인 작전은 20~23일 정도 소요될 것으로 예상되었는데, 만주 중심의 작전 이후에 고려할

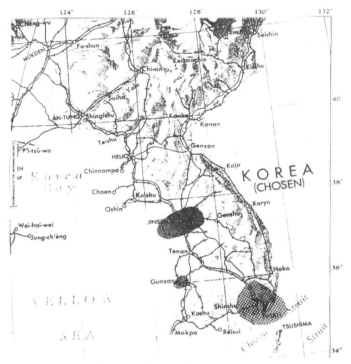

블랙리스트작전 점령지도(1945년 8월 11일)
출전 : "'Blacklist' Positions to be Occupied", in JLPC 38·15, 11 August 1945, RG 218, JCS, Geographic File, 1942~1945, 386.2 Japan (4-9-45), Sec. 3, Box 135, US National Archives.
(이완범 『삼팔선 획정의 진실』 지식산업사 2001)

문제였다. 만주 중심의 작전구역에 나진과 웅기·청진 등 조선반도 관북지역 항구가 포함되어 있었다. 이들 항구에 대한 작전은 소련 태평양함대와 해병대에 할당되었는데, 비교적 작은 규모였고 조선반도 진격을 위한 것이 아니라 만주 진격을 위한 보조 작전으로서 관동군의 후퇴와 증원을 방지하고, 만주와 일본 본토의 연락차단이라는 전략적 목표를 수행하기 위한 것이었다.

이상과 같은 1단계 작전을 성공적으로 수행하여 부동항을 확보한다면, 적의 섬멸과 점령지 해방을 위한 '폭풍과 같은' 2단계 작전을 실행할 계획이었는데, 요동반도의 여순·대련과 조선반도 깊숙한 내륙지방(서울)을 향한 작전이 그것이었다. 그런데 2단계 작전은 구체적으로 구상되지 않았으며 불확실한 상황에서 추후의 희망을 표현한 '안'에 불과했다. 이는 미래의 계획에 불과했지만 소련이 조선반도를 자기 세력권으로 분류했다는 사실을 이를 통하여 간파할 수 있다.

6월 28일 이후 소련은 작전계획을 더욱 구체화했는데, 큰 변경은 없었으며 8월 9일의 작전명령도 이 안에 의거하여 내려졌다고 한다. 그런데 일본의 패망이 임박했다는 징후들을 감지했던 스탈린은 조급해지기 시작했다. 따라서 그는 1945년 7월 16일 바실레프스키 원수에게 참전을 10일 정도 앞당길 수 없느냐고 문의했다. 불가능하다는 반응을 얻자 별다른 문제를 제기하지 않았다.

포츠담에서 미국의 원자폭탄 투하 예정을 확인한 스탈린은 중국과 합의하지 않은 상태에서 자국의 참전 전에 전쟁이 종결된다면 이권 확보가 무산될지도 모른다고 불안해했다. 그러나 소련군은 참전 준비를 완비하지 못했으므로 스탈린은 미국이 원자폭탄을 투하하여 정세가 더욱 급변할 때까지 참전을 지연시킬 수밖에 없었다.

3) 원자폭탄 투하와 소련 참전, 일본은 항복하고 정세 급변

(1) 일본은 소련의 중립자세를 기대하며 항복수용 묵살하다 낭패

유럽전쟁이 종결되고 3개월이 지나는 동안 중부유럽에서는 미·소 관계가 굳어지면서 사실상 냉전이 시작되는 조짐이 보였다. 이에 미국은 자신의 주전장인 동북아시아에서 주도권을 장악하고자 했다. 미국이 소련에 대하여 대결적 자세를 명백히 표명하자 동북아시아에서도 정세는 급변했으며 냉전이 시작될 조짐이 보였던 것이다.

좀 더 구체적으로 1945년 8월 초순의 동북아시아지역 정세를 살펴보면, 8월 6일과 9일에 미국이 원자폭탄을 투하했으며, 세력권 확보가 무산될 것을 우려한 소련은 9일 황급히 참전했다. 결국 미국의 핵무기와 소련의 참전으로 사면초가에 몰린 일본은 10일 포츠담선언 수락의사를 연합국에 전달할 수밖에 없었으며 미국은 이에 즉각적으로 반응했다. 격변의 연속이었다.

미국이 1945년 8월 6일과 9일 각각 히로시마廣島와 나가사키長崎에 원자폭탄을 투하하자 정세는 급변했다.

일본에 대한 최후통첩으로 간주할 수 있는 1945년 7월 26일자 포츠담 선언을 27일 오전 6시에 접한 일본 외무성은 이에 대한 수락 여부에 대하여 논란 끝에, 소련의 태도가 확실하지 않은 한 즉시 수락할 필요가 없다는 결론에 도달했다. 도고 시게노리東鄉茂德 외상은 즉각 천황과 최고전쟁지도회의에 보고하여 "의사표시는 지연하면서 소련과의 화평공작을 주시한다"는 방향으로 결론을 유도했다. 여기에서 일본은 소련의 중립유지와 조정공작에 기대를 걸고 있었다는 사실을 확인할 수 있다.

그러나 강경파 아나미阿南 육상 등 통수부의 강경한 요구에 따라 스즈키 수상은 기자회견을 통해 「묵살默殺」 의사를 표명, 일본 라디오를 통해 7월 29일 발표했다. 이를 「무시disregard」와 「거부reject」로 해석했던 미국은 결국 준비된 수순에 따라 8월 6일 히로시마에 원자폭탄 제1호를 투하했다.

미국 정부 고위층은 원폭을 제조하는 과정에서 여러 차례 검토와 토의를 반복했지만 주로 그 실현 가능성에 대한 토의였으며, 만약 제조가 성공한다면 필요시 사용할 수 있다고 생각했다. 따라서 "원자폭탄이 전쟁의 조기 종결을 위하여 과연 필요했으며, 사용해도 되는 무기일까"라는 근본적 질문에 대하여 미국은 심각하게 고려하지 않았다고 한다.

유럽지역 총사령관이었던 아이젠하워 대장과 합참의장 리히 제독은 모두 "일본은 이미 패배했기 때문에 원자폭탄 같은 야만적 무기의 사용이 전혀 불필요했거나 아무런 실질적 도움을 주지 못했다"고 후일 회고했다. 미국인의 희생을 줄이기 위해서라면 소련 참전 후 일본군의 전력이 투항할 때까지 기다렸어야 했을 것이라는 견해도 있다. 심지어는 "50만 명 정도의 희생이 예견되는 미군을 구하려 한다"는 것은 위장된 명분이었다는 주장도 있다. 다분히 일본인들의 원망이 서려있는 주장으로 생각된다

아무튼 미국의 원폭투하가 희생을 줄이려는 의도였다고는 하지만 더 중요한 요인은 「소련 참전 전 조기 종전」을 의도한 것이었다고 할 수 있다.

번스는 전승기념일 15주년인 1960년 8월 15일 미국 언론과의 인터뷰에서 "소련이 태평양전쟁에 너무 깊숙이 개입하기 전에 전쟁을 끝내야 하는 급박한 이유가 있었느냐"는 질문에 대하여, "우리(대통령과 나)는 소련의 대일전 참전 전에 전쟁이 끝나기를 원하고 있었다"고 솔직히 시인했다. 또한 그는 "소련을 유럽에서 잘 다루려고" 핵무기를 보유·과시했다고 증언했다.

미국은 동북아시아 전후 처리에서 소련을 배제하려고 원폭을 투하했으나, 만약 그 공작이 실패한다 해도 소련의 군사적 공헌을 최소화함으로써 전후 처리에서 그들의 영향력을 제한할 수 있다고 판단했다. 동구·동북아시아로 팽창하려는 소련을 막고 그들에게 주도권을 빼앗기지 않으려는 미국의 의도를 드러낸 모험이 원폭투하 동기의 큰 몫을 차지했다.

소련은 원폭투하로 전쟁이 조기에 종결되어 자신들의 이권 확보가 무산될 것을 우려한 나머지 급작스럽게 참전했다. 1945년 8월 3일 극동 소련군 총사령관 바실레프스키 원수(1945년 7월 30일 정식 임명)는 포츠담회담에서 돌아온 스탈린에게 8월 9~10일경에 참전할 수 있다고 보고했다. 바실레프스키 원수는 일본군이 보강되고 있다는 정보도 있

으므로 침공 시기를 그 이후로 늦춰서는 안 될 것이라고 주장했다.

스탈린은 중국과 협상을 완결하지 않았으므로 참전 일자를 택일하는 데 잠시 유보적인 자세를 취했다. 그러나 원폭이 투하되어 정세가 급변하자 8월 7일 오후 4시 30분 9일자 공격명령에 서명했다. 극동 소련군에게 만몽滿蒙·소만蘇滿·조소朝蘇 국경 전역에서 동시에 진격하라는 명령이 내려진 것이었다.

당시 일본 정보기관은 소련의 로켓과 야포를 비롯한 중화기가 시베리아 횡단철도 위에 있다고 관측했기 때문에 소련의 전쟁준비가 아직 완비되지 않았다고 평가했다. 또한 일본 통수부統帥部도 군수물자 수송진도와 기상조건을 감안하여 건조기인 8월 하순~9월 초순에 소련군이 침공할 것이라고 예상했다. 그러나 철도 수송을 계속 강행했던 소련군은 일기 예보를 무시하면서 우기인 8월 9일 앞당겨 개전하여, 수일간의 폭우 때문에 만주와 조선 북부에서 많은 난관에 봉착했다.

소련은 원폭투하로 일본 항복의 임박을 감지하여 준비가 완전히 갖추어지지 않았음에도 불구하고 앞당겨 선전포고했던 것이다. 준비가 부족했던 증거로, 외몽고 방면에서 침공한 소련군은 3일 만에 연료 부족에 당면했던 것이라든지, 60개 사단 규모가 못된 40~45개 사단으로 개전한 사례 등을 들 수 있다.

몰로토프는 사토 모스크바 주재 일본대사를 1945년 8월 8일 오후 5시 (모스크바 시간 : 동경 밤 11시)에 만나 9일 상오 0시(모스크바 시간 : 동경 새벽 6시)를 기하여 일본에 일방적으로 선전포고 의사를 전달했다. 현지시간으로 9일 새벽 4시 관동군은 소련 방송을 통해 선전포고 사실을 알았다. 사토가 본국 정부에 급히 타전했으나 공관 내 통신기 파손으로 전달되지 못했고, 말리크 일본 주재 소련대사가 일본 외무성에 선전 포고를 통고한 것은 이미 전쟁이 개시된 10일 상오 11시 15분(동경시간)이었다.

결과적으로 스탈린은 1944년 10월 17일 해리먼과의 회담에서 언급했던 시한(독일 몰락 후 약 3개월가량)과 1945년 5월 28일 홉킨스에게 언급한 일본과의 전쟁준비 시한(유럽 전쟁 종결 후 3개월 이내)을 거의 준수했다. 소련이 참전준비를 완료한 시점에 관하여 포츠담에서는 8월 15일(7월 17일 스탈린), 8월말·하반기(7월 24일 안토노프)로 언급되기도 했다. 이런 맥락에서 본다면 미국의 원폭투하로 소련이 참전시기를 앞당겼던 것으로 해석할 수도 있다.

한편 미국이 행사한 중국 국민당 정부에 대한 영향력은 절대적이었다. 이권공여의 직접 당사자인 장개석 뿐만 아니라 제3자였던 트루먼도 소련의 '야심'에 대하여 의구심을 갖고 있었다. 따라서 트루먼은 중·소 문제에 적극적으로 개입하려는 의사를 가지고 있었고 실제로 중국 국민당 정부를 배후에서 조종했다. "참전협상이 종결되어야 참전한다"

는 소련의 약속을 역이용하여 참전을 최대한 지연시키려 했던 미국은 장개석에게 참전조건을 조속히 타결하지 말고 '협상을 위한 협상'만을 계속할 것을 종용했다. 그 사이 일본이 항복할 것을 기대했던 것이다. 이에 중국은 미국의 의도를 확실하게 간파하여 소련의 조속한 참전을 가능하게 하는 '과도한 양보'를 하지 않았던 것이다.

그러나 소련은 교섭을 진행하는 동안 서둘러서 참전했고 중국은 참전협상을 계속 연기할 수 없었으므로 8월 14일 소련과 중·소 우호동맹 조약을 체결하여 참전조건에 합의했다. 이렇게 해서 소련이 얻을 전리품에 대해 미·소간의 간접적이고 미묘한 논쟁은 일단락되었다.

(2) 국민당 중국과 일본을 통해 미국의 소련 견제 점차 강화

소련이 예상보다 일찍 참전하자 미국은 소련에 대한 견제전략을 다음과 같이 직접 표출했다.

미국은 소련이 참전하기 전인 1945년 8월 초에 소련의 비타협적 행동을 유럽에서 경험한 바 있었기 때문에 동북아시아에서도 소련을 견제하고자 하는 정책을 추구할 수밖에 없었다. 미국은 1945년 7월 24일부터 소련을 배제하려고 시도했으나 소련 참전으로 인하여 결국 실패했다. 미국은 처음부터 자신의 공작이 성공하리라는 확신을 가지지는 못했기 때문에 다른 차원에서는 「소련의 세력권 최소화 구상」을 적극 검토 했으며, 소련이 참전한 상황에서 이를 더욱 구체화했다. 이 구상이 바로 다음과 같은 조선반도와 만주에 대한 점령안이었다.

해리먼은 8월 10일 소련의 비타협적 태도에 유의하여 전쟁 전에 합의한 작전구역을 꼭 준수할 의무가 없음을 강조하면서, 포츠담에서 고려하기 시작한 조선반도와 관동반도(요동반도)의 대련에 대한 상륙을 트루먼에게 적극 건의했다. 해리먼은 "포츠담에서 마셜 장군과 킹 제독은 만약 소련이 조선과 대련을 점령하기 전에 일본이 항복하면 이 지역에 상륙해야 한다고 건의했음"을 상기했다. 이는 전술한 바와 같이 7월 24일자 마셜의 헐에 대한 조선반도 이동계획 수립 명령을 지칭한 것으로 판단되며 미 군부가 포츠담회담을 진행하던 시점에서 이미 조선반도 점령을 계획하고 있었다는 것은 앞에서 논한 바와 같다.

한편 포츠담회담에서 38선을 확정 했던 헐 중장은 8월 6일 조선반도에로의 진주 가능성이 높아 오자 미군은 아무런 준비 없이 진주해야 할 형편임에 비하여 소련은 시베리아에 상당수 조선인들을 훈련시키고 있음을 상기해야 한다고 참모들이 주장했다. 38선 분할안을 보고받기 전인 8월 11일 트루먼은 "만약 소련이 대련항이나 조선반도의 일개 항구를 아직 점령하지 않았다면, 일본 항복 즉시 이 지역을 조속히 점령할 수 있는 조치를 취하라"고 군부에 지시했다. 같은 날 연합국 배상위원회 미국 특사인 폴리Edwin Pauley도 조선반도와 만주의 산업지대를 신속히 섬령할 것을 건의했다.

대련은 얄타비밀협정에서 "소련의 현저한 이권(the preeminent interest)에 유의하여 국제적으로 관리할 지역"이라는 다소 모호한 표현으로 이미 소련에 할당된 지역이었다. 그렇지만 트루먼을 비롯한 수뇌부는 대련과 조선반도 점령에 대하여 계속 집착했는데, 이는 소련에 대한 견제전략을 구체적으로 보여준 사례라고 할 수 있다.

대륙에 대한 점령 시도는 포츠담회담부터 준비했던 트루먼의 조선반도에 대한 점령 추진 구상이 더욱 구체화된 것으로, 소련의 비타협성에 행동으로 대처하겠다는 그의 결심을 아시아에 적극 반영한 것이라고 이해할 수 있다.

1945년 8월 10일 일본의 포츠담선언 조건부(천황의 국가통치 대권을 변경하지 않는다는 조건) 수락 의사가 스위스와 스웨덴의 일본공사관을 통해 각서 형태로 미국에 전달되었을 때, 미국은 일본의 급격한 조기항복을 예견했다. 상황은 매우 급박하였으므로 미국은 다음과 같이 대응하고자 했다.

○ 1945년 8월 9일 오전 10시 반부터 10일 새벽 사이에 화평파인 총리·해상海相·외상과 강경파인 육상陸相·육군참모총장·해군군령부총장 등 6명으로 구성된 최고전쟁지도회의에서 3 : 3의 격론이 벌어졌다. 스즈키 총리는 천황의 판단에 맡기자고 결론을 내려 9일 밤 11시에 개최된 어전회의(상기 6명 외에 히라누마平沼 추밀원 의장이 정규 구성원으로)에서 다음날 새벽 2시 천황은 수락을 결정했다.(迫水久常〔鈴木終戰內閣書記官長〕『終戰の眞相』東京) 그리고 새벽 4시 최고전쟁지도회의는 이를 만장일치로 추인했다.(*Japan Surrenders* Washington, D.C. : The National Archives and Records Administration, 1989) 그런데 이러한 일본의 천황제 유지에 바탕을 둔 포츠담선언 조건부 수락안은 이미 8월 2일 소련에게 화평공작의 일환으로 제안되었던 상황이었다.

○ 일본은 8월 10일 7시(6시 40분) 이들 공관을 통해 미·소·영 3국 정부에 포츠담선언을 수락하는 뜻을 전달했다.(매일신보 1945년 8월 16일자 참조) 8월 10일 오전 7시 33분(일본 시간) 미국 무선통신 청취망은 일본의 항복제의를 포착하여 본국에 보고했으므로 워싱턴에는 현지시간으로 9일 17시 33분 이후에 통보되었다고 할 수 있다. 트루먼과 번스는 다음날인 8월 10일 아침 6시에 항복수락 제1신을 접했다.(Byrnes, *Speaking Frankly*) 포레스탈 해군장관은 10일 아침 7시에 보고받았다고 한다.(Walter Millis, *The Forrestal Diaries*)

1945년 8월 10일 오전 9시 백악관 회의에서 트루먼과 번스·포레스탈·리히 등 참석자가 모두 전쟁의 조속한 종결을 원했으나, 일본에게 항복을 받는 방법에 대해서는 한차례 격론이 있었다.

　이전에도 종전 후에 「천황제를 존속시킨다」는 항복조건 완화와 관련하여 미국 관계자들간에 논쟁이 있었다. 엄청난 희생을 초래할지도 모르는 본토침공을 피하기 위해 포츠담회담 직전부터 스팀슨 전쟁장관은 「입헌군주제를 보장하는 항복각서 체결」을 고려했던 것이다. 따라서 천황제 폐지에 관하여 미국은 적어도 내부적으로 어떤 경직된 원칙을 추구했던 것 같지는 않으며, 전쟁을 빨리 종결시킨다는 원칙에 따라 천황제 폐지유무를 융통성 있게 고려했던 것으로 이해할 수 있다. 단지 소련과 일본의 협상여지를 남겨 주지 않기 위하여 대외적으로 무조건 항복원칙을 천명했을 뿐이었다.

　ㅇ 주일대사로 10년 경력을 가지고 있던 그루 국무 차관은 일찍부터 '천황제 보존'을 전제로 일본의 온건파를 설득하자는 외교적 방책을 건의한 바 있으며(그러나 그루는 원폭관계 잠정위원회에 참여 못했을 뿐 아니라 대일전 수행을 위한 6월 18일의 백악관 회의에도 양군 장관이나 참모총장이 아니었으므로 초청받지 못했다.) 해군장관 포레스탈도 동조했다.(福田茂夫『第二次大戰の米軍事戰略』中央公論 1979)

　미국민의 여론은 천황제의 존속을 원하지 않는 방향으로 형성되어 있었다. 1945년 6월 갤럽 여론조사에 의하면 "천황을 처형하라"는 33%이며, "재판에 넘겨라"가 17%, "그냥 두라"가 4%, "꼭두각시의 역할을 맡기자"가 3%, "의견 없음"이 23%였다.

　1945년 8월 10일의 회의에서 리히와 스팀슨은 트루먼에게 일본의 제안을 받아들이자고 건의한 반면, 번스는 원자폭탄과 소련 참전이라는 호조건 속에서 무조건 항복을 고수하지 않는다면 미국 국민들이 이해하지 못할 것이라고 주장하면서 무조건 항복원칙을 고수했다. 그런데 이렇게 무조건 항복을 고수하는 정책은 소련과 일본의 밀약을 방지하기 위한 처방으로서 이미 그 사명을 다했다. 소련의 참전으로 밀약의 가능성은 없어졌기 때문에 무조건 항복만을 고수하여 종전이 지연된다면 화북과 조선반도를 점령할 소련군이 급기야는 일본 본토에 상륙하여 발언권을 강화할지도 모를 일이었다.(스팀슨은 8월 10일자 일기에서 "소련이 일본 본토를 점령하겠다는 주장을 하기 전에 전쟁을 끝내기를 희망한다"고 적었다. Stimson Diary, 10 Aug. 1945)

　따라서 빠른 항복접수를 위하여 무조건 항복을 요구하는 원칙을 다소 변경할 수밖에 없었다. 즉 천황의 퇴위를 계속 주장할 수는 없었으며, 천황제 폐지에 대한 직접적 언급은 회피한 채 즉각적인 반응을 보여 조기 항복을 유도해야만 했다. 따라서 무조건 항복을 포기하지 않는 듯 하면서도 융통성 있는 답신을 보내야 했던 것이다.

결국 포레스탈이 "무조건 항복이라는 기존 원칙의 일관성을 유지하면서 일본의 제안에 대해서는 긍정적으로 보이는 답변을 보내자"고 타협안을 제시하여 관철시켰다. 결국 트루먼은 번스에게 그러한 대일 회답 안을 기안하도록 지시했다. 정오가 지나서 번스 장관은 회답문안을 가지고 백악관으로 돌아왔으며 트루먼은 오후 2시 각료회의를 다시 열도록 지시했다.

각료회의에 제출한 번스의 각서에는 "천황과 일본 대본영은 항복문서에 서명해야 한다"는 구절을 명시하여 천황제를 현실적으로 인정하는 뉘앙스를 담으면서도 "천황과 일본 정부의 국가통치권은 연합국 최고사령부에 종속되어야(subject to) 한다"는 표현을 첨가하여 거부도 수락도 아닌 양면적 해석을 가능하게 했다. 즉 「천황제가 폐지된다」거나 「일본의 제안을 거부한다」는 직접적 표현을 쓰지 않은 채 완곡하게 거부하는 듯하면서도 "일본의 최종 정부형태는 포츠담선언에 나타난 바와 같이 일본인이 자유롭게 표명한 의사에 의하여 결정될 것이다"라고 표현하여 "당신들이 원하면 천황제가 폐지되지 않을 가능성도 있다"는 식의 해석이 가능하도록 만들어 천황제 존속을 간접적으로 수락하는 것과 같은 표현을 쓴 것이다.

○ 이 표현에 대하여 일본 정부에서는 여러 가지 해석이 분분했다. 먼저 일본 군부는 「예속된다」고 해석하여 최후 옥쇄를 각오하고 항전을 계속해야 한다고 주장했음에 비하여 외무성은 「제한 하에 놓인다」고 해석하면 된다고 했다. 화평파인 도고 외상은 연합국 회답에 약간 불만스러운 점은 있으나 국체유지는 보장된 것이라는 견해를 천황에게 말하여 결국 8월 14일 밤 11시 50분 천황이 항복수락 방송을 끝냄으로써 항복이 수락되었다.(重光葵『昭和の動亂』東京 中央公論社 1952. 服部卓四郎『大東亞戰爭全史』송남헌『해방삼년사』Ⅰ 까치 1985. 外務部外交 史料館 日本外交史辭典編纂委員會 編『日本外交史辭典』東京 大藏省印刷局 1979)

김기조는 천황의 통치를 연합국 군총사령관에게 복종하게 한다는 조건하에서 일본의 요구를 수락한 것으로 해석했다.(김기조「2차대전 말 일본의 '화평공작'과 연합국의 대응 : 조선반도를 둘러싼 막후 외교비사」『외교』제46호 1998년 7월)

번스의 초안은 승인되었으며 영·중·소 3국의 동의가 필요했다. 영국은 10일 밤 10시 30분(워싱턴 시각)에 접수된 회신을 통하여 「천황의 직접 항복문서 서명규정」을 완화하여 "천황이 … 항복 각 조항의 서명을 승인하고 보장하는 것"으로 변경할 것을 제의했으며, 이는 곧 최종안에 수용되어 "천황에게 서명을 승인하고 보장할 것을 요청할 것이다"라는 문구로 조정되었다. 중국은 11일 아침 7시 35분에 미국에 수락 회신을 보냈다.

그런데 몰로토프는 11일 새벽 2시 해리먼 대사에게 항복을 접수할 최고사령관을 두 사람(미국의 맥아더와 소련의 바실리예프)으로 할 것을 주장하여 난항에 부딪혔다. 그 과정에서 몰로토프가 위 문제를 추후 협의하자고 후퇴하여 결국 11일 밤에 소련의 동의 의사가 워싱턴에 전달되었다. (김기조 『38선 분할의 역사』 동산출판사 1994)

한편 10일 열린 미국의 각료회의에서 트루먼은 소련의 동의 없이 일을 추진하자고 주장했는데, 스팀슨은 소련이 만주로 깊숙이 진격할 때 까지 항복을 지연시키려 할 것이라고 예측했다. 결국 소련의 동의가 접수되기 전인 1945년 8월 11일 아침 8시 40분 번스는 주미 스위스 대리 대사를 초청하여 위 통첩을 스위스 정부를 통하여 일본에 전달해 줄 것을 요청했다. 일본은 위 통첩을 12일 심야에 접했다.

1945년 8월 10일에 답장을 작성했던 미국 당국자들은 일본의 항복이 24시간 내에 이루어질 것을 대비해야 했다. 따라서 10일 밤부터 11일 사이에 일반명령1호의 안을 준비했던 것이다.

그런데 미국의 회답에 대하여 요나이米內光政 해상을 제외한 군부 지도자들은 본토결전을 주장하면서 저항했다. 그러나 결국 14일 천황과 각료와 최고전쟁지도회의 구성원 모두로 구성된 합동어전회의에서 포츠담선언 수락을 최종적으로 결정할 수밖에 없었다. 일본 정부는 동경 시각으로 8월 14일 포츠담선언 수락, 즉 무조건 항복을 스위스 정부를 통해 연합국에 통보했다. 이 항복은 단순한 무조건 항복이 아니라 「조건 있는 무조건 항복conditional unconditional surrender」이라고 규정하기도 했다. 이제 연합국의 승전은 확실해졌고 조선반도의 해방은 초읽기에 들어갔다.

3. 남북 분단, 조국 동포 형제자매간의 증오 · 비극 시작

1) 대륙세력 및 자주독립세력의 필연적 저항 제압할 악법 강화

(1) 친일파 자산가 · 관료 · 지식계층 우대, 반공친미 정책, 근로민중 억압

미국은 소련세력의 확장을 방지하기 위하여 1945년 8월 10일부터 14일 사이에 북위 38도선으로 조선반도 분할을 획정했다. 이 과정에 참여한 사람에 따라 상부의 정책결정자 그룹과 하부 실무자 그룹의 둘로 나누어 구체적으로 살펴보고자 한다. (이완범 『삼팔선 획정의 진실』 지식산업사 2001)

① 3부조정위원회의 일반명령1호 검토(1945년 1월~8월)

「일반명령1호는 극동과 태평양지역의 일본군 세력권(식민지 및 피점령지·도서 해역)을 미·소·영·중 4개 연합군 구역으로 분할하여 항복을 접수하고자 하는 명령으로서, 조선반도 북위 38도선 분할안이 그 안에 포함되어 있다. 이는 1945년 9월 2일 일본이 항복할 때 「연합국최고사령부 명령제1호」의 첨부문서로 맥아더에 의하여 발효되었다.

그런데 「일반명령1호」는 다른 초안이 전혀 없는 상태에서 불과 며칠 사이의 단기간에 구상된 것은 아니었다. 이미 1944년 11월 국무부 국간 극동지역위원회Inter Divisional Area Committee on the Far East가 일본의 항복조건을 논의하면서 안을 만들었으며, 12월 28일에는 군부의 「합동전후계획위원회Joint Post-War Committee」가 일본의 무조건 항복에 대비한 계획의 일환으로서 동북아지역의 항복접수 지역에 대한 구획 없이 구상했었다.

○ "Japan : Terms or Surrender : Underlying Principles", November 13, 1944. 이 문서는 국무부 극동지역위원회가 기안·수정했다고 하는데, 구체적인 기안 일자는 나와 있지 않다. 11월이나 혹은 그 이전에 기안된 것은 확실하다. 또한 이 문서 자체에 General Order #1(일반명령1호)는 나와 있지 않으나 이 문서에 부속되어 있는 "Points on Which Questions might be Raised as to Substance", [Nov 1944], RG 353, SWNCC PFESC, Documents, 1945~1946, Box 131에 의하면 일반명령1호가 기안된 것은 확실하다.(Leonard Hoag, "American Military Government in Korea : War Policy and the First Year of Occupation, 1941~1946", Manuscript, Department of the Army, 1970)

1945년 1월 31일 3부조정위원회로 이관되어 SWNCC 16에서 관련 부분을 논의하는 과정에서 1945년 2월 9일 제9차 회의에서 SWNCC 21의 '부록 D'로 승인되었다. SWNCC 21은 여러 차례 복잡한 검토와 수정과정을 거친 후, 1945년 8월 11일 오후 2시 30분 국무부 청사 200호에서 열린 제20차 회의에서 SWNCC 21·5로 수정되었다. 분할선은 SWNCC 21·5에 최초로 등장했다. 3부조정위원회는 이외에도 일본의 항복과 적 영토 점령에 관한 준비를 계속하고 있었다.

○ 토의 및 문서 작성 조직체 이름과 자료

SWNCC : State-War-Navy Coordinating Committee(국무·육군·해군 3부조정위원회)

FRUS : Foreign Relations of United States(미 국무부 외교문서)

USAFIK : United States Armed Forces in Korea(주한 미군)

USAMGIK : United States Army Military Government in Korea(주한 미군정)

1944년 3월의 국무부 논의의 연장선에서 3부조정위원회는 일본 등의 항복지역 점령과 점령군 구성문제를 1945년 2월 5일부터 논의하기 시작했다. 또한 동위원회 극동분과위원회는 SWNCC 16·2의 파생작업으로서 1945년 3월과 4월에 조선반도 점령과 점령군 구성 문제에 관한 보고서를 작성하여 회람했다.

이 과정에서 3부조정위원회는 1945년 3월 19일 SWNCC 76(한국 군정에 의한 일본인 처리문제)·SWNCC 77(한국 군정에 의한 한국인 처리문제)·SWNCC 78(한국 군정에서 한국인 이용문제)과 SWNCC 79(한반도에 대한 미국과 연합국의 참여범위와 점령군 구성문제)를 작성하였으며, 4월 7일에는 SWNCC 101(과도적 국제행정기구와 군정과의 관계)을 산출하여 한국에 대한 군정 실시를 기정사실로 하고 준비했다. SWNCC 79에 의하면 미국의 점령·군정 참여 여부와 참여국가의 구성문제에 대한 토론이 요망된다는 것이었다.

그렇다면 3부조정위원회는 어떤 기구인지 구체적으로 살펴볼 필요가 있다. 38선을 결정했던 미국의 3부조정위원회는 국무부·전쟁부·해군부 3부가 정치·군사적 문제를 처리하는 데 도움을 주기 위하여, 그리고 군부와 민간 행정부 요원들 간의 협의를 위하여 국무부가 주도하여 조직했다. 1944년 11월부터 12월 중순까지 그 구성을 준비했으며, 1944년 12월 14일 예비모임을 가진 후 12월 19일 제1차 회의를 개최했다. 이 기구는 주로 외교정책 관련문제에 대하여 의견을 조정하기 위하여 소집되었는데, 그 주요 임무 가운데 하나가 「군사점령」이라는 정치성이 내포된 문제에 관한 전략을 수립하는 것이었다. 민간인 차관보가 각부 대표로 참여했으며 국무차관보가 의장이었다.

○ 전후의 세계 정치와 경제문제에 대하여 구상할 필요성을 인지하고 있던 국무부와 전쟁부는 종전 후의 세계 질서를 미국의 주도하에 재편하기 위하여 1944년 초 각각 전후계획위원회 The Committee on Post-War Program와 민정국Civil Affairs Division(약칭 CAD)을 전문가 집단을 중심으로 조직했고 이것이 3부조정위원회를 구성하는 데 기초가 되었다. 3부조정위원회는 독일의 패망이 임박하던 1944년 11월 아이젠하워 장군을 도와 독일 항복과 점령의 과업을 수행하고 정치·군사적 문제의 처리를 조정하기 위하여 처음 설립되었다.

한편 1947년 9월 국가안전보장법 통과 후에 공군부가 새로이 참가하여 4부조정위원회 State-Army-Navy-Air Force Coordinating Committee(약칭 SANACC)로 전환되었다. 전쟁부War Department는 4부조정위원회로 개편되면서 육군부Department of the Army가 되었다. 전쟁 수행중 전쟁부는 육군 중심이었으며 그 이후의 명칭이 육군부였으므로 전쟁 수행중의 전쟁부를 육군부라고 부르기도 한다. 또한 육·해·공군을 통합 조정하기 위하여 국방부Department of Defense를 신설했다.

38선 획정 당시에는 국무부의 던James Clement Dunn과 전쟁부의 맥클로이, 해군부의 게이츠Artemus Gates가 각부의 차관보로서 그 구성원이 되었다. 각 지역 분과위원회가 있어 작은 국무부라 일컬어지기도 했으며 분과위원회와 각부의 장관을 통해 합참과 긴밀한 관계를 유지했다. 지역분과위원회의 하나로 1945년 1월 13일 조직된 극동분과위원회Subcommittee on the Far East(이하 SFE 혹은 SCFE라 함)는 합참(군사적 문제)·국무부(비군사적 문제)와 상호 협조했다. 독일문제의 처리에 관한 한 국무부와 군부간의 협조가 원활하지 못했기 때문에 이를 교훈 삼아 3부조정위원회와 극동분과위원회는 1945년 7월 극동과 태평양 문제에 관하여 최대한 주의를 기울였다.

일반명령1호는 위와 같이 1944년 12월부터 구상되었지만, 러스크Dean Rusk 대령을 비롯한 38선 획정의 증인들은 이를 조급하게 기초했었다고 주장했다. 8월 10일까지 일반명령1호 초안을 실무적으로 작성해야 했던 본스틸 대령은 8월 9일 직속상관이면서 일반명령 1호 기안의 실무책임자인 링컨 준장에게 제출했던 비망록에서, 공인된 「항복문서surrender document」와 「항복선언문surrender proclamation」 「일반명령1호」 등이 없으므로 이것을 만드는 작업이 가장 시급하다고 주장했다.

그러나 1945년 2월 7일자 SWNCC 21에는 「천황의 선언문Proclamation by the Emperor of Japan」 「항목문서Unconditional Surrender of Japan」 「포고1호Proclamation No.1」 「일반명령1호」와 「일반명령제#호General Order No.#」 등의 초안이 나와 있는데, 8월 11일(SWNCC 21·4)까지 구상된 안에 분할선을 첨가하지 않았을 뿐이다.

또한 3부조정위원회는 SWNCC 21을 처음 만들었을 때인 1945년 2월 합참의 검토를 요구했다. 이에 합참은 위 문서를 JCS 1257로 이첩하여 전략정책단원을 중심으로 한 작전국 요원들에게 직접 검토하게 했다.(JCS : Joint Chiefs of Staff 합동참모부) 전략정책단의 본스틸은 1945년 2월에 아직 정책과장은 아니었지만 과장 짐머만의 대리로 이 문서를 검토했다. 본스틸은 '승인된 초안'이 없음에 불평했을 뿐이며 준비가 전혀 없었다고 주장한 것은 아니다.

② 소련에 앞서 요충지 차지하려는 의도에서 서둘러 분단(차단)선 획정

본스틸은 조급하게 초안을 기초한 과정에 대하여 변명하기를, 자신이 주도한 극동과 태평양 지역의 구역분할이 당시로서는 시급한 문제였다고 주장했다. 과연 분할선 획정이 그렇게 급한 일이었을까? 미국의 주장대로 단순한 군사적 문제라면 일본의 항복이 완전히 결정된 후에 그 구역을 나누어도 늦지 않았을 것이며, 그것이 자연스러운 순서였을 것이다. 실제로 일반명령1호가 9월 2일에야 발효되었으므로 8월 10일 심야와 11일 새벽 사이의 짧은 시간에 급하게 서둘러 문서를 만들었다는 사실은 '일본의 항복접수'라는 단순한 군사적 목적을 넘어선 '정치적 의도'를 가지고 있었던 것은 아닌가 하는 추측을 할 수 있는 근거를 제공한다. 시급히 결정했기 때문에 군사적 면만 고려했다는 주장은 설득력이 약하다. 그렇다면 한반도의 분할선 획정의 정치적 의도는 과연 무엇이었을까? 간단히 말하면 「소련의 팽창 저지」라고 할 수 있는데, 이를 좀 더 구체적으로 살펴보고자 한다.

일본의 패배가 확정되고 정치적 영향력을 분배하는 어떠한 외교적 합의도 존재하지 않았던 상황에서 여전히 일본군 점령 아래 있던 광대한 아시아지역에서 전쟁의 정치적 결과는 불투명했다. 힘의 공백지대가 될 이 지역에서 최소한 단기적으로는 일본의 항복을 직접 접수할 국가가 영향력을 행사할 것은 자명했다. 이런 맥락에서 태평양지역의 일본 세력권을 항복지역으로 분할하는 것은 바로 「세력범위sphere of influence」를 넓히는 일이었으므로 그 결정에 정치적 의도가 내포될 수 있었다.

소련이 참전한 상황에서 만약 세력분배에 대한 결정이 늦어진다면(중지시키지 않았다면) 그들은 만주 전역과 조선반도를 종횡무진 계속 남진하여 세력권을 넓혔을 것이다.

항복구역을 긴급히 결정할 수밖에 없었던 이유는 바로 소련의 팽창에 직면한 상황에 있었다. 따라서 소련의 팽창이 우려되는 지역이 주목할 대상이 되었다. 만주는 이미 소련에게 양보한 지역이므로 별 다른 대안이 없었으나 조선반도는 얄타협정에 포함되지 않았으므로 마지막까지 힘의 공백지대로 남겨졌다. 따라서 조선반도는 만주와 상황이 달랐다. 또한 만약 조선반도 전체를 소련에게 내주게 된다면 미국의 점령통치 아래 놓일 일본의 안보에 큰 위협이 될 것이라고 생각하기도 했다.

이런 상황을 배경으로 극동지역 가운데 크게 비중을 두지 않았던 조선반도에 뒤늦게나마 관심이 집중되었으며, 조선반도 때문에 분할선을 획정하는 결정을 서둘렀던 것이다. 따라서 조선반도에 대한 소련군 진입 여부와 남진 정도가, 당시 미국이 분할을 정치적으로 결정하는 데 가장 중요한 변수로 작용했던 것이다. 현지 시간으로 8월 11일 밤과 12일 새벽(워싱턴 시각으로 11일 정오 전후)에 소련이 조선반도에 본격적으로 진격했기 때문에 워싱턴 시각으로 10일 밤과 11일 새벽은 소련이 아직 본격적으로 월경하지 않은 시간이었다. 그럼에도 불구하고 미국의 당국자 던은 워싱턴 시각으로 11일 새벽 실무자 링컨에게 "소련이 조선반도를 비롯한 대륙으로 남진 중이므로 분할하여 미국의 주둔지를 확보하라(would be reserved)"고 지시했다는 견해가 있다. 이런 맥락에서 본다면 세력분할로 소련을 봉쇄하려던 안은 1945년 8월 10일경에 상부에서 정치적으로 확정했다고 판단된다.

○ 맥그래드(Paul McGrath, "U. S. Army in the Korean Conflict", Manuscript, Office of the Chief of Military History, Department of Defense, 1953)에 의하면 소련의 조선반

도와 남만주 진공 사실이 미국 당국자에게 전해진 것은 38선 초안이 확정된 8월 12일이었다고 하는데, 이는 비교적 정확한 것으로 사료된다.(한편 8월 11일자 The New York Times는 나진과 웅기로 진격한 사실을 보도했다. 그런데 만약 이 신문이 석간판이었다면 사실을 확인했을 여지가 전혀 없는 것은 아니지만, 이러한 전황정보가 벌써 워싱턴에 전달되었을 가능성은 거의 없으므로 과장보도였을 가능성이 많다. 당시 워싱턴에서는 소련에 대한 과장과 미국의 추측·우려에 의거한 「소련의 조기 진격보도」가 많이 이루어지고 있었다.) 따라서 소련이 조선반도에 진입중일 때에 38선이 그어졌다는 변명도 정세를 앞질러 모험을 한 미국의 행동에 대한 사후합리화일 가능성이 있다. 그런데 후술하는 바와 같이 8월 9일 새벽 2시(워싱턴 시각 8일 정오) 소련은 경흥으로 진격했기 때문에 이에 근거했다면 '남진중'이라는 정보가 전혀 사실무근은 아니다.

그런데 남아 있는 한 가지 문제는 1945년 7월 25일경 헐선을 획정하여 소련과 합의했다면 이미 세력분할을 완료했으므로 38선 획정 결정을 서두를 필요가 없었을 것이라는 사실이다. 따라서 포츠담에서 미·소 논의가 있었다면 이는 「밀약 혹은 38선안 확정」의 차원은 아니었을 것으로 추정되며 단지 피상적 논의 내지는 남북으로 분할한다는 암묵적인 합의 차원(분할선 미정 내지는 추후논의)이었을 것으로 판단된다. 이런 맥락에서 본다면 조선반도 분할에 대한 미·소의 인식 공유는 포츠담에서 이미 암암리에 이루어졌으나 아직 최종합의가 이루어지지 않았으므로 불확실한 상태였기 때문에 소련 참전 직후인 8월 10일경 분할선을 확정 하는 것이 필요했다고 해석할 수 있다.

그렇다면 조선반도 분할에 대한 결단을 상부에서 어떻게 합의했는지 살펴볼 필요가 있다. 미·소·영·중 4개 연합국이 항복한 국가들과 그 식민지를 분할할 때 미·소 양국이 먼저 분할할 지역을 결정하는 것이 가장 중요한 과제였다. 이미 유럽지역에서는 양국간에 갈등이 표출되고 있었으므로 미국은 어느 지역에서나 가능하면 소련의 팽창을 제어하고 자국의 세력권을 넓히려고 했다. 따라서 동북아시아지역에서도 소련을 봉쇄할선을 획정하여 팽창을 저지하려 했던 것이다.

○ 전쟁 수행중 작전구역을 항복분할선으로 하는 것이 가장 합리적인 것이라고 할 수 있다. 예를 들어 중국의 항복접수구역의 경우 1945년 8월 10일에 트루먼과 장개석 간에 논의된 작전구역의 범위와 거의 일치했다. 그러나 조선반도를 중심으로 한 지역의 경우, 합의된 작전분계선이 없었기에 미국으로서는 중요한 관심의 대상이 될 수 있었다.

그런데 미국은 극동지역 가운데 자신이 독점하려는 일본에는 결국 선을 긋지 않았다. 38선이 기안된 후인 8월 12일 소련이 만주와 조선반도로 세력을 늘리려고 한다는 소식이 전해지자 더욱 긴장한 미국은 이전부터 고수하던 소련의 일본점령 참여불가 방침을 확고히 했다. 따라서 당시 상황으로는 대륙의 어느 선에서 소련의 팽창을 저지하느냐가 관심의 초점이 되었던 것이다. 이에 대해 국무부와 군부 간에 견해차이가 있었다.

    ○ 국무부 전후정책소위원회의 1944년 3월 13일자 메모와 1945년 5월 1일자로 제출된 SWNCC 70·1·D에 의하면 대일對日 군사통치에 타국이 참가하는 경우에도 미국의 우위라는 대전제에 변동이 있어서는 안 되며 동시에 일본의 분할은 피해야만 한다"고 기술한다. 또한 독일점령시 독일 내에 설립된 연합국위원회가 소련의 비토로 별다른 합의를 이루지 못했다고 평가한 미국은, 일본점령에 대한 소련의 참여를 배제할 뿐만 아니라 장차 일본에 설치될 「연합국위원회」 내에서 소련의 역할마저도 제한하려 했다.

    국무부의 번스 장관은 아시아 대륙의 "가능한 한 북쪽"에서 분할선을 긋는 것이 좋겠다는 정치적 희망을 피력했다. 분명히 정치적으로 고려했던 것이다. 그런데 번스의 지침은 조선반도 분할을 포함하여 아시아 대륙 북쪽에 분할선을 획정하라는 지시로 평가할 수 있다. 이는 조선반도뿐만 아니라 만주의 주요거점까지 포함할 것을 요구한 포괄적인 것이었다. 이에 비해 사태가 앞으로 악화될 것을 우려하던 전쟁부는 이 지역에 군사력이 거의 주둔하고 있지 않다는 이유와 중국·소련과의 갈등을 이유로 난색을 표명했다. 미국 군부는 일본에서 자국의 위치가 약화될 것이라는 이유로 대륙개입을 반대했으며, 특히 토착세력들이 복잡한 파벌투쟁을 벌이던 중국에 깊숙이 개입하는 것을 주저했다.

    ○ KBS 한국전쟁특별취재반 "Dean Rusk Interview", Dean Rusk Center, University of Georgia, Athens, Georgia, 1989년 12월 6일. "NHK's Interview with Dean Rusk", in 饗庭孝典·NHK취재반, 오정환 역 『한국전쟁』 동아출판사 1991. 그런데 "가능한 한 북쪽"이라는 지침은 문서로 내려진 것은 아니며, 단지 러스크의 회고에만 나온다. 따라서 번스가 38선이 포함된 일반명령1호안을 스팀슨으로부터 건네받은 8월 11일 직후에 표명한 의견일 가능성이 그렇게 많지는 않지만 있을 수도 있다. 러스크는 군부가 병력부족을 이유로 난색을 표명했었던 것으로 증언했으나, 그의 다른 회고들에는 군부가 아시아 대륙에서 불필요한 전쟁에 연루되는 것을 원치 않았다고 술회한다. 당시 중국 대륙은 국공내전이 진행 중이었으며 미국의 전략가들은 이 전쟁에 개입하는 것을 꺼려했던 것이다.

    결국 국무부의 정치적 희망과 군부의 현실주의(현실적으로 동원할 수 있는 군사력의 한계) 간에 타협이 이루어져 아시아 대륙과 해양의 중간인 조선반도에 분할선을 긋는 방향으로 논의가 귀착되었다고 할 수 있다. 즉 아시아 대륙 봉쇄의 거점이자 발판인 조선반도에 상징적 군사력을 보유하는 절충안에 합의했던 것이다. 사실 국무부 당국자는 조선반도 점령안이 소련의 지리적 위치와 즉시 전용할 수 있는 자국 군사력의 부족을 고려할 때 당장은 무리라는 사실을 잘 인지하고 있었지만 반분의 경우에는 소련이 승낙할 가능성도 있다고 판단했다. 군사적 편의설을 입증하기 위해 발뺌으로 일관하던 러스크의 증언에서도 소련이 38선을 승인한 소식을 몰랐다고 나와 있으므로 38선이 전혀 전략적 고려 없이 군사적 편의에 의하여 획정되었던 것은 아니라는 사실을 간파할 수 있다. 아무튼 나중에 입증된 사실이시만 조선반도 남부 점령은 내륙통세의 불침不沈 함대가 되어 육·해·공 공격이 용이한 군사기지 역할을 톡톡히 하여왔다.

(2) 승전국 앞의 조선반도, 대화의 상대 아닌 요리의 대상 고깃덩어리

분할선을 획정할 때 미국 정책결정자와 실무자들은 동북아의 옛 일본 세력권이던 만주·조선반도·일본을 미·소가 적당히 나누어 세력균형을 도모하자는 인식을 공유했다. 미국의 실무자와 정책결정자들은 항복구역을 획정할 때 일본열도에 대한 소련의 욕구를 무마시키면서 미국이 단독으로 점령하는 것을 최고의 목표로 상정했다. 결국 얄타에서 소련의 세력권으로 넘겨준 만주 전역을 소련에 항복한 국가(일본제국)로부터 접수한 지역으로 제공된다면 일본 본토 전체를 미국의 세력권으로 만드는 것은 가능할 수 있다는 해답을 얻었다.

그런데 조선반도는 마지막 문제로 제기되었다. 미국은 1944년 10월 모스크바회담 이후 조선반도에 대한 「힘의 공백지대화 공작」을 했으며, 전쟁이 끝나가던 1945년 8월 그 공작이 비교적 성공적이었다고 판단했다.

○ 종전 직후 트루먼은 의원들과 나눈 밀담에서 "스탈린은 극동에서 여순항과 동중국철도·남만주철도만을 원하고 있을 뿐 조선반도는 원하고 있지 않다"고 강조하여 관심 없는 듯이 태도를 취함으로써 힘의 공백지대화 전략을 표출하면서 조선반도에 대한 욕망을 우회적으로 간접 표출했다.(Drew Pearson, "Stalin Doesn't Want Korea, Says Truman", in Korea Independence, August 22, 1945)

조선반도는 미·소 양측이 다소 무리한다면 각각 어느 쪽도 독점이 가능한 지역이기도 하였으나, 기안에 관여하던 인사들은 ① 능력의 한계 ② 전략적 저평가 ③ 미·소 간 상대국 의도에 대한 인지미비 때문에 당시로서는 미·소가 공유하는 것이 바람직하다고 생각했다.

3부조정위원회의 사무국 역할을 하며 업무를 조정하던 기구는 바로 전쟁부 작전국 전략정책단 정책과였다. 따라서 3부조정위원회와 전략정책단은 밀접한 관계였다. 3부조정위원회의 정책결정 과정에서 군사적 문제는 군부(특히 육군, 그리고 합참)가 주도하여 입안했으며, 비군사적·정치적 문제는 국무부가 주도했다. 그런데 국무부의 인력이 부족하여 정책을 수행하는 능력이 부족했기 때문에 전쟁부 작전국 전략정책단 소속의 고급인력이 외교정책의 결정과정에서 실무적인 영향력을 행사하는 경우가 많았다. 대통령에게 보고하는 메모를 이들이 직접 작성하는 경우가 많았던 것이다. 왜냐하면 이들은 군사계획을 외교정책과 결합할 수 있는 능력이 있었기 때문이었다.

그런데 전략정책단은 육군참모총장의 참모 집단이었는데, 38선 안을 확정할 무렵에 3부조정위원회 전쟁부 대표인 맥클로이의 참모 역할을 수행했기 때문에 이 위원회의 일에 깊숙이 개입하게 되었다. 전략정책단은 시간이 지날수록 능력을 인정받았으므로 전쟁 말기에는 거의 모든 3부조정위원회의 문서를 작성함으로써 외교 정책을 결정하는 복잡한 과정에 실무적으로 관여했다. 평상시 국무부가 취급해야 할 일을 전략정책단이 수행했던 것이다. 따라서 전략정책단이 3부조정위원회에 결정적인 영향력을 행사했다고 평가할 수 있다. 앞서 지적한 바와 같이 전략정책단은 3부조정위원회의 사무국 역할을 수행했던 것이다.

38선 획정은 2차대전 중에 이루어진 다른 중요한 결정과 비슷한 경로로 결정되었다. 즉 상부의 지시는 우선 전쟁부 작전국 전략정책단으로 내려가고 기안된 초안이 다시 상부로 올라갔는데, 전략정책단 – 합동참모기획부(JPS) – 3부조정위원회 – 3부의 장관(스팀슨·포레스탈·번스) – 합참 – 대통령의 단계를 경유했을 것으로 유추된다.

상부의 정책적 고려를 제외하고 38선이라는 실무적 기안과정만을 돌이켜 볼 때, 국무부는 3부조정위원회와 장관의 검토 단계를 제외하고는 관여하지 못했으며, 이것도 실무적인 관여는 아니었고 주로 전략정책단과 합참이 실무적인 결정을 주도했다. 국무부의 역할은 "가능한 한 북쪽"이라는 포괄적인 정책지침만을 내려 보내는 데 국한되었다고 할 수 있다. 전쟁 중에는 무엇보다도 전쟁을 수행하는 일이 급선무였으므로 외교정책을 군사전략과 연관하여 결정할 수밖에 없었다. 극단적으로 말하면 「외교정책은 군사전략의 부속물」로 평가되기까지 했다. 외교정책을 결정하는 실무에서 전쟁부와 해군부가 국무부보다 더 강력한 발언권을 갖고 있었던 경우가 많았던 것이다. 그렇지만 정치적 책임은 역시 상부의 정책을 주도하던 국무부가 질 수밖에 없었다.

◎ **38선 획정에 참여한 「전략정책단」 3인 : 링컨·본스틸·러스크**

일반명령을 기초하기 위하여 3부조정위원회는 1945년 8월 11일부터 15일까지 여러 차례 회의를 열었다. 11일 새벽에 기안한 38선안은 이후 논의에서 결국 수정되지 않았으므로 이 시간이 가장 중요한 시점이었다.

조선반도를 분할할 것을 결정했던 상부에서는 그 기안의 적격자가 여타 군사·외교적 결정을 훌륭히 기안했던 전쟁부 작전국 산하의 전략정책단 요원들이라 생각했다. 전략 정책단은 1945년 2월 이래로 일본 항복과 조선반도 점령 문제에 관여했으므로 조선반 도 분할선 획정 기안을 담당하는 것은 당연한 귀결이라고 할 수 있었다. 1945년 8월 당 시 전략정책단 군사 기획자(참모)들의 면면을 열거하면 다음과 같다. 먼저 전략정책단 단 장인 링컨 준장과 그 단원이던 정책과장 본스틸 3세 대령, 정책과장보 러스크(1940년 12 월에 예비역에서 현역 대위로 복귀한 ROTC 출신 장교였으며 중국·미얀마·인도 전선에서 복무하다 1945년 4월 마셜 육군참모총장 등의 눈에 띄어 7월 5일 전략정책단에 첫 출근) 대령 등이 주요 인 물이다.

당시 미국 최고의 엘리트인 「로즈 스칼러Rhodes Scholar」였던 이들 3인은 38선 획정 당시 3부조정위원회 산하 기획참모분과위원회에 파견되어 문서작성 실무를 담당하고 있었다. 이들은 국무부의 정치와 전쟁부의 군사를 결합할 수 있는 능력을 가진 인물들로 평가되었다.

○ 「로즈 스칼러」라 함은 영국의 억만장자 Cecil Rhodes가 기부한 600만 파운드의 장학 금(Rhodes Scholarship 로즈 장학금)으로 영국 옥스퍼드대학에서 공부한 영국·미국·독일 의 수재 170명을 의미한다. 전략정책단 3인의 장교 외에 맥코맥 대령도 역시 로즈 스칼러였 는데, 정책과 장교 가운데 반수 이상이 로즈 스칼러였던 셈이다. 이러한 고급 두뇌 네 명이 함 께 근무한다는 것은 매우 드문 경우였다.

전략가 링컨은 이 문제에 계속 깊숙이 관여하고 있었으며 1945년 8월 당시 3부조정 위원회 회의시 맥클로이 차관보를 보좌하는 참모보좌역이었다. 본스틸도 1945년 2월 전략정책단이 일본 항복문제를 검토할 당시에도 전략정책단 예하 정책과 소속이었으므 로 이 문제에 관련되어 있었는 데 비해, 러스크는 출근한 지 한 달 남짓밖에 되지 않았기 때문에 이 문제에 대하여 별다른 사전 지식이 없었던 실무자였다.

전략정책단원 실무자 3인(링컨·본스틸·러스크)의 증언에 의하면 모두 자신이 38선 획 정의 기안을 주도했다고 한다. 공명심으로 가득 찬 이들의 증언은 당시의 정책적 오류를 은폐할 가능성이 없지 않기 때문에 다음과 같이 심층적인 사실 확인 작업이 있어야만 할 것 같다.

러스크는 자신이 모든 것을 결정한 듯이 증언했으며 따라서 이 문제에 관한 선행연구 들은 주로 그의 증언에 의존했던 관계로 상부의 정책결정자를 규명하지 못했다. 분할선 획정의 실무담당자보다 그 작업을 지시한 정책결정자가 더 중요함에도 불구하고 이러한 사실은 은폐되었던 것이다. 또한 본스틸의 증언에 의존한 맥그래드는 분할 결정이 본스틸의 구상이었다고 주장했다. 러스크가 필자(이완범)의 문의에 회답한 편지에는 "자신과 본스틸이 '38선획정지도'를 사용했다"는 내용이 있으므로, 지도를 보고 분할선을 그리는 실무 작업에서 최소한 두 사람이 협동했다는 사실을 확인 할 수 있었다.

그런데 전시중이었지만 그렇게 중요한 일을 대령 두 명이 결정했다는 것은 납득하기 어렵다. 특히 러스크는 아직 업무파악이 제대로 되어 있지 않은 상태였다. 이 문제에 계속 관여하던 전략정책단장 링컨이 일반 명령을 작성하기 시작한 순간부터 3부조정위원회와 합참으로 이관할 때까지는 실무책임자였으므로 자기 책임 아래 38선을 기안했으며, 대령 두 사람은 단지 타당성을 검토하는 역할에 불과했던 것으로 보인다.

○ '38선 획정의 증인'을 자임했던 러스크의 증언이 중요한 자료임에는 분명하나 한계가 없는 것은 아니다. 우선 그의 증언에는 "문서에 기반하지 않고 기억에 근거하고 있다"는 유보적인 '발뺌'이 부기되어 있다.("Dean Rusk〔Assistant Secretary of State for Far Eastern Affairs〕's Answer to an Inquiry from the Chief of the Division of Historical Policy Research, Bernard Noble, in Regard to the 38th parallel" July 12, 1950)

일반적으로 중요한 사안의 결정과정의 경우 세부적 사실 외에는 대개 정확하게 기억할 수 있다. 그럼에도 불구하고 이러한 사족을 첨가했다는 것은, 무엇인가 은폐하고 있다가 사실이 밝혀질 경우 발뺌하려는 의도가 숨어 있지 않은가 하는 의구심을 제기하게 한다. 38선이 획정된 지 거의 5년이 경과한 후에 채록된 위 증언은 당시 상황을 사실 그대로 전하기보다는 미국의 입장(군사적 편의설)을 옹호하기 위하여 윤색했을 가능성이 있다.

또한 기억에 토대를 둔 증언은 착오와 은폐가 있을 수 있다는 점을 고려해야 한다. 이용희 『이용희 저작집 I : 한국과 세계정치』(민음사 1987) 55쪽의 비평대로 '저널리스틱한' 증언이므로 학문적인 여러 자료에 의하여 비교·검증되어야 한다. 예를 들어 러스크의 위 증언에는 1945년 8월 10일~15일까지 3부조정위원회의 해군부 대표가 바드Ralph Bard로 되어 있는데, 이는 게이츠로 수정해야 할 것으로 판단된다.

○ 1952년경 당시 육군참모차장 G-3에 보관 중이었던 JCS와 SWNCC 문서를 열람한 맥그래드는 링컨이 1945년 8월 11일에 38선안을 일반명령1호에 삽입한 장본인이라고 결론내렸다. 이에 의거해 1952년 11월 12일 본스틸 대령에게 편지를 보내 인터뷰를 요청했다. 맥그래드는 본스틸과의 인터뷰를 통해 본스틸이 결정의 중심인물이라고 판단했을 것이다.

그렇지만 맥그래드는 본스틸 등이 링컨과 상의했다는 사실은 인정했다. 슈나벨에 의하면 본스틸이 기안하여 타이핑한 안이 링컨을 통해 철야로 회의를 열었던 기획자들에게 전달되었다고 한다.

슈나벨의 연구는 38선에 관한 한 거의 전적으로 한때 그의 동료였던 맥그래드 박사의 논문에 의존한 것이다.(James Schnabel, "United States Army in the Korean War : Policy and Direction, The First Year" "Rusk's Answering Letter to Wan Bom Lee", January 8, 1992)

미국친선위원회the American Friends Service Committee 실무책임자the executive secretary 루이스 해스킨스Lewis Haskins에 의하면 준장들이 극동에 대한 경험이 있던 대령에게 조선반도를 분할할 것을 지시했다고 회고했다.(그런데 대령은 조선반도가 하나의 사회적 경제적 단위이므로 분할할 수 없다고 저항했다는 것이다. 오후 4시까지 분할할 것을 준장이 말했다고 적고 있어 이 자료가 완전히 정확하다고 보기 어렵다. John Gunther, The Riddle of MacArthur 1950. 준장들은 JCS의 링컨과 가드너 등을 일컫는 것으로 판단된다.)

획정을 실무적으로 기안한 인물은 링컨이며, 그를 도운 인사가 본스틸 대령이고, 러스크 대령은 본스틸 과장을 보좌한 인물에 불과했던 것이다. 그렇다면 러스크의 증언이 왜 정설로 간주되었을까? 정치적 배경을 은폐하기 위해 당시의 명령계통을 비롯한 다른 배경을 거의 언급 하지 않은 러스크의 증언이 이용된 것으로 추정된다. 38선 획정이라는 역사적인 실책의 책임을 서로 전가하던 분위기에서 증언이 채록되던 1950년, 당시 국무부 극동담당 차관보였던 러스크가 책임을 '뒤집어 쓴' 격이 되었던 것이다. 핵무기의 존재에 대하여 알고 있었던 링컨에 비하여, 두 대령은 이를 모르던 하급 실무자였다.

육군 전사실 책임자 워드Orlando Ward 소장의 1952년 10월 10일자 서면 증언에 의하면 38선을 초안에 삽입한 인사는 링컨이라고 한다. 또한 국무부 극동차관보와 주일대사를 역임했던 앨리슨도 러스크가 아닌 링컨이 38선을 획정했다고 주장했다. 전쟁사가 애플먼은 38선 획정문제에 관해 본스틸과 토론했는데, 본스틸은 자신이 조선반도에 관한 초안을 작성하여 링컨에게 제출했음을 암시했다고 한다. 이에 애플먼은 본스틸의 암시가 실제이기 어렵다고 판단해 링컨에게 직접 문의했으며, 그의 저서 초고에서 링컨의 책임 아래 38선안을 기안했다고 주장했다. 맥그래드도 전술한 바와 같이 처음에는 '링컨 주도설'을 확신했으며, 본스틸과 면담한 후 '본스틸 주도설'로 입장을 수정했을 때에도 본스틸이 링컨의 승인을 얻었음을 부기했다.

(3) 강국들의 패권 경쟁, 약소국의 인권과 주권은 여지없이 파괴

당시 미국의 군지휘관들은 38선 획정을 마치 일본군을 무장해제시키려는 점령과정에서 군의 편의상 갈라놓은 임시분계선인 것처럼 변명하였으나, 실제로는 연합국인 소련과의 협의나 동의도 없이, 원주민인 조선인들과의 의사소통은 전혀 없이, 철저히 미국 국익 중심의 야심찬 지배구상(식민지 유사형태나 자치령 등 '자유민주주의'로 포장 선전된 현대국가 창출을 목표로 하는 듯이)을 노린 처사들이었음이 그 후 역사의 전개과정에서 모두 주객관적으로 폭로되었다.

다시 말하면 피상적·현상적으로 38선의 획정 과정을 관찰하면 38선을 군사적 목적만을 가지고 획정한 것처럼 보이지만, 본질적으로는 정치적 영향력의 확보를 함축하는 정치적인 세력분할선이었다. 군사적 편의라는 공식적 주장의 외피를 벗기면 그 속에 정치적 고려가 있었다는 사실을 알 수 있다. 거의 모든 획정의 판단은 정치적 고려에 의하여 이루어졌으며, 우리 민족의 의사와는 무관하게 획정되었다는 것이다.

호그Leonard Hoag의 표현에 의하면 본스틸이 잠정적hypothetical으로 선을 그었다고 말한다. 가상적·잠정적이라는 말은 '임시적'이라는 표현과 상통하며 38선이 '군사적 임시분계선'이라는 미국의 사후변명을 뒷받침하는 표현이다. 그러나 일개 대령의 입장에서는 군사적이며 잠정적인 선이었을지 몰라도 배후의 정책결정자의 입장에서는 정치적 의미를 함축하는 선일 수밖에 없으며 후술하는 바와 같이 결과적으로는 잠정적인 선이 되지 못했으므로 남북 동포에게 끝없는 고통을 안겨주고 있는 38선 획정의 책임을 회피할 수는 없다.

분할선만을 놓고 본다면 적어도 1948년 초반까지는 38선이 정치적 분단선이 아니라 잠정적인 군사분할선이라는 희망 섞인 평가가 지배적이었다. 더군다나 소련 역시 그들 나름의 정치적 야심을 가지고 이 분할선을 수락하였다.

○ 여운형은 1946년 1월에 간행된 잡지에서 38선에 대한 소견을 묻자 38선은 "작전상 경계고 정치적으로는 하등 관계가 없는 것이라고 합니다"라고 답하여 연합국의 입장표명에 동의하는 차원에 머물렀다.(여운형 「우리나라의 정치적 진로」, 『학병』 제1권 1호 1946년 1월)
한편 소련도 38선에 동의한 자신들의 책임을 희석시키기 위해 38선을 일시적·잠정적인 것으로 간주했으며, 김일성도 초기에는 그런 생각에 당연히 동의했다. 김일성은 1948년 3월 28일 「북조선 로동당 제2차 대회에서 진술한 당중앙위원회 사업결산 보고」를 통해 "조선해방 당시의 불가피한 국제정세와 군사전략상 필요성에 의하여 우리 조국에는 38선을 계선으로 하고 쏘미 양국 군대가 진주하게 되었다"고 말했다.(『북조선 로동당 제2차 전당대회 회의록』 평양 1948) 당시 김일성의 평가는 소련 정부가 주장하는 군사적 편의설을 암암리에 합리화시켜 주는 그런 식의 인식이었다. 여기서 소련도 미국과 같이 군사적 편의설을 지지했음을 알 수 있다.

그러다가 1948년 4월 21일 남북연석회의석상에서 북조선정치정세라는 연설을 통해 "미국 정부와 쏘련정부는 전시예정에 대하여 38선을 계선으로 하고 38이북은 쏘련군 적임지역으로 38 이남은 미군 적임지역으로 당분간 나누어 놓았던 것입니다. 이와 같은 38선은 쏘미 양군 간의 임시적 계선이었습니다. 그러나 여러분이 다 아시는 바와 같이 지금 이 삼팔선은 림시적 계선이라기보다 국경 비슷하게 되어 단일한 우리조국을 남북으로 인공적으로 분리하고 있습 니다. 조선이 각각 상이한 방면으로 나가게 하였습니다."(『전조선 제정당 사회단체 대표자연 석회의 문헌집』 평양 : 북조선인민위원회 선전국 1948)

1948년 7월 9일 남에서 5·10선거가 실시된 이후에는 완전히 변화된 인식을 보여주었다. "남조선 단독 '선거'는, 38선을 계선으로 하고 인공적으로 분렬된 우리 조국의 림시적 분렬을 영구화시키는 것입니다. 38선은 우리 조국의 경제를 분렬하며 우리 민족을 두 부분으로 분리 시키는 영원한 국경으로 변하고 있다"고 역설했던 것이다.(김일성 「북조선인민회의 특별회의 에서 찬동한 조선민주주의인민공화국 헌법 실시에 관하여」, 북조선인민회의제5차회의 1948 년 7월 9일 『인민』 제3권 1948년 7월)

앞의 사례에서 보듯이 38선 결정과정은 군사적인 졸속 결정이었지만, 이 결정의 본질 과 배후에는 강대국인 미국의 정치적 계산이 배경으로 깔려 있었다고 할 수 있다. 더구나 소련도 정치적으로 고려하여 38선을 수용했다.

○ 스탈린Stalin이 유고의 질라스Milovan Djilas와 가진 인터뷰에서 시인했듯이 "이 전쟁 (제2차 세계대전)은 제도를 이식移植하는 전쟁이며 한 영토를 점령하는 자는 또한 자기 자신 의 사회제도를 그곳에다 강요"하는 법이다.(밀로반 질라스, 오용웅역 『스탈린과의 대화』 여명 문화사 1962)

미국이 책임회피를 하기 위해 고안한 '군사적 편의설'은 책임을 가볍게 하기보다는 오 히려 "정치적 의미를 가진 세력분할선을 신중히 고려하지 않고 군사적인 면을 우선적으 로 고려해 졸속 결정했다"는 비판의 근거를 제공해주었다.

38선의 기안자는 현역 군인이었으나 이들에게는 상부로부터 "가능한 한 북쪽까지 확 보하라"는 정치적인 고려사항이 전달되었다. 따라서 군인이 기안했기 때문에 단순히 군 사적 편의에 따랐다고 속단할 수 없다. 엘리트 군사전략가인 헐 중장과 링컨 준장, 본스 틸·러스크 두 대령은 정치적으로 사고할 줄 아는 군인들이었다. 두 대령은 1960년대에 각각 주한유엔군총사령관(미8군사령관과 겸직)과 국무 장관의 직무를 수행했다. 따라서 38선 획정 당시 이들의 정치적 식견이 상당한 수준이었다고 단정하는 것은 다소의 확대 해석이기는 하지만 타당성이 없는 것은 아니다.

또한 군사문제와 정치문제를 분리하는 시각도 문제가 있다. 고도의 정치적 의미를 내포할 수밖에 없는 분할선을 순수하게 군사적으로 결정하는 것은 불가능한 일이다. 전략정책단의 군사전략가들은 군사적인 문제를 정치적으로 고려하는 데는 미국 최고의 전문가들이었다. 이들의 편의주의적이고 책임회피적인 사후변명을 통해 오히려 숨겨진 의도를 파악할 수 있을 것이다.

또한 실무를 담당했던 군부의 인사들은 주로 군사적 편의에 따라 38선을 획정했을지 몰라도 국무부 인사들은 분할선의 정치·경제적 의미를 충분히 알고 있었다.

미국이 무리를 감수했다는 점에서도 38선이 군사적 분계선이 아니라 정치적 분단선이었다는 사실을 확인할 수 있다. 오로지 일본군의 항복을 접수하기 위한 군사적 분계선이었다면 무리할 필요가 없었기 때문이다. 군사적 편의만을 위한다면 미국은 조선반도의 어떤 지역도 점령해야 할 이유가 없었다. 왜냐하면 「이미 조선반도로 진격해 오던 소련이 미국을 대신해 연합국이 해야 할 성가신 일이라고 할 수 있는 일본군의 무장해제를 아마도 훌륭히 담당할 수 있었을 것이기」 때문이다. 또한 군사적 편의에 의하여 38선을 획정했다면 38선은 그 본래의 사명인 일본군의 무장해제가 완료되면 언제라도 포기할 수 있는 선이었으나 미국은 이 분할선의 포기를 현재까지도 전혀 고려하지 않고 있다.

○ 맥아더는 미군이 남한으로 진주하기 전에 정치·경제적 문제를 어떻게 고려해야 할지 모르겠다며 맥클로이 전쟁차관보에게 지침을 내려보낼 것을 요구하자, 맥클로이는 38선이 정치·경제적인 점과 한국의 자연·지리적 조건을 고려하지 않고 그은 선이라고 해석했다. 따라서 소련과 협조 하에 정치·경제 지침을 내려보낼 것이라고 말했다.

그러나 국무부는 38선으로 인해 인위적으로 분리된 지역에 관해서도 소련과의 협조 체제가 마련되지 않은 상태에서 최초정책지침을 내려보냈다. 여기서 군부는 38선을 군사적인 임시분계선으로 해석하려고 노력했음에 비해 국무부는 단순히 군사적으로만 생각하고 있지 않음이 확인될 수 있다. 또한 링컨은 4대국 탁치 시행 전의 조선반도 통치에 대하여 러시아와 협의해야 하며 맥아더에게 정치·경제적 지침이 시급히 마련되어야 한다고 1945년 8월 24일 주장했다.("Lincoln's Memorandum for the Chief, Liaison Section", 24 August 1945)

좀 더 구체적으로 일반명령1호를 살펴보면 이 문건에는 '분할점령'이라는 표현 대신 항복이라는 표현을 사용하므로 모든 것이 군사적으로 결정된 듯한 인상을 준다.

따라서 이 문서만으로 38선 획정을 검토할 때 군사적 편의주의설이 유일한 가설인 것처럼 보이지만 이도 역시 피상적 해석에 불과하다. "현지의 주권 민족과 상의하지 않고 미·소 두 열강이 군사적 편의에 따라 분계선을 그었다"는 주장은 현상에만 집착한 피상적 견해라는 것이다. 피상적 사실과 현상의 배후에 숨어 있는 본질적 의도를 캐내어 보면

이 분할선은 세력권 확보의 선 이외에 다름 아니라는 사실을 전술한 바와 같이 알 수 있다. 군사적 편의설을 주장하는 논자들은 군사점령을 위한 분할선 획정이 신탁통치로 가는 도정에서 취해진 일시적 조치라고 설명하지만 현상적·사실적으로도 이러한 주장의 설명력은 유효시한이 매우 짧은 변명에 불과했다. 결과적으로 38선은 머지않아 영구적인 분단선이 되고 말았다는 사실을 깨닫게 해주었다.

(4) 미국은 내심의 독점 이기주의 감추고 「신탁통치의 전단계」인양 위장

결과만 놓고 보더라도 38선은 소련의 조선반도 전지역 점령을 막고 조선반도를(적어도 조선반도의 남부를) 미국의 세력권으로 만들려는 정치적 의도를 갖고 그은 명실상부한 분단선이었다는 사실이 입증된다. 이러한 미국의 소련 견제전략은 신탁 통치안의 입안과 미국 외의 단일세력의 독점을 방지하려는 작전구역 획정논의 등에서도 일관되게 관철되었고, 미군정 주선으로 짜여진 남쪽의 분단정권 수립으로 38선 획정의 본심을 드러냈다.

미국은 전후 세계를 구상하면서 세계를 분할했으며, 이러한 분할구상은 명백히 정치적인 것이었다. 예를 들면 미국은 인도차이나에서는 프랑스의 존재를, 네덜란드령 동인도지역에서는 네덜란드의 존재를 인정하면서 이 지역을 분할했던 것이다.

제2차 세계대전이 끝나면서 독일·오스트리아는 미·소·영·불이 4분고, 조선반도는 미·소가 양분했다. 독일과 오스트리아는 연합국의 적국이었으므로 그 세력을 약화시키기 위하여 분할점령이 이루어진 경우지만, 조선반도는 적국의 식민지였을 뿐 적국은 아니었으며 실제로 조선반도엔 약화시켜야 할 세력도 없었다. 와다和田春樹 교수의 지적과 같이 "그 분단이 일종의 징벌이라면, 조선반도보다는 일본이 분할되었어야 했다." 애당초 미국 수뇌부에 약소민족·민중을 해방시키려는 의지는 없었다.

결국 미군정 당국의 초기 훈령에는 조선을 '적국'으로 대우하라는 지침(곧 철회됨)이 있었으며, 힘을 약화시켜야 했던 적국 일본의 경우에는 사할린이 본래의 주인인 소련에 반환되었을 뿐 분할점령되지는 않았다.(和田春樹「韓國政勢と私たち」『世界』1987年 3月)

따라서 조선반도 분할점령은 명분이 없었으며, 강대국이 세력을 확보하려는 동기에서 유발되었음이 분명했다. 미국은 소련세를 견제하고 일본 전체를 독점 점령하기 위해 방파제로 조선반도를 희생시켰다고 할 수 있다.

미국은 신탁통치를 실현시키기 위하여 점령을 단행했다는 명분론을 개진했다. 즉 미국은 소련의 야욕과 신탁통치 무산 기도를 견제하기 위하여 38선을 획정했으며 자신들은 단지 방어를 위한 목적으로 조선반도에 진주했다는 것이 바로 속보이는 명분론이었다. 포츠담회담 직전에 미국은 신탁 통치를 무산시키려는, 재소 조선인 독립군 사단을 통한 소련의 조선반도 지배 기도를 집중적으로 제기했다. 따라서 38선 확정은 소련의 이러한 전략을 방지하고 조선반도에 미국 우호 독립정부를 수립하려는 선택이었다는 설명이다. 이런 주장은 친일파 중심의 단독정권 수립에서 완전히 부정된다.

그런데 이러한 변명을 통하여 미국은 소련의 야욕만을 부각시킬 뿐 자신들의 세력 확보 의도는 은폐하여 왔다. 국제정치의 상황을 현실적으로 해석하면, 국가이익을 추구하는 미국은 자기 세력을 확장하려는 적극적인 목표를 가질 수밖에 없었다. 미국은 이런 과정에서 소련측의 욕구를 의도적으로 과장시키는 경향을 보이기도 했던 것이다.

미국이 후진국에 개입한 명분을 문자 그대로 인정하여 "공산주의 소수파가 정권을 장악하는 것을 방지하고 민족자결의 원칙에 따라 선택의 자유를 보장해주기 위해서" 즉 신탁통치를 실현하기 위하여 조선반도의 반을 점령했다고 판단하는 것은 미국의 의도를 선의로만 해석하는 이상주의적 견해이다. 미국의 거짓은 주로 친일파를 종속정권의 주도세력으로 꾸민 사실에서도 드러났다.

단지 신탁통치를 실현하고 민족의 의지대로 정권을 수립한다면 미국은 관심과 관계를 끝냈을 것인가? 미국의 정책목표는 신탁통치의 실현에 있었던 것이 아니라 조선반도에 친미정부를 수립하는 데에 있었다. 따라서 미국이 신탁통치의 실현을 위해 분할점령을 결정했다면 그때의 신탁통치는 소련의 지배를 방지하고 미국의 우위를 보장하는 방안 이상 일 수가 없었다. 미국은 소련에 우호적인 국가가 수립될 가능성도 가지고 있던 「보편적 형태」의 신탁통치 실현을 바라고 분할점령 정책을 결정했던 것이 아니라, 「자국의 우위가 보장되는」 신탁통치의 실현을 위하여 노력했던 것이다. 따라서 신탁통치를 통해 친미정부 수립과 소련에 대한 견제가 불가능하다고 판단했다면, 미국은 '군사적 편의'와 잠정적 조치라는 표면적 명분을 넘어서서 38선을 정치적 영구분단선으로 현실화시킬 가능성이 처음부터 있었다. 이런 사태는 분단정부가 들어선지 70년이 넘은 현재 고스란히 입증되고 있다.

또한 위와는 조금 다른 차원에서 미국은 「신탁통치의 실현을 위한 분할점령 단행설」을 주장했다. 즉 4대국 신탁통치의 전제인 4대국 분할점령을 실현하기 위하여 능력 이상으로 많은 점령지역을 자국의 점령지역으로 분류한 분할점령을 단행했다고 설명했는데, 이는 소련 팽창저지와 자국의 세력확보라는 숨은 의도를 은폐하기 위한 궁색한 변명일 가능성이 있다. 이 변명을 구체적으로 살펴본 후 그 명분을 비판해 보고자 한다.

미국은 조선반도에 대한 4대국 신탁통치 원칙이 미·소간의 유일한 합의였으므로 4대국 분할점령안을 구상했는데, 미 합참본부의 1945년 8월 13일자 보고서와 국무장관의 8월 14일자(혹은 15일자) 비망록에 의하면 "미국은 장차 시행될 '4대국 분할 관리안'을 염두에 두고 미·소 분할점령을 단행한다"고 했다. 다시 말하면 영국·중국과도 분할하기 위하여 미국의 점령지가 넓어졌다는 것이다. 미국은 38선으로 인해 충분한 지역(a sufficient portion)을 점령했음을 인정했다. 그러나 영국과 중국으로 돌아갈 할낭을 꼭 미국의 몫에서 돌려야 할 필요는 없었다. 어느 '4대국 분할안'도 미국의 점령지 모두를 영국과 중국에 할애하지 않았다. 따라서 "영국과 중국에게 돌아갈 지역을 예상하고 미국과 소련은 더 많은 지역을 차지했다"는 식으로 더 정확하게 변명했어야 했을 것이다.

또한 4대국 분할안은 이미 7월 4일 도계에 의한 분할선의 형태로 전략정책단에 의해 구상된 적이 있었으므로 만약 4대국 분할에 집착했다면 이 선을 선택하면 될 것이었으므로 영국과 중국에 할당하기 위해 38선을 획정했다는 명분은 그 설득력이 약하다. 합참은 4대국 분할점령을 해야 한다고 주장했음에 비해 국무부는 8월 22일 이러한 것은 합의된 바가 아니며, 국제 탁치가 단순한 구두합의였다고 주장하여 4대국 분할을 꼭 시행할 필요는 없음을 시사했다.

실제로 1945년 8월 16일 합동전쟁기획위원회는 1단계의 미·소 점령을 다음 단계에는 영국(미국 지역인 군산과 제주도를 중심으로 분담)과 중국(소련 지역인 평양을 중심으로 분담)이 참여하는 4대국 점령으로 전환 하자고 구상했다. 이 위원회의 계획에 의하면 미국은 서울·인천지역을, 소련은 청진·나진과 원산지역을 중심으로 점령하면서 서울 자체는 공동점령할 예정이었다.

그런데 1945년 8월 24일 3부조정위원회는 미·소의 분할점령을 꼭 다국적 점령 eventual multi-partite occupation(4대국 점령)으로 전환해야 할 필요는 없다고 주장했다.(8월 22일 24군단장 하지John Reed Hodge는 맥아더를 통해 "4대국 분할점령이 단행되어야 한다면 빠른 시일 내에 소련과의 협정이 체결되어야 한다"고 합참에 권고했다. 이러한 권고에 대한 일종의 해답으로서 작성된 것이다.)

또한 8월 28일 합동전쟁기획위원회도 4대국 점령에 대한 집착에서 벗어나서 현실적으로 가능한 미·소 점령을 바탕으로 모든 계획을 수립해야 할 것이라고 주장했다.

○ 한편 국무부의 조선 관계 정책담당 부서에서 8월 29일 작성한 한 보고서에 의하면 소련(함경남북도·강원도)·중국(평안남북도·황해도)·미국(경기도·충청남도·전라남북도)·영국(충청북도·경상남북도)에 의한 4분안을 아직 계획하고 있었다. 이는 4대국을 각각 접경한 인접지역(중국과 소련의 경우)에 배당한다는 원칙과 동등하게 나눈다는 원칙에 따른 것이었다. 그러나 이 보고서에서도 "만약 영국과 중국이 소련·미국과 같은 역할을 맡기 싫어하거나 맡을

수 없으면 그들의 희망과 능력에 맞는 부차적 역할을 맡기자"는 단서가 붙어 있다. ("Politico-Military Problems in the Far East : Structure and Composition of Military Government in Korea", 29 August 1945, Records of the Office of the Assistant Secretary and Under Secretary of State Dean Acheson, 1941~1948, 1950)

　38 이북의 한 부분이 중국에게 그리고 이남의 한 부분이 영국에게 분배되는 이 분할안은 역시 영국과 중국에 나누어 주기 위해 미국이 충분히 확보했다는 주장은 별로 설득력이 없었다.

　4대국 신탁통치가 얄타에서 합의된 사항이라는 것에 대해 영국은 잘 몰랐다는 사실이 미국에 의해 확인되었다. 합참은 9월 1일 맥아더에게 "초기의 점령이 꼭 4대국의 점령일 필요는 없다"는 지침을 내려보냈다. 또한 9월 4일에 작성한 한 메모에 의하면 4대국 신탁통치가 초기 군사점령을 제약하지는 않으므로 4개국으로 점령군을 구성할 필요는 없다고 주장했다. 군사점령과 신탁통치는 영향력을 미치지 않는 별개의 문제라는 것이다.

　9월 하순에 이르면 이러한 주장이 더욱 반복되었다. 9월 22일의 3부 조정위원회 극동분과위원회의 42차 회의에서는 다음과 같은 내용이 논의되었다. SWNCC 101·1에서 분할점령~4개국중앙집중행정~4개국탁치의 공식이 입안되었지만 "4개국 민정民政으로 전환할 필요는 없으며 대신 탁치를 빨리 실행해야 한다는 주장이 입안되었다"고 기술되어 있다. 또한 9월 28일에 작성된 극동분과위원회의 노트에 의하면 SWNCC 79에는 분할점령~중앙집중적 4국민정~신탁통치~독립의 4단계 안이 제시되었지만 현재로서는 중앙집중적 4국민정이 불필요하다고 나와 있다. 그 이유는 4대국 점령이 신탁통치와 독립을 지연시키기 때문이라는 것이었다.

　결국 이러한 과정과 현실적 명분론에 의거하여 4대국 분할안은 철회되었지만 그것이 실현되지 않았던 이유에 대해 미국은 "영국과 중국이 자신들의 의지를 천명하지 않았으므로 초기점령은 미국과 소련에 의해서만 수행되었다"고 합리화했다. 그러나 당시 영국과 중국의 국제적 위상을 고려할 때 그들이 문제를 제기할 분위기는 아니었으며, 의지를 천명 한다고 해도 관철할 수 있는 가능성이 없었으므로 이는 월등한 지배세력인 미국의 변명에 불과한 것이었다.

　주한미군사령부가 편집한 역사서에서도 영국과 중국군의 조선 진주가 성사되지 못한 이유에 대하여 미 당국이 한 번도 제대로 설명한 바 없다고 평가했다. 이와 같은 점령에 대한 명분논의는 신탁통치로 이행할 (또는 폐기할) 가능성과 밀접하게 연결된다. 따라서 이에 대한 다음과 같은 현실적인 분석이 필요하다.

〔출전〕 "Occupation and Control of Japan in the Post-Defeat Period",
NASA, American British Conversation Files. (미국·영국측 회담에서
는 소련·영국·미국·중국이 분할 신탁통치하기로 예상했던 것 같다. 이상호
『맥아더와 한국전쟁』푸른역사 2012년. 지명이 일본어 발음으로 되어있다.)

(5) 분할 점령이 남북 갈등 대결 불러, 신탁통치는 불가능해지고

점령과 신탁통치의 양립가능론은 미 국무부 3단계 구상의 원안에 근거한다. 이에 의
하면 신탁통치의 필수적 선행 과정이었던 점령은 신탁통치로 이행하기 위한 잠정적인 것
이다. 다국적 신탁통치안의 불명확한 틀로부터 좀 더 구체화시킨 전후 미국의 조선반도
정책구상이 바로 점령안이다. 점령을 검토한 어느 문서에서도 신탁통치안을 폐기하고
점령을 결정해야 한다는 주장은 없다.

따라서 적어도 이 구상이 국무부에 의하여 입안될 당시인 1944년 상반기에는 신탁통
치와 공동점령이 배치되는 것은 아니었다. 그런데 점령과 신탁통치의 양립가능성은 시
간이 감에 따라 변화하는 상대적인 것으로 드러나기 시작했다.

군부가 분할점령을 검토했던 1945년 이후의 문서에는 단기적 안목으로 정책을 결정
하는 군부의 특성상 장기적인 신탁통치로 이행할 가능성을 초기보다 덜 고려할 수밖에

없었다. 애초에 전략정책단이 38선을 획정할 때 신탁통치라는 장기적인 정치적 목표에 대하여 고려하기보다는 미국 우선적인 세력권의 확보라는 단기적인 정치적 목표를 충족시키려 했던 것이다. 이에 비하여 장·단기적 목표를 모두 고려해야 했던 국무부는 분할점령 결정 이후에도 계속 신탁통치로 이행하려는 시도를 했으나 이미 미·소 관계가 악화되고 있었으므로 분할점령한 후에 신탁통치로 이행할 가능성은 점차 줄어들었다.

즉 미·소 관계가 굳어지고 조선반도 점령이 국무부의 공동점령안이 아닌 군부의 미·소 양분안으로 귀결되면서 신탁통치로 이행하기가 점차 어려워진 것인데, 미·소 관계의 변화를 중심으로 이를 좀 더 구체적으로 분석하면 다음과 같다.

공동점령이나 4대국 분할점령은 4대국 신탁통치와 양립가능한 방안일 수 있었지만, 미·소 분할점령은 신탁통치와 양립할 가능성이 상대적으로 낮은 방안이었다. 공동점령~4대국 분할점령~신탁통치에 대한 집착에서 벗어나 양국 분할점령으로 귀결되는 과정에서, 미국의 노선은 그들 자신들의 이념과 국익 신장을 위해 대륙 봉쇄와 냉전을 지향하는 방향으로 급속도로 나아갔다고 할 수 있다.

트루먼이 등장하기 이전의 점령안은 미·소 양분안이 아닌 공동점령안~4대국 분할점령안이었다. 트루먼의 등장으로 정책은 소련과 대결하는 방향으로 점차 악화되어 미·소 양분안이 결정되었던 것이다. 양분 결정을 승인했던 정책결정자는 분할점령이 신탁통치와 양립 불가능하다고 전제하지는 않았을 것이며, 이행 가능성도 고려했지만 객관적 정세가 신탁통치로 이행하는 것이 불가능한 방향으로 변하고 있다는 사실을 감지했을 것이고 또 그렇게 되어가도록 사태를 조종하였다고 볼 수 있다.

당시 동유럽에서는 냉전(미·소간의 점령지 차지하기 경쟁구도)이 이미 출현하고 있었고 냉전이 더욱 굳어진다면 신탁통치로 이행하는 것은 불가능하리라고 예견되던 상황이었다. 따라서 38선 획정은 지나치게 이른 소련에 대한 봉쇄였으며, 영구화될 가능성을 가진 냉전출현의 신호탄일 수 있었다. 왜냐하면 미·소 관계가 원만하여 서로의 신뢰가 확고했다면 왜 무리하게 38선안을 확정하여 소련의 남하를 저지하는 노력을 할 필요가 있었느냐는 의문을 제기할 수 있기 때문이다.

소련과의 관계악화를 예측하고 이에 대비한 고도의 정치적 선제조치로 분할선을 획정했다고 해석할 수 있는 여지가 여기에 있다. 미·소 협조를 전제한다면 분할점령이 신탁통치로 이행하는 것이 가능할 수도 있었지만 미·소 대결 하에서는 이행이 불가능할 것이라고 예견되던 상황이었기 때문이다.

이런 맥락에서 신탁통치로 이행할 것을 전제했던 조선반도의 공동점령은 미·소 관계의 변화된 양상을 반영하여 분할점령으로 일단 귀결되고, 분할점령으로 인하여 조선반도에서 미·소 관계는 한민족 내부의 각기 다른 반응과 어우러지면서 신탁 통치로의 이행과 실현이 점차 어려워졌다는 결론에 도달할 수 있다. 따라서 미국이 분할점령을 단행하면서 그 직후에 제시했던 "신탁통치의 실현을 위하여 분할점령을 단행한다"는 명분론은 신탁통치의 실현 가능성이 점차 감소하면서 날로 퇴색할 수밖에 없었다. 점령국의 의도가 은폐된 분단점령이 분명해졌다.

1944년 국무부의 3단계 구상 초기단계에서 탁치와 점령은 상호보완적인 것이었으며 점령은 공동점령의 성격을 가졌으나, 1945년 트루먼이 대통령직을 승계(4월)한 후 군부가 현실적인 결정을 주도(7월)하면서 탁치와 점령은 대립적인 것으로 변화하는 조짐을 보이기 시작했고 미·소 분할점령이 결정되자 대립적인 방향으로 급진전 되었다.

신탁통치안은 미·소 협조의 기반 위에 구상된 것이었기에 점령안은 공동점령이거나 적어도 4대국 분할점령 정도는 되어야 했다. 하지만 미·소 분할점령 결정은 명백히 협조보다는 견제의 논리를 표현한 정치적 행위였다. 분할점령이 시작되어 분할점령과 탁치안이 양립되는(함께 이행될) 것처럼 보였던 1945년 12월만 해도 미·소의 협조가 불가능하다고 단정할 수는 없었으나, 탁치문제로 국내에서 (거짓된 보도에 선동되기까지 하여) 좌우대립이 격화되고 분할점령이 굳어지던 1946년 1월 이후부터는 분할점령과 탁치의 양립은 불가능할지도 모른다는 관측이 점점 고개를 들었던 것이다.

○ 루즈벨트(국제적 합의에 의해 평화를 추구했던 국제주의자)의 관점에서 보면 점령과 신탁이 양립가능하나, 트루먼(미·소 대결을 의식해 양분 도모)의 관점에서는 서로 대립하는 것이라고 할 수 있다. 직접적 통제를 통한 지배를 선호하여 분할점령을 단행한 트루먼적 관점에서 보면 국제적 탁치는 의미 없는 것이다. 샌더스키Sandusky는 탁치와 분할점령을 대립적인 것으로 파악하는 데 비해 커밍스는 보완적인 관계로 보았다.(Cumings, *The Origins of the Korean War*) 미·소 각각이 구상했던 탁치안에는 부분적으로 각각의 세력확보와 상대방의 팽창에 대한 견제 의도가 공통적으로 내재해 있었다.

2) 독일군에 대한 반격으로 돌아선 소련군, 극동전선도 강화

(1) 일본의 항복 임박, 관동군 물리치며 만주와 조선 북부로 진공

1944년 10월 16일 모스크바회담에서 스탈린은 처칠과 이든에게 소련 극동군은 30개 사단(당시 소련군의 편제상 1개 사단은 15,000명 정원)과 19개 보병 여단으로, 24개 사단과 42개 여단으로 추산되는 관동군과 대적하고 있는데, 관동군을 공격하려면 약 30개 사단이 더 필요하므로 수송을 위해서 1,000대의 차량으로 약 3개월간이 소요될 것이라고 밝혔다. 한편 25군사령관 치스챠코프Chistiakov 장군은 소련이 극동지역에 항상 40개 사단 이상을 확보해야 했었다고 회고했다. 결과적으로 본다면 일본은 독일과의 전쟁에서 중요한 역할을 할 수 있었던 소련군을 극동에 묶어 둠으로써 독일을 간접적으로 도와주었던 것이다.

독일이 스탈린그라드 공방전에서 완전히 패퇴하여 전세가 역전되었던 1943년 2월까지 소련은 병력을 서부전선으로 계속 전출시켰다. 그런데 얄타회담 직후부터는 극동으로 병력을 이동하기 시작했으며, 4월에는 본격화되었다. 7월까지 39개 사단과 다수의 여단 및 각종 부대들이 유럽으로부터 전출되어 병력이 배가되었는데, 일본의 참모본부도 극동 소련군의 증강 추세를 1945년 5월부터 감지하고 있었으며 8월 초순에는 병력 수가 160만 명에 달한다고 분석했다. 실제로 종전 직전 소련의 총병력은 인원수 1,577,725명에 화포와 박격포 26,137문, 전차와 자주포가 5,556량, 군용기 3,721대를 보유하고 있었다. 소련군은 일본군에 비하여 인원에서 1.8배, 전차에서 4.8배, 항공기에서 1.9배나 보유하고 있었던 것이다.

○ 소련은 참전을 위한 만반의 준비를 갖추어 놓았으나 얄타회담의 합의 이상의 양보를 장개석으로부터 얻어내기 위하여 참전을 지연시켰다는 설이 있다. 그러나 이러한 "준비충분과 의도적 지연설"은 미국의 평가에 충실한 해석이고 소·일의 자료와 비교해서 재구성하면 사실과 다른 점이 확인된다. 실제로는 극동 군사력의 수준이 빈약하여 전쟁에 자신이 없었던 소련이 일본의 패배가 확실해질 때까지 개전을 연기시킬 수밖에 없었던 것으로 판단된다.(김기조 『38선 분할의 역사』 동산출판사 1994)

그런데 소련군이 유럽전쟁의 종전 무렵에 극동으로 파송한 병력은 기나긴 전쟁의 역정에 지쳐 있었을 것이며 정예부대는 아니었을 것으로 추정된다. 태평양전쟁 초기 미국은 소련군의 군사동원력에 대하여 크게 기대했지만 종전이 임박하여 소련의 참전이 예견되자 이에 대하여 의문을 갖기 시작했다. 소련은 자신들의 전쟁기여를 과장하기 위하여 소련 극동군의 전력을 부풀려 전한다는 느낌을 주었다.

또한 스탈린은 전비를 많이 확보하면서 전쟁기여도를 과장하기 위하여 자신들의 군대뿐만 아니라 관동군도 과대평가했다. 소련의 정보망이 국경지역의 병력배치에 대하여 그렇게 부정확했을 까닭이 없기 때문이다. 안토노프 장군은 얄타회담에서 관동군이 30개 사단이라고 추정했기 때문에 스탈린의 '24개 사단과 42개 여단설'은 내부에서도 부인되었다고 할 수 있다. 안토노프는 포츠담회담에서도 관동군이 대략 30개 사단이라고 평가했다.

이는 대략 20개 보병사단과 2개의 탱크사단을 포함한다는 것이다. 만주군 20개 사단 정도를 포함한다면 러시아와의 국경에 대략 50개 사단이 배치되어 있다고 평가했다. 또한 치스챠코프 장군은 종전 직전 소련의 국경지대에 배치된 일본 관동군의 전력이 병력 87만 1,000명, 전차 2,215대, 포 6,700문, 항공기 1,907대였었다고 후일 주장했는데, 이 숫자는 다소 과장된 것이기는 하지만 종전 직전 관동군으로 편입된 조선의 제17방면군과 제34군, 제5공군 등을 포함한다면 비교적 정확한 것이라고 할 수 있었다.

실제로 1941년 6월 소련과 독일의 전쟁이 시작될 무렵 소련과의 전쟁을 준비하기 위하여 정예화된 관동군은 25개 사단 약 75만에 불과했다. 그 후 관동군은 태평양전쟁의 남방진출에 따라 소련에 대한 방침을 전환, 이른바「북방정밀책北方靜謐策」을 취함으로써 주력을 일본 본토 및 남방으로 차출시켰다. 1944년 2월 이후 남방의 전황이 불리하게 돌아가자 관동군으로부터 병력차출과 전용이 더욱 가속화되어 약 7개 사단만 남았던 때(1944년 8월)도 있었다.

종전 직전 관동군은 지나파견군 및 조선군으로부터 전입을 받아 24개 사단과 기동여단 1개, 독립혼성 여단 9개, 독립전차여단 2개로 편성되었으며, 총수는 약 75만 명에 달하기는 했다. 그러나 이렇게 급조된 사단 병력을 정상적인 사단 병력으로 환산하면 종래의 8.75개 사단에 불과했다는 것이다. 따라서 1945년의 관동군은 전의戰意나 장비에서 이전의 관동군이 아니었다. 그럼에도 불구하고 미·소 모두 당시 관동군에 대하여 과대평가했다.

전쟁 직전에 소련이 극동의 참전계획을 어떻게 구체화했으며 작전계획에서 조선반도가 차지하는 비중은 어느 정도였는지 그 이후의 변화양상과 비교해 살펴볼 필요가 있다.

1945년 8월 9일 작전의 기반이 된 7~8월 작전지도에는 서울이 공격 목표에서 다소 빗나가고 38선 이북을 중심으로 공격선이 그어져 있었다. 이는 1945년 6월의 작전지도가 38선을 넘어 서울을 주공격 목표로 한 것과 대비된다. 에릭 반 리는 이때 이미 소련이 38선 이북만을 자국의 세력권으로 분류했다고 추측했다.(Erik Van Ree, Socialism in

One Zone : Stalin's Policy in Korea, 1945~1947, Oxford 1989. 에릭 반 리는 소련이 미국 내부의 논의들을 듣고 38이북을 자신들의 점령지역으로 제한했을 것이라고 추정했다.)

이 두 지도의 대비를 통해 소련이 7월 말과 8월 초에 이미 미·소에 의한 남북 분할을 기정사실로 인식하고 있음을 알 수 있다. 우연의 일치라고 주장하거나 화살표가 서울 이북으로 그려진 것을 너무 확대 해석한다는 지적도 있을 수 있으나 포츠담회담에서 7월 25일경 헐선을 획정한 것이 직접 영향을 주어 소련의 목표가 바뀌었을 가능성을 배제할 수 없다고 할 수 있다. 이 지도는 헐선이 미·소간에 논의되었을 가능성을 더 높여주는 자료이며 논의되지 않았다고 하더라도 당시 소련도 분할의식을 가지고 있었음을 보여주는 자료라고 할 수 있다.

소련 극동군총사령부(총사령관 바실레프스키) 산하에는 3개의 방면군front이 있었다. 만주 서부를 목표로 하는 트랜스바이칼Transbaikal방면군(사령관 말리노프스키)과 북만주로 진격하는 제2극동방면군(1945년 8월 2일 이전에는 극동방면군이라 칭했음: 사령관 푸카에프), 동만주가 작전구역인 제1극동방면군(1945년 8월 2일 연해군Maritime Army Group에서 개편됨)이 그것이다. 이외에 태평양함대가 주력군으로 추가될 수 있다. 소련 극동군의 참전 임무는 만주를 북중국으로부터 고립시키고 조선으로 향하는 통로를 확보하는 것이었다. 제1극동방면군 사령관 메레츠코프Meretskov 원수는 1945년 7월 25일 작전계획을 작성했는데, 소련의 그로데코보에서 소·만 국경을 따라 만주 중앙으로 진격하는 것이 목표였다. 『조선의 해방』에서 주장한 대로 "조선의 해방투쟁은 1945년 8월 소련군이 극동에서 전개한 방대한 군사작전의 일부"에 불과했던 것이다.

바실레프스키 원수가 수립한 작전계획을 고찰해 보면 이러한 사실을 좀더 구체적으로 확인할 수 있다. 하바로프스크와 블라디보스토크 사이에 진주해 있던 제1극동방면군의 주요임무는 만주에 들어가 하얼빈·길림·장춘으로 진격하고, 서쪽에서 진격하는 말리노프스키Malinovskii 원수의 트랜스바이칼방면군과 장춘에서 만나는 것이었다. 제1극동방면군의 최남단에 위치한 치스챠코프 휘하의 제25군은 서전에서 우선 국경을 방어하고, 방면군 주력이 관동군의 방어선을 돌파할 때 그 주력(3개 사단과 1개 전차여단)으로 만주에 진입하여 왕청汪淸으로 진격하는 것이 목표였다. 그리고 보조 별동작전으로 샤닌 Shanin 소장 지휘 하의 남부 분단Southern Group(제38저격사단과 지원부대로 편성)이 훈춘珲春에서 조선반도로 진격하기로 예정되어 있었다. 이 남부 분단의 임무는 25군만이 아니라 제1극동방면군 전체의 좌익을 확보하고 조선반도와 만주 사이 철도·도로의 연결선을 파괴하는 데 있었다. 유마셰프Yumashev 대장의 태평양함대는 공중과 해상을 통해 조선반도의 항만을 공격하기로 예정되어 있었다. 당초의 계획에는 상륙작전이 명령되어

소련군의 일본 관동군 격파계획 지도(1945년 6월)
Erik Van Ree, *Socialism in One Zone : Stalin's Policy in Korea,
1945~1947*, Oxford 1989. (이완범 『삼팔선 획정의 진실』 지식산업사
2001)

있지 않았다. 따라서 이 작전계획의 목표는 오로지 강력한 재만 관동군을 분쇄하는 데 있
었으며 조선반도에 대한 작전은 일본군의 진로를 막는 보조 작전에 지나지 않았다.

사실 일본의 입장에서 보면 한반도는 만주보다 일본에 가까운 지역 이었으므로 관동
군이 한반도 거의 전체를 소련으로부터 밀착 방어했던 것은 당연한 일이었다. 따라서 한
반도 진격을 만주 진격 이후에야 고려하는 것이 당연했다. 8월 중반쯤 참전이 이루어진
다고 했을 때 8일간의 공격으로 동녕東寧이 점령되고 왕청~도문圖們~훈춘의 삼각형으
로 연결된 지역과 청진이 25일쯤 지난 9월 중순경 점령되리라 예상했다.

이런 계획이라면 스탈린은 1945년 12월 중반에야 규슈작전이 종결되리라 예상하던
미국에 맞서 몇 달 동안 한반도를 여유 있게 독점할 수 있다고 생각했을 것이다. 따라서
이 시점에서 스탈린은 전술한 6월 28일의 작전계획 원안, 그 이후의 작전계획안과 같이
한반도를 전쟁개시 후 2차 목표로 간주했다.

(2) 전력과 사기 면에서 우세한 소련군에 밀려 관동군 곧 붕괴

보통 "일본 주력군은 예상보다 힘없이 무너졌다"는 진술을 정설로 여기는데, 이는 전승국 소련의 전사戰史에 입각한 결과론적인 기술로, 일본과 미국의 전사는 다르게 기술한다. 이 책에서는 소련 자료에만 의존한 기존 정설의 문제점을 인식하면서 다른 전사와 교차 비교하여 사실을 재구성하여 보았다.

우선 소련의 전사는 예상 작전일정보다 앞서서 전쟁목표를 달성했다고 기술한다. 즉 예상했던 8일간의 전투가 아니라 9일과 10일 단 2일간의 전투를 거친 8월 10일에 동녕을 탈환하여 사령부를 이전시켰으며, 이 시점에서 이미 일본의 항복이 눈앞에 다가온 상황이었다고 주장하는 것이다. 그러나 일본의 전사는 8월 15일까지도 만주의 반 정도는 일본의 통제하에 있었고 소련군은 하얼빈이나 심양瀋陽에 도달하지 못했다고 주장한다. 미국 연구자 샌더스키도 소련의 「파죽지세식破竹之勢式 전황보고」에 의문을 제기한다. 일본군의 저항이 전혀 없었던 것은 아니며, 일부 지역에서 강력한 저항에 부딪힌 소련군이 진격을 못하는 지경에 이르기도 했다는 것이다.

그런데 소련의 전사는 자신들의 진격을, 그리고 일본의 전사는 자신들의 저항을 각각 과장했다. 당시 관동군이나 소련 극동군이 모두 정예 부대라고 할 수는 없다. 관동군의 정예는 남방지역으로 징발되었고, 유럽전선의 정예 소련군은 전쟁에 지쳐서 개전할 때까지 이동하기는 어려웠다. 또한 패색이 짙어 전의를 거의 상실했던 일본군은 조직적으로 저항하지 못했으니, 이는 소련군의 기민한 진격속도를 결정지은 요인이 되었다. 전력은 상대방의 총체적인 전력으로부터 영향 받는 상대적인 것이다. 결론적으로 객관적인 전력과 주관적인 사기를 종합한다면 소련군이 전반적으로 우세했기 때문에 소련군의 진격속도가 그들 주장보다는 느렸겠지만 일본의 주장보다는 빨랐다고 판단된다.

1945년 8월 9일 참전한 소련군은 8월 10일 조선반도의 확보를 위하여 조선반도 진격계획을 급히 변경했는데 이 과정을 구체적으로 살펴보고자 한다.(8월 9일 아침에 소련 비행기 6기가 동쪽에서 출현해 청진지역을 폭격했다고 한다. 片山智惠 編著『一七キロの國境: 北鮮咸北警友誌』東京 1989)

1945년 8월 10일 메레츠코프는 25군에 88보병군단과 10기계화군단, 17보병군단, 393보병사단을 배속시켰고 태평양함대에 335보병사단을 배속시켜 강화했다. 이러한 추가 배속에 따라 만주작전의 보조임무를 수행하던 25군에게 원래의 임무를 주요한 임무로 다시 정의한 후, 다음과 같이 또 다른 중요 임무를 하달했다. "태평양함대와 함께 해안지역으로 진격하여 북부 조선의 주요 항구 청진·원산 등을 확보할 것." 25군 군사평의회 위원 레베데프Lebedev에게는 "8월 12일 아침까지 북부 조선의 웅기와 나진항을 점령하라"는 구체적인 임무가 부여되었다. 그는 이러한 임무가 작전의 초기단계에서 전혀 고려되지 않았던 새로운 것이었다고 증언한다.

결국 소련은 일본의 조기 항복이라는 긴급한 상황에 대비하여 힘의 공백지대였던 조선반도의 일부 지역이라도 육군을 급히 상륙시켜 그들의 세력권으로 만들 수 있는 토대를 마련하고자 했던 것이다. 그러나 메레츠코프 장군은 이러한 정치적 고려 없이 상황이 호전되어 별 준비 없이 진격했었던 것처럼 회고했다. 즉 적이 너무 급격히 무너져 더 이상 싸울 상대가 없는 상태이므로 당초의 계획보다 더 많이 밀고 내려왔다는 것이다.(Kirill Meretskov, *Serving the People*, Moscow: Progress Publishers, 1971. 오충근 「조선반도를 둘러싼 미·소관계」 김동춘 편역 『한국현대사연구』 이성과현실 1988)

그렇지만 이러한 변경도 미국과 포츠담에서 합의한 군사작전구역을 넘어서는 것은 아니었다. 이 대목에서도 헐선에 대한 미·소간의 논의를 통한 남북분할의식에 따라 작전구역을 조선반도 북부에 국한한 것은 아니었는지 문제를 제기할 수 있다. 만약 헐선을 논의하지 않았더라도 미·소 모두 최소한 분할의식은 가지고 있었던 것으로 해석 할 수 있다. 이렇게 대대적인 남진 공격을 감행한 사실에서 당시 소련은 조선반도의 더 많은 지역을 점령하려 했음을 알 수 있다. 물론 북부지역에서 진군을 멈추었지만 말이다.

이렇게 전쟁목표가 1945년 8월 10일 바뀌면서 본격적 진격지령이 하달되었으므로 학계에서 정설로 간주되고 있는 「만주·한반도 동시진격설」은 사실이 아니다. 동시진격설은 8월 9일 새벽 2시에 월경하여 경흥으로 진격했던 사실에 근거 하고 있다. 그러나 경흥지역은 두만강이 S 자로 교행하는 지역으로 한반도 작전구역이 아닌 만주 작전구역의 일환으로서 잠시 거쳐갔던 곳이다. 따라서 처음부터 조선반도 진격계획을 수립하지는 않았던 것으로 판단되며 전투개시 하루 만에 급속히 계획을 변경했다고 생각된다.

샌더스키는 경흥에 진주한 소련군이 계속 진격했다고 파악했지만 이는 작전계획의 변경을 간과한 피상적 관찰이다. 그런데 8월 9일과 10일 사이에 소련군은 그렇게 많이 진군하지 못했다. 이틀간 약 20km를 전진했을 뿐이었다.

1945년 8월 11일 밤과 12일 새벽 사이에 본격적으로 조·소 국경을 넘은 소련군은 11일 밤 별다른 전투 없이 웅기를 점령했고 12일 아침 나진을 탈환했다. 태평양함대의 지상 전투부대는 13일부터 청진작전에 들어갔다. 일본군의 완강한 저항에 부딪혀 비교적 치열한 전투가 전개되었으므로 16일 오후 2시에야 비로소 제393사단과 합세하여 청진을 비롯한 항만 전체를 점령할 수 있었다. 8월 15일 일본 천황이 항복을 수락하는 연설이 있었음에도 불구하고 안토노프 장군은 8월 16일자 『프라우다』지를 통해 일본 천황이 전쟁을 중지하라는 명령을 하지 않았다고 지적하면서 전쟁을 계속할 것을 촉구했다 8월 15일 당시의 소련군은 니시와키 장군 휘하의 일본군 저항에 밀려 41도선(해·공군 작전구역의 대략적 한계선)을 넘지 못했다.

제393사단은 소규모의 격렬한 전투 끝에 나남과 부령을 각각 17일과 18일에 차지했다. 16일에는 관동군으로부터 군사행위를 중지할 것을 제의받은 소련 극동군은 17일 관동군에게 20일까지 무기를 내려놓을 것을 제안했고, 아군에게는 적이 무기를 버린다면 전투행위를 중지할 것을 명령했다. 결국 19일 관동군 사절단이 소·만 국경 근처의 메레츠코프의 본부를 방문하여 20일 전쟁은 끝났다. 이 와중에서도 17일과 19일 사이에 소련군 추가병력은 조·소 국경을 넘었다.

조선반도의 항구를 점령했다는 기사가 『프라우다』지 1945년 8월 13일자(웅기·나진 점령)와 8월 16일자(청진 함락)에 연일 실려 있다. 이때 아직 만주의 주요 도시가 점령되지 않았으므로 조선반도 진격이 비교적 빨랐다고 판단할 수 있다.

소련은 '허용'된 작전지역 외에 더 많은 지역을 '점령'할 수 있었음에도 불구하고 미국과의 전시합의를 의식했는지, 아니면 힘에 부쳤는지 작전구역을 대체로 준수했다. 해상과 공중작전의 경우 작전구역을 완벽하게 지켰다. 또한 육군은 일본군의 증원과 후퇴를 저지하기 위하여, 그리고 해군 상륙작전도 만주 진격과 관련되는 경우에만 조선반도로 진군했기 때문에 본격적인 진격은 없었다고 평가할 수 있다.

1945년 8월 16일 청진 해방 이후에야 본격적인 '진주'를 시작했을 뿐이다. 공군기 공습의 경우도 무수단 이남을 넘지 못했으며 포츠담에서 논의한 미·소간의 작전분계선을 준수했다. 결과적으로 미국과 합의한 사항을 준수하면서 작전을 변경할 수 있었던 것이다. 따라서 38선이 획정되기 전에 미국은 조선반도를 소련에게 아무 조건 없이 개방하지도 않았을 뿐만 아니라, 전쟁이 그대로 진행된다 하더라도 조선반도 모두가 소련의 세력권으로 포함될 것이 명약관화한 상황도 아니었다. 결과적으로 미국의 대소견제 전략은 대체로 성공한 셈이었다.

◎ **일본 항복의 결정적 요인**

그렇다면 과연 일본을 최후까지 항전하지 못하게 했던 직접적·결정적 요인은 소련 참전인가, 아니면 미국의 원자폭탄 투하인가? 후일 미국의 일방적인 주장에 의하면 원폭 투하로 기력을 소진한 일본이 이미 무너져 내리고 있었으므로 소련이 참전하지 않아도 항복을 이끌어내는 것은 단지 시간문제였다고 했다.

한편 소련은 '다 끝난 전쟁에 참전했다'는 서방의 해석에 대하여 강한 거부감을 표시하면서 자신들의 참전이 일본에게 최후의 일격을 가한 결정적 힘이었다고 주장했다. 미 전쟁부 작전국 소속 정보참모가 1946년에 작성한 비밀문서에 의하면 8월 9일의 일본 내각회의에서는 원폭에 대한 언급은 없이 소련 참전만을 의식했다는 것이다. 수정주의자 알페로비츠는 이 문서에 의거, 소련의 선전 포고가 일본 항복의 중요한 원인이라고 주장했다.(원폭투하를 항복의 주요 요인으로 보는 인사는 스팀슨 장관, 木戶幸一 일본 內大臣, 라이샤워 前駐日 미대사 등이 있다.)

미국측이 주장한 "소련군은 6일밖에 참전하지 않았다"라든지 "소련군이 수적으로 우세했기 때문에 별 싸움 없이 끝났다"는 등의 설명에 대하여 소련측은"부르주아적 선전가들의 왜곡"이라고 주장한다. 실제로 조선 해방전쟁만 국한해 본다면 ① 일본군이 8월 26일까지 저항한 경우도 있었으며 ② 60만의 일군이 포로로 잡혔다는 사실에서 소련군의 조선 해방에 대한 기여를 읽을 수 있으나 ③ 9월 8일에야 상륙한 미군이야말로 조선의 해방에 아무런 기여를 하지 않았다고 주장한다.

그러나 극동에서의 소련군이 미군에 비하여 일본의 패배를 가져다주는 데 상대적으로 덜 기여했다는 것은 움직일 수 없는 사실이다. 한편 일본과 미국은 세력권 확보를 기하려는 소련이 고의적으로 8월 16일 이후 진주가 아닌 진격 명령을 계속 하달했다고 비판한다. 그런데 소련군의 공격중지 명령 하달 지연은 통신이 원활하지 못했기 때문인 것 같았다.

소련군 기관지『붉은 별』1945년 8월 18일자는 "소련의 대일개전은 원자폭탄이 투하되지 않았어도 태평양전쟁의 종결을 촉진시킬 수 있었던 결정적 요인이었다"고 주장했다.

아무튼 8월 9일의 일본의 최고위회의는 소련 참전 직후 개최되었으므로 원폭투하를 언급하지 않고 소련 참전을 중점적으로 언급했던 것은 당연했다. 아직 원폭의 위력에 대하여 상세히 보고받지 못했던 8월 7일과 8일의 회의에서도 원폭 때문에 전쟁을 조속히 종결하자는 의견이 우세하였으므로 원폭은 일본에게 전쟁종결의 가장 주요한 요인이었다고 할 수 있다. 따라서 알페로비츠의 주장은 한쪽 면만 과대평가한 일방적 추론이다. 그런데 미국의 비인륜적인 원폭투하를 비판적으로 평가하는 일본의 역사학자들도 일반적으로 소련의 참전에 비중을 두고 역사를 해석한다.(荒井信一『第二次世界大戰』) 실제로 원폭투하가 대단한 파장을 일으키기는 했지만 1944년 11월 24일에 동경 근교에 B-29 111대의 폭격이 원폭 피해에 못지않았음에도 불구하고 일본은 항복하지 않았던 사실(따라서 미 수뇌부의 일부는 과연 원폭이 소련 참전 없이도 일본을 항복시킬 수 있는 무기가 될 수 있을지 회의했다고 한다)에 근거하면 원폭 때문에 항복했다는 미국의 주장에 전혀 문제가 없다고 할 수는 없다.

그러나 스탈린은 1945년 8월 8일 밤에 해리먼 대사를 초청하여 소련이 일본과 전쟁을 시작한 사실을 알리고 "일본군이 항복의 구실을 찾고 있는데 아마도 원자 폭탄이 그 빌미가 될 것"이라고 주장하여, 원폭이 전쟁과정에서 중요한 역할을 하고 있음을 인정했다.

또한 원폭투하나 소련의 참전 이전에 일본은 이미 항복을 결정했으므로 원폭이나 소련의 참전이 없었다고 하더라도 일본은 항복했을 것이라는 주장도 있다. 일본은 8월 2일 소련에게 화평을 중재할 것을 제안할 때 이미 포츠담선언을 수락하기로 결정했다는 것이다.

이렇게 상이한 주장 때문에 아직 유력한 가설이 없는데, 양측의 경직 된 주장에는 문제가 있다. 실제로 피를 흘리며 싸운 것은 주로 미국이었으나 만약 일본이 전전戰前 교섭을 성공시켜 소련의 전쟁참여를 저지했더라면 전쟁의 양상은 매우 복잡해졌을 것이다. 일본은 소련의 단호한 태도 때문에 희망을 포기했으며 조기에 무조건 항복할 수밖에 없었다.(소련은 자신들도 피의 대가를 치렀다고 주장한다. 공식통계에 의하면 만주에서 1,500여 명의 전사자를 포함하여 4,717명의 인명피해가 있었다고 한다. 이완범「북한 점령 소련군의 성격」『국사관논총』제25집 1991)

쌍방의 전투력을 비교할 때 단순히 산술적인 총합만을 비교할 것이 아니라 유기적이며 총체적인 관계도 고려하면서 비교해야 한다. 일본은 소련을 미국 진영으로부터 분리하려고 노력했으나 마지막 단계에서 소련이 단호한 태도를 보였으므로 미국과 소련을 하나로 간주할 수밖에 없었다. 일본은 미국 혹은 소련 단독의 힘에 굴복하여 항복했던 것이 아니라 두 세력의 유기적인 결합 때문에 항복했던 것이다. 따라서 양자의 힘이 복합적으로 상호 상승하여 일본을 사면초가로 몰았던 것으로 결론 내릴 수 있다.

(3) 소련은 신탁통치 약속 믿고 마찰을 피하려는 자세로 38선 수용

소련이 38선 분할안을 수락한 사실에 대해 당시의 미 실무자(러스크)는 다소 놀랐다고 1950년의 증언에서 표명했다. 현실적으로 한반도로 진주하는 것이 어려웠던 미국에 비하여 좀 더 남진할 수도 있었던 소련이 왜 38선을 수락했는지, 그 의도를 이해할 수 없었다는 것이 다. 트루먼도 소련이 동의하지 않았더라면 반도의 훨씬 남쪽에 선이 그어졌을 것이라고 술회한 바 있다. 그렇다면 당시 미국은 38선에 대해 비교적 만족스러웠다고 할 수 있다.

그런데 소련이 한반도의 전부를 점령할 수 있었다고 상정하는 것은 불안했던 미국 담당자의 견해였다. 당시 미국의 정책담당자들 사이에서는 소련이 중대한 양보를 했다는 평가가 지배적이었다. 스탈린의 태도를 유화적인 것으로 평가했던 트루먼은 일본에서 동등한 발언권을 요구한 소련의 제의를 오히려 단호하게 거절할 수 있었다.(딘 러스크「박한식 교수와의 인터뷰」『경향신문』1985년 8월 14일자)

이와는 반대로 미국이 한반도를 독점할 수도 있었는데, 소련에게 반을 양보했다고 비판하는 미국인들도 있었다. 이러한 입장은 대개 그 당시보다는 나중에 출현했다. 러스크는 1985년의 한 인터뷰에서 "미국은 한반도의 전체를 점령할 수도 있었으나 일본을 전 영토 독점 점령하기 위하여 대신 한반도의 반을 소련에게 넘겨주는 '입막음'을 했다"고 술회하여 종래의 입장을 번복했다.

위와 같이 대립되는 미국의 두 입장은 모두 각각 자신과 상대방의 능력만을 일방적으로 과대평가하는 아전인수적인 해석에 기인했다. 미·소는 장래가 불투명한 상황에서 한반도가 어느 누구의 세력권에 속할지 모른다는 인식을 공유했으며 상대방의 독점을 의식했다. 이런 상황에서 서로 합의 가능했던 분할점령은 쌍방의 요구를 마찰 없이 충족시키는 정책이었던 것이다.

사실 일반명령1호가 스탈린에게 인지된 1945년 8월 15~16일의 시점에서 소련군이 점령한 한반도 내의 영토는 무시될 수도 있을 정도로 극히 일부분에 불과했다. 미국의 사후 분석가들은 소련이 12일경 개성~춘천지역까지 남진하여 많은 영토를 차지한 것으로 파악하면서 왜 소련이 38선을 수락했었는지 의문을 제기했다. 그러나 이는 잘못된 정보에 기인하여 사실을 과대평가했던 것에 불과하다. 소련군은 8월 15일에는 41도선도 넘지 못했으며 스탈린의 동의로 38선이 확정된 8월 16일 현재 단지 2개 사단과 약간의 해군병력이 관북지역 항구에 입항했을 뿐 이다. 이에 비하여 일본군은 9개 사단이 모든 조선반도를 통제하며 결전태세를 유지하고 있었다.

또한 소련군이 일반명령1호를 인지한 후에도 38선을 넘어서 대규모로 진격했다는 기록은 소련군의 증언을 일본·미국의 전사와 비교해 볼 때 다음과 같이 그 근거가 빈약함을 알 수 있다.

1945년 8월 18일 바실레프스키 원수는 만주와 조선반도의 소련 점령예정 지역에 조속히 진주할 것을 명령했다. 선발대가 24일 평양과 함흥으로 공수되었는데, 일본 34군 사령부 소재지인 함흥에는 남부 분단 사령관 샤닌이 동행했다. 건군 작전과 부책임자 라닌Lanin 중령도 25일 평양으로 공수되었으며, 샤닌의 명령으로 소련군 선발대가 25일과 26일에 38선까지 진주하여 38선 경계에 임할 수 있었다. 치스챠코프 사령관은 8월 24일 함흥을 거쳐 26일 평양에 도착했다.

이미 38선을 인지하고 있던 소련군은 8월 23일부터 9월 초(혹은 8월 25일이후) 38선보다 조금 남쪽이며 서울 북쪽 40마일인 개성에 도착 했으나 일본군과 협의 결과 곧 38선 이북으로 후퇴했다. 메레츠코프 사령관의 증언에 의하면 약간의 군인이 서울에서 활동하다가 곧 분계선 협정을 인지한 후 되돌아갔다고 한다. 개성과 해주에서 소수의 소련군이 목격되었으나 전면적으로 영역을 침범하지는 않았다. 소련군이 38선을 넘은 것은 38선 분할 결정 후 위도를 잘못 파악하여 진주한 것이거나 통신체계가 두절되어 잘못 월경한 것일 뿐, 진격한 것은 아니었다(38선 인지 전의 소련군은 그 선을 넘을 상황이 아니었으며 능력도 없었다).

미국 당국자들은 소련의 남진을 지나치게 의식했으나 군사적 관점에서 보면 소련의 진격은 미국이 우려했던 것처럼 그렇게 심각하지 않았다. 결과적으로 미국 당국자는 소련의 팽창에 대하여 과민하게 반응하였으며, 이러한 과민반응을 통하여 38선이 소련의 팽창을 저지하려는 목적으로 획정되었다는 사실을 간접적으로 확인해 주었다고 할 수 있다.

8월 29일에는 메레츠코프가 10기계화여단과 88여단의 상당수를 38선 경계를 위해 파견할 것을 치스챠코프에게 명령했다. 10기계화여단과 88여단은 9월 3일부터 12일 사이 38선에 진주했으며, 38선의 경계완료는 9월 28일에 끝났다.

ㅇ 소련의 점령속도가 빠르다고 인식한 맥아더는 소련의 서울점령 이전에 진주할 계획으로 9월 중순으로 예정된 서울점령을 9월 7일로 상향 조정하는 명령을 진주군 사령관 하지에게 8월 26일자로 내렸다. 따라서 하지도 소련군의 서울 진주를 우려할 수밖에 없었다. 또한 소련의 남진에 관심을 가졌던 트루먼은 한반도 출발예정시간인 9월 7일보다 4일 앞선 9월 3일 서둘러 출발하도록 8월 30일자 명령을 내렸다.

만약 소련이 일반명령1호를 인지하기 전까지 38선을 넘을 수 있었다면 일반명령1호의 38선안을 수정하자고 제의했을 가능성도 있다. 그러나 능력의 한계로 인하여 소련이 그때까지 38선을 넘는다는 것은 불가능한 일이었다. 한반도의 극히 일부분에 교두보만 확보한 소련 입장에서는 반을 확보할 수 있는 38선 획정에 대하여 만족하지 않을 이유가 없었으며, 38선을 수락하는 것 외에 합리적 선택이란 있을 수 없었다.

이렇게 교두보 정도만 확보한 상태에서 소련이 38선을 거절했다면, 미국은 미군에게 항복하기를 원하는 일본의 요구에 부응하여 병력을 대량으로 공수했을 것이며, 결국 소련은 체면이 손상되어 미국의 제안을 받아들일 수밖에 없는 가능성이 있었다.

일본을 독점하기 위하여 만주를 소련에게 넘기고 한반도는 반분하여 균형을 도모했던 미국처럼 소련은 동아시아 세력관계에 대한 비슷한 정치적 계략을 가지고 미국의 결정을 받아들였다. 만주에 관심을 가졌던 소련은 일반명령1호로 그 지역에서의 이권이 보장되고 한반도 북부를 확보하게 되자 대체로 만족하여 주변부인 한반도에 대하여 문제를 제기하기보다는 중심부인 일본점령에 참여할 수 있기를 바라는 일말의 기대감에서 쿠릴열도의 반환 등을 제외하고는 별다른 이의를 제기하지 않았다.

한반도에서 세력을 확대하려는 의욕을 노골적으로 드러내지 않음으로써 '양보한 듯한' 인상을 심어주고, 미국이 경계하지 않게 만들어 양보를 얻어내려 했던 것이다. 만약 소련이 한반도 전역을 장악하려 한다면 미국을 자극할지도 모른다고 생각했다. 그래서 일본뿐만 아니라 동구에서 이미 확보했던 소련의 우위를 확고히 지키기 위하여 유화적 태도를 취했던 것이다. 그렇지만 냉철한 현실인식을 가지고 있었던 소련은 주변부 한반도에서 자신들이 약간의 유화적 태도를 보였다고 해서 미국이 중심부 일본을 그렇게 쉽게 양보하리라고 낙관하지는 않았을 것이다. 미국의 독점을 의식했던 소련이 38선에 만족했기 때문에 수락 했을 가능성이 더 크다고 할 수 있다.

또한 자기능력의 한계에 대한 인식과 미국에 대한 과대평가 때문에 미국을 자극하지 않으면서 자신의 체면도 손상되지 않는 다른 대안이 없다고 판단했던 점에도 38선을 수락할 수밖에 없었던 이유가 있다. 당시 소련은 독일 및 동유럽 등 세계의 중심지에서 첨예한 갈등을 일으키고 있었는데, 유럽에 비해 주변에 불과한 한반도에서 미국의 제안을 반대하여 제2의 전선을 만든다면 실익이 없을 것이라고 생각하여 38선을 수락한 측면도 있을 것이다. 이러한 '일본점령 참여에의 희망설' '38이북 만족설' '냉전 출현과정에서 유럽 제일주의에 의한 타협적 태도설' 등 여러 가설에서 설명하고 있는 요인들이 소련의 38선 수락에 있어 복합적으로 작용했을 가능성이 있다.

따라서 이 부분에서도 하나의 요인만으로 설명할 수 없는 역사적 결과의 복합성을 지적해야 할 것이다. 그렇다고 여러 요인이 모두 균등하게 작용했다는 것은 아니다. 각 요인은 중요도에 따라 가중치를 둘 수 있을 것이다. 일본점령에의 참여 욕구가 가장 중요하게 작용했다고 판단된다. 결국 미국이 제안한 38선을 소련이 수락함으로써 한반도 양분 결정은 군사적 편의를 가장한 정치적 이해관계의 타협점이 되었으며 세력 분할의 산물로 구체화되었다.

4. '해방자'로 영접 받은 미 점령군의 자주독립세력 진압과정

1) 전승한 미국군, 일본 총독부 경찰 안내 받아 입국, 조선인은 구경꾼

1945년 8월 15일 일본 제국주의의 연합군에 대한 무조건 항복은, 41년간 그들의 식민 통치에 시달려 온 배달민족에게 해방을 가져다주었다. 민족 운동을 포함한 일체의 정치·사회·문화운동이 금압당해 온 민중은 이 날을 계기로 일제히 다시 활동을 재개하게 되었다. 8·15전에 일제의 엄중한 감시 속에서도 지하운동으로 해방의 그 날을 위해 준비작업을 계속해 온 여운형呂運亨을 중심한 건국동맹은, 8월 15일 일본 총독부와 치안유지 등을 포함한 5개 항목에 합의하고 건국준비위원회(건준)를 지상에 표면화시키고, 우선 일본 통치력이 마비된 후의 공백기에 빚어질 사회 혼란을 막기 위해 치안 유지부터 힘쓰기 시작했다.

8·15후 약 한 달간은 여운형을 중심으로 한 '건준'과 그 후의 인민공화국(인공) 세력의 독무대였다. 즉 '진보적 민주주의'세력(통칭 '좌익'이라고 하여 '친일파'의 적대세력으로 몰림)이 해방직후의 정치무대를 거의 지배하다시피 했다. 이 자주적 진보세력에 대항하여 등장한 것이 9월 16일 창당대회를 가진 (동아일보사의 김성수가 이끈) 한국민주당(한민당)이었다. 이 한민당은 진보세력 및 그 동조세력을 반대하는 가장 유력한 반공 우익보수세력이었다. 한민당 안에는 민족주의자도 있었지만 한때 일제에 협력했던 정치인·지주·기업인 등 당시로서는 친일 반민중의 때문은 인물들이 대거 포함되어 있었다.(치안 경찰조직·교육계 조직 등이 모두 이들의 지배하에서 이루어진다.) 따라서 그 후 한민당은 농지개혁에 소극적이었고 친일파 숙청 문제에 대해서도 대체로 부정적이었다(자신들이 바로 친일파였기 때문에). 8·15직후의 정치 정세가 이러한 상황에 놓여 있었으므로 언론계 역시 초창기에는 자주독립세력과 그 동조세력이 압도적으로 우세했다. 식민지 노예·농노상태에서 벗어났으니 민족적 계급적 해방의 기회를 맞은 근로대중의 궐기는 당연한 추세였을 것이다.

이 무렵의 신문은 기업 이전에 전적으로 정치이념의 영향을 받은 일종의 수공업적 단계를 벗어나지 못한 형편이었으며, 모든 신문이 지금과는 달리 저마다 색채가 뚜렷한 정론政論신문이었다.

(1) 조선인 자치조직 무시, 미 24군단장에게 통치 맡겨

　정치운동에는 언론매체의 소유가 필연적으로 뒤따른다. 8·15이후 여운형·안재홍 등의 건국준비위원회에서는 이 위원회의 선전 수단으로서 언론기관을 장악할 것을 의도하고, 해방 다음날인 16일 총독부 기관지 구실을 하고 있던 『매일신보』를 접수, 즉시 『해방일보』라는 창간호를 찍어 냈다. 그러나 다음날인 17일에는(진주할 미점령군의 지령에 따라) 아직도 무장을 하고 있던 일본군이 신문사에 나타나 총검으로 접수위원들을 몰아내고 종전과 같이 『매일신보』를 찍어냈다. 미군이 진주하기 전이었으므로 아직 일본군의 총검 아래 서울시가 지배를 받고 있는 상황이었으나, 건준은 거의 마비되다시피 한 사회의 혼란을 막고 국민 생활의 안정을 위해 치안 유지에 힘을 기울였다.

　일본인들은 패전은 당했지만 아직도 조선이 자기들의 총검하에 있음을 기화로 이 사이에 그들의 갖가지 범죄서류와 물자를 소각하고 착복·매각·분산시키기에 혈안이 되어 있었다. 건준 산하에 있는 치안대는 한민족에 대한 일본인들의 이와 같은 범죄행위를 방지하는 데 주력하였다. 이러한 '치안 유지' 가운데서 진보주의 내지 좌익 세력은 그 기반을 착착 닦으면서 조직을 구축할 수가 있었다.

　건준은 해방 2주일 남짓 후인 8월 31일에 이미 전국적으로 145개소의 지부를 결성하고, 9월 4일에는 새로 선출한 135명의 확대위원회를 열었으며, 9월 6일에는 이른바 '조선인민공화국'을 선포하고 각료 명단을 발표하였다. 정치적으로 거의 공백기나 다름없던 이때 '인민공화국'을 수립하여 이것을 기정 사실로 밀고 나가겠다는 구상이었다.(송건호 외 『언론과 사회』 민중사 1987, 125~127쪽)

　그러나 9월 9일 맥아더의 미극동사령부는 포고령 제1호를 통해 "북위 38도 이남의 조선 영토와 조선 인민에 대한 통치의 모든 권한은 당분간 본관의 권한하에 시행된다"고 발표함으로써, 그 날부터 38도선 이남은 미군정하에 들어가게 되었다. 맥아더 사령부의 이 포고는 '조선인민공화국'은 물론 중국에서 돌아올 '대한민국 임시정부'조차도 주권기관으로 인정하지 않겠다는 것이었다.

　8월 15일에는 서울시내 헌병대와 경찰서 유치장에서 정치범 일부가 출옥했으며 16일~17일 사이에 각 형무소에 수감된 정치범·경제범이 전부 석방된다. 각지에 치안대·보안대·경위대·조선학도대 등이 결성되어 각지의 치안활동을 개시한 것도 17일이었다.

　그러나 일제총독부는 8월 16일 돌연히 행정권 이양을 거부하며 "인심을 교란하고 치안을 해치는 일이 있으면 일본군이 단호한 조치를 취할 방침임"을 포고하면서 그동안 조선인에 의해 접수된 기관들을 재접수하기 시작했다. 이것은 "같은 날 극비리에 서울에 도착한 미국군 선발대가 조선총독에게 미군이 진주할 때까지 모든 체제를 변경 없이 그대로 유지하여 정식항복 때 일본의 통치기구를 그대로 미군에게 인도할 것을 지시했기"때문인 것으로 알려져 있다. 당시 우리나라 민족세력들은 일제가 원하는 행정권 이양은 물론, 일제의 항복을 접수할 힘도 없었고 조직역량도 미비했다는 뜻이다.(김민남·유일상 외, 『새로 쓰는 한국언론사』266~267쪽. 강만길『한국현대사』창작과 비평사, 1984, 165~167쪽)

38선을 긋는 결정은 전적으로 미국이 취한 것으로서, 1945년 8월 10일과 11일 사이에 이루어졌다. 더구나 미 국무성·육군성·해군성의 대표로 구성된 3성省 조정위원회 SWNCC의 야간회의에서 이루어진 것이라고 한다. 미국 군부에서는 1945년 11월 1일에 일본 본토침공 개시를 계획하였으므로 본토를 확보한 후에야 한국에 관심을 돌리기로 되어 있었다. 그러나 미국은 1945년 7월 포츠담 회의에서 당시의 군사적 정세를 무시할 수 없었기 때문에 한반도 침공을 완전히 소련에게 맡겼던 것이다. 소련이 예기치 못할 정도로 신속하게 만주 등지에서 일본군을 격퇴한 결과, 미국은 전후 동아시아 문제에 대한 소련의 깊은 관여를 제지시킬 수 있는 방안을 연구하지 않으면 안되었다.(브루스 커밍스 『한국전쟁의 기원』김자동 옮김, 일월서각 1986, 168쪽)

SWNCC회의에 대한 한 회고록에 따르면 본스틸(Charles H. Bonsteel)대령과 러스크(Dean Rusk)소령은 1945년 8월 10일 11일 사이의 자정쯤 SWNCC로부터 미국과 소련이 점령할 지역을 확정짓는 안을 30분 내에 완료하라는 지시를 받았다. 국무성은 분할선을 가능한 한 북으로 올려 그을 것을 희망했으나 군부쪽은 미군 상륙개시 전에 소련이 한반도 전역을 점령할 수 있다는 것을 잘 알고 있어 서울 북부의 도 경계선을 따라 분할선을 작성·건의하였던 것이다. (J. Lawton Collins, War in Peacetime : The History and Lessons of Korea, (Houghton Mifflin Co. : Boston), 1969, pp. 25~26.)

러스크는 소련이 이 분할에 동의했을 때 "약간 놀랐다"고 말했다. 38선 분할은 이처럼 미국이 소련군의 남진을 멈추게 하려는 의도 아래 행해진 명백한 탐색의 결과였는데 소련군은 이에 잘 순응했던 것이다.(앞 항목에서 충분히 설명)

이러한 사정으로 조선의 남부와 그 주민은 미 제10군 제24군단 사령관의 자격으로 주한미군(USAFIK : United States Armed Forces Korea) 총사령관이 된 하지 중장에게 그 운명을 맡겨야 했다. 불행하게도 그는 미국 남부 일리노이 오지 농촌 출신으로 사관학교 출신이 아니었으므로 그의 중장까지의 진급은 주로 태평양전투에서 얻은 뚜렷한 전과에 의해 이루어졌다. 그는 과달커널·오키나와 등지의 전투에서 승리하여 무공훈장을 받았다. 또한 제24군단의 한국파견은 지리적 고려에서 이루어진 전술적 점령일 뿐, 한국인의 강인한 독립의지와 오랜 기간에 걸친 자립의 역사 및 문화적 우수성에 대한 이해가 거의 백지상태인 보병부대의 단순한 전투명령 수행이었던 것이다.

미군은 "군용기를 동원하여 8월 2일 하지 중장 휘하의 미군이 근일 중 조선에 상륙한다"는 전단을 살포한 후 8월 25일에는 방송을 통해 조선의 북부는 소련군이, 남부는 미군이 일본군의 무장을 해제하고 그 해제가 완료된 때로부터 새로운 정부가 수립될 때까지 치안을 유지할 목적으로 양국군이 임시 주둔할 것임을 발표했다. 미군은 9월 2일 요코하마 해상의 미주리함 함상에서 일본의 항복문서에 조인식을 가졌으며 9월 5일 오키나와 근해를 출항한 하지 장군 휘하의 미 제24군단은 21척의 배에 분승, 등화관제로 자신들의 존재를 감춘 채, 3일 간의 항해 끝에 9월 8일 오후 1시 인천항 상륙을 개시하였다. 이것은 '조미朝美수호통상조약'(1882년) 이래 실로 63년 만에 미국이 한국의 정식 후원지배자로 등장함을 의미했다.(브루스 커밍스, 앞의 책, 187~188쪽)

미군 당국은 인천상륙 하루 전 포고령 제1호(1945.9.7. 발포)를 통해 정부·공공단체를 포함한 모든 공공사업 종사자에게 계속 집무를 명령하고(미 육군 태평양 총사령부 포고령 제1호 제2조) 그에 복종을 요구함으로써 일제 식민통치기구를 그들의 통치기구로 인정하는 한편, 8월 15일부터 9월 7일까지 23일 간 과도적인 치안 담당기구로서 당시 국내 유일의 정치결집세력이었던 '건국준비위원회'와 3·1운동 이후 한민족의 주권법통인 상해임시정부 모두를 부인하였다.

이어 미군은 9월 9일 서울에 입성, 일본 총독부 회의실에서 군사령관 하지와 조선총독 아베阿部信行간에 항복문서 조인식을 엮어냈다. 이로써 9월 2일 미 육군 태평양지구 총사령관 맥아더 장군이 발포한 일반명령 제1호에 의거하여 일본 본토·오키나와·필리핀과 같은 경로를 통해 38도선 이남의 조선에 대한 항복·점령이 완료된 것이다. 이후 38선 이남의 한반도는 미군정의 통치를 받게 된다. 이에 "미군 당국은 남한의 기본적인 정치구조를 선택·결정하면서 1945년의 마지막 몇 달 사이의 정책들과 결정들을 통해 친미 자본독재체제가 등장할 수 있는 조건을 마련했다.(브루스 커밍스, 앞의 책, 185쪽)

(2) 포고문, 미국은 질서교란에 협박, 소련은 일단 자주 독립 격려

미군은 인천상륙 1일 전인 9월 7일 포고령 제1호, 제2호를 발포했는데 신문들은 9월 9일 일본군과 총독부 항복식 기사와 함께 이를 게재하였다. 포고령 전문은 다음과 같다.

〈포고 세1호〉

조선의 주민에게 포고한다.

미 육군 태평양지구 총사령관으로서 다음과 같이 포고한다.

일본국 천황과 정부 및 대본영大本營을 대표하여 서명한 항복문서의 조항에 따라 본관 휘하의 전승군戰勝軍은 오늘 북위 38도 이남의 조선지역을 점령한다.

오랫동안 조선인의 노예화된 사실과 적당한 시기에 조선을 해방 독립시킬 결정을 고려한 결과, 조선의 점령 목적이 항복문서조항의 이행과 조선인의 인권 및 종교상의 권리를 보호함에 있음을 조선인은 인식할 줄로 확신하고 이 목적을 위하여 적극적 원조와 협력을 요구한다. 본관은 본관에게 부여된 미 육군 태평양지구 총사령관의 권한을 가지고 이로부터 조선의 북위 38도 이남 지역과 동지의 주민에 대하여 군정을 설립한다. 따라서 점령에 관한 조건을 다음과 같이 포고한다.

제1조 조선의 북위 38도 이남 지역의 동 주민에 대한 모든 행정권은 당분간 본관의 권한하에서 시행한다.

제2조 정부·공공단체, 또는 기타의 명예직원 및 고용인 모두, 또는 공익사업·공중위생을 포함한 공공사업에 종사하는 직원과 고용인은 유급무급有給無給을 불문하고, 또 기타 세반 중요한 직업에 종사하는 자는 별도의 명령이 있을 때까지 종래의 직무에 종사하고 또는 모든 기록과 재산의 보관에 임할 것.

제3조 주민은 본관과 본관의 권한하에서 발포한 명령에 즉시 복종할 것. 점령군에 대하여 반항행동을 하거나 또한 질서 보안을 교란하는 행위를 하는 자는 용서없이 엄벌에 처한다.

제4조 주민의 소유권은 이를 존중한다. 주민은 본관의 별도의 명령이 있을 때까지 일상의 업무에 종사할 것.

제5조 군정기간 중은 영어를 가지고 모든 목적에 사용하는 공용어로 한다. 영어와 조선어, 또는 일본어 사이에 해석·정의의 불명不明, 또는 상이相異가 생겼을 때는 영어를 기본으로 한다.

제6조 이후 공포하게 되는 포고·법령·규약·고시·지시 및 조례는 본관 또는 본관의 권한하에서 발포하여 주민이 이행하여야 될 사항을 명기明記한다.

위와 같이 포고한다.

1945년 9월 7일 요코하마에서
미 육군 태평양지구 총사령관 미 육군대장 더글러스 맥아더

〈포고 제2호〉

조선의 주민에 포고한다.

본관은 본관의 지휘하에 있는 점령군의 보전을 도모하고 점령지역의 공중치안, 질서의 안전을 기하기 위하여 미 육군 태평양지구 총사령관으로서 다음과 같이 포고한다.

항복문서의 조항, 또는 미 육군 태평양지구 총사령관의 권한 하에 발한 포고 · 명령 · 지시를 범한 자, 미국인 및 기타 연합국인의 인명人命 또는 소유물, 또는 보안을 해한 자, 공중 치안질서를 교란한 자, 정당한 행정을 방해하는 자 또는 연합군에 대하여 고의로 적대행위를 하는 자는 점령군 군법회의에서 유죄로 결정한 후 동 회의의 결정대로 사형 또는 그 밖의 형벌에 처한다.

1945년 9월 7일
미 육군 태평양지구 총사령관 미 육군대장 더글러스 맥아더

대부분의 신문들은 일본군과 총독부의 항복식을 주관한 미국의 조선점령군 사령관 중장 하지의 아래와 같은 성명도 실었다.

… 이미 확정된 항복조건을 이행함에는, 나는 시초에 있어서는 현 행정기구를 사용할 필요가 있다. 동시에 나는 장차 나의 지휘하에 있을 관리의 명령에 복종하기 바란다.

조선인민을 위하여 정부의 정책은 장차 필요에 따라 개정될 것이다. 법제 · 상업 · 공업 · 학교교육에 있던 종래의 여러 가지 인종적 차별은 곧 끝이 날 것이다. 신앙의 자유, 언론사상의 자유는 여러분에게 돌아갈 것이다. 신문 · 라디오는 곧 조선사람을 위한 기관이 될 것이다.…

『조선인민보』는 창간호 1면 톱으로 연합군 환영기사의 제목을 영문으로 뽑았고 (Welcome Allied Forces!!) 사진과 함께 왼편에는 역시 '연합군을 환영함'이라는 시詩를 실었다. 그러나 하지 휘하의 제24군단은 한국에 대해서 거의 백지상태에 있었으며 피점령지의 인민이 적인지 우방인지, 혹은 패전자인가 피해방자인가를 구별하지 못했다. (일본과 한국〔조선〕에 대한 미국의 점령정책은 蘇 · 中 견제의 反共 목적 때문에, 패전 적대국인 일본을 우방국으로, 한국을 적국의 식민지였으니까 적국으로 대하여 시행되었음을 모든 측면에서 확연히 드러내 보였다.)

1943년의 '카이로 선언'은 분명히 "한국인의 노예상태에 유의하여 적절한 시기에 한국을 독립시킬 것"을 언급하고 있지만 하지는 9월 4일 한국이 '미국의 적'(적국의 식민지로서

공범자)이며 따라서 "항복의 주례와 규정의 적용을 받는다"고 휘하 장교들에게 지시했다. (브루스 커밍스, 앞의 책, 176~177쪽)

한편 8월 19일 원산에 상륙한 소련군은 사령관 치스챠코프Ivan Chistiakov대장이 20일 「조선인민에게 주는 적군赤軍 포고문」을 다음과 같이 발포했다.

조선인민에게 고함

조선인민들이여! 붉은 군대와 동맹국 군대들이 조선에서 일본 약탈자들을 구축하였다. 조선은 자유국이 되었다. 그러나 이것은 오직 신 조선 역사의 첫 페이지가 될 뿐이다. 화려한 과수원은 사람의 노력과 고려顧慮의 결과이다. 이와 같이 조선의 행복도 조선인민이 영웅적으로 투쟁하여 꾸준히 노력하여야만 달성된다. 일본 통치하에서 살던 고통의 시일을 기억하라! 단 위에 놓인 돌멩이까지도 괴로운 노력과 피땀에 대하여 말하지 않는가? 왜놈들이 고대 광실에서 호의호식하며 조선사람들을 멸시하며 조선의 풍속과 문화를 굴욕한 것을 당신들은 잘 안다. 이러한 노예적 과거는 다시 돌아오지 않을 것이다. 진저리나는 악몽과 같은 그 과거는 영원히 없어져 버렸다.

조선사람들이여, 기억하라! 행복은 당신들의 수중에 있다. 당신들은 자유와 독립을 찾았다. 이제는 모든 것이 죄다 당신들에게 달렸다.

붉은 군대는 조선인민이 자유롭게 창작적 노력에 착수할 만한 모든 조건들을 지어 주었다. 조선인민 자체가 반드시 자기의 행복을 창조하는 자로 되어야 할 것이다. 공장·제조소 및 공작소 주인들과 상업가 또는 기업가들이여! 왜놈들이 파괴한 공장과 제조소들을 회복시키라.

새 생산기업소들을 개시하라. 상점들을 열라. 상업 및 공영기업소들을 새로 개설하라. 붉은 군대 사령부는 모든 조선기업소들의 재산보호를 담보하며 그 기업소들의 정상적 작업을 보장함에 백방으로 원조할 것이다.

조선노동자들이여, 노력에서의 영웅심과 창작적 노력을 발휘하라. 진정한 사업으로서 조선의 경제적 및 문화적 발전에 대하여 고려하는 자라야만 모국 조선의 애국자가 되며 충실한 조선사람이 된다.

해방된 조선인민 만세!

---

(3) 해방을 기뻐하는 조선민중을 기피 · 적대시하기 시작

미군은 9월 9일 서울에 입성한 이래 3단계로 나누어 전국 각지에 진주했다. 제1단계는 시찰단의 임시파견으로 미군 장교들이 부산(9월 16일)과 같은 주요지역을 방문하여 정세를 관찰한 후, 제2 · 3단계로 전술부대 및 민사반民事班(군정 중대)에 의한 점령을 통해 군정을 수행하게 되는데, 이 민사반은 1945년 말에 이르러 전국 거의 전지역에 자리를 잡게 된다. 당시 미군의 점령을 학수고대하는 쪽은 각지 일본인과 그들의 한인 앞잡이들, 한국의 보수분자들인데 이들은 친일반역의 전과자들인 자신들의 신변과 재산 보호를 위해 식민질서에 대항하는 모든 행위를 "공산당이 조종한 것"으로 표현하여 미군정 당국자의 호감을 샀다.(HUSAFIK(History of the United States Armed Forces in Korea), Vol 1, Chapter 6, pp.30~47. 이 자료들은 브루스 커밍스가 워싱턴 소재 軍史室(Office of Military history)에서 복사한 것으로,『한국전쟁의 기원』에서 재인용한 것이다. "미국의 제국주의적 침략목적과 기독교의 이기배타적 포교목적이 어우러져서 러시아를 비롯한 평등사회 지향의 자주독립세력을 초장부터 적대시하였다.")

38선 이남 각지의 미군 주둔상황을 보면 경기 · 강원 · 충남북에 제7사단, 전남북에 제6사단, 경남북에 제40사단이 각각 진주했다. 제7사단은 인천을 통해 상륙한 제24군단의 주력이었고 제40사단은 10월 첫 주에 경상도에 진주했다. 당초 남서부지역을 점령하도록 계획되어 있었던 제96사단은 중국으로 전출되고 하지 장군의 특청으로 필리핀 루손섬에서 219일에 걸쳐 전투를 계속했던 제6사단이 인천을 거쳐 10월 말경 전라도에 완전 배치되었고 제6사단 제20보병연대의 제주도 도착(45.11.10.)으로 전술적 점령이 완료되었다.(제6사단은 가장 늦게까지 실제 전투에 참가했던 부대라는 점을 주목할 필요가 있다.)

그러나 1945년 해방 이후 남한 각지에는 인민위원회가 조직되어 한국역사상 전무후무한 농민의 정치참여가 자연발생적으로 이루어진다. 모든 인민위원회는 건국준비위원회와 인민공화국의 중앙조직에 유사한 부서와 기구를 갖추고 있었다. 즉 대부분의 인민위원회는 조직 · 선전 · 치안(혹은 보안) · 식량관리 및 재정부서를 두었는데, 현지의 일본인이나 한국인 부자들로부터 능숙하게 기부를 받아냈다.

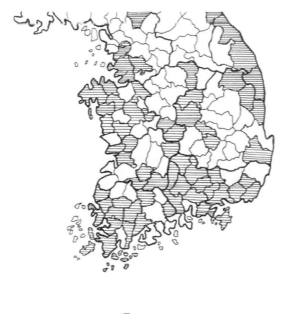

인민위원회가 정부역할을 담당한 지역(짙게 표시된 부분)

미군의 남한점령 배치도(1945년 가을). 미군의 진주는 3단계로 진행되었다. 제1단계는 시찰단 정도의 규모, 제2단계는 전술부대의 점령, 제3단계는 군정중대(민사반) 배치였는데 ( )속은 주로 전술부대의 점령을 나타내고 있다.

반도전역에 조직된 수백 개의 인민위원회를 구성한 능력은 누가 발휘했는지 정확히 알 수 없으나 브루스커밍스Bruce Cumings는 고향에 돌아온 정치범과 학생들이 주된 역할을 맡은 것으로 보고 있다.(6·25전쟁 후에 밝혀진 사실이지만, 이 당시 자주독립 지향의 농민세력은 결국 침략외세와 친일 반역세력의 음모에 걸려 허울좋은 보도연맹保導聯盟에 자진 가입하는 형식으로 소식되어 묶였나가 전쟁직전에 20만~30만명 가량이 모두 학살되었다. 자주세력 반외세 전투력의 사전事前 제거였다.)

미군은 인민위원회의 급속한 확산을 막고 미군정이 권력을 장악했음을 각지에 전달해야 했지만, 각지 인민위원회는 대중적 지지, 현지정세에 대한 인식, 대중적 통신형태의 장악, 요구에 맞는 강령 등을 갖추고 있었다. 『조선인민보』는 인민위원회가 전라남도 전역, 경상남도 22개 군 중 15개 군, 경북과 충남 대부분, 충북과 강원도의 일부분을 지배하고 있었다고 보도했는데, 이 추계는 거의 정확한 것이었다.(『조선인민보』 1946. 2. 11. 김계림의 기고) 이 가운데는 인민위원회가 군청을 지배하여 정부역할을 담당한 경우도 많았으며 제주도의 경우는 미군정 3년 동안 계속하여 인민위원회가 섬 전역을 통치하였다. 미군의 4·3사건 도발은 제주도민의 이같은 반외세 기세를 꺾어 전국적으로 권위를 잡으려는 음모에서였다고 볼 수 있다.(브루스 커밍스, 앞의 책, 353~354쪽)

미군의 점령부대들은 질서를 유지하고 현지 사태에 대해 유리한 상황을 조성하는 데 있었으므로, 직접적인 무력사용 대신 철저한 중앙집권제의 부활을 통해 지방인민위원회의 소멸을 도모했다. 따라서 미국의 선택은 이제 중앙을 완전히 장악하는 것이고 신경계통을 지배하는 뇌의 역할을 서울에 맡겨 혼란을 다스리는 것이었다.

미국은 이와 같은 책략에 맞추어 한국의 언론을 그 이데올로기적 국가도구로 동원함으로써「자주적 민중세력들」과「일제 및 미군에 협력한 자들」간의 분리를 확실하게 한후 혼란수습을 빌미로 하여 진보적 자주 언론을 봉쇄·탄압하려고 시도하였다.(이 때부터 조선·동아의 권토중래의, 친일 반민중 보수언론의 칼부림이 시작되었다. 미국에게도 민족분열을 위한 이이제이以夷制夷의 앞잡이가 되어갔다.)

(4) 미군정의 언론통제, 친일보수계 신문 우대, 자주독립 주장 언론 박대

하지는 1945년 9월 11일 기자회견을 통해 "신문기자들이 미국언론처럼 대중여론을 진작하되 치안방해를 하는 경우에는 적절한 대책을 취하겠다"는 요지의 미군정 언론정책을 천명하였다. 다음은 그 전문이다.

미군이 진주해 온 후인 현재, 조선에는 문자 그대로의 절대한 언론자유가 있는 것이다   미군은 조선사람들의 사상과 의사발표에 간섭도 안하고 방해도 안할 것이며 출판에 대하여 검열 같은 것을 하려 하지도 않는다. 언론과 신문의 자유는 여러분을 위하여 대중의 논론論을 진기振起하고 또한 여론을 소소昭昭하게 알리는 데 그 직능을 다해야 할 것이다. 이와 같이 미군은 언론자유에 대하여 취재를 방해하고 검열을 하려 하지는 않으나 그것이 정당한 의미의 치안을 방해하는 것이라면 이런 경우는 별도로 강구하려 한다.

(『每日新報』 1945. 9. 11. 하지 중장의 한국인 신문기자단과의 기자회견기사. 정진석 『한국현대언론사론』 전예원 1985, 248쪽에서 재인용. 위 전문 말미를 최준 교수는 "신문과 언론이 치안을 방해하는 데까지 미칠 때에는 우리로서 적당한 처리를 해야 할 것이다"로 적고 있다.)

언필칭 '자유언론정책'은 불과 한 달 만에 군정장관 아놀드가 "어리석고 경박한 많은 발언이 미숙한 편집자가 편집하는 신문지상에 실리게 될 것으로 예상된다. 남한에는 오직 하나의 정부(미군정) 밖에 존재하지 않는다. 그것은 맥아더 원수의 포고, 하지 중장의 일반명령, 군정의 민정명령에 근거하여 창설된 정부이다…"라는 기사를 모든 신문이 1면 톱기사로 다루도록 명령함으로써 사실상 언론탄압 정책으로 바뀌었다.(People's World, San Francisco, 1946.1.5.(『말』 1989년 5월호에서 재인용)

한편 민족역량으로서는 유일하게 출판노동조합이 기동적인 움직임을 통해 전국의 쓸만한 주요 인쇄시설을 장악함으로써 민중선전수단을 확보하는 데 친일파보다 우위를 차지하게 되었다. 이 당시 출판노동조합을 포함한 민족주의 진영은 공산주의 세력에 크게 경도되어 있었기 때문에 미군정의 통치에 협조하거나 미군 공보당국과의 협동적 갈등관계를 유지하기를 꺼렸다.

그 결과로 약삭빠른 일제 협잡배들이 통역정치의 폐단을 이용하여 미군 점령당국과 유착관계를 맺고 자주적 민족주의 역량의 결집 움직임을 좌익세력으로 몰아쳤다. 따라서 이들은 자주적 민족주의자들에 대한 열등감과 피해의식 때문에 미군정 당국에 접근, 통역에 의한 의사전달의 왜곡과 반민족적 이간질을 통해 미군정 당국으로 하여금 언론통제정책을 펴도록 유인하였다.(진덕규 「미군정의 정치사적 인식」 『해방전후사의 인식』 한길사 1980, 45~49쪽)

여기에 발맞추어 미군정당국도 1945년 10월 30일자로 '군정청법령 제19호'를 발포했는데, 그 요지는 「신문 및 기타 출판물에 대한 등록제」의 실시였다. 이것은 남한에 친미정권을 수립하는 데 방해가 되는 언론을 보다 강력하게 통제하는 장치를 마련한 것에 다름 아니었다. 나아가 미군정은 1946년 5월 29일 군정법령 제88호 「신문 기타 정기간행물 허가에 관한 건」의 공포를 통해 미군정에 대한 체제도전의 봉쇄를 목적으로 신문

기타 정기간행물의 등록제도를 허가제도로 강화시켜 언론을 통제한 결과, 친일언론의 재편성과 변신이 이루어졌다. 이 법령의 주요 내용은 ① 신문 기타 정기간행물의 발행허가제와 허가절차에 관한 규정 ② 미국신문 및 정기간행물은 발행인이나 대리인의 신청에 의거, 군정 상무부장의 명령하에 배포허가게 하는 규정 등이다.(1년에 1회 이상 발행하여 사회명사 또는 공익에 관한 정보 또는 여론을 선파함에 전력하는 발행물을 규제하기 위해 제정한 언론 규제법령임.)

이 법 공포 이후 미군정 당국은 그 해 6월부터 용지난을 내세워 출판물의 신규허가를 불허하겠다는 성명을 발표했으나(『동아일보』1946. 6. 26)그 배후의 목적은 군정법령 제88호를 근거로 하여 자주적 민족계열의 출판물을 통제하는 데 있었다.(李善永「美軍政의 言論政策에 관한 硏究」, 고려대학교 석사학위논문, 1981, 52~55쪽)

당시 미·소 양측 점령세력의 「포고문」의 내용에서도 그 취지와 방향이 대충 드러났듯이 소련의 경우는, 일제의 속박과 억압의 족쇄를 풀어서 조선 근로민중의 고통을 덜어주는 '해방 지원군'으로서의 입장을 당당히 밝혀주는, 근로민중 지지적인 자세를 취했다. 이와는 대조적으로 미국의 경우는, 속박으로 고통받고 있던 민중이 기대해오던 것과는 반대로, 치안경찰을 확보하고 사법제도를 세우며 경제질서와 교육기강을 잡아가는 과정에서 자국체제를 닮은 자산가 중심의 정권창출을 의도하였기 때문에, 「압제자 일제의 편에 섰던 친일부유층과 친일경찰 무장집단을 '공무기능인'으로 다시 활용할 수밖에 없다」는 구실을 붙일 만큼 반근로대중적 반자주독립적 대립자세를 분명히 취하게 되었다.

결국 미군은 친일 자산가 중심의 정부를 수립하려는 의도였기 때문에 점령초기부터 민중의 거센 반항에 부닥쳤고 노동자·농민(농민인구는 전체 인구의 85%~90%)·지식인들로부터 재독립 주창의 피를 흘리게 하였고 6.25전쟁을 불러왔으며 드디어 살인적 복수·증오심으로 무장된 동족상쟁의 분열·반목과 반미 자주화의 외침을 계속하게 만들면서 반세기를 넘어오게 되었다.

반세기가 넘도록 군사주둔으로 자리잡은 미국은 한국민중 다수의 소망대로 자주·민주적 질서가 잡혀가려 할 때마다 반소反蘇·반공·친미질서가 흐트러질 것을 우려하여 그들이 교육·훈련시켜 놓은 군사 및 민간집단들을 동원하여 반민중적 독재와 분열·분단·증오·적대시 이념과 정책을 확고하게 지켜가도록 지도해 왔다.

신탁통치안의 경우도 본래 미국측의 복안으로 10년 이상의 외국간섭통치(사실상 식민지 예속 통치)를 하는 것으로 되어 있었으나 미·소 협상 과정에서 소련측이 절충안으로서 완전한 통일정부를 세울 때까지만 미·소가 지도하고 남북 양 당사자 대표들이 주도하는 형태의 잠정적 신탁안을 내놓게 되었던 것이다. 당시는 회담장소도 멀리 모스크바인데

다가 통신수단도 부족하고 통역과 번역두 서툴던 시절이었고 회담의 결정사항을, 남쪽을 점령하고 있던 미국쪽에 유리하게만 거두절미하였을 가능성도 컸으며 아직은 영구분단의 고통을 알아채지 못했던 민중들로서는 또다시 남의 지배하에 놓이게 된다는 본능적 거부감 때문에 온 국민의 분노를 일으키기에 충분했다.

국민의 반외세 감정을 재빨리 포착한 이승만과 한민당 집단은 모스크바 회담의 자초지종을 빼버린 채, 또 분단된 조국의 장차의 운명에 관해서는 아무런 고려함도 없이 "신탁통치는 또 다른 식민통치"라는 구호를 연일『동아』『조선』신문에 실으면서 반소反蘇·반공을 외쳐댔고 국내 자주·민주세력을 소련의 사주를 받는 매국배족집단으로 몰아가기에 이르렀다. 가뜩이나 해방이 되자 친일매국노의 죄를 저지르고 근로대중으로부터 지탄을 받으며 숨어 지내던 일제 경찰과 군대·친일 지주·자본가 등은 미군의 점령으로 구명도생苟命徒生이 가능해졌을 뿐만 아니라 미군과 한민당의 부름을 받고 "수사·체포의 유능한 기능인"으로 차출되어 이른바 "공산당 때려잡기"에 적극 나서게 되면서(이제 민족배반자였던 친일파를 비판해도 "빨갱이"로 몰리는 기가 막히는 사태가 되었다) 분위기는 일제와 친일파에 대한 증오에서 반소·반공에로의 광풍으로 바뀌고 말았다.

사실 "유능한 기능인"의 논리는 무식한 근로대중과 유식·유능한 자산·지식계층 전반에 적용되는 반자주적 반역의 주장이었다. 일제 침략세력에 붙어서 조국의 독립을 파괴하고 근로민중과 독립투사들을 괴롭힌 매국노 친일파들은 불의不義(惡)의 세력이고 자주독립세력은 대의大義(善)의 세력으로서 전자前者는 대역죄인이었음에도 불구하고 응당한 처벌을 받기는커녕 '우익'과 '좌익'이라는 동급同級의 대칭개념과 용어로 자주 호칭하게 함으로써 대등한 위치를 넘어 오히려 근로민중 쪽의 좌익을 용공容共·친소親蘇로 몰아 역적시하게 되니, 이제 죄인집단과 애국세력의 처지는 완전히 뒤바뀌어 버렸다. 여기서 미 점령군의 존재와 성격과 영향력은 확실해졌다. 이제 미국은 친일파를 새 앞잡이로 삼은 '식민통치'의 인수인계자引受引繼者임이 분명해져 가고 있었다.

이렇게 되자 친일파 반역아들은 자주독립세력에 의한 과거사실 추궁으로 애국의 논리가 궁색해질 때마다 '의견의 다양성'이니 '자유민주주의 장점'이니 하면서 범죄사실을 가리우면서 자주 평등을 외치는 근로민중을 억압, 정치·경제·문화 활동에서 완전하리만큼 배제시켜 나갔다. 노동자·농민·어민들에게는 입법·사법·행정 어느 권력기구에도 그들의 진정한 대표자나 대변자가 없게 되었다.

친일파를 주축으로 하는 지배집단은 언필칭 '자유민주주의'니 '삼권분립'이니 하면서 반세기를 넘겨왔지만, 고통스런 생산·공급 노동에 시달리는 근로계층의 피와 땀을 수탈해야 편안히 대를 이어 부유하게 살아가게 되는 그네들의 집단이기주의의 속성상 언제나 민중을 강력하게 억압 통제해주는, 총독과 점령군 및 군사독재자의 힘에 의지하여 아첨하고 지원하며 살아왔다.

아마 일제 식민지에서 벗어나 친일 앞잡이세력과 자주독립 세력간에 진흙탕 싸움을 하는 모습을 보고 일제 군국주의자들과 미국인들의 얼굴에는 (가르쳐준 대로 행동하는군 하는) 회심의 미소가 번졌을 것이다. 그리하여 반공운동의 와중에서 득세하게 된 친일세력의 정권복귀와 특히 친일경찰의 민중 취체행위는 해방감에 젖었던 사람들에게 끝없는 수모감과 분노를 자아내게 했고 관헌과 부딪치는 과정에서 거듭거듭 항쟁이 분출될 수밖에 없게 되었던 것이고 그때마다 참혹한 집단학살과 연좌 처벌의 공포사회로 굳어져 가게 되었다.

8.15 직후 해방의 감격도 잠시, 미점령군과 친일파 경찰의 감시하에 5.10 선거를 치르게 되었으니, 아무리 비밀·보통선거라 한들, 친일파가 민중을 '빨갱이'로 협박하며 설쳐대는 분위기에서 어찌 민주선거가 가능했을까. 3만여명의 피학살자를 낸 제주도민의 4.3항쟁과 희생이 침략자들의 피묻은 손을 증언해줄 뿐이다.

(5) 미 점령군은 또다른 상전이었다, 아니 정복자였다

9월 8일 인천에 상륙한 미군은 다음 날 서울에 들어왔다. 이날 미 24군단장이자 주한 미군사령관인 하지 중장과 조선총독 사이에 항복조인식이 치러졌다. 한국인은 미군을 해방군으로 맞았으나, 미군은 콧대 높은 점령군으로 한국인을 대했고 한국인의 심정을 이해하려고 하지 않았다. 태평양 미육군총사령부는 포고 제1호에서 "점령군에 대하여 반항행동을 하거나 질서보안을 교란하는 행위를 하는 자는 용서 없이 엄벌에 처함"이라고 경고했다. 그런가 하면 패전국인 일본은 전쟁 범죄자인 왕을 그대로 살려둔 채 미군은 오히려 한국인을 경계하고 한국인을 괴롭힌 일본인 관리들을 상당 기간 그대로 근무하게 했다. 한국인의 불만이 커지자 일부 관리를 '자문관'으로 쓰기도 했다. 친일 행위자가 명백한 한국인 관리와 경찰을 그대로 근무하게 했다. 일제 통치기구도 대부분 존속되었다. 특히 친일경찰의 등용과 승진은 불만을 크게 샀다. 이처럼 미군정의 현상유지정책으로 해방직후 숨을 죽였던 친일파들이 다시 득세를 하면서 정국 혼란과 좌우 갈등은 더욱 심해졌다.

반공 반소적인 미군은 자주·평등·민주를 외치는 이른바 좌익을 억압하고 경제수탈·친일경력·권세 독점의 우익을 적극 지원했다. 미군은 노동을 해본 적이 없는 흰 손을 좋아했고, 노동으로 거칠어진 검은 손을 멀리했다. 또한 인민공화국을 인정하지 않았고, 자주독립 지향의 지방 인민위원회를 무력으로 탄압했다. 반면 한국민주당(약칭 한민당) 등 친일파 보수우익은 적극 비호했다.

　　○ 인민공화국 : 오늘날의 북쪽 국명이 아니고 당시로서는 일본 통치가 끝난 직후의 혼란을 막기 위해 임시로 만들어진 잠정적 자치기구일 뿐이었다. 전국 지방에 조직된 「인민위원회」 의 중앙조직이었다.

　9월 4일 대한민국 임시정부 및 연합군 환영준비위원회를 출범시킨 조병옥과 김성수 등은 군소정당으로 흩어져 있던 우익을 통합하여 9월 16일 한민당을 결성했다. 당 대표인 수석총무는 송진우였다. 결성 초기에는 김병로나 원세훈 등과 같은 독립운동 관계자들도 있었으나, 한민당의 중심세력은 송진우와 김성수 등 동아일보계로, 일본 제국주의 침략자들에게 적극 충성한 자본가·지주 세력을 대표하였다. 한민당 간부 중에는 친일파가 적지 않았고, 이 때문에 친일파 처단을 반대하였다.

　명망가와 유지 중심의 한민당은 처음에는 지방에 뿌리를 내리지 못했다. 지방은 혁명적 분위기였고 자주독립 지향의 농민·노동자들의 지지를 받는 인민위원회 등이 강했기 때문이었다. 그러나 한민당은 미군정을 등에 업고 점차 지방으로 세력을 확대하였다. 미군정은 10월에 군정고문을 임명할 때도 거의 대부분 한민당원으로 충원하여 비난을 받았다. 한민당은 검찰과 재판부 등의 요직뿐만 아니라 도지사·군수 등 지방 관직도 많이 차지했다. 특히 한민당이 위세를 떨칠 수 있었던 것은 일제강점기뿐만 아니라 미군정 하에서도 막강한 권력을 휘두른 경찰의 핵심을 장악했기 때문이었다. 전국의 치안 총 책임자인 경무국장에는 한민당 8총무 중 한 사람인 조병옥이, 수도경찰청장에는 한민당 간부 장택상이 임명되었다. 1946년부터는 명실공히 「미군정의 여당」이라고 할만큼 한민당의 위세는 대단했다.

　한민당보다는 약했지만 보수정당으로서 9월 24일 안재홍을 위원장으로 하여 결성된 국민당도 영향력이 있었다. 일제강점기의 비타협 민족주의자들이 주요 간부인 국민당은 만민공생의 신민주주의와 신민족주의를 표방했으며, 보수·진보 협조를 중시하는 보수 중도의 정치노선을 대표했다.

　해방 정국에서 가장 강력한 대중조직을 끼고 있었던 정당은 조선공산당이었다. 해방 직후 장안파와 재건파 공산당으로 나뉘어 있던 공산주의 세력은 9월 8일 열성자대회를 거쳐 9월 11일 박헌영의 재건파를 중심으로 한 조공(조선공산당)으로 통합되었다. 9월 20일 공산당 중앙위원회에서는 기본 노선으로 '8월테제'로 더 많이 알려진 "현 정세와 우리의 임무"를 채택했다.

조공은 8월테제에서 급진 노선을 채택했지만, 실제로는 연말까지 그다지 과격한 행동을 하지는 않았다. 12월까지 조공은 당 조직과 대중단체 결성에 주력했다. 그 결과 조선노동조합전국평의회(약칭 전평), 전국농민조합총연맹(약칭 전농), 조선청년총동맹(약칭 청총), 조선부녀총동맹(약칭 부총) 등이 차례로 결성되었다.

11월 12일에는 중도진보 정당으로 여운형을 위원장으로 한 조선인민당(약칭 인민당)이 탄생했다. 인민당은 진보·보수 갈등을 최소화하고 민족통일전선을 형성하여 진보·보수 연합 정부를 수립하려고 했다. 여운형은 민족국가의 건설은 오직 각당·각파를 망라한 민족적 총역량의 집중에서만 가능하다고 역설했다. 인민당은 일제강점기와 해방 직후의 정치 상황을 반영하여 자본가부터 공산주의자들까지 참여했다.

10월 16일 이승만이 해외 독립운동가로서는 처음으로 귀국했다. 극단적인 반소적 인물이어서 미 국무부에서 그의 입국을 막기도 했지만, 미군정은 여운형 등 진보세력이 주도하는 정치 상황을 개편하기 위해 그의 정치활동을 적극 지원했다. 이승만은 미군정의 지원으로 독립촉성중앙협의회(약칭 독촉)를 결성했다. 그러나 이승만은 과도하게 한민당으로 기울어져 있었고 친일파를 정치적 기반으로 삼음에 따라 진보세력이 독촉 참여를 거부했다. 결국 독촉은 이승만 지지세력의 단체가 되고 말았다.

11월 23일 김구를 중심으로 한 중경 임시정부(약칭 중경 임정) 요인들이 개인 자격으로 귀국했다(2진은 12월 2일 입국). 중경 임정이 입국함으로써 12월까지 해외독립운동 세력은 거의 대부분 입국했다. 한국인은 김구 등 중경 임정 요인들이 지도력을 발휘하여 진보·보수를 단합시키고 친일파의 발호를 막아 하루빨리 통일된 민족국가를 수립해주기를 간절히 기대했다.

입국 초기 중경 임정 요인들 중에는 좌우(진보·보수)연합에 적극적인 인사들이 적지 않았다. 그러나 김구는 임시정부의 법통성을 중시하여 중경 임정과 인공의 대등한 합작은 있을 수 없다고 생각했다. 반면 인공 측에서는 자신들이 대중의 지지를 많이 받고 있으므로 중경 임정 아래로 들어갈 수는 없다고 주장했다. 그리하여 중경 임정은 정국이 반탁의 소용돌이 속에 휘말리기 시작한 12월 하순까지 뚜렷한 비전을 제시하지 못했다.

해방의 흥분과 감격은 1945년 12월이 되자 점차 답답하고 어두운 마음으로 바뀌어갔다. 좌와 우의 대립의 골은 점점 깊어갔고 극심한 사회적·경제적 혼란이 야기되었다. 일제 말 해방 직후 조선총독부에 의한 통화 남발은 극심한 인플레이션을 유발했다. 생활필수품은 점차 구하기 어려워졌고, 공장은 문을 닫았으며, 실직자는 늘어갔다. 해방된 해에는 풍년에다가 일제의 공출이 없었음에도 불구하고 미군정의 자유방임정책, 모리배

1945~1949년 활동한 주요 정당의 계보도

〈서중석『한국현대사』웅진 2006, 34쪽〉

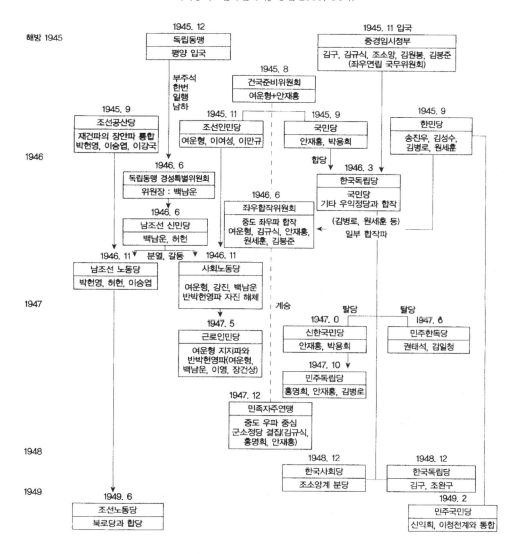

의 창궐, 쌀 남용 등으로 심각한 식량문제가 발생하였다. 또한 일본군이 무장해제되었지만 미·소 양군은 여전히 물러나지 않는데다가, 38선의 통행도 점차 힘들어졌다. 그해 연말은 답답하고 불만이 많아 "불만 당기면 금방 폭발할 것 같은 화약통"과 같았다.

2) 점령군이 앞세울 무력 통치기구 설치, 반공질서로 민중 배제

(1) 우선 일본 총독부의 절대주의 통치관제를 그대로 계승

일본인 총독이 제거된 후 일본인들이 떠나자 공석이 된 권력기관의 대부분의 자리는 미국인들이 차지하였다. 전쟁이 끝나기 전의 일본은 파시스트국가였고, 전쟁 후의 미국은 민주정부를 대표한다고 보통 말했다. 이같은 구분이 조선에 존재했던 일본총독부와 미군정청에는 결코 그대로 적용될 수 없었다. 조선을 지배하는 외국세력이 일본에서 미국으로 바뀐 사실이, 동시에 그 점령군에 의해 지배되는 조선에서의 권력기구의 성격이 근본적으로 변한 것을 의미하지는 않았다.

점령군 또는 정복군의 성격은 그 모국이 조금 더 민주화 되어 있다고 해서 식민지 통치를 더 민주적으로 한다는 보장은 없었다. 그것은 미군 점령 후 60여년의 전쟁과 폭력과 학살이 실증적으로 확인해 주었다.(송광성 『미군점령 4년사』 한울 1995)

미군정청의 통치형태는 군사독재인 셈이었다. 미군은 제2차 세계대전에서 승리한 군대로서 이전에 적국의 식민지였던 조선의 남쪽 절반을 점령하였고, 일본인 총독이 가졌던 모든 권력을 넘겨 받았다. 점령군 사령관은 행정·입법·사법 등 정부기관 전체를 통제하는 절대적 권한을 장악하였으며, 따라서 법령은 의회가 아니라 주로 그의 명령으로 만들어졌다.(김병화 『韓國司法史』 3권 일조각 1979)

미군정청은 일본 총독부가 만들어 놓은 식민지 노예 통치기구를 손질하여 사용할 수 있었으므로 전연 새로운 사법기구를 만들 필요가 없었다. 일본의 사법체제는 지방법원·지역의 재심법원(고등법원)·대법원으로 구성되어 있었으며 그 정점에는 거대하고 중앙집권화된 사법부가 있었다. 일본이 항복한 후에도 약 두달 동안 일제 총독부의 사법제도는 존속하였으며, 그 후 미군정이 약간의 손질을 했다. 1945년 10월 9일 군정 법령 제11호로, 미군정은 조선인에 대해 차별적이며 억압적인 일제하의 법률을 일부 폐기시켰는데, 거기에는 악명 높은 「정치범 처벌법」 「예비검속법」 「치안유지법」 「출판통제령」 「천황숭배법」, 경무부장의 「재판권」 등이 포함되었다(Gazette 1946). 같은 날 사법부의 미국인 부장 우달Woodal 휘하에 몇몇 조선인들이 사법부의 국장으로 지명되었다. 서울의 법원에 있던 일본인 판사와 검사는 10월 12일을 기하여 제거되었으며 사흘 후에 미 군정은 사법부에 근무하는 모든 일본인들이 조선인으로 대체되었음을 공포하였다.(김병화 앞의 책 1979)

그러나 이 정도의 법률과 위원의 변화는 해방된 조선민족의 기대를 충족시키지 못했다. 1945년 11월 2일의 군정 법령 21호는, 일제 총독부가 쓰던 모든 법률은 이미 폐지된 것을 제외하고는 미군정 당국이 폐지할 때까지 계속 유효하며, 이들 법률과 미군정의 포고·명령 등을 집행하기 위하여 군사재판소를 설치한다고 규정했다.(Gazette 1946. Curnrgs 1981).

이 법령은 결국 1908년 「군사법령」, 1910년의 「정치집회 금지법」, 1936년의 「선동문서 통제령」, 심지어는 1907년의 「보안법」 등의 부당한 일본법들이 계속 유효함을 인정한 셈이었다. 이 모든 법은 1948년 4월 8일까지 폐기되지 않았다. 일제 때의 보안법은 그대로 보존된 채 훨씬 더 씽씽하게 현시에 맞추어 「국가보안법」으로 몸단장되어 나타난다. 식민통치를 위해서는 최량最良의 강력한 법제수단이기 때문이었다.

더구나 1944년 일본인 총독이 전시의 긴급수단으로 만든 「재판에 관한 특별규정」까지도 존속시켰는데, 이 규정은 조선사람들이 평화시에는 두 번 항소할 수 있는 것을 전시에는 오직 한번만 항소할 수 있도록 규정하였다. 바로 이와 같은 점에서, 법령에 따라서 미군정은 주요한 수정 없이 악독했던 일제의 법령과 사법제도를 계속 사용하였으며, 이승만 정권이 수립되기까지 3년 동안 군사법정에서 주로 자주·평등·민주화를 주창하는 조선인들을 재판했다. 절대주의 군사독재의 사법체제 사회가 되었다.

일본인 판사·검사와 정부의 사법기관 직원이 조선사람으로 대체되었지만, 새로 임명된 사람들이 대부분 일제 총독부에 협력한 자들이었기 때문에 대다수 조선민중을 전혀 만족시키지 못하였다.(Cumings 1986) 이전에 일본 관리이던 사람을 제외하고는 경험을 가진 조선인 판사와 검사가 부족했던 것은 사실이지만, 41년에 걸친 일제 식민통치를 겪은 조선인들로서는 미군정이 친일협력자들을 재임명한 처사를 납득할 수 없었다. 사실 새로 임명된 판·검사 중 반수 이상은 같은 조선인들의 복수가 두려워 임명이 공포된 후에도 얼마동안 일터에 나타나지 않았다고 한다.

이전에 일제 판사였던 자가 조선인들의 이익을 지키는 데는 얼마나 소극적이었으며, 반면 미군정의 이익을 증진시키기 위해서는 얼마나 열심이었는지를 보여주는 예가 있다. 대법원장 김용무는 1946년 6월 9일 광주지방법원 관리들에게 다음과 같이 말하였다

법원의 정치적 중립성이나 객관성을 언급하는 자는 사법부 관리로서의 자격이 없다. 미군정의 정책에 반대하는 자나 신탁통치와 좌파 이데올로기에 찬성하는 자는 그들의 범법행위를 증명할 충분한 증거가 없더라도 엄중히 처벌해야 한다.(Seoul Times, 1946년 7월 16일)(김병화 앞의 책 1979)

조선인이든 미국인이든 미군정 관리들은 모두가 사법권을 남용했기 때문에, 미군정 사법제도하에서는 구(舊) 일본법률이나 새 미국법령이나 구별할 것 없이 조선인을 보호할 수 없었다. 1945년 12월 13일 「서울변호사협회」는 미군정이 법적 근거도 없이 자격 미달인 조선인 변호사 3명을 새로 임명한 것을 취소해 달라는 청원서를 미군정에 제출했다. 동 협회는 12월 15일, 검사의 영장 없이 혐의자를 체포하는 것과 같은 미군정 관리들의 잘못된 처사를 시정해 줄 것을 촉구하기도 했다.

결국 미군정은 조선사법제도에 약간의 손질을 가하기는 하였지만 그것은 근본적인 것이 못되고 그저 형식상의 겉치레였다.(1946년 1월, 법관의 겉옷과 모자가 일본 스타일에서 태극 마크와 무궁화꽃이 새겨진 조선 스타일로 바뀌었다. Gazette 1946) 1946년 3월 29일 반포된 군정법령 제64호는 기존의 권력·기능 혹은 의무는 변화시키지 않고 단지 미군정의 관리 명칭만을 바꾸었다.(Gazette, vol.1)

미군정의 사법제도는 조선인은 물론이고 양식있는 미국인에게조차 비판받았다. 남조선 언론들도 계속해서 법원 관례들과 그 절차들을 비판했다. 점령기간 중 미군 법무관으로서 법률심의위원장을 지낸 그린Green은 군정의 법체제에 대해 몹시 비판적이었다. 그는 기본인권보호 제도가 없는 것, 정치적 편파성 그리고 지나치게 자주 유죄판결로 유도하는 능률제 등을 비판했다.(Green 1950) 사법부의 행정관 앤더슨Anderson 소령은 사법부의 조선인 관리들이 끊임없이 정치활동에 가담하고, 사법부의 미국인 부장 우달 같은 사람은 서울의 경찰서를 순시하면서 아직 판결을 받지 않은 수감자들에게 현장에서 약식으로 언도한다고 비난했다.(HUSAFIK 1947, vol.2)

군사재판제도 아래에서 여러 가지 인권을 억압하는 행위는 미군정이 끝날 때까지 계속되었으며, 일부 기본적 인권은 1948년 미군정이 정부 권력을 이승만정권에 넘기려고 준비하던 과정에서야 형식적으로나마 회복되었다. 1944년에 제정되어 조선법원에 적용된 전시 특별규칙이 폐지됨으로써 상급법원에 항소할 수 있는 삼심제도가 1948년 4월 1일에야 군정법령 제181호에 의해서 복원되었으며, 5월 19일에는 군사재판소 킹 King 대령의 편지 하나로 조선인에 대한 군사재판 제도가 제지되었다.(Gazette 1947, 김병화 1979)

(2) 숨어있던 조선인 일제경찰, 「국립경찰」로 승진 복귀

일제 총독부의 경찰은 조선인들의 일상생활의 거의 모든 측면을 통제하였으며 그 잔인성 때문에 악명이 높았다. 미 점령군의 역사가들은 "일본경찰이 조선에서 가진 기능과 권력은 너무 크고 광범위해서 세계 어느 나라에서도 비슷한 경우를 찾기 어렵다"(HUSAFIK 1947. vol.3)고 썼다. 해방된 조선에 관한 맥아더 사령부의 첫 보고에는 "조선의 경찰은 철저하게 일본화 되었으며 폭정의 도구로서 능률적으로 사용되고 있다"고 적혀있다. 그래서 식민지에서 벗어난 조선에서는 식민지 경찰이던 자들이 동포들에게 미움을 받았으며 위협을 받기도 했다.

미국인들은 "일제총독부의 파시스트적 유산을 청소하고 민주정부를 수립하고자 조선에 왔노라"고 말하였다. 미군정 경찰이 일제 총독부경찰과 얼마나 다른지 따져보기로 한다.

1945년 9월 초 미국인들이 한반도 남부에 상륙하였을 때, 일본경찰 및 그들과 함께 근무한 조선인들은 「인공」 산하의 치안대에 의해 거의 다 쫓겨났다. 이런 상황에서 "군대가 존재하지 않았으므로 경찰이 유일한 무력수단"이었기 때문에, 사실상의 조선자주정부인 「인공」을 파괴하기 위하여 미군정은 강력한 국립경찰조직을 필요로 했다.(조병옥 1959)

1945년 10월까지 남한 국립경찰이 재건되었지만 인공의 「지역 치안대」가 국립경찰에 대한 저항을 멈추기까지는 2개월이 걸렸다. 극도로 중앙집권화된 일제 경찰체계를 미군정이 부활시켰는데, 미군정관리였던 맥도널드는 이것을 다음과 같이 묘사했다.

가장 극적으로 중앙집권화된 것은 경찰력이었다. 도 경찰국장은 도지사가 아니라 서울에 있는 경무국장이 직접 통솔했으나, 전국경찰은 하나의 기구로 통합되었다. 경찰은 미제 군용차량을 사용하고 일제 군용소총·대검 및 기관총으로 무장하고, 또 독자적인 전화와 무전통신망을 갖추었다. 이렇게 조직된 경찰은 아직 태어나지 않은 남한 민주주의에 대한 심각한 위협이었다.(McDonald 1948)

일본내에서는 국립경찰제도가 대중적 지역통제를 받지 않았으므로 쉽게 전제적 억압도구로 사용되었다는 판단에 따라 미 점령군은 중앙집권화된 경찰제도를 폐지했다. 그러나 남조선에서는 미국인들이 공산주의에 대해 공포감을 가지고 있었기 때문에 일본에서처럼 경찰제도를 개혁하지 못했다고 한다. 2차대전 후 점령된 일본과 남한에서 행한 미 점령군의 대조적 행위를 보고, 미국 민간자유연맹 의장인 로서 볼드윈은 일본에서는 '민주화'라는 이름의 개혁을 통하여 진보가 이루어진 반면에, 남한에서는 '경찰국가'로 재조직되었다고 진술했다. 다른 지각있는 미국인들도 "능률과 편의를 위해 우정과 민주정부가 희생되었다"고 말했다.(USAFIK 1947. 송광성 앞의 책 재인용. "체포할 사람의 이름과 그가 범한 범죄를 명기하여 법원에 의해 발행된 체포영장에 준하지 않고서는 누구도 신체의 구속을 당하지 않을 것이며", "법원에 의해 발행된 수색영장 없이는 어떤 검사나 경찰 또는 헌법기관도 수색이나 체포를 할 수 없다"고 규정한 미군정법령 176호는 1948년 3월 20일에야 발포되었다.)

미군정 아래에서 국립경찰의 기능은 일제 식민경찰의 그것과 거의 다를 바 없었다. 한국경찰에 관한 역사서에 따르면 미국인들이 간첩행위와 사상통제를 책임지는 국립경찰 '정보과'의 계속적인 운영을 허락하고서는, 조선 사람들을 보고 이 기구는 이제부터 "조선인민의 이익을 위하여" 운영될 것이라고 말했다고 한다.(수도관구 경찰청 1947) 한 미국자료는 국립경찰은 그들이 원래 가진 권력을 조금도 포기 하지 않으려고 했다고 설명한다. 예를 들면, 수도경찰청은 '사찰과'를 운영하고 있었는데, 여기서는 모든 정치적 행위·신문·잡지·공중도덕·파업·외무 및 종교적 행위에 관한 업무를 계속 수행한다.(HUSAFIK 1947, vol.2) 하지의 정치고문인 데이비드 마크는 남한 국립경찰의 강력함을 다음과 같이 잘 묘사했다.

사람들의 자유를 박탈할 수 있는 합법적 권위로 무장하고 대도시와 시골의 구석구석까지 철저히 퍼져서, 경찰은 법적이거나 초법적인 목적을 위해서 그 나라 모든 시민들에 대해 자신들의 존재를 과시할 수 있는 위치에 있었다.(Mark, 1947, Kim Jinwung 1983)

국립경찰의 주된 기능은 정치적인 것이었고 미군정이 일제 식민경찰체제를 재건하고 조선인 경찰관을 재임용한 주요 이유는 「인공」과 「인민위원회」를 공산주의 세력으로 보고 거기에 대항하여 싸우기 위함이었다. 바꾸어 말하면, 고도로 중앙집권화된 조직과 광범위하게 확장된 기능을 가진 남한 국립경찰은 미군정이 공산주의에 대항하는 방파제를 설립한다는 목표를 달성하기 위한 주요 수단이 되었다. 그러니까 미국의 입장에서 보면 이같은 식민지적 경찰체제는 "공산주의를 막거나 멸망시키기 위해서"라는 구실을 붙여 미국이 "제국주의적 정복전쟁과 식민지 통치를 함께 할 수 있는 최고의 용병수단"이었던 것이다.(Sandusky 1983, 송광성 1995)

결국 「남한 국립경찰」은 식민지에서 해방된 조선정치에 깊숙이 관여하게 되었다. 남한 경찰력은 단지 범죄인을 체포하고 범죄를 방지하기보다는, 실제로 남한 전체 정치구조와 행정관리에 깊이 관여했다.(Mark 1947)

미국인들이 「인공」「인민위원회」및 기타 근로대중 조직들이 미국의 대조선정책에 위협이 된다고 파악하고 있는 한, 미군정은 국립경찰에 의지하지 않을 수 없었다. 식민지에서 해방된 남한의 정치사에서 「인공」과 인민위원회가 추구한 자주화 소망이 실패한 주요원인은 군정하 국립경찰의 조직적·기술적 능력이 우월했기 때문인 것으로 보았다.(Cumings, 1981)

하지만 중앙집권화된 경찰구조를 재생시키고 일제 경찰의 잔인성이 계속되도록 내버려둔 미국 정책의 대가도 뒤따랐다. 로빈슨(Robinson 1947)은 다음과 같이 지적했다. "다른 어떤 것보다도…… 경찰이 조선에서 미국의 평판을 나쁘게 만드는 데 제일 큰 공헌을 했다." 대통령에게 보내는 보고서에서 웨드마이어는 다음과 같이 진술했다.

기존의 경찰제도와 경찰의 잔인성이 개혁되지 않고 미군정과의 우호관계가 지속되는 한, 남한에서 조신인민들이 자유롭게 표현한 의사를 충분히 대표하는 정부가 수립될 가능성은 거의 없다.(FRUS 1947, vol.6)

미군정은 일제의 경찰제도만 유지한 것이 아니라 일제 식민경찰에 근무했던 조선인들을 대부분 재임명했다. 존 콜드웰은 다음과 같이 진술했다.

미국은 일본경찰제도가 유지되도록 내버려두었다. 경찰의 고위지도자들은 대부분 일본이 훈련시킨 사람들이므로 그들은 식민지 인민을 위해서 무엇이 정의이고 인간적 대우인지에 대하여 오직 일본식 방법과 일본식 생각만 알고 있었다.(Caldwell 1952)

미군정이 왜 일본인이 훈련시킨 조선인 경찰을 재임명키로 결정했는지 그 동기에 대해 미국인 경무부장 맥린Maglin 대령은 이렇게 설명했다.

일본이 훈련시킨 자들을 계속해서 조선경찰로 쓰는 것은 현명한 일이 아니라고 비판하는 사람이 많다. 그렇지만 그들은 대부분 경찰관 소질을 타고 난 사람 같다. 나는 그들이 일본을 위해 충성했다면, 미국을 위해서도 기꺼이 충성을 바칠 것이라고 믿는다(Gayn 1948)

미국인들 스스로가 표현한 이러한 말들 속에는 미국이 한반도를 점령한 목적 및 갈등관계가, 일본이 조선을 식민지로 만든 목적과 그로인한 식민지 근로민중과의 모순관계가 같다는 것이 암시되어 있다. 일본이 항복했을 때 일제 식민경찰력의 약 40%가 조선인으로 구성되어 있었는데(Gayn 같은 책) 1947년 9월까지 이들 중 약 80%가 미군정에 의해 재고용되었다.(FRUS 1947) 미군정하에서 경찰의 숫자가 급속히 증가되었는데, 맥린 경무부장은 1946년 10월 게인 기자와의 회견에서 다음과 같이 말했다.

우리가 작년에 인수를 받았을 때 경찰 2만 병력 중 1만 2천 명이 일본인이었다. 일본인들을 보낸 후 우리가 한 일은 조선인들을 진급시킨 다음에 경찰을 도와준 모든 청년(경찰 보조원)들을 입대시킨 것이었다. 이런 방법으로 우리는 경찰력을 2만 명에서 2만5천 명으로 증가시켰다.(Gayn 1948)

여기서 이전의 2만 명이라는 숫자는 조선반도 전역에 걸친 경찰력을 나타낸 것인데 반하여, 새로운 숫자인 2만 5천명은 단지 남한에만 국한된 것이다. 식민지 경찰력의 약 3분의 2가 남쪽에 있었음을 생각할 때, 우리는 미국인들이 경찰수를 거의 두배로 늘렸음을 알 수 있다. 경찰을 이렇게 증가시킨 것은, 식민지에서 해방된 남한 민중이 자주독립의 혁명적 분위기에 놓여 있었으므로 이런 상황을 통제·저지하기 위해서는 더 강화된 반민중 무장력이 필요했음을 나타낸다.(Cumings 1981)

이렇게 급속히 증가된 경찰에는 북쪽에서 자주독립세력에게 쫓겨난 일제 경찰과 남쪽 지방에서 직업을 잃고 일자리를 찾아 서울에 모여든 식민지 경찰들이 많았다. 그들은 대부분 부패와 잔인성으로 점철된 경력을 갖고 있었다. 북쪽 출신 경찰들은 8.15 이후 일본인들에게서 상당한 액수의 돈을 받았는데, 그 돈을 가지고 서울에 와서 경찰에 취직하는 데 사용했고, 남쪽 지방에서 온 경찰들은 고향사람들이 그들의 재산을 몰수할 것이므로 고향으로 돌아갈 수 없었다.(USAFIK 1946, Cumings 1981에서 재인용) 이런 사정을 아는 국립경찰 수사국장 최능진은 국립경찰을 "일본이 훈련시킨 경찰과 반역자들의 피난처"라고 불렀다.(Cumings 같은 책)

전에 식민지 경찰노릇을 하던 사람들은 해방된 조선의 정치투쟁 결과에 따라서 생사가 결정되는 처지였다. 근심에 싸이고 위협을 받고 있는 사람이라면 어디에서나 마찬가지로, 일단 기회가 주어지면 자신의 이익을 지키고자 행동하게 되며, 그들의 자기방어적인 행동은 종종 적나라한 야만성을 드러냈다. 공식적인 미국 자료에 따르면 경찰들은 "구타하지 않고 경찰업무를 수행하기란 매우 어렵다"고 고백했다고 한다. 미국인 부영사 마크는 경찰의 잔인성에 의한 전형적인 희생자를 다음과 같이 암시했다.

남조선경찰은 경찰과 정부정책에 반대하는 어떤 개인이나 집단을 포함하여 그들의 정적政敵에 대해서는 그의 가장 먼 사돈의 팔촌까지도 극도의 복수를 일삼곤 했다.(Mark 1947,

최능진은 한 사람이 얼마나 쉽사리 희생자가 될 수 있는지를 다음과 같이 지적했다. "매일같이 아무 증거도 없이 그저 개인감정 때문에 여러 사람이 체포되고 있다. 누가 저 사람이 나쁘다고 지적만 하면 그대로 잡아다 두들겨패는 것이다."

최능진은 "경무국은 부패했으며 인민의 적이다"라고 생각하였다.(USAFIK, 1946. Cumings 1981에서 재인용) 이와 같은 경찰의 잔인성과 지나친 행동은 일제 식민경찰제도 의 유산으로, 미군정이 낡은 구조를 복원하고 이전에 식민지 경찰이던 조선사람들을 재 임명함으로써 계속되었다.

게다가 일부 미국인들은 조선인에 대해 자신들의 문화적 편견을 그대로 드러냈으며, 경찰의 잔인성을 동양적 문화의 탓으로 돌렸다. 하지의 정치고문인 조셉 제이컵스 Jacobs는 "모든 동양인들과 마찬가지로 조선인들도 천성이 잔인하고, 권위와 권력이 있 는 지위에 오르게 되면 이러한 잔인함을 드러내는 경향이 있다"고 주장했다.(Jacobs 1947, Kim Jinwung 1983에서 재인용).

더구나 미군정은 폭력을 경찰에 필요한 하나의 전술로 받아들인 것 같았다는 것이다. 존 콜드웰은 "많은 미국인 경찰 고문들은 … 인종적 편견·무지, 민족적 차이에 대한 교 육 부족으로 인하여 황색인종은 폭력 밖에 이해하지 못한다"고 믿었다.(Caldwell 1952) 이를테면 "조선놈들은 몽둥이가 제격"이라는 왜놈들의 내뱉는 욕설에 어울리는 족속이라 는 것이다.

리차드 로빈슨에 따르면, 미군정 당국자들이 사람을 야만적으로 취급하는 것은 "조선 인이 이해할 수 있는 유일한 방식"이기 때문이라고 변명했다.(Robinson, 1947) 그들의 야만성과 지나친 행동 때문에 「조선국립경찰」은 조선사람들 대부분이 몹시 미워했다. 웨드마이어는 경찰과 인민간의 관계를 다음과 같이 묘사했다.

「국립경찰」은 극우분자를 제외한 모든 조선인에게서 가장 비판받는 대상이었다… 비판은 주로 조선국립경찰의 영향력이 있고 지도적 지위에 있는 사람들이 전에 일본 경찰에 고용된 적이 있다는 점에 향해졌다. 조선인들의 반감은, 해방이 이와 같이 저주스런 일제 억압의 상징 들을 역사의 무대에서 제거하지 못했으며, 일본 방식인 잔인성과 고문이 지속적으로 사용되고 있고, 무고한 사람을 자의적으로 체포하여 고문하는 행위가 없어지지 않았다는 데서 생긴다 (FRUS, 1947)

그리하여 한 조선신문은 1948년 탈식민지화된 조선에서의 경찰폭력은 "이조의 말기나 일제 식민지하의 폭력행위와 다를 바 없다"고 주장했다.(Summation 1948)

(3) 미군 보조 무장력으로, 일군 출신 주도의 「국방경비대」 창설

1945년 가을, 막 창설된 「남조선 국립경찰」은 미국 전술부대의 보조 없이는 남조선 전체에 걸쳐 법과 질서를 유지할 수 없었다. 그래서 1945년 10월에 미군정은 경찰을 보완해 줄 수 있는 군대를 창설하기로 결정했다. 경찰을 되살리는데 주역을 맡았던 시크 Schick는 내부적 분란을 진압할 수 있고, 남조선 국경을 방어하는데 적합한 군대를 창설할 필요가 있다고 주장하면서, 「조선 국방계획」이란 각서를 작성했다.(Sawyer 1962)

「남조선 국방경비대」 창설을 위한 첫 번째 단계는, 군정 법령 제28호에 따라 경찰과 육군 및 해군 부서들로 구성된 군사국을 총괄·통제하는 '국방부'가 설치된 것이었다.(Gazette ordinance 1945) 그 다음 미국 관료국의 연구결과는 약 4만 5천명의 육군과 공군, 5천명 정도의 해군과 해안경비대, 그리고 2만5천 명 정도의 국립경찰력을 확보하자고 제안했다. 각 군은 미군과 일본군의 잉여 무기로 무장될 예정이었다. 하지가 이 계획을 승인했고, 맥아더는 국무성과 합동참모본부의 결정을 얻고자 이를 워싱턴으로 송달했다.(Sawyer 1962)

남쪽 군대를 만들려는 미국의 이런 행동은 북쪽 군대를 건설하려고 소련이 취한 활동보다 거의 6개월 정도 앞섰다. 북쪽의 소련 당국은 중국 팔로군에 있던 조선군인들이 1945년 가을에 조선에 귀국했을 때 그들의 무장을 해제시키기까지 했다.(USAF 1952, Cumings 1981 재인용)

1945년 11월 5일 참모회의에서 한 미국장교는, 미국의 군대창설을 위한 행동은 소련으로 하여금 미국이 북조선을 공격할 군대를 만든다고 의심하게 만들지도 모른다고 걱정했다. 아마도 이러한 이유 때문에 1946년 1월 9일에 합동참모본부는 그 계획을 거부했다(FRUS 1945, vol.6). 워싱턴의 명백한 거부에도 불구하고 「남한 국방경비대」 계획은 진행되었다.

미군정 당국자들은 조선의 혁명적 상황에서 워싱턴의 지시를 수동적으로 기다릴 수 없다고 생각했다. 그들은 전국에 걸쳐 산재하는 인민위원회·농민조합·노동조합·기타 혁명적인 대중조직의 존재를 명확히 이해했다. '국방부'라는 명칭의 사용에 대한 소련의 거부반응 때문에 1946년 6월 국방부는 '내무부'로 개명되었고 그 밑에 「조선경비대」와 「해안경비대」가 창설되었다(Sawyer 1962, Gazette, vol. 1, ordinance No.86, June 1946). 이와 동시에 국립경찰은 1946년 봄에 독자적 조직으로 분리되었다.

미군정이 당면한 중대한 문제 중의 하나는 많은 수의 비공식적인 사설 군사단체의 존재였다. 그 중 가장 강력한 것은 「인공」의 「조선 국군준비대」였다. 그래서 1945년 10월말에 하지는 국립경찰을 사용해서 모든 사설 군대를 해산시키라고 조병옥에게 지시했다. 그러나 조병옥은 이를 거부했다. 특히 그는 「국립경찰」과 「한민당」을 돕는 우익 군사집단을 해산시키기를 꺼렸다. 우익 군사집단이란 이응준이 지도하던 일본군 출신의 조선인 장교집단과 원용덕이 지도하던 일본 관동군 출신의 다른 조선인 집단을 포함했다.

공식적인 한국 자료에 따르면, 이 두 집단은 미국군 진주 이후에 법과 질서를 유지하는 우파조직으로서 중요한 역할을 했다고 한다. 그래서 미군정은 이 계획에 동의하는 사설 군사집단의 지도자들을 새로운 「국방경비대」의 지도자로 지명했다. 얼마 안되어 약 30개의 군사조직이 해체되었으며, 대부분의 일본제국군 장교 출신 조직들은 하나씩 경비대에 가담했다.(국방부 1967)

「국방경비대」를 준비하는 작업은 1946년 1월에 인공人共(인민공화국)의 「조선 국군준비대」를 공격함으로써 크게 진척되었다. 1945~46년에 「조선 국군준비대」의 전체 군사력은 약 6만명이었다. 1월초에 국립경찰과 미 헌병부대는 서울에 있는 「국군준비대」의 본부와 양주군에 있던 그 훈련학교를 습격하였다. 그들은 그 조직의 실질적 지도자인 이혁기와 다른 지도자들을 체포하였다. 1월 20일에 미군정은 모든 사설 군사단체는 해산하라는 법령을 내렸으며, 미 군사법정은 이 법령에 근거해서 이혁기에게 3년형, 5명의 다른 간부들에게는 2년형을 선고했다.(국방부 1967)

군장교들의 모집과 훈련은 1945년 12월초에 시작되었다. 미국인들은 장교후보로 군사경험을 가진 사람들을 원했다. 「국방경비대」장교로 내정된 사람들에게 점령군의 언어를 가르치기 위해 1945년 12월 5일 「군사영어학교」가 세워졌다. 제1기생으로 선발된 60명중 많은 사람들이 1948년 이후 한국군의 최고위직을 차지하게 되었다. 60명의 장교 후보들은 3개의 집단에서 뽑혔다. 「일본군」 출신 20명, 일본 「관동군」 출신 20명, 임정 산하의 「광복군」 출신 20명이었다.(국방부, 같은 책)

광복군 출신들은 일본군 출신들과 함께 「국방경비대」에 참여하기를 꺼렸다. 그들은 특히 반란 진압전술을 훈련받고 만주의 항일 민족주의자인 조선인과 중국인들을 진압하는 것을 주업무로 삼던 일본 관동군 출신들을 싫어했다. 「군사영어학교」에 들어간 광복군 출신들은 부일협력자들을 미워하는 "소란스럽고 불평하는 소수파"가 되었다 (Materi 1949) 그리하여 「군사영어학교」(「육군사관학교」의 전신)의 광복군 출신 장교 20명은 대부분 「국방경비대」의 고위직을 얻지 못하였다. 뿐만 아니라 미국측은 경비대 장교는 투옥경력이 없어야 된다고 규정하였기 때문에 국내외에서 조선의 독립을 위해 투쟁한 용사들은 배제되었다.(Kim Se-Jin 1971) 이렇게 해서 「국방경비대」와 그 후신인 「한국군」은 일본식민지의 군사적 배경을 지닌 장교들의 집합장소가 되고 말았다.

　　「경비대」의 장교를 선임하는데서 중요한 역할을 한 다른 사람은 원용덕이었다. 일본 관동군 중좌(중령) 출신인 그는 「국방경비대」의 초대 사령관이 되었다.(국방부 1967) 1945~1946년에 「군사영어학교」 또는 「경비대 간부훈련학교」를 졸업한 일본군 출신의 다른 장교들은 이후 이승만 정권하의 대한민국 군대에서, 그리고 1961년의 군사쿠데타에서 중요한 역할을 했다. 채병덕·장도영·정일권·김재규·박정희 등이 그들이다. (국방부 1967, Kim SeJin 1971) 한 국방경비대원은 「국방경비대」에 존재하는 '친일정신'을 다음과 같이 묘사했다.

　　이전의 일본군 장교와 이전의 일본군대 지원병들이 거의 모든 중요한 자리를 차지했다. 일본정신과 일본식 사고방식이 그런 사람들에게 퍼져 있었다. 그들의 사고는 인민들의 사고와 상당히 괴리되어 있었다.

　　「국방경비대」 장교들을 훈련할 때, 미군들은 폭동진압 기술을 강조했는데, 미군정이 외적 침략보다 내부의 민중적 저항을 더 두려워하였기 때문이다. 그래서 「경비대」는 경찰 예비대로서 꼭 필요하다고 생각했다.(국방부 1967) 미국 훈련관은 "남한에서 공산주의자들이 일으키는 사회적 무질서와 게릴라식 활동은 경비대원들을 전술적으로 훈련시키는데 좋은 기회를 제공한다"고 보았다. 「경비대」는 체포권을 부여받은 적이 없었지만, "이 법적 권한의 결여를 항상 무시하면서 제멋대로 체포하고 영장 없이 수색을 하였다." 그래서 「국방경비대」와 「국립경찰」은 1946년에서 1949년까지 미군정이 「자주적인 조선민족주의자들」을 탄압하는 데 주요한 무장력이 되었다. 실제로 「국방경비대」는 1948년 제주도 민중봉기를 미군 대령의 총지휘를 받으면서 진압하는데 투입되었으며, 여수와 순천에서 일어난 게릴라와 싸우는 데도 사용되었다.(Sawyer 1962)

　　결국 미국은 일본 식민지를 인수인계 받으면서 식민지 자생의 애국적 저항세력을 이런 식의 이이제이以夷制夷하는(조선의 친일동포가 항일동포를 죽여 멸망시키는) 방법으로 조선 정복을 완료했던 것이다. 1898년경 미국은 필리핀에서도 똑같은 방식으로 스페인으로부터 식민지를 빼앗아 (자주독립국을 살육하고) 미국령으로 만들었다. 베트남에서는 많은 살육 끝에 정복에 실패하였다.

3) 국방 · 치안조직에 이어 정당 · 언론기구 앞세워 친미반공 여론 유도

(1) 「자본 종속체제」 수립 위해 친일파 주도의 「한민당」 결집 적극 지원

제국주의 세력이 식민지를 만들거나 어떤 나라를 점령할 때 맨 처음 하는 일은, 그 지역에서 동맹자(협력자)들을 찾아내거나 만들어내는 작업이었다. 일본인들은 조선에서 조선학생을 일본으로 유학보내기, 일본에 있는 조선인 정치망명자를 보호하기, 그리고 부패한 조선인 관리와 사업가를 회유하기 등의 방법으로 친일 협력자들을 많이 만들어냈다. 일본이 조선을 식민지로 만드는데서 친일파 집단인 「일진회」가 한 역할은 세상이 다 아는 일이다. 친일협력자들을 지원하고, 항일 조선민족주의자들을 억압하는 일은 조선 통치 41년동안 일본이 계속해서 추진한 사업이었다. 식민지 통치란 바로 이이세이以夷制夷하는(자기 민족이 자기 민족동포를 죽이는)과정이었다.(강동진『일제의 한국침략 정책사』한길사 1987)

미국인들도 예외는 아니었다. 미 점령군은 친일파 조선인 중에서 쉽게 친미파를 찾아낼 수 있었다. 친일파들은 그들의 친일행적 때문에 해방된 조선에서 설 땅이 없었으므로 일제를 대신하는 새로운 보호자가 필요했다. 이런 사정 때문에 미 점령군과 친일파는 서로 이해가 맞아서 쉽게 동맹자가 될 수 밖에 없었다. 친미 조선인을 찾아내서 조선에서의 군사통치에 그들의 봉사를 이용하기 위하여 미군정은 "조선인들과 군정 사이를 연결시키고, 친미조선인들을 가려내서 조직하고, 조선인들에게서 정보를 수집하고, 조선인들에게 정보를 전파시키는 일"을 수행할 조선관계 '정보처'를 만들었다.(심지연『한국현대정당론』창작과 비평사 1984)

국내에서 친일하던 조선인들과 서양에서 고등교육을 받은 친미 협력자들이 모여서 「한국민주당」을 조직하였다. 이승만이나 김구와 같은 상해임시정부의 보수적 지도자들도 또한 미 점령군의 동맹자들이 되었다. 미군정은 우선, 임시정부 요인들에게 망명지에서 조선으로 돌아올 수 있는 교통수단을 제공했다. 탈식민지화된 조선의 정치투쟁에서 자주적이고 혁명적인 진보파들에 대항하여 싸우는 데는 당연히 그들이 선호되었다.

이런 호의에 대한 보답으로 "임시정부 지도자들은 미군정의 얼굴마담이 됨으로써 조선민중이 그들에게 준 민족지도자라는 신임을, 미군정의 한반도 자주독립 방해를 정당화시키는데 빌려준 꼴"이 되었다.

일본 식민지 세력에 협력했거나, 일본에 대항해 적극적으로 싸우지 않았던 우익 정치배들은 탈식민지화된 조선에서는 정치조직을 만들 수가 없었다. 또 만들어서는 안되는 죄인들이었다. 일제에서 해방된 조선에서 민중은 친일파를 미워하고 항일투사들을 존경했기 때문이다. 커밍즈는 "해방된 조선에서 정치적 정당성의 가장 중요한 평가 기준은 일본 지배하에서의 개인의 경력이었다"라고 하였다.(Cumings 1981) 그래서 어떤 보수주의자들은 탈식민지화된 조선의 정치상황에서 고립되지 않으려고 「건준」과 「인공」에 가입했으며, 다른 사람들은 그들의 생명과 재산에 대한 안전을 얻기 위해 「건준」에 많은 금전적 기부를 하였다.(심지연 『한국민주당연구』 풀빛 1982)

그러나 소련이 아닌 미국이 남부를 점령할 것이라는 소식이 1945년 8월 마지막 주에 알려지자 상황은 달라졌다. 이 소식은 보수주의자들이 정치조직을 만들기 시작하는데 결정적인 요소를 제공했다. 「한민당」 대변인인 송진우와 그의 지지자들은 8월말이 되어 미군이 9월 8일 서울에 도착할 것이라는 소식이 확실하게 알려진 뒤에야 「한민당」을 조직하기 시작했다는 것을 「한민당」 대변인이 인정했다.(김준영 1947) 「한민당」은 서울의 「인공」과 남북의 도처에 조직된 「인민위원회」의 강력한 반대에 직면했기 때문에, 「한민당」의 유일한 희망은 곧 도착할 미국인들에게 달려 있었다고 진술했다.(조병옥 1959) 김성수·장택상과 같이 나중에 「한민당」의 주요 지도자가 된 사람들은 송진우가 하지와 비밀회담을 가진 후에 비로소 「한민당」의 조직사업에 참여했다.(심지연 1984)

미 점령군의 공식 기록은 9월 16일의 「한민당」 창당도 미국의 요구로 이루어졌다고 암시했다.(HUSAMGIL 1946) 실제로 「한민당」 창당대회는 미헌병의 보호 아래 열렸으며, 하지는 당지도자들에게 조직활동에 쓰라고 9대의 세단을 내주었다.(심지연 1982)

◎ "조숙한 냉전의 용사" 하지 주한 미군사령관

해방 직후 한국의 운명에 가장 큰 영향을 미친 미국인은 미군정의 최고책임자로서 점령군 사령관이었던 하지 중장이었다. 뒷날 그는 한국에서 맡았던 자신의 임무가 생애 최악의 임무였다고 하면서 "만약 내가 정부의 명령을 받지 않는 민간인 신분이었다면 연봉 100만 달러를 준다 해도 결코 그 직책을 맡지 않았을 것이다"라고 회고했다. 하지만 그것은 자신의 역사적 책임을 회피하기 위한 변명에 불과하다. 하지는 '태평양의 패턴'으로 불릴 정도로 용감한 군인이었으나, 미군의 많은 다른 장성들처럼 반소 극우적 성향의 인물이었다. 그는 점령 초기

한국인은 일본인처럼 고양이와 같은 민족이라고 인종차별적인 신언을 할 정도로 한국인의 독립에 대한 열망과 다양한 사회적 욕구를 제대로 이해하지 못하고 억압했다. 이 때문에 그는 '조숙한 냉전의 용사'로서 누구보다 앞장서서 한반도에 냉전체제를 구현하였다.

◎ 8월테제와 부르주아 민주주의혁명론

조공은 「8월테제」에서 현 단계 혁명을 부르주아 민주주의혁명으로 규정하고, 혁명적 민주주의 정권을 세움과 동시에 일본 제국주의자와 민족반역자 그리고 대지주의 토지를 보상해 주지 않고 몰수하여, 토지가 없거나 적게 가진 농민에게 무상으로 분배하는 토지문제의 혁명적 해결을 기본 과제로 제시했다. 그리고 노동자·농민·도시소시민과 인텔리겐치아(지식인)를 진보적 새 조선 건설의 가장 중요한 동력으로 설정하고, 한민당을 지주와 자본 계급의 이익을 대표한 반동적 정당으로 규정했다. 또한 민족급진주의자, 계급운동을 포기한 사회개량주의자들을 배격했다. 8월테제는 일제 하 코민테른(국제공산당)의 조선혁명에 대한 노선인 '12월테제'를 해방 후의 정치적 상황에 맞게 약간 변형한 것으로서 해방 후 조선공산당의 정치노선을 이해하는 데 중요한 문건이 되었다.(These 테제 : 과업·명제·과제·주제 = thesis)

◎ 부르주아지 bourgeoisie

중세의 성(城 castle, ~burg)으로 상징되는 부자유하고 속박된 봉건영토로부터 자유로운 신흥도시로 이주하여 살게 된 '자유민'을 뜻하나, 좁은 의미로는 노동자를 부려서 부를 축적한 「수탈적 '자본가' 계층」을 뜻한다. 우리 사회에서 부정적인 의미로 사용하게 된 연유는, 일제 식민지 시기의 조선민족에 대한 가진 자들(침략외세와 그 앞잡이 지주·자본가·관료·경찰)의 핍박에 이어 해방 후에도 악성 친일파세력이 그대로 남아 미점령군의 비호를 받으면서 국가 재산의 대부분을 독차지하고 무소유의 근로대중을 '빨갱이'로 몰아치다가 끝내는 6·25에서 폭발된 동족살육은 미군의 공중폭격·학살만행과 어우러져서 자산가계층의 근로계층에 대한 혹독한 수탈과 핍박과 증오심을 초래함으로써 이와 같은 명칭에 모두가 민감하게 되었던 것이다. 불로소득·착취세력의 대명사로 상징되었기 때문이다.

◎ 프롤레타리아트 proletariat

라틴어로 proles는 씨앗이나 종자·자손·후예·청년의 뜻인 바, 노예나 농노들은 힘든 생산노동으로 기껏 사회에 봉사하고서도 다 빼앗긴 채 무일푼이어서 자식을 낳아 육신에 의해서만 사회에 봉사할 수밖에 없는 가난뱅이無産者라는 의미로 사용하게 되었던 것이다. 이 말 역시 침략외세에 의한 독립투사 살상과 러시아 혁명 성공 이후 일본 군국주의자들과 미국·영국 등 제국주의자들의 배후 비호를 받은 국내 친일·친미 사대주의자들의 포악스러운 반근로대중적 증오·적대시에다가 특히 6·25를 거치면서 극도의 증오스런 의미로 바뀌는 바람에 「무산대중」이라는 객관·중립적 사회과학용어로 쓰기에도 주저할 정도가 되었다.

(2) 미군정기 반민족·반민중 친일·친미 언론의 횡포

태평양전쟁이 무르익어 가면서 '문화정책'을 표방하며 창간되었던 조선어판 일제신문들이 폐간되자 식민지사회에는 오직 '대(大)일본제국'의 조선총독부 기관지만이 남아 선전 홍보도구로 봉사하고 있을 뿐, 우리말의 언론은 지하 공간에서 숨죽이고 있는 황량한 시절이 계속되었다.

조선총독부는 일제 본국의 일도일지—道—紙주의 신문정책을 본받아 1940년에는 조선 내에서도 신문통폐합작업을 진행하여 일어판 신문인 『경성일보』와 조선어 신문인 『매일신보』만이 남게 되었다.

일제의 패망을 며칠 앞두고 진행된 총독부의 조선인에의 정권인계작업은 『동아일보』쪽 송진우의 사양으로 일제치하 『조선일보』 사장 출신인 안재홍과 『조선중앙일보』 사장이었던 여운형이 중심이 된 「조선건국준비위원회」에 넘어 갔다. 건국준비위원회가 총독부로부터의 정권인수를 교섭하던 시기에 일본어 신문인 『경성일보』를 중심으로 한 언론계의 일부 양심적인 언론인들은 일제의 항복발표가 있은 즉시 민족언론 창간작업에 나섰다. 한편, 1945년 8월 16일 『매일신보』를 접수하여 종업원의 '자주관리'로 『해방일보』를 발행하려던 계획은 일본헌병대의 저지로 무산되고 만다.

억압과 질곡 속에 숨죽이며 침묵의 소용돌이에 말려들었던 민족언론세력은 1945년 8월 15일 이후 적어도 38선 이남에서 일제의 인쇄시설을 속속 접수하여 신문을 찍어내면서 진보적 민주주의를 표방하는 건국준비위원회의 편을 들었고 일제시대의 첨병적 친일 매국지였던 『동아일보』와 『조선일보』도 복간되어 새로운 지배자 미군정의 비호하에 새로운 분열·배신·선동 조장의 길에 오른다.(유일상 「미군정기의 언론」, 『새로 쓰는 한국언론사』 아침 1997, 247~295쪽)

이 당시 복간되거나 창간된 신문들이 대체로 정론지政論紙의 인상을 주는 것은 사실이지만 미 군정기가 갖는 독특한 지배·피지배 집단간의 욕구충돌이 잦았던 시기의 정치사적 의미를 감안할 때 오히려 정치논조에서의 당파성(친외세냐, 자주독립 지향인가)은 당연한 것이었다.

패망한 일제의 조선총독부가 서둘러 정권을 인계하려 한 것은 자신들의 생명과 재산을 안전하게 철수시키려는 목적 때문이었다. 민족역량으로 구성된 건국준비위원회는 부서를 결정한 후 (8월 23일) 전국적 조직을 결성하기 시작하여 「인민위원회」를 구성하여 「조선인민공화국」의 창건을 계획하였다. 그런데 돌연히 미군은 38선 이남에서의 일본군 무장해제와 항복접수 및 군정선포를 요지로 하는 포고령 제 1호와 제 2호를 발포하고 (9월 7일), 그 이튿날 오후 1시에는 인천상륙을 개시하였다. 미군정은 건국준비위원회의 존재를 부인하고 미국점령군에 의한 행정권 장악을 공표하면서 '언론·사상의 자유'보장을 일단 표방한다. 여기서 말하는 자유의 의미는 차츰 밝혀질 것이다.

이제 38선 이남에서는 패망한 일제의 편에 서서 동족을 수탈하고 유린하던 세력들과 자주적인 민족정권을 수립하려는 세력간에 분열이 일어나고 새로운 외세는 식민지 탈취를 전리품으로 여겼던 점령자의 이익을 보존하기 위한 분할통치를 개시한다. 때를 맞춰 언론은 두 세력간 역량 대결과정에서 두드러진 사상논조를 갖게 되고 군정당국의 언론회유공작과 이간질이 절묘한 조화를 이루면서 민족 자주화역량은 빠른 속도로 파괴되어 간다.

그 결과, 미국은 이승만 초대대통령을 중심으로 한 친미 반공정권을 수립하도록 배후 조종하였고, 이북에 진주한 소련군의 협조를 얻어 건국한 「조선민주주의인민공화국」 정부와 대립되는 「대한민국」 정부를 탄생시키는 산파역을 맡았으며 한국의 친일·친미 보수언론은 대체로 이 기간 동안 미국의 전후 세계질서 구축에 크게 기여하게 된다.

한반도를 강점하여 식민통치를 하고 있던 일제는 중국 침략전선의 교착과 남방전선에서의 계속적인 패퇴에도 불구하고 옥쇄玉碎의 결의를 새롭게 하면서 모든 언론매체와 대부분의 조선인 사회지도층 인사를 친일파로 포섭 동원하여 황군皇軍의 선전善戰을 선전宣傳하기에 여념이 없었다.(柳一相「성숙없이 밀어닥친 언론문화의 돌풍」『문화예술』 1988. 9~10월호(제119호), 한국문화예술진흥원, 1988, 69쪽)

황군의 선전善戰을 선전하는 기구들로는 방송선전협의회(총독부 사회교육과 주관)·시국강연(총독부 학무국 주관)·애국 금차회(金釵會 : 여성단체)·조선군사후원동맹·국민정신총동원조선연맹·시국대응전선사상보국연맹(좌우익 전향자로 조직된 단체)·조선임전보국단·국민총력조선연맹·임전대책협의회·조선언론보국회 등이 있었고 저명한 조선인이 망라되었다.(林鍾國「日帝末 親日群像의 實態」『해방전후사의 인식』 한길사 1979, 172~247쪽을 참조하면 관련자들의 명단을 확인할 수 있다.)

한편 일제는 이미 1945년 봄부터 자신들에게 보다 유리한 항복조건을 찾아 대소對蘇접근을 결정(1945.5.14)한 다음 그 통로를 찾고 있었으면서도 식민지 조선인을 유혹하여 전쟁놀음을 다그치고 있었던 것이다. 그러나 우리 민족 내부에서는 국제사정에 대해 어두웠으므로 해방의 새벽을 맞을 채비를 제대로 갖출 수 없었다.

소련은 알타비밀협정(1945.2.11)에서 결의된 바대로 유럽 종전 후 2, 3개월 이내에 대일전을 전개키로 한 약정에 의거하여 중국전선에 대한 총공세를 폈다. 소련군은 8월 8일 일본 관동군과 접전을 개시한 이래 일본의 점령지인 한반도에 대해서도 직접적인 공세를 취했다. 지리적인 이점을 활용하여 대일전 참전 이틀 후인 8월 9일에는 함북 웅기를 폭격하고 13일 청진에 상륙한 후, 24일에는 평양에 입성하였다.(한정일 「분단전후의 정치연구 1 (1945~1948)」『研究論叢』건국대 정법대, 1983, 206쪽. 한편 '민주주의민족전선'이 편집한 『해방조선1』의 日誌에는 소련군이 8월 18일 청진과 나진 등에 상륙을 개시하고 21일에는 평양과 철원에 진주했다고 기록되어 있다.)

미국은 태평양지역 연합군을 지휘하면서 필리핀 전역을 탈환한 후 일본본토 공략을 준비하면서 1945년 8월 6일과 8일 히로시마와 나가사키에 원자폭탄을 투하하였다. 다급해진 일본은 포츠담선언의 수락을 결정발표(1945.8.10)하고 조선내의 일본인 거주자 민간인 80만 명과 수자 미상의 일본군 신변보호 및 안전귀국을 위해 송진우·여운형·안재홍 등과 행정권 이양교섭을 벌였다. 『동아일보』계열의 송진우와 『조선일보』계열의 안재홍, 『조선중앙일보』전 사장인 여운형 등 언론인 출신들에게 일제 당국이 사실상의 항복교섭을 벌인 것이었다.

이들 3인의 교섭상대 가운데 일제의 패망을 확신하고 민족정부의 수립을 구상한 여운형은 안재홍의 동의 아래 사회주의 세력의 지원을 얻어 '건국준비위원회'를 발족시켰고 (여운형은 조동우·이만규·김세용·이여성 등과 함께 1944년 8월 '조선건국동맹'을 결성하고 조선독립, 일본축출, 친일파 및 반역자를 제외한 모든 조선인의 대동단결을 주창한 바 있다.) 8월 15일에는 서울시내 헌병대와 경찰서 유치장에서 정치범 일부가 출옥했으며 16일~17일 사이에 각 형무소에 수감된 정치범·경제범이 전부 석방된다. 각지에 치안대·보안대·경위대·조선학도대 등이 결성되어 각지의 치안활동을 개시한 것도 17일이었다.

그러나 일제총독부는 8월 16일 돌연히 행정권 이양을 거부하며 "인심을 교란하고 치안을 해치는 일이 있으면 일본군이 단호한 조치를 취할 방침임"을 포고하면서 그동안 조선인에 의해 접수된 기관들을 재접수 하기 시작했다. 이것은 강만길 교수의 지적처럼 "같은 날 극비리에 서울에 도착한 미국군 선발대가 조선총독에게 미군이 진주할 때까지 모든 체제를 변경 없이 그대로 유지하여 정식항복 때 일본의 통치기구를 그대로 미군에게 인도할 것을 지시했기 때문이었다." 살펴건대 당시 우리나라 민족세력들은 일제가 원하는 행정권 이양은 물론 일제의 항복을 접수할 힘도 없었고 조직역량도 미비했으며 사실

항복문서에 서명하는 일제의 아베 총독

상 미국의 침략성(자국의 독점적 점령 야심에 따라 조선의 자주독립을 즉각 성취시키지 않으려는 구상)을 잘 모르고 있었다고 해야 옳을 것이다.(강만길 『한국현대사』 창작과 비평사, 1984, 165~167쪽)

미군은 "군용기를 동원하여 8월 21일 하지 중장 휘하의 미군이 근일 중 조선에 상륙한다"는 삐라를 살포한 후 8월 25일에는 방송을 통해 조선의 북부는 소련군이, 남부는 미군이 일본군의 무장을 해제하고 그 해제가 완료된 때로부터 새로운 정부가 수립될 때까지 치안을 유지할 목적으로 양국군이 임시 주둔할 것임을 발표했다. 미군은 9월 2일 요코하마 해상의 미주리함 함상에서 일본의 항복문서 조인식을 가졌으며 9월 5일 오키나와 근해를 출항한 하지 휘하의 미 제24군단은 21척의 배에 분승, 등화관제로 자신들의 존재를 감춘 채, 3일간의 항해 끝에 9월8일 오후 1시 인천항 상륙을 개시하였다. 이것은 「조미朝美 수호통상조약」 이래 실로 63년만에 미국이 한국의 직접 지배자로 등장함을 의미했다.

미국군의 조선 점령은 대동강을 거슬러 평양에 침투했던 셔면호 사건(1866)을 일으킨지 79년만에, 강화도에 침략하여 함포사격과 백병전으로 조선군 53명을 죽인지(1871년) 74년만에 성공한 장기간에 걸친 침략 투쟁의 결과였다.

미군 당국은 인천상륙 하루 전 포고령 제1호(1945.9.7. 發布)를 통해 정부·공공단체를 포함한 모든 공공사업 종사자에게 '계속 집무'를 명령하고 그에 복종을 요구함으로써 "일제 식민통치기구를 그들의 통치기구로 장악하는 한편, 8월15일부터 9월 7일까지 23

일간 과도적인 치안담당기구로서 당시 국내 유일의 정치결집세력이었던 '건국준비위원회'와 3·1운동 이후 한민족의 주권법통인 상해임시정부 모두를 부인하였다."(Gregory Henderson, Korea : The Politics of the Vortex, (Cambridge, Mass : Havard Univ. Press), 1968, pp. 119~121.)

이어 미군은 9월 9일 서울에 입성, 전총독부 회의실에서 군사령관 하지와 조신총독 아베阿部信行간에 항복문서 조인식을 엮어냈다. 이로써 9월 2일 미육군 태평양지구 총사령관 맥아더가 발표한 일반명령 제 1호에 의거하여 일본 본토·오키나와·필리핀과 같은 경로를 통해 38도선 이남의 조선에 대한 항복·점령이 완료된 것이다. 이후 38선 이남의 한반도는 미군정의 통치를 받게 된다.

이어 미군 당국은 남한의 기본적인 정치구조를 선택·결정하면서 1945년의 마지막 몇 달 사이의 정책들과 결정들을 통해 일제의 통치전략과 같이 자주독립세력인 근로대중의 의사를 묵살한 채(친일파 공화국이라고 할만큼) 친일파 중심의 자본주의 종속정권 창출에 매진하였다.

① 해방언론 구가시대 謳歌時代

1945년 8월 15일 일본 천황 히로히토裕仁가 연합국에 대하여 무조건 항복한다고 방송했다. 이어서 한일합병 이후 완전히 봉쇄되었던 우리나라의 언론 활동도 재생되었다. 1940년 8월 일제 총독부 당국은 본국의 일현일지一縣一紙 주의를 본따 일도일지一道一紙 주의라는 언론통제정책을 실시하여 언론통폐합 작업을 진행시킨 결과 일간 전국지全國紙로는 일어판인『경성일보』와 조선어판인『매일신보』(每日新報, 사장 : 金川 聖)만이 남았다.(『매일신보』는 1938년 4월 29일 ,『경성일보』에서 분리된 별도의 주식회사로 발족하면서 제호를 『每日申報』에서 『每日新報』로 변경하였다.)

이 두 신문과 총독부의 가장 중요한 선전매체였던 제1방송(일본어방송) 제2방송(조선어방송)은 일제의 충실한 나팔수로서 "대동아전쟁을 아시아 민족해방운동의 일환으로 미화시키는 설득선전의 도구로서" 복무했던 것이다.(김규환『일제의 대한 언론·선전정책』二友 1982, 323~325쪽)

실로 41년 동안 귀와 입을 잃었던 우리 겨레에게 언론자유의 봇물이 터진 것이다. 이 상황에 대해 최준 교수는 "홍수와도 같이 쏟아져 나오는 전단·포스터와 신문…자유활달하게 우리의 손으로 감격에 넘쳐 만든 신문지는 서울 장안을 휩쓸었다…진정한 뉴스에 굶주렸던 무리들은 종이에 그저 빨려들어 가는 듯하였다"고 표현하고 있다.

8월 16일 '건국준비위원회' 세력은『매일신보』를 접수하여『해방일보』로 개제한 신문

창간호를 찍어냈으나 8월 17일에는 일본 경찰에 의해 '접수위원'이 추방되고 『매일신보』가 계속 발간되는 사건이 발생했다. 당시에 신문인쇄가 가능했던 시설로는 『경성일보』『조선상공신문』『매일신보』뿐이었던 만큼 『매일신보』 접수사실은 민족 자주언론세력들의 민주언론쟁취를 위한 하나의 횃불 같은 사건으로 끝나고 말았다.

8월 17일에는 일제의 도메이同盟통신 경성지사에 근무하던 한국인 종업원들이 회사와 그 시설을 접수하여 일간 2편의 『해방통신』을 내놓았다. 이 해방통신이 우리나라 민족통신 제1호인 셈인데, 단파수신기에 의거하여 세계의 주요 뉴스방송을 청취해서 뉴스공급 업무를 시작한 것이었다. 『해방통신』은 외국과의 계약을 맺지 못한 채 전파뉴스를 속기해서 통신이라고 이름 붙인 것이었으나 8월 말경 사원들이 진보·보수파로 갈라져 사실상 그 짧은 생명을 마쳤다. 일제시대에 『동아일보』와 『조선일보』에 근무하던 기자들이 중심이 되어 9월 4일에는 서울종로 장안빌딩에서 『조선통신』을 창간하기도 했다. 그 후 『해방통신』 사원들은 진보파가 설립한 『공립통신』에 흡수되었다.

미군의 서울진주 하루 전인 9월 8일에는 총독부 기관지 『경성일보』를 모태로 하여 김정도를 중심으로 한 젊은 기자들이 『조선인민보』를 창간했다. 『조선인민보』는 '건국준비위원회' 및 '인민공화국'(북에 세워진 공화국 명칭이 아니고 8·15직후 서울에 세워진 인시정부 명칭)을 지지하는 진보성향의 신문으로 타블로이드판 국문신문이었는데 당시로서는 비교적 세련된 편집과 진보적 민주주의 표방이 돋보여 상당한 영향력을 발휘하였다.(송건호 「한국현대언론사론」, 『언론과 사회』 1983, 133~134쪽)

『조선인민보』 이외에도 미군의 진주이전에 김영희·이묘묵(하지의 개인 통역관. 그는 하지가 한민당을 지지하도록 유도했으며 미군들에게 여운형과 안재홍은 친일파이며 인공은 공산주의 경향이 있다고 말한 바 있다. 24 Corps Journal Sep. 10, 1945.) 등이 영자신문인 『코리아타임즈』(9월 8일)를, 민완식·남정린 등이 『서울 타임즈』를 창간하였으며 전국 각지에서도 일본인들의 신문사 시설을 접수하여 새신문을 창간하였다(8·15 당시 각도에는 '1도 1지'주의의 유산으로 일어판 지방신문이나 그 시설이 보전되어 있었음).

『중선일보』는 1945년 8월15일 대전에서 발행되는 일어판 『중선일보』의 시설을 이용하여 일제시 숨겨둔 우리말 자모字母로 해방 당일부터 동일제호의 신문을 발행했다. 광주에서도 일어판 『전남신보』에 종사하던 한국인 기자들이 김남중을 주간 겸 편집국장으로 하여 8월31일 최초의 정기 국문일간지인 『전남신보』를 창간했다(『전남신보』는 1946.3.21. 『호남신문』으로 개제됨).

'건준'세력이 지방 중소도시 중에서는 가장 강한 지역 중의 하나였던 강릉에서도 8월 하순경 『동방신문』東方新聞이 창간되었는데 경제문제를 중심으로 한 국가건설문제, 지방향토의 계몽기사들을 게재했고 미국공보원USIS의 공급을 받아 외신까지 보도하였다.

한편 미군은 8월 25일 저녁부터 38도 이남에 있던 10개 방송국(서울·대전·이리·광주·목포·청주·대구·부산·춘천 등)의 방송을 중단시키고 아놀드Arnold 소장의 관리를 받아 운영되게 하였다.(『매일신보』1945.9.17). 이어 미군정 당국은 10월 1일 방송협회에 남아있던 일본인들을 고문 자격으로 물러앉게 하고 회장 대리에 이정섭을 임명하였다가(『매일신보』1945.10.1), 10월 24일 윌리엄 A. 글라스 중령을 중앙방송협회(조선방송협회의 후신) 회장에 임명하여 편성과 기술 일체를 장악하였다(『매일신보』1945.10.26 ; 정진석 『한국언론사론』 전예원, 1985, 251~252쪽). 약 20일에 걸친 방송 중단사태 때 '환영 소련군!' '조선독립만세!' 등의 구호가 쓰여진 삐라가 서울 거리 도처에 뿌려졌고 이묘묵 등이 발행했던 『코리아 타임즈』(Korea Times)에도 소련군 환영기사가 실렸다.(1945년 9월 5일)

이러한 사실들에 대해 콩드Conde는 미군이 필리핀에 상륙하여 "거짓으로 미국인 해방자를 환영하는 필리핀 사람들을 가려내기 위해 사용했던 속임수의 목적을 가진 유언비어 유포전술이었던 것"으로 보고 있다. 누가 소련군의 동조자인가를 분별하기 위해 다양한 형태로 때와 장소를 달리하여 유언비어를 유포했고 후일 이 거짓소문에 열광했던 사람들은 필리핀에서처럼 보복 당했다고 한다. 참고로 1943년경의 국내 라디오수신기 수는 28,500대였는데, 1946년경의 청취자 수는 약 21만 명 정도였다(『한성일보』1946.4.4).

② 친일파 친미 아첨언론 비호, 자주독립 주창 언론 억압

미군정초기 언론계는 『조선인민보』 『자유신문』 『중앙신문』이 주동적으로 여론을 이끌었다. 공산당 계열은 기관지로 『해방일보』를 창간했고, 일제기관지였던 『매일신보』는 우여곡절 끝에 『서울신문』으로 변신했으며 일제하에서 친일 충성했던 『조선일보』와 『동아일보』도 복간된다. 그밖에도 많은 신문들이 경향 각지에서 창간되어 세상은 온통 언론자유의 천국이 된 듯했다.

○ 『자유신문』은 정진석을 발행인으로 하여 1945년 10월 5일에 창간되었다가 1952년 5월 26일 공보부령 1호로 허가 취소되었다. 『중앙신문』은 김형수金亨洙를 발행인 겸 편집인으로 하여 1945년 11월 11일 창간되었다. 『해방일보』는 권오직을 사장으로 하여 조선공산당 기관지로 1945년 9월 19일 창간되었다가 1946년 5월 18일 폐간되었다.

능숙한 미군당국은 이처럼 언론자유의 무제한한 개방을 통해 민족자주언론과 친일보수 언론을 맞대결 시키고 민족주의적 논조와 여론의 고조를 희석시켜 마침내 「친미언론체제를 편성」하는 일을 성공적으로 치러 간다. 언론을 통하여 내면적 양심을 표명하게 하고 진보적 민족주의자들의 색깔을 표출시킨 다음, 때를 보아 적절한 파멸적 대응조치를 강구한 것도 바로 이때부터였다. 주요 신문들을 살펴보자.

『조선인민보』는 김정도를 사장으로 하여 미군이 인천에 상륙한 1945년 9월 8일 서울에서 창간된 신문이다. 이 신문의 주역들은 총독부 기관지인 일문판 신문『경성일보』출신의 진보적 민주주의를 표방하는 젊은 기자들이었다. 이 신문의 창간호 1면 톱은 연합군 환영기사를 영문으로 실었고 건국준비위원회(건준) 및 여운형 주도하의 인민공화국(인공)을 당시의 압도적 분위기에 맞추어 지지하는 입장이었다.

당시의 건준과 인공은 1945년 8월 15일 이후 힘의 공백상황에서 자치적으로 독립민족국가를 건설하려는 일군의 사회지도층에 의해 주도되었기 때문에 지나치게 흑백 논리적으로 이 당시의 인맥을 좌·우익으로 분류짓는 것은 온당치 못하다. 사실 '좌·우익'은 친일파 신문 '조선'과 '동아'가 무척 강조하였다. '친일 죄악'을 감추려고 '좌익·공산주의·친소 반역자'를 강조하여 국민들로 하여금 증오·배척케 하였던 것이다.

분단 70년이 넘은 지금 상당한 정도로 조선·동아가 바라던 대로 국민의 시각은 반공친미의 방향으로 변하였고, 통일보다는 분단의 영구화에 성공을 거둔 셈이다. 여하튼 친일·친미·반공·반소·반북 언론의 힘은 셌다.

『자유신문』은 미군진주 후인 1945년 10월 5일 창간된 바, 그 사시社是로서

① 민족 통일정권 수립을 위한 공기公器되기를 원한다.
② 민족 진로의 지침이 되기를 원한다.
③ 대중의 문화적 신생활 건설을 위한 제반활동을 기한다

고 밝히고 있으나 이승만과 한민당계는 이 신문마저 좌파신문이라고 비난하였다. 그러나 미군정에서 1947년 발간한 『조사월보』와 조선사정협회朝鮮事情協會가 발간한 *Voice of Korea*는 이 신문을 발행부수 약 4만 여의 중립신문이라고 분류하고 있으며 최근에 이르러 최준과 정진석은 이 신문을 좌익계로, 송건호는 진보적 중립지로 분류하고 있다.(정진석『한국언론사연구』일조각, 1983, 250쪽)

또 하나의 해방 초기 신문인『중앙신문』은 사이토齋藤五吉의 소유였던『조선상공신문』의 사옥과 시설을 매수한 김형수가 황대벽(인쇄인)·이상호(편집국장) 등과 더불어 1945년 11월 1일 창간한 신문이다. 이 신문의 논조는 해방 후의 압도적인 진보우세 분위기를 좇았다. 이 신문 역시 미군정『조사월보』나 *Voice of Korea*에서는 중립적 논조의 신문으로 분류하고 있으나 정진석은 좌익계를 대표하는 신문으로 분류하고 있어 대조

적이다.

이 밖에도 일제하 신문 중 총독부 기관지였던『매일신보』는 8월 15일 좌익 및 진보주의 세력에 즉각 접수되어『해방일보』로 개제되었다가 일제 총독부의 8·16포고령에 의해 하루만에 다시『매일신보』18인 자치위원회(대표 윤희순 문화부 기자)에 넘어가 "불편부당 엄정중립의 새로운 보도기관으로" 선언되었다. 그러나 1945년 10월 미군정 당국은 이를 재접수하여 사장에 오세창, 부사장에 이상협, 주필에 이선근을 임명하려고 시도하였다.

그러나 자치위원회가 반발하자, 1945년 11월 10일 이 신문을 정간시킨 후 이상협이 만주에서 일제 괴뢰신문인『만주신문』에 참여했다는 이유로 부사장에 하경덕을, 주필역시 만주에서의 친일을 이유로 이선근을 배제하고 이관구를, 편집국장에는 홍기문을 임명하는 한편 제호를『서울신문』으로 바꾸어 그 해 11월 23일자부터 발행하게 되었다. 실권을 장악한 하경덕은 한민당 간부급 인물이었다. 그 후 이 신문은 이승만·박정희·전두환 독재정권의 시녀로서『조선』『동아』와 함께 신문 3총사가 되어 반민중·반통일 논조로 여론을 오도하였다.

이 신문들은 당시 언론계를 풍미하던 자주적 민주주의에 대한 대항체제를 구축하고 신탁통치 반대여론을 통해 다시금 반공친미·반통일 여론몰이에 앞장을 섰다.

진보적 민주주의 색채를 띤 공산주의 계열 신문이 언론계의 주류이던 때에 극우파의 최선봉을 맡은 신문은『대동신문』(1945. 11.25. 창간)이었다.『대동신문』은 사장 이종형('반민특위'가 박흥식에 이어 두 번째로 체포한 친일파 거물. 제2대 국회의원 역임)의 분신처럼 반공을 표방하면서 극우파를 제외한 좌우파는 물론이고 미군정정책까지도 비판하는 저돌성을 보였는데,『대한일보』→『대동신문』→『대한경제신문』으로 개제를 거듭하다가 역사의 무대에서 사라진다.

이 시기에 창간된 주요 중앙지로는『민중일보』(사장 張道斌 : 1945.9.22~1948.12. 2.),『한성일보』(사장 安在鴻 : 1946.2.26 창간),『민주일보』(사장 嚴恒燮, 명예사장 金奎植 : 1946.6.10. 창간) 등의 우익신문이 있다. 그리고『경향신문』은 조선정판사의 사옥과 그 시설일체를 미군정이 압수하여 천주교에 넘겨줌으로써 복간되었다(1946.10. 6).『민중일보』는 국사연재물이 많았고 민족주의와 인류문화에 공헌하는 실천궁행을 주요 논조로 제시했다.『한성일보』는 민족통일과 민주주의 국가로의 자주독립을 주장하면서 비교적 사실적 보도에 중점을 둔 데 비해『민주일보』는 민주주의 이념전파와 김구의 민족주의 노선에 입각한 비판과 계도성 논조를 폈다.『경향신문』은 미군의 진주 후 발행부수를 급격히 늘려갔는데, 그 논조는 미군정이 판단하기에 중립적이었다.

이승만 · 김구 · 하지

한편 복간 초기의 『조선일보』는 김구의 민족주의노선에 동조하는 듯하였고 『동아일보』는 사주가 주도하는 한민당 및 당시 한민당과 가까웠던 이승만의 정치노선을 지지하였다.

미군이 진주하면서 공언했던 언론자유는 대개 타블로이드판의 신문지에 인쇄된 각종 신문 외에도 등사판 신문, 통신지 등의 신문 유사물에 이르기까지 다양한 방법으로 표출되었다. (타블로이드 배대판은 『중앙신문』 창간 「1945.11.」 때부터 출현한다.)

중앙의 언론열기 못지않게 지방에서의 언론활동도 대단히 왕성하였다. 지방 각지에서는 일본인이 경영하던 신문사와 그 시설을 접수하여 새 신문을 창간하는 일이 많아 대구에서 민족지를 지향하는 지방지임을 내세운 『영남일보』가 창간되고(1945.10.11), 진주에서는 『경남일보』가 중창간重創刊되었으며(1946.3.1), 부산에서는 일문지 『부산일보』를 인수받아 동일 제호의 『부산일보』가 창간되는(1946.9.10) 등 활발한 움직임이 있었으나 여러 가지 정치사회적 여건으로 활성화되지 못했다.

하지 중장의 언론정책 발표 후 10월 9일 군정장관 아놀드 소장은 군정법령 제11호를 공포하면서 가식적이나마 출판법 · 보안법 · 예비검속법 등 일제악법 가운데 7개 법률을 폐지했다.

아놀드 장관은 이어 11일 인민공화국을 부인하는 성명을 발표하는데 이에 맞서 일제 항복 당일부터 신문사 내 자치위원회가 주도하고 있던 『매일신보』는 이 성명을 반박하는 "아놀드 장관에게 충고함"이라는 제목의 글을 실었다. 이에 미군정은 『매일신보』에 대해

2일간의 첫번째 정간처분을 내렸다.

사상과 표현의 자유를 완전 보장하겠다던 군정방침은 자주투쟁의 기치를 내건 민족세력들의 저항으로 흔들리기 시작하자 마침내 군정당국은 법령 제19호를 공포하여 신문기타 정기간행물의 엄격한 등록제로 제도적인 선회를 시도하였다.

한편 해방 후 처음으로 「전조선 신문기자대회」가 1945년 10월 23, 24 양일간 서울에서 열렸다. 이 대회에는 전국각지 24개 신문사의 기자 약 250명이 참가했는데, 첫날은 "민족의 완전독립과 언론자유의 확보를 기하는 강령과 단순한 춘추의 필법으로 만족하지 않고, 필봉으로 무장하여 민족해방을 위한 역사적 정의를 발양하며, 엄정중립이라는 기회주의적 이념을 부인하는" 선언문을 채택한 다음 「조선신문기자회」를 결성하였다.

이어 1945년 11월 23일에는 중경에서 김구 일행이 김포비행장을 거쳐 개인자격으로 귀국했으며 12월 10일에는 군정장관이 경질되고(아서 러취 Arthur Lerch 소장이 임명됨) 모스크바 삼상회의(12월 17일)가 열리면서 이승만의 반소·반공활동이 표면화되기 시작했다.

28일경에는 모스크바 3상회의에서 "조선을 신탁통치하기로 결정했다"는 거두절미去頭截尾된 오보가 전해지면서 신탁통치에 대한 반대시위가 연일 계속되고 1946년 내내 국내의 정치적 상황은 혼란을 거듭하게 된다. 이러한 와중에서 1946년 4월 26일에는 제2회 전국신문기자대회가 열려 미·소 양국을 비난하고『조선인민보』를 군정재판에 회부한 데 대해 반박하는 등의 활동상을 보였으나 사회일반의 정서와 마찬가지로 신문기자사회도 급속한 속도로 분열되어 갔다. 1946년 5월 신탁통치에 대한 찬반의견을 중심으로 하여 당시의 신문논조들을 대별하면 다음과 같다.

* 반대지(5개지) :『동아일보』·『조선일보』·『한성일보』·『대동신문』·『대한독립신문』
* 찬성지(8개지) :『조선인민보』·『자유신문』·『서울신문』·『중앙신문』·『현대일보』·『독립신문』·『중외일보』·『해방일보』

민족의 장래문제인 신탁통치 찬반의견으로 국민여론을 양분시키는 데 성공한 미군정은 신탁통치에 찬성하는 진영을 좌익으로 분류하고 흑백논리를 은밀하게 부추긴 결과, 맹목적인 좌·우익들은 서로 반대논조를 펴는 신문사를 습격하여 테러행동을 서슴지 않았다. 미국에 반대하는 진영은 정당·사회단체를 총망라하여 1946년 2월 8일 「민주주의민족전선(민전)」을 결성하고 대중적 조직사업을 전개함에, 언론계에도 「출판노조」들이 결성되고 각 업종 노조를 망라하는 「전평(조선노동조합전국평의회)」이 결성되기 시작했다.

　미군정당국과 친일파세력이 '민전'이나 '전평'을 오히려 매국노라고 역공격하면서 팽팽한 여론대결을 벌였지만 미군정책 반대진영(찬탁세력 포함)의 조직사업이 언론의 방조에 힘입어 계속 확대되어 나가자 미군정당국은 언론에 대한 탄압정책(신문 폐간·벌금·기자 구속·음모사건 조작)을 펴기 시작했다.

　미군정의 좌익탄압이 강화되자 진보세력도 실력을 행사하기 시작해 1946년 9월 24일에는 철도 총파업, 9월 25일부터 각 신문사의 동정파업이 뒤따랐고 마침내 10월 2일에는 대규모 시위(추수봉기라고도 함)로 정정政情이 극히 불안해졌다. 소위 '좌·우익'의 충돌은 더욱 잦아졌고 미군정은 대부분 일제경찰 출신의 경찰과 군인들을 동원하여 이를 무력 진압하게 된다. 친일파 경찰과 군인이 여전히 민주화를 바라는 시민을 억압하니 기름에 불을 지르는 꼴이 되었다.

제2장
친미 이승만, 친일파와 손잡고
자주·민주·민중세력 배제

1. 군대·경찰·사법 등 치안조직과 경제체제는 일제통치 계승

1) 일본·미국 이념따라 '반공 기치' '반공 입법'을 통치수단으로 민중 제압

1875년 3월 26일 황해도 평산에서 출생, 구한말 독립협회 활동 참가, 일제하 독립운동과 임시정부 초대 대통령, 해방 후 자주독립지향의 민중세력을 제압하고 대한민국의 초대 대통령에 취임, 이후 장기집권을 통한 독재, 4·19학생·시민 궐기에 의한 실각, 그리고 1965년 7월 19일 하와이에서 사망했다. 이상 이승만李承晚에 대한 간략한 이력을 살펴보면 우리 근현대사의 주요 현장에는 언제나 그가 등장하고 있음을 알 수 있다. 그만큼 그가 살아온 삶의 궤적은 우리 근현대사의 전개와 밀접히 결부되어 있다. 그러나 그 과정에서 그가 행했던 역할에 대한 평가는 지속적인 논란의 대상이 되고 있다.

이승만에 대한 평가는 대략 다음과 같이 상반된 두 견해로 나뉜다. 그 하나는 간단히 말해, 사소한 문제가 없는 것은 아니더라도 그는 '거대한 생애'를 살아온 대한민국의 '건국의 아버지'라는 점에는 틀림없다는 견해이다. 그러나 이와는 반대로 그가 우리 근현대사의 주요 현장에서마다 분열을 초래했고 분단과 독재의 결과를 가져왔다는 점에서 그의 역할을 부정적으로 바라보는 견해가 오히려 확장세를 타고 있다.

(1) 집권에는 성공했으나 민중의 자주독립·민주 열망과는 대치

그렇다면 과연 그에 대한 역사적 평가는 어떤 것일까. 이 글은 1945년 8월 15일 일제로부터 해방된 이후 그가 대한민국의 초대 대통령에 취임한 1948년 8월에 이르기까지 그의 행동을 추적, 분단과 건국에 대한 당시 그의 역할을 구명함으로써 그에 대한 역사적 평가의 한 기초를 제공하고자 한다. 해방 3년의 기간 동안 그가 행했던 행동과 그가 추구했던 노선을 살펴보았을 때, 그는 '건국의 아버지'로서의 업적보다는 '분단의 주역'으로서의 죄과가 관심을 끌고 있다.(정해구 「분단과 이승만 : 1945~1948」 『역사비평』 역사문제연구소, 역사비평사 1996 봄호)

1945년 10월 4일 이승만은 그의 친구들과 구미위원회 임원들이 전송하는 가운데 뉴욕을 떠나 한국을 향했다. 하와이와 괌을 거쳐 12일 동경에 도착한 이승만은 그곳에서 며칠 머문 다음, 맥아더의 전용기를 이용하여 16일 오후 5시 김포공항에 내렸다. 한국을 떠난지 실로 33년만의 일이었다. 미군정의 배려에 의해 조선호텔 특실에 여장을 푼 이승만은 귀국 다음 날인 17일 오전 10시 하지 사령관과 군정장관 아놀드 소장의 안내로 군정청 제1회의실에서 기자회견을 가졌다.

기자회견장에 그 첫 모습을 드러낸 이승만에 대해 한 기자는 다음과 같이 묘사했다.

10시 정각이 되자 회의실 옆문이 열리며 하얀 장갑을 낀 미군 헌병 2명이 들어와 부동자세를 취하고 서 있었습니다. 곧이어 하지 장군의 모습이 보였는데 그는 기자들의 예상을 뒤엎고 허리를 굽실거리며 옆걸음질로 들어오면서 "Please this way"(이쪽으로 오시지요)라고 세 번인가 되풀이 해서 안내말을 하면서 백발이 성성한 이박사를 인도해요. 미군 MP들이 이박사에게 거수경례를 하는 속에서 회의실에 들어온 이박사가 곧 붉은 가죽에 앉았는데도 하지는 앉지도 않고 거의 부동자세로 서 있습디다. 그러니까 이박사가 하지 중장을 쳐다보면서 "General, Please sit down"(장군 앉으시지요)하고 말하니까 그제서야 이박사와 나란히 앉습디다.(조규하·이강문·강성재 『남북의 대화』 고려원 1987)

이상의 묘사대로라면 아주 극진한 환대가 아닐 수 없었다. 며칠 뒤인 20일 경성시민 주최의 연합군환영회가 개최되었는데, 이때도 하지는 이승만을 한껏 추켜세웠다. 즉 귀국 직후 이승만이 참여한 첫 대중집회에서 하지는 "이 자유와 해방을 위하여 일생 바쳐 해외에서 싸운 분이 지금 우리 앞에 계시다. 이 성대한 환영회도 위대한 조선의 지도자를 맞이하기에는 부족하다. 그분은 압박자에게 쫓기어 조국을 떠났었지만 그분의 세력은 크다. 그분은 개인의 야심이라고는 전혀 없다. 그분이 여기 살아서 와 계시다"며, 이승만을 '위대한 조선의 지도자'로 소개했다.(『매일신보』 1945년 10월 20일자, 국사편찬위원회 『자료 대한민국사』 탐구당)

맥아더의 전용기 제공, 조선호텔 특실 제공, 첫 기자회견 및 대중집회에서의 극적인 소개 등 맥아더와 하지가 이승만에 대해 보여준 환대는 일반의 예상을 뛰어넘는 것으로서, 이승만을 '민족의 지도자'로 만들기에 충분하였다. 이처럼 맥아더와 하지의 환대를 통해 이승만은 국내 정치무대에 처음으로 등장할 때부터 '민족의 지도자' 또는 '국부國父'로서의 이미지를 심을 수 있었다.

물론 이승만이 이같이 국내 무대에 화려하게 등장하기에 앞서 국내 대중들도 이승만에 대해서 어느 정도는 알고 있었다. 우선 그가 임시정부의 초대 대통령을 역임했다는 사실이 그의 명성에 도움이 되었다고 할 수 있다. 그렇지만 해방 직후보다 직접적으로 그의 명성을 높여주었던 것은 역설적이게도 좌파(민중 중심의 자주독립파)세력 때문이었다. 즉 여운형·박헌영 등은 그들이 수립한 조선인민공화국 주석에 아직 귀국도 하지 않은 이승만을 추대함으로써 그의 위상을 한껏 높여주었던 것이다. 아마 이승만의, 해방자 미국과의 관계를 미리 알아서 그렇게 대우해준 것으로 추정된다. 이러한 상황에서 그가 귀국할 당시 맥아더와 하지가 보여준 극진한 환대는 그를 일약 '민족의 지도자'로, 따라서 국내 정치무대의 주역으로 발돋움할 수 있는 기반을 마련해주었다고 할 수 있다.

이처럼 귀국 직후 국내에서 이승만의 첫 출발은 성공적이었다. 그렇지만 이승만의 이같은 화려한 귀국이 마냥 순조로웠던 것은 아니다. 일제 패망 직후 그는 임시정부의 주미 최고의정관 high commissioner 자격으로 귀국하기를 원했다. 그러나 미국무성은 그에게 여권을 내주지 않았다. 그것은 미국이 임시정부에 대해 불승인 정책을 취하고 있었던 한편 미국무성이 소련과의 관계를 감안, 일제 말기에 이승만이 보여주었던 반공 반소적 태도를 우려하고 있었기 때문이다.

○ 일제 패망 직전 이승만은 조선에 대한 '소련의 야욕'과 소련이 지원하는 조선인 공산주의 세력에 대처하기 위해 미 당국에 임시정부를 승인토록 여러 번 요청한 바 있었다.(『해방3년과 미국』 돌베개 1984)

따라서 이승만의 귀국은 늦어지고 있었다. 바로 이러한 상황에서 이전부터 이승만과 관계를 맺어왔던 전략사무국(OSS : The Office of Strategic Services)의 공작담당 부국장이었던 굿펠로우Preston Goodfellow 대령이 이승만을 도왔다. 맥아더 역시 이승만의 귀국을 도왔다. 그 결과 이승만은 전략사무국의 문관 대령 신분으로 귀국할 수 있게 되었던 것이다.

　○ OSS는 CIA 미국 중앙정보국 Central Intelligence Agency의 전신. 일제 말기 OSS극동공
작대에 조선인 젊은이들을 충원시키는 문제로 인해 이승만과 굿펠로우는 서로 잘 알고 있는 사이였
다. 이승만이 귀국 직후 하지의 정치고문으로 한국에 오게 된 굿펠로우는 「민주의원」의 수립 등
여러 측면에서 이승만에게 도움을 주었다.

하지 중장과 함께 선 이승만과 김구(1945. 11. 28). 사진은 찍
은 당시까지만 해도 하지와 이승만의 모심을 받은 김구는 독립
정부의 꿈에 젖어있었을 것이다. 그러나 그는 남한 단독정부 수
립 후 곧 토사구팽 당하고 만다.

　이같이 뒤늦게 귀국할 수 있었
던 이승만은 10월 12일 동경에
도착했다. 때마침 하지는 동경의
맥아더를 방문하고 있었는데, 당
시 맥아더 및 하지 그리고 이승만
사이에는 회합이 있었고 여기에
서 모종의 이야기가 있었던 것으
로 보인다. 아마도 그것은 하지
의 자문행정기구 수립에 있어 이
승만이 제반 정치세력의 통합을
맡아달라는 그러한 이야기였을
것이다. 이같은 동경의 3자회합
직후 하지는 먼저 귀국했다. 그
리고 앞에서 살펴본 것처럼 뒤이어 귀국한 이승만을 아주 극진히 환대하는 모습을 '연출'
함으로써, 그를 '민족의 지도자'로 등장시켰던 것이다. (이와 관련하여 이승만은 10월 29일 기
자회견에서 "(일본 경유시) 태평양 방면 최고지휘관인 맥아더 장군 역시 민족통일의 결집체를 만드는
데 그 시일이 얼마나 걸리겠느냐를 나에게 물었다"고 말했다. 『자유신문』 1945년 10월 30일)

　그렇다면 맥아더와 하지가 미국무성이 별로 탐탁지 않게 여겼던 이승만을 그렇게 환
대했던 이유는 무엇일까? 그것은 해방 직후 미군정 당국의 정책과 관련이 있었다. 우선
당시 남한의 정세를 "점화되기만 하면 즉각 폭발할 화약통"으로 여겼던 미군정은 이러한
상황에 대처하기 위해 9월 중순 "연로하고 보다 교육받은 한국인들 가운데 수백 명의 보
수주의자들"을 이용하고자 했다. 또한 미군정은 "연합국 후원 하에 임시정부 자격으로서
중경망명정부의 한국 환국을 고려하여 점령기간 중 선거 실시 가능할 만큼 한국민이 안
정될 때까지 임시정부를 간판으로 활용하는 문제를 검토해줄 것"을 본국에 요청하고 있
었다. (「재한국 정치고문(베닝호프)이 국무장관에게」1945. 9. 15. 『해방 3년과 미국』)

이같은 정책의 일환으로 미군정은 10월 5일 주로 한민당 인사들이 중심이 된 11명의 「군정장관 고문단」을 구성했다. 한편 임시정부를 이용하고자 했던 미군정의 생각은 10월 중순경 「전조선인민집행위원회」 National Korean People's Executive Committee를 구성, 이 조직의 핵으로 이승만·김구·김규식 등을 이용하고자 하는 구상으로 이어졌다. 나아가 하지는 11월 초 이러한 구상을 「연합자문위원회」 Coalition Advisory Council 구상으로 더욱 발전시키고 있었다. 즉 하지는 이승만과 김구가 중심이 되어 보다 대의적이고 확충된 「연합자문위원회」를 구성하고, 이를 바탕으로 이후 「조선과도행정부」를 수립한 후 최종적으로는 선거를 통해 국민정부를 수립할 것을 본국에 건의하고 있었던 것이다.(「재일본 정치고문 대리(애치슨)가 국무장관에게」 1945.10.15, 「맥아더 육군대장이 참모총장(마셜)에게」 1945.11.5. 『해방 3년과 미국』)

요컨대, 맥아더와 하지는 해방 직후 자주독립과 주도의 정치적 상황에 대처하여 한민당 인사들을 이용, 고문단을 구성하는 한편 「임시정부」 간판을 이용하여 향후 과도정부로 발전할 수 있는 「자문행정기구」를 만들고자 했던 것이다.

물론 김구의 중경임시정부를 중심으로 한 「전조선인민집행위원회」·「연합자문위원회」 등의 구성을 통해 남한에 독자적인 예비 정권기구를 만들고자 했던 미군정(점령군부)의 이같은 구상은 미국무성의 기본입장과는 다른 것이었다. 미국무성은 우선 미·소에 의한 민간행정 단계, 다음으로 미·영·중·소에 의한 신탁통치 단계, 그리고 최종적으로는 국제연합 회원국의 자격을 갖춘 한국의 독립 단계를 예정하는 입장을 견지하고 있었다. 그러므로 미국무성은 신탁통치 실시를 위한 소련과의 협의를 감안, 미군정에 의한 남한 독자적인 자문행정기구 수립을 우려했던 것이다.(브루스 커밍스, 김주환 역 『한국전쟁의 기원』 청사 1986, 7장 「국제주의적 정책과 민족주의적 논리」)

그렇지만 점령 초기 현지에서의 구체적인 정책 집행은 맥아더 및 하지가 주도하고 있었고 따라서 이들의 자문행정기구 수립 구상에서 임시정부의 주요 인물들인 이승만·김구·김규식 등은 없어서는 안 될 주역들이었다. 이승만의 귀국은 맥아더 및 하지가 모색했던 바로 이러한 의도 속에서 이루어졌다. 따라서 맥아더 및 하지와 이승만의 동경 회합과 이승만 귀국에 대한 하지의 환대 등은 바로 이러한 배경 하에서 이루어졌던 것이다. 요컨대 맥아더와 하지는 귀국하는 이승만의 명성을 한껏 높임으로써 이승만을 중심으로 한 정치세력 통합을 기대했던 것이다.

(2) 이승만, 독립촉성중앙협의회의 결성, 대동단결 기대

귀국 직후 이승만은 범국민적 정당통합운동에 적극 나섰다. 그것은 우선 미군정의 자문행정기구를 수립하기 위한 사전조치로서 각 정치세력의 통합을 원했던 맥아더 및 하지의 요구에서 비롯되었다. 그러나 이승만 개인 역시 이를 통하여 자신의 정치적 기반을 구축하고자 했다. 이같은 상황에서 10월 23일 200여 명의 각 정당 및 단체 대표들이 모여 독립촉성중앙협의회(이하 '독촉중협') 결성을 결정하는 한편 이승만을 회장으로 추대했다.

이어 11월 2일에는 독촉중협 결성을 위한 각 정당단체 대표자회의가 개최되었고 여기에서 연합국에게 보낼 결의서 내용이 집중적으로 토론되었다.(독촉중협의 회의록에 따르면 독촉중협의 결성은 미국측과의 사전 협의를 거친 것이었다. 『다시 쓰는 한국현대사』 독립촉성중앙협의회 회의록 상, 『중앙일보』 1995년 9월 5일자)

이같은 독촉중협 결성에는 한민당을 비롯한 우파세력 뿐만 아니라 이승만의 인공 주석 취임을 기대하고 있었던 공산당 등 좌파세력도 참여하고 있었다. 이에 대해 이승만 역시 좌파세력의 인공 주석 취임 요구를 수용하지는 않았지만, 그의 평소 신념인 반공·반소적 태도를 분명하게 드러내지 않았다. 오히려 그는 10월 21일 "나는 공산주의에 호감을 가지고 있는 사람이다. 그 주의에 대해서도 찬성함으로써 우리나라의 경제대책을 세울 때 공산주의를 채용할 점이 많이 있다"고 말함으로써 공산당에 우호적인 발언을 하기조차 했다. 물론 이승만의 이같은 발언은 좌파(진보)세력을 끌어들이기 위한 제스처(위장된 몸짓)였다.(『매일신보』 1945. 10. 26)

이상의 독촉 결성 과정에서 이승만이 보여준 발언과 행동은 다음과 같은 몇 가지 특징을 드러내고 있었다. 우선 그는 모든 정치세력들의 대동단결을 주장하고 나섰다. 심지어 그는 당시의 일반적인 요구였던 친일파·민족 반역자 처벌도 유보하는 무조건적 대동단결을 주장하고 있었다. 그가 그러한 태도를 취했던 것은 자신의 정치적 기반이 될 수 있는, 일제하 기득권층 및 한민당을 약화시키는 '친일파·민족반역자 배제' 주장을 선뜻 받아들이기 어려웠기 때문이다.

한편 이승만은 자신의 평소 신념과는 다르게 진보진영에 대해서도 우호적인 태도를 보였는데, 그것은 진보세력조차 자신의 휘하에 포섭하고자 했던 그의 일시적 의도 때문이었다고 할 수 있다. 이렇듯 이승만은 초당파적 입장에 서서 우로는 친일파·민족반역자로부터 좌로는 강경 진보세력에 이르기까지 모든 정치세력의 단결과 통일을 외쳤다. 그렇지만 그것은 엄밀히 말하면 무원칙한 통합 주장이었다. 원칙이 있었다면, 그것은 자신을 지도자로 받드는 한 더 많은 정치세력을 결집시키고자 했던 사적인 이해득실이 내심의 원칙이었던 셈이다.

다음으로 이승만은 신탁통치 반대의 뜻을 분명히 하는 한편 조선의 즉시독립을 요구했다. 또한 그는 38선의 철폐도 요구했다. 이러한 요구들은 외면상 당시 조선에 대한 신탁통치를 언급했던 미극동국장 빈센트의 발언에 의해 자극된 당시의 민족감정에 호응하는 것이라 할 수 있었다. 그러나 더 실제적인 측면에서 볼 때 이승만의 이같은 대도는 신탁통치 등, 소련과의 합의를 통해 조선 문제를 해결하고자 했던 미국무성 중심의 대소對蘇 온건노선에 대한 분명한 반대의사를 내포하고 있었다. 그런 점에서 이승만의 신탁통치 반대 및 즉각 독립 주장은 외면상 민족적인 측면에서 제기될 수 있는 당연한 요구였지만 내막적으로는 미국측의 속셈을 알고 미국에의 충성을 보여주는 이승만의 대소對蘇 강경노선을 의미하고 있었다.

마지막으로 이승만은 당시 좌파세력이 수립한 인공보다 중경임시정부를 두둔하는 입장을 분명히 했다. 그런 점에서 이승만의 태도는 친우파적이었다. 그러나 그것은 임시정부 자체를 정식 정부로 인정하는 것이기보다는 임시정부를 중심으로 하되 국민투표를 거쳐 정식 정부를 수립한다는 임시정부 개조론에 가까웠다. 이와 관련하여 이승만은 정부 수립 과정에서 "인민이 바라는 인도자를 내세워 민심을 통솔하게 되기"를 바란다는 의사를 표시했다. 달리 말해 김구와의 경쟁관계를 의식하지 않을 수 없었던 이승만은 임시정부의 간판을 이용하되 국민투표를 거쳐 자신이 새로운 지도자로 부상되기를 의도했다고 할 수 있다.

○ 친일파·민족반역자를 감싸는 이승만의 이같은 행동에 대해, 이들은 이를테면 경제보국회 등을 조직, 이승만을 위한 기부금을 모집하거나 은행에서 막대한 돈을 대출하여 이승만에게 정치자금으로 제공했다.(브루스 커밍스 지음·김주환 역『한국전쟁의 기원』. 리차드 로빈슨 지음·정미옥 옮김『미국의 배반』과학과 사상사 1988. 이상 이승만의 대동단결론, 신탁통치 반대 및 즉각독립의 요구 그리고 임시정부 두둔에 대해서는『매일신보』1945년 10월 25일자, 11월 3, 5일자.)

그러나 이상과 같은 이승만의 주장이 더 분명해짐에 따라, 공산당을 비롯한 좌파진영은 특히 11월 2일 연합국에게 보내는 결의서 채택과 관련하여 몇 가지 문제를 제기하고 나섰다. 즉 그들은, 첫째 이승만이 친일파·민족반역자 처벌문제를 묵살하고 있다는 점, 둘째 회의장에 무자격자가 입장하고 정당대표의 입장이 봉쇄된 점, 셋째 우익단체의 주장만이 반영된 점, 넷째 연합국에게 보낼 결의문 내용이 미·소에 대해 지나치게 배타적인 점 등을 들어 이승만의 주장을 반박하는 한편 결의서 내용의 수정을 요구했다.(송남헌

『해방 3년사』 까치 1985)

　물론 공산당의 이같은 태도에는 친일파·민족반역자 처벌 등 그들의 기본적인 입장이 반영되어 있었다. 그렇지만 더 현실적인 차원에서 본다면, 그것은 그들이 주석 취임을 요청한 인공보다 임시정부를 더욱 두둔하는 한편 친우파 노선을 강화했던 이승만의 태도에 대한 반발에서 비롯된 것이었다. 아무튼 이같은 좌파세력의 반발로 인하여 좌우의 모든 정치세력을 포괄하는 독촉중협 결성을 통해 자신의 정치적 기반을 구축하고자 했던 이승만의 시도는 완전하게 성공할 수 없게 되었다.

　이후 이승만과 공산당은 상대방에 대한 비난의 강도를 급속히 증대시켰다. 우선 이승만은 11월 7일 인공 주석 취임을 정식 거부했다. 뒤이어 11월 21일에는 「공산당에 관한 나의 관념」이란 성명을 통해 공산분자들은 "일인 재정을 얻어 각 지방에 소요를 일으키며 외국인을 배척하는 선전과 임시정부를 반대하는 운동으로 인심을 이산시키며 결국에 가서는 "중국과 파란국(폴란드)같이 민족간의 내란을 일으켜 피를 흘리고 투쟁하기에 이르게 만들 것"이라 비난했다. 나아가 12월 17일에는 「공산당에 대한 나의 입장」이란 방송을 통해 공산분자들은 "국경을 없이 하여 나라와 동족을 팔아먹고" "로국露國(러시아)을 저들의 조국이라 부르는" 매국노라 매도했다.(『서울신문』 1945. 11. 23. 12. 21일자)

　이렇듯 한 달 전만 해도 자신은 공산주의에 우호적이라 발언했던 이승만은 이제 공산당에 대해 격렬한 비난을 퍼붓고 있었다. 이러한 그의 비난 발언은 이후 반공주의 정서의 원형을 제공하고 있다는 점에서 주목할만했다. 즉 그는 '소요' '파괴' '피' '내란' 등 파괴와 유혈을 연상시키는 감정적 언사와 '동족을 파는' '로국을 저의 조국이라 부르는' 등 원초적 민족감정을 자극하는 언사들을 통해 공산주의자들을 매도하고 있었다.(정해구「미군정기 이데올로기 갈등과 반공주의」『한국정치의 지배이데올로기와 대항이데올로기』 역사비평사 1994)

　한편 이에 대해 공산당 등 좌파세력은 독촉중협을 탈퇴하는 한편 이승만을 반공·반소적 국수주의자라 비난하고 나섰다. 이로써 처음이자 마지막인 이승만과 공산당의 협조관계는 종결되지 않을 수 없었다.

　이승만과 좌파세력 사이의 갈등이 심화됨으로써 이승만의 정당통합운동 노력이 더이상 진전되지 못할 무렵, 미군정은 임시정부 인사들의 귀국을 서둘렀다. 이와 더불어 미군정은 기존의 '연합자문위원회' 구상을 더욱 진전시켜 11월 20일 랜던의 「행정위원회 Governing Commission」 구상으로 발전시켰다. 이 구상에 따르면, 군정 내에 설치되는 '행정위원회'는 이후 행정위원회와 군정의 통합→과도정부 수립→국가수반 선출→정식

정부 수립 등의 과정을 통해 정식정부 수립의 모체가 되도록 상정想定되고 있었다. 그리고 이러한 과정이 진행되는 일정 시점에서 관련 3대국의 감독관 및 고문 파견과 미·소 양군 철수가 이루어지는 한편, 이「행정위원회」의 권한이 소련군 점령 지역까지 확대되도록 예정되어 있었다.(「재한국 정치고문 대리(랭던)가 국무장관에게」(1945. 11. 20),『해방 3년과 미국』)

그러나 랭던의「행정위원회」안은 미국 국무성의 신탁통치안의 폐기를 주장하는 한편, 이 '행정위원회' 안에 대한 소련측의 동의가 이루어지지 않을 경우 38선 이남에서만이라도 동 방안이 실행되어야 한다고 주장함으로써 '남한단독정부 수립'을 시사하고 있었다.

아무튼 랭던의 이 '행정위원회' 안은 이제 이승만보다 임시정부측의 정계통합에 초점을 맞추고 있었고, 그러한 맥락에서 당시 미군정은 임정의 조속한 귀국을 추진하고 있었다. 미군정측의 이러한 시도 속에서 김구를 비롯한 임정요인들은 개인자격으로 11월 23일과 12월 3일 두 차례에 걸쳐 귀국했다. 그러나 귀국 직후 임정측은 자신들을 중심으로 한 정계통합운동보다 정세를 관망하는 입장을 취했다. 따라서 임정측의 정계통합운동은 이를 위한 '특별정치회의' 소집을 제안했던 12월 23일에야 시작될 수 있었다.

이같은 중경임시정부의 귀국 및 정계통합운동과 관련하여 이승만의 독촉중협과 임정의 관계는 미묘하였다. 양측은 상호간의 주도권 문제, 친일파 처리 문제 및 좌파진영에 대한 입장 차이 등으로 인해 상호 통합되기 어려웠다. 이러한 관계 속에서 이승만은 독촉중협이 임시정부와는 별개라는 입장을 고수했다. 따라서 미군정의 자문행정기구 수립을 위한 정당통합운동으로 시작되었던 독촉중협의 결성은 결국 이승만 자신의 세력만을 결집시키는 결과로 귀결되고 있었다. 물론 이같은 결과는 정당통합운동으로서는 실패한 것이라 할 수 있었지만, 이승만 개인의 정치적 기반을 구축하는데는 성공적이었다. 이후 독촉중협은 이승만의 정치활동의 중심적인 기반이 되었다.

(3) 김구의 '절대 반탁'·자주 지향에 비해, 이승만은 미군정 비위맞춰

1945년 말 한국에 조선민주주의임시정부를 수립하고 이 정부와 연합국이 협의하여 5년 동안 신탁통치를 실시한다는 요지의 한국문제에 관한 모스크바삼상회의 결정 내용이 국내에 알려졌다. 이같은 모스크바 결정이 국내에 알려지자 그것은 격심한 찬·반탁 갈등을 야기시켰다. 우선 모스크바 결정은 즉각적인 반탁 분위기를 야기시켰고 김구는 이

같은 분위기 속에서 대대적인 반탁운동을 주도하고 나섰다. 그런 가운데 우파세력들은 반탁운동으로 결집되었다. 반면 좌파세력은 소련과의 협의 끝에 모스크바 결정을 지지하는 태도를 취함으로써 우파세력과는 정반대 태도를 취했다. 이로써 국내의 제반 정치세력들은 찬·반탁의 양 진영으로 확연히 나뉘면서 격렬한 찬·반탁 분규에 휘말리게 되었다.

이같이 야기된 찬·반탁 갈등 속에서 이승만은 반탁운동을 지지하는 태도를 취했다. 그러나 그는 김구 주도의 반탁운동이 김구의 영향력 확대로 이어지는 것을 우려했던 한편, 그 자신이 과도한 반탁운동에 연루됨으로써 미군정의 눈 밖에 나기를 원치 않았다. 따라서 그는 반탁운동의 입장에 서면서도 적극적인 반탁운동에 대해서는 일정한 거리를 두고 있었다. 그러한 맥락에서 김구의 주도 아래 반탁시위가 최고조에 다다랐던 1월 31일, 이승만은 반탁시위가 과열되어서는 안되며 미국정부에 대해 결코 오해가 있어서는 안될 것임을 천명했다. 또한 그는 김구의 파업요구에 대해 "국민 각자는 자기 직분을 지키고" "생산에 노력하자"는 태도를 천명함으로써 파업반대 의사를 밝혔다.

1946년에 들어서도 이승만은 김구 주도의 반탁운동에 비교적 침묵하는 태도를 보였다. 오히려 그 사이에 그가 행했던 일련의 발언들은 좌파 또는 소련측을 겨냥하고 있었다. 우선 찬·반탁 파동 속에서 어렵사리 추진되었던 한민당·국민당·인민당·공산당 등 4당회의와 이에 신한민족당까지 가세했던 5당회의 등 정당통합 시도의 결렬이 분명해진 1월 14일, 그는 좌파측을 비난하는 담화를 발표했다. 여기에서 그는 '극렬분자' '파괴자'인 좌파세력과의 통합은 애초부터 가능하지 않으며, 국권이 회복된 다음 이들 좌파세력을 '친일분자와 같은 대우 아래 민족의 재판 앞에 내세워야 된다'고 주장했다.

또한 1월 28일에는 소련측의 타스통신 보도에 대해, 미국측 관계자들은 조선의 독립을 주장하고 있다며 소련측의 타스통신 보도 내용을 비난했다.(타스통신 보도 「모스크바 협상 과정에서 신탁통치를 제안한 것은 소련측이 아니라 미국이었다」는 주장에 대해 이승만은 이에 반박하여 미국을 무조건 두둔하였다.)

모스크바 결정을 둘러싸고 야기되었던 이같은 찬·반탁 갈등은 이후 좌우 양 진영 각각의 통일전선적 연합기구 결성 시도로 이어졌다. 우선 반탁 진영의 우파세력들은 반탁운동의 여세를 몰아 비상정치회의 소집을 추진하고 나섰다. 그 결과 1월 20일 한민당·국민당·신한민족당 등 우파의 18개 단체는 비상정치회의 소집을 위한 준비회를 결성했다. 반면 공산당·인민당 등 좌파진영의 29개 단체 대표 60명은 19일 「민주주의민족전선」 결성을 결정하였고, 24일에는 민전준비위원회가 구성되었다. 이로써 1월 중순 이후 우파의 반탁진영은 반탁진영대로, 좌파의 찬탁진영은 찬탁진영대로 제각각 연합기구 결성에 나서는 상황이 되었다.

◎ 신탁 찬·반 정국에서 미군정과 김구는 극심한 내부 갈등

이럴 즈음 미군정의 하지는 곧 개최될 미소공동위원회에 대비하여 미국측 입장을 지원해줄 자문단의 조직을 원했다. 미군성은 이를 미소공위의 협의대상으로 이용할 생각이었다. 이를 위해 그는 이승만과 김구의 협조를 통하여 우파세력을 결집시키고 이를 미군정의 자문단 조직에 이용하고자 했다. 동시에 하지는 이 자문단 결성을 계기로 기회있을 때마다 정부의 지위를 요구했던 김구의 임시정부를 해체시킬 심산이었다. 바로 하지의 이러한 의도를 시행하기 위한 공작에 나섰던 인물이 굿펠로우 대령이었다. 친이승만적 인물이었던 그는 당시 하지의 특별 정치고문으로 재임하고 있었다.

그러나 김구의 의도는 미군정과 좀 달랐다. 반탁운동의 여세 속에서 비상정치회의 소집을 주도했던 그는 비상정치회의 소집을 통해 향후 정식정부 수립의 모체가 될 과도정권을 수립할 생각이었다. 다시 말해 김구는 비상정치회의 소집을 통하여 임정을 확대강화한 과도정권을 수립한 후, 이 과도정권이 국민대표대회를 소집하여 헌법을 제정하고 정식정부를 수립한다는 계획을 가지고 있었던 것이다. 문제는 미군정이 이를 받아들일 것인가 여부였다.

한편 이같은 의도를 지닌 김구에 비해 당시 이승만의 입장은 모호하였다. 반탁운동 과정에서 김구에게 정국의 주도권을 넘겨줄 수밖에 없었던 그로서는 김구의 비상정치회의 소집 시도를 적극 지지하기도 적극 반대하기도 곤란한 입장이었다. 이러한 상황에서 이승만은 미군정의 시도를 이용하여 다시금 정국의 주도권을 장악하고자 하는 노력에 나섰다.

○ 임정을 해체시키려 했던 미군정의 자세한 의도에 대해서는 HUSAFIK, part ll, chapter, pp.88~91(『주한미군사』 돌베개 1988)

김구의 이러한 구상에 대해서는 『서울신문』 1946년 1월 5일자 참조. 김구가 이끄는 임정의 이러한 시도를 주목하여 서중석 교수는 반탁운동이 사실상 중경임시정부 추대 운동이었다고 설명하고 있다(『한국현대민족운동연구』 역사비평사 1991).

이승만이 비상정치회의에 참여한 이후 2월 8일에는 김구의 탁치반대국민총동원위원회가 촉중협과 통합, 대한독립촉성국민회를 발족시켰다. 독촉국민회는 이승만과 김구를 영수로 추대했다. 즉 이승만은 비상국회의에 참여하고 김구는 독촉국민회에 참여함으로써 양자는 상호교차적인 협조관계를 형성했다.

(4) 김구·이승만 연합, 「최고정무위원회」 「민주의원」 빌족

이와 같이 미군정과 이승만 및 김구가 제각각 자신들의 계획을 추진하고자 하는 가운데 1월 하순 이승만의 독촉중협이 김구의 비상정치회의에 합류했다. 김구의 독주를 못마땅하게 생각하고 있었던 이승만으로서는 다소 의외의 행동이었지만, 아마도 그것은 굿펠로우 및 김구와의 모종의 약속에 따른 행동이었을 것이다. 아무튼 독촉중협이 비상정치회의에 합류해옴에 따라 비상정치회의 주비회는 1월 21일 자체의 "국민적 성격을 일층 명료케 하기 위해" 「비상국민회의 주비회」로 그 이름을 바꾸었다.

그러나 이승만이 독촉중협에 참여함으로써 비상정치회의의 우파적 성격이 강화되자, 조선민족혁명당의 김원봉과 성주식, 조선민족해방동맹의 김성숙 등 임정 내 좌파세력은 비상정치회의에서 탈퇴했다. 이들은 탈퇴 성명을 통해 "이박사의 중협이 모종의 예정안을 가지고 비상정치회의를 인도하려는 것"은 부당하며, "엄정 중립의 입장에서 양 진영의 편향을 극복하면서 단결을 실현해야 될" 임정이 우익으로 편향하고 있는 사태에 직면하여 그 주비회에서 탈퇴하지 않을 수 없음을 밝혔다.

이같이 이승만과 김구의 협조가 이루어지는 가운데, 2월 1일 비상국민회의는 창립대회의 막을 올렸다. 대회는 이승만과 김구를 영수로 추대하는 한편, 비상국민회의 최고정무위원회를 설치하기로 결정했고 위원 선정 등 구체적 사항에 대해서는 이승만과 김구에게 일임키로 했다. 뒤이어 2월 13일에는 이승만과 김구에게 선임이 위임되었던 28명의 최고정무위원 명단이 발표되었다. 이같이 비상국민회의가 창립되고 그 최고정무위원회가 구성됨으로써 반탁운동의 여세 속에서 우파세력의 연합기구 결성은 마침내 이루어지게 되었다.

한편 그 다음날인 14일, 굿펠로우에 의해 추진된 미군정의 자문기구, 즉 대한국민대표민주의원(이하 민주의원) 또한 발족되었다.(Goodfellow대령: OSS의 공작담당 부국장) 그런데 민주의원 발족과 더불어 밝혀진 의원의 명단은 비상국민회의 최고정무위원의 그것과 동일했다. 즉 미군정은 비상국민회의 최고정무위원회를 그대로 민주의원으로 만들었던 것이다. 다음은 비상국민회의 최고정무위원회의 위원인 동시에 민주의원 의원인 인사들의 소속 단체별 분포이다.

독촉계	이승만·황현숙·김선
임정계	김구·김규식·김붕준·김창숙·조완구·조소앙
한민당	백남훈·백관수·김준연·원세훈·김도연

국민당	안재홍 · 박용의 · 이의식
신한민족당	권동진 · 김려식 · 최익환
인민당	여운형 · 백상규 · 황진남
기 타	함태영(기독교) · 장면(천주교) · 김법린(불교) · 정인보(국어학자) · 오세창(독립선언 33인 중 1인)

　요컨대 미군정은 이같은 민주의원 조직을 통해 범우파세력의 대표를 주축으로 하고 이에 일부 인민당 대표들을 포함시킴으로써 좌우 전세력의 결집이라는 구색을 맞추고자 했던 것이다.

　그러나 이와 같이 발족된 민주의원의 성격에 대해 하지와 이승만과 김구는 민주의원 개막 첫날부터 그 해석을 달리하고 있었다. 우선 김구는 이에 대해 최고정무위원회를 미군정이 인정하여 수용한 것이라 생각했다. 따라서 최고정무위원회는 하지의 자문기관이 아니라 정부의 정식 집행부라 주장했다.

　반면 이승만은 민주의원 개막회의에서 최고정무위원회가 "우리가 직면하고 있는 여러 가지 문제에 대해 하지 중장 및 군정부와 협의하는데 있어서 한국국민을 대표할 것"이라고 언급함으로써, 민주의원이 한국국민을 대표하는 미군정의 '협의' 기구임을 주장했다. 그러나 하지는 민주의원이 "조선인을 대표하여 국가의 현재와 장래에 관한 가장 중요한 문제에 나를 보좌해줄 것"을 요청했다.(『조선일보』 1946. 2. 15일자)

　이같이 하지는 민주의원을 자문기구로서, 이승만은 협의기구로서 그리고 김구는 독자 정부의 정식 집행부로서 제각각 주장하고 있었고, 특히 김구의 주장은 하지 및 이승만과 상당히 달랐다.

　한편 인민당의 여운형은 굿펠로우와 접촉하는 과정에서, 첫째 그 기구가 통치가구가 아니라 자문기구일 것, 둘째 다수결 결의제가 아닐 것, 셋째 임시정부 수립 등 정치문제를 다루지 말 것 등의 조건 아래 그 참여를 승낙했다. 그러나 여운형은 사전에 민주의원의 정확한 성격을 파악하지 못했음이 분명했다. 또한 당시 민주주의민족전선 결성을 추진하고 있던 박헌영 등 좌파세력으로부터의 압력도 고려하지 않을 수 없었다. 그 결과 민주의원이 발족됨과 동시에 여운형을 비롯한 인민당 대표들은 민주의원을 탈퇴했다.(이와 관련하여 이승만은 민주의원 발족 전날 최고정무위원회 명단을 발표함으로써 여운형이 민주의원에서 탈퇴하도록 유도했다.)(『몽양 여운형 전집』 한울 1991)

　그렇다면 민주의원이 발족되자마자 그 성격이 달리 해석되고 여운형 등 일부 의원들이 사퇴하지 않을 수 없었던 이같은 사태가 발생한 원인은 무엇인가? 그것은 굿펠로우의 민주의원 수립 '공작'으로부터 비롯된 것이었다. 즉 그는 원래 남한의 우파세력들 뿐만 아니라 공산당·인민당 등 좌파세력과 북의 조선민주당까지 민주의원 수립에 끌어들이려 했다. 그러나 북쪽에 기반을 둔 조선민주당의 참여는 현실적으로 불가능했고, 공산당의 박헌영은 참여를 거부했다.

그런 가운데 그는 이승만과 김구 그리고 여운형만을 끌어들일 수 있었던 것이다. 그러나 김구는 오히려 이를 통해 최고정무위원회의 정부 집행부로서의 공식적 지위를 인정받으려 했고, 여운형은 사태의 정확한 진상을 파악하지 못한 채 유인된 반면, 이승만은 굿펠로우의 '공작'을 충분히 이용했던 것이다.(굿펠로우의 이같은 공작에 관해서는 HUSAFIK pp.77~78. 『주한미군사』 pp.169~170)

아무튼 이러한 내막에도 불구하고 하지의 자문단으로 조직된 민주의원은 25일 의장에 이승만, 부의장에 김규식, 총리에 김구를 선입했다. 이로써 모스크바 결정에 뒤이은 찬·반탁 분규 속에서 반탁운동을 주도했던 김구에게 정국의 주도권을 잠시 빼앗겼던 이승만은 이제 민주의원 의장에 선임됨으로써 다시 그 주도권을 회복할 수 있게 되었다.

2) 신탁통치도, 전국적 통일정부도 편파적 독점욕으로 무산

(1) 미국은 친일파세력과만 공조, 단독정권 수립 암중 모색

「일제의 패망」을 「조선의 독립」이라고 굳게 믿어온 조선 민중에게 전승국의 신탁통치는 마른하늘에 날벼락이었다. 이러한 믿음은 지극히 당연하고 상식적인 것으로, 2차 대전 당시에 발표된 대서양헌장 등에서도 피압박 민족의 해방을 확인한 바 있었다. 대서양헌장에서 루즈벨트는 "영토 및 그밖의 것에 대한 확대·강화를 추진하지 않는다"라고 했다. 카이로선언에서도 "조선인의 노예 상태에 유념하여 조속한 시일 안에 독립…"을 강조한 바 있다.

그러나 1945년 2월에 개최된 얄타회담에서 미국은 종래의 공언을 뒤집고 조선 반도를 연합국이 신탁통치하자고 제안하며 조선을 그들의 신식민지로 만들려는 야욕을 드러냈다. 특히 「조선에서 위임통치를 실시한다」는 미국의 정책은 상해 임정 출범 초기부터 조선을 필리핀처럼 「미국이 통치해달라고 간청한 이승만의 요구」와도 일치했다.

○ 이승만이 미국에 이른바 「외교청원서」를 보내 조선을 독립시켜주기를 간청한 사실을 두고 신채호는 "이완용이 5천년 사직을 일본놈들에게 팔아먹었다면, 이승만은 있지도 않은

나라(일본의 식민지)를 미국에 미리 팔아먹으려 한다고 비판, 나라의 운명을 예언하였다.

그리고 미군이 38선 이남을 점령한 직후인 1945년 9월 18일, 트루먼은 "자유롭고 독립된 국가를 수립하려면 시간과 인내가 (장기간의 신탁통치를 예상) 필요하며, 조선인과 연합국의 공동노력이 필요하다"고 말했다. 한편 이에 반대해온 소련의 스탈린은 얄타회담에서 "그 기간이 짧으면 짧을수록 좋다"고 말하고, 그 뒤에 열린 샌프란시스코 외상회담에서 소련 외상 몰로토프는 "강대국은 약소국의 독립을 촉진하기 위해 원조해야 한다"며 미국의 제국주의 정책에 반대의사를 분명히 했다.(David Conde 『解放朝鮮の歷史』 1967)

조선 문제를 포함해 전후 문제 전반을 다루려고 1945년 12월 16일부터 모스크바에 모여 회담을 가진 미·소·영 3국의 외무장관은 조선 문제에 관해 다음과 같이 합의했다. 그 내용을 간추려보면, 「조속히 조선을 독립시키기 위해 조선에 임시민주정부를 구성하고, 이를 지원하는 미·소공동위원회를 구성한다. 미·소공위의 운영은 조선 내의 모든 민주적 정치·사회단체와 협의를 거치며, 5년 이내에 조선을 자주독립국가로 만들기 위해 4개국의 승인을 거쳐 신탁통치를 실시한다. (중국 국민당 정권 장개석 참석) 이를 실행하기 위해 미·소 점령군사령관이 주관하는 미·소공동위원회를 구성한다」는 것이었다.

이 소식이 전해지자 남한 지역의 여론은 반탁과 친탁으로 갈라졌는데, 신탁통치반대위원회를 결성하여 반탁 여론을 주도한 사람은 바로 김구였다. 미국의 의중을 관망하던 이승만과 김성수도 뒤이어 반탁에 가세하고, 미 군정청의 지원을 받던 친미계의 학생 및 청년단체도 이에 가세했다.(앞에 나온 반탁에 관한 서술과 중복 불가피)

반면 찬탁을 주도한 인물로는 중도좌파인 여운형과 중도우파인 김규식이었으며, 우파에 속했던 송진우조차도 찬탁 대열에 합류했다. 또 초기에 반탁 의사를 표명했던 박헌영 등 공산주의자도 찬탁 대열에 합류했다. 그리고 전국 최대 규모의 노동조합인 전평(조선노동조합 전국평의회) 등도 찬탁에 가세하고 중도 성향의 언론들조차 신탁통치를 지지함으로써 대다수 인민의 여론은(「자주독립정부가 수립될 때까지의 짧은 기간만이라는 단서가 붙은 소련측의 제안인) 찬탁으로 굳어져갔다.

한편 모스크바 3상 회담에서 조선에 대한 강압통치와 10년의 탁치를 주장한 미국의 제안이 소련의 반대로 거부되자 트루먼은 이를 관철시키지 못한 번스 국무장관을 징계하는 등 조선 강점에 대한 노골적인 야욕을 드러냈다.(번스는 일본 문제에 소련이 참여하는 것을 막고자 조선 문제를 일방적으로 고집하지 않았던 것으로 알려졌다.) 이는 조선 문제의 처리에 관한 모스크바 합의를 깨려고 벌인 미 제국의 음모·기만·폭력·음해·억지 등으로 나타났다 가장 중요한 이유는 조선 전체를 제2의 필리핀과 같은 독점적 종속국으로 만들려는 미국의 당초 의도와는 달리, 모스크바 3상 회담에서 합의된 내용은 우선 "민주정당 및 사회단체의 대표로 구성된 과도적 민주정부를 수립하고 아울러 과도정부를 후견하고 원조할 4개국 탁치기구를 둔다"는 것이었기 때문이다.

이러한 트루먼의 의중에 따라 번스 국무장관이 조선에 대한 탁치는 없을 수도 있다고 운을 떼우자 미 군정청은 독점을 노리는 자신들의 탐욕을 호도하고 탁치에 대한 조선 인민의 불만을 친미 반소의 기회로 이용했다. "신탁통치를 주장한 것은 미국이 아니라 소련이다"라는 왜곡된 흑색선전을 펴며 반탁운동을 우익세력이 총집결할 수 있는 친미반소운동으로 몰아간 것이다.

또 이를 위해 반탁시위를 조장하고, 우익청년단 등 그들이 양성해온 테러단으로 하여금 찬탁 인사를 폭행하거나 살해하도록 부추겼다.

이로 인해 찬탁을 표명한 우익진영의 송진우와 공산당 간부 한 사람이 살해되고 찬탁을 표명한 언론사의 기자들도 우익 테러단에게 폭행을 당하며 신문사의 인쇄기 등도 파괴되었다. 때로는 이러한 테러행위가 군정청 경찰들이 지켜보는 가운데 자행되었으며, 찬탁에 가담한 전평 간부 등은 군정청 경찰에게 끌려가 심한 구타와 고문을 당하기까지 했다고 한다.

당시 아놀드 군정장관이 "만약 찬탁시위가 계속된다면 이는 조선의 독립을 지연시키는 짓이 될 것"이라고 협박한 사실과 "탁치에 관한 한 조선과 소련은 양립할 수 없다"고 한 하지의 말이 이 사실을 뒷받침했다. 이러한 반탁 폭력 난동을 미국이 사주·조장했다

미국·영국·소련의 외무장관들이 조선의 「자주독립정부 수립」 문제를 놓고 미국이 먼저 제안한 「10년 신탁통치안」을 소련의 축소조정으로 5년 정도로 수정하여 만들어 놓은 「모스크바 3상 신탁통치 결정안」을 『동아일보』가 국내 통신 발표보다 앞서 보도하면서 "소련이 신탁 통치를 주장, 또 다시 식민지화의 길을 열었다"고 왜곡, 정치 폭풍을 일으켰다. (서중석 『한국현대사』 40쪽)

는 사실은 소련의 타스 통신 뿐만 아니라 당시 뉴스위크지와 성조지 등에 실린 기사를 통해서도 확인된다.

한편 스탈린은 미국대사 해리먼을 불러 모스크바 합의를 위배한 채 마치 조선의 자주독립을 방해하는 쪽이 소련인 양 책임을 전가하는 미국의 행태를 엄중히 경고했고, 미·소 공위에 나온 소련대표단은 미국이 제시한 조선 문제 초안도 언론에 공개했다.

1946년 1월 하순, 기자회견을 통해 미국 쪽 초안을 공개한 소련은 "남조선 언론들은 미국의 거짓선전에 속고 있다. 미국은 조선 인민의 정치 참여를 차단한 강압통치와 탁치기간 10년을 제안한 반면, 소련은 조선인이 선출하는 임시 민주정부에게 통치권을 주고 미·소는 단지 후원만 하자고 제안했다. 소련이 탁치에 동의한 것은 미국이 즉각적인 조선의 독립을 거부했기 때문에 어쩔 수 없이 그랬다"라며 모스크바협정의 진실을 폭로했다.

소련의 해명 보도는, "소련은 조선의 즉각적인 자주독립을 방해하여 제2의 식민통치를 위해 신탁통치를 권장하고 있다"는 『동아일보』의 미국발 거짓 보도에 대한 반박 성명이었다.

그 직후 당시 국무차관 애치슨은 소련이 주장한 사실을 전면 부인했다. 그는 미국의 목표는 조속한 시일 안에 조선에 통일된 독립국가를 수립하는 것이라고 강변하면서, 탁치기간은 최소한 3년에서 이마도 10년이 걸릴 것이라는 뜻을 표명했다는 등 중언부언했다.

만약 미국이 자신들의 선전대로 조선을 통일된 독립국으로 만들려고 했다면, 소련의 주장대로 미·소 양군이 철수하고 조선 인민의 손으로 독립정부를 세우도록 후원하면 된다. 또 자신의 주장처럼 굳이 탁치가 필요하다면, 모스크바협정에 충실하면 되지 의도적으로 탁치 문제를 사실과 반대로 부각시키며 조선 민중을 자극·선동할 이유는 없었다. 그들은 마치 즉각 독립을 방해하기 위해 신탁통치를 펴며, 그것도 미국이 아니라 소련이 제안하여 그렇게 된 것이라고 남쪽 사람들에게 왜곡 선전하여 자극시켰던 것이다.

이러한 양쪽의 상반된 논박을 보아도, 소련은 단지 자국의 영토와 접한 조선이 자신을 향한 공격기지가 되는 것을 막으려 했을 뿐 적극적인 지배의사는 없었다는 점을 분명히 알 수 있다. 반면 미국은 원거리에 위치한 한반도까지 자신들의 종속 우방으로 만들려 한 것을 확인할 수 있는데, 이는 조선에 대한 탁치 의사를 분명히 한 알타회담 이후 38선 이남 점령과 미 군정청의 남한 독점화 정책, 그리고 모스크바협정 파행 등이 입증해주었다.

더구나 미·소 양국의 전리품에 불과한 조선에 대한 탁치에 영국과 중국을 끌어들인 미국의 속셈은, 원래 영국은 동북아에 별로 관심과 이해利害가 없었고 중국(장제스 정부)

역시 미국의 지원으로 지탱하던 구차한 처지였으므로, 4개국 탁치를 실시한다면 미국에게 유리하다는 판단 때문이었다. 그러나 소련에 의해「조선의 민주적 정당 및 사회단체가 참여하는 임시·민주정부 구성」이라는 암초가 생기면서 한반도 전체를 신식민지(좋게 보아「종속적 우방」으로 표현 가능)로 만들려던 미국의 음모는 중대한 차질을 빚게 된 것이다.(황성환『제국의 몰락과 후국의 미래』소나무 2009)

(2) 미국은「조선민중의 자주 독립 민주정부 수립」방해 공작

모스크바협정에 따라 1946년 1월 중순부터 2월 초까지 예비회담을 가진 뒤, 3월 26일 제1차 미·소 공동위원회가 서울에서 개최되었다. 이 자리에서 소련 쪽 수석대표로 참석한 슈티코프 중장은 개막연설을 통해, 조선에 대한 소련의 정책은 "조선이 소련을 공격하는 기지가 되지 않도록 우호적인 자주독립 국가가 수립되도록 돕는 것"이라고 강조했다. 즉 유럽처럼 동서 진영으로 나뉘어 동쪽은 소비에트화 하고 서쪽은 미국화 하는 것이 아니라, 적대적인 정부가 들어서는 것만은 피해야 한다는 상식적인 의견을 표명했다.

반면 미국의 수석대표로 참석한 아널드 소장은 '가증스런 말의 성찬'을 벌였다. 그 요지를 간추려보면, "언론·출판·집회·신앙·양심·사상의 자유는 어떤 이유로도 제한될 수 없다. 이러한 권리는 모든 민주인사와 정당에 적용된다. 미국의 대남 정책은 온건파이건 과격파이건, 자본주의지이건 공산주의자이건, 모든 민주 집단이 어떠한 검열과 제한 없이 자신들의 정당을 결성하고 남북을 자유롭게 오가며 집회를 열고, 그들의 사상과 철학을 선전하고, 신문과 방송에 대한 규제를 하지 않는다. 이는 미국 민주주의의 근간이며 조선에서도 그렇게 되어야 한다"고 강조했다.

미국의 주장은 악성 제국주의 일본에 협력했던 친일파 세력을 무비판적으로 껴안은데 대한 변명인 동시에, 진보세력을 노골적으로 억압하고 있는데 대한 거짓 변명으로, 두루뭉수리하게 '자유민주주의' 상표를 내걸고 무력으로 당당히 버텨가겠다는 오만한 자세의 표현이었다.

미국측의 주장은 얼핏보면 대단히 자유와 민주주의를 옹호하는 듯한 발언이었지만, 식민통치가 끝난 직후 매국노와 반역 범죄자들을 그냥 방치 채용한 채로 어떻게 자유롭고 자주적이며 평등한 민주사회 구성이 가능한지에 대한 일언반구의 언급도 없이 시치미를 뗀 채 '자유' '민주'만을 공허하게 선전하였다.

그러나 입으로 떠벌린 말과 실제의 현실에서 몸으로 하는 짓은 정반대였다. 앞에서 살펴본대로 미국은 민주사회의 필수요소인 자유와 권리를 보장하기는커녕, 오히려 갖은 간계와 폭력으로 남한 주민의(특히 친일반역세력을 비판하는 근로민중의) 눈과 입을 봉하는 등 기본권조차 박탈했다.

그 한 사례로 1945년 10월 미 군정청 고문직을 거절한 여운형에 대한 아닐드 군정장관의 독설성명 게재요청을 매일신보사가 거부하자 이 신문을 폐간(1945. 10) 시켰다. 이어서 모든 언론을 검열하고 12월에는 주민자치 조직인 인민위원회도 불법화했다. 그리고 1946년 4월과 5월에 각각 공포된 군정청 명령을 통해, 영화·예술에 대한 사전검열과 신문·정기간행물에 대한 허가 및 검열제도를 실시했다.

그렇다면 미국이 강조한 민주인사·정당·단체란 어떤 것인가? 당시 미국이 지칭한 남한의 민주인사란 바로 미국의 종속화정책에 편승하여 권력을 잡으려던 사이비 독립투사 이승만과 종주국을 바꿔가며 침략군의 충견 노릇을 한 김성수 등 부일매국노, 그리고 이들과 한패가 되어 탁치 반대에 앞장선 김구 등 극우파였다.(김구의 행적은, 그후 "자주독립을 위하고 통일정부 수립을 위한 애국애민 정신의 발로였다"는 사실로 드러났다.) 또한 이른바 민주정당 및 단체 역시 이들이 만든 독립촉성중앙회·한민당 등 친일파 친미 정당과 그 병기노릇을 한 대청 등 우익 민병대, 그리고 군정청의 들러리인 민주대표의원단 등을 말하는 것이었다.

이는 지금까지 살펴본 대로 미국이 말하는 민주니 자유니 인권이니 하는 용어는 인류보편적인 것이 아니라, 자신들의 유·불리에 따라 기준과 척도를 달리 하는 고무줄 민주주의라는 사실을 드러냈다. 즉 지금도 변함없이 친미는 민주이고, 반미는 무조건 비민주가 되는 것이다.

미국은 바로 이런 자들과 이들이 주도하던 단체를 동원해 모스크바에서의 합의를 파행으로 몰아갔는데, 그 첫 번째 논란거리가 바로 참가단체의 선정이었다. 소련은 모스크바협정에 따라 구성될 「조선 임시 민주정부」에는 모스크바협정에 동의하는 개인이나 단체만 참여할 수 있다는 당연한 원칙을 주장했다. 만약 모스크바에서 결정된 탁치를 부인하는 개인이나 집단을 참여시킨다면 이는 스스로 협정을 부인하는 것이기 때문이었다. 그러나 미국은 이처럼 기초적인 상식조차 유린했다. 그럴 경우 이승만·김구·김성수 등 소련에 대항해 미국의 이익을 챙겨줄 친일파나 친미 우익집단이 참가할 수 없었기 때문이다.

미·소 공위의 파행과 이로 인한 한반도의 분단을 우려한 소련은 앞서 제시한 참가 기준을 다시 완화하여, 지금이라도 모스크바협정을 준수한다면 이 협정에 반대해온 개인이나 단체의 참가도 허용할 수 있다며 한 발 물러섰다.

소련의 양보로 일단락되는 듯 했던 참가자 선정 문제는, 미 군정청의 거수기인 대표민주의원단의 부의장 김구가 "임시 민주정부에 참가한 뒤 우리는 탁치를 부정할 수도 있다"고 발언함으로써 또다시 문제를 불러일으켰다. 하지 사령관이 김구의 귀국을 허용키로 결정한 1945년 11월 12일 회의석상에서 '고깃국에 소금'이라고 지칭했듯이, 미국을 위한 소금 역할을 충실히 수행한 셈이었다.

또한 미국은 이 협정에서 정한 정치·사회단체의 수를 부풀리고, 그 구성원들도 반탁·친미그룹으로 내세우는 한편 찬탁그룹은 제외시키는 공작도 벌였다. 이로 인해 대표적인 민주단체였던 회원 60만의 전평, 80만의 조선부녀동맹, 65만의 조선청년동맹, 300만의 전농 등이 제외되었다. 그 결과 소련에서 제시한 북측의 정치·사회단체의 수는 인구를 감안한 38개였으나, 남한은 전혀 앞뒤가 맞지 않는 422개가 되었다. 이를 역산하면 참가 대상자는 성년 인구의 3~4배가 되었다.

이처럼 미국은 모스크바협정의 취지를 살려 협상에 임하기보다는 38선을 철폐하고 정치·행정통합부터 실시하자는 등, 실무적으로 즉시 실행할 수도 없고 의제와도 직접 관계가 없는 정치공세만 늘어놓았다. 이에 대해 소련은 모스크바협정대로 조선에 임시 민주정부가 수립되어야 38선을 철폐하는 등 남북 통합을 논의할 수 있다며 합리적 입장을 견지했다.

이러한 미국의 엇나가기 술책은 이미 지난 2월부터 비밀리에 남한 단정(단독 정부) 수립을 위한 대안을 준비해온 마당에, 자칫 조선에 반미적 자주국가가 수립될 수도 있는 모스크바협정에 충실할 이유가 없었기 때문이었다. 결국 미·소 공동위원회는 회의 재개일도 정하지 못한 채 중단되었는데, 재론의 여지도 없이 회의가 중단된 책임은 억지논리를 펴온 미국측에 있었다. 이런 미국의 억지에도 불구하고 소련의 고위 관료인 발라사노프는 미 국무부의 랭던에게 "3월 말 이내에 탁치문제 등을 매듭짓자"는 서한까지 발송하는 등 적극적인 자세를 취했다.

그렇다고 미국이 노골적으로 파행을 촉구했던 것은 아니다. 미·소 공위의 실무를 총괄한 군정청의 자세와는 달리, 미 국무부는 표면적으로나마 미·소 공위의 결렬을 막으려는 자세를 취했다. 그 사례로 하지가 계속해서 탁치에 대해 부정적인 자세를 보이자, 번스 국무장관은 1946년 4월 16일 랭던에게 보낸 문건에서 참가 인물의 선정에 관해 "좌·우익의 극단적 인물을 배제하자"고 권고했고, 하지의 직계 상급자인 육군장관 패터슨에게도 서한을 보내 "하지의 임무는 모스크바협정대로 소련과 협조하는 것이지 탁치의 찬반을 논하는 것이 아니다"라고 말했다.

당시 소련을 방문한 에드윈 폴리와 점령지 담당 국무차관보 힐드링도 트루먼에게 미·소 공위의 속개를 건의했다. 이러한 본국 정부의 지시에 따라 하지도 마지못해 모스크바협정을 준수한다고 천명했다.

아울러 육군성도 1946년 7월 17일 하지에게 지시문을 보내 이승만·김구 같은 극우계 대신 중도인사로 구성된 정치단체를 내세워 중단된 공위 활동을 재개하라고 명령했다. 이에 따라 미 군정청이 중도계인 여운형·김규식을 중심으로 좌우합작위를 만들자, 일부 우익도 이승만·김구 등의 반탁세력과 결별하고 여운형·김규식이 대표로 있는 합작위로 집결하기 시작했다. 당시 워싱턴에서는 "이제 이승만의 용도는 폐기됐으므로 그를 조용히 물러나도록 해야 한다"는 말이 나돌았다.

이로 인해 미국에게 용도폐기될 것을 우려한 이승만은, 하지에게 좌우합작위를 해체하고 김규식·여운형에 대한 지지를 철회하도록 압박하면서 그렇지 않으면 남한 우익들의 폭동이 있을 것이라고 하지와 미 국무부 고위 관리들을 압박했다.

이어서 8월 13일에는 애치슨 국무차관도 소련에 대해 "공위 속개를 희망한다"는 뜻을 재천명하며 좌우합작위에 힘을 보탰고, 9월 1일에는 하지도 성명을 내 "대중을 선동하여 모스크바협정을 반대하는 것은 표현의 자유를 남용한 것"이라는 소련의 주장에 동의함으로써 반탁 소요를 조장해온 종전의 자세에서 한 발 물러서는 자세를 취했다. 이에 소련 대표는 11월 26일 회신에서, "탁치에 반대하는 모든 정치인은 회의 참가대상에서 제외시킬 것"을 거듭 강조하며 미·소 공위의 재개에 대해서는 즉답을 회피했다. 그러자 미국은 소련이 모스크바협정을 깨기 위해 남조선의 주요 정치지도자를 배제하려한다는 역공을 퍼부어 오히려 반소여론을 자극했다.

(3) 미국은 국내외 비난 피하며 단독정권 수립 술책 계속

미국은 단정單獨政權 수립에 방해가 되는 좌우익 합작위의 해체를 요구한 이승만 등을 힐난하면서도 극우 테러리스트까지 동원하여 반탁 소요를 주도한 이승만과 김구를 제재하지는 않았다. 왜냐하면 중도계열의 주도로 조선에 진정한 「임시 민주정부」가 수립될 경우 미국의 이익을 지켜줄 충복이 설 자리가 없어질 것이기 때문이었다.

이러한 상황 때문에 미 군정청은 정읍 등지에서 행한 이승만의 남한 단정 수립 공개발언에 대해 여론의 추이를 살펴가며, 이를 배양할 과도입법의원단과 단정을 지켜줄 군대와 경찰 그리고 우익 민병대도 강화해 나갔다. 즉 모스크바협정대로 조선에 임시 민주정부가 수립될 경우 조선에 대한 미국의 지배권은 약화될 것이므로, 조선에 대한 지배권을 지키려면 이승만과 같은 극우 파시스트를 키워야 했기 때문이다. 이런 딜레마(우려와 고민)에 대해 당시 남한을 방문했던 미 하원 조사단은 "불확실하고 더듬거리며 혼란스런 정책"이라고 표현했다.(제임스 메트레이 저, 구대열 역『한반도의 분단과 미국』을유문화사 1989)

그렇다고 미국의 대 조선 정책이 혼란에 빠졌던 것은 결코 아니다. 단지 표면적으로 다소 혼란스러워 보였던 것은, 국제적인 체면을 고려해 모스크바협정 이행이라는 도박을 하느냐, 아니면 국제사회의 비난을 무릅쓰고 조선의 반을 확보하는 남한 단정 수립으로 가느냐를 확정짓지 못했기 때문이었다. 이러한 미국의 야망은 공개적으로 선언된 트루먼 닥트린과 그리스·터키의 공산화를 막으려고 비밀리에 벌였던 미국의 음모와 공작들이 말해주었다.

당시 미국이 추구한「한반도 정책」은 소련처럼 단지 적대적인 정부가 들어서는 것을 막는 소극적인 것이 아니라, 대륙 봉쇄 또는 침략을 위해 일본을 지키는 외곽 초소 겸 동북아의 교두보로 활용하며 유사시에는 소련을 공격하는 기지로 활용하는 것이었다.

이 점은 종전 직후인 1945년 11월 "남조선에는 즉각 단정을 수립하여 일본 방위와 대륙 진출을 위한 기지로 사용해야한다"는 의견을 밝힌 미국대사 해리먼과 맥아더 사령관 사이의 대담이나, "조선은 미국의 아시아 정책의 성공 여부가 달린 이데올로기 대결장"이라면서 남반부의 상실은 일본의 안보를 위태롭게 하므로 결코 소련에게 양보해서는 안된다고 강조한 에드윈 폴리 등 미국 정부 고위 관리들의 보고서 등에서도 꾸준히 지적되었다.

미·소 공위를 활용한 한반도 지배라는 모험을 접은 미 국무부는 1947년 3월 초 5억 4,000만 달러를 남한에 투입한다는 최종안을 확정하고, 이를 육군장관을 통해 미 군정청에도 통보했다. 이 자금은 남한 과도정부를 수립·운영하고, 미군의 철수에 대비하여 "자신의 이익을 지켜줄 최전선 방위병을 키우는 데 쓰기로" 했다. 그리고 이 계획은 향후 미·소 공위의 재개 여부와 관계없이 독자적으로 추진한다고 했다.

미국에서 미·소 공위의 결렬에 대한 책임을 소련에 전가하자 소련 외무장관 몰로토프는 그동안 미국이 주장해온 38선 철폐, 정치·경제통합, 남북의 자유왕래 등이 조선의 독립국가 수립과 번영에 기여한다는 데에는 이의가 없으나, 이는 현실적으로 모스크바협정에 따라 임시 민주정부를 수립한 뒤에나 가능하다고 거듭 주장했다.

물론 모스크바협정의 대의명분이 조선의 통일을 전제로 한 것이라는 점에서, 미국의 주장도 일리가 없는 것은 아니었다. 그러나 이런 주장은 자신에게 불리해질 수도 있는 모스크바협정을 깨고 새로운 조건을 모색하려는 미국의 술수인 동시에, 즉각적인 자주독립을 주장해온 남한 주민의 환심을 사기 위한 대중기만용 정치선전에 불과한 것이었다. 이는 그동안 조선을 지배하기 위한 온갖 공작과 이에 장애가 되는 세력을 탄압해온 미 군정청의 간계와 폭압이 말해준다.

한편 이러한 미국의 정치 공세에 대해 소련은 만약 미국이 모스크바협정을 정확히 준수하고자 한다면 1947년 5월 20일에 미·소 공위를 재개하자고 제의했다. 그러나 미국으로서는 모스크바협정을 정확히 준수하려면 그동안 소련의 주장대로 탁치에 반대해온 이승만·김구·친일파집단 등 극우세력을 빼야했다. 이에 미국은 이들이 모스크바협정을 준수한다는 조건으로 회의에 참가시키겠다고 소련에 통보했다

미국 정부에서 2차 미·소 공위를 재개하려 하자 이에 불안을 느낀 이승만은 1946년 12월 4일 도미 길에 올랐다. 그의 후원자인 맥아더를 만난 이승만은 사흘 동안 도쿄에 머물며 즉각적인 남한 단정 수립을 역설하는 등 민족의 장래보다 권력을 잡는 데 광분했다. 이어서 12월 7일 미국에 도착한 그는 미국의 지인들을 통해 대소 강경자세를 역설하면서 미·소 공위를 걷어치우고 38선 이남에 단독정부를 세워야 한다고 주장했다.

이듬해인 1947년 4월 하순에 귀국한 이승만은 자신이 미국에 체류할 당시 발표된 트루먼의 대소 봉쇄정책(트루먼 닥트린)이 마치 자신의 성과인 양 과장 선전하며 한두 달 안에 남한 단독정부가 들어설 것이라고 떠벌였다. 이러한 이승만의 발언은 공위 재개를 모색하던 미 군정청에 의해 즉각 부인되었으나, 남한에 단독정부를 수립한다는 미국의 최종안은 이미 미 국무부에 의해 골격이 만들어진 상태였다.

○ **트루먼(Truman, Harry Shippe 1884~1972)**

미국 제33대 대통령(재임 1945~1953). 미주리 주에서 농부의 아들로 태어났다. 농장에서 일하다가 제1차 세계대전에 포병 장교로 참전하였다. 전후에는 법조인으로 지방판사를 역임했으며 1934년 미주리 주 연방상원 의원에 선출되었고 1940년 재선되었다. 1944년 프랭클린 루즈벨트 대통령의 부통령으로 당선되었으며 1945년 루즈벨트의 사망으로 대통령직을 승계하였다. 대통령으로서 제2차 세계대전을 종결지었으며 1947년 트루먼 닥트린을 선언하여 반소·반공 노선을 천명하였다. 1948년에는 이를 구체화한 「마셜 플랜」을 발표하였다. 이 해에 대통령에 재선되었다. 1949년에는 「뉴딜」를 계승한

트루먼

「페어 딜」정책을 발표하여 사회 복지향상에 기여하였으며 같은 해 북대서양 조약기구(나토)를 창설하였다. 1950년 한국전쟁이 발발하자 국제연합군의 출동을 요청하고 미군을 그 일원으로 파견하였다.

철저히 미국 이기주의만의 실현을 위해 한겨레 동포 분열을 장기화시킴으로써 남북동포의 가슴에 대를 이어 증오와 피눈물을 품고 흘리게 만들었다.(황보종우 편저『세계사사전』청아출판사 2011)

○ 마셜 플랜 Marshall Plan

제2차 세계대전이 끝난 후 미국이 주도한 유럽부흥계획. 트루먼 행정부의 국무장관 마셜이 1947년 6월 하버드대학교 강연에서 제안하여 마셜 플랜으로 불린다. 1948년 4월 트루먼 대통령이 실시하여 서유럽 16개국이 원조를 받아들였다. 제1차년도에 53억 달러를 투입하였으며 1951년 말까지 114억 달러를 투입하여 제2차 세계대전 이전의 공업 수준을 30% 이상 넘어서는 성과를 거두었다. 미국은 당시 소련과의 냉전 구도에서 서유럽 국가에 공산주의가 침투하는 것을 저지하고 미국의 잉여생산품과 과잉자본의 배출구로서 유럽에 경제원조를 실시하였으며 소기의 성과를 거두었다

○ 뉴딜 New Deal

1930년대 미국에서 대공황을 극복하기 위하여 프랭클린 루즈벨트 대통령의 주도로 실시한 국가주도의 경제재건정책. 1920년대까지 시행되던 자유방임적 경제정책이 1929년의 주식시장 대폭락으로 시작된 대공황을 해결하지 못하자 정부의 적극적인 개입의 필요성이 대두되었다. 이에 따라 1932년 선거에서 당선된 루즈벨트 대통령은 새로운 정책(뉴딜)을 실시할 것을 공약으로 내걸었다. 뉴딜에 따라 정부가 경제문제에 적극 개입하여 농업조정법·긴급은행법·관리통화법·산업부흥법 등을 통하여 정부의 규제를 강화하였다. 또한 테네시강 유역 개발공사TVA를 설치하여 국가주도의 대규모 토목사업을 벌여 실업 해소에 주력하였다. 이와 함께 노동자와 빈민에 대한 고용안정과 사회보장책도 제시하였다. 뉴딜을 통하여 연방정부의 기능이 강화되고 대통령의 권한이 커져 이전의 자유방임주의 시대와 많은 차이가 생기게 되었다.

○ Fair Deal 공정 정책 : 1949년 트루먼이 제창한 불황 예방 정책

(4) 남북 분단 · 동포 분열 · 증오 · 충돌을 가져올 친외세력 집권

제2차 회담 초기에는 정치 · 사회단체의 선정에 관해 양쪽의 이견이 있었으나 소련에서 미국의 제안을 받아들여 모스크바협정에 동의하는 정당과 사회단체의 참가를 허용했다. 미국도 소련의 제안을 수용하여, 새로 수립될 과도정부에는 미 · 소 양국의 권한으로 부일 분자(악성 친일파)의 참여를 불허한다는 선에서 동의함으로써 회의가 열릴 수 있었다.

그러나 이미 「트루먼 닥트린」을 선언한 뒤 소련과의 '대화'보다는 '대결'을 택한 미 행정부에게 「조선의 진정한 자주독립을 위한」성실한 자세를 기대하기란 어려운 일이었다. 이울러 트루먼의 대소 봉쇄정책에 고무되어 그리스와 같이 남한에서도 진보세력을 소탕하고 미 · 소 공위도 끝내야 한다는 의견을 백악관에 전했던 이승만은 물론이고 김구 역시 결사적으로 회담 재개를 반대했다. 이승만은 폭동 운운하며 미 군정청을 협박하고, 김구도 중경 임정을 재건하여 미 군정청에 맞서겠다며 거들었다.(제임스 메트레이 저, 구대열 역 『한반도의 분단과 미국』을유문화사 1989)

이승만이야 그렇다 치고 김구의 행태 역시 당시로서는 남북분단을 촉진하기는 마찬가지였다. 물론 그가 탁치를 반대한 이유는 즉각적인 독립을 열망한 데에서 비롯된 것이었다. 그러나 탁치를 반대해온 이승만이 이미 남한 단정 수립을 기정사실화했고, 또 모스크바협정이 강압적인 탁치를 의미하는 것이 아니라는 점과 이를 수용하지 않으면 국토가 분단된다는 것은 대중도 짐작하고 있었다. 특히 이 점에 대해서는 여운형과 김규식도 누누이 김구를 설득했다. 그러나 김구는 이승만과 호형호제 하면서 미국의 한반도 "분단공작에 전위대로 나서며 미국의 밥상에 오른 고깃국의 소금 역할을" 충실히 했던 것이다.

반면 이승만과 김구 등 극우계를 제외한 대다수의 사회지도층과 대중은 미 · 소 공위의 재개를 환영하며 자주통일과 민주주의 발전에 큰 기대를 걸고 있었다. 자신들의 결사적 반대에도 불구하고 공위 회담이 진행되자 이승만은 미국 정부가 소련에 동조하여 표현의 자유를 침해하고 있다면서 패악을 부렸다. 그리고 김구 역시 이승만과 함께 극우세력을 선동하여 또다시 반탁시위를 벌였다. 심지어 김구는 슈티코프 일행에게 오물을 퍼붓는 행패까지 부렸다. 이러한 망동은 미 군정청의 방조 아래 자행되었고, 하지는 이들에게 아무런 제재도 하지 않았다.

이런 분위기에도 불구하고 소련 대표단은 당초에 제시한 대로 1,300만 조선 주민을 대표하는 3개의 정당과 35개의 사회단체 등 총 38개 단체를 협의대상으로 선정했다. 그러나 미국은 또다시 남한 주민의 3배에 해당하는 6,200만을 대표하는 422개의 정당과 사회단체를 선정하여 협상 테이블에 올려놓았다.

이들의 대다수는 이승만과 김구 등이 관련된 극우·친미 계열이었음은 물론이다. 이후 미 군정청도 마지못해 남조선의 대표단 선정이 잘못됐음을 시인했다. 하지만 진보적 근로민중의 민의에 따라 사실 그대로 참가단체를 선정한다면 조선에 대한 미국의 지배는 무산될 수밖에 없는 상황이었다.

이런 미국의 억지에 대해 소련 대표단은 자신들에게 오물을 퍼붓는 등 행패를 부린 김구의 반탁위원회 소속 8개 단체를 배제하라고 요구하자 미국은 또다시 표현의 자유 운운하며 2차 회담을 파행으로 몰고갔다. 조선의 민주주의 운운하며 폭압과 간계를 부려온 미국과 그들의 고깃국의 고기와 소금 역할을 충실히 한 이승만과 김구의 행태에 대한 민의는 당시의 여론조사 결과로도 알 수 있다.

1946년 8월 미 군정청이 서울 시민을 대상으로 실시한 여론조사에서, 응답자 8,453명 가운데 70%는 사회민주주의를 원했고 미국식 자본주의나 소련식 공산주의를 지지한 비율은 각기 14%와 7%에 불과했다. 또 제2차 미·소 공동위원회가 파탄에 직면한 1947년 7월, 조선기자회가 실시한 가두 여론조사에서도 응답자 2,495명 가운데 71%는 이승만과 김구의 반탁 주장이 민족의 독립을 방해한다고 답하고 단 26%만이 독립을 위한 것이라고 답했다.

이어 민족의 미래를 논의하는 미·소 공동위원회에 참가할 조선 민족의 대표에서 제외해야 할 정치 및 사회단체로, 52%가 이승만과 한패인 한민당을, 37%가 김구의 한독당을 꼽았다 .즉 응답자의 89%가 이승만과 김구를 민족분단 세력으로 본 것이다.

이는 당시의 조선 민중이 결코 우매한 존재가 아니었다는 사실을 말하고 있다. 따라서 미군정의 통치는 민의에 따른 것이 전혀 아니고 민의를 꺾는 강압과 살인적 폭력에 의한 것이었음을 자동적으로 밝혀주는 상황이었다. 또 이승만은 물론이고 김구 역시 민의를 대변하는 정치인이 아니라 자신의 권력욕을 채우려고 미 점령군의 민족분단 음모에 야합했다는 사실을 말해준다. 특히 국민 영웅으로 존경받던 김구 역시 미 군정청의 비호를 받으며 1946년 1월 벽두부터 반탁시위를 주도하고 급기야는 소련 대표에게 오물까지 투척하며 미·소 공위를 파행시키려 했다. 물론 미국과 이승만에게 속은 김구는 나중에서야 깨닫고 38선을 넘나들며 통일정부 수립을 위해 애쓴 비통한 역사의 족적을 남기고 미국의 조선인 정보요원의 총탄에 쓰러져 갔다.

반면 좌우에 치우치지 않고 통일된 자주민주국가를 수립하기 위해 한평생을 헌신하고, 미·소 공위를 성사시키고자 생명의 위협도 불사하며 좌우합작을 주도해온 민족지도자 여운형은 미·소 공위가 사실상의 파국을 선언하기 열흘 전 군정청 경찰의 비호를 받은 테러범의 흉탄에 독립투쟁의 한생을 마쳤다.

한편 하지 사령관은 시위금지령을 해제하여 반탁시위를 조장하고 또 좌익계 지도자들을 무단 감금하는 등 경찰과 우익 민병대 등을 총동원해 찬탁 인사에 대한 암살 등 관제 테러도 자행했다. 또한 찬탁 여론을 잠재우기 위해 좌익계 신문사는 물론이고 찬탁의사를 표시한 중도계 신문의 폐간도 본국에 건의했다. 자칫 조선에 대한 지배력을 상실할 수도 있는 탁치안을 성사시키느니 차라리 반쪽이나마 확실하게 챙기겠다는 본국 정부의 숨겨진 의중에 따랐음은 의문의 여지가 없다.

이는 국무부와 육군성에게 강력한 지지를 받은 국무부 부국장 앨리슨의 1947년 7월 29일자 보고서에서도 알 수 있는데, 미·소 공위의 파탄을 예견하고 그 대안으로 "남조선에 단정을 수립하기 위해 조선 문제를 1947년 9월 10일 유엔으로 이관한다"는 내용이 그것이었다.

◎ 제국주의 세력의 이민족 정복을 위한 음모와 핵심전략

유럽 열강과 미국·일본 등 제국주의 세력은 지난 500년에 걸쳐 약소민족 국가의 수탈적 지배세력을 무력협박과 종교적 순종 유도에 의해 항복시킨 후 우군으로 유인하여 앞세우고, 당연히 자주 독립 자세를 취하는 피수탈 서민대중을 공동의 적으로 만들어 착취의 대상으로 삼으면서, 동족 동포형제 끼리 혈투를 통해 짐승과도 같이 극악무도한 적대관계를 영구히 지속할 증오·분열의 장치 속에 처박아 넣는다.

협박과 순종 유도에는 무력과 종교가 최고의 수단이며 이들 생명 살상과 미신의 권위에 의해 순치, 훈련 받은 제국주의의 우군들은 속성상 동포형제 다수를 적대시하면서 착취와 유혈투쟁을 서슴없이 감행함으로써 증오의 발산자이면서 동시에 증오의 대상자가 되어 승패를 가름할 때 까지 철천지원수로 대결한다. 제국주의 침략세력이 마련해 놓은 동족간의 유혈투쟁과 증오의 덫이나 함정에 걸려든다. 한차례의 정복이 완료되면 다음 차례의 정복을 위해 우군은 잘 훈련된 용병이 되어 누구보다 용감하게 앞장서서 제2, 제3의 정복지와 순종민족을 향해 전과 똑같은 숫법으로 침략의 발걸음을 옮겨간다.

3) 미국 의도이자 이승만의 야망, 비민주·반봉일 단독정권 창출 추진

(1) 보수 계열 인물만의 「민주의원」을, 국민 '대표기구'로 급조

미군정이 민주의원을 수립한 가장 일차적인 이유는 곧 개막될 제1차 미소공동위원회에 대비하기 위해서였다. 우선 미군정은 민주의원을 미소공위에 대한 남한측 대표기관으로 삼을 생각이었다. 이 구상에 따르면, 민주의원은 북측의 민주적인 정당 사회단체 대표들과 더불어 미소공위와 협의할 협의체를 구성하기 위한 대표 명단을 작성토록 되어 있었다. 그리고 이렇게 구성되는 협의체는 「조선임시정부」에 참가할 후보자 명단을 미소공위에 제출토록 예정되어 있었다.

다른 한편 미군정은 미소공위에서 소련측에 남한의 민간정부를 조선임시정부의 기구로서 받아들일 것을 요구하고자 했는데, 민주의원은 여기에서 남측 민간정부의 역할을 담당토록 계획되어 있었다. 즉 민주의원은 북쪽까지 확대될 민간정부로서, 동시에 미소공위에 대비한 남측 대표기관으로서 그 역할이 의도되어 있었던 것이다.

그러나 이승만 및 김구를 앞세워 수립된 민주의원을 이같이 이용하고자했던 미군정의 계획에 대해 미국무성은 반대의사를 표시했다. 미국무성은 3월 초 맥아더에게 보내는 메시지를 통하여 "한국에 대한 확고하고도 발전적인 계획을 추구할, 김구 일파와 연결되지 않으면서도 소련의 조종을 받는 세력과도 연결되지 않은 그러한 지도자들을 우리 지역 내에서 물색하기 위한 모든 노력을 경주할 것"과, 이들로 하여금 4대 자유 및 토지와 재정개혁을 강조하는 진보적인 강령을 작성토록 할 것을 요구했다.

동시에 그 메시지는 미국무성이 "김구 및 이승만 일파에 대해 결코 어떠한 호의도 보일 수 없다"는 점을 밝히고 있었다. 그러나 이같은 미국무성의 지시에 따라 미군정이 새로운 조치를 취하기에는 시간이 없었다. 제1차 미소공위 개막을 목전에 둔 미군정으로서는 민주의원을 그대로 이용하는 수밖에 별다른 도리가 없었기 때문이었다.

이런 가운데 미소공위 개막 직전인 3월 19일, 이승만은 갑작스럽게 민주의원 의장직 사임을 요청했고 이에 민주의원은 이승만의 휴직을 승인하는 사태가 발생했다. 외견상 이승만이 물러나는 이유는 건강문제였다. 그러나 이승만이 민주의원 의장에서 물러난 진정한 이유는, 미소공위 개최를 앞두고 미군정이 그 분위기를 개선해야 될 필요성을 느꼈기 때문이다. 아마도 미군정은 이승만에 대한 미국무성의 반대의사를 감안하는 한편, 이승만이 미국인 실업가 돌베아에게 한국의 광업권을 팔았다는 당시 『프라우다』지의 기사에서 이승만에 대한 소련측의 비토 의사를 확인했을 것이다. 이같이 이승만이 민주의원 의장직에서 물러나고 대신 의장대리에 온건파인 김규식이 내세워지는 가운데, 3월 20일 제1차 미소공동위원회가 개최되었다.(강준식「해방정국, 미군정의 이승만 옹립 드라마」 『신동아』 1989년 1월호. 이 내용을 최초로 보도한 것은 미국에서 발행되는 1월 23일자 『조선독립신보』였다. 이에 대한 『프라우다』지의 보도에 대해서는 『조선인민보』 1946년 3월 15일자 참조)

한편 이 무렵 한독당은 우파 정당들의 통합운동에 나서고 있었다. 이제까지 반탁운동과 비상국민회의 소집을 통해 정권 접수를 시도하거나 정부로서 인정받고자 했던 시도가 일단 좌절된 상황에서 임정세력은 이제 한독당을 내세워 정당통합의 새로운 시도를 모색하고자 했던 것이다. 그 결과 3월 22일 한독당과 국민당의 통합선언이 있었고, 뒤이어 한독당·국민당·한민당·신한민족당 등 4당의 통합운동이 본격 모색되었다.

그러나 이같은 한독당 중심의 통합에서 자신의 세력약화를 우려했던 한민당은 한독당의 당시黨是·당규黨規 변경과 이승만의 총재 추대를 주장했다. 한독당으로의 흡수통합을 우려했던 한민당으로서는 이승만을 참여시킴으로써 한독당의 독주를 견제하고 자신들의 영향력을 유지시킬 생각이었다. 이러한 상황에서 김구는 이승만에게 한독당의 중앙집행위원장을 맡아줄 것을 요청했다. 그러나 이승만은 '초당적인 국민운동'을 내세워 이를 거부했다. 그리하여 결국 4당 통합운동은 한독당·국민당·신한민족당 3당만의 통합으로 귀결되고 말았다. 4월 18일 이상의 3당과 급진자유당·대한독립협회·자유동지회 등은 한독당으로의 통합을 선언했다.

그렇다면 이승만이 김구의 정당통합운동에 참여하지 않은 이유로 내세웠던 '초당적인 국민운동'은 무엇이었던가? 그것은 독촉국민회를 중심으로 한 지방조직의 강화였다. 사실 당시까지만 해도 우파(친일파 주도의 부유층)의 지방조직은 좌파(농민·노동자 중심의 진보계층)의 지방조직에 비해 현저히 열세였다. 이러한 상황에서 이승만은 지방유세를 통하여 독촉국민회를 중심으로 한 자신의 전국적인 지역기반을 강화시킴으로써 좌파(농민세력)의 지방조직에 대항하고자 했다.

뿐만 아니라 그것은 중앙에 집중되어 있던 김구의 활동에 대처할 수 있는 효과적인 방법이기도 했다. 그리하여 4월 10~11일 지역대표 88명이 모인 가운데 개최된 독립촉성국민회 전국 도·부·군道·府·郡 지부장회의는 지방조직을 강화시키기 위한 대책을 논의했고, 그 직후인 16일 이승만은 전국 각지를 순회하기 위해 서울을 떠났다.

이와 같이 이승만이 지방순회에 막 돌입했을 무렵, 미소공위는 상당한 진전을 보이고 있었다. 그동안 미·소 양측은 공위 협의대상 문제를 둘러싸고 의견 차이를 드러내고 있었는데, 미국측은 민주의원을 남한측 협의대상으로 내세웠던 반면, 소련측은 모스크바 결정에 반대하지 않는 민주적인 정당 사회단체를 협의대상으로 내세우고 있었다. 그러나 이같은 양측의 이견은 모스크바 결정을 지지하겠다고 공개적으로 성명하는 정당 사회단체들을 협의대상으로 받아들이겠다는 소련측의 양보를 계기로 좁혀졌고, 결국 "모스크바 결정의 목적을 지지하고 이를 실현하기 위해 협력 한다"고 서약한 선언서를 제출하는 정당 사회단체를 미소공위의 협의대상으로 한다는 내용의 합의에 이르렀다. 1946년 4월 18일 이 합의는 공위 제5호 공동성명으로 발표되었다.

미소공위의 제5호 공동성명이 발표되자 미군정에게 당면한 과제는 우파세력들이 공위 협의에 참여토록 설득하는 문제였다. 이와 관련하여 하지의 정치고문인 굿펠로우는 지방유세 중인 이승만을 만나기 위해 4월 21일 급거 유성으로 내려갔다. 물론 그것은 이승만과 공위 협의 참여문제를 논의하기 위한 것이었다. 굿펠로우와 논의한 결과 이승만은 「반탁의 자유를 유보하는 가운데 공위 협의에 참가하기」로 결정했고, 이를 권하는 서한을 민주의원에 발송하기조차 했다. "우리가 서명하는 것은 신탁을 지지하는 것이 아니요 신탁에 관한 문제를 해결할 토의에 협동한다는 뜻"에서 공위협의에 참여해야 한다는 조건부 지지였다.

한편 하지는 4월 27일 특별성명을 통해 "선언서 서명은 찬탁이나 반탁이나를 불문하고 자유스럽게 의견을 발표할 기회를 주는 특전을 보장한다"는 조건을 명확히 함으로써 우파진영의 공위 협의 참여를 권했다. 이승만의 지지와 하지에 의한 이같은 보장에 따라 「공위 협의 참여 여부」를 둘러싸고 논의를 거듭하던 우파진영은 최종적으로 공위 협의에 참여키로 결정하였다. 그렇지만 공위협의 참여 이후에도 찬·반탁 의사를 자유스럽게 표시할 수 있다는 이승만과 하지의 주장은 공위에서의 미·소 합의의 범위를 벗어난 것이었다.

모스크바 결정의 목적을 지지하고 이를 실현하기 위해 협력하겠다는 서약은 모스크바 결정에 대한 「과거의 행동을 불문에 붙이겠다」는 뜻이었을 뿐, 협의 참가 이후에 반탁 의사를 자유스럽게 표시할 수 있다는 뜻은 아니었기 때문이다. 따라서 소련측이 이같은 합의 위반을 강력히 제기함으로써 미소공위는 더 이상 진전될 수 없었다. 1946년 5월 6일 미소공위는 무기휴회에 들어갔다.

제1차 미소공위가 중단되자 정국은 갑작스럽게 변화했다. 우선 공위 성공을 통해 정국의 주도권을 잡으려 했던 진보적 자주독립세력은 공위 휴회에 상당히 실망하지 않을 수 없었다. 더구나 미군정은 조선정판사 위조지폐사건, 조선공산당 기관지인『해방일보』폐간 조치, 조봉암 서신사건 등을 통해 좌파세력에 대한 탄압의 강도를 높였다. 따라서 진보진영의 분위기는 급속히 위축되는 모습을 보였다. 반면에 공위 협상을 별로 탐탁치 않게 여겼던 보수세력은 공위 결렬을 계기로 정국의 새로운 주도권을 장악하고자 했다. 이같이 새로운 상황이 전개되자 이에 대처하기 위해 지방유세중이던 이승만은 급거 귀경했다. 미군 주둔 영구화와 함께 이승만 장기집권의 문이 활짝 열려갔다.

(2) 이승만, 마침내 정읍에서 「단독정부 수립」 야심 보여

5월 11일 미소공위 무기휴회와 지방순회에 대한 의견을 피력하는 기자회견에서 이승만은 지방순회 결과 "하루라도 빨리 정부 수립을 바라는" 민성이 높다며 '자율적(독자적) 정부 수립'을 거론했다. 뒤이어 12일 독립촉성국민회의 주도로 서울운동장에서 개최된 독립전취국민대회 또한 '38선 철폐'와 '자율적 정부 수립'을 내세웠다. 요컨대 미소공위 결렬 직후 이승만은 '자율적 정부 수립'이란 새로운 구호를 내세우며, 정국의 주도권을 장악하고자 했다고 할 수 있다. 그렇다면 미소공위 중단 직후 이승만이 내세웠던 '자율적 정부 수립' 주장은 무엇을 의미하고 있었던가?

이와 관련하여 미소공위가 교착상태를 면치 못하고 있던 4월 초순경 외신에 의해 「남한단독정부 수립설」이 보도됨으로써 야기된 파문을 잠시 살펴볼 필요가 있다. 그 보도는 "미소공위에서 임시정부 수립에 대한 협의가 제대로 진척되지 않음으로써 미군정당국은 남한단독정부 수립에 착수했으며, 이같은 미군정의 시도에 있어서 이승만은 남한단정의 주석으로 내세워질 것"이란 그런 내용이었다가 이후 남한단정 수립설 파동은 미군정과 미국무성의 공식적인 부인 아래 진정되지만, 당시 이승만이 보여주었던 태도는 주목할 만한 것이었다.

당시 이승만은 "과도정권 수립의 선결조건으로서 38선 철폐를 주장하였고 만일 그것이 뜻대로 되지 않는 이상 남조선 단독정부 수립의 보도에 대하여 무어라고 말할 수 없다"고 말했다. 미군정당국을 비롯하여 대부분의 정치세력들이 갑작스럽게 튀어나온 남한단정설에 대해 반대의사를 표시하는 가운데, 이승만은 "무어라 말할 수 없다"며 유독이에 대한 명백한 반대의사를 표하지 않았던 것이다.

달리 말해, 그는 이미 이 시점에서 미소공위가 제대로 진척되지 않을 경우 남한단독정부 수립을 주장할 수 있는 여지를 보여주고 있었다. 그리고 미소공위가 중단되자마자 그는 이러한 맥락에서 '자율적 정부 수립'을 주창하고 나섰던 것이다. 그러므로 그가 행한 이상과 같은 일련의 발언에 비추어보았을 때, 이승만은 이미 4월 초부터 단정 수립을 구상하고 있었던 듯하다.

이를 증명하듯, 다시 지방순회에 나선 이승만은 6월 3일 정읍에서 남한단독정부 수립을 공개적 으로 주장했다.(『서울신문』 1946년 6월 4일자)

이제 우리는 무기휴회된 공위가 재개될 기색도 보이지 않으며 통일정부를 고대하나 여의케 되지 않으니 우리는 남방만이라도 임시정부 혹은 위원회 같은 것을 조직하여 38선 이북에서 소련이 철퇴하도록 세계공론에 호소하여야 될 것이니 여러분도 결심하여야 될 것이다.

남한에 단정單政을 수립하여 소련이 철퇴하도록 함으로써 38선을 철폐하자는 그러한 주장이었다. 여기서 볼 때 '38선 철폐' '자율적인 정부 수립' 등은 바로 이같은 남한단정 수립의 또다른 표현이거나 그 단편들이었다. 이승만의 이같은 단정 발언은 정읍에 뒤이어 이리에서도, 전주에서도 거듭 되었다.

이상에서 살펴본 것처럼 이승만의 입장은 미소공위를 통한 임시정부 수립과는 멀었다. 강력한 반공 반소론자로서 소련에 의해 거부된 인물이었던 그는 공위 협상이 제대로 진척되는 한 무대의 주역이 될 수 없었다. 따라서 그는 미군정의 눈밖에 벗어나지 않을 정도에서 행동하고 있었지만 내심 공위협상의 결렬을 고대하고 있었고, 이같은 맥락에서 해방된지 채 1년도 되지 않은 1946년 중반의 시점에서 이미 단독정부 수립을 주장하고 나섰던 것이다. 단독정부 수립만이 그가 남한에서 최고의 지위를 획득할 수 있는 조건이었고, 그가 항상 주장했던 독립이란 바로 이러한 의미에서의, 즉 자기가 우두머리가 됨과 동시에 이루어지는 독립이었다.

(3) 이승만, 미국의 소련 봉쇄정책에 편승, 반공정책 강화 호소

한편 이승만은 이같은 단정 발언과 더불어 민족통일기구의 수립을 거론하고 나섰다. 즉 6월 13일 정읍 단정 발언 가운데 그는 "우리 민족의 대표적 통일기관을 귀경한 후 즉시 설치하게 되었으니 각 지방에 있어서는 중앙의 지시에 순응하여 조직적으로 활동하여 주기를 바란다"고 언급했고, 6월 12일 독립촉성국민회 각 도 대표회의에서는 "국민운동을 총지휘하는 기관을 중앙에 설치하여 중앙에서 내리는 지령이 전민족에게 철저히 전달되게 하여야 하겠다"며 「민족통일총사령부」의 설치를 제안하였다.(『서울신문』 1946년 6월 4일자)

이와 관련하여 이승만은 지방순회를 통해 전국에 걸친 지역기반을 강력하게 구축할 수 있었고, 그것은 이승만에 의한 「독촉국민회」 장악으로 이어지고 있었다. 즉 1946년

2월 8일 이승만의 독촉중협과 김구의 반탁국민총동원위원회가 합동하여 이룩된 독촉국민회에는 김구의 영향력이 상당 정도 유지되고 있었고, 그 결과 4월 10~11일에 개최된 독촉국민회 전국지부장회의 때만 하더라도 김구는 임원 선출에 영향력을 행사할 수 있었다. 그러나 6월 10~11일 개최된 독촉국민회 전국대표대회에 이르러서는 이승만의 지위가 김구를 압도하고 있었다.

이승만이 민족통일기구 수립을 거론하고 나선 것은 그동안 강화된 이같은 기반을 이용하여 자신을 중심으로 한 새로운 통일기구를 설치하기 위한 것이라 할 수 있었다. 다른 한편, 이승만이 민족통일기구를 수립하고자 했던 것은 미소공위 직후 미군정의 지원을 받아 김규식과 여운형이 추진하고 있던 좌우합작에 대처하기 위한 것이기도 했다.

6월 29일 이승만은 「민족통일총본부」 설치를 발표했다. 그리고 그 설치를 기해 발표된 민족통일선언은 "광복 대업을 완성하기에 민족통일이 민족 최요最要이니 현시국의 정세, 총민의의 요망에 순응하여 민족통일총본부를 성립하고 차此로써 대한 민족이 다시 통일함을 자에 선언"했다.

그러나 이같은 민족통일총본부 설치에 대해 좌파진영은 '민족분열총본부'라 비난했고, 김구의 한독당은 당으로서의 불참을 결정하는 한편, 단지 개인자격으로서의 참여만을 허용했다. 따라서 이승만의 민족통일총본부는 그 거창한 이름에도 불구하고 주로 이승만세력과 한민당만이 참여하는 그들만의 기구가 되었다.

이후 좌우합작이 본격적으로 진전되면서 이승만은 정국의 중앙에서 밀려나기 시작했고, 오히려 김규식이 정국의 주역으로 부상하게 되었다. 그런 가운데 이승만과 좌우합작을 적극 지원하는 하지와의 관계도 점차 악화되지 않을 수 없었다. 그러나 이같은 중앙무대에서의 약화에도 불구하고 이승만의 전국적인 기반은 여전히 강력했다. 좌우합작에 뒤이어 시행되었던 「과도입법의원 선거」 결과, 그의 독립촉성국민회는 전체 민선의석 45석 중 17석을 차지하고 있었다. 물론 선거절차상 많은 문제가 있었지만, 이같은 의석수는 한민당 14석, 한독당 3석에 비해 가장 다수를 차지하고 있었다. (『서울신문』 1946년 11월 3일자)

○ 국가보안법의 의미 : 점령세력과 이승만·친일파세력이 주장해온 「반공주의」는 한반도의 현실역사에서 보면 근로민중(노동자·농어민)이 식민지 및 해방 후 시기 피수탈로부터 벗어나려고 호소해온 「자주·평등·민주주의적 권리와 자유의 요구 및 항거에 대한 억압」을 그 내용으로 하고 있다.

다시 말하면 점령외세와 친일파 집권 세력은 민주사회의 구성원이라면 누구나 당연히 누리거나 요구할 수 있는, 인류 보편적 자유와 권리를 통제하기 위해, 사회주의 혁명에 성공했던 러시아 혁명의 구호와 억지로 일치시킴으로써 「붉은 악마」라는 저주스러운 호칭과 더불어 은 연중에 반민주·반국가 범죄인 혐의를 씌우는 음해와 고문으로 파멸시켜 왔다. 바로 그 법이 「국가보안법」이며 이 법은 결국 민중의 소망과 이상을 꺾는 반민주·반평등·반자주를 목적 으로 하면서 「반공을 위한 무쇠울타리」로서, 한반도의 동서·남·북인들끼리 찢고 볶고 증 오·분열하도록 (以夷制夷) 방치시켜 놓고 점령세력은 멀리 울 밖에서 간접통치에 의한 관찰 과 감독이 얼마든지 가능하게 했던 것이다.

그러나 하지는 주로 중도파 중심으로 45명의 관선의원을 임명함으로써 김규식에 대한 지원을 분명히 했다. 따라서 민선의원 선거 결과에도 불구하고 이승만이 다시 정국의 주 도권을 장악하기에는 역부족이었다. 더구나 당시 미소공위 재개문제가 다시 거론되기 시작함으로써 이승만의 위기감을 고조시켰다. 이러한 상황 속에서 그는 자신이 직접 미 국으로 건너가기로 결정했다. 이같은 결정을 하면서 이승만은 그의 도미 목적이 유엔에 서 조선의 독립 문제를 호소하기 위함이라고 밝혔다. 그러나 그의 더 직접적인 목적은 그 와 불화상태에 있는 하지 대신 미당국의 관계자들에게 자신의 주장을 직접 펼쳐 보이기 위한 것이라 할 수 있었다.

12월 2일 서울을 출발하여 7일 미국에 도착한 이승만은 워싱턴의 칼튼호텔에 여장을 풀고, 임병직·임영신 등을 비롯하여 굿펠로우·스태거스 등 그의 미국인 측근들을 불 러모았다. 여기에서 그들은 도미 외교의 지침이자 미국무성에 제출할 6개항의 기본방침 을 세웠다.(임병직 『임정에서 인도까지』 여원사)

① 양단된 한국이 통일되어 총선거가 실시될 때까지 남한에 「과도정부」를 수립할 것
② 한국에 관한 미.소 양국의 협상에 관계없이 과도정부는 유엔의 승인을 받아야 하며, 한국 의 점령 및 기타 문제에 관하여 미.소 양국과 직접 협상토록 허용될 것
③ 한국의 경제복구를 원조하기 위해 일본에 대한 한국의 배상 주장이 조속히 검토될 것
④ 특정 국가에 편중되지 않고 여러 나라와 평등하게 거래할 수 있는 완전한 통상권이 부여될 것
⑤ 국제교환제도가 마련되고 통화를 안정시킬 것
⑥ 미·소 양군이 동시에 철수할 때까지 미군이 남한에 주둔할 것

이상의 과도정부안은 사실상 새로운 형태의 단정수립안이나 다름없었다. 단지 1946 년 6월 정읍에서 언급한 단정안과 다른 점이 있다면, 그것은 과도정부 수립과 더불어 미·소 양국의 별도 협상을 인정하고 있다는 점과 현재의 안이 더 정교한 모습을 띠고 있

다는 점이었다.

이상과 같은 기본방침에 바탕하여 미국에서 행한 이승만의 활동은 소련 및 좌파세력에 "유화정책을 펴고 있는" 미군정 당국 및 미국무성의 일부 관리들을 공격하는 데 초점이 맞추어져 있었다. 이를테면 이승만은 "공산주의에 기울어지고 있는" 미국무성 내 일부 분자가 "미국의 대한정책을 방해"하고 있으며, "주한 미주둔군사령관 하지 중장이 좌익에 호의를 가지고 있으며", "남한의 미군정당국은 조선의 공산당 건설과 이에 대한 원조 노력을 계속하고 있다"고 비난했다. 심지어 그는 °하지 중장이 남조선입법의원의 상당한 수의 관선의원직을 공산주의자들에게 배정 임명하였다"고 비난하기조차 했다.

당시 미국의 세계정책은 점차 대소 강경정책, 즉 봉쇄정책으로 이행하고 있었고 그러한 여파는 미국의 대한정책에도 영향을 미치고 있었다. 또한 그때는 마셜이 국무장관직에 새로이 취임한 직후이기도 했다. 바로 이러한 분위기를 이용, 이승만은 자신에게 비우호적인 관계자들을 공산주의자 또는 공산주의자에 우호적인 세력으로 비난함으로써 자신의 주장을 관철시키고자 했던 것이다.

그리하여 그는 트루먼 닥트린의 선언(1947년)에 대해 트루먼 대통령에게 감사의 편지를 보내어, 한국의 현지당국에 이러한 정책을 수용케 함으로써 민족주의자와 공산주의자 사이에 협조를 이끌어내려는 현지의 정책을 포기토록 권하고 있었다. 또한 그는 "미국 점령 지역 내에서 즉각적인 과도독립정부를 수립함으로써 공산주의의 진출에 대한 방파제를 구축하도록" 요청했다. 뒤이어 그는 30∼60일 내에 남조선 임시독립정부가 수립될 것이며 미문관고등판무관이 군정장관에 대치될 것이라 주장하기도 했다.(United States, Department of State, Foreign Relations of the United States(FRUS) vol. Ⅵ, p. 28. 『조선일보』1947년 4월 15일자, 『자료』4,456쪽. 그러나 미국무성은 이승만의 이러한 발언은 개인적인 추측이라며 부인했다.)

그러나 이승만이 미국에서 이같은 활동을 전개하고 있는 동안 국내에서는 1947년 1월 11일 하지가 미소공위 재개에 관한 양군 사령관의 서한 내용을 발표하는 것을 계기로 또 다시 반탁운동이 고조되고 있었다. 그 결과 1월 24일에는 반탁독립투쟁위원회가 발족되었고, 2월 14∼17일에는 비상국민회의가 개최되어 민족통일총본부 비상국민회의, 독립촉성국민회 등을 통합한 「국민의회」가 결성되었다. 김구의 주도로 진행된 이같은 시도는 반탁운동을 통해 「국민의회」로 하여금 과도정부를 수립케 하려는 것으로서, 1년 전 비상국민회의를 통해 정권을 접수하려 했던 시도와 거의 유사했다. 다른 한편, 김구의 이같은 시도에는 이승만 부재시 정국의 주도권을 잡기 위한 김구의 나름대로의 의도도 작용하고 있었다.

결국 국민의회를 통해 과도정부를 수립하려던 김구의 이같은 시도는 미군정의 적극적인 대처와 여타 세력의 지원 부족으로 인해 제대로 성공할 수 없었다. 단 그것은 김구의 행동에 의해 자신의 주도권이 위협받게 되었던 이승만으로 하여금 귀국을 서두르게 하는데는 효과가 있었다.

4월 21일, 이승만은 미국을 향해 출발한 지 5개월여 만에 다시 귀국했다. 이어 27일에는 이승만 귀국 환영대회가 개최되었는데, 그 보고연설에서 이승만은 자신이 행한 도미외교의 성격을 분명하게 보여주었다.(『동아일보』1947년 4월 29일자)

남조선에서 총선거가 지연되고 미군정이 실패한 것은 하지 중장이 공산파와의 합작을 고집하였던 때문이다. 그러나 현재는 미국 정책이 공산주의와의 합작을 단념하였으므로 캄캄하던 우리의 길은 열리었다. 우리 동포는 한데 뭉치어 임시입법원으로 하여금 총선거법안을 급속히 제정케 하여 남북통일을 위한 남조선과도정권을 수립하여야 한다.

그리고 미정책의 전환에 따라 우리가 미군정과 합작해서 우리 문제를 해결할 수 있게 되었으니 이제 우리는 대한임정의 법통을 고집할 필요가 없으며 이 문제는 보류해두어야 할 것이다. 그리고 김규식 박사도 이제는 합작을 단념하고 나와 같이 보조를 취할 것을 결정하였다.

이상의 내용을 볼 때 이승만은 그의 도미외교를 통해 얻고자 했던 것들을 사실인 것처럼 과장하고 있었다. 그러나 현실은 이승만의 이같은 바람을 곧바로 실현시켜주지는 않았다. 곧이어 제2차 미소공위가 개최됨으로써 일단 현실은 그의 바람과는 반대상황으로 조성되어갔던 것이다.

4) 2차 미소공위도 파탄, 이승만 주도 임시정부 수립 추진

제1차 미소공위가 중단된 이후 거의 1년여 만인 1947년 5월 21일 제2차 미소공동위원회가 덕수궁 석조전에서 재개되었다. 뒤이어 양측은 공위 협의 대상 정당 사회단체의 허용범위를 놓고 상당한 논란을 거친 끝에 합의에 도달했다. 6월 11일 발표된 공동성명 제11호가 그것이었다. 이에 따르면, 미소공위 협의에 참여하고자 하는 정당 사회단체는 모스크바 결정의 목적을 지지하고 조선임시정부 수립에 대한 미소공위 결의를 고수하고 신탁통치에 관한 제안을 작성하는 데 협력한다는 내용의 선언문에 서명하고 그 선언문을 첨부한 청원서를 공위에 제출토록 되어 있었다.(공동성명 제11호에 대해서는 심지연 지음『미

소공동위위원회 연구』청계연구소 1989)

이같이 미소공위가 협의대상 문제에 관해 일정한 타협을 이룩하게 되자 이에 대한 참여문제를 둘러싸고 국내 정치세력은 동요하지 않을 수 없었다. 원래부터 공위 협의에 기꺼이 참가하고자 했던 좌파진영과 좌우합작운동을 통해 그 세력이 강화되었던 중도파진영은 이같은 합의에 적극 고무되었다. 그러나 반탁진영 내부에서는 공위 협의 참가문제를 둘러싸고 심각한 분열이 야기되었다.

우선 한독당이 분열되었다. 즉 한독당은 1947년 초반 이후 완고하게 반탁 입장을 고수하는 김구의 임정계, 모스크바 결정은 지지하나 탁치는 임정 수립 후에 논의할 것을 주장하는 혁신파, 모스크바 결정의 총체적 지지를 요구했던 민주파 사이에 심각한 내부분열을 겪고 있었다. 이러한 상황에서 공위 협의 문제세 직면하자 6월 하순 혁신파와 민주파가 한독당에서 이탈하여 신한민족당과 민주한독당을 결성하는 사태가 벌어졌다.

한편 한민당은「참여하여 반대한다」는 명분을 내세워 공위 협의에 참가할 것을 주장했고, 6월 19일 74개 정당 사회단체로 구성된 '임시정부수립대책협의회(임협)'를 구성했다. 이같은 한민당의 태도에 대해 이승만은 "회의에 참가해서 신탁을 반대할 수 있다는 말은 우리로서는 해석하기 곤란하다. 속이고 들어가서 반대하겠다는 것은 자기의 신의를 무시하는 자"라며 못마땅해했다. (『서울신문』1947년 6월 10일자)

그러나 이승만의 이러한 불만에도 불구하고 공위 협의에 대한 우파진영의 행동통일은 이루어지지 못했다. 결국 한독당에서 민주한독당과 신한민족당이 이탈하고 한민당 중심의 임협이 공위 협의에 참가키로 하는 가운데, 이승만과 김구만이 공위 협의에 불참하는 결과가 되었다.

그리하여 이승만과 김구만을 제외한 모든 정치세력, 즉 한민당을 비롯한 우파세력 일부와 중간파 및 좌파진영 등 대부분의 정치세력들이 공위 협의에 참가하게 됨으로써, 이제 이승만과 김구가 고립의 위기에 처하는 상황이 되었다. 이러한 상황에서 이승만과 김구는 대대적인 반탁시위를 전개함으로써 공위 협상의 진전을 저지코자 했다. 즉 공위 협의 청원서 제출 마감날인 6월 23일, 이승만과 김구의 사주 아래 서울을 비롯한 전국 여러 곳에서 반탁시위가 전개되었다. 특히 서울 시위에서는 반탁시위대가 소련측 공위대표단에게 투석하는 사태까지 벌어졌다.

(1) 남한 단독선거, 이승만·한민당은 지지, 김구는 반대

그러나 이같은 시도에도 불구하고 6·23 반탁시위는 대규모의 군중을 동원할 수 없었다. 또한 미군정도 적극적인 저지에 나섰다. 따라서 공위 협의에 영향을 주려 했던 6·23 반탁시위는 실패로 돌아가지 않을 수 없었다. 이후 6월 29일과 7월 4일에도 비슷한 반탁시위가 시도되었지만, 그 결과는 미미했다.

이처럼 공위 협상의 진전은 이에 불참한 이승만과 김구의 지위를 동요시켰다. 그러나 6월 말 이후 공위 협상은 협의대상 단체들의 명부작성 문제를 둘러싸고 또다시 난관에 봉착했고, 결국 결렬의 길에 들어서게 되었다. 이같은 사태 반전은 이승만을 고무시켰고 이에 이승만은 정국의 주도권을 장악하기 위한 새로운 조치를 취했다. 즉 7월 10~12일 전국에서 올라온 200여 명의 대의원이 참여한 가운데 제1회 「한국민족대표자대회」가 개최되었는데, 바로 이 대회가 공위 협상의 부진에 따른 사태 반전에 힘입어 이승만이 취한 새로운 조치였다. 한국민족대표자대회는 그 선언을 통하여 "종래 국민의회와 민주의원이 소기의 목적을 달성하지 못한 채 유명무실화되고 있는 현상에 비추어" '자율적 임정 수립'을 위한 중대 문제들을 토의할 것을 밝히고 있었다.

이승만 주도의 한국민족대표자대회 소집은 다음과 같은 점에서 주목할만했다. 우선 이승만은 이 대회소집을 계기로 자율적 임정 수립을 다시 거론하고 나섰는데, 이는 총선과 정부 수립에 대한 이승만의 더 진전된 구상을 반영하고 있었다. 즉 그는 대회소집 직전인 6월 27일 과도입법회의에서 통과된 보통선거법에 의거하여 총선거를 실시하고 이에 바탕하여 자율적인 임정을 수립할 것을 다시 거론하고 나섰던 것이다. 물론 그것은 남한만의 총선과 남한만의 정부 수립을 의미하고 있었다.

이후 이승만의 한국민족대표자대회는 김구의 국민의회와 수차례 통합을 모색했다. 우선 대회소집 이후부터 8월 초에 이르는 동안 한국민족대표자대회와 국민의회 그리고 민주의원의 민선의원까지 포함하는 첫 통합 시도가 모색되었다. 그러나 한독당을 탈당한 신익희를 비롯한 20여 명의 입법의원만이 한국민족대표자대회에 참여했을 뿐, 첫 통합 시도는 일단 무산되었다. 이후 12월 초에도 「유엔한국임시위원단」의 방한에 대비하여 다시 한번 양 단체의 통합이 모색되었다. 그러나 이 시도 역시 당시 발생한 한민당의 장덕수 암살사건의 여파로 인해 미군정이 합동대회 개최에 대한 허가를 내주지 않음으로써 무산되었다.

뒤이어 12월 20일 이승만은 유엔한위의 방문에 대비한다는 명목 아래 독자적으로 한

국민족대표단을 구성했는데, 이에 대한 김구의 반발을 계기로 양 단체는 다시 통합키로 결정했다. 그러나 이 역시 미군정의 집회 허가가 나지 않아 무산되었다. 그러나 미군정에 의한 집회 불허가 양 단체의 통합을 가로막은 본질적인 이유는 아니었다. 양측의 통합이 무산된 더 근본적인 이유는 제2차 미소공위 결렬 이후 총선거 및 정부수립 문제를 둘러싸고 이승만과 김구가 서로 다른 노선을 걷게 되었다는데 있었다.

이와 관련하여 김구는 유엔 감시하 남북한 총선거를 통해 정부를 수립할 것을 주장하였다. 나아가 그는 소련측의 철병안조차 받아들일 수 있다는 태도를 취했다. 반면 이승만은 남한에 미군이 주둔하는 가운데 가능한 한 빨리 남한만이라도 총선을 실시함으로써 정부 수립을 바랐다. 이같은 입장 차이에 더하여, 반탁이라는 공동의 목표가 사라진 이제 더 심화되지 않을 수 없었던 이승만과 김구의 경쟁관계 역시 양 단체의 통합을 가로막는 또다른 이유가 되었다.

한편 우파진영 내에서 서로간의 입장 차이 및 경쟁관계로 인해 이승만과 김구 사이가 이처럼 멀어지고 있을 때 김규식 주도의 중도파진영은 그들 자신의 통합을 추진하고 있었다. 그 결과 좌우합작위원회, 미소공위대책협의회, 시국대책협의회, 민주주의독립전선 등 4개 연합기구와 민주독립당, 근로인민당 등 중도 좌우의 15개 정당이 연합하여 12월 20일 「민족자주연맹」을 결성했다. (『독립신보』 1947년 12월 21일자)

이같이 수립된 민족자주연맹 역시 유엔 감시하 총선거를 지지하고 있었다. 따라서 1947년 말의 시점에서 볼 때, 남한의 우파 및 중도우파세력은 남한단선을 주장하는 이승만과 이에 대한 암묵적인 지지를 보내는 한민당의 「단선 지지세력」과 유엔 감시하 총선거를 주장하는 김구 및 김규식 등의 「단선 반대세력」으로 점차 재편되고 있었다.

1948년에 들어와 남한단독선거 및 단독정부 수립 문제는 이승만과 한민당측에 의해 더 구체적으로 추진되기 시작하였다. 이승만은 우선 연초에 방한을 앞둔 유엔한위를 감안, 몇 주일 내로 과도총선거를 실시하여 유엔한위와 협의할 수 있는 한국측 대표단을 선출하자는 의견을 제시했다. 그러나 1월 말경에 들어 그 의견은 "하루바삐 남한에서 선거를 실시하여 3분의 2 이상의 인구를 가진 남한에서 통일정부를 수립해야 할 것"이란 정부수립론으로 바뀌었다. 한민당 역시 유엔한위에 제출한 의견서를 통해 남북한 총선이 불가능할 때는 인구의 3분의 2 이상을 차지하는 남한만이라도 총선을 치를 것을 주장했다.

이처럼 이승만과 한민당은 1948년 초에 "인구 3분의 2 이상이 총선에 참여하면 통일정부 수립"이라는 논리를 내세워 남한단선·단정 수립을 정당화하고 있었다. 그러나 다른 정치세력의 입장은 달랐다. 김구·김규식 등은 「유엔 감시하 남북한 총선거」를 통한 통일정부 수립을 주장했고, 이를 위해 유엔이 일정한 역할을 해주기를 바라고 있었다. 즉 그들은 남북한 총선문제를 협의키 위한 남북요인회담 개최를 유엔소총회가 승인해줄 것을 유엔한위를 통해 요청하는 한편, 북측에 대해서는「남북요인회담」을 제안하는 2월 16일자 비밀서신을 발송했던 것이다.

(2) 미국 영향하 유엔 소총회가 남한 단선 승인, 자주세력은 총력 저지 투쟁

이에 비해 좌파 및 중간좌파진영은 소련측 제안대로 미·소 양군이 철수한 가운데 남북한 주민 스스로가 자주적 총선을 통하여 통일정부를 수립할 것을 주장했다. 특히 남로당 중심의 좌파세력은 유엔한위의 입국을 계기로 단선·단정 반대의 분명한 의사를 시위하기 위해 '2·7구국투쟁'에 돌입하고 있었다.(남한 단선·단정 문제에 대한 각 정치세력의 대응에 대해서는 정해구『남북한 분단정권 수립과정 연구』고려대 정치외교학과 박사학위논문)

한국문제에 대한 유엔소총회의 최종 결정을 앞두고 남한 단선·단정 문제에 임하는 각 정치세력의 입장은 이처럼 달랐다. 그러나 2월 26일 유엔소총회는 "가능한 조선지역 내"의 총선을 결정함으로써 사실상 남한만의 단선·단정을 승인하는 조치를 취했다. 이로써 이승만 및 한민당(식민지 아부 세력)은 그들의 요구대로 남한단선·단정을 본격 추진할 수 있게 되었고, 반면 유엔소총회의 이러한 결정에 실망하지 않을 수 없었던 김구·김규식은 남북협상에 나서게 되었던 한편, 남로당을 비롯한 자주·민주진영은 남한단선·단정을 파탄시키기 위한 물리적인 투쟁을 더욱 강화시키는 상황이 만들어졌다.

그리하여 이승만세력과 한민당이 적극 참여하는 가운데 남한단선·단정을 위한 일정은 본 궤도에 올랐다. 이에 따라 3월 3일에는 국회선거위원회가 설치되었고, 17일에는 국회의원선거법이, 22일에는 그 시행세칙이 공포되었다. 뒤이어 3월 30일에서 4월 8일까지는 선거인 동록이 실시되었고, 16일에는 국회의원 입후보 등록이 마감되었다. 전체 200개 선거구에 총 938명의 입후보자가 출마했는데, 그들의 정당별 분포를 살펴보면 이승만의 독촉국민회가 239명, 한민당이 91명, 대동청년단이 89명, 민족청년단이 21명, 대한노총 22명, 그리고 무소속 413명 등이었다.(한민당 소속 입후보자들이 예상보다 많지 않게 나타난 것은 그들 중 상당수가 무소속으로 출마했기 때문이다.)

이승만 역시 동대문 갑구에서 입후보했다. 당시 이 지역에서는 전 경무부 수사국장인 최능진 또한 입후보하고자 했다. 그러나 이승만 지지청년들이 그의 입후보를 막기 위해 그의 추천서를 탈취함으로써 그가 입후보 등록을 하지 못하는 사태가 발생했다. 결국 미군정의 배려에 의해 그는 뒤늦게 입후보 등록은 할 수 있게 되었다. 그러나 그의 등록은 서류 상의 하자를 이유로 이내 무효화되었다. 이로써 이승만은 단독 후보가 되었다.(민족주의적 성향을 지녔던 최능진은 친일경찰 문제로 조병옥 경무부장과 다툰 후 1946년 12월 그 직위에서 해임된 바 있었다. 이후 그는 1951년 이승만정권하에서 내란 혐의로 총살형에 처해졌다. 이에 대한 자세한 내용은 『발굴 한국현대사 인물』 1, 한겨레신문사, 1992)

아무튼 여러 가지 문제에도 불구하고 남한만의 총선은 마침내 5월 10일 남한 전역에서 실시되었다. 그 결과 투표율이 과반수에 미치지 못해 선거 무효가 된 북제주군의 2개 지역을 제외한 남한 전지역에서 198명의 국회의원이 당선되었다. 이들의 정당별 분포를 살펴보면, 독촉국민회 55명, 한민당 28명, 한독당 1명, 대동청년당 12명, 민족청년단 6명, 조선민주당 1명, 기타 정당 10명, 그리고 무소속 85명이었다.(그러나 이같은 분포는 의원 스스로가 밝힌 정당 소속에 바탕한 통계이고, 그 소속을 밝히지 않은 채 당선된 것을 감안하면 한민당 76명, 독촉국민회 61명, 한독당 17명, 대동청년단 16명, 민족청년단 10명, 중도파 10명, 기타 10명 등이었다. 『주간정보요약』)

예상대로 이승만세력과 한민당이 최대의 승리자였다. 그러나 선거결과 다수가 당선될 수 있었던 무소속의원들은 이후 독자적인 무소속 그룹을 형성, 이승만세력과 한민당에 이어 원내의 제3세력을 형성할 수 있었다. 이후 이들은 제헌국회 초기 활발하게 활동하였던 소장파 그룹으로 이어졌다.

◎ 5·10선거, 제헌국회 개원, 의장 이승만, 부의장 신익희·김동원

1948년 5월 31일, 5·10선거를 통해 선출된 국회의원들에 의해 개원된 제헌국회는 의장에 이승만, 부의장에 독촉국민회의 신익희와 한민당의 김동원을 선출했다. 의장단 선출에 뒤이어 국회는 헌법 제정에 들어갔고, 이에 따라 헌법기초위원회는 내각책임제 내용의 헌법 초안을 준비했다. 그러나 이승만은 대통령책임제를 강력히 주장하며 이러한 요구가 받아들여지지 않을 경우 국회를 보이코트 하겠다는 태도를 보였다. 물론 이승만의 이같은 요구는 초대 대통령에 당선될 가능성이 큰 자신이 더 강력한 권한을 갖기위해서였다. 이승만의 이같은 강력한 요구에 내각책임제를 주장했던 한민당은 양보하지 않을 수 없었고, 이에 따라 헌법기초위원회는 원래 내각책임제를 대통령책임제로 바꾼 헌법 초안을 제출하였다. 7월 12일 국회에서 통과된 헌법은 7월 17일 공포되었다.(『서울신문』 1948년 6월 23일자)

헌법 제정에 뒤이어 국회는 7월 20일 대통령 및 부통령선거에 들어갔다. 이승만은 재석의원 196명 중 180표를 얻어 압도적 지지로 대통령에 당선되었다. 부통령에는 이승만에 의해 지명된 이시영이 한민당의 지원을 얻어 무난히 선출될 수 있었다.(부통령 선출에서 흥미로웠던 점은 남한 단정에 참가하자 않았던 김구가 62표를 얻었다는 사실이다. 이같은 결과가 야기된 것은 무소속 의원들이 김구를 부통령에 추대하고자 했기 때문이다.)

정·부통령 선거가 끝나자 이제 남은 일은 국무총리 및 내각의 선임문제였다. 이와 관련하여 한민당은 부통령에 이시영을 지지해준 대가로 국무총리에는 자당의 김성수를 추천할 생각이었다. 그러나 한민당의 기대와 달리 이승만은 국무총리에 처음에는 조선민주당의 이윤영을 지명하였고, 이윤영의 지명이 국회에서 거부되자 다음에는 민족청년단의 이범석을 지명하였다. 따라서 한민당은 국무총리마저 차지하지 못하게 되는 상황이 되었다. 이러한 상황에서 한민당은 국무총리직을 포기하는 대신, 내각의 다수 자리를 보장받을 생각에서 이범석의 국무총리 인준을 암묵적으로 동의해주는 태도를 취했다. 그러나 이승만에 의해 발표된 조각 내용은 한민당 소속 인사로 재무장관 김도연과 법무장관 이인 정도가 고려되었을 뿐, 한민당의 이같은 기대를 저버렸다. 이에 항의하여 무임소장관에 지명된 김성수는 그 지명을 거부했다. 다음은 이승만의 초대 내각의 진용이다.

국무총리 겸 국방장관: 이범석
외무장관: 장택상   내무장관: 윤치영   재무장관: 김도연
문교장관: 안호상   상공장관: 임영신   법무장관: 이인
농림장관: 조봉암   교통장관: 민희식   사회장관: 전진한
체신장관 : 윤석구

이상과 같은 조각 내용을 볼 때, 그것은 초대 내각에 걸맞는 거국내각이라기보다는 이승만의 친위내각적 모습을 띠고 있었다. 특히 이승만의 조각에서는 한민당이 거의 배제되었다. 따라서 해방정국 과정에서 정부수립에 이르기까지 이승만과 가장 가까운 관계를 유지해오며 긴밀한 협조관계를 유지해왔던 한민당은 이를 계기로 점차 이승만과 대립하지 않을 수 없게 되었다. 이러한 대립은 이후 한민당이 이승만에 대립하는 야당의 길을 가게 되는 중요한 계기가 되었다.

일제로부터 해방된지 꼭 3년이 되는 1948년 8월 15일, 극동연합국총사령관인 맥아더와 주한미군사령관인 하지와 유엔한국임시위원단 단장인 루나 등이 참석한 가운데, 대통령 이승만은 대한민국의 정부 수립을 선포했다. 그러나 그것은 사실상 남한 분단정권의 성립이었고 대통령 역시 분단정권의 대통령일 수밖에 없었다. 아무튼 1945년 10월 16일 김포공항에 내린 이후 2년 10개월 만에 이승만은 자신이 그렇게 갈망하던 남한 단독정부의 대통령 자리에 오를 수 있었다.

(3) 자신의 최고권력 유지를 위해 조국분단과 동포분열 조장

　귀국한 시점으로부터 대한민국의 대통령에 당선되기까지의 해방정국 3년여 동안 이승만의 행동이 그린 궤적을 추적해보면 다음과 같은 3단계로 구분될 수 있다.

　그 첫 단계는 이승만이 귀국한 직후 독촉중협을 결성, 자신의 시지기반을 구축한 데 이어 민주의원 의장에 취임했던 기간이라 할 수 있다. 사실 이 기간 동안 그는 맥아더와 하지 등 현지 사령관에 의해 처음부터 '민족의 지도자'로 부각되는 등 당시의 정국에서 가장 주목받는 주역으로 나설 수 있게 되었다. 따라서 '괴뢰' 호칭을 가장 오래 달고다닌 사람이기도 했다.

　그러나 그가 진정 '민족의 지도자'답게 진보·보수를 비롯한 모든 정치세력의 지도자로 부상했던 것은 아니다. 우선 그는 절대다수 근로대중의 지지를 받고 있던 진보세력을 공격함으로써 보수진영의 지도자로 등장했다. 뿐만 아니라 그는 당시 무조건적 대동단결론을 주장함으로써 친일파 민족반역자 등 일제하 기득권층의 지지를 획득할 수 있었다. 그러므로 초기의 이 기간 동안 그는 해방조국의 모든 세력 전체를 대표하는 '민족의 지도자'라기보다는 친일파·민족반역자 등을 포함한 우파진영의 지도자로 등장할 수 있었다고 할 수 있다.

　한편 이승만이 이같이 우파진영의 지도자로 나설 수 있었을지라도 그는 임시정부를 이끌었던 김구와의 경쟁을 항상 염두에 두지 않을 수 없었다. 그리하여 그는 한편으로는 임시정부의 정통성을 이용하면서도, 다른 한편으로는 그 자신만의 독자적인 기반을 구축하고 이에 바탕 하여 독자적인 영향력을 강화시키고자 했다. 독촉중협의 결성, 민주의원 의장 취임 등은 바로 그러한 노력의 결과라고 할 수 있었다. 그리고 바로 이러한 시도에 있어 이승만은 미군정의 지원을 적절히 이용하는 반공 사대주의적 능력을 발휘했다고 할 수 있다. 그러니까 자신의 출세를 보장하여주는 외세를 위해 힘없는 동포 근로대중을 적대시한 조국배반의 억압자였던 것이다.

　이승만이 행했던 활동의 두번째 단계는 제1차 미소공위 결렬 직후 민족통일총본부를 결성한 이래 도미외교渡美外交 등을 통해 독자적인 단정노선을 추구해나갔던 기간이라 할 수 있다. 이승만이 제1차 미소공위 결렬을 전후하여 더 분명하게 남한만의 단정노선을 추구했던 것은, 기본적으로 소련과의 타협을 통해 좌우연합의 통일정부가 수립될 경우 강경한 반공·반소론자로서 소련에 대한 비토 인물일 수밖에 없었던 그가 설 자리가 없었기 때문이다. 따라서 그가 현실적으로 취할 수 있는 가장 이기적 노선은 남한단정 노선이었다. 다시 말해, 그가 권력의 주도권을 장악할 수 있는 상황은 남한단정이 수립되는 경우였고, 이를 간파한 그는 일찍이 1946년 중반 시점에서부터 남한단정을 주장했던 것이다.

그러나 그의 남한단정 노선의 추진이 마냥 순조로웠던 것만은 아니다. 그것은 제1차 미소공위 결렬 이후 미군정의 하지가 김규식을 내세워 좌우합작 및 과도입법의원 설치를 추구했기 때문이다. 따라서 이제 이승만은 귀국 초기와는 달리 미군정의 지원을 제대로 받을 수 없었다. 이런 과정에서 이승만과 하지의 관계는 악화되었고, 이에 이승만은 도미외교를 통하여 하지를 "좌익에 호감을 가지고 있는" 인물로 몰아붙이는 한편, 미당국 관계자들을 대상으로 자신의 단정 주장의 정당성을 호소했던 것이다. 그런 점에서 이 시기는 이승만에게 일종의 시련기이기도 했지만, 그의 단정노선이 더 선명하게 구축되었던 기간이라 할 수 있었다.

이승만이 행했던 활동의 세번째 단계는 제2차 미소공위가 결렬됨으로써 미국의 대한정책에 의해 남한단선·단정 노선이 공개적으로 추진되고, 이같은 상황에서 이미 남한단정론을 주장해왔던 이승만의 노선이 마침내 실현되었던 마지막 기간이라 할 수 있다. 이 기간 동안 이승만에게 문제가 되었던 것은 남한단선·단정에 반대하는 세력들의 행동이었다. 이를테면 남한의 자주·민주세력은 단선·단정 저지를 위한 물리적인 직접투쟁에 나섰고, 남한 총선을 주장하던 김구·김규식 등은 남북협상을 추진했다.

그러나 자주·민주세력의 물리적인 투쟁이나 남북협상 진영의 남북한 총선 시도는 당시의 상황에서 현실적으로 성공하기 어려웠다. 그 결과 남한에서는 결국 단정세력들만이 참여한 가운데 총선이 치러졌고 그 바탕 위에서 이승만은 드디어 대한민국의 초대 대통령에 당선되었던 것이다. 이러한 대결과정에서 제주4·3 살육사태도 터지게 되었다.

그렇다면 해방정국에서 이상과 같이 활동한 이승만이 남북한 분단에 미친 영향은 무엇인가? 당시 남북을 미군과 소련군이 분할 점령한 가운데 이를 바탕으로 미·소가 자신들의 이익에 바탕한 대조선정책을 추구하고 있을 때, 통일정부 수립의 현실적 가능성은 일단 미·소의 타협에 바탕한 진보·보수 연정에 의한 정부 수립이라고 할 수 있었다. 그런 점에서 미소공위의 성공은 통일정부 수립의 관건이라 할 수 있었고, 이와 더불어 이에 대한 남북 정치세력, 특히 좌우 정치세력의 합의가 절대적으로 필요한 시기였다.

그러나 미·소의 합의가 이루어지지 않을 경우 분단을 막기 위한 최소한의 조건은 남과 북한 내부 정치세력의 행동 통일이라고 할 수 있었다. 분단 방지와 통일정부 수립에 있어 이같은 조건이 요구되는 상황에서 이승만은 어떠한 행동을 취했던가?

우선 이승만은 진보·보수세력의 분열을 적극 도모했다. 귀국 직후 자신이 "공산주의에 호감을 가지는 사람"이라고까지 위장했던 그는 이내 근로민중을 옹호하는 진보세력을 소련에 "나라와 동족을 팔아먹는 매국노"로 비난했다. 뒤이어 그는 시종일관 강력한 반공·반소적(일본과 미국 식민주의자들이 좋아하는) 행동을 취함으로써 민족 분열과 미·소 분열을 꾀했다. 대신 이승만은 막연한 대동단결을 주장함으로써 친일파·민족반역자들에 대해서는 처벌을 유예시킴으로서 일제하 기득권세력의 지지를 획득할 수 있었다. 친일파·민족반역자는 감싸고 나름대로 자주독립국가 건설에 열정을 바쳤던 진보세력에 대해서는 극도로 배척하는 태도를 보였던 이승만의 이같은 행동은, 그로 하여금 친일파·민족반역자를 포함한 우파 반공진영의 지도자로 부상할 수 있게 만들었지만, 그 대가는 좌·우 갈등과 미·소 대립을 격화시켜 남북동포의 분열·증오를 영구적으로 고착시킨 장본인이 되게 했다.

2. 외세 배경의 단독정부 수립에 저항한 제주도민 참혹한 희생

1) 8·15 전후 제주도 상황과 자주 독립 지향 세력(서민대중)의 분노

1945년 8월 15일 해방은 제주도민에게는 일제의 속박에서 벗어났다는 단순한 의미가 아니었다. 그것은 문자 그대로 "죽음으로부터의 해방"을 뜻했다.

일본제국주의 세력은 2차 세계대전 말기에 미군에 계속 밀리게 되자 제주도를 일본 본토사수를 위한 "대미결전의 최후 보루"로 설정했다. 이 고도의 작전계획에 따라 일제는 종전終戰 직전까지 관동군을 비롯해 7만 명 가량의 일본군을 만주와 일본 등지에서 제주도로 이동 배치했다.

더욱이 「결7호決7號 작전」으로 명명된 저들의 작전계획과 미군이 제주도에 상륙했을 때의 일본군 가상배치도를 보면, 7만 대군을 거느린 제주도 주둔 일본군 사령부는 상륙 미군에 최후까지 저항하기 위해 유격전을 준비했던 사실이 밝혀졌다.(朝鮮軍殘務整理部 「朝鮮における戰爭準備」(1946)『朝鮮軍槪要史』東京 不二出版社 1989)

총독부는 종전 직전 제주도 주민 5만 명을 남한의 다른 지역으로 옮기는 계획도 세웠었다. 그러나 이 계획은 수송과정의 잦은 미군기 공습으로 일단 중단하고, 미군이 섬에 상륙하게 되면 주민들을 산중으로 데리고 가서 군과 행동을 같이하도록 방침을 바꾸었다, 그것은 20여 만 명의 제주도민을 사중으로 끌고 가 최후 결전의 소모품으로 사용하겠다는 것이나 다름없었다.

(1) 일본군, 제주도에서 최후의 결전 구상

제주도는 어느 날 갑자기 강대국의 전쟁터로 변할 운명에 놓이게 되었다. 제국주의의 전략기지로 변한 제주도의 주민들은 두 강대국의 결전이 붙게 되면 그야말로 죽음밖에 택할 것이 없는 기로에 서게 되었던 것이다. 그러면 여기서 잠시 제주섬이 「최후 보루」로 설정되는 과정을 살펴보자.(제민일보 4·3취재반 『4·3은 말한다』 전예원 1994. 25~34쪽)

일본군 사령부에서 제주도의 방비가 초미의 과제로 대두되기 시작한 것은 1944년 10월 필리핀이 미군에 의해 함락(탈환)되면서부터였다. 그때까지만 해도 제주도의 방비책임은 「일본 육·해군 중앙협정」에 의해서 해군이 담당하고 있었다. 일제는 이미 1937년 중일전쟁 때 제주섬 서쪽지역인 모슬포에 오무라大村 해군항공대를 설치, 중국대륙을 향한 도양渡洋 폭격의 기지로 사용한 바 있으나, 1944년 말까지도 제주 주둔 병력수는 1천 명선을 넘지 않았다.

1944년 12월 일본 육군 중앙부에 제출된 대책안은 제주도에 ①혼성여단의 상주 ②요새 부대 설치 ③만부득이할 때 소장급을 장으로 하는 사령부 지휘기관 설치 등 3개 안 정도였다. 1945년 초부터 제주도에 임시 포대의 엄호와 상륙방어를 위한 해안가 축성작업이 시작되었다.

1945년 2월 9일 일본 방위총사령관은 미군과의 본토 결전에 대비해 7개 방면의 육·해군 결전작전 준비를 명령했다. 작전암호명은 '결호決號 작전'. 미군의 일본 본토 진출 가능 루트를 7개 지역으로 예상, 각 지역마다 대비작전을 세우도록 한 것이다. 그로부터 한달 뒤인 3월 12일 최고전쟁지도회의인 이른바 대본영大本營 각 군 작전주임 참모회합에서는 미군의 상륙지점으로 제주도와 홋카이도北海道가 유력하다고 판단, '결1호 작전'(홋카이도)과 '결7호작전'(제주도)이 보다 강도 높게 다루어졌다.

전황은 일본에 불리하게 돌아갔다. 1945년 4월 15일 제주도 방비 강화를 위해 제58군 사령부가 신설 편성되었다. 사령관은 나가쓰 중장. 이 부대의 관할구역은 제주도뿐이었지만 당시 조선의 총사령부격인 제17방면군에서 분리 독립된 형태였다. 즉, "독력獨力으로 제주도를 사수한다"는 최후의 결전부대였던 것이다.

이 무렵 제주·고산·서귀포·성산포·모슬포 등지에 특공기지가 건설되었다. 그것

은 미군 상륙주정에 어뢰를 안고 육탄공격을 하기 위한 것이었다. 주둔병력은 이미
1945년 3월에 제주에서 신설된 제96사단과 독립혼성 제108여단의 전입으로 2만 명에
이르며, 5월에는 제111사단의 상륙으로 3만 6천 명으로 팽창된다. 병력은 계속 늘어나
종전 직전에는 7만 명 선에 이르렀다. (제주 주둔 일본군의 병력 수자에 대해서는 자료마다 크게
차이가 난다. 『제주도 인민들의 4·3무장투쟁사』에는 '30만 대군'이란 표현이 있다. 상당히 과장된 이
수자는 그 뒤 많은 자료에 인용됐다. 국방부 발간 『한국전쟁사』에는 60,668명으로, 일본 방위대학 교
수 사사키(佐佐木春隆)의 『한국전비사』에는 6만여 명으로 적고 있다. 도표에서 보는 것처럼 조선군 잔
무정리부(朝鮮軍殘務整理部)에서 작성한 「제주도 주둔부대 일람」, 병력수 합계는 61,090명으로 되어
있으나 원전의 합계는 74,781명으로 기록되어 있다. 미군 정보기록에는 66,780명으로 파악되고 있
다.)

부대이름	병력수	부대이름	병력수
제58군 사령부	370	독립고사포 제59중대	120
제96사단	9,000	독립고사포 제60중대	120
제11사단	12,000	전신 제11연대	850
제121사단	13,000	독립공병 제126대대	890
독립혼성 제108여단	6,000	독립공병 제127대대	890
독립전차 제14중대	120	독립작정 제1~3소대	120
독립속사포 제32대대	480	독립자동차 제300중대	180
분진포 제1대대	850	독립치중병 제65대대	400
박격포 제29대대	1,400	제1특설근무 대본부	20
독립구포 제23대대	640	특설육상근무 제110중대	310
제12포병 사령부	120	특설근무대제 4~13중대	6,600
독립야전병 제6연대	2,100	제64 병참병원	400
독립산포병 제20연대	2,900	합 계	61,090
야전중포병 제15연대	1,100	(原典에는 74,781명으로 기록돼 있음)	
독립중포병 제9연대	110		

◇ 朝鮮軍殘務整理部의 『朝鮮에서의 戰爭準備』에서 인용.

오키나와 함락(1945년 6월 25일)을 보름 가량 앞두고 열린 대본영 「어전회의」에서 참
모총장과 군령부 총장은 미군이 제주도 침공을 강행해 올 공산이 크다고 전망했다. 이런
판단 아래 일본군 참모총장은 7월 13일 제주도 작전에 관한 아래와 같은 지시를 제17방
면군에 시달했다.

① 제주도에서의 작전 목적은 적의 공해空海 기지 설정의 기도를 파쇄함에 있다. 이를 위해서 작전 초동에서 공세를 취할 것.

② 제 17방면군 사령관은 1개 사단 병력을 남선에 준비하고, 제주도에 대한 적의 침공 공산이 다대해지면 적시 이를 제주도에 투입, 제58군의 전력을 증강할 것.

이 작전지시는 어떤 수단을 써서라도「미국 공군이나 해군기지가 제주도에 설치되는 것을 막아야 한다」는 점을 강조하고 있다. 그 속에는 "독력獨力으로 제주섬을 확보해야 한다"는 작전방침도 있었다. 바로 이런 작전지시에 따라 미군이 제주섬에 상륙했을 때 최후까지 싸운다는 유격전이 구상되었다. 이때 일본군측에서 예상했던 미군의 상륙 예상 병력은 2~5개 사단, 그 상륙시기는 9~10월로 내다봤다.

일본군이 제주섬에서 유격전을 계획했던 사실은「조선에서의 전쟁준비」에 인용된 1945년 8월의「제주도 병력 기초배치도」에서도 입증되고 있다. 이 병력배치도를 보면 일본군의 주력진지가 1차 저지선인 해안지대보다는 중간산지대로 크게 후퇴하고 있음을 알 수 있다. 결국 이 8월의 병력배치도는 제58군이 그 시점에서는 전략상 해안선 방비에 한계가 있다고 판단, 한라산을 방어진지로 해서 지구전을 펴겠다는 전략으로 해석된다.

제58군은 7만에 이르는 대군을 거느리고 있었지만 공군력과 해군력에서 미군에 크게 뒤지고 있었다. 일본군은 이런 열세 속에서도 미군의 공군·해군기지를 제주섬에 설치할 수 없도록 마지막까지 결전을 벌이겠다는 의도가 바로 이 병력배치도에 숨겨져 있다. 특히 하얼빈에서 제주도로 이동한 막강의 제121사단을 동부 고원지대에 배치, 유격전 주력부대로 삼은 것도 눈길을 끈다.

『제민일보』4·3취재반은 일본군의 복곽複郭진지로 최후 저항의 보루로 삼았던 어승생악御乘生岳 일대를 답사, 해발 1,169m의 정상에 우물정井자 형의 갱도가 얽혀 있는 거대한 철근 콘크리트 토치카와 오름의 허리 곳곳에 파 놓은 미로의 인공굴을 확인했다. 또 인공굴에서 일본군 철모를 찾아내기도 했다.

2차대전이 조금만 더 끌었어도 제주섬은 강대국의 전쟁터로 그야말로 불바다로 변할 뻔하였다. 그것은 섬사람들에게는 곧「죽음의 길」일 수밖에 없었다. 제주섬은 일본군에게는 7만 병력의 옥쇄를 각오할 정도로 반드시「미국의 공해기지 설정을 파쇄해야 할 중요한 전략기지」였다. 이를 바꾸어 말하면 전쟁의 상대국인 미국으로서는 모든 군사정보와 병력을 동원해 반드시 점령해야 할 섬이 바로 제주도이기도 했다. 이는 미국이 8·15 이전부터 한반도의 어느 지역보다 제주도의 지정학적 중요성을 잘 알고 있었다는 말과 통한다.

(2) 제사 그릇까지 강제공출

2차 세계대전 말기에 일본제국주의가 제주도를 대미결전의 최후 보루로 삼은 데는 다분히 이 섬의 지정학적인 측면이 고려되었다. 일제는 제주섬이 미군에 의해 점령당해 그들의 공군·해군기지가 설치되는 날에는 조선해협의 봉쇄는 물론 일본 본토의 사수에 치명적인 타격을 받게 되리라고 판단했다.

제주도 주둔군 사령부 제58군은 옥쇄하는 한이 있더라도 제주섬을 끝까지 사수한다는 작전방침에 따라 제주섬을 요새화하기 시작했다. 제58군 사령부는 해안선을 제1저지선으로 삼아 해안가 여러 곳에 굴을 파, 특공대원들이 어뢰를 안고 그대로 적함정에 돌진하는 특공기지를 설치했으며, 모슬포비행장 이외에도 제주 읍내의 동쪽 10km 지점인 「진드르」와 서쪽 2km 지점인 「정뜨르」에 동·서 비행장 건설을 위한 박차를 가했다.

일본군은 이에 그치지 않고 제1저지선이 무너졌을 때에는 주력 병력을 섬주민들과 함께 한라산으로 옮겨 끝까지 상륙미군과 대항하는 지구전을 전개한다는 전략을 세웠다. 이에 대비해서 한라산 중허리 400~900고지에 군용트럭이 다닐 수 있도록 군사도로를 개설했다. 이 길은 한라산에 머리띠를 두른 형국이라고 해서 「하치마키 도로」라 불려졌다.(이 도로는 제1·2횡단도로 개설 당시 성판악·어승생악 등 여러 노선의 산악도로로 원용된다.)

제주도 중간산지대도 일본군의 요새로 변해 갔다. 어승생악·관음사·녹산장 부근 등지에는 거대한 기지가 구축되었다. 전도에 걸쳐 산봉우리마다 토치카가 만들어지고 땅속으로는 갱도가 뚫렸다. 군량물자가 쌓여지고 참호가 만들어졌다. 이 모든 군사시설 공사에 주민들이 동원되었다. 제주섬 사람들은 누구를 위한 싸움인지도 모른 채 혹사를 당했다. 전쟁 말기 제주 주민들이 일제에 당한 고초는 한두 가지가 아니었다. 젊은 사람들은 이미 강제징용이나 징병되어 사할린이나 북해도 탄광, 그리고 남양군도 전쟁터로 보내졌다. 마을마다 차이는 있지만 이 무렵 징병·징용으로 타국으로 끌려간 청년은 마을 당 20~30명 가량 된다. 구좌면 한 마을에서는 18~30세의 청년 25명 가량이 징용되었다. 이 가운데는 18~19세의 처녀 3명도 포함되어 있다는 마을 주민의 증언이 있었다. 아마도 그 처녀들은 이른바 「정신대」로 불리던 종군위안부로 보내진 듯하다. (林基秋 (67. 舊佐邑 東金寧里)의 증언)

그뿐이 아니다. 웬만큼 큰 집이나 농토는 군사작전용으로 징발당했고, 겨우 수확해 놓은 곡식들은 군량물자로 공출되었다. 놋수저를 비롯해 쇠붙이란 쇠붙이는 모두 빼앗겼다. 특히 제사풍습을 소중히 여기는 섬주민들에게 제기까지 몽땅 내놓게 한 것은 견디기 어려운 일이었다. 일제시대 제주도의 강제노역의 실상을 다룬 4·3 증언집『이제사 말햄수다』에는 이런 글이 실려 있다.

일제 말기 징용(계해생:1923년생 이상)·징병(갑자생:1924년생 이상) 이외에도 당시 제주도 군사기지화의 준비로 모슬포 송악산, 제주읍 정뜨르, 신촌의 비행장 건설 및 진지구축을 위한 토굴작업에 각 마을의 주민을 강제 동원하여 노역을 시켰다. 마을별로 인구 수에 비례하여 동원인원을 할당하고 노역기간은 2개월씩이다. 농사철에 노동력의 부족을 보충하기 위하여 열댓 살 전후의 소년들이 노역에 종사하기도 했다. 강제노역 대상자의 나이는 16~60세 사이이고, 일제 공출에 협력하는 구장과 연맹 이사장은 노역대상에서 제외된다.

일제의 강제징용은 그들이 1939년에 만든『국가총동원법』제4조에 근거를 두고 있다. 그 조문은 "정부는 전시에 제하여 국가총동원상 필요 있을 때에는 칙령이 정하는 바에 따라서 제국신민을 징용하여 총동원업무에 종사케 할 수 있다"는 대목이다. 결국 제주도민들도 그들이 정한「제국신민」이었기에 '국가'의 비상시에 징용은 당연하다는 논리였다. 이 일을 위한 앞잡이 노릇은 행정력과 경찰력, 그리고 민간총력단체인「국민총력 조선연맹」이 가담했다. 앞의 글에서 지적한 연맹 이사장은 국민총력 산하단체장인 듯하다.

이 무렵 산북 지역에 살던 사람들은 거의 정뜨르와 진드르 비행장 건설현장에, 산남 지역 주민들은 모슬포의 알뜨르 비행장에 동원되었다. 노역자 수자는 마을별로 할당되면 집집마다 다시 동원 수자가 정해졌다. 일제가 일반적으로「국민직업능력신고령」에 의해 강제동원한 노무자의 나이는 만 16~50세 사이였다. 그러나 제주 땅에서는 다른 지역과 달리 이 기준이 지켜지지 않았다. 하귀리 주민의 주장으로는 일손을 구하기가 어려우면 예순 살, 심지어는 일흔 살의 할아버지까지 동원되는 경우가 있었다는 것이다. 정뜨르와 진드르 그리고 모슬포 알뜨르에 이른바 '함바'라는 수용소 건물을 수십 채씩 세워 놓고 한 곳에 100~200명씩 합숙시키며 혹사시켰다. 해방 직후 알뜨르와 정뜨르 함바에서 수십명, 수백 명의 시체가 발견됐다는 이야기도 있다.(濟州4·3연구소『이제사 말햄수다Ⅱ』한울 1989)

2차대전의 결전장이 될 뻔한 제주도, 그 속에 살던 주민들은 군역에 시달리면서 말로 다 할 수 없는 고통을 겪어야 했다. 이때 구축된 한라산의 산악진지 등을 3년 뒤에 빨치산들이 사용했다는 점도 역사의 얄궂은 진행이었다.

(3) 여객선 「황화환」 격침사건

 제58군과 총독부에서는 1945년 5월 제주도가 대미결전의 최후 보루로 결정되면서 제주섬의 노년층과 어린이, 부녀자 5만 명 가량을 본토로 대피시킬 계획을 세우고 이를 실행하려고 하였다. 그러나 이 계획은 소개민을 태우고 목포로 향하던 제주~목포 간 여객선인 고와마루晃和丸가 미군기로부터 피습을 맞고 침몰하는 사고가 발생하면서 제대로 실행도 못 한 채 중단되었다. 대형 해상참사의 하나로 기록된 '황화환'의 피습사건은 1945년 5월 7일에 일어났다. 제민일보 4·3취재반은 이 사건의 현장에서 구사일생으로 살아난 생존자의 증언을 통해서 그 동안 드러나지 않았던 새로운 사실들을 밝혀냈다.

 소개민을 본격적으로 실어 나르기 시작한 것은 이때가 처음이었다. 비교적 생활에 여유가 있었던 사람들이 소개작전의 소식을 듣고 여객선의 배표를 구하려고 몰려들었고, 배표는 황화환의 출항 며칠 전에 이미 동이 났다. 이 바람에 가족끼리도 일부는 승선하고 일부는 다음을 기약하다가 영영 헤어지는 비운을 맞은 것이다.

 소개민의 승선은 5월 6일 오후 무렵부터 시작됐다. 승객들은 산지山地 선창(지금의 제주시 수협 제빙공장 앞)에서 종선에 의해 방파제 밖에 정박해 있던 380t의 황화환(280t이었다는 기록도 있음)으로 옮겨졌다. 황화환이 제주항을 떠난 것은 다음 날인 5월 7일 새벽이었다. 그 무렵에는 미군기와 미잠수함의 출몰 빈도가 잦아 여객선의 야간항해가 금지되어 있었다.

 선실마다 빽빽이 들어찬 승객들은 다음 날 아침이 되어서야 배가 움직이기 시작했음을 알게 되었다. 이 비운의 여객선에 탄 소개민들은 어린이와 부녀자, 노인들이 많았다. 이 여객선이 첫 공습을 받은 것은 오전 10시 30분경이었다. 추자도에 미처 도착하기 전이었는데 갑자기 선창 밖에서 고함이 터져 나왔다.

 "구슈! 구슈!(공습! 공습!)" "뎃키다(적기다)."

 선실 안에 있던 승객들은 이 소리를 듣고도 바깥쪽에서 문을 잠가 놓았기 때문에 밖으로 나갈 수가 없었다. 잠시 후 "드르륵—"하는 기총소사 소리를 들었을 뿐이다. 나중에 안 일이지만, 미군기에 의한 첫 번째의 공습은 한 차례의 기총소사로 끝났다. 선장실 옆과 연통에 총탄자국이 생겼으나 인명피해는 없었다.

 혼비백산한 황화환은 급히 추자도로 들어갔다. 그곳에는 일본군의 초계정이 정박해 있었다. 항해를 멈춘 황화환은 초계정과의 몇 차례 교신 끝에 다시 항해를 시작했다. 그대로 항해해도 좋다는 신호를 받은 듯했다.

두 번째 미군기를 만난 것은 낮 12시가 조금 지나서였다. 추자도와 진도 사이의 해역에서 집중적인 공격을 받기 시작했다. 기총사격에 이어 폭탄이 배 위로 떨어졌다. 첫 번째 폭탄은 선장실 옆 이동석에 떨어져 선실과 함께 승객들이 날아가 버렸다. 두 번째 폭탄은 기관부에 떨어져 여객선이 화염에 휩싸였다. 황화환은 순식간에 수라장이 되고 말았다. 일부 승객들이 바다로 뛰어드는가 하면 젖먹이를 안고 있던 아낙네들은 갑판으로 달려가 민간 여객선임을 알리기 위해 하얀 치마를 벗어 흔들어 댔다.

불타는 선박 위를 선회하던 미군기의 공격은 그래도 멈추지 않았다. 갑판 쪽으로 기총사격을 하는가 하면 바닷속에 뛰어든 조난자 머리 위에도 총알을 쏘아댔다. 이런 수라장 속에서 희생자는 늘어났다. 이날 그 자리에서 서귀포의 정동규 가족은 부부와 두 명의 자녀 등 네 식구가 한꺼번에 목숨을 잃었다. 또 배표를 더 구하지 못해 남편과 잠시 헤어졌던 조순이 여인은 젖먹이와 두 살 짜리 자녀와 함께 운명을 달리했다. 산지 동네의 고향아 가족 5명도 이 배에서 숨을 거두었다. 애월면의 광산 김씨 집안에서도 부인과 어린 두 아들이 목숨을 잃었다. 이 참사로 숨진 희생자가 257명이란 기록도 있고 280명이란 주장도 있다. 일본측의 자료에는 '500명의 조난'이란 문구도 있다.(夫萬根『光復 濟州30年』文潮社 1975)

미군기의 공격이 멈출 때까지 살아남은 사람들은 구명정에 매달리거나 널빤지에 의지해서 구조를 기다렸다. 일부 승객들은 불타는 여객선에 머물러 있다가 물 속으로 가라앉는 배와 운명을 같이하기도 하였다. 바다 위에서 한 시간 가량 지났을 때 일본군 초계정이 나타났다. 추자도에 머물고 있던 그 초계정 같았다. 그때까지 생존해 있던 사람들이 그 초계정에 의해 구조됐다. 김용식 씨도 그 생존자 가운데 한 사람이었다.(金容湜(73. 서울 은평구 진관외동)의 증언)

구명정에 매달린 채 죽을 힘을 다 내고 있었는데 어렴풋이 "배가 보인다!"는 소리를 듣고 순간적으로 정신을 잃었습니다. 사고현장에 달려온 초계정은 "작전중이라 시간이 없다"면서 물 속에 빠져있던 조난자들을 향해 그 배까지 헤엄쳐 오면 살려 주겠다고 했습니다. 그 와중에 몇 명이 또 목숨을 잃었습니다. 내가 제일 마지막으로 구조됐는데, 담요를 한 장 주면서 백묵으로 '99'란 수자를 쓰더군요. 아마도 99명이 구조된 것이 아닌가 생각합니다.

그 초계정은 작전중이라 바로 목포로 갈 수 없다면서 조난자들을 태운 채 남해안 해역을 돌기 시작했다. 그 다음 날 초계정은 공교롭게도 남해안에서 미군기를 만났다. 그 초계정은 작은 함정이었으며 대공포도 한 개밖에 없었다. 초계정은 미군기가 출현하자마자 대공사격을 시작했다. 미군기는 멀리서 선회하다가 그대로 날아가 버렸다. 이 비극의 황화환 침몰사건을 다룬 기존 자료들은 대부분이 "일본군의 군수물자 수송선으로 오인한 미군기의 폭격으로 민간인이 대량 희생됐다"고 표현하고 있다. 그러나 현장을 목격한 김씨의 견해는 다르다.

미군기의 공격이 한두 번이었더라면 "오인에 의한 공습"이라고도 할 수 있었겠지요. 그러나 대낮에 다섯 차례의 선회공격을 하면서 갑판 위에서 벌어지는 상황이 뻔히 보였을 게 아닙니까. 비전투원인 이쪽에서는 단 한 발의 총도 쏘지 않았는데 바닷속으로 뛰어든 조난자의 머리 위로 기총사격을 하는 모습을 보면서 가졌던 "너무 잔인하다"는 그때의 생각을 지금도 버릴 수가 없습니다. 나중에 일본군의 소형함정에서 선제사격을 하자 맥없이 피해 가 버리는 모습을 보면서 조난자들끼리 여객선 공격 때와 비교하며 "미군 비행기 비겁하다"고 이야기한 적도 있습니다.

제주도 일원에 대한 미군기의 폭격은 이 사건 이후 더욱 가중되었다. 미·일의 강대국에 끼인 제주도민들의 미군에 대한 폭격공포 심리도 날이 갈수록 심해 갔다.

(4) 미군기의 제주 공습

미국은 1945년 초만 해도 일본이 항복하는 시기를 1947년쯤으로 예측하고 있었다. 미국 정보기관에서는 그때까지 전쟁이 계속됐을 경우 약 100만 명의 인명희생을 더 감수해야 한다고 분석하고 있었다. 그러나 일본군의 저지선은 미국이 생각했던 것보다 쉽게 무너져 갔다. 1945년 6월 25일에는 일본이 믿었던 오키나와 섬이 미 제6군에 의해 함락당했다.

앞에서도 말했지만 일본군 최고사령부는 그 이전에 미군이 일본 본토에 침공해 올 때 이용 가능한 7개 방면의 가상 루트를 설정, 그에 따른 대비작전 계획을 세운 바 있다. 그중에서도 홋카이도와 제주도의 2개 루트에 대한 대비책이 강도 높게 이루어졌다. 그러나 오키나와 섬이 함락되면서 홋카이도 방면에 의한 침투 가능성은 희박해진 반면 제주도와 규슈 방면의 침공 가능성이 높다고 판단, 이 지역에 대한 병력배치가 강화되었다.

조선군잔무정리부의 「조선에서의 전쟁준비」에는 오키나와 함락이란 정세변화로 미군의 상륙지점도 달라질 것이 예상됐으며 이에 따라 「결7호 작전 계획」도 일부 수정됐다고 밝히고 있다. 이 자료에는 "미군의 주된 상륙지점은 규슈 남부 혹은 규슈 북부일 것이며,

규슈 북부일 때에는 기지설정을 위한 제주도 공략이 필연이라고 판단되었다"고 언급하고 있다.

그러면 미군이 일본 본토 상륙시기를 언제로 잡았을까. 일본측의 입장을 밝히고 있는 「조선에서의 전쟁준비」에서는 "상륙의 시기는 10월 이후로 예상되었다"고 지적하고 있다. 『한국전비사』에는 종전 직전까지도 "오키나와의 미 제6군은 11월 1일로 예정되었던 남부 규슈에 대한 상륙작전을 한창 준비하고 있었다"고 기록하고 있다. 이 작전 일정대로 전쟁이 계속되었더라면 제주도에 대한 미군의 공습은 1945년 9월~10월경 집중화될 수밖에 없는 운명에 놓였다. 그것은 제주도를 "제2의 오키나와 섬"으로 변하게 하는 기로에 섰음을 의미한다.(미군이 오키나와에 상륙한 1945년 4월 1일 이래 3개월 동안의 미·일 격전 속에서 200,656명이 죽어 갔다. 그 희생자 가운데는 오키나와 주민 122,228명도 포함되어 있다.) (秦幸男 「오키나와를 가다」, 『濟民日報』 1960. 6. 13)

미군이 제주섬에 공습을 가하기 시작한 것은 1945년 초부터였다. 그 해 2월 14일 마라도 근해에서 일본군 해군 해방함海防艦 제9호가 미군기의 공습에 의해 침몰되었고, 4월 14일 한림翰林항에서 해방함 제31호와 능미호能美號가 미군 잠수함의 공격을 받고 피침된다.

5월 7일에는 목포로 소개민을 태우고 가던 여객선 황화환이 미군기의 공습으로 침몰, 민간인 수백 명이 숨졌다.

5월 13일에는 한림 외항 비양도 근해에서 일본 호위함 4척과 수송선 1척이 미군 잠수함과 비행기의 공격을 받고 격침되었다. 이 침몰사건으로 일본군 800명이 숨졌다.

7월 6일에는 사라봉紗羅峰 상공에서 미·일 공군기가 공중전을 벌인 끝에 일본기 4대가 한꺼번에 격추되었다. 또 7월에 미군기가 한림항 매립지에 설치된 군기고를 공격하는 바람에 그 속에 쌓여 있던 폭탄이 폭발, 인근의 민간인들이 한꺼번에 희생되기도 하였다. 1982년판 『제주도지』에는 이 공습으로 "민가 파손 400호, 사망자 30여 명, 부상자 200여 명을 내었다"고 기록, 엄청난 민가 피해 상황을 밝히고 있다.(濟州道 『濟州道誌 (上)』(1982), 432쪽)

이 밖에도 산지항에 정박중이던 일본 구축함과 주정공장 군수창고가 역시 미군기의 공격을 받아 대파되었다. 섬의 남단 송악산松岳山에 구축된 고사포 진지와 당시 부상자들이 입원해 있던 제64병참병원도 미군기의 공격을 받고 큰 피해를 입었다.

임종국의 『일본군의 조선침략사 Ⅱ』에는 "이리하여 8·15무렵에는 (제주 근해의 일본군) 대형선은 전멸 상태였으며, 기범선機帆船은 40% 내외가 피해를 입고 있었다"고 밝히고 있다. 당시 제주도에 7만 명이라는 막강한 병력을 갖고 있던 일본군 제58군이 최후의 방어선을 해안선에서 한라산 쪽으로 이동한 것도 이와 무관하지 않다. 그것은 해·공군력이 전멸 상태이므로 해안선 방비에 한계를 느꼈기 때문이다.

이 미군기 공습은 한림에서 일어난 인명피해 이외에도 도내 곳곳에서 민가 소실과 민간인 피해를 가져왔다. 조천朝天에서는 김매기 작업을 하던 아낙네들을 향하여 기총소사하여 아낙네들이 부상을 입기도 하였다. 중산간 마을인 표선면 가시리 출신 한 아낙은 "중산간지대에 일본군 진지가 만들어지면서 미군 공습이 거의 매일이다시피 반복되었다"면서 "이 바람에 주민들도 공습공포에 시달렸다"고 증언했다. 녹산장 부근에서도 미군기의 폭격으로 민가 10채가 파손되었다.

1945년 8월 6일 일본의 히로시마에 미군 B29기에 의해서 원자폭탄이 투하되었다. 소련은 그로부터 이틀 뒤인 8월 8일 이 전쟁 막바지 동북아 전쟁에 참전했다. 며칠 뒤인 8월 15일 일본이 '무조건 항복'을 함으로써 2차대전은 종지부를 찍는다. 이같이 종전이 앞당겨질 줄은 누구도 예기치 못한 일이었다.

이로 인해 제주섬은 "제2의 오키나와 전쟁"을 벗어날 수 있었다. 그러나 미·일 양대국 전쟁에 시달린 경험으로 해방 직후 제주섬 주민들의 미군에 대한 인식은 미묘한 성격을 띠고 있었다.

2) 육지와는 독자적인 건국 활동

(1) 10월 봉기에 불참

1946년 여름 제1차 미·소 공동위원회가 결렬된 이후 한반도의 정세는 안개 속의 정국이나 다름없었다. 이 무렵 중앙정치무대에서 관심을 모았던 흐름은 이른바 중도파 운동으로 불린 '좌우합작운동'이었다. 미군정의 지원을 받은 이 운동은 극좌나 극우주의적 정치적 성향의 인물이 배제된 가운데 김규식·여운형 등의 진보적 인사 중심으로 추진되었다.

그런데 이때 미군정이 한국인을 대상으로 실시한 한 설문조사는 그 당시의 대중적 정치성향을 이해하는 데 주목할 만한 단서가 되고 있다. 그것은 1946년 8월 미군정청 여론국이 실시한 설문조사의 결과인데, 이 조사에 의하면 자본주의 찬성자가 14%, 공산주의 찬성자가 7%인 데 비해 사회주의 찬성자는 70%에 이르렀다는 내용이다. 그러나 분단저지운동의 한 줄기이며 대중적 인기가 있었던 좌우합작운동은 그 뒤 주역의 한 사람이던 여운형이 암살되고 10월 봉기 등을 거치면서 급격히 쇠약해 간다.(姜萬吉「남북분단, 누구의 책임인가」,『新東亞』1988년 8월호, 227쪽에서 재인용)

1946년 10월 1일 대구에서 시위군중에게 경찰이 발포함으로써 도화선이 된 자주독립 지향세력(좌익계)의 봉기는, 남한 전역 73개 시·군에 파급되어 연인원 110만 명이 참가하는 8·15 이후 가장 큰 규모의 대중투쟁이었다. 이 사태로 인한 인명피해는 정확히 밝혀지지 않고 있지만 사망자가 최고 1천 명으로 추산되고 있으며, 살해된 경찰관만 해도 200명을 넘고 있다.(조선통신사『1948년판 조선연감』1947, 258쪽. 브루스 커밍스『한국전쟁의 기원·下』청사, 244쪽)

사태는 그 해 9월 24일 철도노동자 4만 명의 파업으로 시작되었다. 전평이 지도한 이 파업에서 근로자들은 쌀배급인상, 임금인상, 노동자의 결사자유권 등을 요구했다. 그들의 요구 중 정치성을 띤 구호로 "정권의 인민위원회로의 이전"도 있었다. 전국적으로 술렁이는 가운데 10월 1일 대구에서는 "쌀 배급량을 늘려 달라"면서 파업노동자들을 지지하는 시위가 있었는데, 이때 경찰이 발포, 시위군중 1명이 숨졌다.

이 발포는 걷잡을 수 없는 사태를 몰고 왔다. 시위군중들은 그 다음 날부터 경찰관서를 습격, 경찰관들을 살상하기 시작했다. 이 대규모의 시위는 경상도·충남·경기·강원·전남 지방으로 확산되어 12월까지 3개월 동안 지속되었다.(『10월인민항쟁연구』열음사, 1988, 106~188쪽)

봉기지역은 경상도지방에 집중되어 있었으며, 대체로 인민위원회가 강했던 전남·충남·그리고 강원도 지방에서 주로 발생했다. 미군정은 이 봉기를 진압하는 데 주로 일제 경찰 경력을 가진 한국경찰을 이용하였다. 친일파 무장집단인 경찰과 근로민중간의 대결은 침략자들의 식민지 분열통치의 전형(典型)이었다. 친일경찰은 일제의 앞잡이였으니 목숨바쳐 미점령군에 충성을 다했고 그럴수록 조선의 동포형제끼리는 철천지원수가 되어갔다. 미군정은 맨 처음에 지방경찰을 파견하고, 그 다음 필요에 따라 서울경찰을 부르거나 미군전술단을 파견하였다. 대구에서는 미군 전차를 동원해 시위를 진압하기도 하였다. 지방경찰은 비교적 조용했던 충북·충남 경찰대로부터 응원경찰 형식으로 차출되었다. 이 진압과정에서는 경찰의 보복테러도 적지 않았다.(USAFIK『HUSAFIK』Part Ⅲ, Ch. Ⅳ, Pt. 2, p.23)

봉기의 원인에 대해서는 보는 시각에 따라 다르다. 미군정이나 경찰 쪽에서는 "공산주의자들의 조종"에 의한 것으로 해석하고 있다. 그러나 현대사 연구가들은 이 봉기가 미군정의 실정失政 1년의 누적된 불만이 폭발한, 복합적인 요인에 초점을 두고 있다. 특히 미군정의 미곡수집 정책에 대한 반감과 식민지경찰 계승에 의한 자주독립세력 탄압에 대한 깊은 골, 그리고 토지문제에 대한 불만 등이 겹쳐 전국적으로 파급되었다는 분석들이다.

이 일련의 대중투쟁은 미군정에 가해진 최초의 충격으로서 그 과정을 통하여 미군정의 실정이 부각되었지만, 한편으로는 우익, 특히 경찰세력의 강화를 촉진하여 인민위원회와 그 관련 단체가 몰락하는 결과를 초래했다. (1952년 치안국에서 펴낸『대한경찰전사』에도 "전국경찰은 10·1 사건으로 말미암아 빚어 낸 참화의 상흔을 시금석으로 지나온 발자국을 재검토함과 아울러 무기 보충, 직원의 소질 향상 및 대폭 증원 등 획기적인 조치를 보게 되어 경찰발전의 일신 기원을 이룩하게 한 원동력으로 삼게 되었다"고 기술하고 있다.)(內務部 治安局『大韓警察戰史 제1집 —民族의 先鋒』(1952), 57쪽)

그런데 인민위원회가 비교적 강했던 제주도는 이 10월 봉기에 참여하지 않았다. 중앙일간지 1946년 10월 11일자에서는 일제히 제주도에서 10·1 대구사건의 여파로 10월 9일 소동이 일어나 전남 본토에서 미군부대가 파견되었다고 보도하고 있다. 특히 한성일보에는 그 소동이『관공서 습격사건』이라고 밝히고 있다. 그러나 이 소동은 다소 와전된 것이었다.

그 해 12월 입법의원으로 뽑혀 상경한 문도배·김시탁은 기자회견을 통해 "제주에도 인민봉기가 있었다고 하나, 그것은 인민위원회 사무소에 '친일파를 도청에서 숙청하라'는 표어를 붙였다 하여 여러 사람이 검거되었을 때 그들의 석방운동으로 매일 경찰당국에 출두한 것이 와전된 것"이라고 해명한 바 있다. (『獨立新報』1946. 12. 15.)

결국 10월 봉기에 제주도 인민위원회가 참여하지 않은 것은 그 독자적인 노선을 보여준 좋은 사례이다. 제주 인민위는 한 술 더 떠 10월 봉기 때 육지에서 시위군중들로부터 강력히 폐지 주장이 나돌았던 과도입법의원 선거에 참여, 인민위 간부들을 입법의원으로 선출하기도 하였다. 게다가 전국적으로 좌파세력이 이 입법의원 선거에 참여한 곳은 제주도가 유일한 곳이었다. 이런 사실도 제주도 사태가 '좌익세력의 도발'에서 시작되었다는 주장을 부정하고 있다.

(2) 악화일로의 제주도 경제

해방 직후 다른 지역도 비슷한 상황이었지만 특히 제주도의 경제사정은 최악의 상태를 맞았었다. 식량·생필품의 절대부족과 실직자가 계속 늘어나는 추세를 보이자 농민사회에서는 이를 빗대어 "왜정시대보다 못하다"는 말을 공공연히 할 정도였다. 존 메릴의

논문 「제주도반란」은 그 무렵의 제주 경제사정을 이렇게 묘사하고 있다.

　　경제적 상황의 악화는 이러한 제주도 주민의 불만과 분노를 더욱 가중시켰다. 군사기지가
확대되고 해외로 나갔던 많은 사람들이 귀향하면서 송금액이 없어지고 무역형태가 혼란되면
서, 제주도 경제는 파산지경에 이르렀다. 더구나 북에서 생산되던 원자재를 더 이상 사용할 수
없게 되었다. 예를 들면 고기잡이 등불을 밝히는 데 쓰이는 탄소가 절대 부족하여 야간 고기잡
이를 제대로 할 수 없었다. 고구마를 사들였던 주정공장과 제주읍에 전력을 공급해 오던 발전
소가 석탄의 부족으로 거의 정지상태에 들어갔다. 북쪽의 화학공장에서 공급되던 비료가 없어
서 농산물 수확도 감소되었다. 더구나 도道로 승격되면서 전에 없던 많은 문제가 생겨났다. 그
렇지 않아도 압박받아 온 경제가 추가로 중앙정부를 지원해야 하는 새로운 부담을 안게 되었
다. 게다가 섬주민들이 그들의 생산물을 본토에 파는 데 여러 가지 어려움이 생겼다. 목포항의
경찰이 제주도에서 배로 싣고 온 상품에 세금을 매겼고, 여행자들에게는 상륙비를 거두었
다.(E. Grant Meade, 『American Military Government in Korea』〔New York : King's
Crown Press, Columbia Univ., 1952〕, p.158. John Merril 「The Cheju-do Rebellion」
『Journal of Korean Studies 2』 1980, p.153.)

　8·15 직후 전남 군정요원으로 활동했던 미드의 글에도 이와 유사한 표현을 남기고
있다.

　　제주인들은 도 승격으로 인한 독립적 성격 때문에 경제적인 압박감을 느끼기 시작했다. 이
들은 독립된 지방행정을 위해 더 필요하게 된 4백만 엔 상당의 비용을 마련하는 것이 수월치
않았다. 설상가상으로 제주가 전남에 속했던 시절에 잠재해 있던 육지부 사람들에 대한 전통
적인 반감이 새삼스레 터져 나와 이 섬사람들의 생필품 통상거래도 지장을 받게 되었다.

　실제로 그 당시의 제주 경제사정과 비교해 볼 때 이들 미국인의 글이 과장되지는 않은
것 같다. 물론 경제의 악화는 비단 제주도 문제만은 아니었다. 1947년 초에 육지부에 다
녀왔던 한 증언자의 말을 빌리면 그때는 석탄이 부족하여 기관차가 멈춰 버리는 날도 많
았다고 한다. 그러나 제주도의 사정은 보다 심각했다. 존 메릴과 미드의 표현 이외에도
쌀이 절대 부족해 굶는 사람이 많았다. 거기다가 1946년에 콜레라가 퍼져 수백 명의 목
숨을 앗아 가더니 1947년에 접어들면서는 미친 개에 의한 광견병이 돌아 민심이 흉흉하
였다.(당시 金榮珍 북제주군수가 발표한 내용에 따르면 "전도적으로 수백 명이 광견에 물려 신음하고
있고 그 중 사망자도 수십 명에 달했다"면서 주의를 촉구하고 있다.)(『濟州新報』 1947. 1. 30.)
　1946년 8월 1일자로 도제가 실시된 이후 제주도 당국으로서는 당면한 식량난과 비

료·생필품의 부족현상, 송전送電 문제의 해결과 민심수습이 최우선 과제였다. 도 당국은 일제하의 동양척식회사에서 신한공사로 그 소유가 이전된 주정공장측과 교섭, 이 공장에 비축돼 있던 절간 고구마를 식량대용으로 배급하는 궁여지책을 쓰기도 했지만 극심한 식량 사정이 크게 달라지지는 않았다.(金琼培「道伯列傳」,『濟民日報』1990. 7. 1.)

도 당국은 식량·비료 문제를 해결하기 위해 관계자들을 중앙청과 전남지방 등에 보내어 구걸하다시피 매달려 1947년 초에 이르러 5만 석의 미곡과 얼마 정도의 암모니아 유산가리 비료 배정약속을 받았다. 그러나 물량확보와 수송이 여의치 않아 이들 약속물량이 제주에 도착하기까지에는 상당한 시간이 걸렸으며, 특히 육지부의 도정공장이 제대로 가동되지 않는 바람에 미곡도 도정이 안 된 '나락' 상태에서 반입되는 경우가 많았다. 제주도 상공 당국은 주정공장의 450kw 자가발전기를 이용, 1947년 1월 17일부터는 주간 송전도 실시하였다.

그러나 그 무렵 제주 경제에서 보다 심각했던 문제는 일본과의 교역 혼선이었다. 앞에서도 언급한 바 있듯이 일제는 값싼 노동력을 흡수하기 위하여 1920년대부터 제주~오사카 간 정기항로를 개설, 5만 명에 이르는 노동인력을 제주에서 빼내어 일본의 공장과 탄광 등지로 보냈다. 이들 제주 출신 노동자들은 고된 노동에 비하여 형편없는 낮은 임금을 받았지만 이를 절약, 고향집에 송금하는가 하면 때로는 생필품을 사서 보내오기도 하였다. 일제 말기 제주에서의 생필품 구입은 본토의 부산·목포보다 오히려 오사카 루트를 이용하는 것이 보편화됐었다. 그런 일본 지향 교역성향이 8·15를 맞으면서 아무런 대비책도 없이 하루아침에 무너지기 시작한 것이었다.

미국은 전후 한국과 일본을 자신들의 군정 아래 두면서도 두 나라의 교역에 대해서는 제한조치를 취했다. 한술 더 떠 맥아더 사령부는 종전 직후 귀환 조선인의 휴대물품과 금액을 철저히 제한하였다. 이로 인하여 제주에서의 대일교역은 일제시대에는 '합법'이었으나 미군정 시절에는 '불법'으로 변하는 형국을 맞게 되었다. 8·15 직후에도 귀환자와 생필품을 실어 나르는 화물선과 소형 어선들이 현해탄을 넘나들었다. 이 무렵 공장지대와 탄광, 그리고 남지나南支那(중국 남부) 등의 전쟁터에 나가 있던 제주인 6만명 가량이 귀환하였다. 그러나 미군정은 이들 귀환자들을 흡수할 아무런 대책도 제시하지 못하였다. 군정 초기에는 귀환동포의 물품반입 규정이나 신고 절차, 이를 취급하는 기관에 대해서도 명백한 구분을 짓지 못하고 있었다.

남한의 생산공장은 제대로 돌아가지 않았다. 덩달아 생필품 부족 현상은 극심했다. 이런 형편에 이르자 제주에서의 생필품 조달은 자연히 귀환자들이 많이 살았던 일본 쪽으로 기울어졌다. 귀환자들이 귀향하며 갖고 오는 물품도 적지 않았지만, 이른바 "보따리장수"라 불리는 밀무역 상인들도 늘어나기 시작하였다. 이들 밀무역 상인들은 육지부와 거래처를 트고 영업범위를 넓혀 나갔다.

이런 문제가 여론화되자 제주도 당국은 1947년 1월 6일 「제주도 물자조정 요령」을 발표, 물자의 도외 반출을 엄격히 규제하였다. 이 요령에 따르면, 각 물품별로 자유반출 수량을 정하고 그 이상의 물품을 도외 반출할 때에는 반드시 도지사의 반출승인을 얻도록 했다. 자유반출 수량은 양복류가 3관 이내, 옷감 1반 이내, 알루미늄 제품 15개 이내, 운동화 5족 이내, 잡곡류 1두 이내, 밀감류 10관 이내 등으로 정해졌는데, 이 도외 반출 억제 요령은 상당히 까다로운 규정으로 인식되었다.(『濟州新報』 1946. 1. 6.)

그러나 이 밀무역을 둘러싸고 민중들의 감정을 직접적으로 악화시킨 것은 바로 모리 배와 결탁한 단속기관의 뒷거래 행위였다. 밀무역에 대한 단속기관이 엄격히 구분되지 않자 유관기관들이 너도 나도 밀무역 단속에 나섰다. 그 당시 밀무역 단속에 나선 기관들은 경찰·세관·해안경비대·항무서·물가감찰서 등이었다. 이들 기관원들은 밀수선이나 귀환선이나 가릴 것 없이 일본에서 배가 들어온다는 첩보를 얻는 데 열을 올렸다. 이들은 밀반입 물품의 적발보다는 그 뒤에 생기는 부수입에 더 눈독을 들였으며, 그러다 보니 자연히 그 배후에는 모리배들이 득실거렸다. 당시 제주도 상공과장으로 재직하여 무역업무를 다뤘던 이인구옹은 생전에 이렇게 회고했다.(李仁九. 당시 제주도 상공과장의 증언)

해방 직후 물자가 귀하니까 일본과의 밀무역에 눈독을 들이는 사람이 많았어요. 제주도는 귀환동포가 그 어느 곳보다 많다 보니 귀국하면서 생필품 등을 갖고 오는 사람들도 적지 않았구요. 그런데 그때까지도 이런 문제를 취급하는 기관이 통일되지 않아서 이 기관, 저 기관이 나서서 취체하다 보니 잡음이 없지 않았어요. 모리배들도 많았구요. 그래서 1947년 초에 이르러 군정책임자가 나서서 취급기관의 사무분장을 구분하기도 했지요.

3) 3·1절 기념일의 발포, 미군정 및 친일파세력의 반민중 탄압

(1) 외세 아부세력의 적반하장에 걸려들어 참살된 4·3봉기의 진상

① 해방조국의 제주도, 즐거워야 할 3·1기념일에 총성과 비명

1947년 3월 1일. 꽃샘추위 속에서 한기가 살금살금 뼛속을 파고들던 날, 하늘은 맑았다. 마침 토요일이었지. 사람들이 제주북국민학교 운동장으로 밀물처럼 모여들고 있었다. 제28주년 3·1절 기념 제주도대회였다. 사람과 사람 사이, 발디딜 틈이 없었다.

연단 위의 연사가 무슨 말을 하는지도 들리지 않았다. 그렇게 많은 사람이 모여든 광경은 태어나 처음 보는 거였다. 남녀노소, 활짝활짝 편 고사리손들까지 보였지. 이 허가 받은 집회에 모여든 사람은 대략 2만5000~3만여 명이라고 했다. 그때 제주 사람이 28만여 명이었으니 10분의 1이 넘는 제주 사람이 모인 셈이지. 제주읍은 물론 애월면·조천면 등지에서 걸어서 온 학생과 주민들도 많았지.

어떻게 이런 많은 군중이 모였을까? 3·1절 기념행사 준비위원회는 각 면 단위로 기념식을 갖되, 제주읍·애월면·조천면 지역만은 제주북국민학교에 함께 모여서 대대적인 기념식을 갖자는 계획을 미리 세웠지. 무서운 일제 식민통치에 이은 미군정하 지하조직으로 활동하던 남로당 제주도위원회는 3·1절기념행사를 앞두고 드디어 조직 총동원령을 내렸던 것이지.

3·1절 기념행사를 닷새 앞둔 2월 23일, 제주 읍내 조일구락부에서 '민주주의민족전선(민전)' 결성식이 있었다. 민전은 28주년 3·1절기념행사를 어떻게 치를 것인가를 놓고 고심 중이었지. 3·1절 행사 주최를 시발로 다른 지방처럼 민전이 전면에 나서게 됐지. 그때 제주도 민전 공동 의장 중 한사람인 안세훈은 남로당 제주도위원회 위원장이자 3·1절 기념행사 준비위원장을 겸했다.(허영선 지음 『제주 4·3을 묻는 너에게』 서해문집 2018)

드디어 1947년 3월 1일 오전 11시, 제주북국민학교에서 역사적인 3·1절 기념행사가 열렸다. 이 기념식에서 안세훈은 "3·1혁명 정신을 계승하여 외세를 물리치고 조국의 자주통일 민주국가를 세우자"고 외쳤다. 이어 각계 대표들이 나와 발언을 하면서 대회는 후끈 달아올랐다. 그도 그럴 것이 이날 행사는 서울처럼 좌·우익 진영 두 개로 나눠 진행되지 않고, 하나로 이뤄졌지.

"삼상회의(미국·소련·영국) 결정 즉시 실천I" "미소공동위원회의 재개!" "3·1 정신으로 통일 독립 전취하자!" "친일파를 처단하자!" "부패 경찰을 몰아내자!" "양과자를 먹지 말자!" 모여든 사람들은 목청껏 구호를 외쳤다.

이날 오후 2시께, 기념식을 마친 군중은 이 구호와 '왓샤! 왓샤'를 외치며 관덕정 광장으로 나가며 시위를 벌였다. 이날 집회 후 행진은 군정 당국의 반대로 허가 받지는 않았으나, 평화로웠다. 맨 앞줄에는 부녀동맹 사람들, 학생들 순으로 행진하고 있었지.

이날, 미군정이 서둘러 내려 보낸 충남·북 응원 경찰 100명과 제주 경찰 330명 등이 만일의 사태를 대비하고 있었다. 남조선노동당(남로당) 제주도위원회가 주도한 이날 행사에 경찰은 머리끝을 세우고 긴장하고 있는 모습이 역력했다

응원 경찰이라니? 사방이 섬으로 둘러싸인 제주도는 옛날부터 왜구의 침입에 바람 타던 섬이었다. 이미 조선 말에는 크고 작은 민란이 잦았던 섬이기도 하지. 작은 소요가 일어날 때마다 섬의 민중은 저항을 했다. 때문에 중앙정부는 본토에서 서둘러 군사를 이 섬에 내려 보냈던 역사를 갖고 있지. 일제강점기 때도 그랬지.

1919년 조천만세운동, 1931년 제주농업학교 동맹휴학사건, 1932년 제주해녀항일투쟁 등 항일운동 때마다 전라도 경찰부 소속 무장 경관들이 제주도에 속속 달려왔던 사실이 그러한 사례지. 하지만 이런 관례를 깬 사건이 발생한단다. 바로 1947년 응원 경찰이다. 이들은 사태가 일어나기도 전에 미리 와 있었다. 참 이해할 수 없는 일이지.

② 지배자들은 식민통치 계속으로 보는데, 주민들은 해방된 것으로 착각

그때였다. 말을 탄 경관의 말발굽에 한 어린아이가 채어 쓰러진 것은. 시위 대열이 관덕정 광장을 벗어난 시점인 2시 45분께였다. 그런데도 기마 경관은 마치 아무 일 없다는 듯이 유유히 가려 했다. 성난 군중은 "저놈 잡아라" 쫓아갔고, 당황한 경관은 군중에 쫓기며 관덕정 옆 경찰서 쪽으로 말을 몰았다.

바로 그 순간이었다. 하늘이 내려앉았던 것은. '팡팡' 몇 발의 총성이 하늘을 찢었다. 총소리에 놀란 군중은 와당와당 동요하기 시작했다. 총소리는 관덕정 앞에 배치됐던 무장 경관과 경찰서 내 꼭대기 망루 위 어딘가로부터 일제히 울려 퍼졌다.

관덕정이 날아갈 듯한 총성과 함께 구경하던 6명의 주민이 외마디 비명과 함께 그 자리에서 쓰러졌고 8명은 중상을 입었다. 이들은 제주4·3의 첫 번째 희생자가 되었다. 희생자 가운데는 젖먹이를 안고 쓰러진 스물한 살의 젊은 어머니 박재옥, 해방되자 일본에서 돌아와 농사 짓던 농부, 그리고 바로 할머니의 작은아들, 그 소년도 있었다. 북국민학교 6학년 허두용은 그때 가장 어린 죽음이었다. 한 달 뒤면 중학생이 될 아이였다.

이날의 총성은 겁을 주려 했던 단순한 공포탄이 아니었다. 발포는 위협 수준을 넘어선 것이었지. 부검 결과 희생자 중 1명을 빼고 다른 5명은 모두 등에 총을 맞은 것으로 판명이 났다. 이날 총은 본토에서 온 응원 경찰에 의해서 발포되었고, 희생된 이들은 시위대가 아니라 단순한 관람군중이었다. 물론 명백한 경찰의 과잉 반응이었다. 군중이 기마 경관을 쫓아 몰려가는 것을 본 경찰이 경찰서를 습격하는 것으로 알고 쏜 것이었다.

그랬다. 제주4·3의 도화선이라 불리는 '3·1사건'은 이렇게 시작된다. 관덕정 광장을 울렸던 총성 그것은 비극의 전주곡이었다. 이때부터 제주 사회는 잿빛 급물살로 빨려들어가기 시작했다.

경찰은 곧바로 통행금지령을 내렸다. 이날 저녁 7시부터 다음 날 오전 6시까지. 제주

경찰서장은 경무부에 긴급 지원 요청했고 경찰은 이 사건을 '경찰서 습격 사건'으로 규정하고 사람들의 마음을 수습하려 하기 보다 오히려 강경 대응쪽으로만 몰아가려 하고 있었다.

사건이 일어난 바로 그날, 목포 경찰 100명이 아주 발빠르게 제주를 향해 출발하고 있었다. 제주 경찰은 다음 날부터 3·1절기념행사준비위원회 간부와 학생 들을 잡아들이기 시작했다. 총을 쏜 행위는 애써 외면한 채였다. 경찰은 배후에서 이날 대회를 이끌어간 남로당의 선동 부분에만 온갖 관심을 집중하면서 캐고 있었다. 이 사태를 해결하기 위해 강경책을 편 경찰, 그들은 2일 하루 동안 학생 25명을 연행했다. 잡히면 무조건 구타와 고문을 한다는 소문이 바람처럼 횡횡 나돌았다.

경찰은 "시위 군중이 경찰서를 습격할 태세를 보여 불가피하게 발포하게 됐다"는, 발포가 정당했다는 것을 내세운 성명을 발표한다. 민심은 더 이상 억누를 수 없는 폭발 직전이었다. "3·1사건 진상을 규명하라!" "3·1사건 발포 책임자를 처벌하라!" 민중의 목소리는 점점 파도처럼 높아만 갔다.

초기에 인민위원회와 어느 정도 좋은 관계를 유지하던 미군정. 그들의 태도는 3·1사건을 기점으로 완전히 틀어져버렸다.

그해 3월은 그렇게 시작되었다. 그날 이후 민중의 분노는 극에 달했다. 이로 인해 엄청난 대비극이 일어날 줄은 아무도 몰랐다. 그로부터 열흘 후였다.

③ 해방 조국에 대한 착각이 풀리는 순간 분노 폭발 총파업

1947년 3월 10일, 온 섬이 꽁꽁 문을 닫았다. 주민은 물론 공무원까지 나섰던 총파업! 국내외에서 보기 드문 대규모 민·관 총파업이 일어난 것이다. 제주도 사람들은 물일도, 밭일도 모두 손을 놓았다. 도내의 1667개 기관·단체가 여기에 동참했다.

모든 은행·교통·공장·통신 기관·교육·식량 배급 등의 업무도 멈춰 섰다. 심지어는 미군정청 통역단이나 현직 경찰관, 구멍가게까지 참여했다. 모든 행정기관이 일을 놓았다. 도내 각급 학교는 파업단을 조직하면서 무기한 휴교, 섬은 마비 상태였다. 도대체 어떻게 이런 총파업까지 가게 됐을까?

3·1사건 직후, 경찰은 발포 사건에 대한 아무런 대책도 세우지 않았지. 가만히 당하고만 있을 것인가. 참다못한 도민들은 "3·1사건진상을 규명하라!" "발포 책임자를 처벌하라!" 격렬하게 목소리를 높이기 시작했다. 각 단체별로 3·1사건 대책위가 결성됐다. 또 미군정과 경찰의 만행을 폭로하며 제주의 언론 제주신보사 등에서는 희생자유족 조위금 모금에 돌입, 도민의 동참이 이어졌다.

왜, 3·1절 발포 사건에 대해 군정 당국과 경찰은 납득할 만한 조치를 취하지 않고 있는가. 제주도청 직원들도 3·1사건 진상조사단에 진상 보고를 요청했다. 그러나 한마디로 거부당한다. 분노한 그들은 "발포하는 현장을 목격한 관공리(공무원)로서 방관할 수 없다"며 「제주도청 3·1대책위원회」를 구성한다.

대책위는 투쟁에 들어가면서 제주도 민정 장관 스타우트 소령과 주한미군사령관 하지 중장에게 다음의 요구 조건을 내놓았다. 그 조건이란 무엇일까?

우선 "경관의 무장을 즉시 해제하고 고문을 즉시 폐지할 것" "발포 책임자 및 발포 경관을 즉각 처벌할 것" "경찰 수뇌부는 책임을 지고 사임할 것" "희생자 유가족의 생활 보장 및 부상자에 대한 충분한 치료비와 위로금을 즉시 지불할 것" "3·1사건 관련 애국 인사를 검속하지 말 것" "일본 경찰의 잔재를 청산할 것" 등 여섯 가지였다. 그러나 이 건의문은 철저히 무시됐다. 사태는 급격하게 소용돌이쳤다.

총파업! 그것은 3월 1일 경찰의 발포와 이에 저항하는 민중의 의사 표시였다. 총파업은 평화적이었고 별 탈 없이 진행되었으나 곧 걷잡을 수 없는 후폭풍이 몰아쳐 오고 있었다. 경찰은 눈에 불을 켜고 총파업 주모자들을 잡아들이기 시작했다. 청년들은 이리저리 숨어 다녀야 했다. 쫓는 자와 쫓기는 자의 질주가 이어졌다. 미군정과 우익 세력에 대한 도민의 반감은 분노에 가까웠다. 우도와 중문, 종달리 등 제주 섬 곳곳에서는 주민과 경찰 간의 크고 작은 충돌 사건으로 요동쳤다.

이에 앞서 3월 8일, 미군정은 제주도로 재조선 미 육군사령부와 미군정청으로 구성된 합동 조사단을 내려 보냈다. 이렇게 지방에서 일어난 사건에 대해 대규모 중앙 조사단을 급하게 파견한 것은 극히 드문 일이었다. 현역 미군 대령을 책임자로 한 조사단은 당시 목격자들을 참가시킨 가운데 현장 조사를 벌이는 한편 3·1절 기념대회의 집행부에 대해서도 조사를 하고 있었다. 그런데 제주 현지 조사를 하는 도중에 온 섬이 총파업을 선언해버리는 일이 일어난 것이다. 조사단은 파업의 원인과 배후까지 조사를 확대한다.

경찰은 미군조사단이 내려오고서야 발포사건에 유감의 뜻을 표했지만 곧이어 벌어진 총파업 사태에 당황하면서 다시 강경 입장으로 방향을 바꿨다.

그렇게 조사를 벌였으나 이때 미군정 조사단의 결과는 발표되지 않았다. 서울로 돌아간 뒤에도 그들은 아무런 언급을 하지 않았다. 단지 그들의 정보 보고서를 통해 「3·1사건은 경찰의 발포로 인해 도민의 감정이 크게 폭발했다는 것. 또 남로당이 대중을 선동하고 있는 것」이라고 요약했다. 여기서 총파업을 바라보는 그들의 시선을 엿볼 수 있을 뿐이다.

미군정은 사건의 원인을 찾고 문제 해결을 하려는 것보다는 좌익(자주독립 지향의 현지 주민들)을 몰아내는 일에만 더 힘을 쏟고 있었다. 무엇보다 3·1사건을 '좌익의 배후 조종에 의한 폭동'으로 몰아붙였다.

"파업을 하는 것은 결국 조선인에게 영향이 돌아가며 미군정에는 하등 영향이 없고, 조선인 자신에게 해가 되는 것"이라는 것이다. 미군 정보 보고서 또한 제주도의 총파업에 대해 "좌익의 남한에 대한 조직적인 전술임이 드러났다. 제주도는 인구의 70퍼센트가 좌익 단체 동조자이거나, 관련이 있는 좌익 거점으로 알려졌다"고 했다. 한마디로 제주도를 '붉은 사상을 가진 사람들의 땅', '붉은 섬'이라고 간주했던 것이다.

미군정 조사단이 그렇게 말없이 떠난 다음 날, 경찰 총수 조병옥 경무부장이 제주 땅을 밟았다. 총파업을 깨기 위한 해결사로 등장한 조병옥은 도착하자마자 담화문을 발표한다. 그러나 그의 담화문에서는 경찰 총수로서의 해명 혹은 유감의 뜻은 전혀 찾아볼 수가 없었다. 단지 제주도민의 생명과 재산을 보호할 경비상 아주 안전한 대책을 가지고 왔다는 것을 밝혔을 뿐이다. 게다가 그는 간접적으로 3·1사건은 '폭동'이라고 규정했다.

파업 중인 제주도청을 방문한 조병옥은 그 자리에서 공무원들에게 파업을 중지할 것을 요구하면서 깜짝 놀랄 발언을 한다. "제주도 사람들은 사상적으로 불온하다" "건국에 저해가 된다면 싹 쓸어버릴 수 있다"는 말까지 했던 것이다

조병옥, 그는 한술 더 떠 경찰의 발포를 정당방위로 규정했다. 더구나 3·1사건이 "북한과 서로 짜고 공모한 사건"이라며 제주도를 '빨갱이 섬'으로 몰아붙였다.

조병옥이 제주에 들어온 다음 날, 전남 응원 경찰 122명, 전북 응원 경찰 100명이 제주도로 달려왔다. 해방 후 38선을 넘어 남으로 내려온 이북 출신으로 구성된 철저한 반공 청년 단체인 서북청년회(이하 서청) 단원들도 대거 날아들었다. 전체 400명이 넘는 응원 경찰, 이들이 전도에 걸쳐 삼엄한 경계망을 편 가운데 "파업 주모자를 검거하라"는 조병옥의 명령에 따라 이틀 새 검거한 사람만 200여 명에 이르렀다.

엿새만에 서울로 돌아간 조병옥은 서울에서 담화문을 발표한다. 어떤 내용인가. 3월 1일 구경꾼들에 대한 무차별적인 총격에 대해 "제1구경찰서(제주경찰서)에서 발포한 행위는 당시에 존재한 여러 사정으로 보아 치안 유지의 대국에 입각한 정당방위"라고 강변하면서 다만 "(제주)도립병원 앞의 2차 발포는 사려 깊지 못한 행위였다"고 얼버무렸다.

결국 담화문은 3·1 발포가 정당했다고 주장하는 것이었다. 미군정과 경무부장 조병옥 등의 발언은 서서히 제주 섬에 파국이 닥쳐오고 있음을 예고하고 있었다.

④ 경무부장은 제주도를 '빨갱이 섬'이라 규정, 본토 경찰력 대거 투입

총파업은 열흘이 지난 3월 20일을 전후해 잠잠해지기 시작하였다. 그러나 파업에 참

가했던 도민들이 직장에 복귀했다고 다 끝난 것은 아니었다. 미군정의 강경 정책으로 인해 총파업으로 검거된 제주도민은 3월 말까지 300명, 4월 10일께는 500명에 달했다. 검거바람은 셌다. 비좁은 유치장은 차고 넘쳤다. 숨막혔다. 남로당 제주도당 간부도 줄줄이 감옥행, 연행된 사람들은 취조 과정에서 심한 고문을 받았고, 3·1사건 주도자들은 벌금형을 받거나 징역을 살아야했다.

미군정은 3·1사건이 마무리 되어가자 고위 관리를 극우 성향의 인물로 바꾸기 시작했다. 제주도 군정 장관과 제주도지사도 새로 임명했다. 군정 장관에 러셀 베로스 중령, 초대 지사 박경훈 후임 제주도지사엔 한독당 농림부장 출신의 유해진이었다. 1947년 4월 서북청년회 단원 7명을 호위대로 이끌고 외지에서 들어온 신임 도지사 유해진, 극우 성향의 그는 마치 적의 소굴에 뛰어든 '호랑이'처럼 행동했다. 응원 경찰과 서청 단원은 기세등등 활개치며 다녔다. "빨갱이를 소탕한다"는 명분 아래 툭하면 수많은 주민을 괴롭히고 고문했다.

그들은 이 좁은 섬을 순식간에 폭력과 긴장의 섬으로 변모시키고 있었다. '서청'이라면 울던 아이도 눈을 크게 뜨고 숨을 죽일 정도였다. 젊은 여성을 희롱하는 일도 심심찮게 일어났다.

서북청년회 제주도본부가 그해 11월 결성됐다. 서청의 도민에 대한 테러는 더 극성을 부렸다. 도민들의 친일파 우익에 대한 시선도 더 날카로워졌다. 제주에는 유해진의 암살을 요구하는 전단이 나돌았다. 미군 축출, 경찰 타도, 그리고 친일파 저주를 요구하는 전단도 뿌려졌다.

3·1사건 직후부터 제주도에 내려오기 시작한 서북청년회, 한자로 '西北'이라고 쓰인 완장을 찬 이들은 자금 모금을 한다는 구실로 태극기나 이승만 사진 등을 주민들에게 강매하기도 했다. 1947년 말부터는 경찰과 행정기관·교육계에 근무하는 서청 단원이 늘어났고, '좌익 척결'이란 이름 아래 서청에 의한 테러가 곳곳에서 발생했다.

이러한 서청의 탄압은 도민들로 하여금 강한 반발을 불러왔다. 이것은 머지않은 장래에 「무장대의 봉기」를 일으키게 하는 커다란 원인을 제공한 것이었다.

3·1사건과 총파업, 이어진 대량 검거 사태, 그야말로 제주도는 '혼돈' 그 자체였다. 제주 섬은 점점 불안의 도가니, 넓게는 동서 냉전의 거대한 검은 그림자에 휩싸이고 있었다. 그렇게 1947년이 저물어갔다. 해가 바뀌면 희망의 싹이 보일까? 하지만 기대할 수도 없는, 기대하여도 되지 않는 상황이 계속되고 있었다. 3·1사건의 파장으로 붙잡힌 청년들이 극악한 고문에 시달린다는 말이 섬을 떠돌았다. 그러한 고문의 증거가 곧바로 눈앞에 현실로 나타났다.

(2) 식민 통치시대가 다시 온 듯, 정의로운 애국 청장년 체포·고문·학살

다시 섬은 술렁거렸다. 1948년 3월. 경찰에 연행됐던 20대 청년 3명이 경찰의 고문으로 숨지는 사건이 일어나면서였다. 조천지서에 연행됐던 김용철, 조천중학원 2학년이었던 그가 유치장에 갇힌 지 이틀 만인 3월 6일 갑작스레 숨진 것이다. 그때 헛소리가 날 정도로 모진 매질을 당한 그의 몸은 시커멓게 멍으로 덮여 있었다. 부검 결과, 고문 때문이었음이 드러났다. 미군정의 주목을 받은 이 사건은 방첩대가 직접 부검에 참관하였고, 미군정청 사법부 소속 민간인 변호사가 진상조사를 위해 파견되기도 하였다.

3일 동안 전 학생과 주민이 모여 장례를 치르고 난 후 민심은 더욱 악화됐다. 민중의 가슴은 확 달아올랐다. 많은 학생의 가슴엔 뜨거운 불꽃이 타오르기 시작했다. 조천중학원생들은 분노했고, 분노는 시위로 이어졌다. "학생을 살려내라!" "우리도 맞아 죽을 것 아니냐!" 사인 규명을 요구하며 저항했다. 그렇게 시위는 사나웠다. "신탁통치 절대 반대!" 전신주에 학생들이 밤중에 붙인 전단은 아침에 보면 파닥파닥 날리고 있었다.

이미 1947년에도 조천중학원 교사들이 자꾸 지서로 잡혀가자 책보따리를 들고 지서로 줄줄이 몰려가 돌멩이를 던지며 항거하던 학생들이었다.

도민들의 울분은 기름을 붓기만 하면 금방이라도 타오를 것 같았다. 이미 곪아있던 것이 건드리기만 하면 곧 터질 태세였다. 미군정당국은 사건의 파장을 일거에 막아보려고 고문 치사 사건과 관련된 경찰들을 군정 재판에 회부, 징역형에 처했다. 미군정은 조천지서경찰관 5명 전원을 구속해 사태를 진정시켜보려고 했다.

그러나 고문으로 인한 애꿎은 죽음은 여기서 끝난 게 아니었다. 이 무렵, 모슬포지서에서도 청년 양은하가 경찰의 고문으로 숨지는 사건이 일어났다. 그뿐이랴. 이어 서청과 경찰에 붙잡힌 한림면 금릉리의 청년 박행구도 곤봉과 돌에 맞아 초주검 상태에서 끌려가다가 총살당한 충격적인 사건이 터져 나왔다. 3·1사건 이후 끔찍한 고문은 그렇게 고개를 쳐들고 있었다.

여기에 도지사 유해진과 서청의 횡포로 제주 사회는 더 긴장감속으로 들어가고 있었다. 도민들의 저항은 갈수록 거세졌다. 결국 미군정은 3·1사건 조사에 이어 두 번째로 특별 감찰실의 감찰을 실시한다. 미군정 장관 딘 소장은 특별 감찰실이 원하는 대로 인력의 배치와 현지조사 등을 명령했다.

미군정은 군정 장관에게 4개항의 건의를 포함한 특별 감찰 보고서를 제출하였다. 그 건의 내용은 이렇다. "유해진 지사를 경질할 것" "제주도 경찰에 대한 경무부의 조사를 실시할 것" "미 경찰 고문관은 제59구정중대의 임무를 함께 맡을 것" "과밀 유치장에 대해 조사할 것" 등이었다.

미군정의 조사 결과, 대부분 제주도민을 좌익으로 규정한 유해진의 우익 강화 정책 같은 독선이 제주도민을 막다른 골목으로 내몰았다는 것이 밝혀진 것이다.

그럼에도 어떻게 된 일인가. '유 지사 경질' 건의는 받아들여지지 않았다. 미군정 장관 딘 소장은 노골적인 우익 강화 정책으로 현지 미군정과 제주도민의 지탄을 받고 있던 유해진을 유임시키고 말았다.

(3) 미국은 러시아를 견제하면서 반도 남부에 분단 정권 수립 추진

이즈음, 한반도는 긴장된 모습이었다. 미국과 소련이 개입한 가운데 통일국가로 갈 것인가, 아니면 분단국가로 갈 것인가를 두고 극렬하게 대립하고 있었던 것이다 미군정은 남한만의 단독선거인 5·10선거 강행을 결정했고, 정국은 혼란으로 치닫고 있었다. 김구·김규식 등 민족 지도자들도 단독선거 반대에 나섰다. 그러나 미군정 수뇌부는 당시 이 격동하는 냉전의 흐름 속에서 단독정부 수립을 들고 나온 이승만을 선택했다. 그들의 최대 관심사는 단독선거를 성공적으로 치러내는 것이었다.

때문에 미군정으로서는 유해진이 필요했다. 좌익(자주독립 지향의 서민대중)의 근거지로 보아온 제주도에서 좌익 세력을 탄압하는 극우파 유 지사의 정책이 남한의 단독정부 수립을 위한 선거에 필수적이라고 보았던 것이다.

이때 미군정으로부터 철저한 탄압 대상이 됐던, 자주·민주 저항의 근로서민을 대변하던 남로당 제주도위원회는 갈등과 고민에 빠졌다. 결국 저항하는 민심을 전국적으로 벌어진 5·10선거 반대 투쟁과 연계시키고자 했다. 이러한 결정에는 민족 분단을 강하게 반대하는 대중의 분위기가 크게 작용했다.

남로당 제주도위원회 강경파는 "5·10선거는 통일을 가로막는다"는 논리를 폈고, 이것은 대중을 끌어들일 수 있는 좋은 명분이 된 것이다. 단독정부가 수립된다면 당이 존립할 수 있는 기반 자체가 무너지기 때문에 조직을 수호하는 차원에서도 필사적으로 단독선거를 막아야 한다고 주장한 것이다.

당시 신진 세력의 강경파 대표 인물은 20대의 청년 김달삼이었다. 그의 본명은 이승진, 대정중학원 교사였던 그는 1947년 3·1사건 때 남로당 대정면당 조직부장으로 급부상한 인물이었다. 그는 무장투쟁이 결정된 다음에는 무장대 조직을 총괄하는 군사부

책임을 맡게 된다. 급기야 남로당 제주도위원회는 움직이기 시작했다.

1948년 1월 초부터 한반도 문제에 대한 미국의 입장은 「가능한 지역에서의 총선거」 실시로 굳어져갔다. 남한 단독선거 계획이 명백해졌다. 남로당은 단독선거를 저지하기 위한 강력한 투쟁 계획을 세웠는데, 이는 1948년 2월 7일을 기해 전국을 총파업으로 몰고 간 이른바 '2·7구국투쟁'이었다. 제주 지역에서도 2·7투쟁 방침에 따라 각 지역에서 시위 등 소요사태가 발생했다.

1948년 3월 초 조천면 신촌리 어느 민가, 남로당 제주도위원회가 비밀리에 회의를 열고 있었다. 19명의 면당 책임자가 모인 이른바 '신촌회의'. 이날의 논쟁은 지금의 사태에 대해 싸울 것인가, 앉아서 더 지켜볼 것인가였다. 강경파와 온건파, 두 패로 갈린 채 칼날 같은 논쟁과 논쟁이 이어졌다. 한순간의 결정이 엄청난 유혈사태를 몰고 올지도 모를 일이었기에 예민했고, 엄정해야 했다. 결과는 12대 7로 강경파의 "나가서 싸우자"는 무장투쟁이 결정됐다.

섬의 생사를 가르는 중요한 이 회의가 진행되는 날, 남로당 중앙당의 지령은 없었다. 무장봉기는 제주도위원회에서 결정했던 것이다. 그리고 그날이 오고 있었다.

긴장된 대지에도 꽃망울 환하게 벙그러지며 4월이 왔다. 그러나 꽃 피는 소리로 술렁거려야 할 제주 섬은 소리 죽인 싸늘한 비장감으로 가득 차 있었다.

◎ 미 점령군의 지휘체제하 제주도민에게 가해진 7년 반 동안의 참혹한 학살 사건 정리

「제주4·3사건」이란 "1947년 3월 1일 경찰의 발포 사건을 기점으로 하여, 경찰과 서청의 주민 학살에 대한 저항과 단선·단정 반대를 기치로 1948년 4월 3일 남로당 제주도당 무장대가 무장봉기한 이래 1954년 9월 21일 한라산 금족지역이 전면 개방될 때까지 제주도에서 발생한 무장대와 토벌대 간의 무력충돌과 토벌대의 진압과정에서 수많은(3만여 명 추정) 주민들이 학살당한 사건"을 말한다.(「제주4·3사건 진상보고서」 2003.12)

2차대전의 승리 세력인 미국이 일본 식민지 통치하의 조선에 상륙 점령하여 해방의 은인으로서의 임무만을 마치고 신사답게 물러났으면 좋았을 텐데, 물러나지 않고 계속 주둔할 태세를 취하면서 친일 군경·친일 관료·대지주·자본가 등 민족 배반 경력의 친일파들을 앞세워 다시 새로운 형태의 종속정권을 수립하고 있었던 것이, 한반도 민중의 해방의 기쁨을 빼앗은 정도를 넘어 동족상잔의 비극을 낳은 배후조종자이자 원인 제공자로 명백히 드러나게 만들었던 것이다.

○ 미곡 수집령과 10 · 1 대구사건

미군정은 일제시대를 청산하지 못한 모리꾼들이 쌀을 쟁여두는 바람에 식량난이 발생하자 이를 해결한다며 1946년 봄 '미곡수집령'을 발표했다. 더구나 1946년 7, 8월엔 보리와 밀처럼 여름에 거두는 곡식까지 내라는, 일제 때도 없던 '하곡수집령'까지 내렸다. 이는 농촌의 쌀을 강제로 징수하기 위한 것이었고, 헐값으로 사들이는 것이어서 민중의 불만이 컸다. 더구나 일제 시기 공출을 경험했고 생활고에 시달리는 농민의 원성은 드높았다. 경찰은 쌀을 거두려고 집집마다 곳간을 뒤졌고, 이에 분노한 민중은 그해 10월 1일 대구역 등지로 나가 저항의 시위를 벌였다. 이때 경찰이 시위대에 직접 발포하거나 주동자를 조사하면서 유혈 충돌이 발생. 이 과정에서 대구·경북에서만 100여 명이 사망한 것으로 알려졌다. 이것이 이른바 10·1대구사건이다. 친일파, 그중에서도 친일 경찰에 대한 강한 적대감이 팽배했으며, 해방이 됐으나 여전히 어두운 시대상 등이 겹치면서 일어난 이 사건은 일련의 운동 차원이 돼 전국적으로 번져나갔다. 이로 인해 서민대중과 친일·친미 수탈계층간의 이념 갈등을 불러왔다.

○ 미소공동위원회와 유엔한국임시위원회

1946년 3월 20일 모스크바삼상회의 결정에 따라 제1차 미소공동위원회(미소공위)가 열렸으나, 이 회의는 임시정부 수립에 참여할 협의 대상 문제를 둘러싸고 논란을 거듭하다 끝내 결렬됐다. 당시 소련은 모스크바삼상회의 결정에 반대하는 정당·단체와는 협의를 할 수 없다고 주장했고, 미국은 '표현의 자유'를 내세워 반대했다. 결국 미소는 이러한 대립을 좁히지 못했고, 마침내 미소공위는 5월 6일경부터 휴회 상태에 들어간다. 1947년 5월에 열린 2차미소공위도 미국과 소련이 의견 대립을 보이다가 또다시 결렬됐다. 미국은 2차 미소공위가 휴회되자, 소련의 반대 속에서 한국 문제를 유엔에 이관했다. 결국 유엔은 1947년 11월 14일 한국 문제를 의제로 채택하고 인구 비례에 따른 남북 총선거를 실시하기로 결정했다. 또한 선거과정을 감시하려고 미국이 지명한 7개국으로 유엔한국임시위원단(UNTCOK)을 만들었다. 1948년 1월 8일 유엔임시위원단이 남한에 입국했으나, 소련과 북조선의 반대로 북에는 들어가지 못하자, 남한 단독선거를 실시하기로 결정했다. 이러한 상황 속에서 좌익 세력은 1948년 2월 7일 "유엔임시위원단 반대, 단독선거·단독정부 반대, 미소 양군 철수" 등을 요구하며 이른바 '2·7투쟁'을 벌였으며, 이는 제주4·3사건, 5·10단독선거 반대 운동으로 확대되어나갔다.

이때부터 유엔은 미국의 뜻대로 움직이는 보조기구로 전락, 최강대국의 이익과 의지에 맞추어 약소국의 국방자위권을 좌지우지함으로써 인권과 주권을 언제라도 박살낼 수 있는 관행을 이루어왔다.

4) 외세 배경 친일경찰의 고문 · 학살에 분노한 민중, 결사 항전

(1) 가정마다 젊은이를 끌고가 때려죽이니 제주 섬은 암흑천지

죄 없이 독한 고문과 매로 비명에 죽어간 아들을 둔 어머니들의 가슴은 숯이 되고도 남았다. 아흔 살이 될 때까지 돌아오지 않는 아들을 이제나 저제나 기다리던 한 어머니는 아들이 문을 열고 들어오는 꿈만 꾸다 아기 주먹만한 혹을 목에 매단 채 세상을 떠났다. 열여덟 신혼의 새댁은 혹여 돌아오지 않는 남편이 문 열고 들어오는 발소리만 환청처럼 듣고 있었다. 젊은 아들을 둔 부모들은 전전긍긍 불안한 밤을 보내야 했다.

3 · 1사건 이후 마을 젊은이들 가운데는 서둘러 정든 집을 떠나는 이들이 많았다. 시위 참여 혐의를 받고 옥살이를 한 사람도 생겨났고, 경찰과 서북청년회 단원에게 쫓기는 신세가 되었으니 말이다. 생으로 곤욕을 치르게 된 이가 많았다. 어떤 사람들은 육지로, 혹은 여유가 있는 사람들은 몰래 일본으로 피신하기도 했다. 혹은 국방경비대를 도피처로 삼아 입대한 사람도 생겨났으며, 산으로 올라 '산사람'이 된 이도 생겼다. 살기 위해서였다. 바로 4 · 3이 일어나기 직전의 일이다. (허영선 지음 『제주 4 · 3을 묻는 너에게』 서해문집 2018)

그렇다면 그날이 언제였냐고 묻는구나. 역사는 한밤중에 이뤄진다 했는가. 그날도 그랬다. 폭풍 직전의 제주 섬, 섬 사람들 대부분 깊은 잠에 빠져 있었지. 한라산도 제 몸을 감추고, 잿빛으로 잠겨 있었다. 그날 밤, 어떠한 일이 벌어질 것인지 어떻게 알았겠는가. 폭풍우가 곧 휘몰아칠 것을 누가, 어떻게 알았겠는가.

칠흑 같은 밤, 초봄이지만 새벽의 싸늘한 기운이 온 섬을 휘돌고 있었단다. 그 시각, 바로 그때였다.

1948년 4월 3일 새벽 2시. 한라산이 불을 켜고 있었다. 어미 같은 한라가 품고 있었던 오름들, 볼록볼록 꾸물거리는 듯한 그 봉우리마다 일제히 벌건 불이 올라왔다. 타오르던 불들은 한참 후에야 서서히 사라졌다. 그들은 밤새 그 시간을 기다렸을 것이다.

그것은 소위 산으로 간 무장대가 피워 올리는 불, 봉화였다. 남로당 제주도위원회가 주도한 무장봉기의 신호탄이었다. 봉화 신호가 떨어지자 무장대는 공격을 시작했다. 도내 24개 경찰 지서 가운데 12개 지서, 서북청년회 숙소 등 우익 단체 요인의 집과 사무실이 표적이었다.

이날, 무장대는 제주도민들을 향해 2개의 성명을 발표한다. 아래는 제주도 인민유격대, 이른바 무장대가 제주도민들에게 보내는 「호소문」이다.

시민동포들이여!
경애하는 부모형제들이여!
'4·3' 오늘은 당신님의 아들 딸 동생이 무기를 들고 일어섰습니다. 매국 단선 단정을 결사적으로 반대하고 조국의 통일 독립과 완전한 민족해방을 위하여! 당신들의 고난과 불행을 강요하는 미제 식인종과 주구들의 학살 만행을 제거하기 위하여! 오늘 당신님들의 뼈에 사무친 원한을 풀기 위하여! 우리들은 무기를 들고 궐기하였습니다. 당신님들은 종국의 승리를 위하여 싸우는 우리들을 보위하고 우리와 함께 조국과 인민의 부르는 길에 궐기하여야 하겠습니다.

다음의 호소문은 무장대가 공격 대상으로 삼았던 경찰·공무원·대동청년단 단원들을 향해 보내는 「경고문」이다.

친애하는 경찰관들이여!
탄압이면 항쟁이다.
제주도 유격대는 인민들을 수호하며 동시에 인민과 같이 서고 있다.
양심 있는 경찰원들이여!
항쟁을 원치 않거든 인민의 편에 서라.
양심적인 공무원들이여!
하루빨리 선을 타서 소여된 임무를 수행하고 직장을 지키며 악질 동료들과 끝까지 싸우라.
양심적인 경찰원·대청원들이여 !
당신들은 누구를 위하여 싸우는가? 조선 사람이라면 우리 강토를 짓밟는 외적을 물리쳐야 한다. 나라와 인민을 팔아먹고 애국자들을 학살하는 매국 매족노들을 거꾸러뜨려야 한다.
경찰원들이여! 총부리란 놈들에게 돌리라. 당신들의 부모형제들에게 총부리란 돌리지 말라. 양심적인 경찰원·청년·민주인사들이여! 어서 빨리 인민의 편에 서라. 반미 구국투쟁에 호응 궐기하라.

"탄압이면 항쟁이다!" "단독선거·단독정부 수립을 결사적으로 반대한다!" "반미구국

투쟁에 나서자!" 이것이 두 성명의 요지였다.

호소문은 우선 경찰과 반공 청년단의 탄압에 저항하겠다는 뜻을 강하게 드러냈다. 그것은 항쟁을 의미했다. 둘째는 경찰과 서청의 횡포에 맞서 싸우겠다는 데서 몇 걸음 더 나아가 단독선거·단독정부를 해선 안 된다. '반쪽 조국은 안 된다'는, 통일 조국에 대한 간절한 소망을 깔고 있었다. 그러니까 통일 정부로 가야 한다는 것이 4·3의 구호였다. 셋째는 새로운 지배자로 등장한 미군정에 대한 저항, '반미 투쟁'이라는, 정치적인 색채를 분명히 표출하고 있었다.

호소문에서 뚜렷하게 내세운 슬로건은 탄압에 저항하고, 통일국가 건립을 가로막는 5·10단독선거를 반대하며 외세에 저항한다는 것이었다.

이날 공격을 한 무장대는 300명 가량. 이들의 급습으로 민간인 8명과 경찰 4명, 무장대원 2명이 희생되었다.

미군정은 당혹스러웠다. 4·3봉기 바로 전날은 주한미군사령관 하지 중장이 산하 지휘관들에게 성공적인 선거 실시가 「미 사절단」의 핵심 성과라고 강조한 날이었기 때문이다. 군정 장관이 선거 감시 및 집행에 책임이 있다는 내용의 전문을 지휘관들에게 보낸 다음 날 이 무장봉기가 일어난 것이다.

이날의 무장봉기는 제주 섬에 불어닥칠 기나긴 피바람을 예고하고 있었다. 4월 3일 이후 봉화는 이따금 오름 곳곳에서 피어올랐고, 마을에는 나무 판때기에 먹으로 쓴 '단선반대'가 툭툭 떨어지기도 했다.

제주 읍내 중학교에서는 4월 7일 자로 학생들에게 '통학 증명서'를 발급했다. 해방 후 나이든 학생들이 많았던 탓에 등하교 때 학생들이 애꿎게 경찰관에게 붙잡혀 가는 일이 발생할지 몰라서였다. 이때 학생들도 좌익 세력의 민주애국청년동맹(민애청)이나 우익 세력의 대동청년단 등에 들어갔다. 학생들은 좌익이 무엇이고 우익이 무엇인지, 민주주의가 무엇이고 공산주의가 무엇인지 모르지만 어쨌든 살기 위해 어디든 붙어야 할 판이었다.

5·10선거의 성공적 실시를 지상 목표로 삼은 미군정, 그런 만큼 그들은 이 사건의 대응에 민감했고 강도가 높았다. 미군정은 안으로는 경찰의 파견과 경비대 병력을 갖추며 육지 경찰 1700명을 제주로 내려 보내고 있었다. 또한 서청 단원 500명을 제주로 보냈다.

그러나 응원 경찰 등에 의한 무지막지한 작전은 민심을 자극시킨다. 이 작전은 수많은 도민을 오히려 산으로, 산으로 피신하게 만들었다. 분노는 더욱더 거세지고 있었다.

이때 미군정은 모슬포에 창설되었던 경비대 제9연대에도 진압 작전에 참여할 것을 명령했다. 그러나 제9연대는 이 사건을 제주도민과 경찰 및 서청, 극우 청년 단체 사이의 충돌로 여겼다. 제9연대는 '선 선무, 후 토벌', 처음엔 회유하고 그다음에 토벌한다는 원칙을 세우고 무장대와의 평화적인 해결 방안을 모색하려고 한 것이다

본격 진압 작전을 추진하는 미군정은 4월 말 두 차례에 걸쳐 대대적인 수색 작전을 펼친다. 정찰을 위한 연락기를 띄워 상황을 파악하고 제주읍 부근을 수색했다. 그러면서도 한편으론 무장대 지도자와의 평화 협상을 추진하고 있었다. 이때 그들은 이 사태를 어떻게 해결하고자 했던 것인가?

(2) 점령군 가는 곳에 저항자는 언제나 사탄, 결과는 무참한 죽음 뿐

1948년 4월 28일, 제주도 서남부 대정면 구억초등학교 교원실에서는 제9연대장 김익렬과 무장대 총책 김달삼 간의 팽팽한 담판이 벌어지고 있었다. 4·3 무장봉기를 평화적으로 해결할 방안은 없는가?

우여곡절 끝에 이뤄진 이날의 협상은 4·3에 있어서 매우 중요한 갈림길이었다. 새파란 20대의 김익렬과 김달삼, 때론 거칠게 때론 날카롭게 신경전이 오가면서 4시간 동안 불꽃 튀는 논쟁이 오갔다. 그렇게 진행된 이날 회담에서 이들은 결국 타협점을 끌어냈고, 전투 중지를 합의한다.

우선 72시간 안에 전투를 완전 중지할 것. 산발적인 충돌이 있으면 연락 미달로 간주하고 5일 이후의 전투는 배신 행위로 본다는 것, 이것은 그 합의의 첫 번째 조건이었다. 둘째, 무장해제는 점차적으로 하되 약속을 위반하면 즉각 전투를 재개한다. 셋째, 무장해제와 하산이 이뤄지면 주모자들의 신병을 보장한다는 것이었다.

그러나 결론부터 말하자면 이날의 평화 협상은 결국 실패로 돌아간다. 예측할 수 없던 일이 벌어진 것이었다. 이 일이 있은 지 불과 사흘 만인 5월 1일 오전 9시경 제주읍 오라리, 전날 무장대에게 피살된 여인의 장례식이 열리고 있었다. 경찰 서너 명과 서청·대청단원 30여 명이 참여했다. 매장이 끝나자 트럭은 경찰관만을 태운 채 돌아갔다. 오라리 출신 대청 단원 등 우익 청년 단원들은 그대로 있었다.

이들은 오라리 마을로 들어가면서 좌익 활동가로 알려진 사람들의 집을 골라 5가구 12채의 민가를 불태웠다. 오후 1시경, 우익 청년 단원들이 마을을 빠져나갈 때였다. 무장대 20명 가량이 총과 죽창을 들고 이들을 추격했다. 이때 인명 피해는 없었지만 이 시각을 전후해 마을 어귀에서는 이 마을 출신 경찰관의 어머니가 피살되었다.

다시 무장대가 떠난 오후 2시경, 경찰기동대가 나타나 총을 쏘며 진입했다. 그러자 주민들은 산쪽으로 와다닥 도망쳤고, 이때 한 여인이 경찰의 총에 맞아 숨졌다.

아무튼이 '오라리 방화사건'에 대해 김익렬 연대장은 경찰의 후원 아래 일어난 서청·대청 등 우익 청년 단체들이 저지른 방화라고 미군정에 보고했다. 그러나 김익렬의 보고는 철저히 묵살당했다. 경찰측에서는 무장대의 행위라고 주장했다. 상대방에게 죄를 뒤집어 씌우며 시작하는 침략자들의 공통된 도발전술이었다.

가장 먼저 내 목숨을 희생해서라도 평화 협상을 이끌어내야겠다고 했던 김익렬로선 어이없는 일이기도 했다. 미군정의 통제 아래에 있던 군인들이었다. 제주 주둔 맨스필드가 위에 있고, 그 위에 딘 군정 장관, 그 위에 하지가 있는데 그 지휘 계통을 무시하고 어떻게 협상을 할 수 있겠는가. 자신의 목숨을 걸고 허가 받은 협상이었으니, 하수인이 무슨 수로 거역했겠는가.

그런데, 참 기이한 일이 벌어졌다. 이 사건은 미군 촬영반에 의해 동영상으로 생생하게 찍혀 있었다는 것이다. 미국립문서기록관리청에 보관된 4·3 기록영화인 〈제주도의 메이데이〉 동영상은 불타는 마을 오라리를 공중에서 찍고 있다. 오라리로 진입하는 경찰기동대의 모습도 보인다.

뒤이은 5월 3일, 귀순자들을 향해 괴한들이 총을 발포한 사건이 벌어진다. 나중에 이 괴한들은 경찰서 소속이라는 것이 밝혀졌지만, 경찰에선 이 사건을 경찰을 가장한 무장대의 기습 사건이라고 주장했다. 끝내 이날 미군이 경비대에게 총공격을 명령하면서 협상은 깨졌고 이후 제주도는 걷잡을 수 없는 유혈 사태로 치닫게 된다.

4·28평화협상에 참석했던 9연대 이윤락 중위, 그는 뒷날 "오라리사건은 단순한 사건이 아니라 제주 학살을 점화시킨 역사적 계기가 된 사건"이라고 회상했다.

5월 5일, 군정 장관 딘 소장은 비밀리에 김익렬·조병옥 등이 참석한 가운데 긴급 제주 회의를 연다. 그러나 이 최고 수뇌부 회의에서 조병옥 경무부장은 경찰의 실책을 주장하는 김익렬 연대장을 공산주의자로 몰아붙이며 육탄전을 벌였고, 평화적 해결 방안 찾기는 물거품이 되고 말았다. 다음 날, 김익렬 연대장은 전격 해임되었다.

후임엔 박진경 중령, 수원에서 창설된 11연대가 추가 파견된 것이다. 박진경, 그는 연대장 취임 때 "폭동사건을 진압하기 위해서는 제주도민 30만을 희생시키더라도 무방하다"는 발언까지 한 인물로 전임 김익렬 연대장의 증언록에 기록된 사람이다. 이제 강경 진압만이 기다릴 뿐이었다. 이러한 연대장 교체는 5·10선거를 앞두고 제주사태를 조기 진압하기 위한 미군정 수뇌부의 조치였다. 무장대 측도 강경책으로 일관하고 있었다.

4월 3일의 무장봉기 이후, 한라산은 인간의 손에 의해 오랜 세월 자물쇠로 채워지는 몸이 되었고, 그동안 제주 섬이 간직해왔던 아름다움은 온갖 고통의 곡절로 채워지게 되었으며, 제주섬은 자신의 의지와는 상관없이 공포의 폭풍우 속으로 빨려들고 있었다.

온 섬이 눈부시도록 찬란한 봄날, 산야는 봄물로 질펀하였으나 핏빛 울음을 머금어야 했다. 시리도록 푸른 섬의 4월은 그렇게 급격히 스러져갔다. 섬은 끝내 무참하게 짓밟힐 위기에 놓여 있었다.

(3) 미국 점령지만의 분단정권 만들려는 5·10선거 거부, 산으로 피신

그 오월, 사람들은 마을 가까운 오름 혹은 그 못 미치는 숲에서 얼기설기 움막을 짓고 잠시 피난 생활을 했다. 손에 손에 보따리와 대바구니를 든 사람들, 아이를 업고 안은 사람들의 행렬이 이어졌다. 말과 소도 짐을 실어 날랐다. 가재도구와 일주일치 가량의 식량을 들고 산으로 올랐다. 걸을 수 있는 사람들은 거의 모두 산에 올랐다. 무슨 일이 일어날지 아무것도 모르지만 불안해서 남들 따라 산으로 오른 '남의 대동(남들 따라서 함께 하는 행동)'이란 말처럼 말이지. 순리대로라면 누릿누릿 익어가는 보리밭에 손이 갔을 계절이었다.

어쨌든 산으로 오른 저 사람들은 누구일까? 왜 주민들은 집을 떠나 한라산 자락으로 올랐던 것일까? 그건 무장대가 단독선거를 무산시키기 위해 선거일에 앞서 주민들을 미리 산으로 올려 보낸 것이지. 이때를 살았던 제주시 봉개동 한 체험자의 이야기를 들어보자.

5·10선거 때 우린 전부 산으로 피난 갔어요. 4월 말쯤에 다 피난 갔어. 동네에서는. 그때는 선거를 반대해야 된다고 해가지고 간 거지요. 반대하는 이유는 하여튼 단선 반대로, 반대를 하도록 산에서 완전히 몰아간 거지요. 주민들은 타의에 의해서…. (그러나) 주민들도 분단이 되는 걸 원치는 않았지요… 그렇게 5, 6일 정도 살았을 겁니다. 선거 가까워서 올라가서 선거 끝나니까 바로 내려가라 해서 내려왔지요.

미군정은 더욱 초조했다. 그들이 보기에도 제주도는 다른 지방과는 다를 것이 뻔했다. 긴장하지 않을 수 없었다. 단독선거·단독정부수립을 반대하며 4·3 무장봉기가 발발한 지역이 아닌가. 때문에 선거를 반대하는 주민들의 공세가 거세질수록 미군정과 경찰의 공세 또한 치열했던 것이지.(허영선 지음 『제주 4·3을 묻는 너에게』 서해문집 2018)

이윽고 5월 10일, 남한만의 단독정부 수립을 위한 선거일이 밝았다. 비가 추적이는

5.10선거 반대를 위해 산에 올랐던 주민들이 억새풀과 소나무 가지로 임시 거처를 만들어 살고 있다.(1948.5.)
「미국립문서기록관리청 소장」

날이었다. 선거 거부를 위해 산으로 피신한 사람들도 힘든 날을 보내야 했다. 제주 도내
13개 읍·면 가운데 7개읍·면에서 각종 선거 반대 활동이 벌어졌다.

무장대는 중문·표선·조천 등지의 투표소를 공격했고, 이 과정에서 무장대 측 21명,
경찰 1명, 우익 인사 7명이 숨졌다. 무장대는 선거 관계 공무원을 납치하는가 하면 선거
인 명부를 탈취해 갔다. 이날 우익 인사와 선거 반대 세력의 인명 피해는 전국에서 가장
심했다.

제주도민의 선거 거부 움직임을 눈앞에서 본 미군정, 그들은 사태의 심각성을 느끼고
직접 선거에 개입하기도 했다. 미군은 제주도에서 선거 현장 감시는 물론 선거에 앞서 투
표함 수송과 점검 등에도 직접 관여했다.

대흘·와흘·와산 등 관내 중산간 마을로 투표함을 운반하지 못해 고민하는 면장을
위협하기도 했다. 무사히 선거를 치르는 것이 목표였던 미군정은 경비대의 증강, 미군정
작전 참모의 방문, 딘 소장의 두 차례에 걸친 방문 등을 통해 총체적인 노력을 기울였다.
그들은 크게 노심초사, 긴장했다.

결국 전국 대부분의 도시에서 소요와 유혈 사태가 빚어졌지만 이날 제주도는 전국에
서 유일한 5·10단독선거 거부 지역으로 역사의 장에 기록되었다. 이것은 해방된 땅에

서 "조국이 쪼개지는 것은 안된다"는 제주도 민중의 마음이 강하게 표출된 것이었다.

제주도를 제외한 모든 지역의 투표는 그런대로 투표율 과반수를 넘겼다. 때문에 200석의 총의석 수 가운데 제주도의 3개 선거구 중 2개 선거구가 무효, 제헌의회는 198명의 국회의원으로 출범하게 되었다. 하지만 제주도 선거 결과는 미군정의 입장에서는 실패였다. 그들에겐 치명타였다. 제주도의 선거 거부는 미군정에 대한 심각한 도전이었으니 말이다. 경무부장 조병옥은 극렬하게 제주도의 이 사태를 비난했다.

당혹한 미군정은 5·10선거 후 제주도 민중들을 탄압하는 정책을 진행시켰다. 이후 경찰 등 토벌대는 숨어버린 청년들을 찾기 위한 노력 동원을 벌였다. 또한 자수 공작 등이 경찰에 의해 벌어지면서 많은 중산간 마을 주민이 희생되었다.

5월 20일경, 미군정은 야전군 출신의 브라운 대령을 제주 현지 최고사령관으로 파견한다. 경비대와 해안경비대·경찰·미군을 통솔하도록 했다. 제주도 선거의 좌절로 자신들의 '카리스마(권위)'가 땅에 떨어진 미군정이었다. 때문에 제주도 사태를 무력으로 진압하고, 재선거를 성공적으로 치르겠다는 강한 의도였다.

이즈음, 제주도지사 유해진이 해임된다. 그토록 미군정 수뇌부가 경질을 꺼려하던 유해진을 4·3이 발발하고 나서야 비로소 바꾼 것이다. 그러나 이렇게 늦은 경질은 미군정인사 정책의 결정적인 실책이었다. 후임은 제주 출신으로 제주도청 3·1사건 파업대책위원장이었던 임관호. 이어 제주경찰감찰청장이 최천에서, 제주 출신 김봉호로 교체됐다.

그럼에도 제주도 사태는 진정될 기미가 보이지 않았다. 6·23재선거마저 치를 여건이 되지 않았다. 결국 선거는 무기한 연기되었다. 강력한 진압 작전 끝에 '점령 기간 내가장 핵심적인 성과'라던 선거가 두 번씩이나 실패했다. 미군이 남한을 점령한 이후 제주도에서처럼 격렬한 저항에 부딪혀본 것은 처음 있는 일이었다. 그것은 '힘의 정책'을 내건 미국의 위신을 여지없이 나락으로 떨어뜨렸다. 더욱이 제주도의 단독선거 실패는 제2차 세계대전 후 미국이 추구해왔던 조선[한국]에 대한 정책이 실패했다는, 상징적인 의미가 돼버렸다.

한라산 진달래는 검붉은 계절을 토하고 있었으나 그 산기슭 사람들은 한 톨의 희망마저 붙잡을 수 없었다. 지독한 허기와 두려움 속에 희고 노란 풀꽃이 앞다퉈 자지러지게 피어난 봄날, 사람들의 삶은 허둥지둥 쫓기는 날의 연속이었다. 이때 한 신문은 제주도 상황을 이렇게 묘사했다.

"농림시기임에도 들판에서 볼 수 없는 촌민을 만나려고 일행은 부득이 마을로 들어갈 수밖에 없었다. 철갑 군대 무장을 빌려 입은 일행의 모양을 무엇으로 인정하였는지 길에

산으로 피신한 사람들. 주로 어린이와 여인들의 모습이 보인다.(1948.5. 미국립문서기록관리청 소장)

서 있던 마을 사람들은 피하는 듯 집 안으로 들어간다. 순박하여야 할 그들의 표정이 왜 이다지도 공포와 회의의 빛에 말없이 어두우냐. 이 마을 역시 한 번 산으로 올라갔다 돌아온 사람들이다.…… 다시 부락으로 돌아왔지만 옷을 벗고 밤잠을 잔 적이 없었다."
(『조선중앙일보』 1948.6.10.)

누구인가. 누가 "순박하여야 할 주민들의 표정을 왜 이다지도 공포와 회의의 빛"으로 만들었는가.

날이 설대로 선 미군정은 더 한층 강력한 진압작전의 깃발을 들어 올렸다. 제주도 사태를 진압하고, 6·23재선거를 성공적으로 실시해야 할 사명을 띠고 파견된 브라운 대령, 그는 4·3 발발 초기 진압 작전을 기획하고 실행에 옮긴 핵심 인물이었다. 그는 "원인에는 흥미가 없다. 나의 사명은 진압뿐"이라는 호언을 하면서 섬을 빗질하듯 싹쓸이 하는 전략을 취하고 있었다.

첫째, 경찰은 한라산을 중심으로 한 주변 도로로부터 4킬로미터까지 사이에서 치안을 확보하는 임무를 수행 중이다.
둘째, 국방경비대는 제주도의 서쪽으로부터 동쪽 땅까지 휩쓸어버리는 작전을 진행시키고 있

다

    그는 이렇게 자신의 전략 그림을 제주도 정세와 관련해 가진 기자회견에서 공개했다. 그러나 한라산을 관통해 제주도의 서쪽 끝에서 동쪽 끝까지 이르게 한 소탕 작전은 무고한 민간인의 대량 체포만 불러온 강경 진압에 지나지 않았다.

    5, 6월 보리농사를 짓던 조천리 한 여인은 토벌대가 올라오는 것에 겁이 나 보리밭에 숨다가 경찰에 들켜 총을 맞아 죽었고, 짚신 삼던 어떤 농부는 총소리와 함께 군인들이 집으로 들이닥치자 도망려다 붙잡혀 희생당하는 등 까닭 없이 애꿎은 죽음이 이어졌다.

    5월 22일부터 6월 30일까지 검거된 주민만 5000여 명에 달했다. 도민들은 경비대와 경찰의 위세에 눌려 공포감에 떨어야 했다. 한편, 이 무렵 제주농업학교에 포로로 잡혀갔던 사람들은 석방될 때 영문과 한글로 표기된 명함 크기의 '증명서'를 받고서야 풀려날 수 있었다.

    신임 박진경 연대장, 그의 토벌 전략 역시 결코 만만치 않았다. 무자비하고 대대적인 강경 진압 위주의 작전을 전개하고 있었다. 주민들은 초여름인데도 달달 떨어야 했다. 불안한 주민들은 더욱 산으로, 계곡으로 도망쳐야 했다.

    그러나 박진경은 오래가지 않았다. 6월 1일 대령으로 고속 진급한 후, 진급 축하연을 가진 이튿날인 6월 18일 새벽 그는 그의 부하 문상길 등에 의해 압살 당한다.

    미군정 수뇌부는 큰 충격에 빠졌다. 무엇보다 브라운 대령이 제주도 최고 지휘관으로 내려와 경비대와 경찰의 작전을 진두지휘하는 과정에서 이 일이 일어났기 때문이었다.

    1948년 7월경, 제주의 경찰 병력은 약 2000명으로 불어났다. 더욱이 '제주는 빨갱이 섬'이라는 선입견을 가진 응원 경찰이 대거 파견돼 옴으로써 사태는 악화될 대로 악화되고 있었다. 이즈음, 경찰이 주민들에게 가한 행위는 가혹했다. 중앙 언론의 한 특파원은 제주도의 민심을 이렇게 전한다.

    부락민 40~50명이 지금 경비 전화선 복구와 지서 돌담 구축공사 부역으로부터 돌아온다. 맥없이 일행 앞을 지나던 그네들이 제주 출신의 일행의 말에 순시로 사방을 둘러싸고 울음의 바다를 이루고야 만다. 들고 있던 괭이를 돌 위에다 두드리면서 "죽으려야 죽을 수 없고 살려야 살 수 없다"고 울부짖는가 하면 공포와 울분에 북받친 60대 노파는 무어라 문표를 가리키며 가슴을 두드린다. 붙어 있던 집집 문표가 하룻밤에 없어지자 전 부락민이 지서에 인치되어 난타 당하였고 또한 학대받고 있다 한다. 죄는 폭도에 있는 것인가, 부락민에 있는 것인가. 총소

산으로 피신을 갔다가 하산하는 주민들(1948.5.)

리는 잠잠한데 주름 잡힌 이맛살에 왜 이다지도 우색이 가득하며 터질까 염려되는 울분에 잠겨 있다. 지금은 어떠한가라는 기자의 말에 "먼 곳 총은 무섭지 않으나 가까운 총부리가 무섭수다"라고 고함으로 응수한다.(『조선중앙일보』 1948.7.11.)

"죽으려야 죽을 수 없고, 살려야 살 수 없다"고 절규하는 제주도민들의 목소리가 망망대해 온 섬을 올리고 있었다. "먼 곳의 총은 무섭지 않지만 가까운 총부리가 무섭다"라고 외치는 섬 사람들, 그들을 감싸줄 곳은 어디에도 없었다.

(4) 5세기에 걸쳐 6대주에 제국주의 점령군이 가는 곳마다 학살은 필수 과정

1948년 7월 15일, 제11연대가 9연대로 재편되고, 연대장에 제11연대 부연대장 송요찬 소령이 임명되었다. 송요찬, 그는 미군이 '강인하고 용감한 사람'이라고 높이 평가한 인물이었다. 11연대는 수원으로 철수했다. 제주도 사태는 8월 초순께에 어느 정도 가라앉은 것처럼 보였다.

그랬다. 제주 섬은 유혈이 낭자했으나, 8월 15일 대한민국 정부는 수립됐다. 9월 9일 북쪽에서도 정부가 수립됐다. 현재 지구상 단 하나뿐인 민족의 분단 체제는 이때 확정된 것이다.

이미 8월 중순께부터 제주도에는 경찰의 특별 경계령이 내려져있었다. 제주와 목포 간 정기 여객선을 이용하는 여객에 대한 여행증명 제도가 부활됐다. 경찰은 제주도 해안선 봉쇄와 여객 출입의 사찰을 강화했다. 또 8월에만 두 차례에 걸쳐 800여 명의 육지 응원경찰대가 제주로 제주로, 바다를 건너왔다. 제주도를 향한 '무력 소탕전' 준비에 들어간 것이다. 그러나 이 소탕전에 대해 제주도 현지당국에는 아무런 사전 연락도 하지 않았다.

기록영화 『메이데이』에 나온 체포된 무장대원의 모습. 짚신을 신고 있다.(1948.5. 미국립문서기록관리청 소장)

미 제6사단장도 예하 부대를 통해 제주도 주둔 군정 중대와 미국인을 지원하도록 명령했다. 제주경찰감찰청장 김봉호는 "이번의 응원 경찰대는 단순한 증원이 아니라 단기간에 사태를 해결하기 위해 딘 군정 장관 등이 미리 계획한 것"이라고 했다. 미군 수뇌부의 개입, 이것은 무엇을 의미하는 건가?

그것은 정부 수립 후인 1948년 8월 24일 이승만 대통령과 주한미군사령관 하지 중장이 맺은 「한미군사안전잠정협정」에 따른 것이었다.

이틀 후, 주한미군사고문단이 설치됐다. 단장에는 로버츠 준장. 이들은 주한미군이 철수할 때인 1949년 6월 30일까지 한국군을 지휘할 권한을 갖는다. 주한미군사고문단은 한국의 육군과 해안경비대·국립경찰로 구성되는 보안군의 조직과 행정·장비·훈련을 책임졌다.

결국 정부 수립 이후에도 미군은 여전히 한국군에 대한 작전지휘권을 갖고 있으면서 제주도 사태에 직접 개입했던 것이다.

한편 8월 초순, 김달삼 강규찬 등 무장대 주요지휘관 6명은 황해도 해주의 「남조선 인민대표자대회」에 참석하기 위해 제주를 탈출한다. 김달삼이 그렇게 제주를 떠나자 후임 무장대 사령관이 된 사람은 당시 28세의 이덕구, 그는 일본의 입명관대를 나와 조천중학원 역사교사로 재직하다가 입산한 무장대 핵심 인물이다. 이제 무장대는 장기적인 전투 준비에 돌입하기 시작했다.

부대를 정비하고 9월 초부터 진압 작전을 시작, 맹렬하게 무차별적인 강경 토벌전에 돌입한 송요찬 제9연대장은 10월로 접어들면서 더 본격적인 공세를 벌여나갔다.

정부 수립이 진행되는 동안 일시 토벌을 중단했던 군인과 경찰을 앞세운 이른바 '토끼몰이식 수색 작전'. 이 작전은 죄 없는 주민의 수많은 희생을 불러왔다.

이후, 1948년 10월께부터 이듬해 3월께까지 제주도는 온 섬이 지하처럼 캄캄한 공포의 감옥이었다. 섬의 미래는 안보였다. 이러한 섬의 운명에 대해 제주 주민들이 직접 손을 들어 결정한 것은 아무 것도 없었다.

1948년 10월 경비대총사령부는 제주도경비사령부를 신설, 토벌작전을 더욱 강화했다. 사령관에는 제5여단장인 김상겸 대령. 무차별적으로 사람들이 붙들려갔고, 사람들이 사라졌다. 섬은 학살터, 비명의 공간으로 휘청대고 있었다.

1948년 10월 17일. 전과에 열을 올리던 송요찬, 그는 이윽고 자신의 명의로 포고문을 발표한다.

군은 한라산 일대에 잠복하여 천인공노할 만행을 감행하는 매국 극렬분자를 소탕하기 위하여 10월 20일 이후 군 행동 종료 기간 중 전도 해안선부터 5킬로미터 이외의 지점 및 산악 지대의 무허가 통행금지를 포고함. 만일 이 포고에 위반하는 자에 대하여서는 그 이유 여하를 불구하고 폭도배로 인정하여 총살에 처할 것임.

해안선으로부터 5킬로미터! 이외의 지점이라면 제주 지형상 해안 마을을 제외하면 대부분의 중산간 마을이 여기에 해당된다. 이 포고를 무시하는 자는 이유 여하를 불문하고 폭도로 인정하고 총살에 처한다는 것 아닌가.

중산간의 들판이나 마을 안이나 사람이 보이면 무조건 발포하겠다는 무시무시한 작전이 세워진 것이다. 주민들이 살고 있는 마을에서 통행을 금지한다는 것은 아예 집에 살지 말라는 말이 아닌가. 주민들의 두려움은 말할 수 없었다. 송요찬은 서청 단원까지 군에 편입시켜 특별 중대를 만들고, 그들에게 누구도 간섭 못 할 권한을 주었다.

미군이 조종하는 연락기는 중산간 지대로 피신한 제주도민을 체포하거나 학살하는 데 이용됐다. 불태워 없애고, 죽여 없애고, 굶겨 없애는 '삼진 작전'이라는 끔찍한 대량 학살 작전이 전개된 것이다. 삼진·삼광三振·三光, 이것은 일본군이 중국인을 상대로 저질렀던 작전이며, 대량의 살상을 떠올리게 하는 용어가 아닌가. 한라산은 무장대의 근거지가

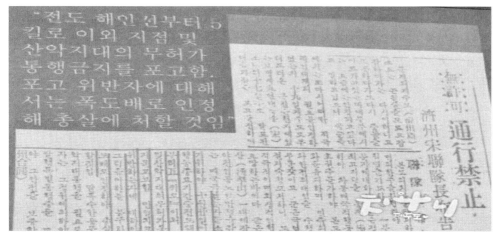

송요찬 연대장이 '무허가 통행금지' 등의 포고령을 발표하였다.(『조선일보』 1948.10.20.)

되었고, 수많은 사람의 피난처가 되었다.

그때 그 한라산은, 1987년 4·3 장편 서사시 『한라산』을 쓰고 국가보안법 위반으로 감옥에 간 시인 이산하의 그처럼 "일자무식한 사람들도/하나둘씩 식량 보따리를 싸들고/산으로/산으로" 들어갔던 산이었다. "피를 묻고/살을 묻고/뼈를 묻는/혹한의 한라산"이었다. 산으로 간 사람들과 해변 마을로 간 사람들, 중산간에 있는 사람들의 삶 어느 하나 안전할 수 없는 세월이 시작된 것이다.

송요찬의 포고문이 발표된 다음 날, 제주도 해안은 즉각 봉쇄된다. 이 작전을 수행하기 전, 토벌대는 섬의 유지들을 일제히 검속한다. 제주읍은 싸늘한 공포에 휩싸였다. 법원장이 연행되고, 신문사 편집국장·제주중학교 교장 등이 총살되었다.

11월 초순께는 주로 제주 출신인 9연대 장병 100여 명이 군사재판도 받지 못한 채 처형됐다.

(5) 제주 출동명령 받은 14연대 장병들, 동포 살해 거부 반란

한편, 이 시기 미국과 대한민국 정부가 초긴장하는 사태가 벌어졌다. 제주 초토화 작전을 앞두고 제9연대를 지원하기 위해 제주로 출동 명령을 받은 제14연대가 돌연 여수에서 총부리를 돌려 제주도 출병을 거부한 것이다. 이른바 10월 19일의 여순사건이다.

군 당국은 10월 20일부터 해군 함정 7척을 동원, 제주와 육지와의 뱃길을 막았다. 또 제주도 포구의 모든 어선에 대해 바다로 나가지 못하도록 명령을 내렸다. 이로 인해 제주도는 상당 기간 육지와 단절돼야 했다.

며칠 만에 여수·순천을 진압한 정부는 이제 제주도에 대한 진압작전의 고삐를 더 죄어왔다. 여순사건에 직접 개입했던 미군도 제주도를 어떻게 할 것인가 주시했다. 미군 고문관들은 진압 작전에 참여한 모든 부대를 돌면서 작전 계획을 수립한다. 여순사건 진압과 더불어 제주도를 향해 정부는 무조건 진압을 명했다. 이후 섬은 휘몰아치는 피바람으로 아비규환, 그 자체였다.

◎ 여순사건과 국가보안법

1948년 10월 19일 정부가 제주4·3 진압을 위해 여수 제14연대에 제주도 출항을 명령하자, 이에 반대하는 14연대 군인들이 총부리를 돌렸다. 이들은 여수와 순천을 잇달아 장악하고 광양·구례·곡성·남원·벌교·보성·화순·이리로 진출했다. 이들은 또한 주요 정부기관과 건물을 접수하고 인민위원회를 조직했으며, 체포한 경찰관과 기관장, 우익 단체 간부를 사살하기도 했다. 당시 여순사건이 발생하자, 정부는 광주에 토벌군사령부를 설치하고 사령관에 육군총사령관인 송호성 준장을 임명, 신속한 진압을 계획한다.

주한미군도 적극 지원, 광주의 반군토벌사령부만이 아니라 전투 현장에도 군사고문을 배치했다. 10월 21일 이후에는 정부의 진압 작전이 본격화되자, 지리산에서 게릴라전이 벌어졌다. 당시 이승만은 여순사건이 일어나자, 이른바 공산분자·불순분자를 철저히 숙청할 것을 지시했다. 이에 따라 군과 정부기관·학교 등 사회의 모든 분야에서 이른바 불순분자를 색출하는 대대적인 숙청 작업이 전개됐으며, 이러한 작업은 1948년 12월 1일 법률 제10호로 제정, 시행된 국가보안법으로 나타났다. 국가보안법은 반국가 범죄의 처벌이라는 기능과 함께 정치적 반대 세력을 억압하는 등 광범위하게 이용됐다. 이처럼 국가보안법은 국가 안보를 내세운 이승만 정권을 유지하고 반공 체제를 강화하는 바탕이 되었다.

한편, 송요찬 제9연대장은 제주도경비사령관인 김상겸 대령이 예하 부대인 여수 14연대의 사건에 문책을 받아 해임되자, 제주도경비사령관까지 맡아 해군 함정도 자신의 지휘 아래 두는 진압군의 총책임자로 등장한다.

로버츠 준장은 참모총장 채병덕 대령에게 "해안경비대의 순찰에도 불구하고 공산주의자 잔당이 제주도와 남해안의 작은 섬으로 피신하는 징후가 있다"며, "정찰과 경계를 강화해 문제가 될 대규모 집결을 막아야 한다"는 전문을 보냈다.

섬의 상황은 급박하게 돌아가고 있었다. 사람들의 가슴은 더욱 타들어가야만 했다. 누구에게 기대야 할 것인가. 한라산과 오름 자락 아래 사는 사람들의 심정을 헤아려주는 이는 아무도 없었다. 인간은 정말 무기력하기만 했다.

이 시기, 무차별적으로 끌려가던 주민들의 상황은 가지가지였다. 5월부터 10월까지 "검질 메러(잡초 제거하러) 갔다가" 혹은 "보리 베러 갔다가 잡혔다"느니, "촐(꼴) 베러 들판에 나갔다가 끌려갔다"느니, "조를 수확하던 중 휩쓸려 갔다"느니 눈만 뜨면 불안한 이야기들이 마을을 떠돌았다.

10월 말경 무장대는 주로 경찰지서나 면사무소 습격, 또는 우익인사나 경찰 가족을 지목 살해했다. 무장대의 보복전 와중에 죄 없는 주민들이 희생되기도 했다.

송요찬은 이 무렵 제9연대 병사 17명을 '공산주의자 세포' 혐의로 체포해 이 가운데 6명을 처형했다. 이어 애월면 고성리 부근에서 제2차 작전을 벌여 135명을 사살한다. 또 제9연대는 교래리 부근에서 경찰·민간인과 합동 작전, 하루 동안 무려 130명을 사살했다. 토벌대는 중산간에 사는 모든 주민이 무장대에게 식량과 물자를 제공한다는 전제 아래 민간인을 '폭도'로 몰아가며 무차별 학살한 것이다.

"해안에서 5킬로미터 이외 지역을 적성 지역으로 간주하고 사살한다"는 송요찬의 10월 17일 자 포고는 그렇게 '충실히' 이행되었다. 그것은 명백한 대량 학살, 그것이었다. 이날 이후, 뜻밖의 죽음이 자고나면 즐비했다.

당시 토벌대는 중산간에서 잡혀온 청년들을 고문 취조하며 명단을 불라고 강요했다. 고문에 못 이긴 청년들이 아무 이름이나 대는 바람에 애먼 사람이 희생당하기도 했다.

한 청년은 곽지리로 소개疏開간 형의 이름을 부르자 "우리 형입니다"라고 말했다가 끌려 나와 희생됐다. 또 한 청년은 "너 빗개(토벌대의 진입을 감시하는 보초) 서 봤지?"라고 하자, 엉겁결에 "예, 비께(바닷고기로서 상어의 일종)를 먹어본 적이 있습니다"라고 대답한 탓에 끌려 나왔다는 이야기도 전해지고 있다. 소년들은 사태 내내 마을을 지키기 위한 망을 봐야 했다. 돌담 사이로 '빗개'를 서다가 "노랑개(군인) 온다, 검은개(경찰) 온다"라고 소리치거나 나팔을 불기도 했다.

(6) 군경의 고문·학살은 동포끼리 천년원수 만들며 증오·분열·복수

어머니와 아들이 동시에 경찰서에 끌려가 벽 사이로 비명을 들어야 하는 고통도 이어졌다. "가장 괴로웠던 것은 남의 매 맞는 소리에 애간장 녹던 일이었다. 지서 안에서 터져 나오는 비명에 귀 막아낸 일이 한두 번 아니다. 사람이 실신해서 정신을 잃어야 그 매질은 끝났다"고 하는 고문이었다.

숨어서 전전긍긍하던 청년들은 너무나 젊은 것이 죄였다. 어떤 경찰관은 "눈이 큰 걸 보니 폭도같이 생겼다"며 젊은이를 끌어내기도 했다. 안 그래도 토벌대에게 당시 제주도는 유배지나 다름없었다. 그들은 이국적인 제주의 독특한 방언을 이해하지 못했다. 토벌대에게 비친 제주 사람은 언어 소통도 안 되는 낮은 생활수준의, 이질적인 존재였다. 토벌대가 나타난다 하면 마룻장을 뜯었다가 그 속에 들어가야 했고, 토벌대가 명단을 부르면 불려 나와 초주검이 되도록 매를 맞다가 결국엔 총살을 당했다.

어떤 때는 '이성 잃은' 토벌대가 주민들에게 직접 자기 집에 불을 지르게 했다. 쿵쾅쿵쾅 하던 주민들의 가슴은 그럴 때마다 새까맣게 타들어가기만 했다. 해변 마을로 가라 해서 내려가면, '폭도 마을 주민'이라며 툭하면 끌려가 고문을 당해야 했다. 먹을 것이 없어 밀 껍질인 밀기울을 갈아 범벅을 해 먹던 비참한 소개 생활이었다.

소개, 이 말은 "공습 화재 등의 피해를 적게 하기 위해 한곳에 집중해 있는 주민 또는 건조물을 분산 철거시키는 행위"라는 사전적 의미였으나, 제주에서는 "토벌대가 중산간 마을을 무장대와 격리시킨다는 전제 아래 모든 집들을 불태우고 주민들을 강제로 해안 마을로 내려오게 한 것"을 말했다. 중산간 마을 주민들을 해변 마을로 소개시키고, 해변 마을에서는 주민 감시 체제를 실시함으로써 무장대의 근거지를 없앤다는 것이었다. 일부 중산간 마을의 경우 소개령이 채 전해지지 않은 상태에서 토벌대가 마을을 덮쳐 가옥을 방화하고 주민들을 총살하기 시작했다.

섬의 공동체는 위태했다. 서로가 서로의 목숨을 보호해주지 못했다. 하루아침에 밀고자가 되기도 했고 등을 돌리는 사이가 되기도 했다. 시인이 다음과 같이 꽃으로 노래했던 것처럼.

시부모의 비참한 최후 그해 겨울과
이듬해 봄
누구 하나 변호해주는 사람 없는
그해 그 거리에는
피 묻은 얼굴들이
외면당하던
모두가 모른다고
침묵만 범람하던 거리
그 거리에는

어제까지만 해도 나와 함께 빨래하던 사람도
낫과 호미 빌려 쓰던 사람들도
아침에 인사를 나눈 사람들도
나를
모른다고 해야 하던 거리
그 거리에는
쇠비름꽃 끈질기게 피어난다
– 김영식 〈쇠비름꽃〉 중에서

섬은 공포로 질려 있었다. 한때 유지의 옛 조상들이 죽을 둥 말 둥 한 반역자의 목숨만 압송해 보내던 유배의 섬, 제주도는 극한 운명에 처해있었다. 중산간 마을의 목숨은 한 치 앞도 예견할 수 없었다. 캄캄한 바다는 끝없는 재앙에 몸을 뒤쳤다. 끝내 제주 섬은 곧 광란의 바람이 거칠게 휘몰아칠 자세를 하고 있었다. 지독한, 더 지독한 지옥 불이 덮쳐 왔다.

(7) 계엄령에, 중산간 초토화 작전, 온 주민 소개령에 갈곳 몰라

중산간 사람들은 해안 마을로 급하게 내려가는 이들도 있었지만 죽어도 마을을 떠나지 않으려는 이들도 있었다. 늙고 병든 부모는 집에서 죽겠다며 손사래쳤고, 집과 농토, 애써 키운 소나 말이 너무나 아까워 발 동동 구르며 야산으로 피하는 이들도 있었다. 그러다 붙잡혔다

낮에는 토벌대 세상, 밤엔 무장대 세상. 무장대가 습격했다 가면, 토벌대가 들이닥치고, 토벌대가 가고 난 마을에 무장대가 들이닥쳤으니 오도 가도 못했던 사람들이었다. 이제나 저제나 죽고 죽임의 사태가 끝나기만을 가슴 졸이며 기다렸던 사람들이었다. 어느 마을에서는 어머니가 토벌대에게 죽음을 당한 사흘 후 아들이 무장대에게 희생당하는 비극도 생겨났다. 어느 마을에서는 아버지가 토벌대에게, 아들은 무장대에게 희생되기도 했다.

그중에서도 가장 잔혹한 희생을 가져온 때는 1948년 10월부터 이듬해 3월까지 약 6개월간. 군경 토벌대는 무장대의 피난처와 물자 공급원을 제거한다는 구실로 중산간 마을을 모두 불바다로 만들어버렸다. 주민들을 집단으로 살상했다. 온 가족이 몰살당한 집안이 생겨나고, 눈앞에서 희생되는 부모를 지켜보는 아이들, 어린것의 죽음을 앞세운 부모들도 있었다.

마을의 학교 운동장은 토벌대가 주민들을 집결시키는 장소가 되었고, 학살터가 되기도 했다. 산도, 계곡도, 오름도 소리 죽여 학살의 고통을 지켜볼 뿐이었다. 이승이 어디고 저승이 어딘지 구분이 없었다. 당시를 경험했던 성산면의 유학자 오성남(1902~1960)이 남긴 아래의 한시를 보자. 소개령 때문에 오갈 데 없이 갈피를 못 잡던 중산간 마을 사람들의 불안한 마음이 전해진다.

소개령이 인근의 산촌 마을에 떨어지니
온 동네 깜짝 놀라 서로 말도 못하는데

해안가도 겁나고 산도 두려워 어디로 가야 하나
업고 잡고 우두커니 서 있는데 해는 벌써 저무네

(8) 동포끼리 고문·방화·살인하는 동안 미군은 카메라만 돌린 흔적

한편 이 무렵 무장대는 마지막 힘을 다해 총공세를 벌였다. 무장대는 토벌대 편으로 기울었다고 판단되는 일부 마을을 덮쳐 무차별 학살하고, 식량을 약탈해 갔다.

구좌면 세화리, 표선면 성읍리, 남원면 남원리와 위미리 등의 마을은 토벌대 진영이라 해서 무장대로부터 큰 피해를 입었다.

겨울이 오고 있었다. 1948년 11월과 12월의 중산간은 그야말로 생지옥, 어디건 안전한 곳은 없었다.

1948년 11월 13일(음력 10월 13일)은 피의 날이었다. 애월면 소길리의 원동마을, 조천면 교래리·와흘리 2구·신흥리, 안덕면 상천리 상창리·창천리 등 각 마을에서 토벌대는 남녀노소 가리지 않고 총살과 방화를 자행했다.

또한 토벌대는 소개 명령에 따라 해변 마을로 소개한 주민들에게 "자수하라"고 했다. "털끝만큼이라도 가책이 되는 점이 있다면 자수하라. 이미 명단이 확보돼 있다. 자수한 사람은 무사할 것이지만, 만일 자수하지 않았다가 나중에 발각되면 처형을 면치 못할 것"이라고 했다. 겁에 질린 사람들이 '자수'의 길에 섰다. 무장대가 마을을 장악하고 있을 때 그들의 요구에 따라 보리쌀 몇 되라도 제공했던 이들이었다. 그러나 그것은 함정이었다.

자수하기 위해 군 주둔지인 함덕국민학교로 찾아갔던 조천면 관내 20대 청년 200여 명 가운데 150여 명이 "토벌에 함께 가자"는 토벌대의 말에 넘어가 트럭에 태워졌고 그들은 곧 제주 시내 '박성내'라는 냇가로 끌려가 집단 총살되었다.

중산간 사람들, 한라산과 가까운 마을이었다는 이유 하나로 걸핏하면 무장대에게 식량을 올리는 등 협조했다며 토벌대에게 희생당했다. 사는 동안 이보다 더 큰일이 어디 있으랴. 이것은 모두 1948년 10월부터 불어닥친 광기의 장면이다. 그러나 이들 앞에는 더 사나운 재앙이 오고 있었다.

1948년 11월 17일, 이승만 정부는 계엄령을 제주 섬에 선포했다. 그것은 제주 섬을 휩쓸고 있는 광란의 기름불에 휘발유를 확 끼얹는 격이었다. "계엄령!" 이 한마디는 납작 엎드려 있던 중산간 마을을 더 숨죽이게 만들었다. 중산간 마을 초토화작전! 이것은 누구도 상상할 수 없는 대량 학살을 몰고 왔다.

토벌대는 '빨갱이'를 찾아낸다며 강경 진압 작전으로 거칠게 휘저었다. 마을은 수없이 불태워지고, 남녀노소 구분 없이 죽어갔다. '초토화!' 말 그대로였다 사느냐 죽느냐 시시각각 쫓기는 삶이 전개되었다. 토벌대는 80대 노인에서부터 젖먹이까지 누구라도 가리지 않았다. 결국 중산간 마을 주민 2만여 명을 산으로 내몰고 있었다.

어둠이 깊어가면 별만 반짝반짝하던 시절, 중산간 마을 사람들은 하늘을 보며 어느 마을이 불에 타고 있구나 점을 쳤다. 대밭 속에 숨었다가 하늘을 보면 저편 집에 붙은 불이 이쪽까지 마구 달려오는 것처럼 보였다.

진압군은 가족 가운데 청년이 한 명이라도 없으면 입산자로 몰아세워 '도피자 가족'이라며 총살했다. 대신 죽어야 했다. 이름 하여 '대살代殺', 이 말은 '살인한 사람을 사형에 처한다는 사전적 의미였지만, 당시 제주에서는 '남 대신 죽는다'는 뜻으로 사용됐다.

육해공군의 합동작전 결과, 중산간은 대부분 초토화되었다. 주민들은 토벌을 피해 입산해버렸고, 토벌대는 재판도 없이 주민들을 처형했다. 주민들의 분노와 공포는 사그라질 수가 없었다.

온 섬은 두려움으로 오그라졌다. 마을 주민들은 높은 동산에 빗개(보초)를 세워 스스로 살기 위한 전략을 세워나갔다. 동이 트면 산으로, 땅거미가 지면 마을로 내려왔다. 무조건 살아야 할 일, 목숨만은 지키고 볼 일이었다. 눈은 팡팡 쏟아졌으나 추운 줄 몰랐다. 신발도 신었는지 말았는지 감각이 없어질 지경이었다.

중산간 마을인 중문면 영남마을, 땅이 좋아 조 이삭이 어린아이 팔뚝만 하고, 고구마를 심어도 사람 머리만큼 자라던 이 마을엔 16가구에 90여 명이 살았으나 미처 피신하지 못한 50여 명이 희생당했다. 마을은 사라졌다.

중산간의 동쪽 끝에 자리한 조천면 선흘리가 불바다가 된 날은 그해 11월 21일이었다. 군인들이 텅 빈 마을에 불을 지르고 돌아간 뒤 숨어 있던 주민들에게 소개령이 전해졌다.

주민들은 주로 화산 용암의 흔적이 생생한 숲 '선흘곶'으로 피신했다. 허나 11월 25일부터 연 사흘째 주민들이 은신했던 도틀굴(반못굴)·목시물굴·밴뱅디굴이 발각됐고, 수많은 주민이 즉결 총살된다.

토벌대는 총살 후 휘발유를 뿌려 시신을 태우기도 했고, 일부는 끌고 갔다가 속칭 북촌리 '엉물'에서 학살했다. 그렇게 너무나 신비롭고 아름다운 선흘곶은 참으로 슬픈 역사의 숲이 되었다. 집들이 불에 탈 때 불씨가 날아와 몸체까지 데인 흔적을 지금도 간직한 선흘리 '불칸낭'이 된 후박나무는 아직도 그날의 상처에 몸을 비튼다.

이때 미 고문관의 한 기록은 1948년 11월 21일부터 30일까지 열흘 동안 얼마만큼의 가공할 만한 살육이 행해졌는지를 보여준다. 제9연대의 전투 일지는 일부 과장됐거나 일부 누락된 보고가 있을지라도, 기록상으로 학살당한 사람만 615명. 그러나 이 시기, 제9연대는 무장대로부터 총 12정과 칼 11자루밖에 획득하지 못했다. 희생자 수와 노획한 무기를 비교해보면, '전과'로 기록됐을 615명은 무장대가 아니라 대부분 비무장 민간인이었음을 알 수 있는 대목이다.

그해 12월 말경, 표선 백사장은 붉은 바다, 그야말로 핏빛으로 물들었다. 9연대에 의해 끌려나온 토산리 주민 157명이 한꺼번에 죽음을 당한 것이다. 열여덟 살 남편의 시신을 그 모래밭에서 확인해야 했던 갓 결혼한 해녀 새댁의 기막힌 통곡도 있었다. 그 겨울 바다는 비명으로 얼어붙었다. 함덕 서우봉 모래밭도 그러한 피의 밭이었다.

산도 무섭고, 경찰도 무서웠던 중산간 주민들, 결국 숨을 데라곤 어둠의 동굴뿐이었다. 땅속 굴은 추위를 막아주었고, 얼마간 사람들을 지켜주었다. 살아도 산목숨이 아니었다. 어떤 굴에선 발각되면 더 깊은 산속으로 다시 달려야 했으며, 밖에서 불을 지른 어떤 굴에서는 연기에 질식되면서 서로 얼크러져 숨을 거두기도 했다.

캄캄 절벽 같은 동굴을 휘덮는 화염을 손톱으로 긁다가 끝내는 한 줌 재가 된 사람들, 맨발로 앞서거니 뒤서거니 달리다 푹푹 쓰러지던 사람들이었다. '하얗게 때죽나무 뚝뚝 지듯 떼죽음의 한라산'이었다. 애처롭고 서럽고 슬픈 세월 구비 돌아도 끝내 다시는 돌아오지 않은 가엾은 사람들이었다.

1948년 그해 겨울, 무지막지하게 눈이 내렸다. 굴 밖엔 하염없이 눈이 팡팡 내리고 쌓였다. 아득히 먼 곳에도 눈이 내리고, 또 눈이 내렸다. 중턱까지 눈으로 휘덮인 한라산의 광대한 가슴은 새하얀 벌판이었다. 토벌대를 피해 산으로 올라간 사람들은 집채만 한 눈을 파내 움막을 지었다. 그리고 눈 위에서 토끼처럼 도망쳐야 했다. 뛰다 보면 움푹 파인 굴형(구렁)에 빠지기도 했고" 짐승처럼 네 발로 기어야 했다. 새하얀 눈밭 위에 검붉은 핏자국이 새겨졌다.

무장대의 습격으로 애꿎은 주민들이 희생되고, 토벌대의 집단 학살로 꽃잎처럼 목숨들이 떨어졌다. 통곡의 바다. 몸집 큰 소년들은 더 위험했다.

돼지우리에 숨었다가 살아났으나 얼굴에 화상을 입었던 한 소년은 동료들은 다 죽었는데 자신이 어떻게 치료를 받을 수 있었겠냐고 한다. 생과 사는 1분도 아닌 1초 같다 했다. 삶과 죽음의 갈림길은 순간순간이었다. 산에서 도망쳐 달리다가 총 맞아 죽는 건 고통이 짧으니 행복이란 말도 나왔다. 초토화의 재앙과 살육은 제주의 지도 속에서 130여 개의 중산간 마을을 지워버렸다. 가난했으나 이웃끼리 정이 넘치던 어머니의 땅, 사람들은 죽거나 쫓기듯이 사라져갔다.

네 남편이 산에 갔다, 동생이 갔다, 형이 갔다, 심지어는 사위가 산으로 갔다 해서 희생당했다. 도피자 가족 수용소가 있던 세화리에서는 젖먹이도 빨갱이라며 젖을 주지 못하도록 한 경우도 생겼으며, 도피자 형이 있다고 해서 한 초등학생을 수업 도중 데려다가 총을 쏘았다. 순간 담임선생은 모두 일어서게 해 묵념을 하게 했다고 살아남은 자는 증언했다.

혹시 한바탕 무서운 꿈을 꾸었던 것은 아닐까. 지옥에서 홀로 살아남은 사람들은 그것이 차라리 악몽이었기를 바랐다. 애월읍 봉성리 강한규의 말이다.

그땐 사람들이 다 이레도 붙고 저레도 붙고 했어요. 그 모양으로 약하게 흐름 따라 다니던 사람들입니다. 바람 부는 양, 이쪽으로 세게 불면 이쪽으로 붙고, 저리로 세게 불면 저쪽으로 붙고 했습니다. 산에서 말을 하면 그것도 옳아 보이고, 또 아래서 오는 말 그것도 옳아 보이고…. 어느 쪽에 붙어야 좋을지 몰랐어요.

넋이 나간 듯 무서워 닥닥 떠느라 눈물도 나지 않았다. 매일 숨을 곳과 먹을 것을 찾아 헤매는 '쥐 같은 삶'이었다.

12월에 접어들면서부터 토벌대는 한라산 소탕 작전에 온갖 총력을 기울이고 있었다. 제9연대는 주민 3000여 명을 동원해 한라산을 샅샅이 뒤지기 시작한다. 자수하러 내려온 사람이나 붙잡힌 사람을 앞세워 은신처를 가리키게 만들기도 했다. 그들은 하루 동안 105명을 사살하고, 일제 99식 소총 10정과 칼 1자루를 빼앗았다고 밝혔다. 무차별 소탕 작전은 이때 절정을 기록한다. 무장대의 습격을 받으면 반드시 대대적인 토벌대의 보복이 이어졌고, 무장대 또한 우익에 대한 보복을 멈추지 않았다. 초토화 작전은 무장대의 힘을 빠르게 약화시키고 있었다.

살기 위해
숱한 죽음들 구경하면서
그림자처럼 도망다녔네
암호 받아 외고 동네
연자방앗간 앞에서
죽창들고 보초도 섰네
"누구냐! 정지! 암호는?"
입안에서 뱅뱅 도는

무서움에 오줌을 쌌네
큰기침 소리 우렁차게 어둠 속에서
시커떻게 나타나던 커다란 사람들
"이거 어린애 아냐! 빌어먹을!"
별도 뜨지 않은 밤하늘
와르르 무너져 내리고
- 문충성 「사월제 2」

식량을 확보하기 위한 무장대와 토벌대로부터 죽음을 피하려는 주민들은 산으로도, 산 아래로도 붙을 수 없었다. 이곳저곳 숨을 곳을 찾아 헤매다 토벌대에 붙잡혀 희생되었다.

이 과정에서 체포된 사람들은 이른바 '군법회의'에 섰다. 재판은 형식적이었다. 1948년 12월의 군법회의에서는 민간인 871명이 유죄판결을 받았다.

기록으로만 봐도 12월 2일부터 6일, 12월 12일부터 20일까지 군인 사망 11명과 부상 8명을 제외하고 '적'으로 분류돼 사살된 도민은 677명, 체포된 사람은 162명, 노획된 총은 22정과 칼 55자루였다.

토벌대가 사살했거나 체포했다는 '적'수와 노획한 무기와의 심한 불균형은 무엇을 말해주는 것인가. 무저항 상태의 민간인을 무차별 학살한 것은 아닌가. 이 많은 사람이 그들이 말하는 '폭도'였을까. 이는 토벌대가 얼마나 무차별적인 진압 작전을 펼쳤는지를 보여주고 있는 것이다.

그렇게 초토화 작전의 광기가 극에 달하면서 시간이 흐르고 있었다. 위험한 시절을 눈치 챈 꽃들도 눈을 뜨다 숨죽였으리. 중산간 사람들은 꼭꼭 숨었으나 시신은 해초 더미처럼 쌓여만 갔다. 1948년 12월 9일 애월면 광령리에선 아들이 산에 연루됐다는 누명을 쓰고 토벌대에게 죽음을 당하게 되자 아버지가 대신 죽겠다고 나섰다가 한날에 부자가 희생을 당한 일도 있었다. 이 많은 죽음은 과연 무엇을 의미하는 것일까. 그해 12월 말, 9연대가 철수했다. 함병선 중령이 지휘하는 제2연대가 그 자리를 접수했다. 여전히 제주 섬 사람들의 두려운 마음의 불꽃은 잦아들지 않았다. 엉키고 뒤엉키며, 숨막히는 1948년이 갔다.

1949년은 매몰찬 칼바람과 함께 왔다. 제2연대는 주둔 초기에 피신했던 주민들이 산에서 내려오도록 설득하는 작전을 폈다. 하지만 곧 강경 토벌 작전으로 치달아 숱한 민간인을 재판도 없이 즉결 처형했다. 도대체 그 사람들은 다 어디로 간 것일까?

1949년 1월경 해변 마을 주민들과 중산간 마을에서 해변 마을로 소개 당해 온 사람들은 토벌대의 명령에 따라 마을을 빙 둘러가면서 성담 쌓는 일에 나가야 했다. 청년들이 없는 마을, 성담 쌓는 일엔 고사리손부터 여인들, 노인들의 주름진 손까지 동원되었다.

제주 읍내 어떤 여인은 성담을 쌓다가 남편의 시체를 보고 놀랐으나 비명조차 삼켜버려야 했다. 눈물을 흘릴 자유란 없었다. 또 어떤 이는 "성 쌓기를 끝내고 보니 도령 마루 일대는 검은 고무신짝이 여기저기 수두룩하게 널려 있었다. 주검들이 신었던 신발들이었다"고 했다. 가슴은 찢어졌으나 아무 말도 하지 못했다.

죽기 아니면 살기였던 주민들 성담을 쌓은 후에는 매일 밤마다 돌아가며 보초까지 서

마을마다 무장대를 막기 위해 성을 쌓고 보초를 섰다.(1949.1 제2연대 제주도 주둔기 앨범에서)

야 했다. 퍼붓는 빗속에서도 여자라고 그냥 봐주지 않았다. 남편이 부재중이던 만삭의 여인도 보초를 서러 가야했다.

비 오고 안개 껴서 으스스하던 날, 애월리의 한 아낙네는 남편의 죽음을 슬퍼할 새도 없이 갓난애를 집에 재워두고 나와 보초를 섰으나 "제대로 보초 서지 못했다"고 지서에 끌려가 죽도록 매를 맞아야 했다. 퉁퉁 불은 시신들을 보고 잠을 못 자던 사람들이었다.

그렇게 4·3의 피바람이 휘몰아쳤다. 그해 1월 10일과 12일 남원읍 의귀리와 수망리, 이날은 하루아침에 아이들의 운명을 바꿔놓은 날이다. 졸지에 부모 잃은 아이들은 소년 가장이 되었으며, 어느 경찰의 수양딸이 되어 성을 바꿨다는 아이도 생겨났다.

80여 명의 주민이 희생당했다. 거기서 곧 아기를 낳았던 여인도, 이름조차 호적에 올리지 못한 아이도, 소년도, 아버지도 생을 다했다. 새벽에 무장대의 습격을 받자 무장대와 내통했다며 토벌대는 이들을 몰아세웠다. 무장대와 주둔군의 전투 한가운데서 주민들은 이산 저 산 도망다녀야 했다. 애꿎은 마을 사람들은 당시 토벌대로 내려온 2연대 군인들에 의해 남원읍 의귀국민학교에 수용됐다가 집단학살 당한다. 남원리·수망리·한남리, 하루아침에 농사 짓던 사람들은 3개의 구덩이에 암매장된 것이다.

누가 누구의 유해인지 모를 이 시신들의 구덩이는 그로부터 54년이 지난 2003년에야 파헤쳐졌다. 어려서 부모 잃은 아이들은 할아버지 할머니가 되어 마을사람들과 유골을 수습했고, 이들은 비로소 그들이 살던 땅, 수망리 위령공원에 안치됐다. 의로운 넋들이 한자리에 있다고 해서 그 이름 '현의합장묘顯義合葬墓'다.

(9) 생존을 위해 목숨을 건 탈출, 침략자의 땅 일본 밀항 급증

"통제하라!" 무참한 대학살 소식은 섬 밖으로 나갈 수 없었다. 이 당시 정부는 보도 절대 금지로 언론의 입을 막아버렸다. 군인과 경찰에 의한 학살을 절대 보도하지 못하도록한 것이다. 공보부는 언론사에 무장대의 행위에 대한 논평이나 민간인 무차별 학살에 대한 동정어린 표현도 쓸 수 없도록 했다. (『동아』『조선』만이 토벌군의 보도자료 대로 보도했다. 다음 항목의 신문 스크랩)

제주 섬의 삼엄한 보도 통제를 뚫고 이 대학살의 소식은 일본의 신문을 통해 제주 출신 재일동포들에게 전해졌다. 다음은 그렇게 고향땅을 하직한 사람들, 살길을 찾아서 떠난 사람들의 이야기다.

위험했다. 미군 함정이 해안까지 봉쇄했으니. 결국 젊은 그들이 살 길은 어디인가. 무조건 물로 뺑뺑 막힌 이 섬을 떠나는 길뿐이었다. 고깃배를 타고 저 캄캄한 바다를 건너는 사람들이 줄을 이었다. 흡사 작은 물고기처럼, 은신처로 택한 곳 그곳은 일본이었다. 해방 이전부터 익숙한 그 땅 말이다.

뱃길이 가능한 항로를 택해 사람들은 밀항을 감행했다. 친인척들이 여기저기 흩어져 살고 있기도 한 그 땅. 노동을 하러, 친인척을 만나러, 공부를 하기 위해서 등 여러 가지 이유가 있었지만 무엇보다 먼저 지켜야 할 것은 '목숨'이었다. 물론이다. 그 시기, 바다를 건너는 일은 목숨 걸고 가야 하는 길이었다. 느닷없는 4·3의 날벼락에 젊은이들이 숨죽여 캄캄한 바다를 건넜다.

밀항하다 붙잡혀 다시 수용소로 끌려가기도 했다. "해방이 왔져" 소리에 찾아온 어머니의 땅 아니었던가. 다시 떠나야 했다. 잠시 고향에 다니러 왔다가 차일피일 눌러앉았던 사람들에게도 그 시국은 피할 수 없는 거였다. 4·3의 악몽은 따스한 제주섬 올레의 품 안을 기어이 벗어나게 하고야 말았다.

일본행은 너무나 어려웠으나 밀항은 끊이지 않았다. 섬의 광풍 속에서 겨우 멸족만은 막아야 했다. 늙은 부모들은 위험한 나이의 자식들에게 현해탄을 건너게 했다. 경찰에 잡혀갔다 나온 가족이 있거나 젊은이가 있는 집에선 갑자기 사라져 버리는 사람이 있었다. 누구누구는 일본으로 떠났다는 소문이 수군수군 들려왔다. "죄가 없어도 목숨만은 건져야 한다"며 황급하게 재산을 팔고, 자식을 일본으로 일본으로 보내는 부모들, 부모 잃고 고아가 돼 떠나는 사람도 있었다. 그렇게 보낸 자식들은 살아남았으나 고향에 남은 가족들은 희생되기도 했다. 이 때문에 부모 형제의 비참한 죽음마저 낯선 일본 땅에서 들어야했던 사람들이다.

4·3의 발발과 초토화 시기 일본으로 밀항한 사람들은 대개 10대부터 30대까지 젊은 이였다. 대부분 농사짓던 사람들이었다. 4·3 시기, 일본에서는 해방 후에 일본에 남아 있을 수밖에 없었던 사람, 심해가는 밀항의 단속을 뚫고 건너간 사람들이 둥지를 틀며 또 하나의 '작은 제주도'를 만들어갔다. 그들은 결국 비극의 땅을 떠나 일본땅에서 또 하나의 공동체를 이루며 살아가야 했다.

1948년 5·10선거 전후 미군 보고서는 일본 소식편을 통해 "4월 입국자 증가" "한국 이민자들의 파고" 등의 제목으로 한국인의 일본 입국이 급격하게 늘어나고 있음을 알리고 있다. 그러면서 그 이유로는 남한 단독선거로 인한 정치 불안정 때문이라고 하고 있었다. 당시 일본의 많은 신문이 밀항조선인을 검거했다는 기사를 실었다.

가령, 일본 큐슈 지역의 『오이타고도신문』 1948년 6월 12일자는 "6월 10일에 오이타에 도착한 밀항 조선인 36명을 검거, 그들은 제주도의 내전을 피해서 도망 온 사람들로 목포에서 승선했다"고 기록한다. 1948년 9월 12일 후쿠이 현(복정현) 해안에 제주도에서 온 101명(그중 여성 15명)이 상륙했다는 기사(『가이호解放신문』 1948.9.18.) 등도 보인다.

부두까지 나와 자식이 떠나는 길을 몰래 지켜봐야 했던 부모들은 이후 다시 자식을 만나지 못하는 경우가 허다했다. 그들은 누구에게도 고향에서 일어났던 대비극을 입밖에 내지 못했다. 4·3에 연루된 가족들의 경우, 이름마저 바꿔 살아야 했던 이들도 있다. 자식들에게까지 4·3은 제주의 침묵처럼 거기서도 꺼내지 못하는 암호 같은, 하나의 '부호'였다. 행여 대를 이어 또다시 곤경에 처할까봐서였다.

가장 참혹했던 집단 학살이 벌어지던 시기, 바다 건너 고향의 비극을 듣고 몸서리치던 이들은 마을별로 추도회를 열어 애도했다. 1949년 1월 3일 오사카 이쿠노 구에서 「재일본 제주도 대정면 친목회」 주최의 인민 학살 반대 추도회가 열렸다. 이어 2월 1일 오사카이마자토에서는 「재일본 구좌면 친목회」 주최의 추도회가 열렸고, 삼양리·한림면 등의 추도회가 연이었다. 제주 사람들이 많이 모여 살던 도쿄 아라카와에서도 고내리 친목회가 추도회를 열었다

1949년 4월, 고향의 연로한 아버님, 어린 형제들의 몰살 소식을 일본 땅에서 들은 한 재일동포는 "기본적 인권이 땅에 떨어졌다"며 오열했다.

일본으로의 필사적인 밀항에 성공하지 못한 사람들에겐 더 큰 형벌이 가해졌다. 일본으로 가려고 목포까지 갔다가 기어이 어머니 얼굴 한 번만 보고 간다며 다시 돌아왔던 아

들이 붙잡혀 희생당하기도 했다. 그럼에도 다시 기회를 노렸고, 다른 지역을 통해 떠나는 일이 이어졌다.

1948년 12월, 제주읍에 살던 이○○은 집에 있다 "도망치려고 했다"는 이유로 경찰에 끌려가 발이 묶인 채 돼지처럼 매달렸다. 등뼈가 튀어나올 정도로 고문이 가해졌다. 그렇게 닷새를 살고 나오자 살아남기 위해 1949년 일본으로 도피했다. 2005년 고향에 돌아와 정착한 그는 그때 고문으로 튀어나온 척추뼈 때문에 지금도 후유증에 시달리며 산다. 상처가 너무 크고, 무엇인가 그때 일을 말하면 고향의 친족에게 누가 미칠지도 모른다고 생각해 아예 입을 닫고 유족 신고를 하지 않은 이도 부지기수다.

집단 학살의 마을 북촌리 한○○할아버지도 가문의 멸족을 면하기 위해 형제를 일본으로 피난시켰다. 할머니가 한밤중에 시든 갈치를 큰 대야에 넣어 선장에게 주고 똑딱선에 태웠다. 형제는 결국 1949년 1월 19일 고향 북촌리의 대비극을 오사카에서 들어야 했다. 남아 있던 그의 할머니와 어머니는 그 대학살에서 살아남지 못했다.

"이젠 고향에 가도 어릴 때 친구들이 없어요. 미안해져요. 나만 운이 좋아 살아났구나 하면 그렇습니다." 할아버지의 판단으로 배를 타고 떠났던 그는 간신히 살아남았으나 강렬한 고향의 기억은 그를 오래도록 몸서리치게 한다. 음력 12월 18일, 그도 오사카에서 제사를 지낸다.

오사카 이쿠노 구의 아흔다섯 해녀 출신 양씨 할머니. 그녀는 그 시국에 아이가 울면 들킨다 해서 우는 어린 딸만 친족에게 남기고 온 자신이 죄인이라고 했다. 차마 눈 뜨고 볼 수 없었던, "지옥도 그런 지옥은 없었다"고 떠올린다. 그런 것이었다. 4·3은. 그때 고향 떠난 이들에게 고향은 다시 돌아갈 수 없는 곳이 되기도 했고, 부모의 산소 한번 찾지 못한 한스런 몸이 되기도했다.

일본에 살다 잠시 고향에 들렀다가 참혹한 죽음을 당한 사람도 있었다. 관부연락선을 타고 일본을 드나들다 4·3으로 뱃길마저 차단돼 나갈 수 없었기 때문이다. 발만 동동 구르다 끝내 죽음을 맞았던 아버지였다. 죄도 없었지만 자수하면 살려준다 해서 함덕국민학교로 가서 자수했다가 박성내로 끌려가 한꺼번에 학살됐다. 그 딸 김순동의 이야기다.

나는 현장에 나가서 다 봤지요. 나같이 시체 많이 본 사람 없을 겁니다. 가서 보니 시체가 다리 밑으로 다 떨어지니까 차에서 기관총으로 막 쏘아버렸어요. 가서 뭐 금광 캐는 사람들처럼 시신을 처리하러 유족 수십 명이 같이 갔어요. 가서 보니 그냥 시신들이 떡처럼 되어버렸어요. 다섯 달이나 지났으니까요. 우리 아버님은 그래도 옷으로 해서 찾았지요. 제사는 아버지가 나간 날로 지내요. 동짓달 스무날로.

　부모 잃고 고아가 된 몸으로 현해탄 건너갔다는 여인, 오라비 제사상 한 번 못 차려줬
다며 당신 죽고 대신 오라비가 살아야 했다는 여인, 그리고 그 일본 땅엔 아흔을 넘겼어
도 통일된 세상을 향한 열망 하나로 저항했고, 그 세상을 보기 전까진 죽을 수 없다던 뜨
거운 혁명의 여인 이성호(1910~?)·김동일(1932~2017) 같은 이들도 살고 있었다.
　해방 전 일본에서 죽을 노동을 하다 돌아온 사람들 가운데 우리말을 더듬거리던 사람
들은 "우리말을 제대로 못하는 것을 보니 넌 폭도"라며 죽음을 당하기도 했다.
　초토화 시기, 가시리가 화염에 휩싸이던 날, 냇가로만 도망 다니던 이 마을 여인 박춘
옥은 동산에서 한 여자의 죽음을 목격했다. 스물대여섯 난 그녀는 우리말을 잘하지 못했
던 재일동포 2세였단다. 그녀는 잠시 시부모를 만나러 왔던 길이었다. 박춘옥이 본 광경
이다.

　총으로 '팡~' 하게 쏘아버리면 덜 고통스럽게 죽지. 초가지붕 이는 '새(띠)'로 둥그렇게 담
을 쌓고, 그 안에 사람을 앉혀놓고 불을 질렀어요. 그 여잔 일본서 태어나서 남편도 일본에 있
었어요. 시부모가 가시리에 살고 있으니까 다니러 왔다가 뱃길이 막아져 일본으로 못 나간 겁
니다. 토벌대가 그 여잘 잡아다가 옷 벗겨 그 동산을 몇 번이나 돌게 했어요. 몇 번 돌면 살려
주겠다고 했는데 살려주지 않고 그대로 쏘아버렸어요. 조선말도 잘못하는 여잔데….

　경찰에서 고문당해 죽는 어머니의 소리를 들었다는 딸, 1년간 '고팡(광)'에 숨어 살던
오빠와 목숨만 부지했던 언니는 결국 일본행을 선택했다고 고백하는 한 여인은 수십 년
이 넘은 지금도 경찰이 보이면 돌아서 간단다.
　일본으로 도피했다는 이유로, 대낮엔 너무 '따가워' 눈 뜨고 걸어갈 수 없었다 했다. 그
렇게 고향 땅 한 번 밟지 못하겠다던 김시종 시인도 결국 반세기 훌쩍 넘기고서야 그 땅
을 밟았다. 그 시인의 노래는 처연하다.

내 자란 마을이 참혹했던 때,
통곡이 겹겹이 가라앉은 그때
겨우 찾은 해방마저
억압에 시달려 몸부림치던
그때,
상처 입은 제주
보금자리 고향 내버리고
제 혼자 연명한
비겁한 사나이
4·3 이래 60여 년
골수에 박힌 주문이 되어
날마다 밤마다
중얼거려온 한가지 소망
잠드시라
4·3의 피여

귀안의 송뢰되어
잊지 않고 다스리시라
변색한 의지
바래진 사상
알면서도 잊어야 했던
기나긴 세월
자기를 다스리며
화해하라
화목하라
흔들리는 나무야
스스로 귀 열고 듣고 있는 나무야
이렇게 아무 일 없이 뉘우침 흩날리며
봄은 또다시 되살아오는구나
– 김시종 「사월이여 먼 날이여」에서

(10) 한라 섬을 피로 물들인 이승만, '괴뢰' 비난 무릅쓰고 분단 성공

초토화 작전으로 주도권을 장악한 이승만 정부는 1949년 3월 제주도지구전투사령부를 설치, 막바지 토벌 작전에 승부를 걸듯이 전력을 쏟는다. '유혈의 전장'이었던 작은 섬, 유재흥 사령관은 무장대와 전투를 함과 동시에 한편으로는 무분별한 살인을 중지시키면서 귀순작전을 펼쳤다.

한라산 일대에는 3월 초부터 귀순 권유 전단이 집중적으로 뿌려졌다. 선무공작원들은 "산에서 내려오면 살려준다"며 산야를 돌면서 방송을 했다.

산에서 떨던 어린이들·노인들·여인들, 많은 입산자가 흰 헝겊을 찢어 나뭇가지에 매단 백기를 앞세우고 가족끼리 내려왔다. 당시 작전 과정에서는 희생된 민간인과 자진 하산한 자, 체포되어 포로가 된 자가 거의 1만여 명에 달했다. 하산한 주민들은 제주 읍내 주정공장, 서귀포 단추 공장 등에 갇혔다.

서귀포 수용소에 갇혔던 사람들은 통보리밥인지 밀밥인지 알알이 떨어지는 밥을 먹었다. 그 통조림 깡통 하나로 요만큼씩 손에 쥐어주면 그것을 타 먹던 어린아이는 자기가 흘린 밥알 한 방울을 딴사람이 먹었다고 울고불고했다. 배고파 개구리 잡아먹으러 갔다가 물에 빠져 죽은 아이도 생겼다. 제주시 주정 공장 수용소에서도 어린아이들의 희생이 컸다. 제대로 먹지 못한 아이들이 뉘엿뉘엿 시들어갔다. 당시 주정 공장에 수용됐던 김주범의 갓 돌 지난 여동생도 굶어서 죽었다. 그 주변 먹을 만한 풀들은 양껏 피어보지도 못했다. 밥이 되어야 했으니까.

수용되었던 사람들 가운데 일부는 석방되기도 했으나, 상당수는 군법회의에 회부되었다. 군 당국은 원칙을 무시했다. 형량도 죄명도 모른 채 형식적인 군법회의를 거쳐 수많은 사람이 전국 각지의 형무소로 이송되어 갔다. 그러한 흥미로운 사례 하나만 들어본다.

제주시 주정 공장에 수용됐던 고난향은 동명이인 때문에 대신 전주교도소에 수감되고 말았다. 수용소에서 같은 이름이 둘이었는데, 자신을 부르는 줄 알고 대답하고 나갔다가 그리된 거였다. "고난향! 하니까 나를 부르는 걸로 알았지." 감옥에 데리고 간 다섯 살 아들은 거기서 홍역으로 잃었다. 10개월 죄인 아닌 죄인으로 살고 와서 보니 큰아들도 죽고, 열세 살 아들은 그가 감옥에서 나와 귀향하던 날 들에 달래 캐러 갔다가 죽었다.

4·3으로 끝내 세 아들을 잃었다는 그는 생전에 새벽에 보리밭에 일하러 들어가서야 홀로 울었다 했다. "그때 일만 기억하면 죄책감이 들고 징그럽다"는 그는 평생 비행기 소리만 나도 심장이 쿵쾅거리는, 기억 속에 살다가 세상을 떴다.

그렇게 1949년 겨울이 지나갔다. 간발의 차로 삶과 죽음의 경계가 왔다 갔다 하는 겨울, 바람까마귀 떼만 비린 주검 위에서 인간을 대신해 크게 울부짖었다. 희망이 문틈으로 들어오길 기다렸으나 희망은 보이지 않았다. 그나마 산 자는 살아야 했다.

사람들은 자신의 고향집으로 향했다. 각기 불타버린 고향 마을로 돌아가 움막 같은 '함바'를 짓고 오글오글 삶을 영위했다. 주민들이 직접 성담을 쌓고 새로 재건해야 했다. 대표적인 전략촌이었던 선흘리 낙선동 성담 쌓기는 그야말로 고사리손까지 동원돼야 했다. 등짐을 지고 돌을 져 날라야 했기 때문에 어깨나 등이 남아났겠는가. 북해도 탄광 갔다 폐병 얻어 돌아온 아버지 대신 성담 쌓기에 동원됐던 열세 살 소녀 김승자, 해녀가 꿈이었던 그녀는 돌 더미에 깔려 불구의 몸이 되기도 했다.

마을마다 비좁은 수용소 같은 함바의 삶 역시 고통이었다. 너무나 불결한 위생 때문에 홍역 앓던 두 아들을 한꺼번에 가슴에 묻어야 했던 부모도 생겨났다. 애월읍 광령리가 고향인 당시 고석돈의 이야기다.

마을끼리 합쳐서 함바를 짓고 살 때니까 형편 없었어요. 우리 아이들도 공기가 너무 나빠서 홍역이 도니까 살 수 있어? 네살 두 살 아이들 사흘 차로 전부 다 거기서 날려버렸지(죽어버렸지). 살릴 수가 있어? 함바 집에 막 버러지(벌레)가 들어오거든. 거기 가서 아이들 잃은 사람이 많아요. 그래서 그때 거기서 자종이(광령 3리)에서 한 6개월 살다가 다시 거기서 여기 성

쌓아가지고 여기(광령) 재건해서 올라왔어요.

　한라산 검은 어둠 속에서 별들은 총총했으나 아무도 별들이 아름답다고 생각하지 않았다. 그렇게 처절한 비명의 아수라장을 뚫고 속절없이 봄은 피어났다. 아픈 봄이었다.

　사령부는 4월 중순 이진에 무장대를 완전히 사라지게 힌다는 계획을 세우고 있었다. 이름하여 '빗질 작전'. 군부대와 민보단으로 섬을 횡단하는 선을 만든 다음, 산을 빗질하듯이 싹 쓸어내려 가면서 무장대를 섬의 반대쪽에 진 치고 있는 경찰 쪽으로 몰아간다는 계획이었다. 이 무렵 무장대는 250여 명으로 추정될 정도로 줄었다. 미군 보고서도 입수된 소량의 무기는 사살되거나 체포된 무장대의 수와 견줘볼 때, 이는 무기 부족을 말해주는 것이라고 분석했다.

　희생자의 80퍼센트 이상이 토벌대의 손에 희생되었다. 이것은1949년 미군 정보 보고서가 80퍼센트가 토벌군에 의해 사살됐다는 기록과 상통한다. 그렇다면 무장대에 의한 살상 행위는 얼마나 되는가. 4·3 무장봉기 초기, 무장대는 경찰, 서북청년회나 대동청년단 등 우익 단체원, 그리고 군경에 협조하는 우익 인사와 그들의 가족을 지목해 살해했다. 보복 살해였다. 이런저런 형태로 무장대에게 희생된 사람은 전체 사망자의 약 10분의 1에 해당된다.

　이미 쇠잔할 대로 쇠잔해진 무장대는 이제 거의 수를 셀 정도가 되었다. 이때를 틈타 1949년 4월 9일 이승만은 정부 수립 이후 처음으로 제주에 내려와 유재홍 대령 등을 격려하고, 수만 명이 운집한 관덕정 광장에서 제주도민을 대상으로 연설을 했다. 여기서 그는 "아직도 반도가 남아 있다는 말을 들으니 섭섭하다"며 하루속히 사태의 진압을 촉구했다. 또 "정부와 미국인은 항상 제주에 대하여 많이 근심하고 있으며 원조 구호물자도 곧 공급할 것"이라고도 했다. 이어 5월 10일에는 재선거를 치러 국회의원을 뽑았다. 재선거는 1년 전과 달리 무사히 치러졌다. 5월 15일에는 제주도지구전투사령부가 해체되었다.

　1949년 6월 8일 관덕정 광장, 엄청나게 많은 사람이 몰려들고 있었다. 십자가 틀에 묶인 시체 하나, 고개는 한쪽으로 비뚤어져 내려왔고, 자그마한 키, 시신의 윗옷 주머니에는 숟가락이 하나 꽂혀 있었다. 무장대 사령관 이덕구의 주검이었다. "이덕구의 말로를 보라"며 토벌대가 전날 사살한 무장대 사령관의 주검을 내건 것이다.

　그의 최후를 보러 나온 사람들로 관덕정은 다시 한 번 북적거렸다. 그의 죽음이 의미하는 것은 컸다. 그것은 무장대의 저항이 거의 끝났음을 알리는 것이었다. 그렇다면 그렇게 평화는 오는 것이었을까. 또다시 섬을 강타할 거센 태풍이 한반도의 운명과 함께 오고 있었다. 섬 사람들은 까닿게 무르고 있었다.

(11) 살육의 남북전쟁 폭발, 연좌 굴레 벗으려고 총알받이 자청

이제 거의 한숨을 돌릴 때가 되지 않았을까. 그랬으면 했지. 하지만 4·3의 광풍은 여기서 끝난 것이 아니었다. 희망은 그렇게 쉽게 다가오지 않았다. 1950년, 6·25전쟁 발발 직후였다. 1950년 7월 8일 전국적으로 비상계엄령이 선포됐다. 정부는 7월 16일 제주 주정 공장에 육군 제5훈련소를 설치해 신병 양성에 나섰다. 모슬포 육군 제1훈련소의 수많은 제주 청년들이 전쟁터로 나갔다. 3000여 명의 제주 청년이 해병대 3, 4기로 자원입대했다. 한국전쟁 당시 육군과 해병대에 입대해 참전한 제주 청년은 1만여 명에 달하는 것으로 추정된다.

이미 열여덟부터 20대는 위험한 나이였다. 젊은이들의 자원입대 선풍은 제주가 얼마나 공포의 땅이었나를 여실히 보여주는 사례였다. 살기 위해 군에 가야 했다. 어떤 이는 억울하게 찍힌 '빨갱이 낙인을 지우기 위해' '4·3 때 하도 무서우니까' '친구들이 가니까' 이유는 거의 비슷했다. 그렇게 '남의 대동(남들 따라서 함께하는 행동)'해서 한국전쟁에 나섰다. 국가의 인정을 받는 길은 전쟁에 나서는 길밖에 없다고 생각했다. 이정순은 한림중학교 다니던 시절, 학교 운동장에서 전교생이 모인 앞에서 2명의 학생이 총살당하는 것을 직접 보고 난 뒤 무서워서 해병대 3기로 지원했단다. 1950년 8월이었다.

소년기에 고문을 받았던 이력 때문에 계속되는 뒷조사에 시달려야 했던 김주범이 선택한 것은 결국 군인이 되는 길이었다. 그는 19세에 해군에 자원입대, 자신의 반공 사상을 보여주려 했다. 아버지의 행방불명으로 오랫동안 연좌제와 사회적 피해 의식에 젖어 살아왔던 사람들도 자원입대했다. '폭도 지식'으로 낙인찍힐까 봐서였다.

김명원은 농사만 짓던 부모가 '빨갱이'로 몰려 학살당한 이후 '빨갱이 새끼'란 굴레에서 벗어나기 위해 자원입대했으나 그곳에서도 수모를 당해야 했단다. 그렇게 참전, 국가가 인정했다고 자부심을 얻은 사람도 있었으나 돌아오지 못한 사람도 많았다.

그랬다. 제주 청년들의 군 입대는 생존을 위한 처절한 몸부림이기도 했다. 학살에서 살아남은 양태병은 한국전쟁이 나자 입대를 자원했으나 신체가 약하다고 세 번이나 떨어지자 애원하다시피 해 겨우 군대에 갔다 올 수 있었다. 한국전쟁 때 자원입대했던 한 주민은 "어느 날 갑자기 불려가 아무런 저항도 못하고 죽는 것보다 전쟁터가 훨씬 더 안전했다"고 회고했다. 군대가 자신에게 낙인처럼 새겨진 붉은 색깔을 지워준다고 믿었기 때문이다.

(12) '보도연맹' 경우와 똑같이 무죄 청장년들 '예비검속'으로 총살

이 시기, 이승만 정권은 인민군에 동조할 가능성이 있다는 자의적인 판단 아래 아무런 죄도 짓지 않은 사람들을 전국적으로 '예비검속'이란 이름으로 잡아들였다.

4·3으로 이미 눈총을 받았던 제주 섬은 또 한바탕 소용돌이에 휘말리고 말았다. 4·3 연루자 가운데 이미 훈방됐거나 석방된 사람들을 대상으로 대대적인 예비검속을 실시한 것이었다. 고기 잡고 농사일만 하다가 느닷없이 형무소로 끌려간 사람들, 거기서 고생하다 돌아온 것도 억울한데 경찰서에서는 오라 가라 하며 다시 괴롭혔다. 예비검속으로 인한 희생자와 형무소 재소자 희생자는 3000여 명에 이른 것으로 추정된다. 유족들은 대부분 아직도 그 시신을 찾지 못하고 있다.

예비검속, 그 회오리바람은 너무나 큰 학살을 불러왔다. 1950년 7월 말부터 8월 말, 예비검속자에 대한 군 당국의 집단 학살이 대대적으로 이뤄진 것이다. 예비검속자들은 정뜨르비행장(제주비행장)과 알뜨르비행장(모슬포비행장) 등지에서 처형되거나 바다에 수장당하기도 했다. 얼마 없어 자신들이 파묻히게 될 운명도 모른 채 끌려간 사람들은 구덩이를 팠으며, 비행장의 거대한 구덩이들은 그렇게 그들을 숨긴 채 반백 년 넘는 세월의 입을 다물어버렸다. 허둥대며 가족의 얼굴을 찾으려 애를 썼으나 찾을 길이 없었다.

이때 남편을 잃고 딸 넷을 키우며 홀로 평생을 살고 있는 제주시 내도동의 김만수 할머니는 그후 괜히 심장이 뛰고 가슴이 아파 잘 걷지 못하는 병에 걸렸다. 아래는 그녀의 이야기다.

난 지금도 남편이 무슨 죄로 끌려가 죽어야 했는지를 알 수 없습니다. 남들은 그때 끌려간 사람들이 대개 바다에 빠져 죽거나 또는 육지 형무소로 보내졌다 하는데, 난 시신을 찾지는 못했지만 남편이 분명히 제주도에 묻혀 있다는 것을 압니다. 끌려간 지 3개월 후 남편이 꿈에 나타났기에 '육지로 갔다던데 어떻게 오셨습니까'라고 물었더니 '육지가 아니고 비행장 부근의 고랑창이야'라고 했습니다.

특히 모슬포경찰서 관내 예비검속자는 총 344명으로 이 가운데 252명이 군에 의해 희생됐다. 한국전쟁 발발 직후 일어난 예비검속사건은 4·3과 관련되는 이, 혹은 그와 관계있는 사람들 아니면 전혀 관계없는 사람들일지라도 집단 학살한 국가 폭력의 한 전형을 부여준 사건이었다.

1950년 8월 20일 새벽 5시에는 모슬포 절간 고구마 창고에 갇혀있던 사람들이, 같은 날 새벽 2시에는 한림어업조합 창고에 수감되었던 사람들이 끌려나와 총살당했다.

그 학살터는 남제주군 대정면 상모리 섯알오름, 이곳은 일제강점기 때 일본군이 탄약고로 쓰던 곳이었다. 군경의 삼엄한 경비로 유족들은 지척에 있는 부모와 형제자매, 남편과 부인의 시신마저 수습할 수 없었다. 울음마저 소리 낼 수 없었다. 통곡 없는 슬픔 속에서 숨을 쉴 수 있었다는 것은 거의 기적 같은 일이었다. 1956년, 학살된지 6년이 지나서야 모슬포 지역 유족들은 비로소 132구의 시신을 거두는 것이 허락되었다. 하지만 이미 살은 썩어 누구의 시신인지 알 수도 찾을 수도 없는 일. 유족들은 대정면 상모리에 시신들을 안장하고 '백 할아버지의 한 지손'이라며 「백조일손지지百祖一孫之地」라 명명했다.

한림어업조합 창고와 무릉지서에 구금되었던 희생자 유해 63구, 이 억울한 뼛골들은 유족들이 총살 현장에서 비밀리에 시신을 수습, 금악리에 묻고 속칭 「만뱅듸공동장지」라는 묘역을 조성했다.

○ 중세의 「마녀사냥」이 발전된 듯한 「보도연맹 사건」의 진상

이승만의 반민중적 반공 적개심은 지독했다. 1946년 10월봉기와 1948년 제주 4·3 봉기를 유혈진압하고 단독정부 수립(5·10선거)에 성공한 이승만은 그해 10월 여순사건을 다시 무력진압한 후 더욱 치밀하고 조직적으로 농민을 비롯한 자주독립 지향 세력에 대한 대대적인 소탕작전에 나섰다. 특히 그는 자신의 취약한 정치적 기반을 상쇄하기 위해 정치적 반대세력을 무조건 좌익으로 몰아 처단하기에 이른다. 1948년 12월 「국가보안법」을 만들어 49년 한해동안 무려 11만 8621명을 이 법에 의해 체포하거나 처형했고 (권영진 「6·25살상 다시 본다」, 『역사비평』 90년 봄호) 1949년 10월에는 「국민보도연맹」을 만들어 전국에서 30만 명을 여기에 가입시켰다가 대부분 학살했다.

보도연맹保導聯盟이란, 친일파 척결과 완전한 자주독립 및 생존권 투쟁에 나섰던 농어민·노동자들을 「좌익」으로 몰아붙이면서 "좌익에서 전향한 사람이나 그 가족들을 도와서 올바른 방향으로 인도한다(輔導 또는 保導)"는 명분을 내세우고 앞으로 예견되는 전쟁에서 적대적으로 역할을 할 것으로 예측되는 자주독립 지향의 근로민중 청장년들을 사전에 처치해버리려는 음모였던 것으로 밝혀졌다. 그러니까 보도연맹의 결성목적은 "전향한 자주·민주세력을 반공사상으로 통제·회유 하는 것"이었으며, 활동 목표는 "대한민국정부의 절대지지, 북한괴뢰정권 절대반대와 타도, 공산주의사상 배격·분쇄" 등의 강

4·3평화공원의 행방불명자 묘역. 멀리 한라산이 흰 구름을 이고 선명하다.(허영선 지음 『제주 4·3을 묻는 너에게』 서해문집 2018)

령으로 요약되었다. 강령에 따라 보도연맹 참가자들은 "전향의 진실성을 입증해 보이기 위해 좌익분자들을 색출하여 밀고하고 자수를 권유하는 등 반공활동을" 하기도 했다.

또 1949년 11월부터는 미국의 작전지도와 무기로 무장하여 본격적인 빨치산 토벌작전에 나섰고, 이 과정에서도 무수한 사람들이 빨갱이 협조자·동조자라는 이름으로 희생됐다. 이승만 정권의 이 같은 살육으로 한국전쟁 이전까지 남한 근로민중의 민주 조직은 거의 와해되었다.

이상과 같은 보도연맹 조작이나 청장년 예비검속의 의도 등에서 추리해본다면 남북전쟁의 원초적 도발자가 과연 누구였을까를 짐작해 볼 수도 있게 된다.

(13) 비합법적 고문·투옥·처형과 행방불명은 미국과 한국정부 책임

감옥에서 살아 돌아온 사람들은 목숨을 건진 것만으로도 스스로 위안해야 했다. 군법회의 대상자들은 곧바로 서대문·마포·대전·대구·목포·인천·전주 형무소로 수감되었는데, 이들 형무소 재소자들 가운데 극히 일부는 형기를 채우고 출소하기도 했으나 상당수가 한국전쟁 발발 직후 행방불명되었다.

제주에서 이송된 4·3 관련 재소자는 일반 재판 수형인 200여 명과 군법회의 수형인 2,350여 명으로, 이들 2,500여 명 대부분은 다시는 고향 땅을 밟을 수 없었다. 유가족들은 그들을 행방불명 희생자로 「제주4·3사건진상규명 및 희생자명예회복위원회」에 신고했다.

이들이 언제, 어디서, 어떻게 죽었는지 알 길이 없다. 하지만 대부분 인민군 점령 직전 대한민국 국군에 의해 총살당했다. 어떤 아버지는 아들의 면회를 갔다가 형무소에서 죽은 마을 사람의 유골을 거두어 와 고향에서 장례를 치를 수 있게 하기도 했다. 20대에 청상이 된 어떤 여인은 관을 들고 목포 형무소까지 가 남편의 뼈를 수습해 오기도 했다.

4·3으로 1954년까지 형무소에 수감됐던 사람들은 수천 명에 이른다. 섬 어느 구석도 자유로운 곳은 없었다. 무슨 죄를 지었는지, 얼마나 감옥살이를 해야 하는지도 모른 채 갇혀야 했던 사람들이다.

(14) 미국과 이승만의 반민중 '반공학살'은 분열지배의 기본 전략

1953년 1월 말, 유격전 특수부대인 무지개부대가 투입돼 한라산에서 작전을 전개했다. 3개월 동안 모두 일곱 차례에 걸친 한라산 토벌 작전, 이때 무장대는 거의 소멸된다. 토벌군의 명령에 따라 강요된 지역 주민의 마을 성곽 보초 임무도 없어졌다.

1954년 9월 21일, 마침내 민족의 영산 한라산은 그토록 굳게 닫아 걸었던 빗장을 열었다. 짙푸른 가슴을 활짝 열어젖혔다. 제주도경찰국이 한라산 금족 지역을 완전 해제, 전면 개방을 선언한 것이다. 사건의 처음부터 말없이 지켜봤던 한라산, 흐느끼듯 검은 능선만 들썩이던 한라산이었다. 1947년 3·1발포사건이 일어난지 7년 7개월만의 일이었다.

왜일까? 왜 그래야 했을까? 내내 의문이 들었을 것이다. 삶과 죽음이 한 떨기 동백꽃만큼도 못했던 1948년, 그해 초토화의 대참극을 가져왔던 4·3, 이 사건의 전개 과정을 따라오면서, 어떻게 인간이 인간을 학살하는 참담한 일이 그렇게 오래 이 섬에서 계속돼야 했던가. 아무런 죄도 없는 사람들이 그렇게 학살당하고 있을 때, 과연 그들을 보호해야 할 국가는 어디에 있었는가. 책임은 어디에 있는가. 일찍부터 묻고 싶었을 것이다. 그것의 실체는 아직 다 밝혀지지 않았지만, 이제까지 드러난 것만으로도 우리는 말할 수 있다고 본다.

다시 밝히자면, 먼저 1948년 11월 중순께부터 1949년 3월까지 약 4개월간 진압군이 벌인 초토화 작전의 책임은 당시의 친일·친미 아부 정권과 점령자 미국에게 물어야

제주농업학교에 설치된 제59군정중대 본부에 성조기가 펄럭이고 있는 모습을 1948년 5월 1일 촬영한 것이다.제59군정중대는 1945년 11월 9일 제주도에 상륙했다. 이에 따라 제주도에 대한 미군정의 본격적인 점령정책이 시작되었다.(허영선의 책)

할 것이다.

그중 첫 번째는 이승만 정권과 현지 진압 작전을 벌인 지휘관들이다. 이승만은 대통령으로서 군 통수권자이기 때문이다. 제주4·3의 전 과정에 걸쳐 가장 처참한 집단 학살과 초토화 작전이 자행된 것은 대한민국 정부 수립 3개월만인 1948년 11월 17일 이승만이 대통령령 31호로 제주도 전역에 계엄령을 선포한 즈음이다.

서북청년회도 이승만 정권 후원 아래 제주도 사태의 최일선에 서게 되었던 것이다. 이승만 정권은 제주도 사태를 순리대로 풀려고 하지 않았다. 원인은 치유하지 않은 채 오로지 강경 일변도로만 대응했다. 본때를 보여서 자주 자립과 평등 민주주의를 외쳐대는 전국 근로서민대중의 기를 꺾어놓으려고 한 짓이었다. 한 서청 단원은 "이승만 대통령의 허락 없이 어느 누가 재판도 없이 민간인을 마구 죽일 수 있는 권한이 있겠습니까"라고 증언했다고 한다.

두 번째로, 미국의 책임을 덮어둘 수 없다. 그렇다. 무엇보다 4·3은 미국이 남한을 점령하고 있던 미군정 하에서 일어난 일이었다. 과연 그 사건의 핵심에 있었던 미국은 우리에게 무엇이었나 묻지 않을 수 없다. 과연 미국은 그러한 야만을 저지를 권리가 있었는가라고 말이다.

1947년 3월 1일, 경찰이 제주읍에서 일단의 좌익 3·1절 행사 참가자들을 공격하여 몇 사람을 죽이기 전까지는 제주 섬에서 공산주의자들이 선동하여 일으킨 소요들은 제주도를 점령하고 있는 미군에 의해 비교적 느슨하게 억제되어 있었다. 공격을 받은 섬 주민들은 경찰에 대하여 즉각적인 보복을 하였고, 1년여에 걸친 유혈 폭력이 시작되었다.

1949년 4월, 제주도 사태를 종합적으로 분석한 주한미군사령부의 정보보고서에 실려있는 내용이다. 이 글은 사건의 도화선이 되었던 1947년 3·1발포사건에 대해 미군정당국의 태도가 어떠했는가를 잘 보여주고 있다. 모든 문자의 발단을 언필칭 '좌익'의 주동으로 몰아가는 잘못된 의도에도 불구하고 미군정도 3·1사건을 4·3의 발단으로 보고 있음을 말해준다. 또한 그들이 어떻게 3·1사건을 분석하고 있는지를 보여주는 글이다.

그런데도 3·1절 시위에 나섰던 평범한 도민들을 '좌익'이라고 단정했던 미군정. 그들은 사상이 무엇인지 모르는 사람들을 덮어놓고 '붉은 사상' '빨갱이'로 몰아붙였다. 4·3 발발의 원인을 찾아내고 평화적인 방법으로 해결하려는 노력보다 오로지 무조건 진압을, 그것도 무차별 집단 학살이라는 강경진압작전을 편 것이다

해방 공간의 제주도는 한반도의 축소판이라고 말한다. 물론 자치활동을 벌인 것, 친일 경찰과 극우 청년단의 억압과 테러에 시달린 것 등은 남한의 여느 지역과 마찬가지였다. 다만 제주도는 다른 곳보다 더 강도가 심했다. 그것은 제주 섬을 견딜 수 없는 탄압과 수탈에 시달리게 했던 역사적 배경 때문에 더 그러했다. 이 때문에 다른 곳보다 항쟁이나 소요가 더 거셌던 것이다.

4·3의 이러한 배경과 전개 과정을 미국은 처음부터 끝까지 그들 나름대로 파악하고 있었으면서도 제주민의 마음을 헤아리지 않았다. 자기 동포끼리의 증오스러운 아귀다툼이 극에 달해야 점령세력의 정복욕도 그만큼 더 크게 충족될 수 있는 것이니까. 게다가 현지 용병들의 장차 써먹을 잔인성 훈련 효과도 얻을 수 있는 일거양득의 전술이었다.

또한 1948년 8월 15일 미군정이 끝나고 대한민국 정부 수립이 선포되었으나 한미 간 군사협정에 따라 여전히 작전지휘권을 장악하고 있었던 쪽은 미군이었다. 한국군을 지휘하고 통제하는 권한을 막강하게 발휘한 임시군사고문단. 한국군은 조직·훈련·무장은 물론 작전에 이르기까지 모든 부문에서 이 미군 고문관의 통제를 받아야 했다. 미 군사고문단은 연대나 대대 단위까지 상주하면서 모든 작전 과정에 대해 일일이 상부에 보고하고 있었다.

그들은 초토화 작전을 방조했으며, 경찰을 포함한 토벌대에게 무기를 제공했고 인간이 인간에게, 동족이 동족에게 가하는 집단학살을 눈 뜨고 지켜보았다. 사진도 찍어두었

다. 또한 그들은 그때의 살상을 낱낱이 일일 보고서를 통해 기록해놓았다. 그래서 그나마 숨기려했던 희귀한 증거자료도 흘려내보내게 되었다. 그런데도 그들은 입을 열지 않고 있다.

한국군의 모든 작전명령은 발표에 앞서 미군 고문관과 협의를 거치도록 하고 있었다. 그럼에도 중산간 시역을 적성 지역으로 선포한 송요찬 9연대장의 1948년 10월 포고문에 대해 당시 미군 고문관은 자신은 전혀 몰랐다고 고개를 내저었다. 그때, 미군의 얼굴을 볼 수 있는 예 하나를 들어본다.

1949년 2월 20일, 제주읍 도두리 근처에서 '무장대 혐의자' 76명이 민보단의 죽창에 찔려 죽는 처형 장면이 미 군사고문단 일행 4명에게 목격되었다. 그 처형 작전은 군인과 경찰이 감독하고 있었다. 고문단이 현장에 갔을 때는 이미 절반인 38명이 처형돼 있었고, 나머지 38명에 대한 학살은 미 군사고문단이 목격했다. 미군 보고서는 사망자 가운데는 여자 5명과 중학생 나이의 수많은 어린이도 포함돼 있었다고 기록한다. 그렇다면 어린아이가 '무장대 혐의자'란 말인가. 그러나 그들이 이를 저지했다는 흔적은 없다. 목숨부터 살려보자고 하는 장면은 없었다.

한국군의 작전 통제권을 쥐고 있던 미군은 학살 현장을 방치한 채 단지 목격했을 뿐이라고 하고 있다. 이는 미군이 대규모 민간인 희생에 대해 책임을 면할 수 없다는 점을 보여주는 대목이 아닐 수 없다. 미국이 제주4·3에서 자유롭지 못한 이유가 여기에 있다.

그리고 국무회의 자리에서 "가혹한 방법을 동원해서라도 제주4·3사건을 완전히 진압해야 한국의 중요성을 인식하고 있는 미국의 원조가 가능하다"는 이승만 대통령의 지시는 무슨 의미인가. 이는 강경 진압 작전이 미국과의 교감 속에서 벌어졌음을 암시하고 있는 것이다.

일찍이 미군 보고서는 미군사고문단장 로버츠가 이승만 대통령, 이범석 국방장관, 채병덕 참모총장 등에게 보낸 1948년 12월 18일자 서신에서 중산간을 초토화시키며 집단 학살극을 자행한 송요찬의 작전을 성공 작전으로 높이 평가하고 대통령 성명으로 널리 알리도록 한국 정부에 요청했다고 기록하고 있다. "송요찬 중령은 섬주민들의 당초의 적대적 태도를 우호적·협조적 태도로 바꾸는데 대단한 지휘력을 발휘하였다"고 칭찬한 것. 그러니 "잘했다"고 언론과 대통령 성명으로 크게 알려야 한다는 것이다.

여기에 대한 즉각적인 화답이 이뤄졌다. 채병덕 참모총장, 그는 사흘 내에 보낸 답신에서, 송요찬에게 훈장을 수여할 것임을 약속했다. "국방경비대 9연대장 송요찬과 미국 고문관들이 제주에서 보여준 활약에 대한 칭찬과 그에 상응하는 적절한 상을 주겠다"는 내용이었다.(허영선 지음 『제주4·3을 묻는 너에게』 서해문집 2018. 이 책에는 참혹한 집단학살

제주도에 파견된 미고문관 러치 대위가 한 경비대 장교와 함께 작전지도를 펴놓고 진압 작전 계획을 세우고 있다.(1948.5.15.)『제주4·3사건진상조사보고서』미국립문서기록관리청 소장.(허영선의 책)

의 사례와 조언들이 있지만 여기서는 지면 부족으로 생략함.)

1948년 12월 9일 유엔총회에서 채택된 「집단살해(제노사이드) 범죄의 방지 및 처벌에 관한 조약」에는, 제노사이드를 유엔의 정신과 목적에 위배되고 문명 세계에 의해 단죄되어야 하는 국제법상 범죄임을 분명히 명시하고 있다.

4·3 당시 초토화 작전은 반문명적·반인간적 만행이었다. 국제법으로든 국내법으로든 도무지 용납할 수 없는 범죄였다. 그러나 제주섬에서 수만 명의 무고한 죽음이 있었다는 것은 무엇을 의미하는가. 제주도의 학살은 이 조약을 철저히 어겼다.

미국의 세계적인 석학이자 사상가 노엄 촘스키도 "1945년부터 1949년 6월까지 미군이 한국의 군대와 경찰을 지휘 통제했기 때문에 제주 섬에서 발생한 모든 학살극과 잔혹 행위에 대해 미국은 윤리적 책임뿐 아니라 실체적이고도 법적인 책임이 있다"라고 했다. 이제는 미국, 그들에게 물어야 할 때다.

아무런 사상도 없던 대부분의 사람이 험악했던 지옥의 바다에서 허우적대는 동안 이승만의 등 뒤에 서 있던 미국, 미국은 진정 우리에게 무엇인가?

◎ 보수언론의 4 · 3 민중봉기와 학살 보도기사(『제주민중항쟁III』소나무 1989)

3.1節에 流血의 慘!

1일 하오 2시 반경, 3천여 군중은 남산 국민학교에 모여 감찰청과 경찰서를 포위 습격하라고 하였으며, 하오 4시경에는 청장 사택을 습격하려고 하야 사망 6명, 부상자 8명을 내었다.

(동아. 47. 3. 4.)

濟州道內 官公吏 總罷業

경무부에 드러온 보고에 의하면, 제주도에서는 경찰관[전]를 제외한 관공리가 12일 총파업을 단행하였다 한다.

이유는 지난 3·1 기념일에 폭동으로 말미암아 민중 7명이 경찰측 발포에 의하야 사망하였는데, 이 당시에

濟州事件 究明코저 民戰서 調査團派遣

3·1기념일에 일어난 제주도 사건에 대하야 민전(民戰)에서는 그 귀추에 중대 관심을 가지고 동 사무국을 중심으로 특별 조사단을 조직하야 구체적인 조사와 그 대책을 세우고저 19일, 동 조사단을 파견하기로 되였다는데, 단원은 다음과 같다.

吳英, 鄭魯湜, 尹學出 외 2인.

(서울, 47.3.19.)

발포한 경관을 사형으로써 처벌하는 동시에 책임자를 인책 사직시키라는 것이다.

그런데 경상남도에서는 사태의 악화를 염려하야 응원 경관 3백 명을 파견하였다 한다.

(조선, 47.3.13.)

濟州島에 應援警官

제주도(濟州島) 내의 일부 관공서 공공 단체의 총파업은 아직도 계속되는 모양으로 경무 당국에서는 조(趙) 경무부장이 현지로 떠나는 한편, 전남, 북에서 3백 명의 경관을 파견하였는데, 15일 아침 제1관구 경찰청(인천)에서는 다시 백 명의 경관을 응원 파견하였다. 그리고 조 부장은 17일 일단 귀청할 예정이라 한다.

(동아, 47.3.16.)

發砲한 巡警, 行政處分으로 罷免

제주읍(濟州邑)에서 일어난 3·1절 발포 사건에 대하야 조(趙) 경무부장 발표에 의하면, 이 사건 진상 조사 위원회를 제주 지방 검찰청장 박종훈(朴鍾壎) 씨등 5인으로 조직하고, 조사한 결과 제주 감찰청 관내 제1구 경찰서에서 발포한 행위는 치안상 정당하며, 도립병원 전에서 발포한 행위는 무사려(無思慮)한 행위임으로 순경 이문규(李文珪)는 행정 처분만 하기로 되어 파면을 시켰다 한다.

(서울, 47.3.21.)

258   제2장 친미 이승만, 친일파와 손잡고 자주·민주·민중세력 배제

4日 濟州島서 總選擧 反對 暴動

― 死傷者 12名 發生

5일 시 공관에서 개최된 총선거 촉진 대강연 회석상 조(趙) 경무부장이 연설한 바에 의하면, 4일 제주도(濟州島)에서는 총선거를 반대하기 위한 좌익 분자들의 파괴 행동이 있었다는데, 그 피해 상황은 경찰관서 습격이 11개소, 경찰관 사망이 4명, 일반 청년 사상이 8명, 경찰지서 습격이 5개소나 있었다 한다.

(동아, 48.4.6.)

濟州島 暴動事件 人名死傷 53名

― 放火 · 通信 切斷

(趙 警務部長 眞相發表)

3천만 민족의 운명을 결정하는 총선거를 방해하려고 공산주의자들의 집단인 각 단체와 개인으로서 가진 모략과 수단을 히롱하므로서 선량한 겨레들의 공분을 스스로 사고 있거니와, 지난 4일 제주도 전역에 걸쳐 봉기된 좌익 폭동으로 말미암아 한때 치안은 교란되고 민심은 흉흉하여저 총선거 등록 실시의 사무를 정돈 상태에 빠지게 하였다.

이에 대하여 6일 조(趙) 경무부장은 사건의 진상을 발표하는 동시, 민족 전체의 사활을 결정할 총선거의 중대한 시기에 애국적인 동포들의 냉정한 판단과 열렬한 협조가 있어 훌륭한 선거의 결과를 가저오게 하여야 할 것을 강조하였다. 이제 피해 상황을 찾어 보면, 경찰지서 습격 11개소, 테로 11건, 경찰관 피습 2건, 경찰관 사망 4명, 부상 7명, 행방불명 3명, 경찰관 가족 사망 1명, 관공리 사망 1명, 부상 2명, 양민 사망 8명, 부상 30명, 전화 절단 4개소, 방화 경찰관서 3개소, 양민 가옥 6개소, 도로 교량 파괴 9개소, 등으로 이 급보를 받은 경무부에서는 즉시 15일 밤(金) 공안국장과 수원 약간 명을 파송하는 한편, 응원 경찰대를 급파하여 치안 유지와 도민들의 생명 재산을 보호하기 위한 긴급 적절한 조치를 강구하며, 반민족적인 폭력 행위자들의 소굴을 발본색원적으로 소탕할 것이라고 한다.

(동아, 48.4.7.)

(중앙의 일간지 동아 · 조선 · 서울 등의 보도기사는, 애초부터 자주독립 지향세력을 공산당의 조종을 받는 폭도나 적으로 규정하여 제주도 민중의 주장이나 호소에는 귀를 막고 경찰 토벌대, 특히 조병옥 경무부장의 말에만 의존하여 일방적으로 저항세력을 압살하여 가도록 격려하고 있다. 친일역적이었던 언론의 적반하장 보도자세의 전형을 보였다.)

濟州島에 武裝한 暴徒
「게리라戰」을 展開
─ 警察은 交通을 遮斷코 萬全의 布陣

지난 4일부터 전도에 걸쳐 봉기된 제주도의 공산 계열 폭동은 이미 50여 명의 사상자를 내이고도 진압되지 못하고 계속하여 「게릴라」전이 전개되고 있다.

즉 지난 14일에는 경찰지서 두 곳을 습격당하고 경찰관 1명이 사망하였는데, 폭도들은 대략 3백 명 내지 4백 명으로 추정되어 전부 강고한 무장을 장비하고 있는 듯 낮에는 한나산(漢拏山) 암굴에 은신하였다가는, 밤이 되면 경찰지서와 선거 사무소 등을 습격하고 양민들을 위협 공갈하는 등 자못 불안을 느끼게 하고 있으므로, 제주 도 도령을 공포하여 외지와의 해상 교통 일체를 차단하고 경찰에서는 김(金) 공안국장을 총사령관으로 만전의 포진을 하고 있다.

한편 들리는 소식에 의하면 폭도들은 기관총까지 장비하고, 그 지휘자는 상당히 군사 행동에 능란한 자인 듯 경찰에서 한라산을 포위 공격하면 섬멸할 수도 있으나, 동포 상호 살상은 전혀 본의가 아니므로 될 수 있는 대로 선무 공작으로 귀순하도록 하려는 방침이라고 한다.

(동아, 48.4.17.)

襲擊·脅迫·殺害 等
頻發하는 選擧妨害陰謀
─ 16日 現在 176件

【警務部 發表】국제 연합 조선 위원단의 사업을 방해하고 총선거를 반대하는 지각 없는 북노당의 지령을 받은 남노당 계열 각 단체와 개인들은 각지에서 관공서와 민족 진영 지도자들을 습격하고 방화, 약탈, 협박 등 파렴치의 행동을 함부로 하여 이미 막대한 인적 물적 피해를 내이고 치안 상태를 교란하고 있어 애국적인 동포들의 증오와 비난을 받고 있거니와, 지난 16일까지에 판명된 그들의 폭력적 행동의 수자적 증거는 다음과 같이 경무부에 집계되어 전률과 공포를 느끼게 한다.

選擧 事務所 被害 48, 官公署 同 2, 選擧施設 放火 2, 選擧 事務所 放火 5, 選擧 公務員 被襲 18, 立候補者 被襲 1, 選擧 公務員 脅迫 7, 選擧 運動 者 被襲 1, 삐라 撒布 7, 登錄書類 被襲 20, 選擧 公務員 負傷 9件 19名, 良民重傷 1件 4名, 電線 切斷 1, 其他 22, 犯人 逮捕 19件.

(동아. 48.4.18.)

趙警務部長談

선거 사무가 시작된 이후, 파괴 분자들은 소위 우익 진영의 일부에 합류하여 가진 모략과 역선전 그리고 폭력 행위를 하고 있다. 그러나 경무부로서는 총선거 전후를 통하여 파괴적인 행위를 막을 주도 면밀한 제책을 수립하고 있으므로, 한 사람의 기권도 없이 우리의 애국 정열을 기우려 투표의 성과 있는 결과를 기대하고 있다.

(동아. 48.4.18.)

鄕保團 組織은 選擧 完遂 目的
— 反動謀略 粉碎하라

【「딘」長官 特別聲明】 총선거 기간을 통하여 좌익 계열의 지령에 의한 무자비한 폭동, 살인, 방화, 협박 등을 경찰과 협력하여 미연에 막아 내고저 새로히 그 조작을 보게 되는 향보단(鄕保團)에 대하여 항간에 여러가지 풍설이 떠돌고 있으므로 「딘」군정장관은 20일 [중]앙청 공보부를 통하여 다음과 같은 내용의 특별 성명을 발표하여 애국적인 조선 인민의 오해와 풍설을 일소하였다.

본관은 최근 다음과 같은 서한을 각 도지사, 각 도 군정관, 경찰청장에게 보내었다.

1. 1948년 5월 10일 선거일까지의 기간 중, 법률과 질서를 유지하기 위하여 시장, 군수, 면장, 구, 동, 가(街)의 책임자는 평화 유지에 경찰을 원조하고, 협박, 폭동, 방화, 살인, 기와 각종의 파업으로 선거를 방해하고저 계획하는 분자에 대한 각 지역을 방위함에 필요한 각 지역의 남자 시민을 대표함을 승인한다. 이 의무를 승인할 때의 대표자들은 지방 경찰당국과 긴밀한 협력을 할 것이며, 각 지방 관청의 관할하에 둘 것이다. 이 봉사에 참가하는 시민은 어떠한 보수도 받지 않고 또 이 애국적 봉사에 지불하기 위하여 어떠한 기부도 거출하지 않는다.

2. 어떠한 청년 단체나 정당도 이러한 의무를 수행하기 위하여 대표가 될 수 없다.

3. 이 의무를 대리하는 자는 봉사를 이유로 투표를 하지 않을 수 없을 것이다. 그러므로 향보단에 참가하는 것은 각자 시민의 자유 의사에 일입하는 것이며, 각자의 애국심으로 반동 모략과 행동을 분쇄하려는 데 그 정신이 있는 것으로, 총선거를 원만 또 질서있게 수행하려는 데 그 조직 목적이 있는 것이다.

(동아, 48.4.21.)

濟州騷擾擴大
— 警備隊와 美軍도 出動

【濟州 22일發 AP合同】 지난 4월 3일부터 발생한 제주도 소요 사건은 경찰의 비상한 활동에도 불구하고 경찰관서 습격은 의연 계속되어 사건은 확대의 일로를 밟고 있는 바, 이 비상 사태에 비추어 지난 13일부터는 국방 경비대 제9련대의 특별 부대가 제주읍과 서귀포(西歸浦) 등지에 출동하야 경찰과 협조하여 물샐 틈 없는 경계를 하고 있다 하며, 한편 근일 중 미군 당국에서도 군대를 파견하야 치안에 유류 업기를 기하리라 하는데, 특히 금번 사건으로 말미아마 때아닌 불안에 휩싸여 전전긍긍하는 도민들의 물적 타격은 실로 막대한 바가 있다. 그런데 제주도 비상 경비 사령부가 발표한 사건 발생 이래 지난 19일까지의 피해 상황은 다음과 갔다.

▲ 警官死亡 7, 負傷者 9, 家族死亡 3, 行方不明 2.

▲ 一般死亡 22, 負傷者 45, 行方不明 21, 家屋破壞 19, 放火 7, 暴徒側 死亡 29, 負傷 2.

(서울, 48.4.23.)

同胞相殺의 悲劇
— 4個月間 350名 殺害
— 濟州島는 未曾有의 暴動

【서울 UP 提供 朝鮮】조선 미군 당국 발표에 의하면, 지난 1월부터 4월 22일까지 폭력 행위로 말미암아 3백 51명의 조선 사람이 살해당하였다고 한다. 그 중의 68명은 경관이며, 1백 96명은 폭도들이고, 87명은 폭동에 참가하지 않은 우익 진영인데, 그중에는 최소한도 7명의 선거 역원과 두 명의 입후보자도 포함되어 있다. 그리고 4월 중에 소동이 가장 심한 곳은 제주도이었다. 4월 2일부터 26일까지의 24일간에 동 도에서는 51명이 살해를 당하였는데, 그 중 8명은 경관이고 15명은 폭도, 나머지는 우익 진영이라 한다.

(동아. 48. 4. 29.)

日兵이 남긴 作戰施設 2千 反徒가 利用

— 金 公安局長 濟州島 視察談

무지몽매한 도민을 폭력으로 선동하여 경찰을 습격케 하고 살인 방화 약탈 등 가진 잔악한 행동을 하고 있는 반민족적 도배들을 소탕하기 위하여 지난 5일 제주도로 파견되었던 경찰 방위 사령 김정호(金正浩) 공안국장은 28일 공로로 귀임하였는데, 29일 왕방한 기자에게 제주도 사태를 다음과 같이 말하였다.

해방 전 일본군이 병참 기지로 20만의 군인이 주둔하고 있던 제주도의 작전 시설은 해방 이후에는 그대로 남아 있어, 한나산(漢拏山)을 중심으로 약 2천 명으로 추정되는 반도들이 그 시설을 이용하고 있는 듯하다. 그리고 그들에게는 약 3개월을 지[탱]할 식량과 우수한 군비를 가지고 용의주도한 전략과 전법을 지도하고 있는 점으로 보아 그 지도자는 상당히 병법의 훈련을 받고 실전의 경험이 있는 것으로 추측된다.

그리고 반도를 체포하여다 문초하여 보면 대개 백정(白丁)들로 좌익 계열에서는 일부러 잔학한 살인을 감행하기 위하여 남조선 각지로부터 백정을 모집하여다 제1선에서 경찰관과 그 가족, 선거 위원 등을 살해하는 도구로 쓰고 있는 형편이며, 또 『라[디]오』로나 신문으로서 세계의 움즈김과 국내 사정을 알 수 없는 지역이므로 더구나 주민들이 순박 우매하여 좌익의 모략과 선전과 위협에 협력 안할 수 없는 형편이다.

사실 반도들 전체를 소탕하고자 하면 강력한 무장을 하고 1주일 동안이면 전면적으로 결말을 지을 수 있을 것이지만, 그중에는 순박한 양민들이 섞이어 있으므로 될 수 있는 대로 양민의 살상을 덜기 위하여 선무 공작도 진행하고 있다.

(동아. 48. 4. 30.)

(침략외세와 친일파 경찰의 고문·토벌·학살에 견디기 힘들어 "앉아서 죽느니 싸우다 죽겠다"는 각오로 일어선 사람들을 '백정'의 집단으로 음해 모략하고 있다.)

明日! 選擧人 登錄 마감

―100%로 肉迫하는 選擧人 登錄
―5日 現在 73% 突破

복잡 미묘하게 움지기는 국제 정세를 반영하여 항간에는 정신병자의 잠고대와 같은 잠음이 소연하여 독립과 자유를 찾는 오직 하나의 길인 총선거를 지향하여 노력과 정성을 기우리고 있는 선량한 겨레들의 참다운 마음을 압흐게 하는 사단이 도처에 버려지고 있으나 반세기에 가까운 동안 가진 속박과 제약의 쓰라린 경험을 쌓어 온 오늘 이땅 참다운 백성들의 절의와 각오는 총선거를 계기로 하여 비장한 바가 있다.

하나에서 열까지 총선거를 자유스러운 분위기 속에서 원만하게 추진하여야 할 것이 오늘 이땅 사람들의 오직 하나의 염원인 동시에 가장 중대한 권리요 의무이니, 선거인 등록 마감을 앞두고 경향 각지의 등록소는 성년 남녀로 장사진을 치고 사무원들로 땀의 봉사를 하게 한다.

국회의원 선거 위원회에서는 각 지방으로 비행가와 기차로 위원들을 보내어 이미 최두선 (崔斗善) 씨는 경북으로, 현상윤 (玄相允) 씨는 전북으로, 이갑성 (李甲成) 씨는 경남으로, 변성옥 (邊成玉) 씨는 전남으로, 이종선 (李鍾銑) 씨는 강원도로 각각 선거인 등록 사무의 독려와 시찰을 떠낫고, 앞으로 충남북과 제주도에도 위원이 파견될 것으로, 선거인 등록은 국민들의 자발적인 열성으로 5일 현재 다음과 같이 73『퍼―센트』의 좋은 성적을 보여주고 있거니와 아직도 소연한 잠음에 미혹하는 동포가 설마 한 사람이라도 있다면, 그는 민족의 수치인 동시에 그는 사대주의적 망상 사로잡힌 무리들로 냉철하게 현하의 정세와 자주적인 인식을 새롭게 하여 우선 등록을 함으로서 우리 민족의 의무와 권리를 이저버리지 말아야 할 것이다.

서울	470,764	68%
京畿	1,003,664	88
江原	384,832	67
忠南	681,203	78
忠北	366,719	72
慶北	890,526	65
慶南	1,185,473	85
全北	681,137	85
全南	846,314	65
濟州	14,101	11
總計	6,522,755	73

(동아, 48.4.8.)

濟州島에 選擧遊說員 派遣

총선거를 게기로 하여 좌익 불순 분자들이 최후의 일진을 제주도에 베풀고 선거인 등록을 방해하려는 반동 소요를 야기한 이래 일시 상당한 혼란을 가져왔으나, 민경 일체로 능히 질서를 유지하고 있음은 자못 반가운 일이거니와, 경무부에서는 오는 14일 김대봉 (金大鳳) 공보실장을 비행기 편으로 제주도에 파견하여 약 2주일 예정으로 선무 공작을 피하리라 하는데, 도라오는 길에는 목포, 광주, 전주, 대전, 등지에서도 유[세] 순회를 하리라 한다.

(동아, 48.4.13.)

(해방조국의 서민대중이 주장한 자주독립·통일건국·평등 민주사회 건설·외세 간섭 배격의 목소리를 미친 잠꼬대로 돌리고 외세와 친일아부세력이 바라던 남한만의 단독선거로 남북 분열·증오를 선동하고 있다.)

263

蘇「테로」戰術로 選擧破壞를 企圖

─ 美紙 濟州道 暴動 評

【뉴―육 6日發 UP 朝鮮】『스크릴스・하워드』系 新聞은 其社說에서 濟州島 暴動事件에 關하여 다음과 같이 論評하였다.

『스타린』氏는 國聯 監視下의 5月 10日 朝鮮 選擧 妨害工作에 遊擊戰術까지 加하고 있다.

共産黨은 朝鮮에서 赤色 軍事團體가 希臘及 其他 地域에서 使用한 것과 같은 「테로」戰術을 使用하고 있다. 朝鮮의 滯聯 制度化는 蘇 占領地內에

서 열린 赤色會議에서 論議 決定된 것이며, 萬一 『스타린』氏가 人民의 自由投票를 두려워하지 않았다면 그는 此 問題에 關하여 國聯을 無視하는 極端□□□에는 나오지 않었을 것이다. 『스타린』氏는 國聯 朝鮮委員團을 그리고 美 駐屯軍을 威嚇하지는 못하였으며 其 結果로 [그]는 南朝鮮의 民主主義 選擧를 殺人 恐怖手段으로 破壞하려 하고 있는 것이다.

(동아, 48.5.7.)

殺害, 放火는 外地서 온 共黨員 所行

─「[딘]」長官 濟州島 視察談

「[딘]」군정장관은 6일 신문 기자단과의 회견 석상에서 제주도 시찰과 동 도 사태에 대하여 다음과 같이 말하였다.

5일 아침 안(安) 민정장관, 조(趙) 경무부장, 송(宋) 국방 경비대 사령관과 함께 제주도를 시찰하고 각각 다른 각도에서 폭동 사태를 조사하였다.

서울서 발행하는 공산주의자들의 신문 보도에 의할 것 같으면 제주도는 인민의 피로 물드리고 있다고 하는데, 그대로 믿는다면 경찰과 관공서

에서는 밤이면 인민을 살륙하고 있는 듯, 오해하게 될 것이다.

그러나 현지의 사태는 그렇지 않다. 우리들의 종합적 조사 결과에 의하면 제주도 외에서 들어온 공산주의자들의 선동과 모략과 위협에 잘못 도된 청년들이 선거 공무원, 경찰관, 선량한 애국적 도민들을 살해하고 방화하고 있는 것으로 판명되었다.

그러나 현재의 제주도의 분위기는 평온하게 유지되고 있다. 지금 경찰과 국방 경비대가 협력하여 활동하고 있으므로 불원 완전히 평정되어 평화와 질서를 회복할 것이다.

(동아, 48.5.7.)

(외신은 허무맹랑한 추측기사 → 조선・동아는 침소봉대 → 다른 정보가 꽉 막힌 국민들은 이렇게 왜곡된 보도를 수십년 동안 읽다보니 반공친미가 사상이념이나 종교신념처럼 왜곡・세뇌되어 근로하는 동포형제를 폭도나 악마로 보는 비뚤어진 사고의 바보가 되었다. 세탁할 때 옷감에 염색된 대로 색깔이 탈색되듯이, 당시나 현재의 「여론」이란 결국 조선・동아의 1세기 동안의 「왜곡보도 세뇌의 결과」라고 할 수 있다.)

悔悟・反省 皆無,
不得 實力行使

─濟州島 暴動鎭壓에 警察 精銳部隊 派遣

조선 민족이 갈망하는 독립 중앙 정부를 수립할 역사적 총선거를 반대 방해하려는 공산당 반역 도배들의 최후의 간계로 버려진 제주도의「게리라」적 폭동은 1개월여를 두고 국방 경비대와 경찰에서 수만흔 인적 물적 손해를 보면서 폭도 진압에 노력하여 왔스나 아직도 완전히 치안을 회복하지 못하고 겸하여 국방 경비대와 경찰에 약간의 알록관계를 비저내게 되엇으므로 작 18일 경무부에서는 새로 파견된 국방 경비대와 협조하여 치안을 유지할 상당수의 경찰 정예 부대를 동도에 파견하엿다고 한다.

그러므로 이제까지 그들의 귀순과 회오 반성을 기다리든 소극적인 대책을 떠나 이번에는 실력으로써 적극적으로 폭도들을 진압 섬멸할 방침이므로 애국적인 제주도민들의 협조를 바란다고 18일 조(趙) 경무부장은 중앙청 기자단에 담화를 발포하였다.

(동아, 48.5.19.)

新聞紙法은 살아 있다

─騷擾關係者 嚴重處斷

【檢察總長 指令】제주도(濟州道)를 비롯히아 리주(羅州), 영동포(永登浦) 등지에서 소란스러운 사건이 빈발함에 비추어 26일 리인(李仁) 검찰총장은 관계자를 전부 엄벌하도록 관하 각 검찰청에 요지 다음과 같은 지령을 내리었다 한다.

공산 계열의 인명 살상・방화・전화 절단 등 각지의 산발적 동족 살륙과 파괴적 행위는 천인공노할 만비적 죄악이니 종래는 선동을 받았거나 뢰동하였든 정도는 관대하게 처단했지만은 앞으로는 주모자는 불론 선동을 받어 행동한 자나 부회뢰동한 자도 한 사람 빼지 않고 엄흑한 치단을 헤아할 것이다.

1, 정치적 사념과 야망을 달하고저 단정 반대를 미끼로 불량배를 취합 사[주]하고 학생을 선동하고 테로를 감행케 하고 맹휴를 지령하는 자, 직접 범행자를 일망타진 처단하겠다.

1, 신문지법은 대검찰청의 비상 상고로 여전히 사라있음으로 앞으로 질서와 치안을 파괴하는 경향이 있을 때는 주저치 않고 처단할 방침이다.

(조선, 48.5.27.)

(일제 식민지통치에서 해방되었다고 좋아했던 근로서민대중에게 또다시 일제경찰폭력과 함께 일제 침략시기 통감부에 의해 만들어져 40년 동안이나 조선인의 언론통제에 칼바람을 일으켰던「신문지법」을 민중의 호소와 민주언론 탄압에 쓰겠다고 미군정 통치배와 친일파 언론이 짝이 맞아 신이 나서 공언하고 있다.)

濟州島 暴動 現地 踏査

一 重罪犯 寬大處分
一 左翼勢力 날로 增大

폭동 발발의 셋째 이유로는 도민 출신의 경찰관과 같이 법을 집행하는 경찰관과 심판관이 대부분 도민 출신이기 때문에 적극적 처단이 곤난시 되는 것같다. 이 말을 반증하는 것으로 이곳 제주에서는 「8개월 징역에 집행유예 3년」이라는 말이 유행되고 있는 것이다. 물론 법관은 법에 따라서 모든 것을 처단했겠지마는 결과로 보아서 오늘날까지 이러한 사건에 그다지 중형을 받은 사람은 없다 한다.

그리고 형사소송법 개정으로 비합법적으로 조종하는 파괴 분자를 상당한 수속을 밟아서 합법적으로 체포하려는 데는 난색이 있는 것을 발견할 수 있다.

一 島民의 殆半이
外地서 온 不穩輩

넷째, 해방 당시 제주도민의 총수는 약 16, 7만을 세이든 것이 요즘은 30만을 세이고 있다. 그런데 해방 후에 놀은 13, 4만이라는 다수의 사람은 그동안 생노를 찾아 대부분이 대판(大阪), 신호(神戶) 등지의 공장 사업장 등에 노동 품파리를 갔던 사람들로 이마 그 당시에 적색 지하 운동을 해온 자들로 집적으로 보아서 민족 관념이 박약한 자가 태반이다. 도민의 거의 반수나 되는 그들 비민족적 분자가 순박한 도민을 선동하여 해방 후 오늘에 이르기까지 뿌리 깊이 파고들어간 것이다.

그 밖에 군정 직계 관청에 불온 분자가 다수이 침입하여 사정에 어두운 도민을 능히 조종하고 있는 것이다.

도정 총책임자가 민□당 출신으로 (종래는 한독당) 견고한 민족 사상이 박약하고 자파에 속하는 사람만을 등용하는 한편 특권도 자파에 속하는 사람에만 주기 때문에 명예욕과 재욕의 본능을 가진 사람인지라 자연히 그에 아부하고 그에 충성을 맹서하게 되니 가히 그 행정 부면의 혼난을 짐작할 수 있는 일이다. 따라서 일반 민중은 관(官)에 대한 신뢰감을 버리게 되어 관민은 대립되고만 것이다. 이러한 모—든 환경과 조건을 도내 극좌 분자는 잘 이용하고 포섭하여 총선거를 게기로 마침내 폭동을 일으키고만 것이다. 그러면 그네들은 어떠한 폭거를 되푸리하고 있는가? 우리의 동포를 어떻게 살해하는가?

(이 시기 한민당과 동아·조선 등 친일파 집단은 미군정의 지휘를 받아 토벌·학살에 동원되고 있는 친일파 경찰의 폭력과 공포분위기를 이용하여 자신들을 친일역적으로 보고 있는 서민대중의 시각을 왜곡시키기 위해 보도기사를 통해 "저항하는 자들은 좌익·빨갱이" "친일파세력은 우익·자유주의자"라는 표현을 매일 거듭거듭 강조함으로써 "공산주의자·좌익은 악마·친소반역자이며 우익은 자유를 사랑하는 애국자"라는 의식을 확고하게 심어주었다. 친일·친미 수탈자들은 선인善人이고 피수탈 근로자들은 악인惡人으로 전락했다.)

一最高 百萬원의 「懸賞殺人」指令, 極惡 無慈悲한 暴狀

유격전을 전개하여 경찰관 가족을 살해하며 경찰관 사기를 저하케 하고 우익측 요인을 암살하여 미군정의 신뢰감을 박약케 하며, 공포 주의로써 적화 사상 제패를 기도하는 동시에 자파의 세포를 강화함으로써 총선거에 의한 남한 정부 수립을 방해하고 소위 인민 공화국의 전진 기지화를 꾀하여 제주도의 포기를 꿈꾸는 그들이 (4월 30일 현재) 경찰관서를 습격한 것이 25개소, 경찰관과 그의 가족 그리고 경찰에 협력하는 양민들을

납치 살상한 것만 하려라도 1백 15명을 내이고 그리고 또 경찰관서 또는 그의 관사·양민 가옥 등을 46개소나 불살라 버리고 파괴하였다는 나타난 수짜만을 보아도 그 폭거의 정상이 얼마나 치렬하고 격화한 것을 짐작할 수 있다.

同族殺傷이 人民抗爭인가

아아! 그들 사이에는 생명을 빼앗고 빼앗을 그 이상의 원한이 있었던가? 과연 그 폭동을 그들이 말한바 소위

인민 봉기라고 백번 천번 굽혀서 찬미를 하자! 인민 봉기를 했으면 했지 총탄에 맞아 거꾸러진 시체에 다시 칼로 난자하고, 목을 배고, 심지어는 귀를 짤으고 코를 깎아버릴 뿐 아니라, 임신부의 배를 찔으지 않으면 안될 원한은 무엇이며 그 이유는 무엇인가? 오늘도 어제도 제주도에는 기자가 아는 상식과 용어로는 그 처참한 광경을 표현할 수 없으리 만큼 그 만큼 비참하고

무자비한 살해 사건이 연출되고 있는 것이다. 그러면 그들은 어떠한 조직체를 가지고 어떠한 전법을 쓰고 있는가 흥미있는 일이다. 남노당 전라 남도 위원회에 속한 제주도 인민 위원회에는 대중 단체인 합동 노조, 농민 위원회, 민주 여성 위원회, 민애청과는 따로히 군사부로서 인민 해방군이 조직되어 각 읍면 (邑面)에 중대 [편] 성을 하고 있는 것이다. 군사부 최고 간부급에는 과거에 일본 군대에서 그리고

팔로군 등에서 상당히 훈련을 받은 자도 있어 그들은 각 읍면 촌락에서 강징한 청년을 일선에 몰아 세우고 팔로군 등이 산악 지대에서 상투적으로 쓰는 소위 「나와전법」을 사용하고 있는 것이다. 그들의 총인원 수는 약 천명을 세일 수 있는데 그들의 협박 꿈같로 말미암아 또는 모략 선전에 빠져 후일의 살길을 차자 행동을 같이하는 자를 합하면 2천여에 달하리라 한다. 그런데 그[들]은 제1선에 이러한 부대를 편의대로 내세우고 순경 1만 원, 경사 2만 원, 금 테두리 (경위 이상) 3

(4·3 봉기사태에 대한 해설기사랍시고 늘어놓았으나, 자주독립을 열망하던 제주도 주민들이 고문·토벌·학살·방화를 당하는 참상을 거꾸로 뒤집어 그들을 오히려 경찰서를 습격·살상을 일삼는 폭도·살인마로 둔갑시키는 온갖 음해와 악담 모음 기사로 엮어놓았다. 마치 일제 관동군의 만주 및 백두산 일대 토벌전쟁에서 취재를 맡았던 동아·조선의 앞잡이 신문이 했던 민족 반역의 역할을 이제 다시 미점령군의 앞잡이가 되어 자기의 동포 형제자매 학살을 즐기는 듯 입에 거품을 물고 학살공범자의 위치를 계속 지키고 있는 것이다.)

만 원식 (개중에도 경찰 유력자는 백만 원)의 **살인 현상금**을 걸고 살해를 촉구하는 것이다. 그리고 각 읍면 촌락에는 후원대를 조직하여 물자를 공급케 하고 목포(木浦)에까지 김일성(金日成)군이 내도하였으니 안심하라는 선전술을 연출하는 것이다. 이밖에 그들은 등사관과 종이를 준비하여 방공진지 안에서 삐라 신문까지도 발행하고 있는 것이다. 이재 기자의 실전에 참가한 일기의 한 토막을 소개하려 한다. (계속) (동아, 48.5.8.)

―5月 1日 메-데-에도 農民慘殺의 悲劇

이제 기자는 사선을 넘으며 수첩에 기록했든 단편적 일기의 한토막을 공개하여 이곳 제주에서 양상을 일반에 알리려 한다.

5월 1일 오늘이 메-데-니 노동자의 날이다. 만국의 노동자는 이날을 노동자일로 정하고 서로 즐겨하며 기뻐하고 이날을 축하하는 것이다. 이날 제주도에는 그와는 반대의 현상이 버려진 것이다. 무고한 노동자 농민을 몰아세우고 노동자 농민 자신들의 집을 불질러 버리고 노동자를 학살하고 노동자 농민의 가점을 파괴한 것이다. 과연 누가 피해를 입으며 누구의 손해인가? 따지고 따저 보면 결국 그네들 자신의 손실일 것이다. 그들 자신의 손해는 결국 조선의 손해가 아닌

가? 아! 동□의 □□□□□이 □도 역시 어□□ □□에 다□□시 이곳 제주에는 동족 살해의 참상이 전개된 것이다.

출동 준비 하오 2시 반, 백여 명의 폭도가 오라리(吾羅里)를 습격중이라는 정보를 접한 제주 검찰청 박근용(朴根□) 부청장은 엄숙히 명령하는 것이다. 이리하여 가장 용감하다고 알려진 간부 후보생으로 편성된 1소대(小隊)는 박계현(朴桂鉉) 소대장(경위)에 인솔되어 추력 부대에 편승하여 현장으로 달린 것이다. 기자의 동행도 허락된 것이다. 때마츰 이 공의 장도를 전송 하려고 나왔든 백전.노장

백 만 원의 현상금이 걸린 문용채(文龍彩) 제1구 청장은 추력 가까이 달려 와서 자신의 권총을 기자에게 내주며 「만일을 위하여…」라고 친절을 보여준다. 권총을 둘러메니 벌서 몸소름이 끼치고 머리털이 선다.

서남으로 약 20분 달리니 언덕 넘어에서는 인가가 불타는 듯 각처에서 거문 연기가 밝은 하늘에 오르고 있다. 일동은 총의 안전 장치를 푸르고 대기하랏! 그 부락을 들어가는 고계 □래에 다다럿을 때 일동은 무의식중에 소리를 지르고 말았다.

―불바다로 化한 吾羅里 部落

우리가 지나가는 도로에서 5메-타-□ 떠러진 아래

(MBC 역사 다큐멘터리 제작팀이 심층취재하여 만든 『이제는 말할 수 있다, 제주 4·3봉기와 학살참극』 비디오테이프에서는 오라리吾羅里 방화는 주민이나 저항세력이 아니라 경찰과 대동청년단의 짓이었다는 사실을 입증하고 있다. 산중턱 동굴마다에 숨어있던 무고한 제주도민을 끌어내어 고문·학살·투옥시킨 것이 모두 친일파 군경의 짓이고 음해·왜곡보도의 원흉들이 어떤 신문이었는가는 당시의 기사가 자주적 애국민중의 적과 동지를 실증해주고 있다.)

피투성이가 된 중년 이상 되는 □ □ 몸을 잘라 괜히 □넘어저 있지 안는가! 그리고 넘어저 있는 부인의 시체에서 □□□□□□□□□ 는 □□□□□□□□□ □□□와 살림사리가 □□□ 추가되어 산산히 웨처 흐터저 있지 안은가?

그러나 이것을 거둘 여가 없는 일행은 그대로 고개를 넘어서 부락 한가운대에서 멈추어 □□를 하여 일대는 좌우와 후방의 경계를 마텄다. 이러는 순간 어디서인지 총소리가 「쾅—!」하기 시작하드니 연닿아

폭도측의 발사가 계속된다. 기자도 「하마트면」 하는 고비를 멧번이나 넘기엇다. 「슁!」하는 □□ □□□ □을 내며 □□□ 기자와 □□를 스치고 그리고 또 양 귀를 깍글듯 지나가는 총탄 아래서 기자는 들었든 붓대를 동댕이치고 허리에 찼든 권총을 내뽑아 안전 장치를 풀엇다.

교전 3시간—, 그동안 기자는 총탄에 마저 거꾸러지는 폭도배를 인정하엿다. 이때 기자의 머리는 무거워젓다. 경찰에서 총을 쏘자 안트면 안될 이유가 어데에 잇스며 경찰을 향하여

총을 쏘지안흐면 안될 이유가 어디에 잇는가! 아아! 가엽다! 제주도민은! 아-니 조선인은. 하루바삐 제주의 땅, 아-니 우리의 땅에도 화평의 신이 차지어주시기를— 그리하여 이땅이 □□□□□□ 영광과 행복이 누리어 주시기를— (게속)

(동아, 48.5.9.)

暴動에 顯露된
共黨員의 意圖와 戰述
殘忍한 同族殺害가
「人民烽起」?

4월 3일을 기하여 제주도 (濟州島)에서 발발한 폭동 사건의 중대성에 비추어 본사에서는 이미 특파원을 현지에 파견하여 그 생생한 진상을 보도한 바 잇섯거니와 20여 일을 체재하며 '선무 공작으로 폭도 진압에 노력한 경무부 공보실장 김대봉(金大奉) 씨는 본보에 다음과 가티 기고(寄稿)하였다

暴動의 槪況

제주도 폭동은 지난 4월 3일 상오 두 시를 기하여 도내 14개소 경찰관서를 습격하여 총격 무단 방화로 경찰관과 그 가족을 참살한 데서 발단된 남노당계의 폭동이다. 이것을 좌익 분자의 여러 신문과 삐라에서는 「인민봉기」라는 공산주의 용어로 표시하여 잔인한 이 폭도들을 영웅적이라고 칭찬하고 잇다. 현재까지에 폭도의 손에 참살된 겸관이 5월 3일 현재 12명, 그 가족이 6명이오, 중경상자가 경관 21명, 그 가족 3명이며, 민간 사망 37명, 중경상 58명, 관공리 사망 5명, 부상 9명, 방화 45건, 납치 경찰관 2명, 양민 19명이 잇섯다.

(일제로부터 해방되면서 혼란을 막고 자가방어 목적으로 신속히 만들어놓은 전국 규모의 「인민위원회」 조직은 민족국가의 자주적 정치·경제·사회 유지 발전을 위한 최소한의 自活노력이며 능력이었다. 친일파 세력은 이같은 조선민족의 자주독립·민주사회 건설노력에 극도의 적개심을 보이면서 인류 평등주의 열망을 악마주의로 매도하고 민중의 평등 민주 주장을 증오·박살내었다.)

이 폭도들은 제주도를 동서로 종관하는 한나산의 동서 양단 선흘 (善屹) 김악 (金岳) 등지에 일본인이 구축한 지하 진지에 의거하여 밤이면 무기를 가지고 출동하야 소요를 계속하고 잇다.

폭도의 실수는 세간에 선전되는 바와 가치 다수는 아니오, 수괴 15, 6명, 그 외 約 5, 6백 명으로 추정되는데, 사건 발생 이래 당국에서 인명 살상을 피하여 선무 공작으로 그들의 귀순을 기다렸스나 다소의 부화뇌동한 자들의 귀순을 제하고는 악착 무자비한 공산당 지도자들의 사주로 회오의 빛이 업슴으로 선무와 동시에 무력으로 탄압하기로 결정되어 이미 경비대가 출동하고 정예 경찰관을 교대중에 잇서 머지않어 이 폭도들은 귀순하거나 소탕될 것이다.

暴動의 殘忍性

이 폭도들의 제1목표는 살인이다. 경찰관을 참살하는 외에 그 가족도 참살한다. 4월 18일 신촌(新村)에서는 경찰관의 6순이 넘흔 노부모를 죽이되 목을 잘른 후에 수족을 절단하엿고, 그외 가족 2명을 중상시켰으며, 4월 20일 선흘 (善屹)에서는 임신중인 경관의 안해를 죽이되 배를 갈럿다. 4월 19일 애월 (涯月)에서는 경관의 6촌 형을 살해하고 현금 7만 8천 원을 강탈하엿스며 동지 대동청년단 지부장을 살해하엿다. 4월 22일 모슬포에서 면서기 2명을 살해하고 또 경관의

부친을 총살한 우에 그 수족을 절단하엿다. 그들은 부락의 식량 가축을 강탈하고 주류, 금품을 제공하게 하며 부녀를 매음시켜 금전을 조달한 실례도 잇다.

濟州暴動의 目標

얼는 보기에 쓸대업는 유혈인 듯한 제주 폭동은 모스코의 눈으로 보면 크게 의미가 잇고 이익이 잇는 것이니 한말로 덜하면 히랍 (希臘) 북부 산악지대의 게릴라 폭동에 대비할 것이다. 제주 폭동의 목표는 절코 제주를 점령한다거나 정말 그들 소위 「단선단정」을 좌절시키는 데 잇는 것은 아니다. 그러케까지 되엿스면 그들에게 조켓지마는 그러케 안될 것은 「모스코」도 잘 알고 잇다. 그러면 이 유혈이 의도하는 바가 무엇인가.

첫째는 선전 재료를 만드는 것이다. 「보라, 조선 인민은 죽엄으로써 단선 단정을 반대하고 잇지 아니한가」하는 「푸라우다」지의 논[설] 일편과 「모스코」 방송의 하로 밤 자료를 공급하자는 것이 크렘린 음모가들의 의도요, 이 의도를 조선 출신 소련인들이 충성스럽게 실행하고 잇는 것이다. 그들은 우리 동포의 아까운 혈육을 스탈린의 회심의 미소를 사기 위한 한 접시 찬거리로 진상하려는 것이다.

둘재로는 남조선의 민심을 동요시키고 될 수 잇스면 남조선 각지에도 제2, 제3의 그들 소위 「인민 봉기」를

(이 기사에서 보여주고 잇는, 근로민중의 자주독립 및 평등민주사회 건설 욕구는, 바로 친일파 자신들의 민족배반 범죄를 응징하려는 것이라고 생각함으로써 침탈세력은 반성과 용서를 비는 자세를 취한 것이 아니라 오히려 선제 반격을 가함으로써 제2의 공동체 반역범죄를 저질렀다. 따라서 생산고통과 수탈에 지친 농민과 노동자들의 삶은 더욱더 고달프게 되었다. 봉건시대에 물질적 탐욕과 정신적 지배욕에 사로잡힌 허상숭배 종교인들이 근로민중(특히 여성들)을 굴종시키기 위해 만들어낸 「악마」「마녀」는 개명된 현대에 와서도 탐욕적 수탈계층의 민중 탄압용 전가의 보도傳家寶刀가 되었다.)

보이자는 것이다. (계속)

(동아, 48.5.18.)

國家가 주는 自由
破壞行爲에 逆用
民族主義 假面쓴 左翼

結論

여기서 우리는 공산주의의 전술에 대하여 재고려할 필요가 있는 것이다.

첫째는 그들이 3중의 가면을 하엿다는 것이다. 겉으로부터서 제1의 가면은 입기향 중기속이라는 복면이다. 그들은 민족 의식이 강한 민족 속에 처음 들어갈 때는 민족주의자의 가면을 쓴다. 조선의 공산주의자들이 민주주의 민족 전선이라는 간판을 부친 것이 그 예다. 김일성 (金日成) 은 조만식 (曺晩植) 씨 기타의 민족주의자에게 「자기는 공산주의자가 아니라」고 단언하엿고 기림리 민중 대회에서도 가튼 서언 (誓言) 을 하엿다. 솔개미가 꿩을 보고 「자기는 육식을 끈엇노라」하고 마른 풀입을 뜨더먹드라는 동화의 고지 (故智) 와 갓다. 그러면서 불평도, 명예욕 (不平徒, 名譽慾) 이 왕성한 자들을 모아 상당수에 달하면 그제는 이것이야말로 「인민 전체」라하고 제1가면을 벗고 분홍색인 제2가면을 쓰고 나가서 민중을 향도하려드니, 이 모략에 걸린 무리가 곳 좌우 합작 중간파라는 무리다.

─허울 조흔 民主課業

이리하여 세력을 증대하여 가는 김일성 (金日成)이가 평양에서 한 모양으로 포장하엿던 손톱과 이빨을 드러내어 이른바 민주 과업에 착수하는 것이다. 민주 과업이란 독재적 폭력에 의한 그들의 소위 「토지 개혁」과 숙청이다. 토지 개혁이란 것은 지주의 토지를 몰수하여 농민에게 분배하는 것이요, 숙청이란 것은 인민이 아닌 자 즉 공산당원이 아닌 지식 계급, 유산 계급을 학살·투옥·유배·추방하는 것이다. 이 민주 과업이 1단락을 고할 때에 그들은 소위 민주 헌법을 실시하고 민주 선거를 거행하여 민주 인민 공화국 건설 공정 (工程) 을 마치는 것이니, 그들이 사용하는 민주라는 말은 소련 휘하 공산당 독재라는 뜻이다. 이번 평양 연석 회의는 솔개미의 꼴 뜨더먹는 회의요, 거기 몰려갓던 동무들도 좌중에 몇마리의 꿩들이 되엇스니, 그는 솔개미는 육식하는 새가 아니더라는 결론을 어더 가지고 가서 다른 꿩들에게 솔개미와 가치 놀기를 권하는 말을 하엿다.

그러나 솔개미는 결코 마른 풀을 먹는 새는 아니다. 공산주의의 정체를 보라거든 평양 모란봉 극장에 가지 안어도 제주도의 형편을 보면 알 것이다. 수족 잘린 노인들과 배 갈린 태모 (胎母)를 보면 알 것이다. 그들은 "인민" 이외에는 모두 원수로 본다. 원수인지라 윤리가 업고, 자비가 업고, 오직 전략 전술이 잇슬 뿐이다. 그런데 우리 민족 진영은 또 정부는 아직도 그들을 상금도 동포로, 국민으로 대우하고 잇다. 국가가 주는 자유를 그들은 국가를 파괴하기에 12분으로 이용하고 잇다. 그들의 신문과 행동을 보면 알 것이 아닌가. 제주의 비극이 남조선 각지에 반복되지 안케 하기 위하여는 첫재로 민족 진영의 결속, 강화가 필요하거니와 특히 대중에 대한 선전력의 증대가 긴급하다. 신문 기타 민족 진영의 무기력이 지금과 갓고는 이 쏘련 계렬의 모략을 파쇄하기 어려울 것이다. 이러한 비극을 방지하는 둘재 요건은 국립 경찰력의 강화와 국민과 경찰의 협력의 증진이다. 이번 제주 사건에 경찰관은 은인과 용기를 둘 다 보여준 것은 감격할 일이다. 복부 관중 총상을 밧고도 무기를 빼아스려 덤비는 폭도와 응전하여 이를 격퇴한 것이나, 참살당한 가족의 시체를 매장할 새도 업시 눈물을 뿌리고 다시 출동하는 광경을 목격한 필자는 우리 경찰관에 대하여 눈물겨운 감사와 마음 든든한 신뢰를 느끼지 아니할 수 업섯다. (끗)

(동아, 48.5.20.)

總選舉 드디어 完了
―投票率은 9割8厘2

國際聯合 責任下에 實施하기로 된 朝鮮 總選舉는 U.N.朝鮮 臨時委員團 監視下에 5月 10日 南朝鮮 全域에 亘하여 擧行되었다.

今般選舉로 選出될 國會議員 定員 2百名에 總立候補者는 9百2名으로서 46對2의 競爭率을 가지고 施行된 것이다. 立候補者數는 처음에는 9百42名이였는데 그 中 40名은 死亡, 自進棄權으로 立候補가 取消되었든 것이다. 그리고 9百2名 中에는 女子 立候補가 19名이다. 以上과 가튼 競爭裡에 어떠한 人物이 選出될 것인가에 一般의 注目도 集中되었거니와 한便 總有權者 中 登錄者는 91.7%의 成績을 보여준 데 비추어 즉 實際投票에는 어느 程度의 成果를 거둘 것인가도 크게 注目되여 왔든 것이다. 昨11日 現在 國會 總選擧委員會에 報告된 全地域 投票者數는 7百88萬 4千95名, 登錄者의 90.82% 卽 7百27萬 3千3百36名이라고 하는데, 이를 各 道別로 보면 다음과 갓다. 그리고 開票結果는 14日이 되여야 正確히 알 수 잇슬 것으로 觀測된다.

道名	投票者數	登錄者數	比率%
서울	568,291	522,827	92
京畿	1,084,467	976,023	90
忠北	461,399	433,715	94
忠南	794,392	738,784	93
全北	802,694	746,505	93
全南	1,101,136	1,013,045	94
慶北	1,228,097	1,105,287	90
慶南	1,286,557	1,235,094	96
江原	467,545	458,194	98
濟州	85,517	45,862	70
計	7,884,095	7,273,336	90.82

(서울, 48.5.12.)

○같은 기사○
동아, 48.5.12.

選擧不能區過半
―濟州選擧狀況 洪淳宰氏 報告

제주도 선거위원 홍순재(洪淳宰)씨는 국회 선거 위원에 동도의 선거 결과를 보고하는 동시에 이에 대한 지시를 얻고저 17일 공로로 상경하였는데, 씨는 18일 제주도의 선거 상황을 다음과 같이 말하였다.

▲北濟州郡 甲區 73투표구 중에서 겨우 33투표구의 투표함 32개가 들어 왔는데, 그중 2개 투표함은 공함이었다. 따라서 결국 43투표구의 선거가 실시 못된 것으로 양귀진(梁貴珍) 씨가 3천여 표로 나타난 결과로는 최고점이나 등록자 3만 7천4십 명 중 과반수가 투표치 않었음으로 북제주군 을(乙)구 양병직(梁秉直) 씨의 경우와 함께 국회 선위의 결정을 기다리고 있다.

▲北濟州郡 乙區 61개 투표구 중에서 31투표구만이 선거를 실시하였다.

▲南濟州郡 87투표구 중에서 86투표구가 선거를 실시하였으며, 현입법의원 吳龍國 氏(44, 無所屬)가 1만 6천여 표로 당선되었다.

(조선, 48.5.17.)

强大해진 人民委員會

一 警察과 靑年團의 過誤도 一因
一 濟州道事件에 梁元一 判事談

약 2주일 간에 걸쳐 제주도를 시찰한 서울 지방 심리원 양원일(梁元一) 판사는 제주도 소요의 원인과 및 그 대책에 관하야 다음과 같이 말하였다.

이번 제주도 소요의 원인으로서는

(1) 해방후 그 세력이 강대하였고, 사실상 정부 행세를 하여왔든 인민위원회를 도민들이 너무나 과대히 평가하였다는 점.

(2) 경찰이 가혹한 행동을 함으로써 인심을 잃었다는 점.

(3) 청년단원들이 경찰에 협력하는 반면 경찰 이상의 경찰권을 행사하는 혹독한 짓을 함으로서 도민의 원망를 샀다는 점.

(4) 중국, 일본 등지와의 밀무역 기지가 되는 관계상 정치에는 둔하고 무리에만 열중하였기 때문에 관공리는 일반 도민으로부터 멸시를 당하여 왔다는 점.

(5) 도민들은 타산적이고 기회주의적인 경향이 있어 강대한 세력에 아부하고 지위와 재산을 보존하려는 심리가 있다는 점.

(6) 남북 협상을 과대 평가하고 이에 많이 의지해 왔다는 점 등을 열거할 수가 있다.

좌익은 이러한 정세하에서 도민의 사소한 불만 불평을 신속히 포착하고, 단선·단정 반대를 구호로 도민을 선동하였다.

4·3 사건을 폭발시켰든 것이다.

금번 사태에 대한 대책으로서는 제주도의 치안을 담당하고 있는 미국인 측에서 제주도의 실정을 잘 파악하고 경찰의 압박을 [완]화시키는 동시에 군경간의 마찰을 제거하도록 하고 경비대를 좀더 효과적으로 리용하여야 할 것이다. 한편 제주도 내의 관공리를 재편성하는 동시에, 정당·청년 단체를 편달하고 도민을 계몽하야 사건 수습에 협력하도록 하여야 한다.

(조선, 48.6.17.)

故朴大領 部隊葬儀

一後任에 崔慶祿中領

피살당한 국방 경비대 전 제주 11련대장 후임으로 통위부에서는 실권에 경험이 풍부한 최경록(崔慶祿) 육군 중령을 임명하여 동 중령은 11련대장으로 벌서 제주도에서 활약중이라 한

다.

한편 순직한 고 박진경(朴珍景) 대령의 장의식을 22일 오후 2시 통위부 총사령부에서 부대장(部隊葬)으로 거행토록 변경하였다 한다.

(조선, 48.6.22.)

李德九 叛徒 司令 射殺로
濟州 掃蕩戰 完全 終熄
(國防部서 戰果發表)

一襄陽 遊擊隊도 急襲擊破

동해안 방면 전투와 제주도 사태 수습에 있어 9일 국방부 보도과에서는 다음과 같은 전과를 발표하였다.

옹진 국사봉 사건과 때를 같이하며 3·8 접경 동해안 유격대(平壤政治學院出身) 약 5백 명 가량이 음묵산에 사령부를 두고 있는 것을 탐지한 소재 국군은 5일 이것을 급습 점유하고 계속 소탕중인데, 이 전투에서 적 사살 22명과 기타 무기, 탄약, 현금 등 다수를 노획하는 한편, 아방의 전사자 1명과 부상자 1명의 손해가 있었다고 한다.

그리고 제국 사태는 제2연대의 맹활약으로 말미암아 소기 이상의 성과를 거두어 도민은 일로 평화 건설에 총진군을 보여주고 있거니와, 아직 45명의 잔도가 산중에 출몰하고 있다는 것을 탐지한 소재 국군은 즉시 행동을 개시하여 7일 하오 4시경, 621고지에서 제주도 공산군 총사령 이(李德九)를 사살하는 동시에 이(李) 사령의 연락병 2명을 체포하고 2명의 귀순자가 있었는데, 이것으로서 제주도의 소탕전은 완전히 종식을 지은 셈이라고 한다.

(동아, 49.6.10.)

濟州 叛徒司令
李德九를 射殺

국방부 보도과에서는 9일 제주도 지구에 관하여 다음과 같이 발표하였다.

제2련대의 개선을 본 바와 같이 제주도의 반도는 완전히 소탕되었다. 제주도는 바야흐로 재건에 불타고 있는 것이다. 산중에는 반도가 불과 4,

5명에 불과하고 반도 총사령관 이덕구(李德九)도 지난 7일 16시, 623고지(高地)에서 국군에 사살되고 이(李)의 부하 두 명도 국군에 체포되고 말았다.

(조선, 49.6.10.)

傀儡 金達三隊 潰滅

一追擊國軍部隊의
戰果도 赫赫

【申總參謀長談】 신(申) 육군 총참모장은 14일 기자단과 회견하고 국내 공비의 완전 소탕도 목전에 절박하였다고 말한 다음, 제1백2십5부대 예하 2백6십5, 3백2십1 양 부대가 거둔 혁혁한 전과를 발표하였다. 군정의 토벌 개시 이래 수차에 걸쳐 치명적 타격을 받아 기식엄엄 단신창이 되어 단말마적 최후 발악을 거듭하고 있던 소위 남한 공비의 기간(基幹) 부대로 자

처하고 있던 김달삼(金達三) 부대는 그 동안의 맹렬한 추격을 받아 퇴조에 급하고 있던 바, 3월 11일 드디어 군에 포촉되어 섬멸 타격을 받았다. 즉 김달삼 부대에 잔여 병력을 추격중이던 현지 부대는 3월 11일 11시 경북 영양군 온정면 독경산(慶北 英陽郡 溫井面 讀經山)에서 해공비를 포촉 공격하여 익일인 12일 6시까지 다음과 같은 전과를 획득하고 계속하여 맹렬한 포위 섬멸전을 전개하고 있다.

(서울, 50.3.13.)

英雄的 血戰 버려진 濟州島

(上)救國戰線의 先鋒隊로 單選單政粉碎에 死鬪
―反動蠢滿에 英雄的 血戰 버려진 濟州島

국토 양단과 민족 분열로써 우리 조국을 식민지 군사 기지화하려는 미제의 침략 정책, 단독 정부 수립을 한걸음 앞에 두고 이 민족의 피를 받고 이 땅에 삶을 누리는 자, 그 어느 누구인들 애국의 정열이 복바치며 순국의 피가 뛰지 않을 자 있으랴! 조국과 민족을 구출하라는 성스러운 구국 투쟁은 이 강산 三千里 방방곡곡, 흔들니지 않은 곳이 없고 이 민족 三千만 어느 누구를 막론하고 이러스지 않은 자 없이 피의 항쟁에 돌입한 이때, 비록 이 제주도가 남쪽 바다 외로운 섬이라 할진대 노도와 같은 구국의 열정이야 다를 수 있으랴! 아니! 도리여 열정적이면서도 가장 강직한 이 땅의 인민들이야말로 예로부터 나려오는 그들 전통의 피를 계승하야 전조선 인민의 선두에 서서 어느 누구보다도 더욱 자기 희생적으로 미제와 그 주구들이 음모하는 단선 단정 분쇄 투쟁에 혈전을 전개하고 있으니 아래에 구체적 사실을 소개하기로 한다.

1. 事件의 原因動機

그러면 어째서 제주도 인민들은 오늘날 이 역사적 성전을 전개하게 되었는가. 그것은 과거 3년간 미제에 침략 정책과 그 앞제비 친일과 민족 반역자들의 착취와 폭압, 학살, 이 모든 시련 속에서 성숙된 것이다. 특히 작년 3월 1일 평화 인민의 시위 행렬에 대한 경찰의 불법 발포로 인한 학살 사건으로 이러난 3·1사건, 단선 단정 반대, UN 조선 위원단 추방의 2·7 구국 항쟁 등 이러한 사건들이 이러날 때마다 반동 경찰, 강도 테로단 합작의 야만적 폭압 학살이 계속되었으니 이것이 이 제주도 사건의 원인 (原因)이 된 것이다. 이렇게 인민들의 원망의 적 (的)이 되여 있는 반동 경찰이 3월 1일을 기하야 수만흔 인민들을 예비 검속하며, 다시 나아가 망국 멸족의 단선 등록을 강요하야 고문 학살을 자행 (恣行)하자, 참다참다 참지 못한 인민들은 안저 죽느냐? 이러나서 싸워 이기느냐? 기로에 서서 조국을 구출하자는 일편 단심으로 일치 단결, 마침내 4월 3일 이러슨 것이니, 이것이 바로 이번 제주도의 위대한 구국 鬪쟁의 직접 동기가 된 것이다.

(이 글은 무장대 측 지하신문이었던『노력인민』92호(1948. 5. 25.), 93호(1948. 6. 3.), 94호(1948. 6. 11.)에 실린 것을 재편집 한 것임. 정기간행물·보고서 간행물『제주민중항쟁』소나무 1989, 24~33쪽)

2. 救國人民 遊擊隊의 偉容

1) 구성

민주 운동, 특히 UN 배격, 2·7 항쟁으로 반동 경찰의 추궁을 받고 피신하고 있는 민주 진영 지도자 □千명으로 구성되어 학병, 중병 출신의 민애청원을 중심으로 한 청장년이 대부분이다. 그중에도 이채를 끄는 것은 이번 鬪爭이 시작되든 4월 3일 맹휴로 드러간 제주 농업학교, 제주 중학교 생도들이 과감하게 참가하야 철석 같은 진용을 구성하고 있다.

2) 무장

일제가 전시 20萬 대병의 군비로서 은폐 저장하여 두었든 무기 탄약과 미군 상륙 후 바다에 집어 너헛든 무기 등을 꺼내어 확보한 것 등이라는데, 죽창·철모자 (鐵帽子)·일본도는 물론이오, 권총·장총·기관총도 있고 대포까지 가지고 있다 한다. 그리고 탄환·수류탄 등도 거이 무진장이라고 한다.

3) 보급(補給)과 정보 수집

이 제주도 30만 인민들이 장구한 시일 이전에서 탄생하고 성장하고 죽고 하는 동안 친척이나 연척(緣戚)이 아니 닷는 자가 없을 만치 서로 얽히여 있다. 친부자가 아니면 족숙(族叔), 족숙이 아니면 생숙(甥서), 또는 사돈, 사돈의 사촌, 이러캐 서로 관련을 가지고 있음으로 이러한 인적 (人的) 관계도 있어 그들 자질을 구하기 위하야서도 모든 편의를 도와줄 것이어늘, 항차 외재의 침략으로부터 조국을 구출하고 도탄에 빠진 민족을 구하려는 대의 명분에서 나온 거사임에 있어서라! 이러캐 인민들과 인민 유격대는 밀접한 관게를 가지고 있는 만치 정보 제공은 물론 식량 공급, 무기 공급, 기타 일용품까지 무었이든지 인민 유격대가 필요한 것은 도민들이 자진하야 앞선 제공하고 있어, 30만 도민과의 강철 같은 접합으로 항전을 계속하고 있다.

4) 훈련과 전술

규율이 엄격함은 물論이오, 매일 戰鬪 훈련을 시키여 입사불란의 강철 같은 조직을 만드러 내였고, 학병·중병의 실전에 경험을 갖인 훌륭한 부대들이 많이 있어 百戰百勝의 전과를 거두고 있어 반동 경찰도 감히 손을 대지 못한다고 한다. 그 유도 작전의 일례를 들면, 얼마 전 일진 약 10여 명으로 구성된 소부대가 나타나서 경찰을 습격한다. 그러면 경찰이 이것을 추격하야 사격 거리에 이르면 이 소부대는 허터저 없어저 버리고, 다시 약 20명 되는 제2부대가 나타나서 조전한다. 그러나 경찰이 다시 이것을 추격하야 사격 거리에 이르면 이 제2부대도 또한 허터저 없어저 버리고 조금 더 큰 부대, 제3부대가 나타난다. 경찰은 이제는 자기 힘이 부족함을 알고 퇴각하려 하나, 이때에는 이미 퇴각할 길이 차단되고 포위 상태에 빠저서 허둥지둥 전멸되고 만다. 이것은 한가지 예에 불과하나, 그 민활한 동작과 교묘한 작전은 항상 경찰에 타격을 줄 뿐이고 인민 유격대에는 손상이 없다 한다.

3. 戰鬪經果

1. 행동 개시

4월 3일 오전 2시를 기하여 전도 인민이 일제히 행동을 개시하였다. 먼저 전신, 전화선을 차단하고 교량을 파괴한 후, 반동 경찰의 거점이오 인민의 원부인 도내 13 경찰 지서를 일거에 습격하여 인민의 학살을 일삼든 악질 경관 50여 명을 통쾌히 숙청한 다음, 테로단의 두목과 매국노의 괴수들을 숙청하기 시작하여 당야에만 30여 명이 소탕되었다. 그러나 인민들은 비록 악질 반동의 집이라 하드라도 무고한 노유·부녀자에게는 손끝 하나 대지 않했다.

그후 계속적으로 매일같이 하로 한 건 정도는 반동 경찰을 숙청하고 십여 일이 지난 후에는 악질 반동 분자 숙청에 노력하야 왔는데, 그간 소위 경찰 토벌대와의 접전은 수십 회에 이르럿으나 연전 연승 빛나는 전과는 항상 인민 자위대에게 있었으니, 그중 중요한 전투의 몇가지 예를 들면 다음과 같다.

2. 봉개봉의 전투

4월 14일, 비로소 제주읍 남부 약 시오리 지점 봉개봉(奉開峯)에서 제8관구에서 파견된 응원대를 중심으로 조직된 소위 '경찰 토벌대'와 접전하였는데, 미국제 소총, 기관총으로써 무장한 반동 경찰대는 여지 없이 패배(敗北)되여 사상자 수 명과 행방 불명 20여 명을 내였고 화물 자동차 1대를 빼앗긴 채 도망하여 버리였고, 인민 자위대는 개선의 봉화를 봉개봉 산상에 올리는 동시에 인민 항쟁가를 높이 불러 그 우렁찬 소리와 봉화의 큰 불꽃은 반동의 소굴인 읍내를 완전히 위협하여 이들을 전전긍긍케 하였다.

3. 애월(涯月) 부근에서의 전투

손(孫) 경감이 지휘하는 소위 강력한 기계화 부대와의 조우전은 5월 초순 애월 부근에서 벌어젓다. 적은 미국제 기관총과 기타 무기로 무장하였으며 그 수에 있어서도 훨신 우세하였다. 그때 우리 인민 자위대에게는 소총과 수류탄이 있을 뿐이며 수에 있어서도 열세였다. 그러나 우리 인민 자위대에게는 조국을 구하려는 대의와, 침략자 및 그 앞재비에 대한 치열한 분노와 증오와 함께 만만한 투지가 불타고 있었다. 적에게는 돈에 팔려 죄를 범하는 자의 비겁이 있을 뿐이다. 전단이 벌어진 지 불과 수 분, 인민 자위대가 발사한 한 방의 탄환은 적의 기관총의 기수를 너머트렷으며 이어서 수류탄은 적의 기관총을 부섯다. 이것을 보자 적들은 고만 혼비 백산하야 사방으로 허터저서 도망하였다.

4. 교래(橋來) 사건

무수한 전투 속에는 이 교래 사건과 같은 빛나는 무용의 사건도 적지 않다. 교래는 20호박게 안되는 촌락인데 지난 4월 말경 이곳에 50~60명의 경찰과 향보단원 놈들이 집결 주둔하고 있었다. 그날은 달밤이었다. 인민 자위대의 한 병사가 이를 정찰하러 파견되었다. 사면은 고요하다. 정찰병은 몰래 닥어가서 일본도를 빼들고 부근에서 파수보고 있는 향보단원을 위협했다. "입을 열면 죽인다." 향보단원은 벌벌 떨면서 꼼짝 못하고 있다. 정찰병은 단신으로 대담하게도 적중으로 돌입했다. 놈들이 세상 모르고 잠든 창문 앞에는 두 놈의 무장

경관이 파수를 보고 있다. 정찰병은 놈들의 눈에 띠지 않은 채로 착 엎드려 그들을 양한다. 그러나 파수는 인기척에 눈치를 채고 "누구냐?"고 소리쳤다. 그는 잠자코 있었다. 두 번, 세번째 "누구냐?"소리가 떨어질 때 그에 대한 대답으로 그는 방아쇠를 잡어 다녔다. 그러나 이 어찌 행운이냐. 한방의 탄환은 두 놈을 단번에 뚫어 [눕혔]다. 총소리에 놀라 깬 50여 순경놈들은 서로 짓밟으며 야단이 났다. 그들은 맹탄을 퍼부었다. 이 소동하는 무리들의 숙에 정찰원은 황인탄(黃燐彈)을 던졌다. 경관놈들은 달아나기에 바빴다. 그 이튿날 경찰놈들은 교래에 다시 와서 민가에 방화하야 9호를 회진함으로써 분푸리를 하였다. 이 사건으로 말미암아 여태까지 조국의 운명에 대하야 냉담한 태도를 가지고 있던 일부 교래 촌민들까지도 남녀 노소 양식을 짊어지고 인민 자위대에게로 몰려 와서 자기네의 억울한 사정을 호소하고 용감히 싸워 달라고 격려 지지하고 있다.

4. 2·7 亡國單選 粉碎鬪爭

제주도는 남북 양군으로 나누어 있는데 단선 분쇄 투쟁은 북군에서 더욱 치열히 수행되었다. 당일에는 비가 나렸는데 일반 인민들은 투표소로 가지 않고 인민 자위대가 있는 산악으로 올려왔다. 인민들은 갈대를 엮거 임시로 집웅을 삼고 그 밑에 혹은 1천여 명, 혹은 4백여 명씩 모혀 비를 피하고 있었다. 이곳에 자위대 선전 대원들이 나려와 웨 우리는 단선 단점을 반듯이 분쇄하여야 하며, 남북 통일, 자주 독립을 전취하여야 하느냐, 또는 인민과 조국을 위하여 싸우는 우리 인민 자위대란 어떤 것이냐를 친절하게 해설하였다. 인민들의 사기는 하늘을 찌를 듯이 높아지고 환하는 산하를 뒤덮는다. 대원들은 인민들의 구체적인 불평 불만과 자위대에 대한 인민의 요구는 무었인가를 들었다. 이 날 연기가 나는 곳에서는 어디나 인민들이 모혀 있었으며, 인민들이 집결되어 있는 곳에서는 어디서나 선전 대원의 활동을 볼 수 있었다. 그러면 각 투표소의 상황은 어떠하였는가

1) 제주읍

반동이 총집결되어 있는 곳임에도 불구하고 경찰청과 재판소 등 놈들의 권력 기관이 모혀 있는 '성내'를 빼놓고는 완전히 투표를 뽀이코트하였다. 당일 투포소로 지정된 읍사무소 주위는 그야말로 철통처럼 경계망을 둘러쳤으나 놈들인들 어찌 뜻하였으랴. 수류탄이 투척되어 투표소는 파괴되고 읍사무소는 산산이 부서젓다. 전날부터의 풍설도 있고 해서 반동놈들의 공포와 전율은 극도에 달하였으며, 이는 필시 신병(神兵)이 아니면 기적이라고 대경실색하였다. 놈들은 인민 자위대 한 명도 체포하지 못하고 궁여의책으로 읍사무소 직원들을 검거하고 이는 남로당의 움모라고 선전하였다.

2) 조천(朝天)면

한 표의 투표도 없었다. 선거 전날인 9일에 제출된 선거 위원들이 총사표는 수리되지 않었으나, 선거 위원들은 당일에 한 사람도 출동하지 않었다. 경찰은 이들을 총검거하야 감시하라고 강요하였으나 투표할 사람이 하나도 없는데 나가면 무엇하느냐고 거부하자, 경찰은 당신네만이라도 투표하라고 강압하는 것을 "우리가 투표하면 매국노라고 인민들에게 마저 죽는다"라고 하며 이것마저 거부하였다.

이 면에는 5월 10일 이전에 이미 다음과 같은 사건이 있었다.

미군정의 모 요인이 면내 투표소의 설비 상황을 순회 시찰차로 왔다. 그자는 면사무소에 '투표상'이 그대로 싸여 있는 것을 보자 성을 내며 그 이유를 문책하였다. "가져간댔자 받을 사람도 없고 또 가져갈 사람도 없다"는 것이 면사무소원의 대답이었다. "그래도 지정 장소까지 갖다 두어야 한다"고 강요함으로 부득이 그자는 소사를 시켰으나 거부되고, 할 수 없이 외지 사람을 4백원에 사서 들려 보냈다. 동리 사람들은 남녀 노유(男女老幼)가 곤봉을 들고 나와서 이 투표함을 가져온 자에게 "이놈아 그것이 무엇인데 가지고 다니느냐, 아모리 돈버리라 하지만 나라 파는 그릇을 질머지고 다니는 놈이 어디 있느냐"고 질타하야 쫓쳐 보냈다. 제3차로 서청원 4명을 매수하여 지여 보냈는데, 그자들은 짐을 지고 나간 채로 행방 불명이 되여 종적을 모른다고 한다. 10일날 동민들은 낮에는 산으로 올러가, 자위대와 가치 지내고 밤에는 부락으로 나려왔다. 이날 산봉오리마다 봉화가 하늘을 찔렀으며 동민들은 부락부락에서 시위하였다.

국방 경비대도 투표 강요에 동원되었는데 그들의 출동을 본 인민들은 숲속으로 들어가서 숨었다. 경비대는 인민들에게 어서 나와서 투표하러 가라고 소리쳤다. "우리는 못나가겠다!" 인민의 대답이다. "못나가면 쏘겠다." "쏘아도 나갈 수 없다!" "그러면 몰살당해도 원망마라." "이것이 경비대의 최후의 말이었다. 인민들은 숲속으로부터 나왔다. 그들은 가슴을 헤치고 경비대원의 총칼 앞에 내밀었다. "쏘아라! 차라리 죽을지언정 나라를 팔어 먹는 그놈의 투표를 어찌헌단 말이냐!" 경비대는 이 단호한 인민의 기개에 눌리어 아무 대꾸도 못하고 돌아섰다. 그러자 "인민 공화국 만세!"의 소리가 천지를 뒤흔들었다.

3) 애월(涯月)면

9일밤 아홉 시에 일제히 봉화가 올럿으며 당일의 투표는 거이 뽀이코트하고 남군의 한림면과 북군의 대정면(大靜面)도 거의 뽀이코트하였다.

불법 선거의 일예를 들면 이도리(二徒里) 구장은 투표를 거부하고 쫓겨가다가 채포되었는데 놈들은 이 한 사람을 시켜서 120명의 대리 투표를 강행하였다.

이와 같이 제주도의 투표는 10%도 될 수 없는 것을 70%나 되였다고 발표하고 방송하는 매국 반역도들의 파렴치한 거만에 대하야 전도 인민의 적개심은 더욱더 높아지며, 반동이 완전이 제압될 때까지 놈들의 기만과 모략은 그치지 안흘 것을 이해하는 인민들은 오즉 멸족 망국 도당을 완전 분쇄하기 위하여 투쟁을 더욱더 강화할 뿐이라고 굳은 결심을 새로히 하고 있다.

5. 自衛隊와 人民과의 結付狀況

작년 3·1 학살 사건에 뒤이어 3·22 총파업이 있은 뒤 이어 경악 전율한 매국 반동 세력은 경찰·사법 등 일체의 권력 기관에서 양심적인 사람을 모조리 내쫓고 흡혈귀와 같은 악질 도배 서북인 (西北人) 들로써 그들의 진용을 정비하여 도민 억압의 토대를 싸혓다. 그놈들은 전도민 27만 중 8만은 남노당원이라고 말하며 제주도의 청장년은 닥치는 대로 무한히 검거 구타하면서 민주 진영의 지도자를 내노라고 족첫다. 이 때문에 처음에는 인민들은 아모개 때문에 우리까지 못 살겠다고 오히려 민주 진영의 지도자를 원망하기까지 하는 자도 있었다. 그러나 매국 반동 세력은 서청원을 매 부락에 10명 내지 20명씩 배치하고 기금을 내라 담뇨를 내라 밥을 내라하야 인민들의 재산을 강탈하고 가축을 함부로 도살하며 만일 조금이라도 이에 응하지 안는 사람이 있으면 죽도록 두들기고 부시고 하여 실로 그 횡폭은 이루 말할 수 없었으며 인민들은 하로도 마음노코 살 수 없었다. 이제까지 중립이라고 자칭하고 반동이라고 지목되는 사람들까지 원성은 높어젓으며 이래서는 못 살겠다는 인식이 깊어젓다.

그러나 인민들의 원한과 분노는 속으로만 끌마 묻어갓슬 뿐 놈들의 야수와 같은 탄압 밑에 위축되어 궐기할 수는 없었다. 그[러]자 2·7 총파업이 터졌다. 인민들도 격앙하여 이에 호응 궐기하였다. 그러나 야수적 탄압은 일층 강화되어 이 사건에만 1만 5천 명을 잡어다 두들겨 팻스며, 3천 명을 유치시키고 3월 중에만 3명을 고문으로 죽였다. 부상자의 수는 이루 헤아릴 수 없다. 인민에게 총애를 받든 김용철 청년은 조천 지서에서 놈들의 악독한 고문에 쓰러젓다. 이것이 인민의 참을 수 없는 적개심이 폭발하는 기회가 되야 자위를 열망하는 인민의 소리는 생명의 요구로서 최고조에 달하였다.

그리하야 4월 3일 오전 두 시를 기하여 인민 자위대의 행동이 개시된 것이다. 민족 청년단은 즉시로 해체하여 이에 합류하고 맹휴중의 중학생도 이에 합류하였다. 이와 같이 인민 자위대는 인민의 속에서 인민의 전위로서 인민의 열망의 구현자로서 탄생된 것이니, 제주도 인민들이 인민 자위대를 자기의 가장 소중한 아들, 남편, 오빠와 같이 위하여 지지하며 전력을 다하여 그를 원조하는 것은 극히 당연한 일이다.

이리하여 인민 자위대의 [활]동 지역에는 인민 위원회가 나서고 농민 위원회, 민애청, 여맹등 민주주의 사회 단체가 급속히 발전하여 마치 해방구와도 같애서 전인민의 결속은 더욱더 굳고 전인민의 사기는 더욱더 높아가고 있다. 인민과 자위대와의 연결을 알려주는 다음과 같은 사실은 이곳에서는 한 개의 조고만한 예에 불과하다. 한 도민이 경찰지서에 달려와서 "폭도들이 우리집에 불을 지르고 가족을 죽이고 있으니 어서 와주시오"하고 호소하였다. 무장경관 30명이 곧 동원되었다. 도중에서 "내가 폭도들을 유인해 올 것이니 당신들은 이 숲속에서 기다리라"고 말하고 도민은 자기 집께로 달려갓다. 그 찰라! 지뢰가 폭발되어 그들은 섬멸되고 말었다.

5월 10일 인민들이 투표를 거부하고 산에 모혓을 때, 한 노인이 인민 자위대에게 다음과 같이 요구하였다. "군들은 힘을 합해 가지고 도내 전지서를 일제히 쳐부셔라. 그러면 우리 인민들은 쌀과 나무와 모든 생활 필수품을 읍내 반동놈들에게 보내지 안흠으로써 그놈들을 자멸시킬 것이다. 이 전법은 우리 인민들이 '이제수 민란' 때에 사용하여 성공한 전법이다." 이에 대답하여 인민 자위대 선전원은 "우리는 그런 전법은 쓰고 싶지 안타. 읍내에는 반동놈들만 있는 것이 아니라 인민들도 있으며 농민들은 나무를 팔어 성냥 등을 산다든가 …… 여러가지 생활상 필요로 읍내와의 거래를 끈흘 수는 없다……" 노인은 노발대발하면서 "지금 국가의 흥망을 결하고저 전조선 인민이 총궐기하였고 전도민이 죽기를 한하고 싸우는 이 마당에 그까짓 읍내와의 거래를 생각한단 말이냐"고 고함을 쳤다 한다.

이와 같이 자위대는 매국 멸족의 단선 단점을 분쇄하기 위하여 총궐기한 인민의 의사와 요구를 완전히 체현하므로써 인민 자신의 무장 세력으로서, 인민과의 철석같은 결속을 가지고 인민의 이익과 조국의 자유를 위하여 인민의 선두에서 싸우고 있는 것이다.

6. 反動陣營의 動向

1) 경찰

(1) 긴급 조치＝경찰은 이 사건이 발발되자 당황 낭패하여 본래 있든 경찰 약 5백 명으로는 손도 못대임으로 급거히 응원대 800명과 경비대 1천 명을 청하여 왔으나, 겨우 방비 태세를 갖추고 요소요소를 경비하는 정도의 역활과 제주도 전체를 외부와 차단(?)하는 동시에, 도내 각 부락을 차단(?)하여 인민들과 자위대와의 연락을 차단(?)한다고 하는 정도밧게 아무런 역활을 하지 못하고 있다.

(2) 전시 아닌 전시체제, 경비 총사령부 설치＝이 사건에 당황한 반동 경찰은 제주 경찰청장을 이동시켜서 극악질인 인천서장 최천이를 파견하는 동시에 10월 인민 항쟁 당시 그 진압의 공노자(?)이라는 공안국장 김정호를 경비 총사령관으로 임명하여 강압태세를 가추는 한편, 제주도 출신 공보실장 김대봉이를 보내어 선무 공작(?)을 하도록 모든 노력을 다하였다.

(3) 경관과 반동 청년단과의 합작의 폭압＝사건이 발발되자 남조선 각지에 있는 극악한 강도 테로단 서청·청총·대청·독청 등 약 8백 명을 동원하야 경찰과 일체가 되어 각 부락에 침입하야 해변 또는 산으로 끌고가서 총살, 학살을 감행하는 동시에 방화, 파괴, 약탈, 강간, 가축 도식 등 가진 야만적 난폭 행동을 다하야 인민들의 놈들에 대한 증오는 골수에 사모치게 되었다. 한림면 금악리(翰林面 今岳里) 민가, 제주읍 화북리(濟州邑 禾北里) 민가의 방화는 모다 반동들의 비행의 그 일례에 불과한 것이다.

2) 경관·반동 청년단의 탈출자 속출

앞서 말한 바와 같이 매국 반동 세력의 단말마적 폭압과 발악적 횡포가 극심할스록 인민들의 놈들에 대한 증오와 저주와 분격은 더욱 높아지며 인민들의 자위대에게로 쏠리는 마음은 더욱 커지어 자위대의 조직과 세력은 강대해질 뿐이다. 인민 자위대의 겨레와 조국을 위하는 그 숭고한 정신과 영웅적 투지 앞에 완전히 압도되여, 그렇게도 극악무쌍하든 악질 경관과 강도 테러단들도 이즘 와서는 무슨 구실이든지 잡어서 이 섬을 탈출하려고 하는 경향이 농후하다. 순경들은 복장을 버리고 도망하고 서청원은 몽동이를 버리고 도망치고 있으며, 반동 분자로 지목되든 농업학교 선생 4명까지도 이미 도망처 버렷다. 순경은 사직원을 냇다가 피검되는 형편으로 일본으로 가는 밀선에는 나날이 인민에게서 완전히 유리된 이런 놈들의 도망꾼으로 성황을 이루고 있다.

3) 국방 경비대의 동향

응원 경비대는 상륙하자 휴전 귀가(歸家)의 권고 삐라를 뿌려 회유책을 취하였으나 이 사태의 동기가 경찰의 극악 잔인한 폭압에 있으며 인민 자위대의 중심 목표가 매국 멸족의 단선 단정을 분쇄하려는 데 있음과, 인민 자위대의 위대한 순국 정신과 이를 열렬히 지지하는 인민의 힘찬 동향을 보고 그들도 일정한 지역에 주둔만 하고 있을 뿐이다.

4) 미국 군대

사태의 중대함을 보자 하지는 미군은 직접 출동하여 정찰까지 시켰다고 한다. 순국 열정에 불타는 인민 자위대의 행동이 과감하고 인민의 지지가 강대함을 본 그들도 사태의 중대성에 빚이여 신중을 기하고 있는 것같이 보인다.

7. 人民自衛隊에게 榮光을 드리며 單政樹立을 事前에 粉碎하자!

이상이 오늘까지 우리 손에 들어온 제주도 상황의 개관이다. 제주도 인민의 위대한 애국 정신과 영웅적인 鬪爭力은 이제 전세계 인민 앞에 유감 없이 선양되었다. 그러나 우리 조국을 침략하려는 미제국주의자들과 매국 멸족으로써 사욕을 채우려는 이승만, 김성수, 조병옥 등의 매국 도당들은 지금 무엇을 계획하고 있는가? 악질 반동 경찰을 미국제 무기로 무장시켜서 대량 동원하여 제주도 인민을 대량 학살할 방침을 세우고 있는 것같다.

그러나 남조선 인민은, 아니 전조선 인민은 이제 순국의 열정에 불타고 있다. 양군 철퇴에 의한 조국의 완전 독립을 쟁취하려고 민족의 선두에서 사투하는 제주도 애국 인민들을 구하자는 전인민의 절규는 단정 분쇄 투쟁 구호와 함께 조국의 지축을 뒤흔들고 있다. 전애국 인민은 이미 굳은 결심을 하고 있다. 만일 미제의 지시로 제주도 애국 인민들에 대한 만일의 사태가 벌어진다면 남조선 인민은 총궐기할 것이다. 반동은 소수이며 인민의 힘은 무진장한 것이다.

형제 자매여! 친애하는 동포들이여! 제주도 27萬 동포를 구하는 투쟁에 총궐기하자! 제주도 동포들의 투쟁은 적들을 공포 속에 처박았다. 3千萬 동포의 총결속, 총궐기는 반동을 완전히 제압할 날도 멀지 않다.

친애하는 형제들이여! 제주도의 영웅적인 구국 투쟁을 전국적으로 연결시키고 강화 발전하여 단정 음모를 완전히 분쇄하자! 미국 군대를 철퇴시키자! UN 조선 위원단을 내어쫓자! 이 길만이 우리 3千萬이 사는 길이며, 이 길만이 제주도의 우리 영웅적인 동포 형제들을 구출하는 길이다.

제3장

38선 이북에 「조선민주주의인민공화국」 수립

1. 조선반도 역사상 최초 근로민중 중심 사회주의 정권 등장

1) 최하층 근로민중 조직 「인민위원회」가 건국의 중심

(1) 식민지 폭정하 독립투쟁하던 지하운동세력의 결집 시작

"짐은 제국정부로 하여금 미·영·중·소 4국에 대하여 그 공동선언을 수락할 뜻을 통고케
하였다."

1945년 8월 15일, 라디오를 타고 힘없이 흘러나온 일본 천황의 항복선언이다. 영원
히 이 땅을 지배할 것처럼 기세등등하던 일제가 무릎을 꿇는 순간이었다. 삼천리강토는
만세 소리로 뒤덮였고, 하늘에는 태극기가 나부꼈다. 절망의 힘겨운 걸음들이 지배하던
거리는 건설의 희망이 넘쳤고, 사람들은 흘러내리는 땀줄기에도 환희를 멈추지 않았다.

8월 15일 밤, 여운형은 서울에서 제일 먼저 새 조국 건설의 깃발을 내걸었다. 「조선건
국준비위원회(약칭 건준)」가 결성된 것이다. 그는 이미 1944년부터 일제가 패망할 것을
예측하고, 「건국동맹」이라는 비밀 지하조직을 만들어 건국을 준비하고 있던 터였다. 끓
어 넘치는 새로운 조국에 대한 열망은 전국 어디나 마찬가지였다. 8월 말에 건준 지부의
수자는 이미 145개를 넘어섰다.

38선 이북 지역에서도 건준 지부라든가 「자치대」 「치안유지위원회」 등 다양한 조직들

이 만들어졌다. 8월 17일, 이북 지역의 중심인 평양에서는 조만식을 중심으로 한 사람들이 평남건국준비위원회를 만들고 치안유지 활동을 개시했다. 공산주의자들도 자신들의 깃발을 내걸고 조선공산당 평남지구위원회를 결성하였다. 한 가지 흥미로운 것은, 당시에 우익 정치인들과 공산주의자들은 대립하기보다는 대체로 상호 협력하는 분위기였다는 점이다. 평남건국준비위원회에도 공산주의자들이 들어가 함께 활동하고 있었다(역사문제연구소 『북한 현대사』 웅진닷컴 2004).

해방 직후 건국운동은 미군과 소련군이 각각 남과 북에 들어오면서 상당한 영향을 받게 되었다. 1945년 8월 9일, 극동전선에서 본격적으로 일본군과 전투를 개시한 소련군은 8월 11일에 첫 조선반도 상륙작전을 펼쳤다. 이들은 곧바로 함경북도 웅기를 점령했고, 다음 날 8월 12일에는 나진항을 점령했다. 나진 전투에서 소련군과 일본군은 적지 않은 피해를 당했다. 일본군의 저항이 만만치 않았던 것이다. 청진 전투도 치열하였다. 13일부터 시작된 청진 전투는 일본 천황이 항복을 선언한 다음 날인 16일에야 끝이 났다. 소련군은 21일에 원산항에 성공적으로 상륙했다. 마침내 일본군은 8월 22일, 소련군에게 공식적으로 항복했다.

소련군은 자신들이 점령한 지역에서 행정권 이양 조치들을 취하기 시작했다. 당시 소련군은 이북 지역에 대한 정보를 그리 많이 갖고 있지 않았다. 그렇기 때문에 소련군은 처음에는 일본 측이 행정권을 그대로 행사하도록 조치하기도 했다. 대표적인 곳이 함경남도 함흥이었다. 함흥에 소련군의 선발대가 들어온 것은 8월 21일이었다. 24일, 본대를 이끌고 들어온 소련 제25군 사령관 치스챠코프는 다음 날, 일본 측과 일본군 무장해제와 행정권에 관해 교섭했다. 여기서 소련군은 치안유지와 행정사무를 당시의 도지사와 부하직원들이 계속 맡는다는 데 합의했다. 그런데 같은 날 함남 공산주의자협의회 대표 네 명과 함남 건국준비위원회의 대표 두 명이 치스챠코프를 방문했다. 이들은 자신들이 독자적으로 「조선민족함남집행위원회」를 결성하였음을 알리고 행정권을 이양해줄 것을 요청했다. 치스챠코프는 이를 즉각 수락했다. 일본 측과의 합의문은 폐기되었다. 이 일은 소련군이 조선인들의 자치능력을 인정한 중요한 사건이었다.

이후 「조선민족 함남집행위원회」는 주요 관공서와 생산기관을 접수하고, 물자를 확보하는 동시에 치안을 유지하는 등 함경남도의 행정권을 장악했다. 이 기구는 공산주의협의회와 건준 측이 각각 11명의 대표를 파견, 22명으로 구성한 좌우연합의 기구였다. 9월 1일, 이들은 기구의 명칭을 「함남인민위원회」로 바꾸었다. 원산에서도 소련군은 「원산인민위원회」에 행정권을 이양하였다. 결국 8월 말까지 함경남도에서는 3개 시, 16개 군, 129개의 인민위원회가 조직되어 행정권을 장악하였다.

8월 25일에 소련군은 드디어 평양에 입성하였다. 하루 늦은 26일에 평양에 도착한 치스챠코프는 조선공산당 평남지구위원장 현준혁과 평남건국준비위원회 위원장 조만식을 비롯한 정치 지도자들과 일본 측 대표들을 불러 행정권 이양에 대하여 논의했다. 회의 결과 「평남건국준비위원회」는 「평남인민정치위원회」로 개편되었고, 행정권은 이 기구에 이양되었다. 「평남인민정치위원회와 마찬가지로 좌우의 정치 지도자들이 함께 참여한 기구였다. 이들의 합작에는 이미 일제 시기 신간회 때부터 함께 활동한 경험이 바탕이 되었다. 물론 대립이 없지는 않았지만, 이들은 자신들의 기관지로 『평남민보』를 창간하고, 정책의 방향을 담은 「시정대강」을 발표하는 등 활발한 운동을 전개하였다.

평남인민정치위원회는 사실상 이북 지역의 중앙정권과 같은 역할을 하는 위치에 있었기 때문에 이들의 활동은 매우 중요하였다. 평남인민정치위원회는 자신들의 정책을 밝힌 「시정대강」에 근거하여 10월 21일에 「소작료 3·7제에 관한 규정」을 발표했다. 일제 시기 내내 턱없이 과중한 소작료에 허덕이던 농민들에게는 가뭄 끝에 단비와 같은 조치였다. 건국 준비와 함께 고통받는 농민들을 위한 활동을 진행하던 평남인민정치위원회는 11월 24일에 다시 「평남인민위원회」로 그 이름을 바꾸었다. 그리고 곧이어 「접수 일본인 토지 관리규칙」을 발표하여 일본인들의 재산인 「적산」을 둘러싼 혼란을 막기도 하고, 멈추어선 공장을 다시 가동시키는 등의 활동을 하면서 이북 지역의 개혁작업을 주도해 나갔다.

이처럼 함경남도와 평안남도에서는 좌우의 정치인들이 비교적 순조롭게 건국을 향한 활동을 진행시켜 나가고 있었다. 그런데 평안북도와 황해도 지역에서는 좌우간의 충돌이 적지 않게 나타났다. 소련군이 진주하기 전에 평안북도에서는 평북자치위원회가 자발적으로 결성되어 있었다. 8월 27일에 소련군의 진주와 더불어 평북자치위원회는 평북임시인민정치위원회로 개편되었다. 처음에 이들은 평안남도 지역과 마찬가지로 일제 시기의 관리들을 내몰고, 친일파들을 체포했으며, 기관지 『평북민보』를 발간하여 자신들의 활동을 홍보하는 등 활발한 활동을 전개했다. 그런데 「평북임시인민정치위원회」는 우익 정치인들보다는 공산주의자들이 주도권을 장악하고 있었고, 양측의 의견 충돌이 적지 않았다. 결국 이러한 대립은 반공시위로 알려진 「신의주 학생시위」를 불러일으키고 말았다. 시위는 곧바로 진압되었지만, 평안북도에서 우익세력의 영향력이 축소되는 결과를 낳았다.

좌우 정치세력의 갈등은 황해도 지역이 훨씬 심한 편이었다. 8월 25일에 소련군 선발대가 해주에 진주하면서 황해도 건국준비위원회는 「황해도인민정치위원회」로 개편되었다. 기구의 주도권은 우익 정치인들이 가지고 있었다. 자체적으로 황해도공산청년동맹,

황해도노동조합 등을 결성하여 힘을 키우던 좌익 공산주의자들은 이에 불만을 품고, 우익세력들을 습격하기에 이르렀다. 9월 8일, 치스차코프가 해주에 오면서 황해도인민정치위원회는 다시 황해도인민위원회로 개편되었고 갈등이 봉합되는 듯하였다. 그러나 이번에는 우익세력들이 주도하고 있던 보안대가 인민위원회를 습격하는 일이 벌어졌다. 이 사건으로 인하여 인민위원회에서 공산주의자들의 영향력은 더욱 강화되고, 보안대를 대신하여 좌익세력을 중심으로 한 「치안대」가 구성되었다.

　한편, 이렇게 우익 지도자들과 공산주의자들이 각 지방에서 화합과 갈등 속에 건국운동을 진행하고 있는 가운데, 10월 8일 평양에서는 5도인민위원회 연합회의가 개최되었다. 이 회의는 각 지방의 인민위원회가 중심이 되어, 이북 5도의 행정을 통일하고 중앙집중적인 체계를 만들기 위한 것이었다. 대표들은 회의에서 각 도의 인민위원회를 정비하고, 행정의 계통을 잡아나가기로 의견을 모았다. 이에 따라 1945년 10월 11일에 이북 지역에서는 면 인민위원회와 구장들의 선거가 진행되었다. 또한 11월 19일에는 산업국・교육국・보안국・교통국 등 행정실무를 위한 10국이 설치되었다. 10국은 임시적으로 중앙 행정기구의 역할을 수행하였다.

　해방 직후 이북 지역에서는 좌우의 정치세력들이 자발적으로 건국을 위한 자치단체를 빠른 속도로 건설하고 있었고, 전체적으로 볼 때 정치세력 간 갈등은 그리 큰 편이 아니었다. 자발적 정치조직들은 소련군의 진주와 더불어 같은 수의 좌우익 정치인들이 참여한 인민위원회로 개편되어갔다. 직접 통치보다는 간접통치를 원한 소련의 정책과, 자발적인 건국운동의 큰 뜻에 동의한 정치세력들 간의 통일전선 요구가 맞아떨어진 것이다. 물론 다른 한편에서는 일제의 잔재를 청산하는 과정에서 기득권을 상실한 친일세력들과, 소작제도를 개편하는 과정에서 불만을 품은 지주세력들이 월남하기 시작했다. 결과적으로 이북 지역에서는 좌우가 함께하는 건국운동의 큰 흐름을 인민위원회가 주도한 가운데 소련군과 공산주의자들의 영향력이 점차 확대되어가고 있었다.

◎ 신의주 학생시위

　1945년 11월 16일 평안북도 용암포에서 열린 기독교사회당 지방대회에서 평북자치대 용암포 대표가 공산당의 활동을 규탄하는 연설을 하자, 이에 동조한 학생들이 '학원의 자유'를 외치며 거리시위를 시도한 것이 발단이었다. 곧이어 공산당 지지자들이 시위에 대한 보복으로 우익 지도자들을 공격했다. 이에 분개한 신의주 학생들은 11월 23일에 반소반공 시위로 대응했다. 사태가 점점 심각해지자, 김일성이 직접 신의주를 찾아 학생들을 설득하기에 이르렀다. 급기야 공산당 지도자 한웅이 처형되는 등 기존의 공산주의자들이 사건의 책임을 지게 되었다. 결국 사건은 평안북도 지역에서 김일성의 영향력이 확대되고, 우익세력이 축소되는 결과를 초래하였다.

(2) 항일 무장투쟁세력(유격대)의 귀국

38선 이북에서 인민위원회가 정국의 주도권을 장악하고 있을 때, 김일성이라는 낯설지 않은 이름이 정치무대에 등장하였다. "김일성 장군"의 명성은 식민지 조선에 널리 알려져 있었다. 그가 이렇게 유명해진 데에는 1937년 6월 4일에 일어난 보천보 전투가 결정적인 역할을 하였다.

중일전쟁을 준비하고 있던 일본은 항일 유격부대의 예상치 못한 국내 진공작전에 큰 타격을 입었다. 당시 조선총독부는 전쟁 준비를 위해 식민지 조선을 더욱 강하게 억압하고 있었고, 그에 따라 국내 항일운동 세력들은 모두 지하로 잠적한 상태였다. 또한 그 여파로 상당수 지식인들이 친일과 굴종의 길로 들어서고 있을 때였다. 그러한 시기에 만주에서 들려온 조선인 유격대의 국내 진공작전 소식은 심한 가뭄 끝의 단비와도 같은 것이었다. 『동아일보』는 호외를 두 번씩이나 길거리에 뿌렸다. 이 호외에는 김일성이 이끄는 무장공비가 평화로운 보천보를 습격하여 난동을 부린 것으로 적혀 있었지만, 사람들은 대부분 그 의미를 알 수 있었다.

본명이 김성주인 1912년생의 김일성은 중국공산당이 지도하는 동북항일연군에 소속되어 있었다. 최근 학계의 연구 성과에 의하면, 그가 이끈 부대는 백두산 주변의 조선인들과 연결되어 있었고, 그 기반 위에서 보천보를 습격하였던 것이다. 김일성부대는 보천보 전투 이후 일본군의 끈질긴 추격에 시달려야 했다. 일제의 토벌작전은 1938년 말부터 1939년 초에 그 절정에 달했다. 김일성부대는 이 기간에 영하 40도의 혹한 속을 헤매고 다니며 생존을 위한 투쟁을 벌여야 했다. 그 와중에도 김일성 부대는 1940년 3월에 일본군 추격부대인 마에다 부대와의 격렬한 전투 끝에 부대원 180여 명을 전멸시키는 전과를 올리기도 했다. 그러나 결국 김일성부대는 일제의 끈질긴 추격을 피해 소련 극동 지역으로 후퇴했다.

그들이 도착한 곳은 블라디보스토크 근교였다. 만주에서 활동하던 다른 중국공산당 소속 유격대들도 속속 소련 땅으로 후퇴해 왔다. 그들은 블라디보스토크와 하바로프스크에서 전열을 재정비했다. 여러 갈래로 나누어져 있던 유격부대들은 「동북항일연군교도려」라는 이름의 부대로 개편되었다. 그러나 그곳은 엄연히 소련 영토였기에 그들은 소련군의 지휘를 받아야 했다. 그래서 부대 이름도 공식적으론 「소련 극동전선군 제88 독립보병여단」이었다. 그렇다고 이들이 완전한 소련군이 된 것은 아니었다. 유격대는 비록 소련군 군복을 입고 있었지만, 자신들의 명칭을 사용하고 자신들의 지휘체계 속에서 계속 중국혁명과 조선혁명의 임무를 수행했다.

　김일성의 소련 생활은 해방 이후 그가 권력의 핵심으로 떠오르는 데 중요한 자산이 된다. 만주에서 유격대 생활을 하는 동안 서로 만나지 못했던 조선인 혁명가들을 모두 만나볼 수 있었고, 소련의 신뢰를 얻을 수 있었다. 당시 동북항일연군교도려는 영營이라 불리는 네 개 부대로 구성되어 있었는데, 제1영은 조선인 중심으로 구성되어 있었고, 그 영장이 바로 김일성이었다. 조선인 공산주의 혁명가들은 자연스럽게 김일성을 중심으로 움직였고, 오랜 전투 기간 동안 쌓은 신뢰와 조선혁명에 대한 열정을 기반으로 매우 강한 단결력을 가지게 되었다. 한편, 그들은 「조선공작단」을 조직하고 해방 후 건국을 준비했다.

　1945년 9월 19일, 김일성은 동료들과 함께 마침내 원산항에 모습을 나타냈다. 그는 소련군 대위 군복을 입고 있었고, 소련 군함 푸가초프 호를 타고 꿈에 그리던 조국 땅으로 돌아왔다. 김일성과 동료들은 곧바로 평양으로 들어가지 않았다. 이북 각지의 공산주의자들을 만나면서 정보를 수집하고 자신들의 귀환을 알렸다. 김일성이 평양의 군중들 앞에 처음으로 모습을 드러낸 것은 10월 14일이었다. 평양 공설운동장에서 "김일성 장군 환영 평양시민대회"가 열린 것이다. 어떤 이는 30만이 넘었다는 증언을 할 정도로 많은 사람들이 "항일애국장군 김일성"을 보러 몰려들었다. 김일성은 소련 제25군 정치사령관 레베데프 소장과 조만식에 이어 세 번째로 연설했다. 예상보다 훨씬 젊은 나이(당시 33세)로 보이는 김일성의 등장에 일부 사람들이 당황하기도 했지만, 많은 사람들이 새로운 지도자 김일성의 등장을 흥미진진하게 지켜보고 있었다.

　대중들의 인기, 중국공산당과 소련군에서의 활동, 인민들과 함께한 무장투쟁의 경험, 광범한 국내 지지세력 등 이 모든 것은 김일성의 지도자로서의 자질을 보여주는 배경이 되었다. 그의 등장은 이북에 있는 공산주의자 또는 사회주의자들 사이의 세력 변화를 예고하는 것이었다. 당시까지 이북의 공산주의자들은 이남에서 박헌영이 중심이 되어 건설한 조선공산당의 지휘를 받고 있었다.

　김일성 세력은 새로운 지도의 중심이 필요하다고 역설했다. 그들은 남북에 미군과 소련군이 진주해 있음으로써 서로 다른 환경과 정세가 만들어졌다는 점을 이유로 내세웠다. 그들의 요구는 이북 5개 도의 공산주의자들이 모여 10월 10일부터 개최한 「이북 5도 열성자대회」에서 주장되었다. 이 자리에서 공산주의자들은 논란 끝에 38선 이북 지역의 공산주의 활동을 책임지는 「조선공산당 북조선분국」을 설치하기로 결정했다. 이 결정은 비록 조선공산당 산하에 분국을 설치한다는 것이었지만, 사실상 이북 지역에서 새로운 구심을 인정한다는 중요한 의미가 있었다. 이는 곧 김일성을 중심으로 이북의 공산당 활동이 재편되어가고 있음을 뜻하기도 했다.

한편, 김일성 세력 이외에도 국외에서 민족해방운동에 참가했던 공산주의자들은 대부분 소련군이 진주해 있던 평양으로 서둘러 귀국하고 있었다. 가장 대표적인 세력이 중국 화북(연안) 지역에서 마오쩌둥 등 중국공산당 지도자들과 함께 활동하고 있던 「(화북)조선독립동맹」이었다. 이들은 흔히 연안계라고도 불렸는데, 「조선의용군」이라는 무장부대를 거느리고 있었다. 당연히 이들은 중국공산당과 매우 밀접한 관계를 맺고 있었다. 가장 유력한 지도자였던 무정(본명 김무정)은 중국공산당 팔로군 최초의 포병부대 사령관이었다. 그리고 조선의용군에 입대한 많은 청년들이 팔로군 소속이었다.

조선의용군의 토대가 된 젊은이들은 중국에서 김원봉이 만들고 지도하던 의열단에 그 뿌리를 두고 있었다. 의열단이 발전한 조선의용대의 주요 구성원들이 더욱 활발한 독립투쟁을 위해 화북 지역으로 옮기게 되면서 조선독립동맹을 결성하는 계기를 마련하였던 것이다. 조선독립동맹의 주석은 김두봉이었다. 그는 3·1운동에 참여한 후 상해로 망명했고, 임시정부에서 활동하기도 했다. 그는 민족주의와 공산주의를 같이 받아들인 사람이었다. 이처럼 조선독립동맹은 민족주의적 성향과 공산주의적 성향이 함께 있는 조직이면서, 김일성부대 못지않은 전투 경험이 있는 군대를 가진 강력한 조직이었다.

해방이 되자, 조선독립동맹은 조선의용군을 거느리고 귀국을 준비했다. 그러나 귀국은 그리 쉽게 이루어지지 않았다. 우선 중국에서 공산당과 국민당 간의 내전(제2차 국공내전)이 격화되면서 주력부대가 팔로군과 함께 전쟁에 참전키로 했기 때문이었다. 또 한편으로는 미·소 간의 밀약에 의해 "무장부대의 귀국이 금지"되었기 때문이기도 했다. 1945년 10월, 신의주에 도착한 선발부대는 무장해제를 당하고 중국으로 쫓겨나는 수모를 당해야 했다. 우여곡절 끝에 그들은 12월에 이르러서야 간부들을 중심으로 일부가 무장하지 않은 채 귀국할 수 있었다.

그들은 입북 후 대부분이 김두봉을 중심으로 조선신민당을 만들어 독자적인 활동을 개시했다. 국내파 공산주의자들과 김일성을 중심으로 한 조선공산당 북조선 분국이 이미 만들어져 있었기 때문이기도 했지만, 그들이 지지기반으로 하고자 하는 계층이 공산당과는 달리 중도적인 민족주의자들과 지식인층이었기 때문이기도 했다. 반면에 무정을 비롯한 일부 사람들은 공산당 활동에 직접 가담했다. 이들은 1946년 8월에 조선공산당 북조선 분국과 조선신민당이 합당하여 「북조선로동당」이 결성되면서 다시 같은 당에서 활동하게 되었다.

조선독립동맹 세력이 귀국하던 바로 그즈음 또 하나의 중요한 공산주의 세력이 이북으로 들어오고 있었다. 이들은 공식적인 조직은 없었지만 실질적인 영향력을 가진 사람들이었다. 바로 소련 지역에 살다가 소련 당국에 의해 귀국길에 오른 조선인들이었다. 이들을 흔히 소련계라고 부르기도 한다. 이들은 대부분이 연해주 지역에 망명해 살던 조선인 후손들, 즉 고려인들이다. 고려인들은 1937년에 스탈린의 강제이주 정책에 의해 주로 중앙아시아 지역으로 이주당하였으며, 대부분 소련공산당의 차별정책에 의해 2차 세계 대전 기간에 군인으로 참전하지도 못하는 수모를 당하며 지냈다.

그런데 전쟁이 끝난 어느 날, 그들 중 우수인력들이 소련공산당의 갑작스런 차출을 받기 시작했다. 조선의 해방과 더불어 고려인들의 역할이 중요해진 것이었다. 차출된 이들은 지역 공산당 간부들도 있었지만, 많은 경우 학교의 교원이거나 협동농장의 관리인 등 평범한 지식인들이었다. 그들은 대부분 모스크바 근교로 호송되어 3개월에서 6개월 사이의 짧은 훈련을 거친 다음 이북으로 파견되었다. 이들은 주로 실무에 투입되었는데, 통역에서부터 각종 행정직의 실무책임, 그리고 군대의 정보요원 등이 그들이 맡은 임무였다. 그들은 소련의 사회주의 경험을 조선반도에 그대로 옮겨 실행하는 핵심인사들이 되었다.

이들의 대표 격은 허가이였다. 그는 중앙아시아 우즈베키스탄의 지역(군) 공산당위원회 비서 출신이었다. 그는 주로 공산당 활동에 주력했고, 소련공산당의 강령·규약·체계를 연구하고 번역, 소개했다. 그리고 공산당의 규약강령을 만들고 공산당의 세포 활동과 당의 중앙과 지방조직 등을 만드는 데에 소련공산당의 경험을 도입했다. 그는 정부가 수립되었을 때 부수상의 자리에까지 올랐다. 허가이의 경우처럼 소련 출신 조선인들의 경험과 활동은 초기 이북의 당과 사회 체제를 형성하는 데 적지 않은 영향을 미쳤다.

이처럼 해방 직후 이북에는 사회주의 조선, 공산주의 조선을 꿈꾸는 혁명가들이 속속 모여들었다. 이들은 크게 항일무장투쟁 세력(김일성), 조선독립동맹 세력(무정), 소련 출신 조선인들(허가이)로 나눠졌다. 이들의 활동 중심은 조선공산당 북조선 분국이었다. 이들은 소련군과 협력체제를 유지하면서, 각기 중국과 소련에서의 혁명 활동과 당 활동 경험을 바탕으로 서로 협력하거나 견제하면서 새로운 사회체제를 만들어갔다.

◎ **보천보普天堡전투의 승리와 의미**

　1912년 평양 대동강가의 만경대에서 태어난 김일성은 잠시 평양의 칠골소학교를 다녔지만, 중학교 교육은 중국에서 받았다. 그는 1931년에 이미 중국공산당에 가입해 활동할 정도로 공산주의를 일찍부터 접했다. 당시 세계 공산주의 혁명을 지도하고 있던 코민테른은 1국 1당주의(한 나라에는 하나의 공산당만이 존재할 수 있다는 원칙) 방침을 채택하고 있었기 때문에 중국의 조선인 공산주의자들이 중국공산당에 가입하는 것은 자연스러운 일이었다.

　중국공산당에 소속되어 만주에서 항일유격전을 전개하고 있던 김일성부대는 1936년에 백두산으로 활동 근거지를 옮겼고, 마침내 1937년 6월 4일에 백두산 근처 함경북도 갑산군 혜산 부근의 작은 마을 보천보를 습격하였다. 유격대의 예상 밖 국내 진공에 당황한 일제 경찰은 급히 추격대를 보냈지만, 오히려 김일성 부대에 의해 경찰 일곱 명이 희생당하는 결과를 초래했다.

　이 사건으로 인하여 김일성은 높은 명망을 얻을 수 있었다. 그런데 김일성부대가 이렇게 보천보 전투를 성공적으로 치를 수 있었던 데에는 무엇보다 국내 지지세력의 공로가 컸다. 김일성 부대를 보천보까지 안내하고 여러 가지 정보를 제공한 그들은 한 해 전 김일성부대가 만주와 함경도 지방을 중심으로 만들어 놓은 비밀 항일운동단체 「조국광복회」의 일원들이었다. 그러나 이 작전으로 인한 타격도 만만치 않았다. 광분한 일제 경찰은 국내에 협력자가 있다는 사실을 알아내고, 함경도 일대에서 대대적인 검거작전을 펼쳤다. 일제는 결국 1937년 10월부터 1938년까지 무려 739명을 체포했다. 이른바 '혜산사건'이었다. 김일성의 국내 진공작전은 큰 희생을 바탕으로 이루어진 전과였다. 해방 후 이들 조국광복회 참가자들은 김일성 세력을 지원하는 중요한 사람들이 되었다.(「항일유격투쟁과 언론활동」 항목 참조)

(3) 수천년 농민의 염원, 토지개혁 단행

　인민위원회의 건설, 5도행정국의 창설, 조선공산당 북조선 분국의 설치, 공산주의 활동가와 실무 경험자들의 입북 등으로 이북에서는 새로운 정권과 새로운 사회체제, 장기적으로는 공산주의혁명을 실현할 수 있는 조건들이 만들어져가고 있었다. 민족주의자들과의 마찰도 그리 크지 않았다. 다만, 1945년 12월 말에 모스크바 3상회의 결정이 전해지면서 불협화음이 생겼다. 소련이 제안한 것은 "즉각적인 임시정부 수립 방안"이었지만, 민족주의자 조만식은 이 결정을 신탁통치안으로 받아들였다. 그는 모스크바 3상회의 결정을 지지해달라는 소련 측의 요구를 받아들이지 않았다. 결국 소련 당국은 그를 사실상

연금시키고 말았다. 반면에 일반 민중들은 소련 당국의 설명을 받아들였다. 이남에서 벌어지는 강력한 반탁운동의 영향에도 불구하고 이북에서는 바람이 불지 않았다. 오히려 1946년 2월에는 최고 권력기관으로서 「북조선임시인민위원회」가 결성되었고, 김일성이 위원장으로 전면에 나섰다. 이 기구는 각 지방 인민위원회를 총괄하는 중앙 권력기구였다.

준비는 끝났다. 북측의 지도자들은 대대적인 '민주개혁'을 통해 돌이킬 수 없는 개혁의 바람을 불러일으키고, 이를 바탕으로 지주와 자본가들의 어떤 방해에도 뒤집어지지 않는 체제를 만들고자 하였다. 한편으로 이것은 다가올 미소공동위원회에 임하는 북측 지도자들의 전략이기도 했다. 그들은 이북에 "안정된 인민민주주의 정권과 체제를" 만들어냄으로써, 미소공동위원회가 그들의 체제를 인정하기를 원했다. 나아가 그 정권 형태를 전 한반도에 적용할 것을 주장하였다.

그들은 이러한 전략 하에 토지개혁을 준비했다. 토지개혁의 열망은 오래된 것이었다. "역사가 생긴 이래 가난한 농민이 자신의 땅을 가져본 시대는 없었다." 봉건조선시대의 지주-소작제는 점점 농민을 살기 힘들게 했다. 이어서 닥쳐온 일제의 수탈은 그 고통을 더욱 가중시켰다. 그런데 해방이 되자 이미 농민들은 인민위원회가 주창해온 3·7제가 가져다준 행복감을 맛보고 있었다. 1946년 3월 5일, 북조선임시인민위원회는 「북조선 토지개혁에 관한 법령」(17개조)을 발표했다.

○ 3·7제 : 지주·자본가들이 토지를 독점 소유하고 있을 때는 수확된 전체 곡물의 소유권이 그들의 것이어서 뼈빠지게 일한 농민은 겨우 연명할 정도거나 7·3제로, 경작농민이 겨우 3을 가질 수 있었으나 토지개혁으로 경작지도 농민의 것이 되고 수확물도 10분의 7을 경작자가 차지하게 된다는 분배 제도.

"토지는 밭갈이하는 농민에게!"
구호는 성공적이었다. 농민들은 농민총회를 열고 농촌위원회를 구성했다. 도시에서는 노동자들이 파견되었다. 노동자와 농민의 동맹이었다. 농촌위원회의 구성원들은 대부분 빈농과 소작인, 그리고 농업 노동자들이었다. 전국에 1만 1,930개의 조직이 결성되었고, 19만 7,485명의 농민이 참가했다. 또한 토지개혁을 지켜줄 농민자위대가 구성되기도 했다.

첫 번째 몰수대상은 일본 국가, 일본인, 그리고 일본인 단체의 소유지였다. 그 다음은 민족반역행위자들과 월남자들의 토지, 그 다음은 지주들의 토지였다. 토지개혁의 목표는 지주-소작제의 해체였다. 소작을 주는 모든 토지는 그 소유주가 누구이든 몰수되었다. 5정보(약 1만 5천 평, 1정보는 3천 평과 같은 면적임) 이상을 수유한 지주는 토지 뿐 아니라 모든 재산을 몰수당한 후 다른 지역으로 이주되었다. 다만, 그 경우에도 직접 농사를 짓는 토지는 몰수하지 않았다. 종교단체의 토지라도 5정보가 넘으며 소작을 주었으면 몰수대상이 되었다.

이렇게 몰수한 토지는 집집마다 가족의 수와 노동력(나이)에 따라 점수를 매겨 분배했다. 예를 들면 18세에서 60세까지의 남자와 18세에서 50세까지의 여자의 경우 1점, 9세 이하의 어린이나 노인(남자 61세 이상, 여자 51세 이상)의 경우 0.3점이 주어졌다. 노동력이 왕성한 성인이 많은 집일수록 많은 토지를 받을 수 있었다. 한편, 비옥한 토지와 척박한 토지의 경우에는 그 정도에 따라 분배면적을 달리했다. 분쟁을 최소화하기 위한 노력이었다. 토지를 몰수당한 대지주를 다른 곳으로 이주시킨 것도 소작농들과의 분쟁을 피하기 위해서였다.

물론 저항도 뒤따랐다. 평양에서는 공산당위원회 건물에 수류탄이 투척되었다. 평남 인민위원회에서는 조선민주당원들이 의도적으로 태업을 하고 급기야 회의장에서 퇴장하기도 했다. 또 평안남도 강동군에서는 지주끼리 의논하여 토지개혁에 적극 참여한 읍 경찰국장을 구금했다. 그리고 황해도 해주에서는 200여 명의 중학생들이 수업을 거부했고, 사리원에서는 토지개혁과 김일성을 반대하는 전단이 살포되었다. 신막에서는 월남한 지주들의 아들 여덟 명이 무장조직을 만들어 토지개혁을 조직적으로 방해하기도 했다. 저항은 대체로 황해도와 평안남·북도의 서부 평야지대에 집중되었다. 전통적으로 지주가 많은 지역이었다. 그 외의 지역에서는 저항이 없다고 할 정도로 미미한 수준이었다. 토지개혁은 순조롭게 진행되었고, 거부한 지주들의 대부분은 월남을 선택했다.(사실 「토지분배」는 남북 분단·분열·증오 등 이념분쟁의 가장 큰 요인이었다. 남쪽의 김성수[일제에 충성한, 동아일보사 社主]를 비롯한 친일파 집단이 1세기 동안 악착같이 자산계층만 옹호하는 편파보도와 근로민중 증오의 확산에 힘써온 주된 요인도 자기들이 부당한 착취에 의해 차지하여온 대토지와 그것으로 얻은 대자본의 보호·유지에 있었다. 북에서 도망쳐 와서 반공으로 한이 맺혀 동포 학살에 광분했던 서북청년들의 증오의 전설도 모두 친일파들이 불로소득할 수 있는 「착취의 땅」을 빼앗겼다고 생각하는 데서 생겨난 착취자들의 망동이었다.)

불과 한 달여 만에 토지개혁은 급속히 진행되었다. 세계에서 유례를 찾아볼 수 없는 빠른 속도였다. 토지개혁에 대한 열망이 컸었기 때문에 가능한 일이었다. 농민들은 가구당 평균 1.35정보, 약 4천 평의 땅을 분배받았다. 토지개혁의 결과 집집마다 평균 1.63정보(약 4,890평)의 땅을 가지게 된 것이다. 송곳 하나 꽂을 곳 없던 농민이 하루아침에 4천 평 이상의 땅을 가진다는 것은 상상도 할 수 없는 일이었다. 농민들의 기쁨은 놀라움과 새 시대에 대한 환희로 나타났다. 토지개혁이 진행되는 동안 농민동맹원이 100만 명에서 144만 명으로 늘어났다. 뿐만 아니라 조선공산당원은 실로 비약적으로 늘어났다. 1945년 12월에 4,530명에 불과하던 당원이 1946년 4월엔 약 2만 6천 명으로 늘었고, 8월에 이르러서는 약 36만 6천 명으로 불어났다. 80배가 넘는 증가였다. 토지에 대한 열망이 공산당에 대한 지지로 나타난 것이다.

결국 토지개혁은 북쪽 사회에 사회주의 체제를 건설할 수 있는 밑거름 역할을 했다. 무엇보다 혁명의 주체세력이 형성되었다. 반대로 토지개혁은 사회주의를 반대한 세력의 몰락을 가져왔다. 지주와 지주제는 뿌리째 뽑혀버렸다. 불교와 천주교의 재정기반이 약화되고, 기독교를 기반으로 하고 있던 황해도와 평안남·북도 평야지대의 지주와 민족주의 세력의 기반이 송두리째 없어졌다. 이런 체제변혁적 변화와 더불어 찾아온 가장 큰 변화는 농민들이 스스로 농사를 지을 수 있는 자작농이 되었다는 점과, 그로 인해 경제 사정이 나아졌다는 점이다.

북측 지도자들은 개혁의 고삐를 늦추지 않았다. 여세를 몰아 1946년 6월에는 「북조선 로동자 및 사무원에 대한 로동법령」(약칭 로동법)을 제정했다. 로동법에는 여덟 시간 노동제를 비롯한 근대적 노동법 체계가 규정되었다. 이에 따라 여성에게는 해산 전 35일, 해산 후 42일 간의 휴가가 보장되었다. 뿐만 아니라 모든 노동자는 의무적으로 「사회보장제도」의 적용을 받게 되었다.

그리고 7월에는 「북조선의 남녀평등권에 대한 법령」(약칭 남녀평등법)을 정하여 첩을 두는 행위와 성을 사고파는 행위를 금하였다. 남아선호사상으로 인해 유아를 살해하는 것도 금지되었다. 가정과 사회에서 여성을 부당하게 착취하는 것도 물론 금지되었다. 곧이어 8월에는 중요 산업시설에 대한 국유화 조치가 단행되었다. 이는 일본인이나 친일파들의 소유였던 기업들에 대한 국유화 조치였다. 이들이 소유하고 있던 산업기관은 공업 분야의 경우 전체의 72.4퍼센트에 해당할 정도로 그 규모가 컸다. 결국 중요 산업의 국유화 조치는 토지개혁과 더불어 자본주의 발전의 기반이 붕괴되고, 사회주의적 제도를 도입할 수 있는 토대를 만들어주었다. 이와 같은 일련의 개혁을 당시 북쪽에서는 제국주의와 봉건제도에 반대한다는 뜻에서 "반제반봉건 민주주의혁명"이라고 불렀다. 이렇게 북쪽에는 새로운 체제가 들어서고 있었다.

2) 남북 내립·협상과 두 개의 정부 수립

(1) 통일정부 수립 노력

1946년이 지나가면서 38선 이북은 새 국가의 면모를 서서히 갖추고 있었다. 그러나 남북 통일정부에 대한 논의는 앞뒤가 꽉 막혀 있었다. 민주적인 통일정부 수립을 위해 소집된 「미소공동위원회」는 1년 내내 제자리걸음이었다. 미국과 소련은 제각기 유리한 국면을 만들기 위해 한 치의 양보도 없이 협상 테이블에 마주앉아 있었다. 미소공동위원회는 사실 첫 단추부터 잘못 끼워져 있었다.

모스크바 3상회의 결정에서 가장 중요한 것은 남북이 하나의 임시 민주정부를 수립한다는 것이었다. 신탁통치 또는 후견제는 그 다음 문제였다. 그렇지만 『동아일보』는 임시 민주주의 정부 수립에 관한 내용은 빠뜨리고 마치 신탁통치가 확정된 것처럼 잘못 보도하였다. 게다가 신탁통치를 미국이 제기했다는 사실은 은폐되고, 소련에 책임이 전가되었다. 사태는 걷잡을 수 없이 엉뚱한 방향으로 전개되기 시작했다. 격분한 우익세력들 (친일·친미 야부세력)과 자주정부 수립의 진전 상황을 길 모르고 있던 국민들이 반탁운동에 총궐기하면서 문제의 본질을 벗어나 좌우 대립의 양상을 띠게 되는 결과를 낳고 말았다.

결국 소련이 강력하게 항의하고 미국이 왜곡 사실을 인정하는 과정을 겪으며, 우여곡절 끝에 미소공동위원회가 겨우 열리게 되었다. 그러나 덕수궁에서의 화려한 개막식에도 불구하고 회의는 반탁운동단체들의 참여 여부를 놓고 끝없이 대결하다가 결국 결렬되었고, 급기야 해를 넘기고 말았다.(자세한 과정은 앞 항목에서 설명되었음.)

이북의 지도자들은 미소공동위원회의 결렬에도 불구하고 사태를 낙관하고 있었다. 그들은 모스크바 3상회의 결정 내용대로 통일정부를 수립하는 것이 가능하다고 보았고, 그것을 전략으로 삼았다. 이미 조만식을 비롯한 이북 내의 반대세력들은 강압이나 설득으로 제압된 상태였다. 그들은 이남의 진보세력들과 연대하여 미소공동위원회 재개운동에 매달렸다. 그들의 전략은 맞아떨어지는 듯 했다. 1947년 5월, 미소공동위원회가 다시 열린 것이다. 그러나 미·소 대립과 남북, 좌우 대립의 벽은 쉽게 무너지지 않았다. 이북의 전략은 일시적인 성공에 그치고 1947년 7월에 이르자 미소공동위원회는 사실상 중단되었고, 10월에 이르러 공식 결렬이 선언되었다.

소련 측과 함께 이북의 지도자들은 새로운 대안으로 미·소 양군 철수와 자주적 정부 수립을 주장했다. 물론 미국은 반대했다. 미국은 유엔에서 문제를 다룰 것을 요구했다. 그리고 일방적으로 유엔 총회에 안건을 상정했고, 유엔은 유엔 감시 하에 남북 총선거에 의한 통일정부 수립을 결정했다. 당시 미국은 유엔에서의 영향력이 거의 절대적이었다.

소련과 북측은 이를 완강하게 거부하면서 자주적인 정부 수립을 재차 주장했다. 결국 유엔은 선거가 '가능한 지역', 즉 남쪽에서만 단독으로 선거를 실시하기로 결정했다. 북측은 선택의 기로에 섰다. 그들은 전 민족적 통일전선을 고민하기 시작했다.(북측은 이미 지방 및 공장 인민위원회의 자치관리와 토지개혁을 통해 자주독립 및 사회혁명세력에 의한 민주적 집권의 틀을 갖추었는데, 친일파가 여전히 지배하면서 일체의 일제 식민지체제를 잔존시킨 상태의 남쪽에서 무턱대고 1인1표식 자유선거를 한다면 그것이 어떻게 「자주독립 민주주의 국가」 성립을 가능케 하겠는가. 조국과 민족을 배반한 매국노들에게 주어진 투표권과 재산영향력 행사에 의한 비민주선거가 명약관화한데. 도저히 생각할 수 없는, 반민주적 半식민지체제로 밖에 볼 수 없는 상황이었다.)

새로운 해법은 이남의 정치인 김구와 김규식이 먼저 공식화했다. 그들은 1948년 2월 16일에 김일성과 김두봉에게 편지를 보내, 통일민족국가 건설에 관한 방안을 토의할 남북정치회담을 제안하고 나섰다. 북측은 오랫동안 답을 하지 않았다. 그들은 3월 25일에 이르러서야 자신들이 준비하고 있던 「전조선 제정당·사회단체 연석회의」와 「남북조선 소범위지도자 연석회의」를 개최할 것을 남측에 제의했다. 김구와 김규식의 제안이 정치지도자들 간의 회담이었던 반면, 북측의 제안은 정당·사회단체 대표자들의 회담을 포함한 더욱 포괄적인 것이었다. 김구와 김규식 측은 자신들의 제안에 대해서는 아무런 언급도 하지 않고, 내용마저 수정된 북측의 제안을 받아들일 것인지 고심하지 않을 수 없었다. 그러나 마침내 그들은 통일정부의 수립이라는 민족의 대의를 위해 공산주의자들과 협상하기로 결정했다.

"남북련석회의에서 쏘미 량국군대를 철거시키고 조선 문제를 조선 사람의 손에 맡길 데 대한 우리 인민의 정당한 요구를 견결히 주장할 것이며……."

1948년 4월 19일, 평양의 모란봉 극장에는 「전조선 제정당·사회단체 연석회의」 예비회의에 참석한 남과 북의 56개 단체 대표들이 모여 김일성의 연설을 듣고 있었다. 그리고 다음 날 김구와 김규식 일행이 38선을 넘어 회의에 참석했다. 김구는 회의 셋째 날 참석해 "우리 전 민족 유일 최대의 과업은 통일독립의 전취"임을 역설했다. 4월 23일에 회의는 폐막되었다. 회의에서는 결정서와 격문, 그리고 미·소 양국에 보내는 요청서가 채택되었다. 결정서와 격문은 그야말로 격정적인 어조로 남측의 단독 선거를 반대하고 이승만과 김성수 등 단독정부 추진세력을 "미 제국주의의 주구"로 맹렬히 비난했다.

> ◎ 『임꺽정』의 저자, 홍명희(洪命憙 1888~1968)
>
> 홍명희는 일제 때 장편소설 『임꺽정林巨正』을 통해 조선시대 사대부 계층의 계급적 우월성을 배격하고 서민들의 생활양식과 권력에 대항하는 하층민의 활약상을 그렸다. 1920년대 초 「동아일보」 편집국장을 지냈으며 이광수·최남선과 함께 조선의 3대 수재로 꼽히기도 했다. 민족운동단체인 신간회가 창립되었을 때 부회장을 맡으면서 정치 활동을 시작한 그는 좌우연합체 성격을 가졌던 신간회에서 활동했기 때문에 공산주의에 대한 거부감이 없었다. 1948년, 남북협상에 참가했다가 잔류하여 조선민주주의인민공화국 정부 수립에 적극 참여했다. 북조선 정부의 초대 부수상을 지냈고, 최고인민회의 대의원, 과학원 원장 등을 역임했다.

4월 26일부터는 남북요인회담이 진행되었다. 회의 결과 「남북조선 제정당·사회단체 공동성명서」가 채택되었다. 성명서에서 미·소 양군이 철수한 후 전국총선거에 의해 통일국가를 수립할 것이 표명되었다. 5월 초에 김구를 비롯한 남측의 인사들이 돌아갔다. 반면에 홍명희를 비롯한 적지 않은 사람들이 그대로 이북에 남아 총선거에 의한 통일정부 수립 방안을 모색했다.

「남북조선 제정당·사회단체 공동성명서」의 주요 내용
  1. 미·소 양군 철수.
  2. 남북 불가침 확인.
  3. 전 조선 정치회의 소집을 통한 임시정부 수립과 전국 총선거에 의한 통일국가 수립.
  4. 남한 단선·단정 반대.

그러는 사이 남쪽에서는 5월 10일에 단독으로 선거가 시행됐다. 제주도의 투표소가 불타는 등 투표는 적지 않은 혼란 속에 진행되었다. 하지만 이로써 남쪽에 새로운 정치권력의 기초가 마련되었다. 남북에 완전히 새로운 정세가 조성된 것이다. 6월이 되자, 북측은 4월 남북협상에 참여했던 남측의 인사들에게 제2차 남북협상을 진행할 것을 요청하였다. 그러나 김구를 비롯한 대부분의 우익 정치세력은 참여를 거부했다. 남쪽에 새로운 정부가 수립되는 것이 확정된 상황에서, 제2차 남북협상은 이북 지역에 또 다른 분단정부를 세우는 과정이 될 것이라는 판단이 주요한 이유였다.

북측은 집요하게 김구의 참가를 요청했지만, 김구는 움직이지 않았다. 결국 2차 협상에는 남측 정치인들 중에 홍명희를 비롯한 소수의 우파 정치인, 그리고 남측의 중도좌파 세력과 좌파세력들만이 참가했다. 6월 29일부터 7월 5일까지 해주에서 열린 회의에서는 먼저 1차 협상의 성과를 재확인했다. 그에 따라 남북 총선거를 실시하고, "남북조선 대표자들로 조선 중앙정부를 수립할 것"이 결정되었다. 이 결정에 따라 북에서는 총선거를 통하여 조선최고인민회의 대의원을 선출하기로 하였다. 그리고 남에서는 공개선거가 불가능한 '특수한' 사정을 고려하여 비밀 지하 선거를 실시하기로 결정하였다.

이에 따라 북쪽에서는 8월 25일에 총선거가 실시되었다. 오전 6시에 시작된 투표는 여섯 시간 만인 오후 12시에 마감되었다. 투표율은 99.97퍼센트였다. 선거구 212개에 후보는 모두 1,217명이었다. 그 중 227명이 북조선로동당을 비롯한 주요 정당들의 연합체인 「북조선민주주의민족전선」의 공동 후보였다. 단일 후보로 내는 것이 원칙이었지만, 15개 지역에서 복수 후보가 출마했다. 투표는 흑백함에 찬성 또는 반대표를 던지는 찬반 투표였다. 유권자들은 212명의 공동후보에게 98.49퍼센트의 찬성표를 던졌다. 이렇게 이북 지역의 조선최고인민회의 대의원 212명이 당선되었다.

한편, 남쪽에서는 7월 중순부터 조선최고인민회의 대의원을 선거할 대표자들을 선출하는 '예비선거'에 돌입했다. 이를 통해 '남조선 대표자' 1,080명이 선출되었다. 이들은 8월 23일부터 25일까지 해주에 모여 '조선최고인민회의 대의원 선거를 위한 남조선 인민대표자대회' 본회의를 개최했다. 대회 마지막 날 북측의 8·25 총선에 맞추어 대표자들은 대의원 360명을 선출했다. 남과 북에서 조선최고인민회의 대의원 572명이 선출된 것이다.

조선최고인민회의 제1차 회의는 1948년 9월 2일에 평양에서 소집되었다. 이 회의에서는 헌법이 채택되었다. 또한 북조선인민위원회 위원장이었던 김일성이 초대 수상으로 선출되었다. 그는 9월 9일에 내각을 임명하고, 정부 수립을 선포하였다. 이로써 한반도에는 대한민국과 조선민주주의인민공화국이라는 두 개의 분단국가가 세워졌다. 그것은 김구를 비롯한 수많은 사람들이 그렇게도 바라던 통일정부 수립의 꿈이 무너지는 순간이기도 했다. 그렇지만 남북의 많은 사람들은 여전히 두 개의 정부를 받아들일 준비가 되어 있지 않았다.

북측은 남쪽의 일부 정치세력들과 연대하여 남북 총선거(1948년 8월 25일)를 통한 통일중앙정부 수립을 시행하고자 했지만, 이미 5·10총선거를 실시한 이남에서 이 선거가 합법적으로 실시될 수는 없었다. 그래서 북측은 비밀리에 선거를 치르기로 하고 간접선거 방식을 택했다. 인구 5만 명당 한 명의 조선최고인민회의 대의원을 뽑는 선거지만, 먼저 이들 대의원을 선출할 대표자들을 뽑고, 그들이 다시 모여서 대의원을 선거하는 방식이었다. 대표자들은 대의원의 3배수인 1,080명이었다.

선거 관리는 남쪽의 남로당과 중도파 정당들이 연합하여 만든 '조선최고인민회의 남조선대의원선거지도위원회'에서 담당했다. 선거방식은 선거 운동원들이 후보자의 이름이 적힌 종이를 들고 다니며 찬성하는 사람들의 도장이나 손도장을 받는 것이었다. 선거가 비밀리에 진행되었기 때문에 공정성이나 대표성에서 근본적인 한계를 가질 수밖에 없었다.(역사문제연구소『사진과 그림으로 보는 북한 현대사』웅진닷컴 2004)

(2) 조국분단, 민족과 계급분열, 불타는 증오와 전쟁 먹구름

남북에 두 개의 정부가 들어섰지만, 어느 누구도 갈라진 민족의 현실을 쉽사리 받아들일 수 없었다. 마음엔 아직 38선이 그어지지 않았다. 모두가 통일을 당연한 것으로 여기고 있었다. 남쪽의 이승만 정부는 북진통일을 외쳤다. "점심은 평양에서! 저녁은 신의주에서!" 또는 "오늘은 양양으로, 내일은 고성, 모레는 원산으로"라는 구호가 공공연하게 사람들 입에 오르내렸다. 북쪽은 북쪽대로 자신들의 정통성을 주장하며 근로대중 해방과 조국통일의 이름으로 인민들을 단결시켜 나갔다.

한편, 남과 북에 두 개의 정부가 들어선 다음, 남한에서 사회주의 활동을 하는 것은 불법이 되었다. 많은 사회주의자들이 월북을 선택했다. 이미 상당수 사회주의자들이 북으로 올라간 이후였다. 사회주의자뿐만이 아니었다. 많은 중도파 지식인과 정치인들도 1948년의 남북협상을 전후해 북으로 올라가 눌러앉은 상황이었다. 아직도 이남에 남아 있던 사회주의자들은 비밀스럽게 지하 활동을 했다. 그리고 1948년 10월의 여순사건을 계기로 많은 사람들이 지리산으로 올라가 반정부 무장부대 활동을 개시했다. 이남에서 사회주의 빨치산 활동이 본격화되기 시작한 것이다.

이렇게 남과 북의 대립은 좌우대립을 넘어 남이냐 북이냐의 선택을 강요하는 상황으로 치달으며, 하루가 다르게 충돌이 심화되고 있었다. 38선 부근에서도 크고 작은 충돌이 끊이지 않았다. 북쪽이 선택한 전략은 분명했다. 남쪽의 이승만 정부를 붕괴시키고 자신들이 통일을 완수하는 것이었다. 문제는 전술이었다. 평화적인 방식으로 할 것인가, 무력으로 할 것인가가 그들의 고민이었다. 평화적인 방식이라고 해도 이승만 정부의 붕괴를 전제로 한 것이었다. 그런데 말 그대로 평화적인 방법으로 이승만 정부를 붕괴시킬 수 있는 방법은 없었다. 이미 이승만 정부는 군대와 경찰을 가지고 있었고, 미국이라는 강력한 우방이 버텨주고 있었다. 결국 평화적 방식의 통일이란 이남에서 활동하고 있는 반이승만 세력이 연대하여 빨치산 활동과 같은 봉기를 일으켜 이승만 정부를 붕괴시키는 것을 의미했다.

북쪽의 정치 지도자들은 우선 남측의 반정부 활동을 적극 지원하는 길을 택했다. 1949년 5월, 남에서 활동하고 있던 남조선로동당·민주독립당·조선인민공화당·근로인민당·남조선청우당·사회민주당·남조선민주여성동맹·조선노동조합전국평의회 등 여덟 개의 정당·사회단체는 「조국통일민주주의전선」을 결성할 것을 남북의 정당·사회단체들에게 제안했다. "미군 철퇴와 조국 통일을 위한 투쟁에 모든 역량을 집결시키기 위한 것"이 이유였다. 이들은 분명 남한의 단체였고, 남한에서 제안을 발표했지만, 실질적으론 북측과 연계되어 있었다. 어쨌든 이에 호응한 남과 북 71개의 정당·사회단체들은 1949년 6월 25일부터 27일까지 평양에 모여 결성식을 개최했다.

조국통일민주주의전선에는 남측에서 1차 남북협상에 참여했던 단체들 중 임정 계열의 몇몇 우익단체를 제외하고는 거의 대부분의 단체들이 참여하고 있었다. 물론 이들 단체들 중 이남의 것들은 이미 남북으로 갈라졌거나, 그 조직이 유명무실해진 경우가 많았다. 가장 강력한 통일운동가였던 김구도 끊임없이 참여를 권유받았지만, 끝내 참여하지 않았다. 뿐만 아니라 그는 조국통일민주주의전선 결성대회 도중이던 6월 26일에 암살당하고 말았다. 이러한 한계에도 불구하고 조국통일민주주의전선은 스스로 남북협상의 정신을 이어받은 좌우세력의 통일전선 조직임을 내세워 적극적인 '평화통일운동'을 펼쳤다.

조국통일민주주의전선은 두 차례에 걸쳐 구체적인 통일방안을 내놓기도 했다. 그 첫 번째 방안은 결성 선언문을 통해서였다. 그들이 내세운 「평화통일안」은 외국, 특히 미국과 국제연합의 간섭이 없는 자주적인 통일이었다. 그들은 먼저 남북의 애국적 정당·사회단체 대표들의 협의회를 통하여 평화통일의 구체적 계획을 토의하고, 2단계로 총선거 실시를 지도하기 위한 전국적 선거지도위원회를 구성할 것을 제안했다. 그리고 이 위원회의 지도 아래 9월에 총선거를 실시하자는 것이었다. 남과 북에 두 개의 정부가 있는 상황에서 이들의 방안은 두 개의 정부를 부정하고 새로운 정부 수립을 주장하고 있다는 점에서 파격적이었다. 그러나 남북은 이들의 통일방안을 받아들일 수 있는 상황이 아니었다. 또한 그들 스스로 이승만 정부는 타도의 대상으로 규정하고, 나머지 통일운동 세력들 간의 협의와 선거를 통한 정부 수립을 주장하고 있었기 때문에 그 한계는 명확하였다.

조국통일민주주의전선의 2차 통일방안 (1949년 6월)
1. 8월 5~8일 총선거 실시. 통일적 최고입법기관 창설.
2. 8월 15일 최고입법기관 회의 서울에서 소집.
3. 6월 15~17일 남북민주주의제정당·사회단체대표자협의회, 해주 혹은 개성에서 소집.
4. 남북민주주의제정당·사회단체대표자협의회 참가조건.
 (가) 리승만·리범석·김성수·신성모·조병옥·채병덕·백승욱·윤치영·신흥우 등 민족
    반역자들 남북대표자협의회 참가 불허.
 (나) 유엔 조선위원단의 간섭을 불허. 자력으로 조국 통일.
5. 협의 기간과 총선거 실시 기간에 남북 정권 당국은 사회질서 보장에 대한 책임.

조국통일민주주의전선은 1년 후인 1950년 6월에 다시 한 번 평화통일 방안을 제시했다. '자주통일'과 남북제정당·사회단체대표자협의회를 통한 협의와 총선거에 의한 통일 정부 수립을 주장하는 것은 지난번과 똑같았다. 그러나 이번에는 더욱 구체적이었다. 선거 일정과 협의 대상, 구체적인 방안 등을 더욱 상세하게 제안한 것이다. 물론 이 방안 또한 남한 정부와 지도자들을 배제한 것이기 때문에 실현 가능성은 거의 없었다. 그들의 통일방안이 갖는 한계를 보여주기라도 하듯, 그들이 서한 전달을 위해 남으로 보낸 대표들은 체포되자마자 기다렸다는 듯 전향해버렸다.

이렇게 조국통일민주주의전선은 자체의 통일 노력이 끝내 무산되자, 조선최고인민회의 상임위원회에서 통일방안을 논의해줄 것을 요청했다. 이에 따라 상임위원회는 북측의 최고인민회의와 남측의 국회를 단일한 입법기관으로 연합하는 방식으로 평화적 통일을 이룩하자는 파격적인 제안을 내놓았다. 6월 19일, 전쟁을 불과 엿새 남겨둔 시점이었다.

한편, 조국통일민주주의전선이 이렇게 1년 동안 평화통일 공세를 취하고 있는 동안, 남측에서는 유격투쟁이 더욱 격화되고 있었다. 조국통일민주주의전선은 평화통일을 제안하면서도 한편으로는 이 유격투쟁을 적극 지원하고 나섰다. 유격투쟁에 참가하자는 호소문을 내는가 하면, 물자를 지원하는 일도 하였다. 그것은 유격대에 의해 이승만 정부가 붕괴되거나 위협을 느껴 평화통일안을 받아들이게 하자는 전술이었다. 조국통일민

주주의전선의 통일방안에 발맞추어 남측의 유격대는 대대적인 공격을 감행하는 이른바 '9월 공세'를 전개했다. 그러나 그들의 바람은 현실로 나타나지 않았다. 오히려 1949년 겨울에 이승만 정부의 대대적인 토벌작전에 유격대는 커다란 타격을 받아 그 세력이 약화되고 있었다.

조국통일민수수의전선과 남측 유격대의 활동이 전개되고 있는 동안 북측에는 또 다른 움직임이 일어나고 있었다. 바로 무력통일 준비였다. 김일성과 박헌영으로 대표되는 조선로동당의 핵심인사들이 추진한 통일방안이었다. 1948년 2월에 이미 조선인민군이 창설되어 있었다. 뿐만 아니라 1949년에 중국혁명이 성공함에 따라, 중국공산당과 함께 중국혁명에 참전하고 있던 조선의용군의 경험 많은 전사들이 속속 입국하여 조선인민군의 핵심이 되고 있었다. 박헌영은 전쟁 개시와 더불어 남측의 지지자들이 곳곳에서 봉기하여 전쟁은 순식간에 종결될 것이라고 장담했다. 김일성과 박헌영은 소련과 중국을 방문하여 그들의 은밀한 계획을 사전에 협의했다.

마침내 그들은 소련과 중국의 동의를 얻어냈다. 미국의 지원을 받는 이승만 정부와의 전쟁에서 그것은 필수적인 일이기도 했다. 이미 소련으로부터 무기도 충분히 들어와 있었다. 조국통일민주주의전선의 평화통일 방안은 실현될 가능성이 없음이 확인되었다. 북측의 지도자들은 무력통일 방안을 새로운 대안으로 적극 검토하기 시작했다. 모든 준비는 끝났다. 비극의 순간이 다가오고 있었다.

◎ 빨치산의 출현에서 소멸까지

제주 4·3사건의 진압을 거부해 반란을 일으킨 여순사건(여수·순천 지역의 반미·반정부 투쟁)의 참가자들이 국군의 대대적인 진압작전에 밀려 지리산으로 퇴각해 들어간 후 이남 지역에서는 본격적인 빨치산들의 활동이 시작되었다. 이들은 6·25전쟁이 일어날 때까지 산 속에서 북과 연락을 유지하면서 활동을 이어갔다. 조국통일민주의전선 결성과 더불어 이들은 공세를 강화하기도 했다. 북에서는 지도자를 파견하기도 하고, 직접 빨치산부대를 내려보내기도 했다. 전쟁 시기에 이들은 인민군의 점령과 동시에 다시 지역으로 내려와 행정권을 장악했다. 그러나 인천상륙작전으로 인민군이 퇴각하면서 이들은 다시 산으로 올라가는 신세가 되었다. 이번에는 미처 퇴각하지 못한 인민군들이 합세하면서 그 세력은 더욱 커졌다. 이들은 휴전이 된 이후까지 산발적인 싸움을 계속하다가 1955년 초 거의 소멸되었다. 1963년, 산속에서 숨어 지내던 마지막 빨치산 정순덕이 체포되면서 지리산 빨치산은 완전히 막을 내리게 되었다.

「빨치산」이란 말은 "재빠른 부대이동에 의해 기습공격하는 유격대遊擊隊식 전투방법으로, 대규모 정규군과 맞서 싸우는 소규모 비정규군partisan을 말한다. 프랑스 나폴레옹군의 침략을 받은 스페인 농민군들이 이런 전법으로 자기 고장을 지켜냈다. 「게릴라」라는 용어(소부대 단위의 유격투쟁)도 바로 이때 생겨난 스페인어 gerr(전쟁·전투)＋illa(작은)의 합성어(게리야)의 영어 발음이다.

2. 민족 독립 혁명과 인민민주주의 혁명을 동시에 진행

1) 식민지 굴욕에서 벗어난 민중, 새사회 건설에 매진

한 사회를 근본적으로 개조하고 새로운 사회를 건설하는 것을 혁명이라고 할 때 혁명의 과정은 핵심적인 정치세력의 조직화, 정권의 건설, 기존 지배계급의 물적 토대를 박탈하는 사회경제적 개혁의 순서로 진행된다. 이 세 가지 과업이 완수되었을 때 우리는 한 단계의 혁명이 마무리 되었다고 말할 수 있다. 해방 후 조선반도 북부에서의 혁명도 이와 같은 혁명의 일반적 순서에 따라 이루어졌다.

해방 후 남과 북에 걸쳐 정치의 핵심문제는 친일파의 숙청과 토지개혁을 주축으로 하는 민중들의 반제·반봉건의 요구였다. 8·15에서 한국〔조선〕전쟁에 이르는 시기는 반제·반봉건의 과제를 놓고 이를 달성하려고 하는 혁명적 민족주의 세력과 이를 저지하고 현상을 유지하고자 하던 반혁명세력간의 대립이 주요한 모순을 이루고 있었다. 조선전쟁은 해방 후 개시된 이러한 대립관계의 종착역이었으며 조선전쟁 이전의 대립은 조선전쟁을 예고하는 서곡이었다. 해방 당시 조선 사회는 전형적인 식민지半봉건사회였다. 즉 일본 제국주의의 침략으로 인하여 조선 사회는 자본주의적 발전이 억제되었고 지주－소작관계가 온존·강화되어 봉건제적 착취관계가 여전히 잔존하고 있었다.

해방 후 나라의 자주적 독립을 이룩하고 인구의 대다수를 차지하고 있던 농민들을 봉건적 질곡과 억압에서 해방시키기 위해서는 이러한 식민지반봉건사회를 탈피하는 것이 급선무로 되었다. 이에 따라 진보·보수 할 것 없이 민족해방세력의 진영에 속하는 각 정파들은 그 내용은 조금씩 다를망정 한결같이 제국주의 잔재의 청산과 토지개혁을 들고 나왔던 것이다.

이와 같은 해방 당시의 조선 사회의 모순을 해결하기 위하여 북반부에서 수행한 혁명은 흔히 「인민민주주의혁명」이라고 불린다. 그러나 우리는 이러한 규정에 앞서 해방 후 북부의 혁명에서 과연 인민민주주의혁명의 중요한 몇 가지 원칙들이 충실하게 관철되었는가를 이론적으로 검증해 볼 필요가 있다. 검증을 끝낸 후라야 우리는 비로소 해방 후 북에서의 혁명이 인민민주주의혁명이었다고 명확히 규정할 수 있게 되는 것이다.

이러한 문제의식 하에서 이 글에서는 인민민주주의혁명의 몇 가지 중요한 원칙들을 제시하고 그 원칙들이 해방 후 북쪽의 혁명 과정에서도 관철이 되었는지, 그리고 이후의 사회주의혁명은 인민민주주의혁명과 어떠한 관련 하에서 수행되었는지를 살펴보도록 할 것이다.(김주환 「해방 후 북한의 인민민주주의혁명과 사회주의혁명」 『해방전후사의 인식』 한길사 2011)

(1) 피수탈 근로민중이 갑자기 맞이한 평등 민주 사상

공산주의자들에 의하면 2차대전 후 식민지·반식민지 나라들에서는 인민민주주의혁명 단계를 거치지 않고 사회주의혁명으로 곧바로 이행한 나라가 없다고 한다. 즉 인민민주주의혁명이란 2차대전 후 식민지·반식민지나라들에서 사회주의혁명을 곧바로 수행할 수 없는 조건 하에서 사회주의혁명의 전前단계로서 공산주의자들에 의하여 채택된 혁명전략이었다. 물론 혁명을 수행할 당시 각국의 혁명 주체들이 똑같이 인민민주주의혁명이란 용어를 사용한 것은 아니었다. 그러나 혁명에 성공한 나라들은 공통적인 내용을 갖고 있었으며, 그 공통성에 입각하여 자신들이 수행한 혁명을 인민민주주의혁명이란 용어로 일반화시킨 것이다.

세계 역사상 최초의 사회주의혁명인 러시아 10월혁명 이후 각국의 혁명운동은 러시아혁명을 모범으로 삼고 러시아혁명의 경험과 이론을 자국에 적용하려고 하였다. 그러나 레닌은 각 나라에서의 사회주의로의 이행은 다양한 발전과 속도를 가지며 또 다양한 역사적 시기에 진행된다고 강조하면서 러시아혁명의 경험을 교조적으로 타국에 적용시키는 데서 나타날 수 있는 오류에 대해 경고하였다.(敎條 : 종교상의 신조. 선배들의 가르침을 시대·환경의 변화 발전을 무시한 채 과거의 경험 그대로를 맹목적으로 따르려는 자세)

인민민주주의혁명은 바로 이러한 레닌의 경고를 염두에 두면서 1935년 코민테른 제7차 대회의 통일전선 방침을 각국에 창조적으로 적용하는 가운데 2차대전 전이나 2차대전 중 민족적 독립을 상실하고 제국주의 식민지로 되었거나 또는 그 위성국으로 되었던 나라들에서 제국주의와 봉건세력을 타도하기 위해서 채택된 혁명전략이다. 이 혁명의 수행 후에는 정치혁명을 거치지 않고 곧바로 사회주의혁명에로 이행하게 된다.

따라서 인민민주주의혁명(이하 민주주의혁명)과 사회주의혁명을 연속적으로 수행하는 인민정권의 토대가 되는 반제민족통일전선은 하나의 혁명을 위한 단순한 전술적(작은 규모의) 의미가 아니라 전략적(크고 종합적 규모의) 의미를 갖게 되며 민주주의혁명 단계의 인민정권이든 사회주의혁명 단계의 인민정권이든 그것은 코뮌(일시적 해방구)이나 소비에트와 마찬가지로 계급적 본질상 프롤레타리아독재專政이다. 여기서 사회주의혁명을 수행하는 인민정권이 (일시적으로 나마) 프롤레타리아독재라는 점에 있어서는 의문의 여지가 없겠으나 민주주의혁명을 수행하는 인민정권이 어째서 프롤레타리아독재정권인가 하는 점에 있어서는 논란의 여지가 있을 수 있다.(수천년 착취 당하며 살아온 근로민중의 입장에서 보면 불로소득의 수탈적 자산계층이나 친일과 집단은 범죄 집단이 되므로, 일정 기간 정치활동에서 (반항을 누르고) 배제시킨다는 의미로, 민중만의 독재 또는 전정專政이라 호칭.)

일반적으로 혁명을 수행하는 정권의 계급적 본질은 그 정권이 수행하는 사회경제적 개혁의 내용과 정권의 구성에 따라 결정된다. 인민민주주의혁명을 수행하는 인민정권이 계급적 본질상 프롤레타리아(無産階級 무산계급)독재인 이유는, 첫째 인민정권은 노농동맹을 기본으로 하는 각계각층의 반제적 요소를 망라한 정권이되 정권 내에서 노동계급이 영도권을 가지며, 둘째 인민정권은 민주주의혁명의 일환으로 수행하는 사회경제적 개혁을 함에 있어 자본가나 지주 등 유산계급의 이익을 대변하는 것이 아니라 노동자·농민 등 근로대중의 이해를 대변하며, 셋째 사회경제적 개혁을 통해서 인민정권은 자본주의 발전의 길을 열어주는 것이 아니라 자본계층 편중의 자본주의 발전을 억제하고 사회주의적 요소를 창출함으로써 사회주의혁명의 물적 토대를 닦아놓기 때문이다.

그러나 전체적으로 볼 때 민주주의혁명 단계의 인민정권은 계급적 본질은 분명히 프롤레타리아독재정권이지만 사회주의혁명을 주 임무로 하지 않고 제국주의와 봉건세력에 대한 공격에 초점을 두며 이러한 인민정권의 기능은 프롤레타리아독재 기능이 아니라 광범위한 인민의 이익을 대변하는 인민민주주의독재의 기능이다. 따라서 인민민주주의혁명에서는 정권의 계급적 본질과 정권의 기능 간에는 차이가 있게 된다. 인민정권이 혁명에서 수행하는 기능과 역할을 중심으로 인민민주주의혁명과 사회주의혁명을 설명하면 다음과 같다.

인민민주주의혁명의 내용은 반제반봉건 혹은 반제반독점일 수도 있으나 2차대전을 전후한 시기에는 그 주요한 목표가 제국주의를 완전히 몰아내어 민족적 독립을 완수하고 봉건적 관계를 청산하는 데 있었다. 이 두 가지 중 보다 중요한 과업은 반제적 과업이다. (제국주의 침략자들과 약소민족간의 모순·대립관계 해결)

그것은 외래 제국주의를 몰아내지 않고서는 그와 연결된 국내의 예속자본가·지주계급을 청산할 수 없기 때문이다. 이 혁명의 동력은 노동계급·농민·소자산계급·인텔리(지식인 계층) 그리고 민족자본가를 포함한 광범한 반제역량들(인민)이다. 이 혁명의 영도계급은 노동계급이며 결정적 혁명역량은 노동계급이 영도하는 노농동맹이다. 이 혁명투쟁의 대상은 외래 제국주의와 그에 연결된 매국 세력인 지주·대자본가·반동관료들이다.

이 혁명은 외래 제국주의의 식민지 통치를 폭력으로 분쇄하고 광범한 통일전선에 기초한 인민정권을 수립한다. 인민정권은 인민민주주의독재를 실시하는데, 인민 내부에 대해서는 민주주의를 실시하여 인민은 언론·집회·결사 등의 자유권·선거권을 가지며 혁명의 대상에 대해서는 그러한 권리를 주지 않고 독재를 실시한다. 이 두 측면 즉 인민 내부에 대한 민주적 측면과 혁명의 대상에 대한 독재적 측면이 상호 결합한 것이 인민민주주의독재이다.

인민민주주의독재 기능을 통해서 인민정권은 민주주의혁명의 주요한 고리로서 기존지배계급의 물적 토대를 박탈하는 사회경제적 개혁을 실시하게 된다. 이 사회경제적 개혁은 일반적인 자본주의와 사유재산을 향한 것이 아니라 제국주의와 봉건세력의 경제적기반을 향한 것으로 방임적 자본주의를 절제하는 것이지 소멸시키는 것은 아니다. 이 개혁의 주내용은 토지개혁과 대기업의 국유화이다.

민주주의혁명이 끝난 상태에서 그 나라의 경제 형태는 소상품 경제 형태(농민적 토지소유, 도시수공업 등)·자본주의 경제 형태(도시의 중소상공업)·사회주의 경제 형태(국유화된 대기업 및 몰수된 국유 토지)가 공존하게 되며 이 가운데 사회주의 경제형태가 차지하는 상당한 비중으로 인해 국가가 경제의 기본 명맥을 장악하게 됨으로써 곧장 사회주의혁명으로 넘어갈 수 있는 물질적 전제조건이 마련된다고 보았다.

이상을 통해서 볼 때 인민민주주의혁명은, 영국·프랑스·미국 등에서 부르주아계급이 주체가 되어 봉건 지배계급을 타도하고 자본주의 발전의 길을 열었던 서구의 고전적민주주의혁명이나 레닌이 「사민주의자의 두 가지 전술」에서 제기하는 바, 노동자·농민의 헤게모니(주도권) 하에 봉건 지배권력을 타도하고 혁명적 민주주의 독재를 통해 자본주의의 틀을 건드리지 않으면서 민주공화제, 8시간 노동제, 봉건제 유물의 일소를 목표로 했던 러시아에서의 민주주의혁명과도 다른 독특하고도 새로운 유형의 민주주의혁명이라고 할 수 있다.

인민민주주의혁명을 완수한 인민정권은 자신을 더욱 강화하여 사회주의혁명을 수행하게 된다. 사회주의혁명 단계에서도 정치체제로서의 인민민주주의는 계속 존속하되 인민정권은 자신에게 주어진 착취제도 일소의 임무를 위해 프롤레타리아독재의 기능을 수행하다. 그리하여 인민정권은 민주주의혁명의 결과로 나타난 세 가지 경제형태 중 사회주의적 경제 형태를 지배적인 것으로 만들고 나머지 두 가지 경제 형태를 점차적으로 해체하여 소멸시킨다.

여기서 인민정권은 사회주의사회에 도달할 때까지 프롤레타리아독재의 기능을 수행하면서 존속하게 된다. 이상을 통해서 볼 때 인민민주주의혁명과 사회주의혁명은 인민정권에 의해 연속적으로 수행이 되는데, 인민민주주의의 이와 같은 특성 때문에 논자에 따라서는 민주주의혁명과 사회주의혁명을 구분하는 것이 무의미하다고 보고 양자를 하나로 파악하여 인민민주주의혁명이라 규정하고 그것을 사회주의혁명의 또 다른 형태로서 위치 짓기도 한다.

그러나 이 같은 견해는 민주주의혁명과 사회주의혁명이 갖는 역사적 특수성과 사회경제적 개혁의 고유한 임무를 혼동시킬 가능성이 있으며 개별 국가가 처한 상황을 무시해버리기 쉽다. 인민민주주의혁명의 제1단계를 민주주의혁명, 제2단계를 사회주의혁명으로 보는 견해는 논리적으로도 모순이다. 우리는 왜 마르크스-레닌주의의 이론과 실천의 역사에서 민주주의혁명이라는 용어와 단계가 설정되었는가에 주목할 필요가 있다. 마르크스-레닌주의자들이 민주주의혁명 단계를 설정한 이유는 이것을 거치지 않고서 사회주의혁명을 수행하는 것은 역사적 단계를 초월하는 모험주의적 사고라고 보았기 때문이다.

인민민주주의혁명을 사회주의혁명으로 위치 짓는 것은 민주주의혁명에 대한 마르크스-레닌주의의 문제의식을 희석시키는 것이며 논리적으로 본다 하더라도 인민민주주의혁명이란 원래적 의미에서 인민대중이 수행하는 민주주의혁명인데, 민주주의혁명에 민주주의혁명과 사회주의혁명을 포괄시키고 그것을 다시 사회주의혁명으로 위치 짓는 것은 혁명 단계의 성질을 제대로 인식하지 못하는 잘못된 주장이라 하지 않을 수 없다.

이상의 논의를 토대로 하여 인민정권에 의해 연속적으로 수행되는 인민민주주의혁명과 사회주의혁명을 몇 가지 기준으로 분류해보면 다음 표와 같다.

인민정권에 의해 수행되는 인민민주주의혁명과 사회주의혁명 비교

	인민민주주의 혁명	사회주의혁명
정치체제	인민민주주의	
정권의 계급적 구성과 헤게모니	노동계급 영도하의 계급연합에 의한 인민정권	
정권의 계급적 본질	프롤레타리아독재	프롤레타리아독재
정권의 기능	인민민주주의독재	프롤레타리아독재
혁명의 내용	반제반봉건 혹은 반제반독점	생산관계의 사회주의적 개조

(이상의 정치체제 구상은 추상적인 그림이며, 실제 현실에서는 그때그때의 주도 인물과 환경조건에 따라 융통자재한 변화구조가 엮어질 수 있다고 보아야 한다.)

(2) 근로민중 주도의 당 창건과 정치노선의 정립

일제(日本帝國 : 일본 제국주의 침략자)의 패망과 더불어 출옥한 공산주의자들이나 지하에 숨어 있던 공산주의자들은 자신들의 정치활동을 재개하기 시작하였다. 이들 중 각 지방에서 두각을 나타낸 공산주의자들은 함경남도에서는 오기섭·정달헌·이봉수·주영하·이주하, 함경북도에서는 김채룡, 황해도에서는 김덕영·송봉욱, 평안북도에서는 박균·백용구·김재갑·김인직, 평안남도에서는 현준혁·김용범·박정애 등이었다. 이들은 대부분 해방이 되자 건국준비위원회 지부나 인민위원회에 참여하였다. 그러나 이들은 통일적인 조직체계와 명확한 정치노선을 갖고 있지 못했으며 그들의 활동은 지방할거적이고 산만한 것이었다.

소련군의 북부 조선 진주와 더불어 항일무장독립투쟁을 지도했던 공산주의세력이 귀국함으로써 이 지역 공산주의운동은 새로운 국면에 접어들었다. 1945년 9월 초순경 입국한 것으로 알려진 김일성을 선두로 하는 항일무장투쟁세력은 통일적인 공산당조직의 창설을 위해 각 지방에 공작원들을 파견하였다. 이들의 조직적인 활동의 결과 북에서는 당 창건을 위한, 조직적 토대가 마련되기 시작하였다.

소련군이 진주한 유리한 상황 속에서 북부의 공산주의운동은 급속한 성장을 보였다. 이리하여 1945년 10월 10일에서 13일 사이에 평양에서는 「조선공산당 서북5도(평안북도·평안남도·황해도·함경북도·함경남도) 당원 및 열성자 연합대회」가 비밀리에 개최되었다. 이 대회에는 김일성·김용범·오기섭·주영하를 비롯한 북조선 공산주의운동의 주요한 인물들이 참가하였으며 남쪽 재건파 공산당과 장안파 공산당에서도 대표를 파견하였다. 서북5도 당대회의 토론과 결정사항들을 요약해서 정리하면 다음과 같다.

첫째, 조선혁명의 역사적 단계는 자본민주혁명 단계이다. 이 혁명의 임무는 일제 잔재의 철저한 청산과 무상몰수·무상분배의 토지개혁을 주 내용으로 하는 봉건 잔재의 폐지이다. 이 혁명의 동력은 노동자·농민·중소상공인 등 각계각층을 망라한 비일본적非日本的 요소의 민족통일 전선이며 여기에는 자유주의 분자라도 당의 노선에 동조한다면 참가할 수 있다. 이 혁명의 대상은 매판기업가·지주·민족반역자이다.

둘째, 소련 군대가 진주한 북에서는 혁명 발전을 위한 유리한 조건이 만들어져 있다. 그러나 남쪽에서는 미군정의 실시로 정반대로 나아가고 있다. 이러한 상이한 조건 속에서 전체 혁명을 지도할 통일적인 당을 세울 수가 없다. 이에 따라 북에 조선공산당 북조선분국을 설치하고 그 지도 아래 북부를 조선반도 혁명의 튼튼한 민주기지로 발전시킨다.

셋째, 당내에는 좌·우경적 편향이 있다. 좌경적 편향은 2차대전을 사회주의혁명전쟁으로 규정하고 영·미의 진보적 역할을 무시하며 현 단계를 사회주의혁명으로 보는 것이다. 이것은 조선판 트로츠키주의이며 이같은 극좌적 과오를 범한 이영·최익한 등 장안파 공산당은 즉각 해체하고 당중앙(재건파 공산당)에 복종해야 한다. 우경적 편향은 통일전선에 있어서 무원칙하게 우익을 끌어들인 것이다. 민족통일전선을 결성한다고 해서 노동계급의 독자성을 망각하고 친일파나 반공주의자들을 함부로 끌어들여서는 안 된다. 미군의 진주와 더불어 남한에 세워진 인민공화국은 대중적 토대 없이 급조된 것이므로 인정할 수 없다.(실체적 대중 토대의 유무에 관해서는 남과 북에서 견해의 차이가 있을 수 있다. 조직과 투쟁경력으로 보면 남쪽은 아주 약했다고 보아야 할 것 같다.)

넷째, 노동계급이 영도하는 인민정권을 건설하기 위해서는 먼저 대중적 토대를 튼튼히 쌓아야 한다. 광범위한 인민대중을 묶어세우는 민족 통일전선에 의거한 인민정권은 민주주의혁명과 사회주의혁명을 연속적으로 수행하며 이 정권의 헤게모니는 노동계급에 의해 장악되어야 한다. 그리고 혁명을 이끌어나가는 중심체인 당의 구성에 있어서는 지식분자의 비율을 줄이고 노동자·농민계급을 끌어들여 근로대중의 당이 되도록 해야 한다.

다섯째, 일본 제국주의자의 일체의 생산기관 및 재산의 몰수는 물론 일제의 전쟁범죄 행위에 협력한 조선인의 것도 몰수하며 일본 제국주의자의 토지와 친일적 반동지주의 토지도 몰수하여 농민에게 무상분배하여 경작케 한다.

여섯째, 아직 공산당은 통일적인 당의 강령과 규약을 갖고 있지 못하며 레닌주의적 당 규율이 부재하다. 따라서 이 문제가 시급히 해결되어야 한다.

위에 제시한 서북5도 당대회의 결정사항들을 앞에서 규정한 인민민주주의혁명론과 비교할 때 양자는 원칙에 있어서 동일하다는 것을 알 수 있다. 해방 후 공산주의운동에 있어서 조선공산당 서북5도 당대회에서 채택된 정치노선과 조직노선은 중대한 의미를 지닌다. 왜냐하면 이 대회의 결정에 의해 수립된 당조직은 명칭은 비록 분국이었지만 사실상 이 분국은 한반도 공산주의운동에서 중앙의 역할을 하게 되기 때문이다. 실례로, 남부의 재건파 공산당은 자체의 권위로 장안파 공산당을 복종시키지 못했는데, 이 5도대회의 결정을 빌어서야 비로소 장안파를 해체시킬 수 있었다. 조선공산당 북조선분국의 결성은 북조선서 혁명을 책임지고 이끌어나갈 최고 참모부가 탄생했음을 의미하였다. 이후 북조선에서는 당의 지도하에 각계 각층의 이해를 대변하는 대중단체가 광범위하게 결성되어 민족통일전선의 토대가 마련되기 시작하였다.

북조선분국의 결성 이후 북에서의 공산주의운동은 급속한 신상을 보였다. 그러나 여전히 지방할거적이고 종파적인 세력이 분국의 통일적 지도를 저해하였으며 대중단체사업도 만족할 만한 수준은 되지 못했다. 이러한 당내 모순을 시정하기 위하여 1945년 12월 17일 분국중앙 제3차 확대위원회가 소집되었다. 이 대회의 결과 분국의 '책임비서'는 김용범에서 김일성으로 바뀌었으며 공산당은 당내 규율을 확립함으로써 볼셰비키당으로서의 면모를 갖추었으며 대중단체사업은 힘있게 추진되었다. 이로써 북부에서는 반제반봉건을 내용으로 하는 인민민주주의혁명을 추진할 수 있는 제1차적 조건을 구비하게 되었다.

(3) 해방과 더불어 출현한 자생적 「인민정권」 수립 과정

해방 후 북에서의 정권기관은 건국준비위원회·인민정치위원회·5도행정국·북조선임시인민위원회·북조선인민위원회·조선민주주의인민공화국의 순서로 발전해왔다.

건국준비위원회는 소련군 진주 이전의 외부적 영향을 받지 않은 상태에서 단명한 도道 단위 중심의 정권기관이었고, 인민정치위원회는 소련군 진주 후 소련군정의 후원 아래 새로이 개편된 도 차원의 지방정권 기관이었다. 5도행정국은 지방정권간의 협의기구였다. 북조선임시인민위원회·북조선인민위원회·조선민주주의인민공화국은 모두 중앙적 성격을 띠는 인민정권이라고 할 수 있으나 3자간에는 질적인 차별성이 있다.

북조선임시인민위원회가 인민민주주의독재 기능을 수행하는 인민정권이라면 북조선인민위원회는 프롤레타리아독재기능을 수행하는 인민정권이었으며 조선민주주의인민공화국은 이른바 '전조선을 대표하는 인민정권'으로서 프롤레타리아독재 기능을 수행하는 '북조선인민위원회'와 남부의 '민주주의 역량'이 통합된 정권형태였다. 이제부터 이러한 세 가지 인민정권 가운데 해방 후 최초의 인민정권인 「북조선임시인민위원회」의 창설 과정에 초점을 맞추어 각 시기의 정권기관의 구성과 그것의 계급적 성격을 살펴보도록 한다.

일제로부터 조선이 해방된 1945년 8월 15일 서울에서는 일제 통치기구인 조선총독부를 대체하여 과도기적 임무를 띠고 임시행정을 담당하기 위한 조선건국준비위원회(이하 건준)가 위원장 여운형, 부위원장 안재홍을 필두로 하여 조직되었다. 중앙에서의 이러한 움직임에 발맞추어 또 한편으로는 중앙을 의식하지 않은 상태에서 조선 전역에 민중의 자발적인 정치조직인 건준이 결성되기 시작하였다. 해방 직후의 이러한 상황은 북부에서도 예외가 아니었다.

그러나 해방이 되자 소련군은 10일 이내에 북부 전역에 진주하였기 때문에 소련군 진주 이전의 건국준비위원회가 존속한 기간은 매우 짧았다. 소련군 진주 이전의 경우 이러한 조직들은 자연발생적으로, 그리고 긴밀한 연결도 없이 만들어졌지만 도시·농촌에서 민중들의 총의로 뽑힌 사람들로 충원되었다. 이 조직들의 자연발생적 성격은 그 명칭에서도 나타나는바, '건국준비위원회' '자치위원회' '보안위원회' '인민위원회결성준비위원회' 등 각양각색으로 불렸다. 건준은 소련군 진주 이전, 즉 외부적 힘이 가해지지 않은 상태에서 결성된 민중의 자발적인 정치조직이었다.

소련군 진주 이전 북조선 안의 정치역학 관계는 아주 단기간이었지만 일제총독부와 건국준비위원회가 양립하는 이중 정권의 상태를 이루고 있었다. 그리고 조선인들 사이에서는 평남·평북지역의 경우 좌우연립의 건준지부 내에서 우파가 헤게모니(주도권)를 잡고 있었으며, 함경도에서는 좌익이 압도적으로 우세하였고, 황해도에서는 어느 쪽도 헤게모니를 장악하지 못한 채 좌우가 난립하여 대립하고 있었고, 강원도에서는 진보파의 인민위원회가 지방정치를 지배하는 형세를 이루고 있었다고 볼 수 있다.

그리고 거시적인 측면에서 본다면 기독교 민족주의자들 주도의 평양과 공산주의자들 주도의 함흥이라는 두 개의 중심이 있었는바, 이는 일제하 민족해방투쟁의 연장선상에 놓여 있는 것이었다. 단선적으로 도식화할 수 있는 것은 아니지만 대체로 일제하에서 평안도 지방에서는 기독교세력 중심의 민족운동이 활발했고 함경도의 경우 공산주의자들이 주축이 되어 북쪽의 한만 국경지방에서는 항일빨치산투쟁이 치열했으며 원산·함흥·흥남 등 남쪽의 공업지대에서는 적색노조를 중심으로 하는 노동운동이 강력히 전개되어 진보·혁명세력의 근거지였음을 나타내주고 있다.

(4) 자생적 인민정권기구들에 대한 소련군의 불간섭 지원

소련은 2차대전이 극동지역에서는 너무 빨리 종결되었기 때문에 대조선 정책도 초기에는 일관성과 구체성을 갖지 못했다. 이후 소련군은 북조선에 본격적으로 진주하게 되면서 제25군 사령관 치스챠코프의 명의로 다음과 같은 포고문을 살포했는데, 이는 소련의 대조선 정책에 대한 개괄적인 원칙을 담은 것이었다.(치스챠코프 「제25군의 전투행로」 소련과학아카데미 『레닌그라드에서 평양까지』 서울 함성 1989)

붉은군대는 일본 침략자들을 분쇄하기 위한 목적으로 조선에 신주하였습니다. 붉은군대는 조선에서 우리 질서의 주입과 조선 영토의 획득을 추구하지 않습니다. 북조선에 있어서의 개인 및 공공재산은 소련군 당국의 보호 하에 있습니다. 소련군 사령부는 북조선의 영토에서 일본 제국주의 잔재를 결정적으로 청산하고 민주주의 원칙과 시민의 자유를 강화하기 위한 목적으로 반일적이고 민주적인 정당의 창당과 그의 모든 활동을 용허하는 바입니다.

이 인용문을 통해서 보건대 소련의 대조선반도정책의 기본목표는 조선의 반제민족해방투쟁을 적극적으로 지원하는 것이었다고 볼 수 있을 것이다. 이어서 8월 25일 처음 평양에 도착한 치스챠코프 사령관은 대중들에 대한 연설 속에서 소련군은 정복자가 아니라 해방자로서 조선반도에 진주했으며, 소비에트 질서를 강요하지 않고 권력은 인민의 수중에 있어야 한다고 강조하였는바, 이 역시 치스챠코프의 명의로 된 포고문의 원칙을 다시한번 확인하는 것이었다.

한편 1946년 3월 20일 미소공동위원회에서 소련측 대표로 참석한 슈티코프 중장은 자기의 연설에서 공식적으로 소련의 대조선정책의 기본목표를 명확히 하였다.

소련은 조선이 장차 소련에 대하여 우호적이며 따라서 소련에 대한 장래의 공격기지가 되지 않을 진정한 민주주의적 독립국가로 되는 문제에 대하여 깊은 관심을 갖고 있습니다.
(Foreign Relations of United States 〔FRUS〕 8권 1946)

치스챠코프의 포고문과 연설은 조선 민중의 자발성을 최대한 존중하면서 조선에서 일제 잔재를 청산하는데 전력을 기울이겠다는 것이었다면 슈티코프 중장의 미소공위에서의 발언은 소련군의 북조선 진주에서 내부적으로 설정되었던 목표를 공개적으로 표명한 것에 불과하다. 그런데 친일 잔재의 청산과 소련에 우호적인 국가의 건설이라는 두 가지 과제는 떼려야 뗄 수 없는 관계이며 양자를 동시에 달성하기 위해서는 정치의 근본문제인 정권의 향방을 우선적으로 결정짓지 않으면 안 되었다. 왜냐하면 소련군이 진주했을 때 북부에는 이미 자발적으로 결성된 지방정권기관이 존재하고 있었기 때문이다. 소련군은 이러한 지방정권기관을 어떻게 처리할 것인가에 대한 해답을 내리지 않으면 안 되었다.

소련군은 북부에 진주한 후 일본인들과 친일파를 공직에서 추방하고 인민위원회의 구조를 파악하고 난 뒤 자신들은 제2선으로 물러나고 인민위원회를 통한 간접통치방식을 취했다. 그 이유는 인민위원회 내에서 진보세력이 상당 부분을 차지하고 있었으므로 그것을 통치기구로서 인정하고 발전시키는 것이 조선반도에 자국에 우호적인 정부를 세우는데 유리 하다고 판단했기 때문이다. 또한 인민위원회는 남쪽에도 북쪽과 마찬가지로 광범위하게 존재하고 있었으므로 장차 통일적인 조선정부를 세우는데 있어서도 그 정부가 소련에 더 가깝게 되는 데 여러 가지 이점을 제공할 것이기 때문이었다.(Bruce Cummings, The Origins of the Korean War, Princeton University Press 1981)

소련의 이러한 대인민위원회정책은 미국이 남한의 인민공화국과 인민위원회를 전면적으로 부정하고 파괴한 후 점차로 친일세력으로 그것을 대체해나간 것과 큰 대조를 이룬다. 2차대전 후 미국은 기존의 식민지국가에 대한 정책을 수립함에 있어 독립운동의 주도권이 어느 세력에 장악되어 있는가에 대한 평가에 의존하였다. 미국은 보수적 민족주의자들이 독립운동을 주도했다면 식민주의에 반대하고 즉각적인 독립에 찬성하였다. 그러나 한국이나 인도차이나에서처럼 진보세력이 독립운동을 주도하고 대중적 기반을 가지고 있는 나라에 대해서는 즉각적인 독립을 유보시키고 군사적 점령을 추구했으며 미국 주도의 신탁통치안을 들고 나오기도 했다.(콜코『미국의 세계전략과 한국전쟁』청사 1989)

미국의 이러한 정책은 기존 식민지국가의 정치구조를 개편하기 위한 시간벌기작전의 일환이었으며, 미국은 시간적 여유를 통해서 독립운동세력의 집결체인 자발적인 근로민중의 정치조직을 침몰시켰던 것이다. 나아가 미군정은 친일파세력의 민중에 대한 증오심을 이용, 자주독립 지향세력의 반항이 있을 때 마다 친일파 군경과 사법부를 동원하여 체포·구금·고문·학살을 무수히 저질렀다. 그들은 가급적 자기 손에 피를 묻히지 않았다.

◎ 지방정권기관「인민정치위원회」성립

해방 후 북조선에서 건국준비위원회가 제1단계의 지방정권이었다면 제2단계의 인민정치위원회는 소련군 진주와 더불어 건준이 개편되어 생겨난 도 차원의 지방정권기관이었다. 소련군은 진주하자마자 제1차적으로 각 지방 정치조직의 성격 파악에 들어갔다. 소련군은 그 정치조직이 좌익이 우세하면 그대로 인정하여 지방통치를 담당케 했으며 우익이 우세할 경우에는 우익의 영향력을 줄이고 좌우가 대등하게 되도록 조직을 개편하였다. 이러한 조직 개편의 결과 탄생한 인민정치위원회에서는 전체적으로 볼 때 진보적 민중세력이 우세해지기 시작하였다.

해방 후 조선 북부에 진주한 소련 군대는 일제를 축출하고 민중들에게 주권과 모든 생산시설들을 넘겨주었을 뿐만 아니라 일체의 무장을 해체하고 친일파가 아닌 한 민중들의 자유로운 정치활동을 보장해주었다. 이러한 정치활동의 주체가 바로 인민정치위원회였다. 인민정치위원회는 황해도에서는 우익이, 평북·함남·함북에서는 좌익이 우세하였으며, 평남에서는 좌우가 팽팽하게 대립하였다. 따라서 전체적으로 볼 때 인민정치위원회에서는 좌익이 헤게모니를 장악했다고 볼 수 있으며 이 위원회는 좌우연합에 의거한 도 차원의 인민정권기관이었다. 이로써 북부에서는 일제 통치기구가 완전히 사라졌으며 피지배계급으로 존재해오던 근로대중이 조선 역사가 시작된 이래 최초로 지역적 차원에서나마 자신들의 이해를 대변하는 정권을 수립하게 되었던 것이다.

(5) 「북조선 5도 인민위원회 대표자 대회」 소집, 행정기관 통일

소련군이 진주하면서 생겨난 각 도의 인민위원회는 자기의 사업을 추진해나갔다. 이 사업의 가장 중요한 임무는 일제에 의해 파괴된 생산시설의 복구와 민중생활의 안정이었다. 그러나 인민정치위원회는 어떠한 사업의 경험도, 전문 간부도, 지식도 없었고 간부 부족은 극심하였으며 소련군의 통제를 거의 받지 않고 각 도마다 제멋대로 움직였기 때문에 전체적인 방향성을 상호 조정하고 통일시킬 필요성이 대두하였다. 9월 말 소련군 사령관 치스챠코프는 이러한 필요성에 부응하기 위하여 사령부내에 「민정부」를 설치하고 인민위원회에 대한 지도의 임무를 맡겼으며 로마넨코 소장을 그 책임자로 임명하였다.(치스챠코프, 앞의 글)

10월 8일에서 10일 사이 소련군 민정부의 소집 하에 평양에서는 각 도간의 횡적인 연계와 통일적 보조를 제도화하기 위해 「북조선5도 인민위원회 대표자대회」가 열렸다. 이 회의에서는 인민위원회의 조직과 활동, 그리고 재정·산업정책의 문제 등이 토론되었다. 인민위원회의 조직과 활동에 있어서는 종래 명칭이 구구하였던 것을 모두 인민위원회라는 명칭으로 통일하기로 하였으며 「면·군·시·도의 인민위원회」라는 식의 피라미드형의 구성이 정해졌다. 동洞에서는 주민선거에 의해 동장이 선출되고 면 인민위원회(7~9명)는 동의 대표에 의하여, 군 인민위원회(13~15명)는 면 대표에 의하여, 그리고 도 인민위원회(15~17명)는 군의 대표에 의하여 선출되는 방식이 채택되었다.

시 인민위원회는 시민에 의하여 선출되도록 하였다. 각 인민위원회의 직책과 부의 구성도 결정되었다. 이러한 결정에 따라 각 도에 있는 인민위원회들이 하나의 단일조직으로 편성되었다.(와다 하루키「소련의 대북조선 정책」『분단전후의 현대사』일원서각 1983. 김주환「한국 전쟁 중 남한 점령지역에서의 인민민주주의혁명」)

한편 1945년 10월 10일에 열린 서북5도 당대회에서는 인민위원회에 대한 당의 영도와 인민위원회 내부에서의 새 질서 확립을 위한 조직지도사업의 강화에 대한 결정이 내려졌다. 1945년 11월 15일에 소집되었던 조선공산당 북조선분국 제2차 확대집행위원회는 남한의 박헌영이 만들어낸 인민공화국을 부정하고 새로운 인민공화국 창건의 토대인 민주주의민족통일전선의 강화를 결정했으며 아울러 북조선에서의 당면 문제들, 특히 인민 경제 각 부문을 지도하며 각 도간의 경제적 연계를 보장하기 위한 북조선 행정국을 설치하기로 하였다.

이리하여 11월 19일 5도인민위원회 연합회의가 소집되어 5도(함경남·북도, 평안남·북도, 황해도)의 연락기관으로서「북조선행정국」이 생겼고 산업·교통·체신·토지·삼림·상업·재정·교육·보건·사법·보안국 등 10개의 행정국을 조직하였다. 이들 각 부서에서는 소련 전문가들이 고문으로 일을 하였다. 그러나 앞서 이야기한 바와 마찬가지로 5도행정국은 어떤 뚜렷한 정치적 조직목표를 가지고 수립되었다기보다는 주로 당면 경제 문제들을 해결하기 위한 것이었다. 이는 치스챠코프가 5도행정국을 "산업관리를 위한 기관"으로 표현하고 있는 데서도 알 수 있다.

북조선은 5도행정국을 설치했지만 이 기구가 중앙적 성격을 갖는다고 선언되지는 않았다. 북조선 5도행정국은 사실상 조만식이 의장으로 있고 오윤선과 현준혁이 부의장으로 있는 평안남도인민정치위원회를 모태로 하여 만들어진 것이었다. 따라서 5도행정국 내에서는 평남인민정치위원회가 여타 도의 위원회들을 느슨하게 지도하는 상태를 이루었다. 5도행정국은 1946년 2월까지 북부에 존재하는 인민위원회의 상부기관 역할을 하는 유일한 정치조직이었지만 결코 실질적인 정치적 중앙으로서 조직된 것은 아니었다.

5도행정국은 단지 후원적 성격만 지녔고 실질적인 권력은 지역적 기반에 따라 각 도의 인민위원회에 의해 행사되었다. 5도행정국이 설립된 후 11월 24일에는 평남인민정치위원회를「평남도인민위원회」로 개칭하여 불렀다. 아마도 이후로 북조선 각지에 구성된 정권기관들은 그 명칭이 '인민위원회'로 완전히 통일되었던 듯하다. 5도행정국에 의한 인민위원회의 재정비는 북조선임시인민위원회 창설의 기초로 되었다.

2) 「북조선 임시인민위원회」 수립과 반제통일전선 강화

(1) 인민민주주의 원칙에 따른 단체와 정당들 속속 결성

인민민주주의의 특성 가운데 중요한 한 가지는 공산당의 1당독재가 아닌 다당제를 허용한다는 것이다. 그러나 인민민주주의체제에서 공산당 이외의 자유주의 정당이 존재하는 것은 공산당의 정치노선에 협력하는 한도내에서임은 물론이다. 이러한 인민민주주의의 원칙을 소련군 사령관 치스챠코프는 "일본 제국주의의 잔재를 결정적으로 청산하고 민주주의 원칙과 시민의 자유를 강화하기 위한 목적으로 반일적이고 민주적인 정당의 창당과 그의 모든 활동을 허락한다"고 표현했다. 또한 스탈린은 9월 20일 치스챠코프에게 보내는 6개의 지침 중 제3항에서 "적군赤軍이 점령한 조선 지역에서 반일적 민주단체와 민주정당의 결성을 방해하지 않으며 그 활동을 원조할 것"이라고 명령하였다.

10월 10일에서 13일까지 평양에서 열린 조선공산당 서북5도 당대회에서는 반일적 성격을 지니는 자유주의 정당은 인민위원회에 참가할 수 있다고 규정했는바, 이는 반제 민족통일전선 결성을 위한 인민민주주의 원칙의 재확인이었다. 5도 당대회에서는 당의 대중적 토대를 넓히기 위해 근로단체와 사회단체 등에 대한 사업을 강화해야 한다는 결정도 내려졌다. 이후 북에서는 인민민주주의 원칙에 따라 여러 단체와 정당들이 결성되었다.

1945년 11월 30일에는 「북조선직업총동맹」이 결성되었으며, 1946년 10월 16일에는 「북조선민주청년동맹」을 건설하기로 결정되었다. 당시 오기섭 등은 공산청년동맹이라는 명칭을 주장하였으나 김일성에 의해 거부되었다. 김일성은 민주청년동맹으로 해야 광범위한 청년대중을 묶어세워 힘있는 조직으로 발전시킬 수 있다고 주장하였다. 김일성의 이러한 주장은 당시의 혁명의 성격이 사회주의혁명이 아니라 인민민주주의혁명임을 인식한 데서 나온 것이었다.(국토통일원 조사연구실 『조선노동당 주요 외곽단체의 조직 및 활동』)

북조선민주청년동맹은 인민민주주의혁명에 걸맞은 청년대중조직으로서의 위상을 가졌으며 10월 27일에는 민청동맹원대회가 열렸으며 12월 11일에는 조선청년동맹이 결성되었고 1946년 1월 17일에는 북조선민주청년동맹으로 발족하였다. 발족 당시 북조선민주청년동맹의 맹원수는 25만 2,500여 명이었다. 1946년 1월 30일에는 강진건을 위원장으로 하는 「전국농민연맹 북조선연맹」이 결성되었다. 1945년 11월 18일에는

「북조선민주여성동맹」이 결성되었다.

1945년 11월 25일에는 「평양문화직업동맹」이 결성되면서 각 지역 문화단체가 조직되어나갔다. 1945년 11월 3일에는 중소자본가들과 기독교도들을 망라한 「민주당」이 창건되었으며, 1946년 2월 8일에는 천도교의 교도들(주로 농민들)로 조직된 「천도교청우당」이 결성되었다.

그러나 이와 같이 정당과 사회단체·근로단체들이 광범위하게 결성되었음에도 불구하고 공산당과 여타의 정당이나 단체들과의 통일전선사업은 원활하지 못하였다. 인민정권을 결성하고 그것의 대중적 토대를 튼튼히 하기 위해서는 강력한 통일전선운동이 요구되었다. 그래야만 수립될 인민정권이 튼튼한 반석 위에 놓일 수 있으며 반혁명세력을 고립·약화시킬 수 있었다.

1945년 12월 17일에 개최된 조선공산당 북조선 분국 중앙 제3차 확대집행위원회에서는 이러한 통일전선운동의 강화에 대한 요구에 부응하여 김일성이 기존의 통일전선사업에 대한 비판을 제기하였다. 비판을 청취한 후 분국 제3차 확대집행위원회는 다음과 같은 결정서를 채택하였다.(「북부조선당 공작의 착오와 결점에 대하여」『북한관계사료집』국사편찬위원회)

현 단계에서 북부조선당부의 일반 정치 및 실제 사업에 모든 인민적 민주주의 정당과 정치적 단체들의 광대한 단합을 기초로 하야 인민적인 조선민주주의 정권을 수립함에 노력하여야 할 것이다. 일본 제국주의적 잔재 사상과 반동적 국수주의 개념의 최후의 흔적까지 근절하는 동시에 인민의 자유의지에 의한 인민적 제도와 정권을 수립·견고 시킬 과업을 내세우는 일반적·정치적 단체들을 조직하여 그 단체들의 사업을 활발화 함에 협력할 것. 북부조선의 정치·경제생활을 신속히 정돈시킬 제과업을 실행함에 도시·농촌 대중의 실제적 사업을 인도하면서 인민적·민주주의적 제정당 및 정치단체로 결성된 통일전선을 극력으로 견고시킬 것.

분국 제3차 확대집행위원회가 통일전선사업을 인민정권 창설에 있어서 얼마나 중요한 것으로 인식했는가는 위 결정서를 통해서 그대로 드러난다. 이후 북조선에서의 통일전선운동은 공산당의 지도하에 반제민족자주와 반봉건민주주의의 원칙에 찬성하는 정당·사회단체간의 단결과 협력이 촉진되었다. 이와 같은 공산당 영도하의 통일전선의 강화는 인민정권 창설의 토대를 만들어준 것이었다.

(2) 모스크바 3상회의의 신탁통치 결정에 남측은 실행 거부

1945년 12월 해방된 지 4개월이 되었을 때 그 동안 남북은 서로 다른 경로를 거쳐왔음이 뚜렷이 나타났다. 소련군이 진주한 북부에서는 민중의 자발적 정치조직인 인민위원회가 통치권을 행사하게 되었으며 친일파가 숙청되었다. 반면에 남부의 미군정은 친일파를 그대로 재등용 하고 인민위원회에 대해서는 탄압으로 시종일관하였다. 남한의 미군정이란 일제의 총독부 간판만을 바꿔달았을 뿐 일제와 비교해서 별로 다를 것이 없었다. 한편 미군과 소련군간의 「군사적 경계선」이었던 38선은 왕래가 자유롭지 못하게 되어 마치 국경선처럼 굳어져가고 있었다.

이와 같이 남북이 상이한 발전의 길을 걷고 있을 때 38선을 철폐하고 통일임시정부를 세운다는 국제적 합의가 1945년 12월 27일 미·영·소가 참가한 모스크바 3상회의 결정에 의해서 이루어졌다. 모스크바 3상회의 결정은 모두 4개 항이었으며 그 주요 내용으로서는 일제 통치의 악독한 후과의 청산과 조선임시정부의 수립, 그리고 원조와 후원의 성격을 지니는 4개국에 의한 신탁통치였다. 모스크바 3상회의 결정의 신탁통치조항을 자세히 살펴보면 신탁통치는 길어야 5년이었으며, 기존의 식민지파쇼통치와는 달리 조선의 독립을 지원하는 것을 목표로 하고 있었고, 그것도 자주적 조선임시정부와 협의한 후 결정하기로 된 것이었기 때문에 외부의 지나친 간섭을 얼마든지 피할 수도 있었다.

모스크바 3상회의 결정은 38선이 굳어지고 남한이 단독정부 수립의 방향으로 나아가는 것을 막고 통일적 임시정부를 만들어 미·소 양군을 철퇴시킴으로써 통일국가를 건설할 수 있는 유일한 방도였다. 또한 이 결정은 당시의 냉전기류 하에서 미군과 소련이 서로 양보하고 타협함으로써 어렵게 산출된 것이었다. 물론 미국이 애당초 겉과 속이 다른 의지를 가지고 있었던 것으로 밝혀지긴 했지만, 당시로서는 대세에 밀려 신탁통치 약속에는 호응할 수도 있었던 것으로 보인다.

그러나 모스크바 3상회의 결정은 진의가 왜곡되어 남한에 전달되었고, 자주·민주·통일정부 수립을 꺼리던 친일파 언론의 왜곡보도 농간에다, 미국은 이를 시정하기 위해 적극적으로 노력하지 않았으며(사실은 기사의 왜곡을 방조한 것으로 혐의를 받았다.) 좌·우익 간의 논쟁이 격렬해지면서 출발부터 난관에 봉착했다. 이런 사태의 전적인 책임은 미국에게 있었다. 즉 모스크바 3상회의 결정의 충실한 수행이 오히려 극우반공세력의 약화를 가져올 것이 분명해지자 미국은 반탁운동을 부추겼고, 반탁운동을 반소·반공운동으로 몰아가는 극우 파시스트세력을 배후조종하였던 것이다. 결국 미국은 국제적 합의를 저버렸으며 조선〔한국〕의 통일정부를 위하지 않았던 것이다.

소련과 북조선측은 미국의 배신행위에 대해 분노하면서도 모스크바 3상회의 결정을 수행하기 위해 상호 보조를 맞추었다. 그러나 문제가 없었던 것은 아니었다. 조만식과 민주당이 모스크바 3상회의 결정에 대해 반대했던 것이다. 12월 30일경 치스챠코프는 조만식을 사령부로 초대하여 모스크바 3상회의 결정의 내용을 설명하고 조선민주당이 이 결정의 지지를 표명해줄 것을 요구했다. 조만식은 곧 민주당 간부회의를 소집하였는데 결론은 반대로 나왔다. 일이 이렇게 되자 이번에는 김일성이 조만식을 찾아가 모스크바 3상회의 결정을 자세하게 설명하고 지지할 것을 간청하였다. 조만식은 끝내 거부하였다. 이후 조만식은 북조선의 정치무대에서 사라졌다.(와다 하루키, 앞의 글. 오영진「소군정하의 북한」부산 1962. 오영진의 설명에 의하면 조만식은 이때부터 사실상의 감금상태에 들어갔다.)

조만식의 정계 은퇴는 그가 갖고 있는 애국적 열정과 지조를 고려할 때 민족사적으로 대단히 불행한 일이 아닐 수 없었다. 어떤 논자들은 모스크바3상회의 결정의 수행을 촉구한 소련과 북측을 비난하기도 한다. 그러나「통일임시정부를 수립하기 위한 국제적 합의」를 충실히 수행하고자 한 것이 소련과 북측의 일관된 태도였다면 그런 평가는 정당한 것으로 볼 수 없다.

모스크바 3상회의 결정이 공표되면서 북에서는 이를 지지하기 위한 각 정당·사회단체들의 연합행동이 빈번해졌고 이것을 통한 통일전선운동은 더욱 강화되어나갔다. 1946년 1월 2일 공산당·조선노동조합전국평의회 북부조선총국·평남농민위원회·민주청년동맹·조선여성동맹·조선독립동맹 등의 대표자가 공동으로 발의한 모스크바 3상회의 결정을 지지하는 성명이 있었다. 1946년 1월 29일에는 조선공산당 북조선분국 책임비서 김일성, 조선독립동맹 주석 김두봉, 조선민주당 부당수 최용건, 조선노동조합 전국평의회 북부조선총국 위원장 현창조, 여성동맹위원장 박정애, 조소문화협회 부위원장 황갑수, 조선민주청년동맹 북조선위원회 부위원장 김O진, 평안남도인민위원회 위원장 홍기주, 조선민주당 평양시위원회 부위원장 강양욱, 조선농민조합 북부 조선연맹 준비위원장 이관엽의 연명으로 모스크바 3상회의 결정 지지성명을 발표하였다.(「전조선 동포들에게 격함」국사편찬위원회『북한관계사료집』)

여기서 북조선 공산주의자들의 3상 결정지지 이유와 3상 결정에 반대하는 남한의 정치지도자들에 대한 인식을 당시의 문건인「상춘선전요강」을 통해서 살펴보는 것은 흥미를 넘어서 당시의 논쟁을 이해하는 데에도 도움이 될 것이다.

북측은 모스크바 3상회의 결정이 공표되자 조선〔한국〕내의 정당·사회단체들은 2개의 진영으로 확고히 나뉘었다고 보았다. 그것은 모스크바 3상회의 결정을 지지하는 세력은 민주진영이고 반대하는 세력은 반민주진영이라는 것이다. 북측의 이러한 인식은 남한의 극우파가 모스크바 3상회의 결정 중 통일임시정부 수립의 의미를 축소시키거나 언급하지 않고 신탁 통치 조항만을 따로 떼내어 부각시키면서 신탁 반대세력을 애국세력, 신탁 지지세력을 매국세력으로 몰아붙여 좌우논쟁의 구도로 선전했던 것과 좋은 대조를 이루었다.(국사편찬위원회, 앞의 책, 「上春宣傳要綱」 이것은 공산당 진남포시위원회 선전부에서 당원들의 선전용 지침으로 만든 소책자)

북측은 모스크바 3상회의 결정을 지지하는 이유를 조선의 현실적 기본문제인 민족통일전선의 완성과 경제부흥을 촉진하기 때문이라는 데서 찾고 구체적으로 여섯 가지로 설명했는데, 그것은 이 결정이 1. 조선을 민족독립국가로서 부흥시키고, 2. 민주주의적 임시정부를 조직케 하며, 3. 일제의 혹독한 세력을 제거하고, 4. 경제·산업·교통·운수의 발전을 조장하며, 5. 민족문화의 부흥·발전을 도모케 하고, 6. 선진 나라의 기술적·경제적 후원을 약속하고 있기 때문이라는 것이었다.

그리고 비민주주의자들이 모스크바 3상회의 결정을 반대하는 이유는 첫째 민주주의세력의 성장에 대한 불만을 품고, 둘째 38도선이 철폐되고 통일이 되면 친일파들은 피난처가 없어지며, 셋째 순진한 애국자들을 오도하고 민중을 기만하고자 하며, 넷째 반공·반소하여 진보적 민주주의세력의 약화를 꾀하고, 다섯째 조선을 해방시켜준 연합국들을 이간시키고자 함이었다는 것이다.

각 지도자들에 대해서 북측은 대표적으로 김구와 이승만, 그리고 이와 대비되는 사람으로 안창호 선생을 들었다. 이 평가에 의하면, 이승만은 김일성이 항일무장투쟁을 벌이고 민중들이 피 흘려 싸우고 있을 때 미국에서 한담이나 하면서 소일하고 있었으며 해방 후 귀국하여서는 독립운동의 주도세력인 공산주의자들을 비방·반대하고 나아가 소련까지 공격했다. 또한 김구는 정신을 차리지 못하고 친일주구배와 민족반역자들과 한패가 되어 반탁운동의 선두에 섰다는 것이다. 그리하여 두 사람은 민족애국지사의 이름을 더럽혔다고 한다. 북의 공산주의자들은 결론으로서 이승만과 김구는 안창호의 민주주의 정신을 백분의 일이라도 배워서 안창호처럼 진정하고 순결하고 철저한 애국민족주의자가 되어 이제라도 회개하고 민족통일전선에 참가하기를 권유하였다.

(3) 중앙 주권기관 「북조선임시인민위원회」 수립

1946년 2월 8일 평양에서는 「북조선 각 정당·사회단체, 각 행정국 및 각 도·시·

군 인민위원회 대표 확대협의회」가 개최되었다. 같은 날 김일성은 「목전 주선정치 형세와 북조선임시인민회의 조직문제에 관한 보고」를 하면서 북조선임시위원회 수립의 필요성을 역설하고 10개 항의 당면 과업을 제시하였다. 이러한 보고를 듣고 참가자들은 북조선임시인민위원회의 수립을 결정하였으며, 2월 9일에는 위원선거가 있었다. 그리하여 김일성을 비롯한 23명의 위원이 선출되었고 김일성은 위원장이 되었다. 북조선임시인민위원회의 조직구성은 다음과 같다.

위 원 장 : 김일성(공산당)	부위원장 : 김두봉 〈독립동맹〉
서 기 장 : 강양욱(민주당)	산업국장: 이문환(공산당)
교통국장 : 한희진(공산당)	상업국장 : 한동찬 〈무소속〉
농림국장 : 이순근(공산당)	체신국장 : 조영열(공산당)
재정국장 : 이봉수 〈공산당〉	교육국장 : 장종식(공산당)
보안국장 : 최용건(민주당)	사법국장 : 최용달(공산당)
보건국장 : 윤기영(무소속)	총무부장 : 이주연(공산당)
기획부장 : 정진태(공산당)	선전부장 : 오기섭(공산당)

그런데 위의 조직구성을 보면 북조선임시인민위원회에서는 항일무장투쟁세력과 국내파, 독립동맹의 세 가지 세력으로 구성되는 공산당이 압도적 다수를 차지하고 있음을 알 수 있다. 즉 5도행정국이 각 도의 인민정치위원회를 기반으로 하는 도 차원의 지방정권들간의 협의체기구였고 조만식을 비롯한 민족주의세력의 상당한 부분을 포괄하였다고 한다면 북조선임시인민위원회는 온건 민족주의세력이 대거 탈락하고 공산당의 영도권이 완전히 확립된 단일적 조직체계를 갖춘 중앙주권기관이었다.

북조선에서 도인민위원회들간의 협의체적 기구인 「5도행정국」이 중앙주권기관인 북조선임시인민위원회로 발전된 것은 다음과 같은 세 가지 역사적 배경을 갖고 있었다.

첫째, 북에서 인민위원회의 내부적 발전과정이 북조선임시인민위원회의 출현을 요구하였다. 앞에서 설명한 바와 마찬가지로 해방 후 북조선의 정권기관은 건국준비위원회·인민정치위원회로 강화·발전되면서 10개국을 갖춘 5도행정국으로 이어져왔다. 그러나 행정국만으로는 지방정권기관들의 산만성과 지방할거적 경향을 완전히 극복할 수 없었으며 당면한 혁명의 문제를 해결할 수 없었다. 이러한 사정들은 필연적으로 인민위원회들의 사업을 총괄적으로 지도하여야 할 북조선임시인민위원회의 창설을 요구하게 되었다. 이 점에 대해 김일성은 2월 8일 확대협의회에서 행한 보고에서 다음과 같이 말했다.

그러나 생활은 한자리에 머물러 있지 아니하고 전진하며 그리고 우리의 앞에 새 요구가 나섰다. 즉 오늘까지 하여온 사업은 원만치 못하다. 우리는 지금 벌써 우리의 각 국局들과 지방인민위원회 사업에서 많은 난관들과 실제적 결함들을 보고 있다. 중요 국局들의 사업의 방향을 인도하며 지도할 유일한 북조선 중앙주권기관이 없다.따라서 각 국局들은 경제 및 문화생활의 자기 부문에서만 활동하고 있다. 그러나 각 국局들이 일하는 행정에서 피치 못하고 상호연관된 것이 있다.

지금 조직되어 있는 어떤 국局이든지 독단으로 해결하지 못하는 문제들도 실제 생활에서 많이 제기된다.…… 이러므로 북조선에 중앙행정기관을 조직할 필요성이 있다. 우리의 견지로는 조선통일정부가 들어설 때까지 북조선임시인민위원회가 이런 기관으로 되어야 할 것이다.

둘째, 조선반도문제에 대한 모스크바 3상회의 결정이 발표된 후 국내에 조성된 정치정세 때문에 북조선임시인민위원회가 출현하게 되었다. 모스크바 3상회의 결정에는 통일임시정부를 급속히 수립할 방도와 조선을 자주독립국가로 발전시키기 위한 제반 시책들을 실시할 것이 예견되었다. 이것은 공산당의 인민공화국 수립노선과 일치되었다. 즉 모스크바 3상회의 결정에 나타난 통일임시정부 수립, 친일 잔재의 제거, 경제부흥을 중심으로 하는 소련의 대조선반도정책과 공산당의 정책은 별 차이가 없었다.

그러나 미국과 남한내 친일파와 극우반공세력은 처음부터 모스크바 3상회의 결정을 왜곡하였으며 그 실현을 위해 충실히 노력하지 않았다. 이러한 정세는 우선 제반 유리한 조건이 갖추어진 북부에서만이라도 모스크바 3상회의 결정을 실현에 옮김으로써 장차 통일임시정부 수립에 대비할 혁명적 민주기지 창설의 문제를 제기하였다. 이 점은 다음과 같은 미군정의 정보보고서에서도 지적되고 있다.(「G-2 Weekly summary」 no.23, 1946.2.19.)

신탁통치에 대한 미군정의 어정쩡하고 이기적인 태도를 비난한 후 소련은 북부에 중앙정부를 수립하려고 한다. 여러 가지 보고에 의하면 추진 중인 정부는 구조상 남쪽의 미군정과 비슷하다. 정부성원이 두 조선인이라는 점을 제외하면……

이 정부는 '인민정부'로 불리게 될 것이다. 조선인 자문회의가 2월 8일 평양에서 김일성을 위원장으로 하여 구성되었다. 연안독립동맹의 김두봉은 최근 연안에서 평양으로 왔고 서울에 지부를 설치했는데, 그도 또한 자문회의의 위원이다. 도위원회에 책임을 졌던 하급 위원회는 중앙통제에 들어가고 있으며 이 자문회의가 중앙정부의 역할을 떠맡을 것 같다.

셋째, 통일적 민주주의임시정부의 모체가 된 북조선의 중앙주권기관을 창설하고 이를 통하여 제반 사회경제적 개혁을 실시함으로써 통일적 민주주의임시정부를 수립할 물적 토대를 구축해야 할 필요성이 제기되었다. 이것은 모스크바 3상회의 결정의 정신에 입각하여 수행할 사회경제적 개혁의 원칙들을 앞서 실천함으로써 통일임시정부가 취해야 할 정책 방향을 미리 제시한 것이었다. 즉 북조선으로서는 모스크바 3상회의 결정의 전국적 실현의 전망이 불투명한 상태에서 토지개혁을 비롯한 제반 사회경제적 개혁을 마냥 미룰 수만은 없다고 판단하였다. 그렇기 때문에 북조선임시인민위원회는 2월 9일 반제반봉건적 사회경제개혁의 원칙을 담은 「11개 조 당면과업」을 발표하였다.(『조선중앙년감』 1949년판)

1. 친일분자 및 반민주적 반동분자를 철저히 숙청하며 유력한 간부를 각 부문 지도사업에 등용하며 각 지방의 행정기구를 강화할 것.
2. 최단기간 내에 일본 침략자 및 친일적 반동분자에게서 몰수한 토지와 삼림을 국유화시키며 반분소작제를 철폐하여 무상으로 농민에게 분여하는 것으로서 토지개혁의 준비 기초를 세우기 위하여 노력할 것.
3. 생산기업소를 인민생활 필수품에 수요되는 기업소로 변경하고 그 발전을 도모할 것.
4. 철도·수운·체신·운수 등을 완전히 회복시킬 것.
5. 은행 등 금융기관의 체계를 정리하며 무역 및 상업에 대한 정책을 정확히 수립할 것.
6. 중소기업의 개량과 발전을 도모하며 기업가와 상업가들의 창조성을 장려시킬 것.
7. 노동운동을 적극 방조하며 광산·기업소와 운수업 기관에 공작위원회·제작소위원회 등 광범한 조직망을 설치할 것.
8. 민주주의적 개혁에 적응토록 인민교육제도를 개혁하며 초등·중등학교를 확장하며 교원양성을 재준비하며 국문 교과서를 편성할 것.
9. 과거 일본 제국주의 교육의 노예화 사상을 청소하기 위하여 진실한 민주주의적 정신으로 인민을 교양하며 각계각층 인민에게 문화계몽사업을 광범히 전개할 것.
10. 북부 조선에 있어서 중대한 식량문제의 적당한 대책을 긴급히 수립할 것.
11. 조선 인민의 이익에 가장 적합하고 공정한 모스크바 3국외상회의의 조선 문제에 대한 결정의 진의를 일반 인민에게 정확하게 해석하여줄 것.

이 「11개 조 당면과업」은 일제하 김일성이 주도한 항일민족통일전선인 「조국광복회 10대강령」을 해방 후의 정세에 맞게 계승·발전시킨 것이며 이것은 추후 김일성이 제1차 미소공동위원회가 개최되자 장차 수립될 통일임시정부의 정강으로서 발표한 「20개조 정강」으로 발전하였다.

북조선임시인민위원회는 이와 같은 자기의 정강에 맞게 반제반봉건민주주의혁명에 찬성하는 정치세력을 광범위하게 포괄하고 있었다. 당면한 문제를 해결하기 위해 정치적 대의를 같이 한다면 통일전선과 인민정권 내에서 투쟁보다는 단결을 위해 노력해야 한다는 것은 혁명을 성공시키기 위한 중요한 원칙이다.

김일성은 이러한 원칙을 "간판을 위해 통일전선이 요구되는 것이 아니라 인민을 단결시키기 위해 요구된다"고 말하였으며 1946년 4월 1일 조선공산당 북조선분국 중앙 제6차 확대집행위원회에서는 "소자산계급성 민주주의혁명단계에서 공산당과 민주당이 정치적 목적을 같이한다면 절대로 충돌을 일으켜서는 안 된다. 통일전선을 파괴하는 것은 당을 좌경적 오류에 빠지게 하는 것"이라고 말하면서 그러한 행위에 대해 극렬한 비판을 퍼부었던 것이다.

따라서 북조선 임시인민위원회가 공산당의 하부집행기관이나 다름없다고 보는 견해는 문제가 있다. 북조선 임시인민위원회가 반제반봉건에 찬성하는 각계각층의 통일전선에 의거한 정권이었다는 점은 북조선임시인민위원회의 하부조직 구성에서 찾아볼 수 있다.

북조선임시인민위원회의 하부조직 구성

	노동자	농민	사무원·인텔리	기업가	상인
비율	5.7%	71.8%	15.8%	2.1%	4.6%

자료 : 『조선통사』 하 사회과학원 력사연구소, 1958

그런데 북조선임시인민위원회에서는 온건 민족주의자들이 대거 탈락되었을 뿐만 아니라 이들에 대신하여 연안파 공산주의세력의 상당수가 참여하는 조직구성상의 변화가 일어났다. 연안독립동맹의 영수격인 김두봉은 이 위원회의 부의장으로 참여하게 되며 그 후 연안파 공산주의 세력은 신민당이라는 독자적인 공산당을 만들면서 활동을 개시하게 된다. 그러나 이때에는 이미 항일무장투쟁세력이 북에서 공산주의운동의 주도권을 쥐고 있었기 때문에 연안파가 공산주의운동의 판도를 뒤바꿀 수는 없었다.

신민당에는 소시민·지식인·중산계급이 주로 참여하였고 심지어는 공산주의에 찬성하지 않는 민족주의자들이나 지주들도 자신들의 안전을 보장받기 위해 입당하기도 하였다고 한다. 신민당의 이러한 조직구성은 그들의 토지개혁정책에 영향을 미친 것으로 보인다 신민당은 1945년 11월 말경부터 입북한 연안독립동맹세력을 모태로 하여 만들어졌는바 이 당의 정치노선은 모택동의 신민주주의와 유사하였다.

이 당의 토지정책이 어떠한 기준을 가졌는가는 자세히 알 수 없으나 남조선 신민당수였던 백남운의 주장(「조선민족의 진로」)이나 독립동맹의 강령을 살펴볼 때 신민당은 항일무장투쟁세력이나 국내파 공산주의 세력의 토지정책에 비해 좀 더 유연하고 조선인 지주에 대해서도 그리 가혹한 기준을 설정하지는 않았음을 엿볼 수 있다. 이에 대해 미군정 정보보고서는 다음과 같이 당시의 상황을 설명하고 있다.(「G-2 Weekly summary」 no.32 1946. 4. 24.)

신민당은 공산당의 토지개혁법에 강력히 반대한다. 왜냐하면 그것은 너무 가혹하기 때문이다.(지주는 집과 토지를 잃을 뿐만 아니라 부채도 받을 수 없다) 이 문제를 놓고 김일성과 김두봉 사이에 논쟁이 있었다.

그러나 결국 토지개혁은 김일성이 주도하는 공산당의 계획대로 추진되었고 북조선임시인민위원회는 이것을 채택하게 되었다. 이로 미루어 볼 때 북조선임시인민위원회가 결성된 시점을 전후해서 김일성을 중심으로 하는 항일무장투장세력은 당과 정권기관 양자에서 우위를 점하기 시작한 것 같다.

북조선임시인민위원회는 그 계급적 본질상 프롤레타리아정권으로서 노농동맹을 중심으로 반제반봉건에 찬성하는 계급과 계층에 토대를 둔 인민정권이었으며 1947년 초반까지 인민민주주의독재 기능을 수행하였다. 북조선임시인민위원회는 소련군으로부터 상당한 자율성을 갖고 자체의 권력을 행사하였다. 그러나 북조선임시인민위원회의 제반 정책은 소련의 대조선정책의 기조를 건드리지 않는 범위 내에서 가능하였다.

「북조선임시인민위원회 구성에 관한 규정」은 제10조에서 1. "북조선임시인민위원회와 소련군 사령부에 제출할 법령과 결정의 초안을 작성할 것", 2. "북조선 임시인민위원회와 소련군 사령부에서 발포한 모든 법령과 결정을 실시할 것"이라고 북조선임시인민위원회 산하 각 국의 직무를 규정했고, 제12조에서는 "각 국장은 북조선임시인민위원회 소련군 사령부의 포고 또는 법령에 배치되지 않는 한도 내에서 그 담당부문의 사업수행에 필요한 포고와 지령을 발할 권한을 갖는다"라고 규정하였다.

이로 미루어볼 때 북조선임시인민위원회의 제반 정책 중 중요 정책은 소련군 사령부의 승인 하에서 이루어졌다고 볼 수 있다. 그러나 인민민주주의혁명이 소련군 사령부와 북조선임시인민위원회의 공동목표인 한 양자간의 정책상의 충돌은 거의 없었을 것이며 따라서 북조선임시인민위원회에서 발의한 정책들은 대부분 소련군 사령부에 의해 승인되었을 것이다.

조선 역사에서 북조선임시인민위원회 수립이 갖는 역사적 의의는 세 가지로 요약된다.

첫째, 북조선임시인민위원회의 수립은 일제 통치기구를 소탕하고 북조선에서 혁명의 주된 문제인 정권문제가 해결되었음을 의미하였다. 또한 북조선임시인민위원회는 모스크바 3상회의 결정에 따른 통일임시정부 수립의 기초를 닦은 것으로 이는 북부에서 목표로 하는 민주주의인민공화국의 첫 출발점을 이룬 것이다.

둘째, 북조선임시인민위원회의 수립은 해방 후 북측이 추구하던 혁명이 갖는 특수성으로부터 출발하여 서북5도 당대회에서 제기된 민주기지 창설노선의 수행을 위한 근본적이며 관건적인 임무를 해결한 것이다. 즉 북에서 민주기지 창설의 혁명적 무기가 해결됨으로써 혁명 발전의 전제가 조성되게 되었다.

셋째, 북조선임시인민위원회의 수립은 북에서 민족민주통일전선이 완성되었음을 의미하는 것이다. 통일전선운동을 통한 강력한 대중적 기초의 마련이 없이는 인민정권의 수립이 불가능하다. 대중적 토대에 근거하지 않은 정권은 사상누각에 불과한 것이다. 남한에서 박헌영이 하룻밤 사이에 인민공화국을 만들어냈다면 북조선임시인민위원회는 항일 무장투쟁시기 항일민족통일전선인 「조국광복회의 경험」을 바탕으로 해방 후 상당한 기간에 걸친 통일전선 결성을 위한 노력들의 산물로서 나타난 것이었다.

3. 반제·반봉건 개혁, 자주·평등·민주사회 건설에 박차

1) 평등 사회 건설의 핵심, 반제 반봉건 사회경제개혁

북측은 모스크바 3상회의 결정을 수행하기 위한 통일임시정부 수립의 기초로서 북조선임시인민위원회를 수립하였고 이것은 '민주기지노선'의 첫 단계였다.(북부에서 먼저 평등민주사회를 이루고, 차차 전국적 자주·민주 사회를 건설해간다는 의미) 그러나 정권의 수립만으로는 민주기지노선이 상정하는 궁극적 목표는 달성할 수 없었다. 왜냐하면 노농동맹에 근거해서 인민정권이 수립되었다 하더라도 그 정권이 자신의 물적 토대를 갖추지 않는다면 지속성과 생명력을 가질 수 없기 때문이다.

정치적 상부구조로서의 정권, 그것은 토대의 반영으로서 수립된 다음에는 새로운 토대의 창출 및 공고화를 위하여 적극적으로 작용을 하게 된다. 만약 그렇지 않을 경우 기존의 지배계급은 자신의 물적 토대를 이용하여 정권을 재장악 하기 위해 온갖 시도를 하게 된다. 이러한 시도를 막고 인민정권이 노농동맹을 한층 강화하며 기존 지배계급의 물적 토대를 박탈하기 위해서는 사회경제적 개혁(민주개혁)을 실시하지 않으면 안 되는 것이다. 여기서 문제가 되는 것은 인민정권이 어떠한 내용을 갖는 개혁을 실시하는가이며, 그 개혁의 내용은 한 사회의 사회경제적 구조가 어떠한가에 의해 결정된다.

해방 직후 조선의 사회경제체제는 전형적인 식민지 반半봉건사회였다. 일제의 침략으로 조선은 근대 자본주의사회로 발전되지 못한 채 일제의 완전한 식민지로 되었다. 국내의 중요 생산수단들은 일제의 독점자본가들의 소유로 되었는바, 해방 전 우리나라의 공업에서 일본 자본이 차지하는 비율은 93퍼센트 이상에 달하였다. 또한 토지의 대부분은 소수의 지주들의 수중에 장악되어 있었고 주민의 압도적 다수를 이루는 농민대중은 토지의 결핍 또는 부족으로 말미암아 가혹한 봉건적 착취를 당했다.

예를 들면 해방 전 북반부 인구의 6.8퍼센트에 해당하는 지주들이 전체 토지의 58.8퍼센트 이상을 소유하고 있었다면 주민의 80퍼센트 이상을 차지하고 있었던 농민은 전혀 토지가 없다거나 극히 적은 토지를 가지고 있었을 뿐이다. 이로부터 조선의 경제를 저해하는 중요한 질곡은 산업에서의 식민지적 관계가 지배적인 자리를 차지한 것이었고 농촌에서는 봉건적 착취관계가 지배적이었다는 데 있었다.

이와 같은 식민지 반봉건사회를 탈피하기 위해서는 반제반봉건적 사회경제개혁이 급선무로 되었는데, 북조선의 지도세력은 그러한 개혁을 통해서만이 튼튼한 '민주기지'가 건설될 수 있다고 보았다. 그리하여 1946년 2월 9일 북조선임시인민위원회는 「11개조 당면과업」을 제기하였고 이를 발전시켜 같은 해 3월 23일에는 제1차 미소공동위원회가 개최되자 장차 수립될 「통일임시정부」의 정강으로서 「20개조 정강」을 발표했던 것이다.

양자(당면과업과 정강)는 모두 반제반봉건 민주주의혁명 단계에 맞는 사회경제개혁의 내용을 담은 것이었으며 항일무장투쟁시기인 1936년 5월 조국광복회에 의해 작성된 「10대 강령」의 연장선상에 있는 것이었다. 북조선임시인민위원회는 「11개조 당면과업」에 제시된 대로 1946년 2월부터 1947년 초까지 북조선에서 반제반봉건적 사회경제개혁을 실시하게 되는데, 그 개혁의 주요 내용은 토지개혁, 중요 산업의 국유화, 민주적 노동법령 실시, 남녀평등권법령의 실시 등이었다.

○ **착취와 불평등의 근원인 「편중된 토지소유제」를 개혁**

북반부에서 반제반봉건 민주주의혁명의 구체적이고 핵심적인 내용은 친일파의 청산과 토지개혁이었다. 친일파는 크게 셋으로 분류되었는데, 그것은 ① 일제 총독부 관리·경찰 등 반동관료배 ② 지식인이나 서민들 중의 친일협력자 ③ 친일지주였다. 이 가운데 ①과 ②에 해당하는 사람들은 소련군의 진주와 더불어 소련군에 의해, 그리고 인민위원회에 의해 북조선임시인민위원회가 수립되기 이전까지 공직에서 추방되거나 월남해버렸다. 따라서 잔존한 반혁명세력은 지주계급이었고, 지주계급을 청산하기 위해서는 토지개혁이 수반되지 않으면 안 되었다.

일제하에서 대부분의 「지주계급은 식민지 통치의 주요한 기둥」이 되고 있었으며 역으로 「지주계급은 일제 총독부권력의 비호를 받음으로써 농민들에 대한 안정적 착취를 보장」 받았다. 여기서 문제가 되는 것은 지주 일반을 친일파로 규정할 것인가의 여부이다. 만약 지주로서 일제에 대한 협력행위가 명백하다면 반제적 과제(제거 대상)로서 그의 토지를 몰수하는 것은 정당하다. 이 경우 친일지주의 토지를 몰수하는 것은 반제적 과업과 반봉건과제가 일치하는 것이다.(반제국주의 과업인 동시에 반봉건과업의 이행이 되는 것이다.)

그러나 친일지주만을 몰수대상으로 할 경우에는 봉건제도가 청산되지 않으며 농민은 계속 착취를 당하지 않을 수 없다. 북반부에서는 농촌사회에서 이 같은 모순을 영원히 없애기 위하여 지주계급 일반을 청산하는 토지개혁정책을 내세웠다. 따라서 북에서의 토지개혁은 반제적 과업의 수행을 위한 것이었을 뿐 아니라 봉건적 착취제도 자체를 없애기 위한 반봉건의 과업도 동시에 해결하기 위한 것이었다.

(1) 항일 투쟁 시기 만주 유격 근거지에서의 토지개혁 경험

북조선의 토지개혁을 이해하기 위해서는 먼저 항일무장투쟁시기의 토지개혁을 살펴보지 않으면 안 된다. 왜냐하면 북의 토지개혁은 항일무장투쟁시기 유격 근거지(만주)에서의 인민혁명정부에 의한 토지개혁의 경험(1933~1935)을 살려 새로운 정세 속에서 그것을 창조적으로 적용한 것이기 때문이다.

유격 근거지에서의 사회경제적 개혁, 특히 개혁의 중심 내용인 토지개혁은 근거지의 조선 민중에게 장차 해방될 조국 땅에서 세워야 할 새 사회제도의 원형을 실물로 똑똑히 보여주기 위한 것이었다는 점에서 그 중요성이 참으로 크다고 하지 않을 수 없다 이는 유격근거지에서 농업이 경제의 기본을 이루고 있었으며 근거지 주민의 절대 다수가 농민이었던 조건과 관련된다.(이종석 「북한 지도집단의 항일무장투쟁의 역사적 경험에 대한 연구」 성균관대 정외과 석사학위논문 1988)

1930년대 항일무장투쟁을 수행하는 조선인 공산주의자들의 주무대였던 두만강 연안의 간도 일대에는 약 42만에 달하는 조선인들이 살고 있었는데, 그들은 이 지역 주민의 80퍼센트 이상을 차지하고 있었다. 화룡현의 경우에는 주민의 96퍼센트가 조선인이었다. 이처럼 주민의 절대다수를 차지하고 있던 조선인들은 거의가 농촌에 살고 있었으며 그들은 봉건적 토지소유관계에 예속되어 있었다.

연길현·화룡현·왕청현·훈춘현 등 지방의 농촌에 살고 있던 조선인들은 일제의 자료에 의한다 하더라도 지주 7.1퍼센트, 자작농 36.3퍼센트, 자작 겸 소작농 25.4퍼센트, 소작농 31.2퍼센트라는 농촌계급 구성을 보여주고 있었다. 그러나 여기서의 자작농이란 대부분이 화전민이었으므로 그 경제적 처지가 열악한 것이었으며 나머지 농민들은 소작이 아니면 생계유지가 안 되는 형편이었다. 따라서 근거지내의 농민들을 봉건적 질곡에서 해방시키고 그들을 인민혁명정부를 지지하도록 만들며 항일전선에로 결집시켜내기 위해서는 토지개혁이 필수적으로 요구되었다.

인민혁명정부는 먼저 토지의 몰수대상을 규정하였다. 몰수의 대상은 친일 지주에 한정시켰다. 이것은 일제의 침략이 더욱 노골화됨에 따른 것이었다. 즉 당시 광범위한 군중 속에서 반일감정이 높아지고 있었던 조건 속에서 반일민족통일전선을 더욱 강화하기 위해서는 친일지주 이외의 지주들의 토지까지 몰수하는 것은 바람직하지 못하였다. 결국 인민혁명정부의 토지몰수 대상에 대한 규정은 이전의 「소비에트정부 수립과 토지혁명」 노선을 전면 수정하고 새로운 혁명정세에 조응시킨 것이었다.(소비에트정부의 토지개혁정책의 핵심은 지주계급 일반의 청산과 토지의 국유화(경작권만 농민에게 줌)로서 사회주의혁명 단계에서나 시행해야 할 좌편향적인 것이었다. 이종석, 앞의 글)

일반적으로 반反봉건 토지개혁에서는 지주의 토지 일반을 몰수대상으로 삼는다. 물론 소작료를 받아먹고 농민들을 착취하는 지배계급을 청산하는 것은 근로인민대중의 해방을 위해 필수적이다. 그런데 이 요구는 혁명발전단계의 구체적 과업에 따라 실현된다. 반제反帝과업이 전면에 나서고 있던 일제하에서는 무엇보다도 일제와 일제의 식민지통치를 적극 옹호하는 친일주구走狗들을 청산하는 것이 필요하였던 것이다.

한편 일제의 식민지통치가 강화되고 토지독점정책이 심해짐에 따라 조선인 지주들 속에서도 변화가 일어나고 있었다. 1921년 100정보 이상의 토지를 가진 일본인 지주와 조선인 지주를 각각 100으로 볼 때 일본인 지주 수는 1925년에 108.1, 1929년에 109, 1933년에 122로 늘어났다면 같은 기간에 조선인 지주의 수는 91.3, 89, 82.3으로 줄었다. 50정보 이상 100정보 이하 소유 지주의 경우에는 1929년에 일본인 지주는 전체 지주수의 30.1퍼센트였다면 1936년에는 32.2퍼센트로 늘어났으며, 조선인 지주는 같은 기간에 69.8퍼센트로부터 67.4퍼센트로 줄어들었다.(손전후「우리나라 토지개혁사」과학백과사전 출판사 1983)

이것은 조선인 대지주들의 토지가 적지 않게 일제 지주들의 수중에 집중되고 있었다는 것을 보여준다. 이러한 경향은 특히 중소지주들의 경우에 더욱 심하였다.

서로 같은 착취적 본성을 가진 일제와 조선인 지주계급들 사이에 일어나는 이러한 현상은 조선인 중소지주들 속에서 반일감정이 일어나지 않을 수 없게 하였다. 이러한 조건에서 만약 중소지주들의 반일적 요소 를 고려지 않고 그들의 토지소유까지 몰수대상으로 규정한다면 혁명역량을 강화할 수 없고 도리어 일제에게 유리한 조건을 지어줄 수 있었다.

혁명의 대중적 기반이 넓어짐에 따라 중소지주들까지 일제를 미워하는 조건에서 일제의 식민지통치를 청산해야 할 혁명의 요구를 실현하자면 그들의 토지는 다치지 않는다는 것을 밝혀야 더 많은 반일계층을 혁명의 편에 끌어들일 수 있었다. 이로부터 인민혁명정부는 지주토지 일반을 몰수 대상으로 규정하지 않고 일제와 친일주구들의 토지만을 몰수대상으로 삼았던 것이다. 다시 말하여 일제에 대한 지주계급의 태도나, 반일민족해방혁명에 대한 지주계급의 정치적 입장에 따라 그의 토지를 몰수대상으로 규정하였던 것이다.

이어서 인민혁명정부는 빈·고농貧雇農을 핵심으로「토지개혁준비위원회」를 조직하고 이 위원회로 하여금 토지개혁을 직접 맡아 수행하도록 하였다. 토지개혁준비위원회는 유격구내의 농호수·노력자수·토지면적·토지소유관계·농기구 소유 등의 모든 실태조사 자료를 장악하고 토지개혁을 실시해나갔다. 그러나 그 과정에서 여러 가지 난관이 조성되었다. 난관은 무엇보다 일제와 그 주구들이 감행하는 책동이었다. 이 시기 일제는 유격구역을 포위하고 봉쇄정책을 실시하는 한편 정치군사적 공세를 강화하였으며 친일주구들을 유격구내에 침투시켜 토지개혁을 방해하고자 하였다.

만주사변을 전후해서 조선으로부터 연변에 들어온 친일파들은 일제를 등에 업고 간도자치를 주장하면서 전성호 일파를 중심으로 간도자치위원회를 발족시켰다 그리고 이들은 1932년 2월 일제의 지도 아래 간도에서 공산주의운동을 진압할 목적으로 당시 경성『매일신보』부사장인 박석윤, 광명회의 정사빈 등과 연합하여 '민생단'을 조직하였다.

공개적으로 반공조직이 나타나자 용정에 있는 혁명 단체들은 민생단을 반대하는 운동을 일으켰다. 일본영사관에서도 아직 만주국의 기초가 공고화 되어 있지 못하기 때문에 민생단이 성장할 수 있는 사회적 조건이 갖추어져 있지 못하다고 판단하고 있었다. 이에 민생단은 조직된지 다섯 달만인 1932년 7월 해산되었다.

민생단은 해산되었으나 민생단이 남긴 폐해는 실로 대단하였다. 민생단 스파이들이 백색구역(일제통치하의 지역)과 적색구역(유격 근거지) 가릴 것 없이 공산진영에 잠입하여 '간도 자치' 등을 내세우며 내부 분열공작을 획책한 결과 유격 근거지에서는 조선인이면 일단 '민생단분자'로 한번쯤 의심을 받는 지경에 이르렀다. 민생단은 해체되었으나 유격 근거지 내에 민생단 유령은 그대로 남아 있었던 것이다.(『일본의 조선 침략사』에서 상세히 서술되었음.)

바로 이러한 상황에서 친일주구 김동한을 중심으로 1934년 9월 '간도협조회'가 만들어졌다. 동만지방에서의 공산주의운동의 박멸을 기치로 내걸고 성립된 간도협의회는 민생단과는 하등 직접적인 관계를 가지는 것은 아니었으나 사회적 성격은 동일한 것이었다. 그리하여 약 2천여 명의 귀순분자·변절분자들을 규합시킨 김동한은 곧장 공작대를 조직하여 유격근거지에 대한 파괴공작에 나섰던 것이다.(이종석, 앞의 글)

유격 근거지에서 토지개혁을 하는데 있어서 또 하나의 난관은 종파·사대주의자들과 좌경기회주의자들의 책동이었다. 이 자들은 '사회주의의 즉시실현'을 떠들면서 부농, 심지어는 중농의 토지까지 몰수하여 토지의 공동경작을 실시할 것을 주장하였다. 이러한 책동은 비록 일부 지역에서 감행되었으나 그 악영향은 적지 않았다. 사적 소유 일반을 부정하는 이들의 주장은 토지에 대한 강한 애착을 갖고 토지 소유를 갈망하는 농민들의 혁명적 열의를 저하시키는 것이었기 때문이다.

토지개혁준비위원회는 유격근거지에서 적들의 통치구역으로 도망간 친일지주의 토지, 유격구역과 적의 통치구역 사이의 중간지대의 토지, 그리고 묵은 땅 등을 모두 장악하고 그 비옥도와 입지조건을 고려하여 그것을 각각 1등전·2등전·3등전으로 구분하였다. 그리고 남자는 15살 이상 50살까지, 여자는 15살 이상 40살까지를 1점의 토지분배점에 해당되게 하였다. 그 외의 미성년들과 어른들에 대해서는 위의 기준에 따라 구체적으로 좀 다르게 정하였다.

다음에는 분여토지의 총면적을 토지분배 총점수로 나누는 방법으로 1점당 토지분배 면적을 확정하고 매 농가의 토지분배의 점수에 따라 호당 분배 토지 몫을 정하였다. 그 계산방법은 다음과 같다.

$$\frac{분배토지\ 총면적}{분배토지} = 1점당\ 분배\ 토지$$

호당 분배토지면적 = 1점당 분배토지 × 호당 분배토지 총점수

토지개혁준비위원회는 이러한 계산으로 토지분배안을 작성하고 그것을 군중토의에 부쳐 군중노선과 계급노선이 관철(一致·共感)되도록 하였다. 특히 토지분여에서 1등전은 고농·빈농·반일유격대 가족·혁명열사 가족들에게 돌아가도록 하는 계급적 원칙을 지켰다. 토지개혁준비위원회에서는 일제의 침입이 부단히 계속되어 농민들이 개별적으로 경작하기 어려운 중간지대의 토지, 유격구역 주변의 토지에 대해서는 「생산돌격대」(일부 유격구에서는 '청년산업돌격대'라고 하였다)를 조직하여 그 토지를 공동으로 경작케 하였다. 유격 근거지 내의 산림에 대해서는 개인 소유를 없애고 인민혁명정부의 관할에 속하게 하고 이용하는 정책을 취했다.

토지개혁의 결과 유격 근거지의 농민들은 무상으로 토지를 분여 받고 땅의 주인으로 되었다. 농지경지면적이 비교적 많은 유격구의 농민들에게는 농호당 5천~6천 평씩 분배되었다. 연길현 삼도만 유격구의 둔전영동구 지방의 농민들은 평균 3,600평의 토지를 분배받았다.

인민혁명정부는 토지개혁을 실시하면서 지금까지 농민들이 지고 있던 빚을 무효로 선언하였으며 토지의 매매·저당·소작 등을 일체 금지하였다. 이것은 인민혁명정부에 의한 토지개혁이 친일지주에 한정된 것이었고 농민에게 토지소유를 확립시켜주는 것이었음에도 불구하고 농촌사회가 자본주의적 방향으로 나아가지 못하게 하는 동시에 일정 정도 사회주의적 지향을 가지게끔 하는 것이었다고 볼 수 있다. 그리고 인민혁명정부는 농민들이 토지를 분여받고 생산한 농산물에 대하여서는 그들의 완전한 소유로, 자유처분에 맡기었으며 다만 일정한 양만을 현물조세의 형태로 바치게 하였다.

공동경작의 방법으로 생산하여 얻은 농산물은 거기에 참가한 성원들이 가지게 하였으며 일정한 양만을 인민혁명정부에서 이용하였다. 인민혁명정부에 바치는 일정한 양의 현물조세는 근거지의 경제토대를 강화하는 데 이용되었다. 한편 인민혁명정부는 친일지주의 토지가 아닌 일반 지주의 토지에 대해서는 수확물의 20퍼센트만을 지주가 갖고 농민이 80퍼센트를 갖는 2·8제를 채택하였다.

위와 같이 인민혁명정부는 유격 근거지에서 토지개혁을 비롯한 여타 사회경제적 개혁

을 실시하였으나 공산주의자들 내부의 반민생단투쟁과 중국 공산주의자들의 주선인 공산주의자들에 대한 민족배타주의 때문에 유격 근거지는 1935년경부터 와해되기 시작하였다. 이로부터 김일성을 중심으로 하는 조선인 공산주의자들은 전열을 다시 가다듬어 활동 무대를 조선이 가까운 곳으로 이동하여 백두산 부근에 장백 근거지를 건설하고 1936년 5월에는 항일민족통일전선인 「재만조선인조국광복회」를 창립하였다.

조국광복회는 조국광복을 위한 「10대 강령」을 작성하였는바 이 강령은 반제반봉건 민주주의혁명의 과제들을 포괄하고 있었으며 특히 이전 유격근거지에서의 토지개혁의 경험을 토대로 토지개혁을 주요 과제 중의 하나로 제시하였다. 「재만조국광복회 10대 강령」중 제4항은 "일본의 모든 기업·은행·철도·해상의 선박·농장·수리기관·매국적 친일분자의 전체 재산과 토지를 몰수하여 독립운동의 경비에 충당하며, 일부 빈곤한 동포를 구제할 것"이라고 규정하였는데, 이것은 바로 인민 혁명정부의 토지개혁노선을 직접적으로 계승한 것이었다.

(2) 해방 후 농촌자위대 조직, 농민 정치의식 계몽

해방 후 일제가 물러나자 조선인들은 각지에서 자신들의 이해를 대변할 여러 가지 정치·경제·사회·문화단체를 조직하기 시작하였다. 이러한 현상은 해방 후의 농촌에서도 예외가 아니었다. 농민들은 먼저 농촌사회의 지역치안을 위해 농촌자위대를 결성하였다.

농촌자위대는 농사짓는 청년들 가운데서 18살에서부터 35살까지의 건강하고 핵심적인 청년들로 조직된 민간의 준군사적인 조직이었다. 농촌 자위대는 리에 분대, 면에 소대, 군에 대대, 도에 지대부의 조직체계를 갖추고 정기적인 훈련체계를 가졌으며 담당 초소, 담당 근무지역을 정했다. 농촌자위대의 기층조직은 분대였으며 분대성원은 8명에서 10명으로 구성되었다. 분대는 한 개 리에 3~5개씩 두었으며 면에는 리의 수에 따라 3~4개의 소대를 두었다. 군에는 면의 소대수에 따라 3~5개의 대대를 두고 이 대대들이 다시 도 차원의 지대부를 형성하였다.

농촌자위대는 농민동맹에 속하여 사업하였으며 민간의 대중적인 준군사조직으로서의 임무와 역할을 수행하였다. 자위대원들은 「자위대장정」에 의한 규율생활을 하였으며 경계근무·감시초소·경비근무·야간순찰 등으로 계급적 임무를 수행하고 농민들의 안녕과 사회질서를 보장하였다.

1945년 12월 3일부터 7일 사이에 함경북도 화영군 보을면에는 72명으로 9개 분대를 가진 3개 소대가 조직되었다. 화룡면에는 54명으로 6개 분대를 가진 2개 소대, 팔을 면에는 155명으로 12개 분대를 가진 4개 소대, 회령면에도 146명으로 18개 분대를 가진 5개 소대, 창두면에는 93명으로 10개 분대로 구성된 4개 소대가 각각 조직되었다.

각 도에 농촌자위대의 지대부가 조식되고 여기에 총 21만 2천여 명의 청장년들이 자위대 성원으호 망라되었다. 농촌자위대는 해방 직후 농촌에 조성된 무질서를 극복하고 반혁명세력의 준동을 제거하는 강력한 힘이었으며 토지개혁을 실시하는 데 매우 중요한 역할을 수행하였다. 농촌자위대와 더불어 해방 후 결성된 농민위원회·농민협회 등은 농민조합으로 개칭되었다.

1946년 1월 31일 도·시·군의 농민 대표들이 참가한 전국적 인 농민조합연맹 결성대회가 평양에서 열리고 농민동맹 중앙조직이 결성되었다. 창립 당시 농민동맹에는 벌써 70여만 명의 농민들이 망라되었다.

① 소작료 3·7 제로 인하 위한 평화적인 경제투쟁 전개

해방 후에는 이와 같이 다양한 형태의 농민조직들이 결성되었는데, 공산당은 그들을 투쟁을 통해 계급적으로 각성시킬 방도를 모색하였다. 그리하여 서북5도 당대회(1945. 10. 10~13)에서 당은 3·7제투쟁을 결의 하였다. 3·7제를 실시하기 위한 투쟁은 지주의 토지소유권에 대하여서는 다치게 하지 않고 지주들이 농민들에게서 빼앗는 소작료의 비율을 낮출 것을 요구하는 경제투쟁의 한 형태로서 당시의 조건에 적합한 것이었다.

당시엔 혁명의 무기인 정권 문제가 해결되지 않은 상태에서 토지개혁을 밀어붙일 수 없었고 다른 한편으로는" 일제 하에서 농민들은 '적색농민조합'의 결성 등을 통하여 소작료 인하투쟁을 경험한 바 있었기 때문에 당은 1945년 가을 추수에서 3·7제 투쟁을 통하여 농민들을 정치사장적으로 각성시키고 토지개혁에 대한 준비를 갖추게 했다.

북조선임시인민위원회는 1946년 2월 9일 발표한 「11개 조 당면과업」의 제2조에서 "최단기간 내에 일본 침략자 및 친일적 반동분자에게서 몰수한 토지와 삼림을 정리하며 적당한 방법으로 조선 인민 지주의 토지와 삼림을 국유화시키며 반분소작제를 철폐하여 무상으로 농민에게 분여하는 것으로서 토지개혁의 준비기초를 세우기 위하여 노력할 것" 이라고 규정했다. 여기서 지주의 토지를 몰수하여 국유화한다고 한 것은 문구상 잘못 표현된 것이 분명하다. 왜냐하면 북의 토지개혁에서는 토지소유권을 국가가 가진 것이 아니라 토지소유권 증명서 교부를 통해서 농민이 가지게 되었기 때문이다. 보다 중요한 것은 '최단기간 내에'라는 말의 의미이다. 무엇이 북조선임시인민위원회로 하여금 최단기간내에 토지개혁을 하도록 만들었는가?

북조선임시인민위원회가 17개 조의 북조선토지개혁법을 제정·공포한 것은 3월 5일이며 6개 장 24개 항의 세칙을 비준한 것은 3월 8일이다. 그리하여 토지분배사업을 완료한 것은 3월 말이다. 이처럼 단기간 내에 북조선이 토지개혁을 실시한 것은 두 가지 이유 때문이었다. 첫째로 식민지 반半봉건사회인 조선 사회의 핵심적인 모순은 반봉건적인 토지관계의 모순이었고 이로 인해 인구의 대다수를 차지하고 있던 농민이 봉건적인 질곡과 억압에서 허덕이고 있었다. 따라서 토지개혁을 더 이상 미룰 수 없었다. 또한 토지개혁은 도시상공업의 발전과 민족경제의 토대를 시급히 마련하기 위해서도 필수적인 것이었다.

둘째, 토지개혁을 통해서 농민들의 토지소유욕을 만족시켜 광범위한 농민대중을 공산당과 북조선 임시인민위원회의 지지세력으로 만들어 통일임시정부수립을 위한 민주 기지노선의 가장 중요한 제1차적 목표를 달성하고 이를 토대로 남쪽에 대한 북쪽의 상대적 우세를 보장하며 남반부 농민을 토지개혁을 위한 투쟁에로 불러일으키고자 함이었다.

토지개혁의 절박성은 일제하 조선의 농업 상태를 보면 잘 알 수 있다. 일제하 북부에서는 남부에서와 마찬가지로 대부분의 토지가 일본인과 소수의 조선인 지주들에게 속해 있었고 인구의 절대 다수를 차지했던 농민들은 고율의 소작료와 여타의 경제외적 강제에 시달리고 있었다.

해방 전의 통계(1943)에 의하면 조선의 전 농가호수 304만 546호 가운데 10만53호, 즉 3.3퍼센트에 불과한 지주들이 전체 경작면적의 46.2퍼센트를 장악하고 있는 반면에, 전농가호수의 97퍼센트에 달하는 농민들이 전체 경작면적의 57.8퍼센트인 169만 963정보의 경지를 소유하고 있었다. 1943년도 북부의 총 경작면적이 198만2,431정보였다면 같은 해 북조선의 총 농가 호수의 4퍼센트에 지나지 않는 4만6,134호의 지주들이 총 경작면적의 58.2퍼센트를 차지하고 있었다. 같은 해 북부의 토지 없는 농민들은 43만5,868호의 소작농들과 12만6,268호의 농촌 고용자를 합하여 총 농가호수의 45.4퍼센트에 달했다.

일제하의 조선 농민들은 자본주의적·봉건적 방법에 의한 이중적 착취 및 농노적 부역을 감당해야만 하였다. 반면에 지주들은 토지 없는 농민과 토지가 부족한 농민에게 계속적으로 소작을 줌으로써 고율의 소작료를 받아 기생충적으로 생활하였다. 대부분이 현물로써 징수되는 소작료는 지주의 마음대로 책정되었다. 토지를 잃어버리고 기아와 빈궁에 시달린 농민은 아사에 빠지지 않기 위하여 가장 곤란한 조건 밑에서도 지주의 토지를 소작하지 않을 수 없었다. 소작료는 수확물의 50퍼센트 내지 60 퍼센트 이상으로 되어 있었으며 어떤 군에서는 80퍼센트 내지 90퍼센트에 달한 사실도 있었다. 일본 금융자본과 조선인 지주들은 농민들을 고리대금으로써 착취하였으며 공장에서 생산되는 일용상품·농업기구·비료 등은 농민들이 생산하는 농산물들에 비하여 몇 배나 비싸게 교환되었다.

일제하의 지주들은 농민들을 경제적으로 착취하는 데에만 머물지는 않았다. 농민들은 소작료를 바치고 나서도 지주를 위하여 무보수로 노역을 담당하지 않으면 안 되었다. 이러한 결과들은 토지 적은 소작농의 계속적 증가와 수백만 농민들의 파산을 가져왔다. 1914년부터 1942년에 이르는 동안에 35만 3천 호의 농가가 완전히 토지를 잃어버리고 말았다. 1914년에 토지 없는 소작인은 254만 7천 호였다. 1942년에 이르러서는 290만 호가 토지 없이 지주의 예속 밑에서 생활하였다.

1942년 북반부에서는 28만 9천 호의 토지 없는 농가와 37만 7천 호의 토지 적은 농가가 있었다. 다시 말하면 농민 5명 가운데 1명만이 극소한 자기의 토지를 갖고 있었던 것이다. 농민들이 토지를 잃어버리고 파산되어가는 과정은 다음 표에서 확인할 수 있다. 표에서 1914년과 1942년을 비교해보면 1914년에 비해 1942년에는 순소작농이 21퍼센트나 증가한 반면 자작농과 자소작농은 합하여 21퍼센트나 줄었음을 알 수 있다.

일제하 농가의 변동 상황 (단위 : %)

농가 \ 연도	1914	1942	증감
자작농	22	18	-4
자소작농	42	25	-17
순소작농	36	57	+21

자료 : 『해방 후의 조선』 82쪽.

이러한 형편 밑에서 조선 농촌의 생산력이 정상적으로 발전할 수 없었음은 물론이다. 지주들은 농촌경제의 기술을 발전시키기보다는 농민들을 더욱 더 가혹하게 착취하여 자기의 수입을 채우는 것을 더 유리하게 생각하였다. 반면에 먹을 것조차 없는 농민들에게는 생산력의 발전을 위하여 지출할 만한 재산상의 여유가 없었다. 이리하여 일제하 봉건적 토지소유의 지배는 조선 사회의 발전을 가로막았던 것이다.

북조선임시인민위원회가 수립되기 이전의 이와 같은 농민들의 경제적 상태를 잠정적으로 완화시키기 위하여 각 도의 인민정치위원회는 1945년 가을의 소작료에 한하여 생산물의 3할만을 지주에게 주고 나머지는 경작자가 갖는 3·7제를 채택하였다. 그러나 이러한 소작료의 변화만으로는 봉건적 생산관계를 근본적으로 해소할 수는 없었다 이는 해방 후 북의 토지관계에서도 드러난다. 해방 후인 1945년 말 북의 토지소유관계는 약 100만의 농호 가운데 자작농이 26퍼센트, 자소작농이 31퍼센트, 소작농이 42퍼센트, 기타가 1퍼센트였다. 이에 따라 북조선 임시인민위원회는 민주주의혁명의 제1차적 과업으로 봉건적 토지소유관계를 청산하고 지주계급을 소탕하기 위해 토지개혁에 착수하였다.

② 토지개혁의 원칙과 몰수의 목적 및 대상

북에서 실시된 토지개혁의 원칙과 방법은 1946년 3월 5일 발표된 「북조선토지개혁에 관한 법령」(이하 법령)과 3월 8일 비준된 「토지개혁법령에 관한 세칙」(이하 세칙)에 잘 나타나 있다. 여기서는 이 법령과 세칙을 중심으로 토지개혁의 내용을 살펴보기로 하겠다.(「북조선 토지개혁에 관한 법령」「토지개혁 법령에 관한 세칙」국사편찬 위원회 『북한관계 사료집』1987)

◎ 토지개혁의 원칙

「북조선토지개혁에 대한 법령」은 모두 17개조로 되어 있는데 제1조에는 봉건적인 지주소작관계를 철폐하고 경자유전耕者有田의 원칙을 확립하여 농민으로 하여금 자주적인 농업경영을 할 수 있는 길을 열어준다는 목적이 제시되어 있다. 즉 "북조선의 토지개혁은 역사적 또는 경제적 필요성으로 된다. 토지개혁의 과업은 일본인 토지소유와 조선인 지주들의 토지소유 및 소작제를 철폐하고 토지이용권을 경작하는 자에게 주는 데 있다. 북조선에서의 농업제도는 지주에게 예속되지 않는 농민의 개인 소유인 농민경리에 의거한다"고 밝히고 있다. 또한 이 법령은 무상몰수와 무상분배의 원칙을 천명했다.

◎ 토지의 몰수

법령의 제2조·3조는 토지몰수에 대한 규정으로서 몰수의 목적은 반제반봉건 민주주의혁명의 일환으로서 북조선이 혁명의 대상으로 삼고 친일파·민족반역자·봉건지주로 규정한 사람들의 경제적 기반을 박탈코자 하는 것이었다. 그리하여 몰수대상으로 규정된 토지는 다음과 같다.

 1. 일본 국가·일본인 및 일본인 단체 소유지.
 2. 조선 농민의 반역자, 조선 민중의 이익에 손해를 주며 일제의 정권기관에 협력한 자의 소

유지 또는 일본 압박 밑에서 해방된 때 자기 지방에서 도주한 자의 소유지(이상 법령 제2조.).

3. 5정보 이상 소유한 조선인 지주의 소유지.

4. 자경하지 않고 전부 소작을 주는 소유자의 토지.

5. 면적에 불문하고 계속적으로 소작을 주는 토지.

6. 5정보 이상을 소유한 성당·사원·기타 종교단체의 소유지(이상 법령 제3조)

위에 제시된 사항 중 제2항는 친일파·민족반역자의 토지에 대한 몰수 규정이라고 볼 수 있다. 친일파·민족반역자의 토지를 몰수하기 위해서는 그들의 범위에 대한 설정이 필요하였다. 북은 그들의 범위를 설정하는데 있어서 1946년 3월 7일 김일성이 제시한 「친일파·민족반역자에 대한 규정」을 지침으로 삼았다, 이 규정에 의한다면 친일파 및 민족반역자의 범위는 다음과 같다.

1. 일제하 조선 민족을 일제에게 팔아먹은 매국노들로서 일제로부터 공작·후작·백작·자작·남작 등의 귀족 칭호를 받은 자.

2 조선총독부 중추원 부의장·고문 및 참의, 일본 국회 귀족원과 중의원의 의원, 총독부의 국장·사무관, 도지사·도 사무관·도 참여관 등의 악질고관, 경찰 경시·헌병 하사관급 이상의 경찰 및 헌병의 고급 관리, 사상범 담임판사와 검사, 군사고등정치경찰의 악질분자, 밀정 책임자와 의식적으로 밀정행위를 감행한 자.

3. 민족적 및 계급적 해방운동을 하는 혁명투사들을 직접 학살 또는 박해한 자와 그 행위를 방조한 자, 도회의원·일진회·일심회·녹기 연맹·대의당·반공단체 등의 친일단체와 파쇼단체의 간부 및 그와 관계한 악질분자, 군수산업의 책임경영자 및 군수조달 책임자.

4. 일제의 행정·사법·경찰기관과 관계를 가지고 만행을 감행하여 민중들의 원한의 대상이 된 자, '황국신민화운동'을 전개하며 징용·정병제도를 실시하는 데서 이론적 및 정치적 조종자로서 의식적으로 행동한 자.

5. 해방 후 민주주의적 단체들을 파괴하며 그 지도간부들을 암살하기 위한 음모를 꾸미었거나 테러단을 조직하고 그것을 직접 지도한 자들과 그런 것을 배후에서 조종한 자, 테러행위를 직접 감행한 자 8·15 후 민족반역자들이 조직한 단체에 의식적으로 가담한 자, 민족통일전선 형성을 방해하는 반동단체의 밀정 혹은 선전원으로서 의식적으로 밀정행위를 감행한 자와 사실을 왜곡하여 허위선전을 한 자.

위와 같은 친일파·민족반역자에 대한 규정에 따라 이들의 토지는 면적의 다과에 불문하고 모두 몰수되었다. 한편 조선인 지주의 경우에 있어서는 5정보 이상의 토지를 소유한 지주의 토지를 몰수하되 이것은 자기의 토지를 전부 소작 주거나 고용노력으로 경작하는 지주에 한정한 것이고 5정보 이상의 토지를 소유하더라도 토지의 일부분을 자력으로 경작하며 일부분을 소작 주는 토지 소유자에 있어서는 소작을 준 토지만을 몰수하기로 하고 다음과 같은 네 가지 사례규정을 두었다.

첫째, 8정보의 토지를 소유한 토지 소유자가 3정보는 자력으로 경작하고 5정보는 소작을 주었다면 소작 준 토지 5정보만 몰수한다.

둘째, 5정보의 토지를 소유한 지주가 자력으로서 경작하지 않고 기생충적 생활을 하는, 즉 3정보는 소작을 주고 2정보는 고용 노력으로 경작하는 지주의 토지는 전부 몰수한다.

셋째, 6정보의 경작지와 2정보의 과수원을 소유한 토지 소유자가 과수원은 자력으로 경영하고 6정보의 경작지는 소작을 주었다면 과수원은 지주의 소유로 남기고 6정보의 경작지는 몰수한다.

넷째, 7정보의 토지를 소유한 자가 소작을 주지 않고 자력으로 경작하였다면 그 토지 전체가 그의 소유로 된다.(이상 시행세칙 제5조)

북은 지주의 토지가 아니라 하더라도 면적의 다과에 상관없이 자력으로 농업을 경영하지 않고 토지 전부를 소작 주는 토지 소유자의 토지는 몰수하였다. 예를 들면, 4정보의 토지를 소유한 토지 소유자가 도시에 거주하면서 토지 전부를 소작 주었다면 그 토지는 전부 몰수하였다.(시행세칙 제6조) 또한 성당·승원 기타 종교단체의 소유지에 대해서도 그 소유지가 고용노력이나 소작에 의해 경작된다면 몰수하였고 자경하는 토지는 계속 경작토록 하였다.(시행세칙 제7조)

위와 같이 북은 토지몰수에 있어서 철저하게 지주계급 일반의 청산과 "토지는 밭갈이하는 농민에게"라는 원칙을 고수하였다. 이것은 항일무장투쟁시기 유격근거지에서의 토지개혁과 「조국광복회 10대 강령」에서 규정한 토지개혁방침의 연장인 동시에 발전이었다. 즉 항일무장투쟁 시기에는 일제의 국가권력이 존재하는 상황에서 반제통일전선의 강화를 위해 친일지주 토지만을 몰수하는 방침을 세웠지만 해방 후에는 일제의 국가권력이 물러난 상황에서 지주계급 일반의 역사적 진보성(반제국주의 저항성)이 사라졌기 때문에 농업문제 해결에 있어서 봉건제도 청산을 위한 반봉건적 측면이 부각되었던 것이다.

그러나 토지몰수의 대상에서 제외되는 것도 있었다. 그것은 학교·과학연구회·병원의 소유지(이 경우에도 소작은 금지되었다)와 민족해방운동이나 조선민족 문화발전에 특별

한 공헌을 한 사람들의 소유지였다.(법령 제4조 : 시행세칙 제11조)

북의 토지개혁은 토지에 대한 개혁만이 아니고 농업에 있어서의 생산수단 전체의 봉건적 소유관계를 개혁한다는 것이었다. 그리하여 지주의 토지를 몰수하는데 그치지 않고 지주가 소유한 축력·농기구·주택 외의 일체 건축물·대지 등도 몰수한다고 규정했다.(법령 제11조) 또한 토지와 생산수단뿐만 아니라 농민들이 소유한 적은 산림을 제외하고는 모든 산림을 몰수하여 북조선임시인민위원회가 위임처리 하도록 규정하였다.(법령 제12, 13, 14조)

몰수한 토지는 고용자·토지 없는 농민·토지 적은 농민에게 분여하도록 하였으며 지주들은 자기 노력으로 경작할 의사가 있을 경우 다른 군郡으로 이주하여 토지분배를 받을 수 있도록 하였다.(법령 제6조) 지주가 다른 지방으로 이주하여 자기 노력으로 경작할 의사가 있을 때만 이 토지분배를 받을 수 있도록 한 것은 지주가 자기 지방에 계속 남아 있을 경우 반혁명세력을 규합하여 봉건적 토지소유관계를 부활시키기 위한 시도를 할 가능성이 있으므로 연고가 없는 지방으로 보내 지주의 반항을 원천적으로 차단하기 위함인 동시에 그들에게 살 길을 열어주기 위한 것이기도 하였다.

◎ 토지의 분배

토지를 분배받는 순위는 고용농, 토지 없는 농민, 토지 적은 농민(타군에서 자경을 원하는 지주)이었다.

고용농은 자기의 토지를 가지지 못하고 다른 사람에게 고용되어 그의 토지에서 얼마 동안 일시적으로가 아니라 상당한 기간 계속적으로 고용 노동(머슴살이)을 기본직업으로 삼아온 농민으로 규정되었다. 고용농은 농촌의 무산계급으로서 그에게는 집도 토지도 농기구도 전혀 없었으며 노동력을 지주나 부농에게 팔고 생계를 유지하는 농촌의 최하층이었다. 머슴·품팔이꾼이 여기에 속하였으며 일시적으로 품을 파는 삯군은 고용농에 속하지 않았다. 고용농은 얼마 동안 일시적으로가 아니라 상당한 기간 노동력을 파는 최하층의 생활처지를 겪어온 무산계급이었다. 이러한 고용농은 당시 북에서 기업농이 발전하지 못하여 많지 않았지만 혁명성이 제일 강한 계층이었다. 토지개혁 당시 북부의 고용농은 1만7,137호였다.

고용농 다음으로 우선 분배권을 가진 농민은 토지가 전혀 없는 완전 소작농이었다. 소작농은 집과 약간의 농기구들만을 가지고 있는 농민으로 농촌의 반半프롤레타리아였다. 따라서 고용농 다음으로 토지 없는 농민에게 토지가 분배되는 것은 당연한 것이었다.

북의 토지개혁에서 분배를 할 때 처리기준이 까다로웠던 것은 토지 적은 농민 즉 소작

겸 자작농이었다. 토지 적은 농민은 토지 없는 농민 다음으로 분배 우선순위를 가졌는데, 이들은 소작농과 마찬가지로 빈농에 속하였다. 소작 겸 자작농의 경우 그 자작지는 그의 생계를 유지할 수 없는 정도의 것이었다. 소작 겸 자작농은 지난날의 자작농이 몰락과정에 놓인 농민들이었다. 따라서 그 자작지는 얼마 되지 않았을 뿐만 아니라 자기의 생계유지를 독자적으로 유지할 수 없는 것이다. 그러므로 소작 겸 자작농은 자작지를 가지고서도 도저히 살아갈 수 없었고 소작지를 얻어 부치지 않을 수 없었다.

이러한 상황을 감안하여 북은 소작 겸 자작농에 대해 자작능력에 비하여 그가 경작하는 전체 토지면적이 많을 경우에는 소작지를 내놓게 하였으며 자작지는 그대로 부치게 하는 원칙을 세웠으며, 소작지와 자작지를 합해서도 경작능력에 비하여 토지가 적을 때에는 그가 부치던 땅을 그대로 부치게 하고 몰수한 다른 토지 가운데서 제일 좋은 것을 분배하는 원칙을 세웠다.

땅을 소유하지 못한 소작농에 대해서는 그가 부치던 경작지를 그대로 가지게 하면서도 더 분배해야 할 경우에는 몰수한 토지 가운데서 제일 좋은 것을 분배하도록 하였다. 이처럼 빈농민들에게 지금까지 자기가 부치고 있던 토지를 그대로 분배하는 것은 그 토지를 다루던 경험과 농민들의 애착심을 고려한 것이었다.

토지의 분배방식은 공정성과 균등성을 보장하기 위하여 점수제를 채택하였다. 분배토지점수제는 경작능력자수와 가족수에 따라 거기에 상응하는 점수를 매겨 가족의 총점수에 해당하는 분배토지 총면적의 비율만큼 토지를 분배받게 하는 것이었다. 경작능력자와 가족들에 대한 토지점수는 다음의 표와 같은 계산방식에 의거하였다.

아래와 같은 토지점수제에 따라 만약 어느 농호의 가족이 9인인데 남녀 20~45세의 가족이 3인, 남녀 15~17세의 가족이 2인, 남녀 11~14세의 가족이 2인, 남녀 9세 이하의 가족이 1인, 남자 61세 이상의 가족이 2인이 있다면 토지분배에 있어서 합계 5.9점(3점 +1.4점 +0.8점 + 0.1점 + 0.6점)에 해당하는 토지를 분배받을 수 있었다.

토지분배의 점수

성별	연령	토지점수
남	18~60세	1점
여	18~50세	1점
청년 남·여	15~17세	0.7점
남·여 어린이	10~14세	0.4점
	9세 이하	0.1점
남자 노인	61세 이상	0.3점
여자 노인	51세 이상	0.3점

자료 : 「토지개혁 법령에 관한 세칙」 『북한관계사료집』

(3) 토지개혁의 계급·이념적 성격

인민민주주의독재의 기능을 수행하는 북조선임시인민위원회에 의해 지주계급의 청산을 목표로 수행된 토지개혁을 통해 형성된 근로농민들의 사적 토지소유는 그것이 직접적 생산자들의 노동에 기초하고 있다는 점에서는 역사적으로 지금까지 존재한 농민적 토지소유와 공통성을 가진다. 소상품생산의 역사와 더불어 오랜 역사를 가진 독립적인 소생산자들의 사적 토지소유는 고대 노예사회·중세 봉건사회·근대 자본주의 사회에도 있었다. 그러나 인민정권이 세워진 토대 위에서 새롭게 형성된 근로농민의 사적 토지 소유는 역사에 있었던 기존의 사적 토지 소유와는 본질적으로 다른 것이었다.

지금까지의 계급사회에 있었던 직접적 생산자들의 사적 토지소유는 언제나 분해되고 소멸되는 불안정한 위치에 있었다. 그것은 다른 사람의 착취에 기초한 사적 소유의 수탈 대상이 되었다. 토지 자체도, 토지에서 농사 노동을 하는 농부의 피땀 흘린 노동력도 착취와 수탈의 대상이 되었으며, 그러면서도 수탈의 양量은 사회적 객관적으로 계산되지 않고 비밀에 붙여진 채 소유·지배계층에 의해 일방적으로 강요되어왔다.

따라서 계급사회에서의 독립적인 소생산자들의 사적 소유는 그 사회의 기본적이며 주도적인 토지경영방식으로 되지 못하고 독점적 소유를 부단히 늘여나가는 착취계급과 지배계급의 희생물로 되었다.

그러나 인민정권하에서 사적 토지소유에 기초한 개인농업은 그러한 위험성을 받지 않으며 농민들의 생활 향상과 농업생산의 발전을 가져오는 것이다. 물론 사적 소유에 기초한 소상품경제하에서는 불가피하게 계급분화과정이 동반되지만 그것은 주권이 근로인민대중의 손에 장악된 조건에서는 계급사회에서와 같이 자연발생적으로 자본주의나 부르주아지를 낳지 않으며 억제된다. 인민정권하에서의 개인농업은 사회주의적 소유의 영향을 받으며 그 길로 발전한다.

그렇다고 하여 그것이 자동적으로 사회주의적 소유로 발전한다거나 사회주의적 소유의 유형에 속한다는 것을 의미하진 않는다. 개인농업은 소상품적 경제 형태에 속하며 사적 소유와 개인노동에 기초한 이중성을 띤다. 이로 말미암아 인민정권하의 개인농업은 자본주의와 사회주의 두 길 사이에서 동요하게 된다. 이 두 길의 분기점에서 그것이 어느 길로 갈 것인가 하는 것은 정권의 성격에 의해서 규정되며 인민정권하에서의 기본적이며 주도적인 경제 형태와의 상호관계에 따라 결정된다.

인민정권하에서 자본주의와 사회주의의 분기점에 서 있는 소상품 경제형태로서의 개인농업경영은 노동계급의 당과 국가의 지도 및 원조, 사회주의적 공업의 지원에 따라 필연적으로 사회주의를 지향해나가게 된다. 물론 이같은 단정에는 당위론적 의지 작용이 필요하며 사회주의 지향성에 필연성이 있다고는 할 수 없다.

노동계급이 영도하는 인민정권하에서 개인농업은 그 내용에서도 지금까지의 역사에 있었던 직접적 생산자들의 농민소유와 근본적으로 구별된다. 지금까지 역사에 있었던 직접적 생산자들의 개인농민소유는 국가의 법적 보호 밑에서 공고히 발전되는 것이 아니라 착취수단으로 전환되고 분화되는 것이 일반적이었다. 그렇기 때문에 이 무덤 위에서 독점적 소유가 발생하고 자라나는 것이 필연적이었던 것이다.

북조선임시인민위원회에 의해서 형성된 개인농민들의 사적 토지소유는 그 한계가 경작능력에 따라 설정되어 있고(시행세칙 제15조) 소작을 줄 수 없는 것은 물론 매매할 수 없고 저당할 수도 없었다.(법령 제10조) 북의 토지개혁에서는 분배받은 땅을 농민 자신이 부칠 때에는 대대로 내려가면서 부칠 수 있었으나 불가피한 조건 때문에 부치지 못하게 되는 경우에는 국가에 도로 바쳐야 했다. 이러한 국가적 조치는 토지가 어느 한 개인농민에게 집중되는 것을 막으며 소작제도가 다시 생겨날 수 없게 하고 부농이 자라나지 못하게 하는 대책이었다.

북측이 수행한 혁명의 인민민주주의적 성격은 이와 같이 토지개혁에서도 드러난다. 즉 토지개혁에 의한 사적 토지소유는 부르주아적이지도 않고 그렇다고 해서 사회주의적이지도 않은 독특한 유형의 소유관계를 설정한 것이었다. 이것은 자본주의가 발전하는 것을 억제함과 동시에 사회주의로 나아가게 하는 길을 터주는 역할을 하였으며 이 역할을 담보해주는 것은 바로 계급연합에 의한 정권이면서도 노동계급이 영도 하는 노농동맹을 중심으로 이루어진 인민정권이었다.

북측은 1946년 3월 5일 토지개혁에 대한 법령을 발표한 지 20일 정도만에 토지개혁을 전격적으로 실시하였다. 이와 같은 전격적인 실시는 지주가 토지를 방매하거나 반항하려는 시도 등을 통해 자기 권리의 유지 수단을 강구하려는 시간적 여유를 주지 않고 효과적으로 개혁을 완수하기 위한 것이었다. 토지개혁을 통해 북에서는 지주계급과 봉건제도가 청산되었으며 근로농민은 땅의 주인으로 되었다.

대상별 토지몰수 내역

대상별	토지몰수 면적
일본 국가·일본인 및 일본인 단체 소유지	100,797 정보
민족반역자의 소유 토지	21,718 정보
5정보 이상 소유한 지수의 토지	285,692 정보
전부 소작 주는 지주의 토지	338,067 정보
계속적으로 소작 주는 토지	239,650 정보
성당·승원, 기타 종교단체의 소유 토지	14,401정보
총계	1,000,325 정보

자료 : 사회과학원 력사연구소 『조선통사』 하(서울, 오월 1989)

대상별 토지분배 내역

분배 대상	농호수	분여토지면적(정보)
고용농	17,137	22,387
토지 없는 소작인	442,973	603,407
토지 적은 농민	260,501	345,974
타군에서 자경하려는 지주	3,911	9,622
총계	724,522	981,390

자료 : 『조선중앙년감』 1949년판. 국사편찬위원회 『북한관계 사료집』 1987

(4) 토지개혁의 결과와 평가

앞의 통계자료는 토지개혁에서의 몰수와 분배의 결과를 표로 나타낸 것이다. 이상에서 보는 바와 같이 몰수토지의 거의 전부는 고용농을 비롯한 토지 없는 농민과 토지 적은 농민에게 무상으로 분배되었으며 국유토지로 삼은 것은 2만 정보 미만(북의 총경지 면적의 약 1퍼센트)에 불과하였다.

한편 위와 같은 토지개혁의 결과 농민들의 토지 소유면적과 계층구성은 다음과 같이 변화하였다.

지주와 빈농의 평균 토지소유 면적의 변화

	토지개혁 이전	토지개혁 이후
빈농	0.2 정보	2 정보 이상
지주	14.5 정보	2.1 정보

자료 : 『조선중앙년감』 1949년판. 국사편찬위원회 『북한관계 사료집』 1987

북부 농민의 계층구성 변화 (단위 : %)

	해방 이전	토지개혁 이후
빈농	70	25
중농	20	72
부농	5	3
지주	3~4	

자료 : 고승효 『조선사회주의 경제론』 일본평론사 1972

토지개혁이 끝난 직후인 1946년 4월 10일 조선공산당 북조선분국 중앙 제6차 확대
집행위원회가 열렸다. 이 회의에서 책임비서인 김일성은 「토지개혁사업의 총결과 금후
과업」이란 보고를 통해 토지개혁에 대한 평가를 내렸다.

김일성은 먼저 토지개혁의 역사적 의의를 다음과 같이 세 가지로 요약하였다. 첫째,
토지개혁은 모스크바 3상회의가 결정한 조선민주주의 과업 실행의 초보적인 인민의 거
동이었다. 둘째, 토지개혁은 국제 반파쇼 민주주의운동에 있어 중대한 가치가 있는 운동
이며 동방민주주의의 추동력이 되었다. 셋째, 토지개혁은 봉건제도와 식민지의 근거지
인 북부의 농촌을 민주주의 근거지로 발전시켰다.

모스크바 3상회의 결정의 제1항은 "조선을 독립국으로 부흥시키고 조선이 민주주의
원칙에서 발전하게 하며 장기간에 걸친 일본통치의 악독한 결과를 청산, 조선민주주의
임시정부를 수립한다"라고 규정하였다. 여기서 일본 통치의 악독한 결과의 청산은 조선
의 민주주의 발전의 필수적 전제로 되며 그것의 구체적이고 핵심적인 내용은 일제 식민
잔재인 봉건제도의 청산이었다. 봉건제도의 청산은 토지개혁을 통해서만 이룩될 수 있
으며 또한 그것은 일제 식민지통치의 주요한 근간을 뿌리뽑는다는 점에서 국제 반파쇼운
동의 일환인 것이다.

이렇게 중요한 의미를 갖는 토지개혁이 아시아에서는 최초로 북조선에서 실시됨으로
해서 여타 식민지나라들의 농민들을 고무시켜 제3세계 민족해방운동을 촉진시키게 되

었다. 동시에 북반부에서의 토지개혁은 북부에 민주기지를 수립하기 위한 사회경제적 개혁의 첫 조치로서 북부의 농촌을 '민주주의의 근거지'로 만들었으며 남부의 농민들에게 같은 개혁을 요구하게 함으로써 남부의 혁명운동을 고무시켰다. 1946년 10월 남부에서 벌어진 민중항쟁은 이것의 구체적 실례라고 할 수 있다.

위와 같은 역사적 의의를 갖는 토지개혁이 승리할 수 있었던 데에는 몇 가시 요인들이 있었다. 그 요인들이란 ① 토지개혁을 위한 정치사상적 준비의 성숙, ② 통일전선사업의 성공, ③ 굳건한 노농동맹, ④ 농민위원회의 조직적 활동이었다.

해방 후 북에서는 소련군의 진주와 더불어 각 지방에 인민위원회가 조직되었다. 인민위원회는 친일파·민족반역자들을 공직에서 내쫓고 통치권을 장악했으며 민중들로부터 민중의 이해를 대변하는 정권기관임을 인정받았으며 그 힘은 날로 증대하고 있었다. 이와 더불어 노동조합·농민조합 등 사회단체들이 광범위하게 조직되었다. 토지개혁은 인민위원회의 주관과 사회단체들의 전폭적인 지원 하에 순조롭게 수행되었는데, 이것은 당시 토지개혁을 위한 정치적 조건이 성숙되었음을 증명해주는 것이다.

또한 토지개혁의 주체인 농민들은 해방 후 가을추수기에 3·7제투쟁을 통해서 사장적으로 해방의식에 눈뜨게 되었으며, 자기들의 빼앗긴 권리를 인식하게 되었고 이러한 사상적 각성은 농민들로 하여금 토지개혁에 대한 강한 요구를 불러일으켰던 것이다.

토지개혁을 하는데 있어서는 무엇보다도 통일전선사업이 백방으로 강화되었다. 왜냐하면 토지개혁 당시 공산당의 수가 너무 적어 공산당의 힘만으로는 토지개혁을 수행할 수 없었기 때문이다. 북측은 토지개혁을 수행하기 위해 당·정권기관·통일전선 등 동원할 수 있는 모든 역량을 동원하였다. 토지개혁법령이 발표된 다음 날인 3월 6일에는 조선 민주당·조선공산당·천도교청우당·조선신민당·조선농민조합 북조선농민연맹·조선노동조합전국평의회 북조선총국·조선민주청년동맹 북조선위원회·여성동맹··사회과학연구소·평남예술연맹·조소문화협회·반일투사후원회·평양시협동조합·조선불교연합총무원의 공동명의로 토지개혁을 지지하는 내용을 담은 「북조선 토지개혁법령에 대한 공동성명서」를 발표하였다.

한편 토지개혁의 과정에서는 통일전선에 망라된 약 300여만 명의 조직군중이 총동원되어 성명서 발표 등의 사업으로부터 각 지방의 토지개혁사업에 이르기까지 직접 참가를 통해서 농민위원회에 최대한의 협조를 아끼지 않았다. 통일전선에 망라된 단체들 중에서 특히 노동자 조직의 역할은 참으로 큰 것이었다. 노동자들은 '토지개혁선전대'를 조직하여 직접 농촌에 내려가 토지개혁의 의의를 설명하고 농민들의 계급적 각성을 제고시켰다. 토지개혁의 경험을 통해 노농동맹은 더욱 굳게 다져졌으며 이는 인민정권을 강화하는 중요한 계기로서 작용하였다.

농민위원회는 해방 후 농촌사회에서 자발적으로 결성된 농민대중조직으로서 지방 인민위원회의 조직적 기초를 이루고 있었다. 농민위원회에 속한 농민들 중 많은 뛰어난 선진 역량이 지방 인민위원회에 참가하였으며, 농민위원회는 농촌의 구체적인 실정을 가장 잘 알고 있었기 때문에 토지개혁의 실무단위인 농촌위원회의 활동에 적극적인 협조와 지도를 발휘했으며 친일파와 민족반역자를 색출해냄으로써 토지개혁이 무리 없이 진행되도록 하였다.

북부의 토지개혁이 성공적으로 완수될 수 있었던 것은 당시의 정치적 환경과 남북간에 존재하는 토지소유관계의 차이에서도 찾아진다.

먼저 정치적 환경을 살펴본다면, 주지하다시피 해방 후 북부에는 소련군이 들어왔고 남부에는 미군이 진주하여 38선을 경계로 양분되었다. 그런데 해방 후 상당기간 동안에는 38선의 왕래가 비교적 자유로운 편이었다. 이러한 조건 속에서 반제반봉건민주주의혁명의 대상으로 북조선 당국이 규정한 친일파·지주 등이 신변의 위협을 느껴 미군정이 지배하는 남쪽으로 내려왔기 때문에 북은 심한 폭력을 수반하지 않고서도 토지개혁을 용이하고 신속하게 추진할 수 있었다.

미 군정당국에 의하면 해방 후 북에서 남쪽으로 내려온 숫자는 1947년 8월 25일 현재 328만 3,364명으로, 월평균 16만 8,850명이 남하했다고 한다. 남하한 사람들의 시기별 구성은 해방 직후에는 북부의 공업지대에서 일하던 남한 출신의 노동자가 대부분이었으나 1946년 봄에서 여름 사이에는 주로 상층계급(지주·상인·의사·법조인·엔지니어·교사·관리 등)이 남하했다고 하는데 후자의 시기는 바로 북에서 사회경제적 개혁이 단행되고 있던 시기였다. 따라서 북에서의 토지개혁은 토지개혁 반대세력이 약화되고 상대적으로 혁명세력이 강화되는 조건 속에서 수행될 수 있었던 것이다.

토지관계에 있어서는 북쪽이 남쪽보다 계급갈등이 약하게 나타나는 조건을 가졌다는 점이다. 북에서는 단지 2개 도(평남·황해)만이 남한과 같은 고율의 소작체제를 갖고 있었으며, 일제 말기 자작농의 비율은 전국의 17.6퍼센트에 비하여 북은 25퍼센트였고 소작농은 전국이 48.63퍼센트였는데 북은 43.83퍼센트였고. 농촌고용자에 있어서는 전국 평균의 절반밖에 되지 않았다. 한편 토지개혁이 수행될 당시의 남북의 농민계층 구성은 다음과 같았다.

해방 후 남북의 농민계층 구성

	총농호수	자작농	자소작농	소작농	기타
북부	100만 호	26%	31%	42%	1%
남부	200만 호	14%	33%	51%	2%

자료 : 『G-2 Weekly Summary』 no. 27, 1946. 3. 5.

표에서 볼 수 있듯이 북쪽은 남쪽에 비해 농촌사회의 계급분화와 토지 소유의 집중화가 약했다. 이것은 북쪽의 토지개혁이 무혈적이고 성공적으로 수행될 수 있는 하나의 조건을 지어주었던 것이다. 그러나 북에서의 토지개혁은 여러 가지 오류와 한계도 갖고 있었다.

1. 좌경적 오류가 있었다. 예를 들면 일부 지방에서 5정보 이하의 토지를 소유한 농민을 지주로 규정하거나 지극히 사소한 일을 가지고 민족반역자로 규정했으며 지주에 대해 개인적인 복수를 가한 사실이 있다.
2. 우경적 경향이 있었다. 어떤 지방에서는 소작인이 옛날 지주를 위하여 거짓으로 토지관계를 보고한 사례가 있었다.
3. 토지개혁에 대한 선전사업이 부족하였다. 예를 들면 당이나 인민위원회에서 배포하기로 되어 있는 신문이 하부단위까지 배포되지 않았으며 법령에 대한 정확한 해석과 토지개혁의 정치적·역사적 의미에 대한 해설이 부족했다.
4. 중앙에서의 통일전선사업은 잘 진행되었으나 지방에서는 제대로 되지 못했다. 또한 통일전선내의 구성요소 사이에 충돌이 일어난 사례가 적지 않다. 이같은 현상은 당면의 혁명단계인 자산계급성 민주주의혁명의 원리(반제·반봉건이라는 공동목표에 찬성하기만 하면 통일전선의 구성요소간의 마찰은 최대한 피하고 단결을 도모한다는 원리)를 당원들이 제대로 이해하지 못했기 때문이다.

북의 토지개혁에 대해서는 당시 남한의 일반적인 여론도 토지개혁 그 자체의 의의는 긍정적으로 높이 평가했지만 여러 가지 문제점을 지적하였다. 즉 토지개혁이 너무 단시일 내에 실시되었으며 원칙의 선에만 너무 사로잡혀 많은 실책이 있었다는 것이다. 그것은 구체적으로 말하면 지주의 규정에 있어서 너무 공식적이고 원칙적이어서 악질지주·대 지주 등과 중소지주·양심적 지주에 대한 배려가 좀더 신중히 구별되지 못하였다는 점, 분배의 기준이 기계적이어서 실제로 공정치 못한 경우가 더러 있었다는 점 등이다.
토지개혁이 끝난 지 약 3개월 후인 1946년 6월 27일 북조선임시인민위원회는 「농업

현물세에 관한 결정서」를 발표하였다. 이 결정서는 토지 개혁의 후속조치로서 토지를 소유하게 된 농민이 국가에 지는 의무를 규정한 것이며 그 내용은 일체의 공출제도는 폐지하고 매 농호는 수확물의 25퍼센트를 현물로 납입하는 것이었다.

◎ 배타적 욕망과 증오심은 이웃 동포형제를 파멸시킨 주범

조선의 농민들은 조선조 봉건시대에도 사실상 농노였다. 그러나 인간으로서의 최소한의 윤리도덕에 의해 보편적 학살이나 고문 등 극형에 처해지는 일은 별로 없었던 것으로 전해진다.

그러나 일제시대에 이르면 농민 저마다의 가슴속에 품은 저항심을 일본놈들이 알고 있는 처지에서 총칼로 강제된 노동과 부역을 시키다 보니 툭하면 데려다 두들겨 패고 죽을 만큼 과부담을 안기곤 하는, 글자 그대로 늑대와 같은 지배 짐승의 통치하에 숨을 죽이고 연명해가는 희생짐승이 농민의 신세였다.

만주로 한밤중에 도망쳐간 200만 명의 '중국동포'도 이 시대의 조선농부의 비극을 증언해 주고 있다. 이 시대에 일제의 조선어 신문 『동아일보』와 『조선일보』는 만주의 황무지 개발에 의한 관동군 식량과 제복 공급을 위해 도주 이민을 권장하였음이 당시의 지면을 장식했다.

아무튼 이처럼 식민지 노예로 부려먹히던 농민들의 고통을 묵살하고 이른바 '해방된' 조국에서도 여전히 학대하던 수탈계층 사람들은 북의 토지개혁을 '악마 공산주의자들'이 "개인의 재산권을 무시하고 강탈했다"거나 "하향 빈곤을 초래했다"며 저주했다.

물론 어느 측면에서 보면 조금씩은 일리가 있는 주장일 수도 있다. 하지만 당시로서는 동포 전체가 먹고 살려면 농사일을 하는 사람이 주인이 되어야 해방이고 자유이고 인권이 있는 사회를 이룩할 수 있는 절체절명의 시기였고, 수백 수천년을 착취당해온 농민의 해방이 동포사회의 가장 정의로운 시대적 과업이었다.

그리고 수십년이 지나 농민이 생산한 식량을 값싸게 통제시키는 무지막지한 희생 위에서 자본주의적 상공업의 발달과 국제무역 팽창시대를 만나 잘 살게 된 후에는 전쟁위협에 대처하려는 고된 노동과 빈곤으로 시달리고 있는 북쪽의 동포들을 향해 "거봐라 공산주의가 너희들을 망치지 않았느냐"라며 비아냥거려왔다. 아무리 역사에 눈을 감고 외세의 이간질에 놀아나고 있다 하더라도 이쯤되면 이성적 인간이라기보다는 탐욕의 동물에 가까운, 아니 훨씬 더 악의를 품고 사는 저주의 생명체로 볼 수밖에 없을 것 같다.

사실 수출 증대로 잘 사는 사람들은 기가 막히게 부유해진 사람들도 많지만, 하루 자살자가 40명이 넘는 '자살 1등국'이란 오명을 얻게 된 사연을 관찰해보면, 남이야 죽든 말든, 가난으로 피터지게 고통을 당하든 말든 알 것 없다는 생존경쟁, 아니 탐욕경쟁에 길들여진 사회이고 보면 남 흉볼 처지가 아님도 깨닫지 못하는 것 같다.

알고보면 빈궁한 도시민들이나 노숙자들과 자살자들의 고향은 농촌이었고 박정희를 비롯한 중상주의 독재시대에 부유층의 탐욕 충족을 위한 수탈로 빈궁해진 농민들의 자손들이다. 그들은 고통스런 고향에서나마 밀려나고 쫓겨나 자식들과 함께 도시 자산계층의 머슴자리라도 찾았지만 그마저도 여의치 않아 완전 실업자로 전락하게 된 사람들이다.

농경시대의 생산·수탈·빈부격차 사태는 단순하기라도 했으니 토지개혁으로 해결이 되었지만, 암암리에 복잡하게 거짓과 부정이 저질러지고 있는 중상주의 교역시대에는, 어느 지점에서 착취가 이루어지는지, 얼마나 극단적으로 불공정한 분배가 이루어지는지를 모르고, 알고 있어도 바로 잡아낼 수 없도록 법과 제도와 협박이 난무하는 세상이 되었다.

이제 동포사회의 평화를 이루기 위해서는 상공·무역 시대의 엄정한 제2의 '토지개혁' 즉 '자본개혁 혁명'이 필요하게 된 것 같다. 그것도 영악스런 수탈세력의 합법 명분의 탐욕에 의해서가 아니라 동포형제 모두가 너도 살고 나도 살 수 있게 하는 협력과 지혜를 보태는 평화적인 방법으로 말이다. 진정으로 공정·평등·민주의 복지사회 탐구가 필요한 때이다.

(5) 제국주의 잔재 처리를 위한 사회경제 개혁

토지개혁의 실시에 이어 북조선임시인민위원회는 반제반봉건민주주의 혁명의 과제, 그 중에서도 특히 반제적 과제의 일환으로서 중요 산업 국유화를 단행하였다. 중요 산업 국유화를 위한 법령은 1946년 8월 10일 공포와 동시에 발효되었는데, 그 내용은 "일본 국가와 일본인의 사인私人 및 법인法人 등의 소유 또는 조선 인민의 반역자의 소유로 되어 있는 일체의 기업소·광산·발전소·철도·운수·체신·은행·상업 및 문화기관 등은 전부 무상으로 몰수하여 이를 조선인민의 소유로, 즉 국유화한다"는 것이었다.

중요 산업 국유화의 필요성은 일제하 공업투자액을 통해서 알 수 있는 조선공업의 식민지적 편파성으로부터 당연히 도출되는 것이었다. 예를 들면 조선 전체 공업투자액에 있어서 일본 자본의 비율은 1911년 81.4퍼센트, 1918년 85.4퍼센트, 1929년 93.1퍼센트, 1944년 95퍼센트였고 1940년의 경우 부문별로는 전력·화학 100퍼센트, 금속 88퍼센트, 기계 58퍼센트, 건재 9퍼센트, 인쇄 57퍼센트, 방직 85퍼센트, 식료품 93퍼센트였다.(『조선전사』23, 『조선통사』하)

따라서 반제적 과업의 일환으로서 식민지적 경제구조를 타파하고 민족자립경제의 토대를 구축하기 위해서도 중요 산업 국유화는 절실히 요청되는 것이었다. 이리하여 중요 산업 국유화에 의해서 무상 몰수된 기업은 1,034개소였으며 이것은 해방 당시 북에 존재한 기업의 90퍼센트 이상을 점하는 것이었다.

중요 산업 국유화의 실시는 자본 일반을 청산하기 위한 것이 아니라 제국주의 잔재를 청산하기 위한 것이었다. 즉 애당초 중요 산업 국유화의 목표는 사회주의혁명의 일환으로서 수행된 것이 아니라 민주주의혁명의 일환으로서 이루어진 것이다. 그러나 결과적으로 중요 산업의 국유화는 사회주의적인 경제형태를 창출시켰다. 중요 산업 국유화로 북조선의 경제는 국영 부문이 주도적 위치를 차지하게 되었으며 인민경제를 계획적으로 발전시킬 수 있는 토대가 마련되었다.

북에서 실시된 중요 산업의 국유화는 가장 철저하면서도 비교적 용이하게 수행되었다. 그것은 첫째로 일제가 패망하고 도주한 직후부터 소련 군대의 보호 하에 각급 인민위원회가 주요 산업기관을 운영·관리하고 있었기 때문이며, 둘째로 예속자본가들의 세력은 지주계급에 비해서도 훨씬 미약하였기 때문이다. 따라서 중요 산업 국유화는 이미 인민정권의 관리와 경영 하에 있던 것을 법적으로 확인하고 공고화시키는 의미가 강하였다.(김주환 「해방 후 북한의 인민민주주의혁명과 사회주의혁명」 『해방전후사의 인식』 5, 한길사 2011)

중요 산업 국유화의 법령에 뒤이어 1946년 10월 4일에는 「개인소유권을 보호하며 산업 및 상업 활동에 있어서의 개인의 창발성을 발휘시키기 위한 대책에 관한 결정서」가 채택되었다. 이 결정은 중요 산업 국유화를 보충시키는 수단으로서 채택된 것이며 그 내용은 인민정권의 지도 밑에서 개인 중소상공업의 정상적인 발전을 보장함으로써 인민생활 필수품의 공급과 인민경제의 발전을 촉진시킨다는 것이었다.

이 결정이 나오게 된 배경은 두 가지로 설명된다. 첫째, 「중요 산업 국유화 법령」이 발표되자 남한의 일각에서는 북측이 공산혁명을 수행하여 사적 자본을 없앤다는 왜곡선전이 풍미했는데, 중요 산업 국유화는 결코 개인 재산의 침해를 목적으로 만들어진 법령이 아니라는 것을 입증해 보일 필요성이 제기되었다. 둘째, 매판자본가로 분류되지 않은 중·소 규모의 기업가들로 하여금 안심하고 상공업 활동에 종사하게 함으로써 생활필수품 생산과 상품유통을 원활하게 하여 인민경제의 복구·발전에 기여케 하는 동시에 도시의 광범한 소자산계급과 민족자본가들까지도 인민정권으로 견인하기 위함이었다.

북조선임시인민위원회는 토지개혁과 중요 산업 국유화라는 경제개혁을 통해 식민지 경제구조를 타파함과 더불어 민주주의혁명의 또 다른 과업으로서 사회개혁을 실시하였다. 사회개혁의 내용은 「노동법령」과 「남녀평등권법령」이었다.

일제하 군수공장의 노동시간은 보통 14시간에서 16시간에 달하였으며 세계에서 유례가 없는 낮은 임금이 지불되었다. 고무공장 같은 곳에서는 최고 2원 50전, 최저 10전, 평균 46전이라는 기아 임금이 지불되었다. 부녀 노동자들은 동일한 노동을 하여도 남자가 받는 임금의 거의 절반 밖에 받지 못했다. 또한 아동노동자들에 대한 착취가 광범위하게 진행됨으로써 유년 및 소년노동자의 발육이 현저하게 저해당하지 않을 수 없었다.

일제하 조선인 노동자들은 일반노동자들보다 보통 1시간 내지 2시간 20분이나 노동시간을 연장 당하였다. 임금 역시 일본인들의 반액 내지 그 이하로밖에 받지 못하였다. 이러한 형편에서 조선인 노동자들은 노동력의 재생산을 위한 경제적 여유조차 잃어버렸으며 가정생활에서 기아와 빈궁을 면할 수 없었다.

노동자들은 일반적으로 고용주들로부터 비인간적 대우를 받았다. 그들에게는 휴식시간도 없었고 일본인 감독들의 횡포와 학대를 받지 않으면 안 되었다. 섬유공장 노동자들은 감옥과 같은 기숙사에서 구금이나 다름없는 생활과 운동 부족, 영양 부족, 과로 등으로 인하여 대개는 오래 가지 못하였고 죽거나 폐인이 되지 않을 수 없었다.

위와 같은 비참한 식민지적 노동착취제도를 없애기 위해 1946년 6월 24일 북조선임시인민위원회는 「북조선 노동자 및 사무원에 대한 노동법령에 대한 결정서」를 채택하였다. 노동법령의 주요 내용은 사무원·노동자에 대한 1일 8시간 노동제(유해직장은 7시간, 16세는 6시간), 동일한 노동에 대한 통일한 임금 지불, 남녀 동일임금제, 14세 미만의 소년 노동 금지, 유급휴가제, 임신부·유모에 대한 시간 외 노동 및 야간노동의 금지였다. 그러나 이 법령에는 노동자나 사무원의 권익을 목적으로 하는 파업권이나 시위의 조항은 빠져 있었다.

1946년 7월 30일 북조선임시인민위원회는 일제 식민지정책의 잔재를 없애고 낡은 봉건적 남녀관계를 개혁하며 여성으로 하여금 정치·경제·문화생활에 전면적으로 참여케 하는 「남녀평등에 관한 법령」을 공포하였다. 이 법령은 축첩·매음·인신매매의 금지, 혼인과 이혼의 자유, 사회생활에서 남녀평등에 대한 보장을 규정함으로써 봉건적인 남녀관계를 청산하도록 하였다.

◎ 사회경제 개혁의 결과

북에서는 1946년도 초반에서 말까지의 기간에 반제반봉건 민주주의혁명의 일환으로 수행된 사회경제적 개혁으로 인해 식민지 반봉건사회가 무너지고 인민민주주의제도가 확립되었다. 사회경제적 개혁으로 북반부는 경제형태면이나 계급관계에서 커다란 변동이 생겼으며 인민정권이 자신의 물적 토대를 갖춤으로써 북에는 민주기지가 창설되었다.

식민지 반봉건사회를 탈피한 북쪽 사회는 여전히 식민지 반봉건사회로 남아 있는 남한 사회와 질적으로 구분되었으며, 이러한 새로운 변화를 김일성은 "남한이 남풍을 보내기보다도 북풍이 무서워서 말하지 않고 있다"고 표현했다.(『북한관계 사료집』1)

일제하에서 식민지 자본주의와 농촌에서의 반봉건적 소작관계를 중심으로 이루어졌던 북의 경제는 사회경제적 개혁으로 인하여 농업부문에서 반봉건적 경제제도가 완전히 사라지고 농민의 토지소유가 확립되었으며 공업 부문에서는 사회주의적 경제형태가 창출되어 압도적인 비중을 차지하게 되었다. 그리고 남아 있는 자본주의경제 형태는 얼마 되지 않았을 뿐만 아니라 인민경제 전체의 주도권을 장악할 수 없었기 때문에 대단히 약화되었다. 이로 인해 북반부는 사회주의혁명으로 넘어갈 수 있는 물질적 전제조건을 갖추게 되었다.

사회경제적 개혁이 끝난 1946년 말 북의 경제는 첫째 도시상공업과 농촌의 부농경제로 이루어지는 자본주의적 경제형태, 둘째 생산수단에 대한 사적 소유와 개인노동에 기초한 도시수공업과 자작농으로 구성되는 소상품 경제형태, 셋째 국유화된 광산·탄광·운수·공장·은행·농장 및 농민들이 직접 공동 운영하는 농민은행이나 소비조합으로 이루어지는 사회주의적 경제형태의 세 가지로 이루어졌다. 각각의 경제형태가 전체 생산액에서 차지하는 비율을 도표로 나타나면 다음과 같았다.

사회경제적 개혁 후 경제형태별 구성비 (1946년 현재) (단위 : %)

구분 \ 경제형태	총계	사회주의 경제형태		소상품 경제형태	자본주의적 경제형태
		국영경제	협동경제		
사회 총생산액	100	18.9	0.2	60.9	20.2
공업 총생산액	100	72.4	-	4.4	23.2
농업 총생산액	100	-	-	94.5	5.5

자료 : 『조선민주주의인민공화국 경제발전 총계집(1946~60)』평양 ; 국립출판사, 1961

2) 북조선인민위원회 수립, 소련군 지도 감독 종결

북조선 지도부는 1946년 중반 사회경제적 개혁을 실시하면서 통일전선 결성과 노동계급의 당조직 형태 변화라는 중요한 조치를 취했다. 이러한 조치는 이미 실시된 여러 가지 개혁을 통해 계급구성이 변화였고 당과 인민정권에 내한 대중적 지지가 넓어진 조건과 관련이 있다. 토지개혁 등 제반 사회경제적 개혁의 수행과정에서 각 정당과 사회단체들은 상호협력 한 것을 계기로 연대성이 더욱 강화되었으며 광범위한 대중들을 자기 조직 속에 흡인하였다. 특히 공산당의 조직 확대는 두드러진 것이었다. 1945년 말 4,530명에 불과하던 공산당원은 1946년 7월경에는 약 30만 명을 헤아리게 되었다.

그러나 공산당만의 힘만으로는 이미 실시된 사회경제개혁을 공고화하고 남은 여타의 개혁을 힘 있고 효과적으로 수행하기 어려웠다. 이러한 상태에서 북의 지도자들은 통일전선을 더욱 강화시키고 당을 확대하는 동시에 대중정당화하기 위한 조직강화사업에 들어갔다.

(1) 민주주의민족통일전선 결성과 「북조선 노동당」 창립

1945년 10월 북조선분국이 설치된 이래 공산당은 각계각층의 이해를 대변하는 정당·사회단체들의 결성에 주력하였다. 그리하여 1945년 11월 말부터 여러 가지 단체들이 결성되었으며 이들 단체들은 모스크바 3상회의 결정에 대한 지지와 사회경제적 개혁에 대한 참여를 통하여 연대성을 높였으며 조직을 확대하였다. 이들 단체나 정당들은 북부만을 대상으로 하여 조직된 것들도 있으나 조직적 위상에 있어서 대부분이 남부에 있는 본부의 하부 분국으로 되어 있었다. 이러한 조직상의 2원화는 이들 단체나 정당들의 행동상의 통일과 조직적 결속에 일정 정도 저해 요인이 되었다.

따라서 그것들을 하나로 묶어 상설화하고 수직적인 조직체계로 일원화 하여 내용과 형식상의 일치를 이루어낼 필요성이 대두되었다. 또한 1946년 3월 미소공동위원회 1차 회의가 결렬되고 북부의 민주기지노선이 구체화되어 나타남에 따라 북쪽만의 전선조직체 결성의 필요성은 더욱 커졌다.

이러한 내외적 조건의 필요성에 따라 1946년 7월 22일 북조선공산당의 주도에 의해 평양에서 「북조선민주주의 각 정당 사회단체 대표회의」가 소집되었고 이 회의에서 「북조선민주주의민족통일전선위원회」가 정식으로 발족되었다. 북조선민주주의민족통일전선에 참가한 정당·사회단체는 공산당·민주당·천도교청우당·직업총동맹·민주청년동맹·예술총동맹·조소문화협회·불교총무원·교육문화후원회·반일투사후원회·보건연맹·건축연맹·소비조합이었다.

북민전 결성의 목적은 7월 22일의 회의에서 통과된 결정서를 통해 알 수 있다. 그 요점은 첫째 통일임시정부 수립에 대비하기 위한 역량강화를 위해 각계각층의 인민을 대동단결시키며, 둘째 민전의 활동을 통하여 「인민대중을 북조선임시인민위원회의 주위에 튼튼히 결집시키는 것」이었다.

1946년에 들어와 북에서는 2개의 마르크스 – 레닌주의당이 병립하였다. 그 하나는 1945년 10월 10일에 결성된 「조선공산당 북조선분국」(1946년 4월 이후로 「북조선공산당」으로 개칭)이며 다른 하나는 조선독립동맹의 후신으로 1946년 2월 16일 결성된 「조선신민당」이었다.

연안파로 지칭되는 조선독립동맹은 1945년 말에서 1946년 초에 걸쳐 북에 들어왔으며 남한에는 그 지부로서 경성특별위원회(후에 남조선 신민당으로 발전)를 두었다. 북에 입국한 후 독립동맹은 북조선임시인민위원회의 결성에 참여하여 김두봉은 이 위원회의 부위원장이 되었다. 그러나 독립동맹은 귀국 초기에는 일부 간부가 공산당에 참여하였으나 얼마 후 공산당에 대한 참여를 취소하고 독자적인 당을 결성하였으니 이의 결과로 나타난 것이 조선신민당이었다.

조선신민당은 모스크바 3상회의 결정에 대한 지지와 사회경제적 개혁에 공산당과 함께 참여 하였다. 창당 이후 신민당은 당세를 확장하여 1946년 중반에 들어서는 그 수가 10만을 헤아렸다.

신민당의 정치노선은 자산계급성 민주주의혁명으로서 모택동의 신민주주의론의 영향을 많이 받았다. 이러한 신민당의 정치노선은 북조선 공산당의 그것과 크게 다를 바가 없었다. 그러나 신민당의 계급적 기반은 주로 인텔리와 소부르주아였으며 사회경제적 개혁의 과정에서 일부 무산계급을 입당시켰다.

북조선공산당의 계급적 기반은 주로 노동자·농민이었다. 북조선공산당은 토지개혁, 노동법령 실시, 중요 산업 국유화 등의 사회경제적 개혁 과정에서 빈농계급과 노동자 등 근로대중을 입당시켜 당세를 확장하였으며 최종 목표는 신민당과 마찬가지로 무계급사회의 건설이었다. 따라서 공산당과 신민당은 계급적 기반에 있어서는 차이가 있지만 최종목표에 있어서는 동일하였다.

그런데 최종목표가 같은 두 당이 계속해서 두 개로 남아 있는 것은 혁명의 완수와 통일정부를 수립하는 데 있어서 절박하게 요구되는 근로 대중의 통일과 단결에 지장을 초래하였다. 동일한 목표를 갖는 정치집단이 두 개로 남아 있는다는 것은 분열을 의미하는 것이며 불필요한 잡음과 마찰을 초래할 수밖에 없는 것이다.

또한 당시 양당이 추구하는 정치형태가 소비에트식 민주주의가 아니라 인민민주주의였기 때문에 이것을 전국적 차원에서 달성하기 위해서도 인민민주주의 형태에 걸맞은 근로대중의 이해를 대변하는 통일적이고 강력한 대중정당의 창건이 요구되었던 것이다. 이러한 주관적 요구와 더불어 양당 합동의 객관적 토대도 마련되어 있었다.

1946년 초부터 수행된 여러 개혁으로 노농동맹은 일층 강화되었으며 양당에 대한 대중의 지지도 높아졌다. 이제 더 이상 양당의 합동은 미룰 수 없게 되었다.

1946년 7월 23일 신민당 중앙상무위원회 대표 김두봉은 공산당 책임 비서에게 양당 합동을 제의하는 서신을 발송하였다. 이에 24일 김일성은 서신접수를 했다는 회신을 김두봉에게 보냈다. 27일에는 양당 중앙위원회 대표가 모여서 합당에 관하여 구체적으로 협의하였고, 28일에는 다시 양당 합병사무위원회를 개최하고 협의했으며 29일에는 양당 연석중앙확대위원회를 개최하여 김일성과 김두봉의 보고를 들은 다음 「합동에 대한 결정서」와 합동에 대한 선언서를 통과시켰다. 29일의 보고에서 김일성은 "조선에 있어서 민주주의 발전은 복잡한 정세 하에서 성장하였으나 국내 반동파의 완강한 반항을 받고 있어…… 근로대중의 일층 광범한 통일적 행동을 요구하고 인민대중의 단결이 요망되고 있다.…… 이 대중운동은 근로대중의 민주주의적 정당의 합동에서 얻어진다"고 말했다. 이어서 김두봉은 양당간의 약간의 상호 마찰이 "북조선공산당은 지식분자를 전체적으로 포함하지 못한 데에서 또 조선신민당은 노동자·농민을 전체적으로 포함하지 못한 데에서 그 원인이 찾아진다"고 말하면서 양당 합동의 필요성을 역설했다. (『조선해방 1년사』 서울 문우인서관 1946. 김남식 「북한의 공산화 과정과 계급노선」 『북한 공산화과정 연구』 고대 아세아문제 연구소 1979)

합동 결정이 내려진 후 1개월 동안에 각 지방조직부터 상향식으로 공산당과 신민당이 합당되어나갔다. 그리하여 최종적으로 양당 중앙당의 합당대회가 1946년 9월 28일부터 30일까지 3일간에 걸쳐 열려 북조선공산당과 신민당이 통합되어 「로동당」이라는 대중정당으로 창립되었다. 합당대회에서는 공산당과 신민당이 합당되었다고 해서 통일전선사업을 소홀히 해서는 안 되며 당의 규율을 한층 더 강화시켜야 한다는 점이 지적되었다. 또한 기존의 신민당의 기관지 『전진』과 공산당의 기관지 『정로』를 폐지하고 새로운 당의 기관지로서 『로동신문』을 발간하기로 하였다.

북조선로동당의 탄생은 북에서 근로대중의 이해를 대변하는 당이 하나의 단일한 세력으로 결집되었다는 것을 의미하며, 사회경제적 개혁을 더욱 공고히 하고 힘 있게 추진시키며 다음 단계의 사회주의혁명을 보다 넓은 대중적 기반 하에서 수행할 수 있는 조건을 만들어주었다.

(2) 북조선인민위원회 수립, 사회주의혁명단계 시작

1946년 북조선인민위원회가 수립됨으로써 반제·반봉건 민주주의혁명의 일환으로 수행된 사회경제적 개혁으로 인민정권의 계급적 토대가 넓어지고 강화되었으며 북반부는 일제시대의 경제구조에서 벗어나 세 가지 경제형태 즉 자본주의 경제형태, 소상품 경제형태, 사회주의 경제 형태로 구성되는 경제구조를 갖게 되었다. 그러나 공산주의자들의 목표는 반제반봉건민주주의혁명에 그치는 것이 아니었다. 그들의 최종목표는 사회주의·공산주의사회의 건설이다. 반제반봉건민주주의혁명은 곧바로 사회주의혁명으로 나아갈 수 없기 때문에 설정된 과도적 혁명단계였다. 따라서 북은 반제반봉건민주주의혁명을 마치자마자 사회주의혁명을 위해 혁명의 무기인 권력 즉 인민정권을 프롤레타리아독재의 기능을 수행할 수 있도록 개편하는 작업에 들어갔다.

그리하여 1946년 말과 1947년 초에 걸쳐서 북은 도·시·군·면·리(동)에 걸쳐 선거를 실시하여 정권에 합법성을 부여하는 동시에 선거절차를 통하여 일정하게 정권구성을 바꾸고자 하였다. 인민위원회선거에 관한 북조선임시인민위원회 제2차 확대집행위원회 결정서」에 의하면, 인민위원회 선거는 직접선거로서 친일분자를 제외하고는 재산·주거·신교·지식에 불문하고 모든 사람에게 선거권과 피선거권을 부여했다고 한다. 선거권이 박탈된 친일분자에 대한 규정은 다음과 같았다.

1. 조선총독부 중추원 참의·고문 전부.
2. 도회의원 부회의원이었던 조선인 전부.
3. 일제시대 조선총독부 및 도의 책임자로서 근무한 조선인 전부.
4. 일제시대 경찰·검사국·재판소의 책임자로 근무한 조선인 전부.
5. 자발적인 의사로써 일본을 방조할 목적으로 일본주권에 군수품 생산, 기타의 경제자원을 제공한 자.
6. 친일단체의 지도자로서 열성적으로 일제를 방조하거나 동조한 자.

선거의 방식은 자유민주주의의 방식과는 상당히 달랐다 그 예로서 리(동)의 선거절차를 살펴보면, 후보자수는 제한이 없었으나 먼저 친일분자로 규정된 사람을 후보자가 되지 못하게 하고, 후보자 가운데에서 드러나지 않은 친일경력을 밝혀내기 위해 리(동)총회에서 각 후보에 대한 거수로서 특정 후보를 후보자명부에 둘 것인가 말 것인가를 다수결로 결정하였다. 그리하여 후보자들에 대한 투표를 실시하여 다수표를 얻은 자가 정족수에 따라 차례로 당선되게 하였다. 투표는 흑함과 백함, 두 개를 병풍으로 가려 투표동작이 보이지 않도록 설치해놓고 찬성은 백함에, 반대는 흑함에 투표용지를 넣도록 했다.

이렇게 하여 선거된 도·시·군 인민위원들은 간접선거로 자신들 가운데 3명당 1명꼴로 도·시·군 인민위원회대회 대표를 선출하고 이 대표들이 각 정당·사회단체에서 5명씩 뽑힌 대표들과 합쳐져서 인민위원회 전체를 감독하고 통제하는 기관으로서 최고인민회의 대의원을 선출하였다. 인민위원회 선거로 선출된 각 단위별 인민위원들의 계층별 구성은 표 1·2·3·4와 같은데 각 표를 보면 북조선인민위원회는 '사회주의혁명을 수행하는 정권'(프롤레타리아독재정권의 기능 행사)이었음에도 불구하고 각계각층의 연합에 의한 인민정권의 형태를 갖추고 있음을 볼 수 있다.

이와 같이 구성된 인민위원회의 체계와 기능을 살펴보면, 도·시·군 인민위원회는 해당 지역의 주권 및 행정기관으로서 주권적 기능과 행정적 기능이 통합된 정권기관이었다.(이 점은 자유민주주의체제에서 3권분립에 의해 해당 지역의 주권을 대표하는 입법기관과 집행기능을 수행하는 행정기관이 분리되는 것과 대조적이다) 한편 도 인민위원회는 중앙정권기관인 최고인민회의에, 시·군 인민위원회는 도 인민위원회에 복종하며 도·시·군 인민위원회는 「최고인민회의」의 통일적 지도 밑에 움직이는 정권기관이었다.

북조선인민위원회는 소련과의 관계라는 측면에서 볼 때 북조선임시인민위원회와는 달랐다. 앞에서 지적한 바와 마찬가지로 북조선임시인민위원회는 정책을 수립하고 집행하는 데 있어서 소련군 사령부의 지도를 받거나 승인을 얻어야 했다. 그러나 북조선인민위원회의 성립을 계기로 소련군 사령부에 의한 인민정권에 대한 지도와 감독은 사라졌고 행정권은 북조선 사람들의 손으로 넘어갔다.

이러한 변화는 「북조선인민위원회에 관한 규정」에도 반영되어 나타났다. 이 규정의 제1조는 "북조선인민위원회는 조선에 민주주의 임시정부가 수립되기까지 북조선인민정권의 최고집행기관이다"라고 규정했으며 제12조는 "각 국장 및 부장은 북조선인민위원회에 복종한다"고 규정함으로써 사실상 소련군 사령부의 인민정권에 대한 간섭을 소멸시켰다.

표1. 북조선인민위원회 도·시·군 인민위원들의 계급별 분류

	노동자	농민	사무원	문화인	상인	기업가	종교인	전지주	전체	여성
위원수	510	1,256	1,056	311	145	73	94	14	3,459	453
비율(%)	14.7	36.4	30.5	9.0	4.2	2.1	2.7	0.4	100	13

자료 : 『조선중앙년감』, 1949년판 『조선전사』. 도·시·군 인민위원회 선거는 1946년 1월 3일에 실시됨.

표2. 북조선인민위원회 면·리(동) 인민위원들의 계급별 분류

		노동자	농민	사무원	인텔리	상인	기업가	종교인	전지주	합계
리	의원수	2,508	46,245	3,681	174	493	129	67	17	53,314
	비율(%)	4.7	86.74	6.9	0.33	0.93	0.24	0.12	0.04	100
면	위원수	1,121	7,795	3,901	310	228	48	40	1	13,443
	비율(%)	8.33	57.97	29.0	2.3	1.69	0.35	0.29	0.07	100

자료 : 『조선중앙년감』, 1949년판 『조선전사』. 면·리(동) 인민위원회 선거는 1947년 1월 11일에 실시됨.

표3. 최고인민회의 대의원 정당별 구성

	노동당	민주당	청우당	무소속	계
의원수(명)	86	30	30	91	237
비율(%)	36	13	13	38	100

자료 : 『조선중앙년감』, 1949년판

표4. 최고인민회의 대의원 계급별 분류

	노동자	농민	사무원	인텔리	기업가	상인	수공업	종교인	계
위원수	52	62	56	36	7	10	4	10	237
비율(%)	22	26	24	15	3	4	2	4	100

자료 : 『조선중앙년감』, 1949년판(『북한관계 사료집』 국사편찬위원회)

(3) 「조선민주주의인민공화국」의 수립

1947년 5월 휴회되었던 미소공동위원회가 다시 열렸다. 제2차 미소공동위원회는 소련이 통일임시정부 수립을 위한 협의대상에서 제외할 것을 주장한 우익 반탁세력을 협의의 대상으로 삼겠다고 일보 후퇴함으로써 재개되었다. 그러나 재개된 미소공동위원회는 난관에 봉착했다. 왜냐하면 과격한 우익 청년단체들이 미소협상에 대해 반대하면서 소

런측 대표에게 야유를 퍼붓고 격렬한 시위를 했으며 미국은 남한측 협의대상을 오직 기업가와 호전적인 우익 인사들에게만 한정시키고자 했기 때문이다.

이에 소련측은 다시금 우익측을 협상에서 배제하자고 주장했다. 미·소의 주장은 평행선을 달렸으며 타협의 기미는 전혀 보이지 않았다. 남·북의 통일문제가 미·소의 의견대립으로 전망이 전혀 보이지 않자 미국은 조선 문세를 유엔으로 이관하였다. 1947년 10월 미국은 조선반도 전체에 걸친 국회선거를 감시하기 위해 임시위원단을 파견하는 결의안을 유엔총회에 제출하였다. 유엔총회에서 미국의 제안은 소련의 반대를 무시하고 통과되었다. 한반도 문제에 관한 한 유엔은 미국의 보조기구로 보이기 시작한다.

소련은 미국이 조선 문제 결의안을 유엔총회에서 통과시키자 유엔에 의한 선거를 거부하고 1948년 2월까지 미·소 양군이 동시에 철수하고 조선 문제는 조선인 당사들에게 맡기자고 주장했다. 그러나 미국의 계획은 예정대로 추진되어나갔다. 소련은 유엔위원단의 북반부 입국을 받아들이지 않았다. 왜냐하면 미국의 계획은 모스크바 3상회의 결정에 전면적으로 위배되는 것이라고 보았기 때문이다. 이에 미국은 남한만의 단독 선거를 추진하여 남한정부를 구성코자 하였다. 이에 대해 소련은 소련대로 북에 또 다른 정부의 구성을 추진해나갔다.

북측에서는 1948년 3월 27일부터 4일간에 걸쳐 북조선로동당 제2차 전당대회가 개최되었다. 이 대회에서는 통일정부 수립의 대책으로서 「남북조선 제정당 사회단체연석회의」를 소집할 것이 결정되었다. 이에 앞서 1948년 3월 25일 북조선민주주의민족통일전선 중앙위원회는 남측의 제정당·사회단체들에 대하여 남한 단독선거를 반대하고 통일정부 수립을 위한 연석회의를 소집할 것을 제의하였다. 북측의 제의에 응하여 남한에서는 단독선거에 반대하는 제정당·사회단체가 지지성명을 냈으며 41개 정당·사회단체가 4월 19일부터 23일까지 평양 모란봉극장에서 열린 남북연석회의에 참석하였다. 이 회의에서는 5·10단독선거를 저지한다는 결정서가 채택되었다.

그러나 남측에서 5·10선거가 강행되고 남한단독정부 수립이 기정사실화되자 북측은 1948년 6월 29일부터 7월 5일까지 평양에서 「남북조선 제정당 사회단체 지도자협의회」를 개최하였다. 이 회의에는 남북연석회의에 참가했다가 평양에 그대로 머무른 대부분의 남한 정당·사회단체 대표들(김구·김규식 제외)이 북민전에 소속된 단체 대표들과 함께 참가하였다. 회의 마지막 날인 7월 5일에는 인민공화국 수립을 위한 결정서가 채택되었다. 이에 따라 북조선인민회의 특별회의(1948. 7. 9~10)에서는 북반부의 선거를 8월 25일 실시하기로 하여 북측을 대표하는 최고인민회의 대의원 212명을 뽑았다.

「남북조선 제정당 사회단체 지도자협의회」의 결정에 따라 남부에서는 7월 중순부터

지하비밀선거를 실시하여 남쪽 대표 1,080명을 뽑았으며, 이들 중 1,002명이 월북하여 8월 21일부터 6일간 해주에서 「남조선인민대표자대회」를 열고 남반부를 대표하는 최고인민회의 대의원 360명을 뽑았다. 이리하여 남북을 합친 572명이 조선최고인민회의를 구성하여 9월 2일부터 헌법을 심의하였고, 9월 8일에는 조선민주주의인민공화국 헌법을 채택하였다. 9월 9일에는 내각구성을 갖추고 「조선민주주의인민공화국」의 수립이 선포되었다. 이로써 1947년 2월 수립되었던 북조선인민위원회는 모든 권한과 기능을 「조선민주주의 인민공화국」에 넘겨주었다.

조선민주주의인민공화국은 북측의 표현을 벌면 "전조선의 애국민주역량이 결집되어 수립된 인민정권이었으며 북반부에서는 사회주의혁명을, 그리고 남반부를 포함한 전국적 차원에서는 반제반봉건민주주의혁명의 완수를 자기의 임무"로 삼았다.

(4) 계획경제의 실시, 사회주의적 생산관계로의 개조 추구

북조선은 1947년 초부터 사회주의혁명단계로 이행하였지만 곧바로 사회주의적인 조치를 취하지는 못했다. 즉 농민의 사적 토지소유를 폐지하고 집단농장화를 추구하거나 잔존한 자본주의적 기업을 전면 폐지하지 않았다. 그 이유는 해방 후 일본인들이 조선 북부를 떠나면서 많은 공장들을 파괴하고 갔으므로 그것들의 복구와 정상적인 가동이 먼저 필요했으며 정상적으로 움직이는 공장도 생산력 수준이 저급했기 때문이다.

그리고 반제반봉건 민주주의혁명을 갓 수행한 당시의 조건에서 농민들의 정치의식이 아직 사회주의적 개조를 받아들일 만큼 성숙하지 못했으며 전반적인 사회경제적·물질적 조건들이 취약했고 남한과의 관계를 염두에 둔 전술적 고려의 필요성에 의해서도 사회주의혁명을 급격히 수행할 수 없었다. 북은 이와 같은 자체의 조건 때문에 사회주의혁명 단계의 초기를 기간산업의 복구와 건설을 통한 생산력 증강의 토대 구축과 생산관계의 전면적인 사회주의적 개조를 준비하는 기간으로 설정하였다.

1947~48년 각각의 1개년경제계획과 1949~50년의 2개년 경제계획을 통한 시험적 성격의 부분적인 사회주의적 개조가 이 준비기의 사회주의 혁명의 내용이었다. 1947년의 경제계획은 1. 파괴된 시설의 보수와 생산량의 배가 2. 노동생산성의 48퍼센트 제고 3. 석탄생산량의 22퍼센트 증가 4. 운수시설 정비 5. 농업 생산력 증가로 주민의 생산필수품 공급 확대 6. 개인 자본을 산업회사 등에 흡수하여 개인기업의 창의성을 발전시키는 것이었다. 1948년도의 경제계획은 1947년도에 이룩한 성과를 토대로 북조선

산업의 편파성 타파와 각종 생산품의 증산을 기본방향으로 하였다.(『북한경제론』 서울 북한연구소 1979)

　반제반봉건 민주주의혁명을 마쳤을 때 북에서는 사회주의적 경제형태, 소상품 경제형태, 자본주의적 경제형태가 공존하게 되었다. 소상품 경제형태는 생산수단에 대한 사적 소유와 개인노동에 기초하여 계급분화의 요인을 내포하고 있었으며 자본주의적 경제형태는 생산수단에 대한 사적 소유와 고용노동을 전제로 하여 자본가에 의한 노동력의 잉여가치(생산된 가치에서 노임을 주고 남은 부분, 자본주主의 수탈 부분) 획득을 초래하고 있었다.

　북의 계획경제는 공산주의자들의 관점에서 봤을 때 부정적이라고 보여지는 이와 같은 소상품 경제형태와 자본주의적 경제형태를 줄여나가고 사회주의적 경제형태의 비중을 높여나감으로써 프롤레타리아독재의 경제적 기초를 확보해나간다는 목표에 따라 설정되었다. 계획경제를 통한 생산관계의 사회주의적 개조는 생산합작사의 조직, 도시의 자본주의적 상공업에 대한 제한, 농촌경제에 있어서 협동양식의 확대로 나타났다.

　생산합작사의 조직은 수공업에 있어서 분산성을 극복하고 공동생산을 함으로써 노동생산성을 제고시키고 공동노동을 통한 사회주의적 의식을 체득케 하기 위한 목표를 가지고 이루어졌다. 생산합작사는 농촌의 가내부업자와 수공업자들을 한데 묶어 생산수단에 대한 구성원의 사적 소유가 보존되면서도 이 조직의 이용은 집단적으로 행하는 반半사회주의적 성격을 지녔다. 이렇게 조직된 생산합작사들 가운데에는 완전한 사회주의적 성격을 띤 형태도 있었다. 여기에서는 모든 생산수단이 공동소유로 되어 있었으며 노동에 의한 분배만이 실시되었다.

　그러나 이러한 생산합작사는 그렇게 많지 않았으며 반半사회주의적 형태가 대부분이었다. 생산합작사는 자원성의 원칙을 띠었으며 업종별로 조직 되었다. 북은 수공업에 있어서 생산합작사의 비중을 높이기 위하여 생산합작사를 조직하고자 하는 수공업자들에게 소비조합이나 농민은행으로부터 금융지원을 받을 수 있도록 하는 특혜조치를 취했다. 1949년 말에 이르러 생산합작사들이 공업 총생산액에서 차지하는 비중은 5.2퍼센트에 달했다고 한다.

　다음으로 자본주의적 상공업에 대한 제한을 살펴보면, 북은 사회주의적 혁명 단계 초기에서 자본주의적 상공업을 완전히 없애지 않고 일정하게 발전을 장려하면서도 한편으로 독자적으로 지나치게 확대되는 것을 막는 조치를 취했다. 1947년 7월에는 중・소자본가들로 구성되는 산업경제협의회를 조직하고 국가가 기업 활동을 알선하고 권고하는 역할을 맡았다. 또 한편으로 북은 개인기업가나 상인들로 하여금 주식회사나 상업회사를 조직케 하여 자본을 모아 큰 규모에서 그리고 부문별로 경제활동을 통일적으로 수행하게 하였다 그러나 노동법령을 준수하는 조건하에서 기업 내부의 경영에 대해서는 자율에 맡겼다.

북이 사회주의혁명 단계에서도 상공업자들의 활동을 일정하게 허용한 것은 원래 그들의 숫자가 얼마 되지 않고, 경제적 토대가 미약한 데다가 반제반봉건 민주주의혁명 단계에서 이미 사회주의적 경제형태가 경제 전반에서 지도적 지위를 차지하게 됨으로써 그들의 세력이 보잘 것 없었기 때문이다. 그것은 북에서 1946년 말 인구 총수에서 개인기업가는 0.2퍼센트, 상인은 3.3퍼센트에 불과했던 것만을 보아도 알 수 있다.

토지개혁 후 북의 농촌경제는 고용농을 두는 극소수의 부농과 대다수의 자작농으로 구성되어 있었다. 원래 사회주의혁명 단계에서는 사적 토지소유를 폐지하고 집단농장화를 추구하나 북에서는 협동화를 급격히 시행할 수가 없었다. 왜냐하면 일제하에서 오랫동안 소작인으로 있던 농민들은 땅에 대한 애착심이 강했기 때문에 토지개혁 후 1년만에 협동화를 추진할 수가 없었던 것이다. 그러나 북반부에서는 여타 부문의 사회주의적 개조에 따라 농업부문도 그에 보조를 맞추지 않으면 안 되었다. 북은 이에 대한 대책으로 농업협동화 준비의 일환으로서 협동적 노동 형태 즉 공동경작(소를 공동으로 이용)과 모내기·김매기에 있어서의 품앗이를 장려하는 한편 소비조합을 만들어 중간이윤을 방지하고 공동판매를 실시케 하였다.

1947년부터 수행된 북의 사회주의혁명은 1950년 6월 남북전쟁이 일어나면서 중단되었다. 전쟁이 일어나자 북은 북부에서의 사회주의혁명을 중단한 채 모든 역량을 전국적 범위에서의 반제반봉건 민주주의혁명의 완수에 투입하였다. 전쟁 초기 북은 자기들이 이전에 수행한 바 있는 반제반봉건 민주주의혁명의 경험을 살려 남쪽 점령지역에서 사회경제적 개혁을 실시하였다. 그러나 전쟁은 남북간의 새로운 경계선인 휴전선만 남긴 채 끝났다. 이후 북은 본격적인 사회주의혁명을 수행하여 1958년에는 생산관계의 사회주의적 개조를 완성하였다.

이상의 논의를 통하여 1945년에서 1950년까지 북반부에서 수행한 인민민주주의혁명과 사회주의혁명을 살펴보았는데, 다른 나라들의 혁명과 달리 북조선이 혁명을 추진하는 속도와 방법에 영향을 미친 특수한 요인은 외세에 의해 조성된 남북관계라는 결론을 얻을 수 있었다.

그러나 이러한 결론이 소련의 대한반도정책과 미국의 대한반도정책, 남한내 정치세력의 움직임이라는 여러 가지 변수들을 종합적으로 고려하여 다양하고 풍부하게 분석되는 가운데 도출되지 못하고 북의 내부동인과 여타 변수들과의 관계를 몇몇 정치적 사건들을 중심으로 일면적으로만 연결시켜 얻어진 점은 이 글의 한계로 지적될 수 있을 것이다. 모든 현대사연구자들의 과제이기도 한 이러한 한계의 극복은 특정 지역 중심의 편향된 연구경향을 지양하고 남북을 거시적이고 통일적인 시각에서 바라봄으로써만이 이루어질 수 있을 것이다.

여기에 더하여 보다 더 근본적은 연구방향은, 사회주의 체제의 한계성, 즉 "집단노동의 성과는 자유경쟁 노동 보다 비효율적"이라든시, "가족 중심의 이기주의적 동기가 노동력·경제력을 제고시킬 수 있다"는 등의 자본주의 체제의 장점에 대한 고찰에도 관심을 돌려봐야 하겠다는 것이다.

이 같은 시각의 전환은, 중국과 소련의 경제·생산 체제의 대변혁(사회주의와 자본주의의 융합)에서도 입증된 바 있으므로, 해방 초기나 현재까지 북조선의 경제혁명과 건설의 연구에서도 북측의 주장에만 의존하지 말고 포용적 비교·대조 방법의 적용이 훨씬 더 바람직해 보이기 때문이다.

◎ 해방 초기 사회주의 토지개혁에 불만, 친외세 기독교세력 갈등

북조선을 창건하고 오랫동안 다스렸던 김일성은 제도·사상·삶의 방식을 포함하여 북조선 사회의 모든 영역에 걸쳐 지대하고 항구적인 영향을 끼쳤다. 종교정책, 종교에 대한 인식, 종교인에 대한 태도도 마찬가지일 것이다. 그런데 김일성은 어린 시절에 기독교인들에게 '포위'되어 있었다고 회고할 정도로 기독교와 깊은 관계를 맺고 있었다. 그의 아버지는 민족주의자였고, 어머니는 유력한 기독교 집안 출신이었다.

아버지가 사망한 후 길림에서 어린 자신을 돌보아준 감리교 목사 손정도를 '은인'으로 여기며 두고두고 그 은혜에 감사했다. 또한 정부 건립을 전후한 시기에는 이후 국가 부주석을 지낸 강량욱, 최고인민회의 부의장을 역임했던 김창준 등 기독교 목사들이 그를 도왔다. 이런 점에서 볼 때 김일성과 기독교인의 관계에는 공산주의 지도자와 공산주의가 적대시 하는 집단의 관계로는 충분히 설명되지 않는 독특함이 있었다.

이 글은 김일성의 어록과 저작을 중심으로 기독교와 기독교인에 대한 그의 인식을 살펴보았다. 분석의 주요 대상이 된 것은 「저작집」「선집」「전진」이라는 이름으로 정리되어 출간된 연설과 담화, 그리고 1992년부터 발행되기 시작한 회고록 『세기와 더불어』이다. 이 외에 그의 다른 저작, 김정일을 비롯한 다른 사람들의 저술도 사용했다. 김일성의 저작을 시대순으로 살펴보면서 각 시기에 김일성의 기독교관 및 기독교인과 관계가 어떻게 전개되었는지 점검했다. 시대는 해방 후 6·25전쟁까지, 전쟁 후의 사회주의 건설시기, 그리고 1972년 김일성이 주석이 된 다음부터 사망할 때까지로 나누었다. 이것은 북한의 시대 구분법을 따르되 김일성의 생애에 주안점을 두고 시기를 나눈 것이

다.(류대영『한국 근현대사와 기독교』푸른역사 2011)

　김일성의 기독교 관련 발언은 사회주의 건설 단계, 헌법 개정, 그리고 대외관계 등 각 시기에 북조선이 처했던 상황을 염두에 두고 분석했다. 김일성의 어록과 저작은 개인의 의견을 넘어서 북조선 정부의 공식적 입장이다. 따라서 그의 저작을 살펴보면 기독교를 중심으로 한 종교에 대한 북조선 정부의 태도를 추적할 수 있다. 그런데 이 글에서 사용된 김일성과 다른 북조선 사람들의 발언과 저술은 모두 공간公刊문헌이다. 북의 모든 공간 문헌은 복잡한 은유성과 이중성을 지니고 있다. 따라서 이런 북조선 특유의 담화체계를 충분히 이해하지 않으면 적절히 해석하기 힘들다.(이종석『새로 쓴 현대 북한의 이해』역사비평사 2000)

　기독교에 대한 김일성의 태도나 북의 종교정책, 그리고 기독교의 실상은 이와 같이 공개된 문헌들만으로는 알 수 없다. 공간문헌을 보충해주는 것으로 내부용 문헌들만으로는 알 수 없다. 공간문헌을 보충해주는 것으로 내부용 문헌이 있지만, 종교에 대한 언급은 극히 드물고, 또 있다 하더라도 구하기 힘들다. 따라서 이 글은 북의 공간문헌이 가지고 있는 한계 내에서 논의를 전개했다.

(1) 근로민중 은혜 묵살한 미신적 신숭배세력, 자주·평등 주장을 적대시

　해방부터 6·25 전쟁기에 이르는 이 시기는 북조선의 혁명단계에 따르면 "반제반봉건 민주주의혁명"이 수행·완성되고(1945년 8월~1947년 2월) 사회주의 혁명이 진행되는 과정에 있는 단계였다. 1947년 2월까지의 기간을 "반제반봉건 혁명"으로 정의하는 것은 이 시기가 인민민주주의 혁명기, 즉 본격적 사회주의로 이행하기 직전단계에 해당되기 때문이다.

　일본 제국주의가 남겨놓은 식민지 잔재와 한말 이후 지속되어 온 봉건적 요소들을 극복하기 위한 노력이 집중적으로 경주傾注되었다. '민주개혁'이라고 불린 이 시기의 목표는 반민족적이고 제국주의적인 것의 철폐를 위해 친일 부역자, 친미 "제국주의 앞잡이"들을 처단하고 봉건적 질서의 기본인 지주·소작제를 철폐하는 것으로 구체화되었다.

　반세·반봉건을 위한 인민민주주의 혁명은 인구의 대부분을 구성했던 농민과 노동자들의 환영 속에 매우 짧은 기간 동안 성공적으로 진행되었다. 예를 들어, 무상몰수·무상분배의 원칙 아래 이루어진 토지개혁은 1946년 3월 5일부터 4월 1일까지 사이에 큰 저항 없이 신속히 완성되었다. 이것은 다른 사회주의 국가들의 경험과 비교해 볼 때 거의 유례가 없는 일이었다. 토지개혁·노동법령·국유화법령 등의 조치들은 소농민과 노동자 계층으로부터 큰 환영을 받았다.

○ 이런 조치로 일본인 소유 대기업의 90%가 국유화되었으며 토지의 절반 이상이 새로운 소유주에게 넘겨졌다. 토지개혁 진인 1943년 통계에 의하면 토지의 62%를 지주들이 소유하고 있었으며 350만 농가 중 17.3%만 자영농이었고 52%가 완전 소작농, 21%가 농지를 일부 소유하면서 소작을 겸한 사람들이었고, 4%는 농업노동자들이었다. 토지개혁으로 북조선 농가의 72%가 새로이 토지를 획득했다. 이 가운데 반 이상은 이전에 농지를 단 한 평도 소유하지 못했던 소작농 또는 농업노동자였다.(김일성 「당 조직사업과 사상사업을 개선강화할데 대하여」 『김일성저작집』 제16권, 평양 조선로동당출판사 1982, 김남식 외 『해방전후사의 인식』 한길사 1989)

장로교 목사로서 사회주의 국가 건립에 적극 참여하고 있던 강량욱이 1947년에 말한 바에 의하면 "목사들 중 일부는 토지개혁에 대해 개인적인 불만이 있었지만 공개적으로 반대하지는 못했다"고 한다. 그는 기독교도들이 "대체로 더 반동적"이었는데, 그것은 그들이 "보통의 조선인들보다 부유했기 때문일 것"이라고 말했다. 그는 월남한 기독교인 지주들이 북조선의 "종교박해에 관한 거짓말"을 퍼뜨리고 있는데, "그들이 걱정한 것은 신앙이 아니라 토지"였다고 주장했다.

중소지주·중소상공인을 기반으로 했던 개신교계는 토지개혁을 비롯한 사회주의화의 큰 피해자에 속했다. 「무산계급 사회로의 개조」 과정에서 자신들의 유산계급적 지위를 과감하게 버리면서까지 교회를 지키기 위해 애쓴 교인과 교회 지도자는 매우 드물었다. 토지개혁을 전후하여 "주일마다 한 가정 두 가정 자취를 감추기 시작했다"고 한다.(스트롱 『기행』. 루이제 린저 『또 하나의 조국, 루이제 린저의 북한방문기』 공동체 1988. 홍동근 『미완의 귀향일기 : '주체의 나라' 북한을 가다』 한울 1988)

남한으로의 기독교인 대탈출이 시작된 것이었다. 1947년 여름에 북을 방문했던 안나 루이스 스트롱Anna Louise Strong은 일제 경찰·관리·지주·일본 기업의 주주 등 반대세력들이 남쪽의 미군 점령지역으로 달아나 "모든 우익적 요소가 사라짐으로써" 큰 저항 없이 신속한 혁명이 가능했다고 보았다.

반제반봉건 혁명은 1946년 2월 결성된 북조선임시인민위원회의 주도 아래 치러진 11월의 인민위원회 위원 선거를 통해 북조선 인민위원회가 1947년 2월에 출범함으로써 완성된 것으로 평가된다. 인민위원회의 출범은 북반부를 다스릴 최초의 주권기관이 등장했다는 의미를 지녔다 . 수련군의 진주에도 불구하고 그때까지 북부 지역에는 북조선 전체를 통치할 기구가 존재하지 않았다. 각 지역마다 자생적인 인민정권들이 있었으며 농민조합·노동조합·청년연맹·여성연맹 등 여러 대중조직들이 일제하에 민족운동을 하다가 투옥되었던 민족주의자들의 주도하에 활동하고 있었다.

사회주의 정권의 기초가 허약한 상태에서 짧은 기간에 식민지로부터 사회주의 혁명단계로 넘어가기 위해 진행된 반제반봉건 혁명은 광범위한 통일전선이 구축된 가운데 진행될 수밖에 없었다. 김일성을 중심으로 한 사회주의 혁명세력은 민족적 세력(민족자본가, 애국적 종교인) 및 진보적 세력(지식인 계층)과 대 연합을 시도했다. 따라서 김일성도 초기에는 사회주의나 공산주의라는 용어는 사용하지 않고 반제국주의, 반봉건주의, 혹은 새롭고 진보적인 '민주주의'를 말했다. 남북 양쪽이 모두 통일에 대하여 이야기하고 통일을 위한 노력들이 계속되고 있었기 때문에 공산·사회주의자들만의 혁명 추진이라는 것은 '분단 획책'으로 비춰질 수 있었다.

김일성은 1946년 3월 23일 방송을 통해 앞으로 수립될 임시정부의 20개조 정강을 북조선임시인민위원회 이름으로 발표했다. 그 가운데 제3조는 "전체 인민에게 언론·출판·집회 및 신앙의 자유를 보장한 것"과 제 5조는 "전체 공민들에게 성별·신앙 및 재산의 유무를 불문하고 정치 경제 생활에서 동등한 권리를 보장할 것"을 밝혔다.

그러나 정강 제2조는 "국내에 있는 반동분자와 반민주주의적 분자들과의 무자비한 투쟁을 전개하며 파쇼적, 반민주주의적 정당·단체 및 개인들의 활동을 절대 금지할 것"이라고 규정하여 반제반봉건 혁명에 반대하는 세력은 탄압할 것임을 분명히 했다. 신앙의 유무 그 자체가 문제된다기보다는 종교인들이 사회주의 혁명에 대해 어떤 태도를 보이느냐가 중요하다는 의미였다.

북조선의 종교인과 종교시설 가운데는 그 계층적·물질적 기반이나 반사회주의적 성향 때문에 반제반봉건 혁명의 대상이 되는 경우가 많았다. 특히 서북지역에 기반한 기독교인들은 계층적으로 중농·부농·지주·자본가 층이 많았고, 친미반공주의를 견지하여 김일성을 중심으로 추진되던 사회주의 정권 건립을 반대했다. 예를 들어, 해방 후 북부지역 장로교의 대표기관으로 형성된 「5도연합노회」는 1946년 10월에 임시인민위원회에 전달한 5개조의 결의문을 통해 인민위원회 위원 선거일로 지정된 일요일에는 기독교인들이 예배 이외의 어떠한 행사도 참가하지 않으며 예배당은 예배 이외 다른 목적으로 사용할 수 없다고 천명하였다.(김양선『한국기독교해방 10년사』예수장로회 종교교육부 1956)

사회주의 국가 건설을 위한 노력에 대하여 이처럼 기독교 지도자들을 중심으로 저항하거나 비협조하는 상황이 야기되자 인민위원회 선거를 앞두고 임시인민위원회 위원장 김일성은 "력사적인 민주선거를 앞두고"라는 연설을 하였다. 이 연설에서 김일성은 종교인들에게 선거참여를 못하게 하는 사람들을 "흉악한 의도를 지닌 반동분자"라고 강하게 비난하면서, 조국과 인민을 위해 일하는 애국적 행위를 금하는 종교는 있을 수 없다고 하였다.

그는 북조선에는 신앙의 자유가 보장되어 있고 어떤 종교도 탄압받지 않으며, 모든 종교인들이 완전한 공민의 권리와 자유를 누리고 있기 때문에 대부분의 종교인들이 자발적으로 선거에 참여하고 있다고 강조하였다. 김일성은 종교의 전통과 교리를 핑계로 종교인의 선거참여를 반대한다면, 그것은 "외국에 매수되어 간첩으로 된자들"이라고 단언하였다. 그는 기독교 목사 가운데서 그렇게 행하는 자들을 예로 들면서, 그들은 "조선을 다시금 식민지화하려는 적의 앞잡이들"이라고 주장했다.(김일성 「력사적인 민주선거를 앞두고」 『김일성저작집』 조선로동당출판사 1979)

선거일을 앞두고 김일성은 개신교 목사 10여 명을 임시인민위원회 청사로 불러 장로교 이북 5도연합노회의 선거불참 결정에 관해 회견을 하기도 했다. 그는 이 자리에서도 "5개조"는 "미제와 그와 결탁한 민족 반역자 놈들이 북반부의 민주선거를 파탄시키기 위하여 기독교교리를 악용하여 만들어낸 것"이라고 주장했다.(「애국애족의 위대한 품 : 공화국 부주석이었던 강량욱 선생이 받아 안은 고귀한 온정에 대한 이야기」 김흥수 편 『해방 후 북한교회사 : 연구·증언·자료』 다산글방 1992. 박일석 『종교와 사회』 삼학사 1980)

성경에 "좋은 일"은 안식일에도 할 수 있다고 쓰여 있고 안식일에 장로·집사 선거를 하는데 인민위원회 선거는 "조국과 인민을 위해서 하는 좋은 일"인데 기독교인들이 왜 선거에 참가 못하느냐고 따졌다 한다. 물론 김일성이 말한 것처럼 "조국과 인민을 위해서" 사회주의 정부가 건립되는 일을 적극적으로 도운 종교인들도 많이 있었다. 강량욱이 주도하여 만든 북조선기독교도련맹은 기독교인들을 동원하여 사회주의 정권 수립에 협조하는데 앞장섰다.

또한 김일성의 회고에 의하면 안창호의 여동생 안신호는 "밤낮 성경책만 끼고 다니는" 독실한 기독교 신자였는데 김일성의 청을 받고 1945년 11월 결성된 조선민주여성동맹 중앙위원회 부위원장으로 일했다. 안신호는 "성경책 속에 당증을 넣어가지고 다니면서" 사회주의 건설에 적극적으로 동참했다고 한다.(김일성 『김일성 회고록 – 세기와 더불어』 조선로동당출판사 1992)

사회주의 정권의 설립 과정에서 기독교인이 직간접적으로 관여되어 일어난 일련의 저항 사건들, 특히 인민위원회 선거를 통해서 드러난 많은 기독교 지도자들의 태도는 김일성에게 부정적 인상을 깊이 남긴듯하다. 선거 직후에 발표된 "민주선거의 총화와 인민위원회의 당면과업"이라는 연설에서 그는 "반동분자들"이 "타락한 일부 기독교목사들을 간첩"으로 보내 선량한 교인들의 선거참여를 방해하려고 했다고 주장했다.

김일성은 미국이 선교사를 파견하여 "종교의 탈"을 쓰고 숭미사상을 불어넣었으며, 그런 종교 선전에 넘어간 "일부 반동적인 목사 또는 장로"들이 사회주의 정권 수립에 반대했다고 말하기도 했다. 그는 또한 종교가 역사적으로 봉건지배계층이 "인민들을 기만하며 착취·억압하는 도구"로 이용되다가 근대에는 "제국주의자들이 후진국가 인민들을 침략하는 사상적 도구"로 이용되고 있다고 비판하기도 했다. 토지개혁에 이어 인민위원회 선거를 둘러싼 충돌은 김일성으로 하여금 사회주의 정권에 비협조적인 종교조직과 종교 지도자들의 영향력을 제거하기로 결심하게 만들었을 것이다.

(2) 「민중 수탈 방임 신앙은 제국주의세력의 침탈수단」 임을 입증

1948년 9월 건립된 조선민주주의인민공화국의 헌법은 선교나 종교교육을 포함한 포괄적인 종교의 자유를 허락하지 않고 "신앙 및 종교의식 거행의 자유", 즉 "신앙의 자유"만 가능하게 했다. 한가지 주목되는 점은 북조선 헌법이 반종교 선전의 자유 조항을 빠뜨렸다는 점이다. 소련의 헌법, 또 그것을 기초로 만들어진 다른 사회주의 국가 헌법들은 모두 신앙의 자유와 아울러 반종교 선전의 자유를 보장했다.

북조선 헌법이 반종교 선전의 자유 조항을 넣지 않은 것은 감리교 목사 홍기주가 부위원장, 장로교 목사 강량욱이 서기장으로 인민위원회에 참여하는 등 광범위한 통일전선적 연대 속에 탄생되었기 때문이었다. 전체 인민위원 가운데 2.7%가 종교인이었고, 그 가운데 상당수는 목사들이었다. 지방 정부에서도 지도적인 위치에 있는 목사도 있었다. 북조선 정권은 헌법에 반종교 선전의 자유를 포함시키지 않았을 뿐 아니라 조직적으로 반종교 선전을 행하지도 않았다.

이 시기 김일성의 종교에 관한 입장은 1949년 7월 내각 제21차 전원회의에서 행한 발언이 잘 드러내준다. 그는 종교란 "반동적이고 비과학적인 세계관"으로서 계급의식을 마비시키고 혁명 의욕을 없애므로 "아편과 같은 것이라고 말할수 있다"고 했다.(계급의식 : 봉건적 불평등과 피수탈의 고통을 자각하고 평등 민주사회 건설을 위해 노력하는 의지)

일제시대에 적지 않은 사람들이 "종교 리상주의적 경향"을 가지고 있었는데, 아직도 "일부 농민들과 청소년들이 례배당에 다니고 있다"는 것이었다. 아이들이 교회에 다니는 것은 어리기 때문이겠지만 농민과 청년이 다니는 이유는 "무식한데로부터 종교에 기만당하여서" 그렇다고 하였다. 김일성은 국가가 신앙의 자유를 법적으로 보장하고 있지만, 종교 믿는 것을 "수수방관할 수는 없다고"고 했다. 그러나 그는 종교를 믿지 말라고 "강압적으로 요구"해서는 안되며, 사람들이 "종교의 비과학성을 깨닫고 스스로 례배당에 가지 않도록" 만들어야 한다고 주문했다.

그는 문화선전성을 중심으로 "종교의 해독성과 허위성을 폭로"하고, 과학지식에 관한 강연을 자주 개최하며, 자연과 사회발전의 법칙을 쉽게 해설한 도서를 많이 출판하여 널리 보급해야 한다고 말했다.

사회주의 건설과 관련하여 볼 때 종교는 "비과학적"이고 "반동적"인 것으로 아편처럼 "해독"을 끼치는 무엇이었다. 그럼에도 불구하고 북에서는 여전히 "례배당에 다니는" 사람들이 있었으며, 헌법이 그들의 종교행위를 보장했다. 북조선기독교도련맹을 중심으로 친정권적인 사람만 교수나 학생이 될 수 있기는 했지만 신학교가 운영되고 있었으며, 사경회 같은 집회도 개최되었다.. 정권 초기의 통일전선적 (각계각층의 모든 인민이 협력하는) 상황에서 김일성이 종교인들에게 기대했던 것은 "건국사업에 동참하는 일"이었다. 1949년 10월 묘향산 박물관 및 휴양소 일군들과 대화하면서 행한 발언은 이점을 잘 요약했다.

그는 법적으로 종교의 자유를 보장받는 종교인들이 종교 때문에 "건국사업에 지장을 주는 행동"을 한다면 용납할 수 없다고 말했다. 여기서 김일성은 기독교인들이 "하느님을 믿어도 다른 나라의 하느님을 믿을 것이 아니라 조선의 하느님을 믿어야 한다"는 유명한 말을 남겼다. 나라가 없으면 종교도 있을 수 없으니 기독교인도 "조국의 번영과 우리 인민의 행복을 위하여" 신을 믿어야 하고 건국 사업에 적극 참여해야 한다는 요구였다.

"하느님을 믿어도 조선의 하느님을 믿어야 한다"는 말은 김일성이 어렸을 때 부친 김형직으로부터 들었다는 "하늘을 믿어도 조선의 하늘을 믿어야한다"는 말을 고쳐서 사용한 것이었다. 이 말은 이후에도 종교인에 대한 김일성의 기본적인 입장을 대표하는 발언으로 자주 인용되었다.

북조선 정권은 성공적으로 이루어진 반제 반봉건 혁명의 성과를 공고히 해나가면서 남한도 제국주의와 봉건 잔재로부터 "해방"시키기 위한 전쟁을 감행했다. 북조선이 6·25 전쟁을 "조국해방전쟁"으로 명명한 것은 그것을 반제 반봉건 혁명을 한반도 전체로 확대하기 위한 노력으로 정의했기 때문이었다. 이런 의미에서 6·25 전쟁은 반제 반봉건혁명의 마지막 단계로 볼 수 있었다. 전쟁이라는 극한적인 상황 속에서 자신의 전쟁수행을 방해한 미국에 대한 김일성의 적대적 감정은 극도로 악화되었다. 따라서 전쟁 중 김일성은 미국과 기독교를 연결시켜 맹렬하게 비난했다.

김일성은 미국이 기독교 선교사들을 파견하여 수십 년 동안 조선인들에게 "종교적 마취약"을 먹이고 "무저항주의"를 불어넣어 쉽게 우리나라를 정복하고 "식민지노예"로 만들려 했다고 주장했다. 그는 과수원에 떨어진 사과 하나를 주은 어린이 이마에 한 미국 선교사가 염산으로 "도적"이라고 새겼다고 하면서, 선교사들의 "승냥이 본성"을 비난하기도 했다. 또한 그는 미국 선교사들이 전쟁 중 잔혹행위를 직접 저질렀다고 주장했다. 미국 선교사들이 "십자가 대신에 카빈총을 들고" 임산부를 수십 명씩 학살하며 "탱크로 어린애를 깔고 넘어가고 있다"는 것이었다. 학살에 참여했다는 선교사들의 이름이 구체적으로 거명되기도 했다.

또한 김일성은 미군이 공습을 위해 출격할 때 "거룩한 신"에게 보호해달라고 기도하지만, 인민군이 매일같이 이 신의 보호를 받는 "비적들"을 격추시키고 있다고 주장하여 신의 존재를 냉소하기도 했다. 전쟁 후 북조선 당국은 남로당의 박헌영이 해방 전부터 "선교사로 가장한" 미국 정보 기관원인 언더우드와 내통하여 "미국의 고용 간첩"으로 활동했다는 혐의를 씌워 사형 언도하기도 했다.

(3) 남북전쟁시 미군의 전국토 무차별 폭격·초토화, 종교의 허구성 폭로

파괴적인 전쟁을 겪으면서 북에서는 "종교 허무주의"가 광범하게 확산되어 갔는데, 개신교인들이 특히 큰 충격을 받았다고 한다. 미군의 무차별폭격으로 교회와 신학교 건물이 거의 파괴되어 전쟁 후에는 모이려고 해도 모일 장소가 없을 지경이었다. 미국은 절대로 교회를 폭격하지 않을 것이라는 믿음으로 공습경보가 나면 방공호가 아니라 교회로 모였다가 희생된 경험은 쓰라렸다. 결국 기독교는 증오하는 미국의 종교로 인식되면서 신자들이 스스로 기독교인임을 내놓고 다니지 못할 지경이 되었다고 한다.

탈교脫敎하는 사람도 많았다. 회고록을 쓰면서 김일성은 미군이 교회를 파괴하고 교인들도 죽였는데, 신이 그런 만행을 제어하지 못하자 기독교 신자들이 "스스로 신앙을 버리고" 인간이 모든 것의 주인이며 세계의 창조자라는 주체사상의 신봉자가 되었다고 말했다.(김일성 『세기와 너불어』)

연합군 퇴각 후인 1951년 초 북조선 정부는 "반공단체 가담 처벌에 관한 결정"과 "군중심판에 관한 규정" 등의 조치를 통해 전쟁 시기 반공단체 가담자나 연합군에 협조한 사람을 색출하였다. 이때 반동분자로 분류된 사람들 가운데 많은 수가 종교인이었다. 이들 가운데 소수는 인민재판에 의해 공개처형·투옥·수용소 수용 들의 처벌을 받았다. 그러나, 전쟁승리라는 명분, 그리고 "오늘 우리 혁명 사업을 반대하여 활동하는 현행범만이 반혁명 분자"라는 김일성의 정의 때문에 대부분 관대하게 처리되었다고 한다. 기독교인을 중심으로 주동적 반공 종교인은 연합군이 철수할 때 대부분 이미 월남한 후였다.

전쟁을 통해 남한을 해방 하려던 시도가 실패한 후, 북은 전쟁의 폐허로부터 복구하고 분단이라는 현실 속에서 사회주의를 건설·강화시켜 나갈 수밖에 없었다. 전쟁 후부터 1972년까지는 북에서 사회주의 혁명과 건설이 본격적으로 전개된 시기였다. 김일성은 중공업을 우선으로 전후 복구와 경제 재건을 하였다. 이와 더불어 생산과 소유를 완전히 사회주의화하는 노력이 실행되었다. 과거 토지개혁과 주요산업 국유화 조치 이후에도 농민들은 토지를 소유했고 소규모의 개인 상공업이 운영되고 있었다.

그러나 1954년부터 농업협동화 사업과 개인상공업 부문의 협동화 사업이 신속히 실행되어 1958년에 완성되었다. 김일성은 1958년 9월 "전국 생산 혁신자 대회"에서 행한 연설을 통해 "생산관계의 사회주의적 개조가 완성"되었다고 선언했다. 이에 따라 북에는 토지와 생산수단의 개인소유는 완전히 사라지고 협동농장과 생산협동조합에 의해 공동소유, 공동운영 되는 사회주의적 개조가 실현되었다.

제4장
친미 반공정부, 자주·평등·
민주화 갈망하던 민중과 갈등 심화

1. 「반공 국시」 「붉은 악마」에 막힌 서민대중의 민주·평등 주장

이승만정권이 미군정 정책을 계속해서 추진한 것은 이승만정권을 미군정이 탄생시켰기 때문에 놀라운 일은 아니었다. 대한민국 대통령 이승만은 그를 지지하는 정치엘리트로서 미군정 관료들이 있었으나, 그의 정치적 기구들을 유지하기 위한 경제적 토대는 없었다. 따라서 이승만정권의 기본적 경제정책은 반공의 보루로서 자본가계급을 확립하는 것이었다.

이 목적을 위하여 이승만정권은 남한 총자본의 80% 이상을 차지했던 일본인 소유재산을 미군정에 고용된 조선인(주로 친일파계층 인물)들에게 저렴한 가격으로 불하했으며, 친일파 지주들에게는 자신들의 토지를 팔 수 있는 기회를 주고 또 그들에게 자본가 기업인으로 변신할 시간적 여유를 주기 위해 토지개혁을 연기했다.(송광성, 앞의 책 210~225쪽. 이승만의 경제·군사정책과 민중학살은 미군정 독재를 그대로 연장한 것이므로 이 항목에서 우선적으로 다루었다.)

이승만에게 정부권력을 이양하기 이전에 미군정은 1948년 6월 12일 미군정 법령 제210호에 의거하여 일본인 소유재산을 친일·친미 조선인들에게 불하하기 시작했다. 미군정의 남한통치 마지막 몇 달 동안에 기업체 512건, 부동산 839건, 기타 재산 916건이 처리되었다.(강만길 1984). 이승만정권은 1948년 9월 11일 한미간의 「재정과 재산에 관한 청산 협정」에 서명함으로써 미군정의 귀속재산 불하를 추인하고, 이승만정권 자신은 나머지 귀속재산 불하를 계속해서 1949년 12월 19일까지 합계 33만건이나 처리했다(한국민중사연구회 1986).

정부는 일본인귀속재산 매입자에게 세금감면과 시중금리보다 현저히 낮은 은행자금을 주어, 대미의존적 관료독점자본이 한국자본주의의 전개과정에서 지배적 위치를 차지하게 만들었다. 또한 이승만정권이 토지개혁을 연기하는 바람에, 지주들은 토지개혁이 실시되기 전에 그들 토지의 대부분을 높은 가격으로 팔아서 저렴한 가격으로 귀속재산을 살 수 있었다.(일본인들이 강탈했던 자산을 미 점령군이 차지했다가 친일 자산가들에게 되팔았다.) 그래서 지주들이 기업인으로 변신하는 기회를 주었다. 이와 같은 정부의 우호적인 정책 덕분에 친일 기업가와 지주들은 일제의 식민지 수탈자들에 이어서 남한경제의 지배자가 되었다(김병태 1981. 조용범 외 1984).

이승만정권이 반민주적 미군정 정책을 이어받았기 때문에, 새로 출범한 단독정부에 대한 남한 민중들의 저항은 미군정에 대한 저항과 크게 다르지 않았다. 이승만정권은 친일파 지주와 기업가의 이익을 증진시키는 정책을 추구하면서 노동자·농민의 경제문제를 해결하고자 하는 노력은 거의 하지 않았다. 노력을 하지 않은 정도가 아니라 오히려 억압하고 방해하였다. 대한민국 정부는 하늘로 치솟는 인플레이션·기아적 식량부족·비참한 주택상태·대량의 실업 등을 해결할 의지나 능력을 가지고 있지 못한 것 같았다. 가난한 노동자와 농민을 보살피려는 의지나 능력 결여는 노동 및 토지정책에 그대로 나타났다. 한편 조선민중들은 전체 조선을 대표할 수 있는 민주적인 독립정부를 수립코자 하는 지속적인 열망을 가지고 있었으나, 외세가 남쪽에 이승만정권을 세움으로써 깨어졌다.

따라서 경찰과 극우청년단이 민중의 민주화운동을 무참히 탄압하여 그들의 활동이 지하로 잠적하게 되었지만, 반민주적인 이승만정권에 대한 민중들의 저항은 여전히 강경했다. 이승만정권 수립 2개월 후에 발생한 여수·순천항쟁은 민주적인 자주정부에 대한 희망과 독재적 외세의존 정부를 반대하는 민중들의 감정이 폭발한 것으로 이해할 수 있을 것이다.

다음 항목에서는 국가보안법, 반민주적인 노동과 토지정책, 그리고 정부에 대한 민중들의 저항인 여수·순천항쟁을 검토하고자 한다.

1) 자주·평등화 주장 세력의 용공협의 추궁한 공포의 「국가보안법」

2차대전의 적수였던 일본제국의 통치권을 빼앗고 식민지 조선의 친일역적들을 자기들의 수하로 끌어 모아 친미정권 수립의 발판을 마련하게 된 미 점령세력은 다음 단계로 지접저인 절대군정 독재에서 물러나 간접통치를 하더라도 대한민국 정부나 국민이 반미친북(친공) 성향의 배신을 할 수 없도록 확실히 보장해 줄 반공친미 장치로「국가보안법」이라는 강력한 분열·견제의 창과 덫을 만들어 놓았다.

일제 식민지시기의「치안유지법」과 함께 오늘날의「국가보안법」은 개인과 민족의 자주화 열망과 평등 민주화 지향의지를 억압 말살하여 침략세력의 정치·경제적 침탈야욕을 채울 수 있는 살인적 통치수단이 되어왔다.

일본과 미국 등 불평등 수탈체제인 자본주의적 군국주의 침략세력은 자국내의 근로세력의 민주화 저항을 막고, 식민지 종속국들의 자주 평등 민주사회 주장을 억누르고, 노동력을 수탈하며, 사회주의 세력으로부터의 해방 혁명기세를 차단시키기 위해 강력한 철퇴수단이 필요하였다.

그리하여 일본은 1920년대에「치안유지법」을 만들었고, 미국은「외국인 및 소요방지법」(Alien & Sedition Act)으로 근로민중의 필연적 저항을 억압하여왔다. 한반도 점령 뒤 미국은 점령군에 의한 직접적인 군사독재체제를 끝내고 자치정부를 수립시키려하자 아시아 대륙의 평등 민주화 세력으로부터 위협을 느끼게 되었고, 사상적 침투를 막는 방패수단이자 계속 지배를 위한 분열통치의 보장수단으로서, 민족자주세력을 악마 '主敵'으로 만들면서 그들과 같은 주장(근로자 평등민주화)을 하는 사람들에게 요지부동의 "용공반역죄목"으로 처단할 수 있는 교활한 근로민중 억압법을 만들어 놓았던 것이다.

이 법은 동시에 공산주의를「붉은 악마」로 세뇌시켜온 종교집단의 지원에 힘입어 침략지배의 종주국인 미국에 대한 합리적 비판마저도 용공으로 몰아 자동적으로 처벌의 대상으로 삼게 되므로, 영구적으로 친미·반공·반소·반자주 의식화를 위한 사상강요의 통제수단이자 매체가 되어왔다. 결국 국가보안법은 군대 및 교육장치와 함께 점령세력의 직·간접통치를 위한 삼지창의 역할을 하여왔던 것이다.

(1) 왜곡된 '자유선거'로 집권한 친일파세력, 강력한 민중통제 악법 필요

국가보안법은 1948년 12월 1일「반민족행위처벌법」에 이어 정부 수립 후 두번째로 제정된 특별형법으로 남조선노동당을 비롯한 사회주의 운동을 탄압하는 도구로 활용되었다. 이 법은 1949년과 1950년 두 차례에 걸쳐 개정되었으나 시행령이 제정되지 않아 시행되지는 못하였다. 다음은 1958년 12월 26일 개정된「신(新)국가보안법」으로, 언론·출판의 자유를 탄압하는 등 국민의 기본적 인권을 침해하는 독소조항이 다수 포함되었기 때문에 대표적인 정치적 악법으로 많은 지탄을 받았다. 이 법안의 국회 통과를 위해 자유당 정권은 무술경찰관을 동원하여 야당 의원들을 폭력으로 몰아내고 일방적으로 통과시켰는데, 이를 소위 '국가보안법 파동'이라고 한다. 4·19혁명 직후 내용이 다소 개선되었으나, 5·16 쿠데타로 집권한 군사정권이 반공법과 함께 정권유지의 수단으로 많이 이용했다. 반공법은 폐지되었으나 이 법은 아직도 여전히 폐지 여부로 물의를 일으키고 있다(법전출판사 편 『1993년 대법전』) (권태억 외 『근현대 한국탐사』 역사비평사, 1994)

해방 이후 1945년 '조선인민공화국'이 조직된 이후 10월 말까지 7도 131군에서 맹아적 권력기관인 '인민위원회'가 결성되었고, 각종 혁명적 대중조직이 속속 결성되었다(여운형 중심의 건국준비위원회에서 수립한 임시정부 명칭. 북쪽의 명칭은 「조선민주주의 인민공화국」). 해방 직후에는 일제하 개량주의적 민족주의 운동이 친일 충성에로 '변절'하였고 민족해방투쟁에서의 사회주의 운동이 갖던 주동성과 헌신성으로 인하여 해방정국의 이념적 지형(terrain)은 근로민중이 주도하는 평등민주화 성향이 강했다.

일제 공안당국의 기록에 의하면 민족해방운동과 관련하여 기소된 피해자의 90% 이상은 '좌익'이었다는 점에서 이를 알 수 있다.(조국, 앞의 책, 81~94쪽. 김영모 「한국 독립운동의 사회적 성격」, 『아세아연구』 vol.xxi, No.1, 1978년 1월호, 74쪽.)

그러나 '점령군'으로 남한에 진주한 미국은 조선을 소련 중심의 사회주의 진영에 대한 봉쇄의 전초기지로 만들고 미국 주도의 세계 자본주의 체제 내로 편입시키려 하였다.(태평양미국육군총사령부 포고 제 1,2호를 참조.) 1945년 10월 10일 군정장관 아놀드는 '인공' 부인을 공표하였고, 11월 2일에는 군정법령 제21호를 발표하여 통감부시대의 '보안법'과 '신문지법'을 존속시켜 일제의 탄압법률을 계승했다. 또한 일제하에서 민족해방운동가들을 체포·고문하는데 앞장섰던 친일경찰을 영입하여 경찰제도를 정비하였고, 일본 육사·일제지원병·만주군·장개석군 출신을 중심으로 '국방경비대'를 발족시켰다.(이에 대해서는, 안진 「미군정기 국가기구의 형성과 성격」, 『해방전후사의 인식』 3, 한길사, 1987 참조.) 한편 미군정은 1946년 1월 3일 자주지향의 좌익 무장력이었던 '국군준비대'와 '학병동맹'을 습격하여 단체를 강제 해산하였지만, 친일세력 옹호편향이었던 우익의 각종 청년학생단체는 철저히 보호해주고 있었다.

1945년 12월 28일 한국문제에 관한 '모스크바 3상회의 결정'이 발표되었다.(애초에 신탁통치를 제안한 측은 미국이었고, 미국의 안은 임시정부수립을 고려하지 않고 신탁통치의 기간을 20~30년으로 잡고 있었다. 이 후 이 제안은 모스크바 3상회의를 거쳐 초점이 임시정부수립에 맞춰지게 되었다. 4대 강국은 '후견인'으로서 역할을 하는데, '후견' 내용은 수립되는 조선인 스스로의 통일임시정부와 협의한 후에 결정하도록 되어 있었다(이완범 「한반도 신탁통치문제 1943~1946」,『해방전후사의 인식』3, 한길사, 1987, 228~229쪽) 그런데 신탁통치를 소련이 주창했다는 동아일보 등 우익언론의 '왜곡보도', 김구·이승만 등 우익진영의 입지강화 의도가 결부되면서 '반탁운동'이 진행되었다.(이에 대해서는, 서중석『한국현대민족운동연구─해방 후 민족국가 건설운동과 통일전선』역사비평사, 1991, 307~308쪽.) 반탁운동은 한편으로는 친일파에게 면죄부를 발부해준 운동이었고, 다른 한편으로는 "공산당은 매국노다", "찬탁은 민족반역이다" 식의 구호하에서 '반소·반공논리'를 대중 속에 왜곡되고 강력하게 심어준 정치선전운동이었다. "반탁운동은 좌익과 우익을 적대적으로 확연히 가르게 했고 이와 함께 친일매국노로까지 몰리던 극우세력에게 구명도생苟命徒生의 기회를 부여하였다.

극우세력은 반탁투쟁을 통하여 비로소 '민족적 명분' 및 반소·반공운동의 명분을 확보, 일반대중에 대한 영향력을 강화하였고, 미군정의 무력을 배경으로 테러 등 갖가지 방법을 동원하여 좌익을 맹렬히 공격하는 여의봉 같은 무기로 활용했고, 반탁의 논리는 1946년 이후 특히 지방에서 자주독립세력을 공격하여 패퇴시키는 친일 반민족세력의 강력한 무기가 되었다. 그것은 또한 반공·반소·극우이데올로기와 일체를 이루어 단정(남한 단독정부) 분단체제를 합리화하고 전민족적인 애국운동으로 위장하는 배경 논리로 사용되었다.

이후 우익진영은 3상회의 결정에 따른 '미소공동위원회'의 개최도 '반소·반공선전'을 벌여 방해하려 하였고, 미소공동위원회에 대해 계속 비협조적이었다.

이러한 시기에 미군정은 우익진영의 입지를 강화해주기 위해 여러 가지 법적 조치를 취한다. 먼저 1946년 2월 23일자 군정법령 제55호(정당에 관한 규칙)에 의해 정당등록제를 도입하였는데, '정치활동'의 범위를 넓게 규정하여 자주적 좌익진영의 정당은 물론 노조·사회단체들에 대한 통제를 강화하려 하였다. 그리고 이 법령은 "어떠한 단체와 협회도 정치적 영향을 갖는 행동을 비밀리에 실행하는 것은 금지했다. 어떠한 형태라도 정치활동을 위해 맺어진 3인 이상의 단체는 명칭·기장·정치적 활동·시기를 등록하지 않으면 안 되며, 강령 또는 기본목표, 선언의 사본을 제출해야 한다. 사무소와 집회로 사용되는 장소는 정확한 소재지 및 특징을 신고해야 한다"고 규정하고 있는바, 정당과 각종 사회단체를 미군정의 손바닥 위에 놓아두려 하였다.

그리고 미군정은 제1차 미소공위가 열리고 있던 와중인 5월 4일에는 군정법령 제72호(군정위반에 대한 범죄)를 공포하는데, 이 법령은 표현의 모호성으로 광범한 처벌을 의도하고 있음이 특징적이다. 그 중 특히 문제가 되는 조항을 간략히 살펴보면, 주둔군인 또는 그 명령하에 행동하는 자에 대한 '적대·강박행위 또는 그러한 태도'(1조 3항), '고의로 하는 방해·비방행위'(1조 10항), '주둔군의 이익에 반하는 단체운동을 지지·협력하는 행동 및 지도행위 또는 그 조직에의 참가행위 등'(1조 22항), '인민을 경악·흥분시키는 또는 주둔군 혹은 그 명령에 따라 행동하는 자의 인격을 손상하는 유언流言의 살포'(1조 32항), '허가 없는 일반집회행렬 참가'(1조 34항), '주둔군 및 그 명령하에 행동하는 자 또는 미국 국민에 대한 적대 또는 무례한 행위'(1조 77항), '군성청 빛 그 명령하에 행동하는 자가 발행한, 형벌이 명확히 규정되지 않은 포고·법률·고시·지령·명령에 대한 위반 또는 불복한 행위'(1조 77항), '치안 또는 주둔군 및 군인의 이익을 방해하는 행위에 참가하는 행위'(1조 81항) 등의 총 82가지에 이르는 위반죄가 있다. 각 항의 표현을 보면 즉각 알 수 있듯이 군정법령 72호는 일제 식민지시기의 「경찰범 처리규칙」에다가 「출판법」과 「신문지법」을 합쳐놓은 것과 같은 악법으로, 일체의 반미행위를 통제하려 했다. 미군정은 민주주의적 법이념의 기본인 '죄형법정주의'마저 무시한 채 자의적 해석이 얼마든지 가능한 개념을 사용하여 진보진영을 탄압하고 미국의 '신식민지'적 지배의 안착을 기도하였던 것이다. 이러한 미군정법령 55호와 72호는 이후 '국가보안법'이 제정되기 전까지 정치사상과 활동을 통제하는 중요한 법적 도구로 역할을 하게 된다.

제1차 미소공위가 결렬된 후 미군정의 좌익탄압은 강화된다. 조선정판사 위폐사건(1946.5.15.), 『해방일보』 폐간(5.18.), 전평본부 급습(8.16.), 『조선인민보』, 『현대일보』폐간(9.6.), 조선공산당 등 좌익지도자에 대한 지명수배(9.7.) 등이 이루어졌으며, 지방에서는 인민위원회가 미군과 지방경찰에 의해 파괴되었다(여기서 군정법령 제88호와 정기간행물 등록허가제가 언론탄압에 중요한 역할을 한다). 그리고 3상회의의 결정에 따를 경우 한반도가 '적화'될 것으로 판단한 미국은, 우익진영의 반탁운동이 계속됨을 기화로 하여 정책을 변경한다. 즉 남한 단독정부의 수립을 통하여 남한만이라도 확보하자는 정책이었다. 제2차 미소공위가 개최되어(1947.5.21.) 다시 한 번 통일임시정부 수립문제가 논의되지만, 미국은 이미 단정수립책을 굳히고 있었다.

미군정은 '방송국적화음모사건'(8.5.)을 시발로 '조선민주주의 민족전선' 산하의 각 정당·사회단체 및 진보적 언론인에 대한 전면적인 검거를 개시하고 남로당의 비합법화를 선언하였다(8.12.). 그리고 민전의 '8·15해방 2주년 기념대회'의 개최를 불허하는 행정명령 제2호를 공포하고, 이에 따라 모든 경찰기구를 총동원하여 좌파에 대한 일대검거를 개시하였다. 군정의 발표에 따르더라도 이 좌익소탕 속에서 피살자 28명, 중상자 21,000명, 검거·투옥자 13,769명이 발생하였는데, ① 이 날부터 남한의 모든 혁명세력은 비합법화되어 지하투쟁을 전개하게 된다. 이러한 대대적인 반공공세를 벌인 후 미국은 당시 그들이 장악하고 있던 유엔에 한국문제를 제안하였고, 「유엔조선임시위원단」

의 감시하에 남북한 총선거를 실시한다는 미국의 방안은 11월 4일 유엔총회에서 통과되었다. ② 분단의 고정화를 눈앞에 두고있던 한반도에서는 단독선거 반대투쟁이 격렬하게 전개되었고, 미군·경찰·우익테러단의 탄압과 감시하에서 1948년 단독선거가 치러졌다.③ 당시 좌익 및 중간세력은 물론이요, 김구의 한독당, 김규식의 민족자주연맹, 남북정치협상회의에 참가한 모든 정당·사회단체가 5·10선거를 보이콧하였으나, 미군정과 우익진영은 모든 물리력을 행사하여 단독정부를 수립하였고, 마침내 한반도는 분단되고 만다.

'반탁운동'을 통한 무서운 이념적 공세와 미군과 친일경찰의 물리적 탄압의 도움 속에서 반공이데올로기와 분단이데올로기는 이 땅에 뿌리박았다. 제주 4·3항쟁과 여수·순천봉기 진압 이후 제정된 「국가보안법」은 바로 반공·분단이데올로기의 법률적 표현, 바로 그것이었다(1948.12.1.).④ 형법의 특별법인 국가보안법이 형법제정(1953.9.18.) 보다도 몇 년이나 빨리 만들어졌다는 것은, 당시 지배계급에게 좌익(근로민중의 민주화 세력)진영의 분쇄가 얼마나 시급하고 필요했는가를 단적으로 보여주는 예였다.

① 미군정시기의 언론탄압에 대해서는, 정희상 「미군정의 언론대학살」『말』1987년 5월호, 민주언론운동협의회 참조 바람.
② 이러한 미국의 행동은 모스크바 삼상회의 결정의 일방적 파기였으며, 유엔의 내정간섭을 금하고 있는 유엔헌장 제2조 7항 등을 위반한 것이었다.
③ 군정청 발표로도 5월 7일부터 5월 10일까지 4일간에 검거, 투옥된 사람이 5,425명, 살상된 자가 350명이었고, 유엔임시조선위 발표로도 투표거부 이유로 인한 중상자는 137명, 피살된 자는 128명이었다(『연표 한국현대사』 한울림, 1985, 1113~1114쪽).
④ 국회 내의 국가보안법 제정반대론자들 중 주동인물은 이후 소위 '국회프락치사건'으로 연루되어 국가보안법 위반으로 구속된다.

그리고 동법의 전신인 「내란행위특별조치법안」(1948.9.20.)의 경우와는 달리 내란행위 자체보다는 내란유사의 목적을 가진 결사·집단의 구성과 가입 자체를 처벌하는 것으로 초점이 맞춰졌다. 이로써 특정 조직이 구체적 위법행위로 표출되지 않더라도 조직의 구성·가입만으로 처벌할 수 있게 하는 일제 식민지시기의 치안유지법의 사상탄압방식이 그대로 계승된 것이다.(이 후 동법은 1949년 12월 19일과 1950년 4월 21일에 개정되나 개정 법률은 시행되지 못하였다) (박원순 『국가보안법연구 I』 역사비평사 1989)

동법은 "국헌을 위배하여 정부를 참칭하거나 그에 부수하여 국가를 변란할 목적"(1949.12.19.) 또는 "국가를 참칭하거나 변란을 야기할 목적"(1948.12.1.)으로 결사 또는 집단(='반국가단체')을 구성하거나 그에 가입한 자를 처벌하고 있으며, 또한 「보도구금 保導拘禁제도」를 규정하고 있다. 동법의 보호대상인 '국헌' '국가'란 다름아닌 예속적 자본주의로의 길로 당시 사회를 끌고 나갈 '반공·친미·분단체제'를 의미하는 것이었으며, 제1조는 바로 남한의 좌익진영과 북측을 정면으로 겨냥하고 있었던 것이다. 이제 반공을 거부하고 통일을 지향하는 활동은 모두 동법이 규제하려는 '반국가활동'이 되고 마는 것이다.

이 법은 정부의 부당한 권력행사에 대한 일체의 비판이나 미국에 대한 단순한 언론적 비판논설마저 이적利敵으로 몰아 억압하였다. 법을 공정하게 집행해야 할 사법부의 판사·검사들 역시 스스로도 판결의 기준인 민중권익 옹호의식이 없는데다가 미 정보기관과 연결된 국내 정보기관의 수사·처벌 지시를 일방적으로 재판에 회부시키는 보조기관으로 탈락하여 무조건 유죄판결을 내렸고 또 그렇게 하지 않으면 판사마저도 감시·제재의 대상으로 주목을 받게 되었다. 또한 치안유지법의 '예방구금제도', 조선사상범보호관찰령의 '보호관찰제도'의 부활인 '보도구금제'는 개정 법률이 시행되지 못하여 당시 활용되지는 못하였으나, 이후 유신체제하에서 「사회안전법」이 제정된 후는 현실화된다.

한편 국가보안법 제정과 함께 「국민보도연맹」이 1949년 6월 4일 발족하는데, 이는 일제의 「대화숙」 「사상보국연맹」을 연상케 한다. 남로당이나 그 외곽단체에서 탈퇴·'전향'한 사람이나 단순동조자들을 강제로 가입시켜 통제를 가하였다. 보도연맹은 발족이후 국민상호간의 중상모략에 사용되고, 일체의 자주독립·통일 및 근로자 옹호세력에 대한 위협수단으로 사용되었으며, 이 중 많은 사람이 한국전쟁 중에 집단살해 당하였다. (김태광 「해방 후 최대의 양민참극, '보도연맹사건'」, 『말』 1988년 12월호)

이제 국가보안법의 시행으로 북측에 대한 지지·동조나 사회주의 운동의 실천은 말할 것도 없고, 반미·반정부적 활동, 사소한 개인적 언행까지도 처벌의 대상에 오르게 되었다. 동법에 의해 검거·투옥된 자는 1949년만 해도 11만 8,621명이며, 같은 해 9~10월에 312개의 정당과 사회단체가 해체되었다. 이에 따라 전국의 교도소는 좌익수로 가득 차게 되었으며, 당시 수용자의 약 8할이 좌익수일 정도였다(1차 개정의 단심제, 사형제, 보도소 설치 등의 도입은 형사사법기구의 과도한 부담을 일거에 해결하려는 발상이었다). 그리고 1949년 남로당 중앙간부인 김태춘 등 9명에게 총살형이 집행되었으며, 10월 12일에는 지하투쟁중인 수많은 남로당원들이 검거·투옥되었고, 19일에는 민주주의민족전선 산하의 133개 정당과 사회단체가 등록취소되었다.

이상과 같은 과정을 겪으면서 남한의 자주·민주지향 좌익은 거의 궤멸되었고, 이데올로기 지형은 결정적으로 변화하였으며, 특히 한국전쟁을 거치면서는 지배세력에 국한

되어 있었던 반공이데올로기는 이제 민중의 의식 속에까지 자리잡게 된다. 초·중·고 학생과 군복무중의 강한 훈련에 의해 사회구성원 모두가 "반공친미 맹신의 애국자"가 되었다. 근로민중을 경멸·도외시하는 미국식 자본중심 정치만을 민주주의의 전범典範으로 착각하며 살게 되었다.(손호철『한국정치학의 재구상』풀빛 1991)

이후 사회주의 운동이 '부활'하는 데는 40여 년의 세월을 필요로 하였다. 그리고 한국 현대사에서 국가보안법은 5·16 이후의 '반공법'과 함께, 남한의 일체의 반정부·반체제운동을 탄압하는 도구로, 그리고 반공·분단이데올로기를 일상생활 곳곳에 스며들게 하여 민중의 의식을 마비시키는 도구로 확고하게 자리잡는다.

(2) 민중운동 및 민족통일운동의 고양과 「반공법」 제정 (1961)

한국전쟁을 통하여 남한의 좌익은 결정적으로 뿌리가 뽑혔고, 남북협상파나 중간파도 월북했거나 납북되었기 때문에 전쟁 이후 남한의 정치대립의 지형은 보수우익진영 내의 대립으로 축소되었다. 이 속에서 이승만 정권은 '반공' '북진통일론'의 명분을 내세우며 철저한 1인 독재체제를 굳혀 갔다. 이 속에서 사회민주주의적 정강과 평화통일론을 갖고 있었던 「진보당」은 1956년 선거에서 돌풍을 일으켰으나, 1958년 1월 당간부들이 국가보안법 위반으로 구속되고, 당 자체도 1958년 2월 25일 군정법령 제55호 위반명목으로 등록취소되었으며, 당수 조봉암은 사형에 처해졌다. 조봉암은 이미 1946년에 공산주의를 공개비판하고 '전향'한 바 있고 그 강령에서도 '반反공산주의'를 분명히 하고 있었던 점을 생각한다면, 「진보당사건」은 당시 남한 체제가 '중도좌파' '사회민주주의적 개량'조차도 허용할 수 없었던 취약한 구조를 갖고 있었음을 보여주는 사건이었다.

한편 '사사오입개헌'(1954.11.29.) 이후 국회 내 반대파의 증가와 민중의 반이승만 기운이 높아지자, 이승만 정권은 정권에 대한 비판통로를 원천적으로 봉쇄하고 종신집권을 도모하기 위하여 1958년 8월 11일 국가보안법 개정안을 국회에 제출하였고, 12월 24일에 무술경위 수백 명을 동원하여 농성중인 야당의원들을 지하실에 감금한 채 여당의원들만으로 날치기통과시켰다('보안법파동' 또는 '2·4파동').

그 개정내용을 보면, '국가기밀' '정보' 개념을 정치·군사적인 것에서 경제·사회·문화적인 것으로까지 대폭 확대하여 처벌의 폭을 넓혔고(제4조, 제11조, 제12조), 소위 '인심혹란죄'人心惑亂罪를 도입하여 언론을 비롯한 일체의 비판에 자갈을 물리려 하였으며(제17조 5항), 대통령·국회의장·대법원장에 대한 명예훼손에 대한 처벌규정을 신설하여 이승만에 대한 보호를 명문화하였다(제22조). 그리고 제2장의 특별형사소송규정은 피의자·피고인의 권리를 대폭 축소하고 수사기관의 편의를 대폭 확대하였다. 특히 제17조 5항의 '인심혹란죄', 제22조의 '헌법상의 기관에 대한 명예훼손죄' 규정의 노골성에서 우리는 이승만 정권의 말기증상을 엿볼 수 있었다.

이 개정 국가보안법은 '4월혁명' 직후 대표적인 '반민주악법'으로 지목되어 '성보수집죄' '인심혹란죄' 등의 독소조항을 삭제하는 등의 개정이 이루어지고 1960년 6월 1일 공포된다. 1958년의 법과 같은 노골적인 규정은 없어졌지만, 여전히 그 기본틀은 유지되고 있었다. 이는 4월혁명을 일으킨 주체가 정치세력화되지 못한 틈을 타 집권한 민주당 정권의 '계급성' 때문이었다. 민주당 정권은 4월혁명의 정신에 일정 정도 부합하려고 국가보안법을 개정하기는 하였으나, 그 반공 보수성으로 인하여 국가보안법 자체는 절대 필요하였다. 4월혁명이 더욱 철저히 진행되는 것을 차단하고 체제를 다시 정비하기 위해서는 민주당에게 국가보안법은 요긴하였던 것이다(이 개정에서도 '반국가단체'개념은 여전히 존치되었고, 국민에게 신고의무를 강제하고 상호불신을 조장하며 특히 '인류'에 반하는 조항으로 규탄받고 있는 '불고지죄不告知罪'가 바로 '야당'에 의해 신설되었음을 명심할 필요가 있다).

4월혁명으로 정세는 고양되었고 민중운동은 재편성·강화되어 갔다. 노조 결성과 파업이 급증하였고, '교원노조운동'은 큰 파문을 일으키며 활발히 전개되었다. 그리고 '진보당사건'으로 위축되었던 혁신계도 「사회대중당」 등을 결성하며 정치일선에 나서게 되었다.

학생운동은 학원민주화운동, 국민계몽운동, 신생활운동 등을 벌인 후 민족통일운동으로 달려가게 된다. 혁신계와 민중운동의 성장에 위협을 느낀 민주당 정권은 1961년 3월 「반공임시특별법안」을 제출하였으나, 혁신계와 민중운동측은 횃불시위 등의 격렬한 반대투쟁을 전개한다. 「반민주악법반대 공동투쟁위원회」 주최로 열린 1961년 3월 22일의 서울시민궐기대회에서의 결의문은 반공법안에 대한 자유주의적 비판을 뛰어넘고 있다. 결의문은 2대 악법은 물론이요 국가보안법의 즉시철폐와 학문과 사상의 자유를 요구하고 있고, 또한 "외세의존으로 남한특권 보수주의를 고수하여 민족통일을 방해하는 장면 정권"의 총사퇴를 주장하였다.(노중선 엮음 『민족과 통일』 사계절, 1985) 특별법 제정에 대한 거센 반대에 부딪힌 민주당 정권은 이를 포기하고 기존의 국가보안법을 보완하는 방향으로 입장을 선회하게 된다. '2대 악법' 반대투쟁, '2·8 한미경제협정' 반대투쟁, 민족자주통일운동의 확산 등은 남한 지배계급의 입지를 크게 흔들어 놓았으며, 반공·반북이데올로기도 위태로운 상태에 놓이게 되었다.

이에 '5·16쿠데타'가 발생한다. '5·16'은 위태롭던 반공·분단체제를 회복하려 한 비상수단이었다. 군부는 소위 '혁명공약' 제1항에 '반공국시'를, 제2항에 '친미'를, 제5항에 '선건설·후통일'을 내걸었던바, '군사혁명'의 '반혁명성'을 선명히 알 수 있다. 전국에 비상계엄이 선포된 상황에서 '군사혁명위원회'는 포고 제1호(집회금지, 보도관제), 제2호(금융동결, 물가동결), 제3호(공항·항만봉쇄), 제4호(장면 정권 인수, 각급 의회해산, 정치활동금지), 제10호(영장 없는 체포·구금) 등을 발표하여 남한 사회를 다시 암흑천지로 만들었다.

특히 포고령 제18호는 "공산당 및 그에 동조한다고 인정되는 단체의 활동"에 대한 엄벌을 강조하고 있다. 군부는 5월 19일 '군사혁명위원회'를 '국가재건최고회의'로 개편하여 입법·사법·행정의 3권을 장악하였고, 다음날부터는 수천 명에 달하는 정치인·언론인·사회운동가·교사·학생 등에 대한 검거선풍을 일으켰다. 이때 검거 투옥된 자는 정당인 606명, 사회단체관계자 256명, 학생 70명, 교직원 546명을 포함하여 2,014명에 달했는데, 그 중 '혁신계'라고 파악된 사람이 1,900여 명에 달하였다. 그리고 다음날 21일에도 2천여 명이 추가체포됨으로써 이틀 사이에 검거·투옥된 자는 4천여 명을 넘어섰다. 이 와중에서 남북통일론의 기수였던 『민족일보』사의 조용수 사장을 비롯한 간부 8명이 체포되었으며, 이후 12월 21일 조용수 사장은 사형에 처해졌다.

한편 군사정권은 6월 10일에 「중앙정보부법」을 공포하여 「한국중앙정보부」(KCIA)를 발족시켰다. 이 법에 따라 중정은 "1)국내정보 및 국내보안정보(대공 및 대정부전복)의 수집·작성 및 배포 2)국가기밀에 속하는 문서 자재 및 시설과 지역에 대한 보안업무 3)형법 중 내란죄·외환죄·군형법 중의 반란죄·이적죄·군사기밀누설죄·암호부정사용죄·국가보안법 및 반공법에 규정된 죄의 수사 …… 4)정보 및 보안업무의 조정·감독"(제2조)의 권한을 갖게 되었다. 그리고 중정은 그 조직·소재지·정원·예산 및 결산을 공개하지 않을 수 있고(제5조), 예산의 요구는 총액만으로 제출할 수 있으며 심지어 다른 기관의 예산에 계상計上할 수 있으며(제10조), 국회의 예산심의, 국정감사, 감사원의 감사에 대해 거부권을 가지며, 정보부 직원의 범죄에 대해서도 자체 수사하도록 하는(제1조 4항) 등 온갖 특권을 갖고 있었다.

이로써 중정은 대통령 직속으로 무슨 일이든 할 수 있고 또한 어떤 책임도 지지 않는 권능을 가지게 되었다. 이후 중정은 모든 정보수사기관을 휘하에 두고 국내외의 모든 비판세력과 민중운동을 선봉에 서서 탄압하는 '정보공작정치'의 본거지로서, 입법·행정·사법·언론을 무소불위로 감시·통제할 수 있는 '국가 위의 국가'가 되었다(1964년 중정 요원의 수는 무려 37만 명이었으며, 당시 남한 인구의 10% 정도가 중정과 직간접적으로 관계를 맺고 있었다는 자료도 있다).① 일제의 특별고등경찰과 고등계형사가 조직적 틀을 갖추고 되살아난 것이다.

그리고 군사정권은 기존의 국가보안법만으로는 성이 안 차서 법률명 자체에 '반공'을 내건 「반공법」을 제정·공포한다(1961.7.3.). 「반공법」은 민주당정권의 「반공임시특별법안」을 현실화시킨 것으로,② '반국가단체'에 가입·권유(제3조), 반국가단체(북의 정권)나 그 구성원의 활동에 대한 찬양·고무·동조 및 '이석단체' 구성·가입(제4조 1항), '불온'표현물을 제작·소지·취득(제4조 2항), 반국가단체나 국외공산계열의 구성원과의 회합·통신(제5조), 불고지죄(제8조) 등이 규정되었으며, 밀고·체포를 권장하는 상금 지급 조항(제10조)이 자리잡았다. (이 조항들은 이 후 현재의 국가보안법에까지 모두 계승된다). 여기서 특히 제4조의 찬양·고무·동조죄는 그 모호한 개념과, 이에 따른 자의적 법적용으로 악명을 떨쳤는바, '죄형법정주의'에 반하는 '백지형법'白紙刑法적인 독소조항이다.

이리하여 반공법과 국가보안법은 남한의 '안보'를 지키는 '안보형사법'으로 기능하게 되는데, 형법상 '신법新法우선의 원칙'에 따라 반공법이 우선 적용되었을 뿐만 아니라, '목적범'만 처벌하는 국가보안법에 비해 반공법은 '결과'만 가지고도 처벌할 수 있었기 때문에 반공법의 적용이 대다수를 차지하게 된다.③ 악명 높은 '반공법시대'가 열린 것이다.④

먼저 반공법은 '인민혁명당'(1964.8.)사건에 적용되었고, '통일혁명당'(1968.8.)사건의 김종태 등을 사형에 처했으며, '유신' 선포 이후에는 '인민혁명당재건위원회'(1974.4.), '남조선민족해방전선 준비위원회(1979.10.) 등 자주적 진보운동의 맥을 이어가려는 정치조직들을 파괴하고 그 간부들을 사형에 처했다.⑤

---

① 김정원『분단한국사』동녘 1985. 281쪽: 거번 맥코맥「한국과 일본 : 관계정상화 10년」, 거번 맥코맥·마크 셀던(장을병 외 옮김)『남북한비교연구』일월서각 1988.

② 이 점은 군사정권의 '제1차 경제개발 계획'이 민주당 정권의 '제1차 경제개발 5개년 계획 (안)' '신경제개발 5개년 계획(안)'을 현실화시킨 것과 함께 민주당정권과 군사정권의 '연속성'의 측면을 보여주는 사례이다.

③ 기독교사회문제연구원『법과 민주화』민중사 1986. 이후 반공법은 1961. 12. 13, 1962. 9. 24, 1963. 10. 8, 1963. 3. 18. 등 네 차례 개정되나 절차적 규정이나 부수적 규정에 관한 것이었다.

④ 이하의 반공법 위반 사례는 '유신'시대까지 포함된다.

⑤ 이러한 조직사건에 대하여 기존의 견해는 이 사건이 '용공조작'되었고 이 사건에서 많은 고문이 있었다는 점만을 강조하고 있다. 그러나 이는 문제의 본질을 회피하는 견해이다. 이 사건들은 엄혹한 상황 하에서 사회주의 운동의 명맥을 이으려했던 사건이며, 여기서 핵심

은 정치사상의 자유와 조직결성의 자유의 문제이다(이상 모두 『사상의 자유』의 각주가 그대로 재인용됨).

뿐만 아니라 자의적 해석이 얼마든지 가능한 제4조로 각종의 '반독재민주화운동' '민중운동'도 가혹하게 탄압하였다. 우선 언론·학문연구·예술창작 등에 대한 탄압의 예를 보면, 유엔남북한동시가입·남북연방론·남북간불가침조약체결·남북군대감축 등을 주장했던 『세대』지 황용주사장 사건(1964.11.), 대전방송국 편집부장 김정욱 사건(1965.7.), 김지하의 풍자시 「오적」(1970.5.)·「비어」(1972.4.)·「고행-1974」(1975.3.) 사건, 한승헌 변호사의 글 「어느 사형수의 죽음 앞에서-어떤 조사」 사건(1975.3.), 리영희 교수의 『8억인과의 대화』 사건(1977.11.) 등이 있었고, 학생운동에 대한 탄압으로는 '민족주의비교연구회' 사건(1967.7.), '전국민주청년학생총연맹' 사건(1974.4.), 반대파 정치인에 대한 탄압으로는 민사당 창당준비위 대표 서민호 의원 김일성 면담용의 발언관련 구속(1966.6.), 통일사회당 위원장 김철의 남북한유엔동시가입, 북한 실체인정발언관련 구속(1971.11.) 종교인에 대한 탄압으로 박형규 목사 등 '수도권특수지역선교위원회' 사건(1976.5.), 강희남 목사 설교관련 구속(1977. 5.) 등이 있었다.

이러한 사건 외에도 민중의 일상생활에까지 반공법은 파고 들어갔다. "6·25 도발은 소련놈과 미국놈의 책동에 의한 것이다" "공산주의의 목적은 나쁘지만 그 방법은 나쁘지 않다. 공산주의자들의 과학적 관리법은 배울 점이 많다" 등의 발언을 한 경우, 교사가 수업시간에 "이북은 거지도 없고 빈부의 차이도 없다. 남한은 잘사는 사람은 잘살고 못사는 사람은 가난에 허덕인다. 그러나 남한에는 자유가 있으나 북한에는 자유가 없다" 정도의 발언을 할 경우, 술자리에서 북한 군가를 부른 경우, 전문적인 우표수집가가 북쪽의 선전문구가 있는 우표를 매수 취득한 경우, 목사가 설교시간에 월남의 공산당 지도자들이 사私를 버리고 공公만을 위해서 싸운 사람이기에 그 국민들로부터 존경받고 있다고 말한 경우 등에도 반공법 위반이 인정되었다.

또한 유죄는 인정되지 않았다 하더라도 체포·구속되어 재판을 받게 된 경우로는, 가옥을 철거하려는 철거반원에게 "김일성 보다 더한 놈"이라는 언사를 할 경우, 영문을 모르는 상인이 붉은 낫과 망치의 도안과 North Korea, Land of Free라는 영문글자가 부착된 잠바를 미 군인의 주문에 의해 제조·진열한 경우, 경찰관의 부당한 처사에 항의하면서 "우리나라 법이 빨갱이법보다 못하다"라고 발언한 경우, "예비군훈련이 지긋지긋하다. 안 받았으면 좋겠다. 내일 판문점관광을 가는데, 그 곳에 가서 북으로 넘어가 버리겠다" 하며 객기 어린 농담을 한 경우, 술자리에서 상대방에게 "너는 김일성이만큼 잘하느냐, 현정부가 무얼 잘하는 것이 있느냐"라고 말한 경우, 재일동포 유학생이 "북한이 남한보다 중공업이 발달되어 있다"고 말한 경우 등이 있었다.

이러한 국가보안법의 적용에 따라 민중들의 뇌리 속에는 '사상공포증', '빨갱이 콤플렉스', '반북이데올로기'가 강제이식되었고, 이는 '신보이념'과 민중의 결합을 원천봉쇄하는 결과를 낳았다. 이처럼 반공법은 사회주의 운동, 반독재운동뿐만 아니라 민중의 일상 생활 깊숙이까지 파고 들어가 발언 하나하나까지 통제함으로써, 남한 사회를 감시의 눈이 번뜩이는 거대한 감옥으로 만들었으며, '빨갱이 콤플렉스' '사상공포증'을 창출해 냄으로써 민중의 자주·민주의식의 각성과 근로자 중시의 사회의식을 원천적으로 봉쇄하였던 것이다.

이러한 반공법에 대하여 민주당은 그 '반민주성'과 자의적 적용을 비판하고, 반공법과 국가보안법의 통폐합을 주장하며 1966년 6월 30일에 '국가안전유지법안'을 제출하였다. 그러나 이 법안은 "선량한 야당인사와 언론인의 건전한 활동"에 대한 반공법의 위협을 방지하고, "진정한 반공과 그 밖의 반국가행위의 방어에만 쓰여지도록 입법적으로 정비할 필요성"에 따라 제출된 것으로, '반공이데올로기'에서는 한 발자국도 벗어나지 못한 대안이었다. (이는 '6공화국'하에서 평민당이 제출한 '민주질서보호법안'을 상기시킨다) (한옥신 『국가보안법 반공법 개설』 한국사법행정학회, 1970)

(3) '유신' 체제의 성립과 「사회안전법」 제정 (1975)

70년대에는 전태일 분신(1970.11.13.) 이후 광주대단지사건, KAL빌딩방화사건 등 예속적 자본주의 발전의 모순으로 인한 노동자와 도시빈민의 저항이 거세게 일어났고, '민주수호국민협의회' 결성, 교련반대·부정선거규탄 학생시위의 전개, 권력으로부터의 독립을 내건 '사법권수호운동'의 전개 등은 '3선개헌'의 무리수를 둔 박정권의 정치적 기반을 더욱 약화시켰다. 그리고 미국의 경제력 약화로 인한 '데탕트'정책이 시행되어 닉슨이 중국을 방문하는 등 냉전체제가 완화되자, 박정권은 반공·반북·안보이데올로기의 동요를 방지할 대책을 세워야 했다.(de'tente 국제간 긴장완화)

이러한 변화된 상황에서 박정권은 71년 10월 15일에 위수령을 발동하고, 12월 6일에 국가비상사태를 선언하며, 12월 27일에는 「국가보위에 관한 특별조치법」을 발동한다. 박정권은 남북 당국자간 비밀접촉으로 '남북공동성명'을 발표했다.(1972.7.2.) 그러나 '자주·평화·민족대단결' 원칙의 합의에도 불구하고 박정권은 남한 내의 '사상범'에 대한 석방은 생각지도 않았고, 반공정책을 포기하지도 않았으며, 북측을 '국가'로 인정하지도 않았다. 오히려 박정권은 '유신체제'를 구축하여 민주주의와 통일에의 열망을 압살하는 것으로 이에 대응하였다. 친일반역자로서 교활하게도 기회주의적 줄타기외교를 하고 있었다.

'유신체제'는 단정 수립 이후 집권층이 내걸어 온 형식적인 자유민주주의마저 전면 부정하고, '한국적 민주주의'라는 미명하에 자본주의와 반공 분단체제를 유지시키고 민중의 생존권과 민주화를 압살하는 테러통치체제였다. 애초부터 모든 반대세력에 대한 토벌작전으로 추진된 '유신'체제는 상시적인 '긴급조치'로 그 모순폭발을 지연시키고 있었다. 1974년 '긴급조치' 발포 이후 수많은 긴급조치 위반 및 국가보안법·반공법 위반자에 대한 체포가 계속되었고, 이 속에서 '인민혁명당재건준비위원회'사건의 서도원·도예종·이수병 등 8인이 사형에 처해졌다.(1975.4.9.)

그리고 1975년 4월 30일 월남에서 미국이 패퇴하자 박정권은 '총력안보궐기대회'를 연일 열고 반공캠페인을 벌여나가면서 위기감을 조성하였다. 이 속에서 유명한 '긴급조치' 제9호가 발동되는데(1975.5.13.) 이는 이전까지의 긴조 제1호부터 7호까지를 총괄하고 적용범위를 더욱 확대하고 처벌규정을 한층 엄격하게 한 것이었다. 뒤이어 유신정권은 「사회안전법」, 「민방위기본법」, 「방위세법」, 「교육관계법 개정안」 등 '4대 전시입법'을 국회에서 날치기 통과하였다. 이제 남한 사회는 '비상전시체제'하로 들어간 것이다.

사회안전법이 제정된 것은 4월혁명 이후 무기형에서 20년형으로 감형된 좌익수들(실제로는 반독재 민주화운동가들)이 대량으로 만기출소를 하게 되자, 이들을 다시 통제할 필요가 있었기 때문이다. 유신헌법 10조 1항에 헌법적 근거를 두고 제정된 사회안전법은 국가보안법·반공법을 위반하여 처벌받은 '사상범'에게 '전향'을 강요하고, 이를 거부할 경우 그가 "재범의 위험성"이 없을 때까지 무한정 구금할 수 있게 한 파쇼악법 중의 악법이었다.

이 법은 앞에서 본 바 있는 일제의 '조선사상범보호관찰령'(1936)의 '보호관찰'제도와 1941년 개정된 '치안유지법' 제3장의 '예방구금'제도를 고스란히 승계하여 모아놓은 것이었다. 그리고 1973년 3월에는 이 '전향'을 전담할 요원인 '전향공작 전담 교회사敎誨師士(주로 神 숭배 강요하는 기독교 목사와 전도사) 들이 일반교도관과는 별도로 공개채용되었다. '유신維新'이라는 호칭과 함께 국민을 식민통치의 대상으로 삼았다.

이 법은 '보안감호' '주거제한' '보호관찰' 등의 세 가지 '보안처분'을 규정하고 있는데, '보안감호'는 교도소 안의 보안감호시설에 수감하는 처분이고, '주거제한'은 일정 주거지역 이외의 지역에 주거하지 못하도록 주거지를 제한하는 처분이며, '보호관찰'은 주거지는 제한받지 않으나 주거하는 곳의 관할 경찰서장에게 일정 사항을 신고하고 그 지시에 따라 감시를 받아야 하는 처분이다. 이러한 세 가지 '보안처분'은 '사상범'에게 '전향'을 강제하고 활동을 통제하는 수단으로 사용되어, '전향'을 거부할 시에는 행형상의 혜택을 박탈하여 수십 년간 사상범을 감옥에 가두어 둘 수 있도록 하였다.

사실상의 '형벌'인 '보안처분'을 사상범에게 평생 부과한다는 것은, 동일한 범죄에 대하여 거듭 처벌받지 않는다는 '일사부재리─事不再理'의 원칙에 배치되는 것이며, 또한 보안처분의 기간은 2년이지만 검사의 청구에 의하여 갱신할 수 있고(제8조), 또 갱신회수에 제한이 없으므로 '위험성'이 있다고 판단되는 한 처분은 얼마든지 연장될 수 있으므로 이는 평생을 죄수로 묶어두는 사실상 '절대적 부정기형不定期刑' 이었다.

그리고 보안처분의 면제결정을 받기 위해서는 "반공정신이 확립되어 있을 것"(제7조 1항)을 요구하고 있는바, 이는 동법이 내세우는 "사회복귀를 위한 교육개선"(제1조)이라는 목적의 실내용을 보여주고 있다. 또한 면제의 처분권자는 법무부장관인데(제7조 4항), 이는 '사상범'에게 법원에 의한 형의 선고라는 기회를 박탈하는 것이었다. 그리고 동법은 보안감호처분의 필요가 있는 자에 대한 '긴급구속권'으로서 '동행보호권'을 검사와 사법경찰관리에게 부여하고 있었다. 요컨대 일제의 '조선사상범예방구금령'이 일련의 탄압법규 중 최후에 등장하였던, 문자 그대로 말기적 증상이었던 것처럼, 유신정권의 사회안전법 제정도 그 말기적 증상의 하나였던 것이다.

동법으로 인하여 '재일동포모국간첩단사건'(1971.4.)으로 체포·구속된 서준식은 1978년 5월 7년 형을 다 마쳤음에도 불구하고, '전향'을 거부한다는 이유로 체포 당시는 물론이고 재판과정에서도 존재하지 않았던 이 법이 소급적용됨에 따라 계속 구금되어 1988년이 되어서야 풀려나오게 되었다. 그리고 동법하에서 '전향제도'가 본격적으로 시행됨에 따라 '사상범'에 대한 '교회사'들의 전향공작과 고문 등이 행해졌고, 사상범은 최소한의 인권조차 부인된 채 인권의 사각지대에 내팽개쳐졌다.

그리고 당시 야당이나 '인권운동'을 하는 사람들까지도 이들을 '구제' 대상에서 제외해 놓고 있었다(서준식 이외에도 수많은 '비전향 사상범'들이 동법에 따라 고통받았으며, '6공화국' 들어 동법이 폐지된 이후에도 이들은 '전향제도'가 존속함에 따라 여전히 감옥에 갇혀 있었으며, 석방된 경우에도 「보호관찰법」이 제정됨에 따라 감시를 받았다). 단적으로 말해 사회안전법은 '사상범수용소법'이었으며, 인간으로서의 자주·평등·민주주의적 기본 권리를 박탈하는 노예화 악법이었다.

(4) 「반공법」의 「국가보안법」으로의 흡수통합 (1980)

1970년대 말 유신체제의 정치경제적 위기는 심화되었다. 1978년 국회의원 선거에서 야당이 여당보다 1.12% 더 높은 득표율을 획득하였으며, 무리한 중화학공업투자와 세계적인 불황으로 경제위기가 심화되고 있었다. 유신정권은 이러한 상황을 더 강한 탄압으로 해결하려 하였고, 이 속에서 YH무역의 여성노동자 김경숙이 사망하였고 야당총재의 의원직 제명처분이 이루어졌으며, '남조선민족해방전선준비위원회' 사건으로 이재문이 옥중사망하고 신향식은 사형에 처해졌다. 이러한 상황에서 '부마민중항쟁'이 일어났고, 이에 대한 진압이 진행되던 도중에 '궁정암살'이 일어나 10월 26일 박정희는 사망하고 유신은 하루아침에 붕괴되었다.

유신 붕괴 이후 '서울의 봄'을 맞아 민중운동은 일대 고양기를 맞이하였으나, 전두환·노태우를 위시한 '신군부'는 '5·17쿠데타'를 일으켜 '체제수호'에 나선다. 이에 반대하여 일어난 '광주민중봉기'는 무자비하게 진압되었고, 이 씻을 수 없는 핏자국 위에서 '제5공화국'이 출범한다(1980.10.27.) '제5공화국' 헌법의 발효로 국회가 해산됨에 따라 국회의 기능을 대행하기 위하여 '국가보위입법회의'가 만들어졌다. 이 기구는 당시 유신헌법에 따라 11대 대통령으로 당선된 전두환의 자문기관이었던 '국가보위비상대책위원회'를 개편한 것이었는데, 국민의 대표기구와는 거리가 먼 바로 이 기구가 반공법을 폐지하고 국가보안법에 흡수 통합하여 새로운 국가보안법을 만들어낸다(1980.12.31.).

그리고 사회안전법은 다른 법률과 관련 부분만 개정되어 존속한다. 한편 국가보위입법회의는 '국가안전기획부법'을 제정하여 과거 중정의 권한과 면책특권을 국가안전기획부에 고스란히 부여하였다.(1980.12.31.) (중정의 권한 중 '정보 및 보안업무의 조정·감독' 조항에서 '감독'이 빠지고 대신 '기획'이 들어갔는데, 이는 '10·26' 이후 중정에 대한 보안사령부의 견제를 반영하는 것이었다.) 이리하여 안기부는 중정의 '법통'을 이어받아, 민중운동 탄압, 각종의 '정치공작'과 인권유린, 타 국가기구의 업무수행에 대한 개입과 간섭(사안별, 지역별의 '관계기관대책회의'의 구성이 그 표본이다)을 자기 임무로 하게 된다.

반공법을 흡수하여 국가보안법을 전면 개정한 이유는 무엇일까? 첫째 당시 국가보안법과 반공법은 동일한 목적을 갖고 있었고 내용면에서도 중복되는 부분이 많았을 뿐만 아니라, 해석과 적용에 있어서도 다소 혼란과 문제점이 야기되었으므로, 이를 조정·통합하여 법체계를 일원화할 필요가 있었다. 보다 중요한 이유로는 반공법의 시행과정에서 나타난 수많은 인권침해로 말미암아 국내외의 인권단체에서 반공법 폐지의 요구가 많았고, 또한 당시 '반공법'Anti-Communist Law이라는 명칭을 가진 나라가 남한이 유일하였기에, 반공법을 형식적으로 폐지하되 그 주요 내용을 국가보안법에 흡수함으로써 국내외적 명분과 실리를 다 취하려 하였던 것이다.

요컨대 1980년 개정 국가보안법에서 반공법의 독소조항은 조금도 삭제되지 않았고, 오히려 '허위사실 유포·날조죄' 등 새로운 독소조항이 첨부되고 형량이 강화되는 등 개성 국가보안법은 실제 보충·강화된 반공법이었던 것이다. 특히 "사회질서의 혼란을 조성할 우려가 있는 사항에 관하여 허위사실을 날조·유포 또는 사실을 왜곡하여 전파"하는 행위를 처벌하는 제4조 1항 6호는 실제 '2·4파동'으로 개정된 국가보안법의 '인심혹란죄'의 재도입이었다. 이 법은 1992년에 부분개정이 있었지만 현재까지 기본틀을 유지한 채 존속되고 있다.

동법의 '반국가단체'(제3조) 구성·가입죄로 '전국민주노동자연맹'과 '전국민주학생연맹'(1981.6.), 그리고 '제헌의회그룹'이 처벌받았다(1987.2.). 그리고 '이적단체'(제7조 3항) 구성·가입죄에 따라 '삼민투위' '민주화추진위원회'('깃발'사건, 1985.10.), '서울노동운동연합'(1986.5.), '맑스·레닌주의당'(1987.10.), '반제동맹당'(1986.11.), '구국학생연맹'(1986. 12.) 등이 처벌받았다.

그리고 제7조의 찬양·고무·동조 등의 죄(3항)와 '불온'표현물의 제작·소지·취득 등의 죄(5항)는 반공법 제4조의 승계이다. 동조항에 따라 광주미공보원 방화사건(1980.12.9.), 부산 미문화원 방화사건(1982.3.18.), 강원대 반미시위사건(1982.4.22.) 등 미국에 대한 반대의사표시에 국가보안법이 적용되었고, 대학생이 『소유와 생산양식』이라는 책자를 소지하고 있다는 것만으로 구속되었으며(1980.11.4.), 야학지도학생이 일어판 경제서적 소지를 이유로 구속되었다(1981.5.2.), 또한 '보도지침사례집'을 발표한 『말』지 기자들에 대해서도 소지하고 있던 책을 이유로 기밀누설죄 외에 국보법위반 혐의를 덧씌웠다(1987.1.). 그리고 사회과학서적 출판·복사·판매가 광범하게 처벌되었다. 대표적인 것으로 1981년의 '민중문화사'사건과 '광민사'사건, 1986년의 '보임다산기획'사건, 1987년의 『한국민중사』(풀빛) 출간사건, 1988년 『자본론』(이성과 현실) 출간사건 등이 있다. 그리고 체제비판적 저술활동이 처벌받았고(1985.8. 『민중교육』지 사건, 1986.3. 이산하의 시 「한라산」 사건), 학습써클·문학회들도 처벌받았다(1981.8. 금산 '아람회' 사건, 1981.9. 부산 양서조합회원 구속사건, 공주사대 '금강회' 사건, 1982.11. 군산 '오송회' 사건 등), 심지어 군입대 전에 『무림파천황』이라는 무협소설을 쓴 연세대학생이 소설의 내용이 문제가 되어 처벌되기도 하였으며(1981.9.12.), 현역 국회의원의 의정발언조차 처벌받았다(1986.9. 유성환 의원 '통일국시' 발언사건). 당시 판례는 '이적의 인식' 정도에 대하여 반국가단체를 이롭게 하려는 목적의식은 필요로 하지 않으며, 다만 그와 같은 사실

에 대한 인식만 있으면 족하다(유죄)고 판시하였다

이처럼 국가보안법은 법체계상으로는 헌법의 하위 법률이지만 실상은 헌법보다 상위에 군림하면서, 현행 헌법이 보장하고 있다고 언명된 '양심의 자유' '언론·출판·집회·결사의 자유' '학문·예술의 자유' 및 허가 검열제의 불인정 등을 철저하게 유린하였다. 국가보안법은 "실질적 의미의 헌법"이었던 것이다.(민주사회를 위한 변호사 모임·한국기독교교회협의회 『한국인권의 실상』 역사비평사, 1992)

그리고 동법의 적용에서는 「불법연행→'특수시설' 구금 및 고문→조작된 자백 강요→국가보안법 적용」의 과정이 사건마다 되풀이되어, 안기부·보안사·치안본부 대공과·시경 대공과 요원들의 경쟁적 수사에 의해 체포된 피의자는, 조작된 유죄자백을 할 때까지 구타·잠 안 재우기·물고문·전기고문·비녀꽂이·통닭구이 등의 살인적 고문을 받게 된다(고문 실태에 대해서는 김근태 씨의 절규를 참조 바람. 김근태 『남영동』 중원문화사 1987). 여기서 헌법상의 '인간의 존엄과 가치'·불법연행 금지·고문금지·묵비권 보장 등의 '신체의 자유' 조항 및 형사소송법상의 피의자·피고인의 권리 등등은 휴지조각에 불과하였다. 이 자백에 근거하여 검사의 기소가 행해지고, 검사의 공소장을 몇 문구만 수정하여 판사가 유죄판결을 내리게 된다(인류의 자주·평등·민주 역사에 눈을 감은 반공 친일파와 반공 판사들의 왜곡·세뇌된 망나니짓이 대한민국의 판결들이었다.) '법치주의의 최후의 보루'라는 사법부가 국가보안법 사건에서 피고인의 고문주장을 받아들여 '위법수집증거違法蒐集證據'의 증거능력을 부정하고 무죄를 선고한 적은 없었다. 오히려 사법부는 '정의의 여신'이 아니라 '체제의 시녀'로 행동하였다. 이러하였기에 이 시기에 재판거부사태가 연이어 발생하였던 것이다. 판사들 역시 '용공성'에 대한 협박하에 있었던 것으로 알려지기도 했다.

한편 이러한 국가보안법 사건의 뒤에는 항상 안기부법에 의해 '무소불위'의 특권을 부여받은 안기부가 버티고 있었다. 구체적인 조항을 살펴보면(이에 대해서는 민주사회를 위한 변호사 모임 「국가안전기획부 폐지에 관한 의견서」, 『반민주악법개폐를 위한 의견서』 역사비평사 1989 를 참조) 안기부법 제2조 1항은 안기부의 직무범위를 1.국외정보 및 국내보안정보(대공 및 대정부전복)의 수집, 작성 및 배포 2.국가기밀에 속하는 문서, 자재, 시설 및 지역에 대한 보안업무 3.형법 중 내란의 죄, 외환의 죄, 군형법 중 반란의 죄, 이적의 죄, 군사기밀누설의 죄, 암호부정사용죄, 군사기밀보호법, 국가보안법 및 반공법에 규정된 범죄의 수사 4.안전기획부 직원의 직무와 관련된 범죄에 대한 수사 5.정보 및 보안업무의 기획, 조정 등으로 규정하고 있다. 조문만 보아도 알 수 있듯이 안기부에게는 국내외의 모든 정보를 독점하고 타 국가기관에 대한 개입, 간섭이 보장되는 광범한 직무권한이 부여되어 있고, 안기부에 대한 대외적 통제와 감시는 차단되고 있다. .

그리고 안기부법 제3조는 안기부의 조직을 안기부장이 정하고 또 필요한 곳에 지부를 둘 수 있도록 하고 있어 조직의 비대화를 보장하고 있으며, 제5조는 안기부의 조직·소재지·정원·예산 및 결산의 비공개를 보장하고 있다. 그리고 「예산회계법」은 안기부의 세출예산을 그 내역을 밝히지 않고 총액으로 하게 하고, 예산회계법상의 첨부서류도 제출하지 않게 하였다(제10조 제2, 3항). 또한 동법 제10조 제4항은 안기부의 예산을 다른 기관의 예산에 계상할 수 있게 하였는데, 이에 따라 국회에 제출되어 의결되는 각 국가기관의 예산 중에 안기부의 예산이 포함되어 있는지 없는지, 있다면 어느 기관에 포함되어 있고 또 그 액수는 얼마인지도 알 수 없게 되어 있다. 그리고 동법 제26조의 '예비비'를 '예산회계에 관한 특례법' 제2조는 안기부가 총액만 보고하고 사용할 수 있게 하여, '국가안전보장'이라는 명분하에 공식적인 본예산의 15배에 달하는 예비비를 사용하고도 그 내역에 대해서는 공개를 한 적이 없다. 그리고 안기부법은 안기부직원의 직무에 관한 범죄에 대한 수사권을 안기부 자신에게 부여함으로써(제2조 제1항 제4호, 제23조), 안기부의 불법체포·감금·고문 및 각종 '정치공작' 등의 '범죄'에 대한 수사자체를 봉쇄하고 있다. 또한 안기부법은 감사원 및 국회의 통제도 배제하고 있다(제11조, 제13조).

이러한 국가보안법과 안기부법이 '악법 중의 악법'으로 지탄받고 민중의 분노의 대상이 되어왔던 것은 너무나도 당연한 일이었다. 국가보안법을 체제유지를 위해 마구 휘둘러온 전정권은 1987년 1월 14일 박종철 고문살인 사건과 '4·13호헌조치' 등을 계기로 하여 터져나온 '6월민중항쟁'에 의해 물러나게 된다.(『미국의 한반도 지배사』 5권 참조)

(5) 「국가보안법」이 만들어낸 생지옥, 고문과 간첩조작

친미·분단·북진 주장의 독재자 이승만이 4·19혁명으로 물러나고 친일파 박정희 군사독재자가 오랜 철권통치 끝에 부하의 손에 살해되었으며, 광주를 동포형제의 피로 물들인 전두환 등 반민주 범법자들의 쿠데타 집권 통치과정에서는 일본과 미국의 침략세력에 의해 훈련된 세력의 성격상 맹목적 「절대반공」과 「승공통일」의 기치 아래에서 무수히 비인간적으로 벌여온 처참한 고문과 장기징역으로 말미암아 온 사회는 일제 식민치하의 고통 못지않게 긴장과 공포 속에 살아왔다. 그리하여 이 시기에는 북측과의 왕래나 이념서적들의 유통이 가능했던 순진무구한 재일동포 청년들의 「간첩사건」이 유난히도 자주 일어나 국민을 기만하여 여론을 조작하려는 한국 독재정권의 정치공작에 많이 악용되었으며 이 과정에서 교포 유학생들에게 있어서 「국가보안법」은 맑은 하늘에 날벼락처럼 무참하게 젊은이들의 꿈과 인생을 망쳐놓곤 하였다.

여기에 글을 쓴 서준식씨도 그의 형 서승씨와 함께 견디기 힘든 잔인한 고문을 당했다. 그의 형 서승씨는 고통스러운 고문을 당하던 끝에 불길에 달아오른 난로에 온몸을 껴안고 자살하려다 실패하여 얼굴과 온몸을 엉망으로 망가뜨린 채 가까스로 생명을 건져 살아나온 교포 유학생이었다. 형제는 그 후 간첩조작과 같은 억울한 일을 막기 위해 고국을 오가며 운동을 벌이던 중 이런 글을 써서 이성적인 호소도 하였던 것이다.

◎ 간첩조작이란 무엇인가 (글·서준식)

안녕하십니까? 약 30분 동안 국가보안법을 간단히 언급하면서 조작간첩이 도대체 무엇이냐, 어떤 이유로 만들어지느냐 하는 문제에 대해서 말씀드리겠습니다.

간첩사건이 조작된다는 사실을 오래 전부터 사람들은 알고 있었습니다. 그러나 지극히 드물게 일어나는 수사상 실수라든가 또 그 밖의 원죄, 아니면 거대한 조직사건을 정치적으로 이용하기 위한 간첩조작, 그런 정도를 통해서 사람들은 간첩조작은 항상적으로 광범위하게 일어나는 것이라기보다는 어느 편인가하면 우발적인, 많지 않은 현상으로 생각을 해왔습니다. 그러나 간첩조작은 세상에 알려진 것보다 훨씬 광범위하고 일상적인 현상이라는 것을 우리는 다시 한 번 인식을 할 필요가 있습니다. 이런 새로운 인식의 일환으로 저희 민주화실천가족운동협의회에서는 이런 행사를 가지게 되었습니다.(조국 『사상의 자유』 부록. 민가협 장기수가족협의회 『간첩은 이렇게 만들어집니다』(자료집. 1989. 12). 1992년 5월 현재로는 90명이다.)

지금 우리나라에는 약 220명의 장기수가 감옥살이를 하고 있습니다. 30년 이상 감옥생활을 하는 사람이 지금 17명 있고 가장 오랜 감옥생활을 하는 사람은 39년 동안 감옥생활을 하고 있습니다. 이런 장기수의 거의가 다 국가보안법을 적용받고 있고 대부분이 간첩죄가 붙어 있습니다. 이 사람들뿐이 아닙니다. 지금 살고 있는 사람들뿐만 아니라 그런 죄목으로 감옥에 들어갔다 나온 사람이 수만 명이나 있으며 감옥에서 옥사한 사람들도 있습니다. 또 수사, 고문 끝에 수사기관에서 풀려난 사람, 간첩으로 조작하기 위하여 그 증인으로 수사기관에 끌려가 거기에서 고문당하며 증언할 것을 강요당하는 이런 사람들은 모두가 수사기관에서 있었던 일을 바깥에서 아무한테도 이야기 않겠다는 각서를 쓰고 나옵니다. 이런 수자는 이루 헤아릴 수 없이 많습니다.

그리고 또 조국분단의 희생자들은 국가보안법 내지는 간첩죄로 감옥살이를 하는 사람들의 가족들이 있습니다.

그 밖에도 개념의(정신적으로) 공포에 짓눌린 사람들은 우리나라에 수없이 많습니다.

모든 국민이 간첩이라는 개념의 공포에 짓눌리며 살고 있다고 할 수 있습니다. 이런 모든 사람들이 조국분단 희생자들입니다.

　간첩문제를 말함에 있어서 필연적으로 전제가 되는 것은 국가보안법입니다. 국가보안법이 생긴 것은 1948년이었습니다. 이때 국회에서 많은 반대를 했습니다. 특히 소장파 국회의원들은 적극적으로 반대했습니다. 그 이유는 일세 때 독립운동가들을 때려잡던 일본 제국주의의 치안유지법과 똑같은 구조를 가지고 있고, 인권 침해의 큰 위험이 있다는 이유로 반대를 했습니다. 치안유지법을 국가보안법이 이어받았다는 것은 사실입니다. 그것은 무엇보다도 치안유지법을 적용받고 일제시대에 감옥살이를 했던 독립운동가들이 1948년에 국가보안법이 생기자 그 국가보안법에 의해서 감옥살이를 해야 했다는 사실로 분명합니다. 일제시대에 치안유지법의 적용을 받고 수사를 받은 독립운동가들을 고문했던 바로 그 수사관들이 1948년 이후 국가보안법으로 다시 그 분들을 고문했습니다.

　이것으로써 국가보안법과 치안유지법의 계승관계를 분명히 알 수 있습니다.

　뿐만 아니라 국가보안법은 치안유지법의 구조를 그대로 이어받고 있었습니다. 그런데 여기서 한 가지 유념해야 할 것은 국가보안법이 생긴 경위입니다. 국가보안법은 많은 반대에도 불구하고 국회에서 통과되어 버렸는데 전국적인 규모의 폭동이라든가 좌익세력의 파괴활동 이런 것들을 규제하는 법이 있어야 한다는 게 가장 큰 명분이었습니다. 사실 국가보안법이 제정된 1948년은 여순반란사건과 제주4·3항쟁이 일어났던 해였습니다. 이런 시대적 조건 속에서 그런 명분이 승리하고 국가보안법이 통과된 것입니다. 국가보안법이 통과되기 전 국회에서 상정되었던 단계의 법안 이름은 국가보안법이 아니라 "반란행위 금지법"이었습니다. 이것이 통과되면서 국가보안법으로 이름을 고치게 되었는데 이런 사실들에서 알 수 있듯이 국가보안법이란 법률은 원래가 한시적인 성격을 가진 법률이었습니다.

　즉, 전국적인 규모의 폭동이라든가 좌익세력의 파괴활동 등이 일어났기 때문에 생긴 법률이었고 따라서 이런 사태가 없어지면 없어져야 할 법률이었던 것이었습니다. 그러나 국가보안법은 그 후에 자꾸 강화되고 애매한 표현들이 늘어나고 찬양·고무·동조 같은 것들을 규제하게 되고 불고지죄가 덧붙여지게 된 것입니다. 이런 개정은 우리나라에서 민중으로부터 권한을 부여받은 정통성을 가진 정권 밑에서 한번도 이뤄지지 않았습니다.

　국가비상시라든가 쿠데타 직후, 그런 경우에 제정 내지 개정되어왔던 것입니다. 전국적인 규모의 폭동이라든가 좌익세력의 파괴활동을 방지한다는 국가보안법은 이렇게 개정의 과정을 거치면서 그 성격을 변화시켜 왔습니다. 우리나라에는 50년대 중반 이후로 전국적인 규모의 폭동이라든가 좌익세력의 파괴활동이 없었습니다. 이것은 우리나라 역대 정권들이 그 독재정치를 합리화하기 위한 하나의 수단으로 국가보안법을 악용해왔다는 것을 시사해줍니다.

처음에는 전국적인 규모의 폭동이나 파괴활동을 방지하게 위해서 생겼던 국가보안법이 이제 와서는 술집에서 옛날에 인민군들이 내려왔을 때 부르던 노래를 술김에 부른 사람을 잡아 가둘 수 있게 되었고 우표를 수집하는 과정에서 북한 우표를 입수했다고 국가보안법의 적용을 받고, 통일이 국시라야 한다고 주장했던 국회의원을 구속시켰고, 노동운동을 탄압하고, 출판운동을 탄압하고 있고, 전민련을 탄압했습니다. 국가보안법은 이제 그 위력이 미치지 않는 곳이 없는 거대한 괴물로 변해버렸다 하겠습니다. 이런 국가보안법에 대해서 많은 사람들의 전체 문제를 다루는 것이 아니라 그 중에서 국가보안법을 적용받은 간첩의 문제를 다루겠습니다. 형법에도 간첩죄는 있습니다. 그리고 국가보안법에 간첩죄가 있는데, 형법상의 간첩죄는 적국을 위해서 간첩행위를 하는 것입니다. 이때는 군사기밀누설이라든가 그런 것들이 해당됩니다.

그런데 국가보안법상의 간첩은 적국이 아니라 반국가단체를 위해서, 군사기밀이 아니라 국가기밀을 누설할 경우가 해당됩니다. 그러니까 형법상의 간첩죄보다 국가보안법상의 간첩죄가 훨씬 범위가 넓다고 할 수 있습니다. 여기에 남용될 가능성이 있고 억울한 사람이 감옥에 갈 가능성이 있습니다. 군사기밀이라고 하면 여러분들은 대강 어떤 것을 군사기밀이라 하는지 아실 수 있을 것입니다. 그러나 국가기밀이란 말은 대단히 애매한 말입니다. 국가기밀이 무엇인가 하는 것은 국가보안법사건이 있을 때마다 법정에서 논란이 되어왔습니다. 국가기밀이란 개념 자체가 대단히 애매모호하고 또 내용뿐만 아니라 국가보안법이란 법 자체가 애매모호한 말로 가득 차 있습니다. 가령 적을 이롭게 한다거나 찬양·고무·동조를 한다거나, 그런 말들로 가득 찼습니다. 국가기밀은 우리나라의 전통적인 판례에 의하면 이렇게 되어 있습니다. 일반 국민에게 상식적으로, 일상적으로 알려진 사실이라 해도 그것이 북한에 알려져서 북한을 이롭게 할 경우, 그것이 다 국가기밀로 되어 있습니다. 아무리 사소한 사실이라도 북한에서 알아서 불리할 것은 없습니다. 모두가 이로운 것입니다. 그렇게 되면 일반 국민들이 알고 있는 상식적인 사실 모두가 국가기밀에 속한다는 결과가 나옵니다. 따라서, 법원의 판례를 보면 어떤 사람이 일본에 가서 경부고속도로가 4차선이다라는 얘기를 했다고 해서 국가기밀누설로 판결을 내렸습니다. 또, 정부종합청사가 과천에 있다고 그런 말을 해도 국가기밀누설죄로 걸립니다. 심지어는 최근에 김병진 씨의 『보안사』란 책을 보면, 김병진 씨는 구속 기소된 사람은 아닙니다만, 수사기관에서 어떤 사실을 국가기밀누설로 단정했는가 하면 일본에 가서 거류민단계의 선배에게 대한민국에는 중국 음식들이 있는데 거기선 짜장면이란 것을 판다, 이 짜장면이 값이 싸고 맛있더라 하는 이야기를 했다고 해서 이걸 국가기밀누설로 단정했습니다. 대한민국의 물가시세를 반국가단체에 알렸다는 것입니다.

이렇게 국가보안법은 간첩을 조작할 수 있는 무궁무진한 보고라고 할 수 있습니다. 국가보안법에 대해서 많은 말을 할 필요가 있습니다만 오늘은 국가보안법 자체의 문제에 초점을 맞추는 것이 아니기 때문에 이 정도로 간단히 마치겠습니다.

아까 저는 약 220명 가량의 장기수가 있다는 말씀을 드렸습니다. 이 사람들 거의 다가 간첩죄가 붙어 있다는 말도 했습니다. 장기수란 뭔가 하면 지금 민가협에는 7년 이상을 사는 사람을 장기수로 치고 있습니다만 그 햇수로 장기수를 규정하기보다도 작년 연말에 장기수와 시국관련 단기수를 분간할 수 있는 대단히 편리한 기준이 생겼습니다. 민주화 요구에 밀려서 어쩔 수 없이 지금의 노정권이 취한 작년 12월 21일 대규모 양심수 석방 조치가 있었습니다. 이때 그 양심수 석방조치에도 불구하고 감옥에는 2백 수십명의 양심수가 남아 있습니다. 이 사람들의 대부분이 국가보안법의 적용을 받고 있었고, 그리고 간첩이었거나 아니면 옛날 산에서 빨치산 활동을 했던 사람들입니다. 이 사람들은 현 정권, 나아가서는 제도권 정치인들이 바깥세상으로 도저히 내보낼 수 없다고 판단한 사람들입니다. 이 많은 간첩 중에는 대단히 조작된 혐의가 농후하다고 판단되는 분도 있고, 진짜 간첩도 있습니다. 여러분도 잘 아시다시피 북한에서 남파된 사람들은 진짜 간첩입니다. 간첩을 저는 이렇게 두 가지로 봅니다. 진짜 간첩, 그리고 조작된 간첩. 북한에서 50년대, 60년대에 상당히 많은 공작원을 내려 보냈습니다. 그러나 70년대 이후 특히 80년대 이후 공작원을 내려 보낸 적이 거의 없는 걸로 알고 있습니다. 그리고 이것은 검찰들도 인정하고, 수사관들도 인정을 합니다. 그럼에도 불구하고 우리나라에는 많은 간첩사건이 조작된 혐의가 있는데 50년대, 60년대의 남파공작원들을 잡아서 취조하던 경험이 쌓여서 간첩을 규정하는 틀이 생겼다고 볼 수 있습니다. 저희는 지금 장기수들의 공소장이나 판결문을 가지고 열심히 검토, 분석을 하고 있습니다만 70년대 이후의 간첩사건은 거의 이런 틀에 억지로 끼워 맞춰진 간첩사건이라 할 수 있습니다. 따라서 이것은 우발적인 수사실수라든가 혹은 대단히 높은 정치적 차원에서의 조작 그런 정도의 우연적인 문제가 아닙니다.

이것은 보다 광범위하고 항상적인 문제라 할 수 있습니다. 그리고 돈을 받았다 이것만을 가지고 간첩이라 볼 수 없습니다. 간첩은 간첩 고유의 개념이 있습니다. 북한 사람 내지는 북한계의 사람, 해외에서 활동하는 그런 사람들을 만났다 해서 그것만으로는 간첩이라고 볼 수 없습니다. 그 사실들은 물론 현재 있는 실정법에 저촉되는 행위임에는 틀림

없습니다. 그러나 이것은 간첩이 아닙니다. 가령, 예를 들어서 서경원 의원이 해외민족 민주운동단체와 접촉을 가졌고 그리고 북한을 다녀왔고, 북한에서 자신의 운동에 필요한 자금을 요구해서 받았습니다. 안전기획부의 수사 발표에 의하면 서 의원의 범죄사실이라는 것은 이것밖에 없습니다. 이 개개의 사실들이 형법에 저촉되는 사실이라는 것밖에 없습니다. 이 개개의 사실들이라 해도 이것은 간첩죄라고 단정할 수 없는 것입니다.

간첩이 왜 조작되는 것인가, 여러분께서 이런 의문을 가질 것입니다. 무슨 필요에 의해서 간첩을 조작하는 것인가, 간첩을 조작할 필요가 있어야 간첩을 조작하는 것입니다. 저는 우리나라에 간첩이 조작되는 충분한 배경과 이유가 있다고 생각합니다. 그 첫째는 우리나라의 경직된 반공 이데올로기입니다. 반공은 각자가 하고 싶은 사람이 하는 거고 그것은 각자의 자유입니다. 그러나 반공이 이념이란 형태로 굳어지고 그리고 그것이 유일한 것이다, 가장 높은 진리다 하는 식의 상태는 대단히 곤란한 것입니다. 이것은 반공이 자유인 것이 아니라 반공을 전국민에게 강요하고, 모든 중요한 가치를 반공이라는 명분 밑에 종속시키는 결과를 가져옵니다. 반공이라는 것은 원래 가치가 아니라고 합니다. 적어도 적극적인 가치가 아니라고 합니다. 반공이라는 것은 공산주의에 반대한다는 소극적인 의미밖에 없는 것입니다. 반공 이외에 진정한 가치는 얼마든지 있습니다. 자유라든가, 민주주의라든가, 인간의 존엄성이라든가, 그리고 아주 작게는 가정의 행복이라든가 그런 가치는 얼마든지 있습니다. 그런데 우리나라는 이 여타의 모든 진정한 가치 위에 이 사이비 가치인 반공이란 가치가 군림하고 있는 것입니다. 흔히 자유민주주의를 수호하기 위해서 반공이 필요하다고 합니다. 그렇다면 자유민주주의가 상위개념이 되어야 하고 반공이 하위개념이 되어야 합니다. 그런데 우리나라에는 이것이 물구나무섰습니다. 그 결과 어떤 사태가 생겼느냐면, 반공을 위해서라면 여타의 것은 다소 희생되어도 좋다고 하는 의식이 국민들 사이에 널리 박혀 있고, 특히 수사관들의 머리 속에 깊이 박혀 있습니다. 이런 것이 간첩이 조작되는 그리고 반공이라는 이름 아래 전체적인 탄압이 행해지는 가장 근본적인 이유라 할 수 있습니다. 반공지상주의, 반공만이 오로지 유일한 가치고, 반공을 위해서라면 여타의 모든 가치는 다소 희생되어야 한다는 그런 사고 방식의 결과 우리나라에는 개탄할만한 상태가 지금 팽배하고 있습니다.

반공지상주의의 결과로 첫째는 그 수없이 난립하는 밀실수사기관입니다. 안전기획부, 국가보안사령부 그리고 치안본부 이 세 기관이 수많은 밀실수사기관을 가지고 있고, 서로 경쟁을 하고 있습니다. 수없이 많이 산재하고 있는 밀실수사기관에서 많은 사람들이 고문을 당하고 있습니다.

두 번째, 반공지상주의의 결과는 관습화되어 버린 불법연행 그리고 불법구금입니다.

여러분께서도 아시다시피 국민은 법관이 발부하는 영장 없이는 체포되지 않고 구금되지 않습니다. 그러나 우리나라에서는 이것이 완전히 짓밟히고 있습니다. 사람들은 이 국가보안법 관련 사건은 법관이 발부한 영장 없이 그냥 잡아가도 어쩔 수 없다는 정도로 생각하고 있습니다. 감각이 대단히 둔해지고 있습니다. 이것은 무서운 현상입니다. 국가보안법 관련 사건치고 불법적으로 법관의 영장 없이 연행되어가지 않은 사건은 하나도 없습니다. 그리고 법관의 영장 없이 밀실수사기관에서 짧게는 열흘, 길게는 3개월, 4개월을 수사 받는 그런 일이 없는 사건은 하나도 없습니다. 외국 사람들이 들으면 깜짝 놀랄 일이어도 우리나라 사람들은 전부 놀라지 않습니다. 이것이 완전히 관례화되고 있습니다. 이것이 반공지상주의의 두 번째 결과입니다.

반공지상주의의 세 번째 결과는 관행화되어 버린 고문입니다. 사람들은 안기부나 보안사에 끌려가면 고문당하는 것은 당연하다고 보고 있습니다. 이것은 역시 대단히 무서운 일입니다. 우리나라의 고문은 이제 보통 사람의 양식을 가지고 허용할 수 있는 범위를 훨씬 넘어서고 있습니다. 그 방법에 있어서나 그 잔인함에 있어서도 오늘 가족들이 사례를 발표하는 과정에서도 이 고문 얘기가 많이 나올 것입니다. 따라서 오늘 사례발표는 고문의 고발의 장소이기도 합니다.

간첩수사의 고문은 가르쳐가면서 고문을 한다는 점이 특징입니다. 전혀 모르는 사실을 이렇게 하는 것이 아니냐, 이러이러하면서 간첩하는 것이 아니냐 하는 식으로 가르쳐가면서 고문을 합니다. 이런 고문 관습을 나중에 여러분들은 생생하게 들으실 것입니다.

반공지상주의의 네 번째 결과는 검사의 무기력입니다. 검사는 범죄수사를 지휘할 권한을 가지고 있습니다. 그러나 우리나라 검사들은 적어도 이 반국가사범에 관한한 수사기관으로부터 지휘를 받고 있습니다. 수사기관에서 조서를 작성하고 올리면 그것이 거의 그대로의 내용으로 검사의 공소장으로 둔갑하고 검사는 그것을 제기합니다. 수사기관에서 고문을 당했다는 주장을 해도 검사 앞에서는 소용이 없습니다. 검사는 수사기관에서 부인하지 않고 왜, 내 앞에서 부인하느냐? 다시 수사기관으로 돌려보내겠다고 하는 이야기를 흔히 하곤 합니다.

반공지상주의의 다섯 번째 결과는 판사의 무기력입니다. 검사가 수사관의 지휘를 받아서 만든 공소장, 그것을 또 다시 판사들은 판결문이란 형태로 토씨 하나 틀림없이 잘못된 철자법도 그대로 옮겨가면서 판결문을 만들고 있습니다. 여러분께서 간첩사건의 공소장과 판결문의 내용을 보실 때 그 동일성에 깜짝 놀랄 것입니다.

이렇게 해서 반공지상주의는 수많은 인권 침해, 나아가서는 간첩조작 조건을 만들어내는 가장 근본적인 토양이라고 할 수 있습니다. 간첩이 조작되는 두 번째 이유는 우리나라의 역대 정권들이 정권안보를 위해 보다 많은 간첩사건을 필요로 하고 있다는 점입니다. 어떤 중요한 정치적인 문제가 떠오를 때마다, 가령 선거 때 정치적으로 집권당이 수세에 몰릴 때라든가 신문지상을 요란하게 장식하는 간첩단사건, 이런 것들이 그 증거입니다. 정권은 자기가 불리한 입장에 빠지면 북으로부터의 위협을 내세워 입을 다물게 하고, 자기들의 독재, 거기에 따르는 여러 가지 비리를 합리화시킵니다. 우리나라 열다섯 개 대학, 서울에 있는 법학 석·박사 과정에 있는 대학원생들을 대상으로 한 설문조사에 의하면 국가보안법이 정권안보를 위해서 악용되어 왔다고 대답한 사람이 90%나 된다고 합니다. 현정권이 국가보안법이나 간첩이란 개념을 정권안보를 위해 이용해왔다는 것을 누구나 직감적으로 느낄 수 있을 것입니다. 따라서 간첩조작이 이루어지는 두 번째 이유는 역대 정권이 보다 많은 간첩사건을 필요로 하고 있다는 점입니다.

간첩이 조작되는 세 번째 이유는 수사관들의 포상욕, 진급입니다. 이것은 결코 무시할 수 없는 영향을 갖고 있습니다. 수사관들은 간첩사건을 한 건 하면 막대한 포상금을 받을 수 있습니다. 그리고 해외연수를 나갈 수 있습니다. 그리고 특진할 수가 있습니다. 수사과장이나 공작과장이란 사람이 그 실적을 올리라고 다그치는 얘기가 곳곳에서 나옵니다. 자기가 속해 있는 부서에서 충성스런 수사관들은 상사의 진급을 위하여 간첩사건을 한 건이라도 더 만들어낼 필요가 있는 것입니다.

이런 이유들이 유기적으로 얽혀가지고 우리나라에는 많은 조작간첩들이 있습니다.

조작간첩사건에는 많은 유형이 있는데, 대체로 여섯 가지로 나눌 수가 있습니다.

첫째, 전쟁 때 월북했거나 행방불명이 된 사람들의 가족이 간첩이라고 인정 받는 경우입니다. 전쟁 때 행방불명 됐거나 월북한 사람들의 가족은 항상 엄한 감시 속에서 살고 있습니다. 행여 누가 북에서 내려와 접선이나 하고 가지 않을까 하고, 이 사람들은 항상 고정간첩으로 몰릴 위험을 갖고 떨면서 살고 있습니다.

두 번째 유형은 납북귀환어부입니다. 그들은 납북되어서 북쪽의 사람들과 일단 접촉을 가졌기 때문에 항상 간첩으로 만들어질 위험을 갖고 있습니다. 납북귀한어부사건 중에 최근에 무죄판결을 받고 유명해진 사건으로 김성학사건이라는 것이 있습니다. 이 사건이 무죄를 받은 이유를 저는 잘 이해할 수 없습니다만 어쨌든 이 사건은 무죄를 받아서 대단히 유명해진 사건입니다. 무죄를 받았기 때문에 김성학 씨는 수사기관에서 받은 고문을 낱낱이 폭로할 수 있었고, 세상에서는 간첩도 만들어지는구나 하는 것을 알 수 있었습니다. 이 김성학사건은 작년 신동아 10월호에 생생하게 나타나 있습니다. 그런데 이 김성학 씨와 똑같은 사건으로 기소되고 유죄판결을 받아, 지금 감옥살이를 하는 사람이 16명이나 있습니다.

세 번째 유형은 재일동포사건입니다. 재일동포는 일본에서 나고 자란 사람입니다. 여러분도 아시다시피 재일동포들은 38선 없이 살고 있습니다. 서로서로 인사도 하고 상거래도 하고 그리고 혼인도 합니다. 이런 사회에서는 직접 간접으로 조총련 사람을 접촉하지 않을 수 없습니다. 이것이 간첩조작의 하나의 조건이 되는 것입니다.

네 번째 유형은 일본관련사건이라고 우리가 부르고 있는 유형입니다. 일본관련사건은 재일동포가 아닌 내국인이 유학, 취업, 그리고 여행 등등으로 일본에 갔다가 아까 말씀드린 것과 같이 직접 간접으로 조총련 사람들을 접촉 안할 수 없게 되고 그것이 빌미가 되는 것입니다 .이 일본관련사건이 간첩조작사건 중에서 가장 수자가 많은 유형입니다.

그 다음에 다섯 번째가 흔하지 않지만 월남자사건이란 것이 있습니다. 월남자사건은 북쪽에서 탈출해 왔거나 북쪽에서 일부러 남쪽으로 오기 위하여 간첩교육을 받고 내려오자마자 이런 경우를 간첩으로 조작하는 경우가 있습니다.

마지막 여섯 번째로, 국내 민주화운동관련사건이란 것이 있습니다. 이것은 외국으로 유학간 사람을 간첩으로 몰아서 이 사람과 관련된 국내민주화운동단체를 탄압하려는 그런 유형이라 할 수 있습니다. 대표적인 사건으로 구미유학생사건이란 것이 있습니다.

간첩은 아무 이유없이 만들어지는 것이 아닙니다. 간첩이 만들어지는 동기는 여러 가지로 사업상의 경쟁자가 상대방의 번창을 시기해서 정보기관에 신고를 한다거나, 혹은 아버지가 옛날에 좌익운동에 가담했다는 이유로 간첩으로 몰아버리는 식의 하나하나의 사건마다 그런 이유들이 있는 것입니다.

저희들은 간첩 사례발표를 함에 있어서 몇 가지 약속을 하였습니다. 이 사례발표는 감정에 치우치는 식이 아니라 되도록이면 간첩조작의 실상이 세세하게 드러날 수 있도록 구체적인 이야기를 하자는 약속이 그 하나입니다. 그리고 또 하나는 현시기에 세상에 내놓기가 약간 꺼려지는 얘기라 해도 솔직하게 드러내놓고 하자는 그런 약속입니다. 왜냐하면 진솔하고 솔직한 이야기만이 사람들을 이해시킬 수 있다고 보기 때문입니다.

저희들은 간첩 마누라요, 자식이요, 그리고 형제들입니다. 저희들은 이런 이유로 해서 체념과 눈물 속에 오랫동안 숨죽이며 살아왔습니다. 그리고 아직도 세상의 차가운 눈총 때문에, 그리고 수사기관의 협박 때문에 세상에 드러나기를 꺼려하는 가족들이 많이 있습니다.

오늘 우리가 많은 전형적인 조작사건들을 발표하지는 못합니다. 그것은 많은 가족들이 발표하길 꺼려하기 때문입니다. 저희 간첩 가족들은 가장을 빼앗긴 정신적인 타격에서 헤어나지 못하고 있고, 세상의 따가운 눈총 속에서 살아가고 있습니다. 이 간첩조작 사례발표는 우리가 해내는 최초의 시도입니다. 따라서 발표를 하시는 분들이 상당히 서

투르고 미숙한 것이 사실입니다. 그러나 서툴면 서툰 대로 소박한 이야기 속에서 진실이 담겨 있다는 것을 우리는 여러분에게 자신 있게 말씀드릴 수 있습니다.

이 행사가 지금까지 드러나지 않았던 커다란 인권문제인 조작간첩사건, 사람들이 알고 있는 것보다 훨씬 광범위하고 일상적인 인권침해 문제를 사회적으로 드러내는 좋은 계기가 되기를 기대합니다. 감사합니다.

2) 이승만정권의 노동 및 토지 정책과 용공혐의 대량 학살

(1) 자주적인 진짜 노동조합은 깨고 어용노조로 조직

미군정이 그랬듯이 이승만정권도 다수의 노동자·농민보다는 소수의 자본가·지주의 이익을 대변했다. 이승만은 노동법과 노동정책이 없었으며, 대한노총을 그의 개인 조직으로 만들었다(김낙중 1982). 또한 그는 이 핑계 저 핑계로 토지개혁을 연기하다가, 1950년 3월이 되어서야 이를 실시했는데, 개혁의 대상이 된 토지면적은 1945년 8월 당시 조선인 지주가 소유했던 소작지 총면적의 21.6%에 불과했다(한국민중사연구회 1986). 대한민국 대통령 이승만은 법률로 제정된 노동정책을 가지고 있지 않았으나 노동자에 대한 그의 생각은 노동조합에 대한 태도에 나타났다. 진보적인 전평을 미군정이 파괴한 이후엔 근로대중의 이익을 실질적으로 대변할 노동조합이 없었다. 다만 대한노총이 형식적인 노동자의 대표기관으로 존재했으나 실질적으로는 소수 노동귀족의 이익을 추구했다.

○ 이승만은 3월 10일을 노동절로 정하고 (세계 노동절인 5·1절에 대립시켜) 1960년에도 3월 10일 장기독재 음모선거에서 이기붕을 부통령으로 모시자는 대형 플래카드를 노동자들의 어깨위에 모시고 시가행진을 시키더니 3·15부정선거, 4·19학생봉기로 무너지고 말았다.

대한노총 간부들의 이기적인 목적 추구는 그들 사이에 파벌싸움을 가져왔다. 1948년 8월 26일과 27일 양일간에 열린 대한노총 임시 전국대의원대회에서 그들은 전진한 지지파와 전진한 반대파 진영으로 분열되었다. 전진한은 대한노총 위원장으로서 반공투쟁과 이승만정권 수립에서 세운 그의 공헌에 대한 보상으로 이승만내각하의 사회부장관과 국회의원이 되었다. 노동귀족들의 파벌싸움은 다음 해까지 계속되어, 결국 대한노총이란 하나의 조직에 2명의 위원장이 생기게 되었다. 1949년 3월 전진한 반대파는 총대의원 483명 중 427명이 참석한 가운데 제3차 정기대의원대회를 개최하여 위원장에 유기태(전진한 195표, 김중렬 2표, 유기태 219표)를 선출했다. 한편 전진한 지지파는 3월 대회를 부정하고 1949년 4월 21일과 22일 양일간에 걸쳐 대의원 483명 중 363명이 참가한 내의원내회를 다시 개최하여, 전진한을 위원장으로 선출하였다. 이런 사태 속에서 내한노총 총재인 대통령 이승만은 1949년 7월 19일, 이 문제에 개입하여 직접 양파 대표들을 불러 조정한 끝에, 양파에서 각각 5인씩을 최고위원으로 선출하여 최고위원제로 하기로 하는 합의서약을 시켰다(노총 1979. 김낙중 1982). 따라서 대한노총 간부들 사이의 파벌싸움은 일시적으로 중단됐다. 이승만총재하의 대한노총은 노동자의 생활을 향상시킬 투쟁보다는 무력통일이란 정부정책에 더 협조했다. 다시 말해서 대한노총은 사실상 노동조합이 아니라 이승만을 위한 정치적 도구에 불과했다. 대한노총은 1949년 7월 1일 서울운동장에서 노동자와 농민 총궐기대회를 열고 나서, 정부를 지지하는 시가행진을 하고 또 결의문을 발표했는데 그 요점은 다음과 같았다.

1. 국토방위 강화의 기초인 우리 노동자 농민은 대한민국 정부의 주위에 뭉쳐 이 과업의 승리 완수에 총궐기하자.
2. 미국의 대한방위 의무의 일부 실천인 군사원조를 실질적으로 의미하는 군사고문단 설치를 지지한다.
3. 미국은 민주주의와 평화를 보장키 위한 성벽이다. 따라서 극동의 유일한 민주보루인 한국에 무기와 장비를 주어 방위임무를 다하라.
4. 유엔은 북한 소련군 철퇴를 감시할 것이며, 북한반도들을 즉시 해산하여 국군의 북한 진주를 보장하라.
5. 유엔결의에 의한 통일과업을 완수키 위하여 대한민국정부를 기초로 한 북한 자유선거를 실시하라. (노총 1979)

1949년 10월 22일 대한노총은 정부에 애국기愛國機를 헌납하기 위한 위원회를 구성했고 결의문을 채택했다. 「전국 맹원 동지에게 고함」이라는 결의문은 반공과 민족통일을 구현하는 과업에서 국방력의 중핵적 세력인 공군건설을 위해 하루치 임금을 비행기를 구입하는 데 헌납하기로 결정했다.

반자주적 대한노총 지도하의 노동자들은 자주적 전평이 지도할 때처럼 노동자의 이익을 위한 투쟁을 진지하게 전개하지 못했다. 이승만정권이 발전소·철도·은행 및 광산 등 주요 산업체들을 소유 관리하고 있었기 때문에, 노동자의 투쟁은 대개 개인 기업체 대신에 정부기관을 상대하는 것이었다. 이승만정권의 초기인 1948년과 49년의 전형적인 노동운동은 교통부에 대한 철도노동자 투쟁과 상공부에 대한 조선전업朝鮮電業 노동자투쟁이었다.

1948년 11월 남한 철도노동자조합은 정부에 단체교섭권을 요청했으나 사회부의 압력으로 교통부는 이를 허용하지 않았다. 교통부는 국가공무원법이 국회에서 토론중인데 그 법은 국가공무원의 노동운동을 금지하고 있다고 주장했다. 국회의원 전진한의 지도하에 있는 대한노총의 로비활동에도 불구하고 공무원법은 1949년 8월 22일 국회를 통과하여 법률 44호로 공포되었다(김낙중 1982). 대한노총 간부들은 대한노총이 이승만의 대한민국정부 수립과 좌익 파괴활동에서 커다란 공을 세웠다는 점을 강조하는 청원서를 대통령 이승만에게 제출했다. 9월 18일 이승만은 철도노동자에게 적용하려던 국가공무원법을 적용하지 말 것을 교통부에 지시했다. 따라서 그들은 단체교섭권을 얻을 수 있었다.

이와 같은 방법으로 이승만은 갈등하는 노동자와 회사를 상대로 제3자적 입장에서 중재자 역할을 수행했다. 그러나 행정부 수반인 이승만은 국영기업을 상대로 하는 노동쟁의에서 제3자일 수가 없었다. 다만 그는 강력한 경찰과 군대가 조직된 후에는 강력한 노조가 필요 없었기 때문에 행정기관이 극우노조를 약화시킬 수 있도록 허용했을 뿐이었다. 노동자의 압력이 너무 강했기 때문에 가끔 어느 정도 양보도 했다(김낙중 1983). 이와 같이, 이승만정권의 집권 초기에는 노동법이나 노동정책이 없었으며 대통령의 의지가 노동법과 노동정책이었다. 노동법은 이승만정권의 중반기인 1953년에 제정되었다.

(2) 집권세력된 친일파 지주들, 토지개혁 끝내 파탄시켜

식민지에서 해방된 조선민중들의 긴급한 요구 사항인 토지개혁은 미군정에 의해 부분적으로 수행되었으며 나머지는 이승만정권의 수중에 넘겨졌다. 그러나 대부분이 친일부역자인 정부관료와 국회의원은 가능한 한 토지개혁에 대한 강력한 요구를 무시할 수 없어서, 1949년 2월 5일 국회에 토지개혁안을 제출했다. 국회산업위원회는 미군정의 토지개혁안에 맞추어 정부안을 수정하여, 1949년 3월 10일 제2회 정기국회 제5차 본회의에 상정하였다. 산업위원회안의 주요골자는 다음과 같다.

"지주에 대한 지가보상은 연간 농지 주생산물량의 300%를 10년간 지주에게 지불한다; 정부는 농지를 매수당한 지주에게 국가경제발전 사업에 우선 참여케 알선하여 준다."(김병태 연간 농지 주생산물량의 300%라는 농지보상액은 정부안의 2배 가격이었다. 따라서 산업위원회안을 당시의 국회의원 이성학의원은 "농지개혁법을 차라리 지주의 토지처분법이라고 하자"(같은 책 46)고 비꼬기도 했다. 이것은 국회 산업위원회안은 소작농민의 이익을 옹호·대변하기보다는 지주의 이익을 대변하고 있음을 알 수 있었다.

또한 정부는 농지개혁법을 제정하는 과정에서도 소작농민의 이익을 대변하지 못했다. 정기국회에서 뜨거운 논쟁 끝에 수정안이 통과되어, 1949년 4월 28일에 정부에 제출되어 시행규칙이 공포됐다. 수정안은 지가 상환액을 연간 생산물의 150%를 지주에게 보상하고 소작농민에게서는 연간 생산물의 125%를 받도록 규정했다. 정부는 지주에 대한 지가보상과 소작인이 내는 땅값의 차액을 정부가 부담한다는 것은 국가재정상 곤란하다고 주장하면서 수정안의 승인을 거부했다. 그러나 국회에서는 그 차액은 미군정이 판매한 적산농지의 지가상환액이 국가재정수입으로 들어오면 가능할 것으로 보았다. 하지만 정부로부터의 끊임없는 압력 때문에 국회는 10월 25일 지가상환액을 연간 평균작의 150%로 25% 인상하여 토지개혁안을 다시 개정했다. 마침내 정부는 이 안을 채택하고 1950년 3월 10일 농지개혁법을 공포했다.

행정부와 국회가 논쟁하느라 토지개혁이 연기되는 동안, 지주들은 소작농민에게 그들의 토지를 비싸게 팔 수 있는 충분한 시간을 갖게 됐다. 지주들은 토지를 다른 소작인에게 팔겠다고 위협하면서 자기 소작인에게 높은 가격에 토지를 사라고 강요했다. 또 한편 소작인들은 그들의 유일한 생존수단으로 오랫동안 경작하던 토지를 소유하고 싶은 마음이 간절했다. 1945년 8월 일본에서 해방되는 순간부터, 조선인들 사이의 지배적인 여론은 「친일부역의 수탈자였던 지주에게 지가보상 없이 공동체에 반납케 하는 즉각적인 토지개혁」이었다. 이런 여론을 무시하고 미군정은 토지를 판 선례를 남겼고, 이승만정권은 미군정의 선례를 뒤따랐다.

미군정과 마찬가지로 이승만 행정부에게도 지주들은 정부 정책의 주요한 지지세력이었다. 해방된 후 5년이 지나서 그것도 지주들에게 정권유지를 의탁하는 정부가 실시하는 토지개혁이 전통적 토지제도를 크게 개혁하리라고 기대하는 건 애당초 무리였다. 실제로 이승만정권의 토지개혁은 경자유전耕者有田원칙이나 착취적인 토지제도에서 농민을 해방시키는 일에는 뜻이 없었기 때문에 실패할 수 밖에 없었다(유인호 1975).

3) 자주·민주화 세력, 미군 지휘 친일경찰에 대량 학살돼

(1) 제주토벌 거역하다 희생된 여수·순천 민중, 산과 지하로 도피

조선민중의 민족 자주화 및 민주화투쟁 과정에서 하나의 중요한 사건이 되었던 여수·순천항쟁은 1948년 10월 19일에 시작되었다. 일제에서 해방된 후 노동자·농민들의 자주·민주사회 건설활동은 미군 점령세력에 의해 탄압받으면서도 '단선·단정반대투쟁'이라는 명분하에 계속되었다. 1948년 2월 7일의 총파업으로 시작된 조선민중의 투쟁은 가두시위, 교통·통신시설에서의 태업, 학생의 동맹휴학, 경찰지서의 공격 등의 형태를 취했다. 미군정이 남한 단독정부수립을 위한 5.10선거를 실시하겠다고 발표한 3월 1일 이후에 투쟁은 급속도로 남한 전역에 확산되었다.

노동자·농민의 5.10선거 반대투쟁은, 민족주의자 김구와 김규식이 평양에서 남북지도자연석회담을 마치고 귀환하여 선거반대 성명을 발표한 5월 6일 이후 폭발적으로 전개되었다. 공장노동자들은 파업에 돌입했으며, 학생들은 등교를 거부했고, 농민들은 가두시위를 펼쳤으며 급진적 청년들은 경찰서와 선거사무소를 습격하였다. 그리고 여타 부문에서도 단선 반대투쟁에 여러 형태로 참가했다(황남준 1987).

이러한 남한의 사회적 맥락에서 1948년 4월 3일 제주민중항쟁이 폭발하였으며, 자주적 민중세력은 곧바로 제주도 전역을 장악했다. 제주민중항쟁은 10월 중순까지도 진압이 안되었기 때문에, 정부는 전라남도 여수에 있던 국방경비대 제 14연대를 10월 20일에 제주도로 출동하라고 명령했다. 그러나 군인들은 자주적 제주도 인민을 살해하라는 그들의 임무에 반대하고, 그들이 출발하기로 된 전날 밤 야간에 폭동을 일으켰다. 여수·순천항쟁은 이렇게 시작됐다(송효선 1978. 김남식 1984). 여기에서는 항쟁의 확산과정과 이에 대한 정부측의 진압, 항쟁군의 활동과 구호, 항쟁의 원인과 중요한 결과를 검토하여 항쟁의 성격을 탐색코자 한다.

1948년 10월 19일 밤에 약 3천여명의 군인이 병기고와 탄약고를 점령하고 무장하였다. 다음날 새벽에 약 600여명의 민주사회단체 회원과 학생들이 무기를 제공받고 군인들에 합세하여 여수시내를 장악했다. 군인의 일부는 여수시의 사회질서를 유지하는 한편 약 2천여명의 무장군인은 인접한 순천시로 전진하고, 거기에 주둔하던 3개 중대병력이 여기에 합세하여 그날 중으로 순천시를 장악했다. 순천에서 혁명군은 3개 집단으로 재조직하여 광양·고흥·보성·곡성·구례·남원·하동·화순 등지의 인접 군을 향해

3개 방향으로 진격했다. 이들 지역의 경찰과 군인들은 도망을 가고, 지하활동을 하던 자주화세력이 민중을 이끌고 경찰서를 공격했다. 따라서 여수와 순천에서 온 혁명무장군은 정부군과 전투도 하지 않고 이들 군들을 점령할 수 있었다. 10월 22일 현재, 전남의 7개 군 전체와 3개 군의 일부가 혁명군의 통제하에 놓이게 되었다(황남준 1987).

혁명군 통제하의 여수·순천 및 기타 지역들은 '인민정부'와 '인민재판'을 경험하게 되었다. 인민정부란 '민중에 의한, 민중을 위한' 지방정부 같은 것이었다. 인민정부는 부잣집의 창고를 털어 쌀·신발·기타 재화를 빈민들에게 분배하고, 중소기업인·빈곤한 노동자·농민에게 돈을 대부해 주었다. 노동자의 공장관리를 허용하고, 『인민보』라는 신문을 발행하고, 지방 의용군과 인민위원회를 조직했다(김석학·임정명 1975. 김남식 1984. 황남준 1987).

일제총독부와 미군정 치하에서 반동적 활동을 한 경찰·지주·기업인·지방 관료·우익청년단 간부 등을 인민재판에 회부하여 처단하였다. 여수 인민재판에서 처형된 사람은 김영준(천일고무사장, 한민당 여수지부장)·박귀환(대한노총 여수지구위원장)·연창희(경찰서 후원회장)·차활인(한민당 간부)·이광선(미군방첩대 여수주재원)·최인태(미군방첩대 요원)·김수곤(미군방첩대 요원)·박창길(사찰계 형사)·박귀남(사찰계 형사) 등 9명이었다. 체포된 경찰과 민간인 약 200여명이 인민재판 후에 석방됐다(김남식 1984. 황남준 1987).

투쟁을 시작하던 군인과 이에 합세한 민중들의 목적은 그들의 구호와 성명서에 나타났다. 국방경비대 제14연대 저항군인들은 다음과 같은 구호를 외쳤다.

경찰을 타도하자.
우리는 동족상잔의 제주도 출동을 반대한다.
우리는 조국의 염원인 남북통일을 이룩하자.
우리는 북상하는 인민해방군으로서 행동한다(송효순 1978. 국방부 1967).

1948년 10월 20일 여수의 민중은 약 3만여명이 참가한 인민대회를 개최했으며, 인민의용군과 인민위원회를 조직했다. 그리고 다음의 성명서를 발표했다.

우리들은 조선인민의 아들이고 노동자·농민의 아들이다. 우리들은 제주도의 애국인민들을 무차별로 학살하기 위하여 우리들을 제주도에 출동시키려는 명령에 대해서 거부하고 조선인민의 권리를 보호하기 위하여 총궐기했다.

그리고 그들은 또한 다음의 구호가 담긴 삐라를 살포했다.

　인민위원회의 여수 행정기구 접수, 반동적 이승만종속정권 타도투쟁, 이승만정권의 모든
법령 무효선포, 친일파 경찰과 민족반역자 처벌, 무상몰수 무상분배의 토지개혁실시(여수인
민보 1948. 10. 21. 김봉현·김민주 1963. 송효순 1978).

　이러한 구호에 나타난 내용들은 당시 조선민중의 희망을 표현한 것으로 보이며, 인민
정부와 인민재판의 활동은 민중의 열망을 다소 만족시킨 것으로 보인다. 따라서 저항군
은 혁명세력으로 인정되고 노동자·농민들은 그들을 열렬히 지지했던 것 같다. 이런 민
중의 강력한 지지에 힘입어 여수·순천항쟁은 전남의 동쪽 10개군으로 급속하게 확산되
었다.

　정부측에서는 10월 20일 주한미군 군사고문단장 로버츠 준장이 국방장관 이범석, 경
비대 총사령관 송호성, 수명의 미군사고문관들이 참석하는 긴급회의를 소집했다. 이 회
의에서 그들은 1948년 10월 21일 여수반란을 진압하기 위한 작전지도부를 광주에 세
우기로 결정하고, 다음날 대한민국 정부는 여수·순천지역에 계엄령을 선포했다. 3일간
의 전투에서 패배한 정부군은, 10월 23일 미군사고문관의 지휘하에 탱크·군함의 함포
사격과 L-4형 경비행기의 지원을 받으면서 여수와 순천에 대한 집중공격을 개시했다.
미군장비로 무장하고 미군사고문단의 지휘를 받은 정부군 토벌대는 23일에 순천을 탈환
하고, 25일까지는 여수를 제외한 지역을 모두 탈환했다. (대한민국이 형식적으로는 독립국이
되었지만, 1948년 8월 24일 점령군사령관 하지와 이승만대통령간의 군사협정이 체결되어 미국은 대
한민국 군대의 지휘권을 여전히 가지고 있었다.)

　그러나 여수시의 혁명군은 6일 동안 강력하게 저항하고, 정부군과의 치열한 전투로
여수시가 4분의 3이나 타버렸다. 10월 27일 마침내 정부군의 무차별적인 공격으로 여
수시가 탈환되었으나, 혁명군의 주력은 인접 지리산과 백운산으로 도주했다. 입산한 유
격대의 끊임없는 공격 때문에, 이승만정권은 1948년 11월 1일 전라남도와 전라북도 전
역으로 계엄령을 확대했다. 계엄령은 다음해 2월 5일까지 지속되었다(황남준 1987).

　항쟁이 진압된 뒤에 여수·순천지역 주민들은 정부가 보호해야 할 국민으로 대우받기
보다 범죄자로 조사받고 처벌받으면서 비참한 경험을 하게 됐다. 10월 23일 순천시를
탈환한 즉시 경찰은 반란에 참가했는지 여부를 조사한다는 명목으로 5만명의 순천시 성
인남자들을 모두 순천북국민학교 교정에 감금했다. 즉결재판을 기다리는 동안 순천시민

들은 각목과 쇠사슬, 그리고 소총의 개머리판으로 얻어맞았다.(Time 1948. 11월 8일, Merrill 1982).

강요된 자백, 불충분한 진술, 그리고 신체 외관상의 추측(머리가 짧은 자, 군용팬티를 입은 자) 등에 기초한 선별심사가 자행되었다. 경찰은 이들 중에서 '악질적'이라고 판단된 10여명을 교정에서 총살했다. 여수에서도 약 4만명의 성인남자가 순천에서처럼 선별심사를 받았고, 그중에서 수자를 알 수 없는 많은 사람들이 철도변 언덕에서 총살당했다(같은 책 470. Merrill 1982). 1948년 11월말에 미군 소식통이 발표한 바에 따르면, 약 1만 7천명에 달하는 사람들이 반란에 참가했다는 혐의를 받고 군사재판에 회부되어, 그들 중 866명이 사형언도를 받았다고 한다(Merrill 1982).

얼마나 많은 사람들이 경찰의 즉결재판에 회부되어 죽었는지 정확히 알기는 어려웠다. 그러나 경찰이 확실한 합법적 증거보다는 추측으로 판단했고, 또 군인보다 더 거칠게 대했기 때문에 군사재판에 회부되어 사형당한 수보다 더 적지 않았을 것이다.

남한의 관변 역사에서는 여순항쟁을 공산주의자와 남로당이 음모한 사건이라고 설명하고, 국방경비대와 경찰의 갈등을 강조하고 있다(국방부 1967. 송효순 1978). 물론 남로당이 항쟁에 관여했지만 그것은 사건의 시작에서가 아니라 마지막 단계에서였다. 남로당원들은 군인들이 시와 군지역을 점령한 후에 인민행정과 인민재판을 지도했다고 한다. 혁명군들의 주요 공격목표는 경찰이었음이 확실하지만, 경찰은 군인뿐만 아니라 거의 모든 한국민중의 증오의 대상이었다. 따라서 한국의 관변 역사는 복잡한 항쟁과정을 지나치게 단순화시키는 오류를 범하고 있다.

몇몇 한국인 학자와 미국인 학자들은 반란을 일으킨 경비대의 상황에 초점을 맞추고, 그해 연말로 계획된 반란이 제14연대에게 제주도로 이동하라는 명령 때문에 미처 준비도 갖추지 못하고 미리 터졌다고 주장한다(김남식 184. Merrill 1982). 비록 그 명령이 반란의 직접적인 계기가 되었지만, 이러한 설명은 사건발생 이전의 여러 해 동안 한국민중이 자주독립투쟁을 해온 사회적 맥락을 무시하고 있다. 여순항쟁을 더 잘 이해하기 위해서 우리는 대한민국 국방경비대의 구성과 여수·순천지역의 지정학적 특징 및 한국민중들의 경제상황을 살펴볼 필요가 있다.

국방경비대는 일본군 장교·중국군 사병·일본군 학병·항일유격대 출신 등 상이한 배경을 가진 집단이었다. 1948년 5월 기존의 9개 연대 외에 새로 5개 연대가 창설되면서, 국방경비대는 남한단독선거를 반대하다가 경찰의 지명수배를 받게 된 사람들과 실업노동자를 많이 뽑았다. 특히 인민위원회의 활동이 활발했던 전라도와 경상도 지역에서는 남한에 대한 미국의 점령을 반대하던 자주독립지향자들이 경찰의 수배를 피해서 국

방경비대에 많이 들어왔다

따라서 여순항쟁을 이끌었던 제14연대도 1948년에 창설되면서 전라남도의 자주세력 청년들을 많이 뽑았다. 국방경비대가 이런 사람으로 구성되었기 때문에, 반일·반미감 정을 가진 장교와 사병들은 친일파 출신 장교들을 증오했다. 특히 그들은 일제식민통치 기간에 총독부에서 일하던 경찰을 몹시 미워했다(김석학·임정명 1975. 황남준 1987).

여수와 순천을 포함한 동부 전라남도는 1946년의 10월 인민항쟁 때 다른 지역에서는 혁명적 지도자들이 많이 체포된 것에 비해 큰 피해가 없었던 것 같다(G-2 PRPT 1946. 10-12월. G-2 WSUM 1946. 11. 7-12. 21). 아마도 전라남도 도청소재지인 광주에서 멀 리 떨어져 있고, 또 산세가 험해서 고립되었다는 지정학적 조건 때문에, 여수와 순천지 역의 자주화세력과 친일 보수세력은 상대적으로 평화롭게 상호공존할 수 있었던 것 같 다. 이런 이유로 이 지역의 인민위원회와 관련된 다른 조직들은 미군정의 폭력적 탄압을 모면했고 따라서 1948년에는 그들의 힘이 다른 지역보다 상대적으로 더 강했던 것 같 다. 이러한 역사적인 사실은, 왜 여수와 순천의 민중들이 반란군을 열정적으로 지지하 고, 또 왜 반란이 인접한 지역으로 급속히 확산되었는지 그 이유를 부분적으로 설명하는 것 같다(황남준 1987).

(2) 미군정 권력을 승계 받은 이승만도 폭력적 민중 억압은 계속

1948년 남한 사회상황의 중요한 국면은 민중들의 생활상태였다. 1945년 8월 이후 인플레이션은 계속 악화되고 1948년 1월 현재 연료가격은 해방 당시의 15배로 인상되 고, 식료품은 19배로, 의류는 54배로 올랐다. 이런 인플레이션은 1948년의 노동자 실 질임금을 1945년의 21%로 깎아버렸다(홍한표 1948. 28-31). 일본과 만주에서 귀환한 동포가 상당히 많았고, 또 원료와 전력이 부족해서 많은 공장들이 폐쇄되었기 때문에 사 람들이 직업을 구할 수가 없었다. 실업자들에게는 집이나 가구를 팔아서 식량을 사는 일 이 중요한 생존수단이 되었다.

특히 농민들은 정부의 미곡 공출제도와 낮은 농업생산물 가격정책 때문에 비참한 생 활상태에 빠졌다. 1948년에 생산된 쌀의 3분의 1 이상(35%)을 정부가 수매했지만, 정 부가격은 시장가격의 21%이고 생산비용의 50%에 불과했다. 정부가 대량으로 쌀을 공 출에 의해 빼앗아 갔기 때문에 농민들의 식량이 부족하게 되었으며, 그래서 1948년에 남한농민의 약 40%가 기아상태에 놓이게 되었다(배성룡 1948. 신납풍 1985).

그러므로 우리는 여순항쟁을 이승만정권에서 착취당하고 억압받던 민중이 지배계급에서 해방되고자 하는 희망의 표시였다고 볼 수 있겠다. 이와 동시에 일본의 식민지상태에서 막 해방된 우리 민중은 모든 외세 특히 미국으로부터 실질적으로 해방되기를 원했다.

여순항쟁의 결과는 민중들이 겪은 고통과 정부정책의 변화에서 찾아볼 수 있겠다. 반란과 토벌의 소용돌이 속에서 한국민중은 많이 죽거나 다쳤고, 또 재산의 손실과 피해도 컸다. 인명과 재산의 피해는 반란군보다는 토벌군이 지배하는 동안에 더 많이 발생했다. 당시 여수지역 국회의원 황명규는, 정부의 반란진압 과정에서 여수에서는 약 3,400가옥이 불탔고 약 2만명의 이재민이 발생했다고 국회에 보고했다(황남준 1987).

1948년 11월 1일 전라남도 보건후생국이 발표한 것을 보면, 여수에서는 약 1,300명의 시민이 사망하고 약 900명이 중상을 입었고 37억원의 재산피해를 입었다(호남신문 1948년 11월 5일자). 뉴욕헤럴드트리뷴지는 반란과 그 진압과정에서 약 6천명이 사망하고 약 5천 가옥이 소실됐다고 보도했다.(김봉현 · 김민주 1963)

여순항쟁의 결과로 나타난 정책변화를 지역수준에서 살펴보면, 토벌대가 여수 · 순천 지역을 탈환한 후 이승만정권은 경찰병력을 크게 증강시켰으며, 극우청년단을 재조직해서 경찰에 준하는 권위를 주었다. 극우청년단은 합법적 조직인 남로당 전남지부를 공격해서 당간부들을 체포했는데, 1948년 11월 한달 동안에 111명을 체포하고, 그후에 1949년 4월에서 6월까지 57명을 더 체포했다. 이렇게 해서 남로당 전라남도 지부는 완전히 파괴되었다(김석학 · 임정명 1975. 호남신문 1948년 11월 12일. 동광신문 1948년 11월 24일. 12월 12일. 황남준 1987).

더 중요한 정책변화는 국가 수준에서 일어났다. 이승만정권은 항쟁을 빌미로 반공을 위한 국가기구를 강화했다. 11월 하순에 대한민국 국군조직법이 통과되고 국군의 수자는 빠르게 증가했다(Sawyer 1962). 12월 1일 국회는 국가보안법을 통과시켰는데 이승만은 이 법을 정치적 경쟁자들 특히 자주독립 추구의 민족주의자를 탄압하는데 널리 이용했다(World Culture 1954:9).

여순항쟁의 결과로 미점령군의 철수는 연기되고, 한국에 대한 미국의 군사원조는 증가되었다(Sawyer 1962:36-37). 광범위한 '빨갱이 숙청'작업이 국방경비대 내에서 실행되고, 국방경비대와 경찰의 수자가 굉장히 증가되었다. 극우청년단이 남한전역에서 재조직되었으며, '학도호국단'이라는 준군사적 성격의 학생조직이 모든 대학에 창설되었다(Merrill 1982. 황남준 1987) 이런 과정을 거쳐서, 1949년 6월 미점령군이 한국을 떠날 때쯤에는 이승만정권이 강력한 친미반공체제의 보루가 되었다.

41년 동안의 일제식민통치에서 해방된 우리민족이 독립된 민주국가를 건설하려던 희망은, 1945년 9월 8일부터 1949년 6월 30일까지 4년 동안 미군이 남한을 점령함으로써 좌절되었다. 미 점령군은 남한에 민주주의의 토대를 깔고 민주적인 이승만정부를 세웠다는 관변역사와는 달리, 미군정과 이승만 정권은 독립적이고 민주적인 사회를 건설하려는 한국민중의 노력을 계속해서 탄압했다. 외국군대의 독재정부인 미군정은 남한에 억압적인 정부구조를 수립했다.

　물론 미군정은 한국민에게 자산계층 편중형태이긴 하지만 민주주의제도라는 형식을 소개하고, 미국헌법의 원칙을 많이 모방한 한국헌법을 만드는 데 도움이 되었다. 그러나 정치·경제·군사·경찰·사법·언론 등 전영역을 친일파 앞잡이들에게만 독점시킨「친일파 공화국」수립으로 말미암아 이 모든 형식적 민주주의의 원칙과 본질은 허물어진 채였다.

　민주정부란, 적어도 대다수 국민의 지지를 받아야 하며, 정치활동과 의사표현의 자유, 그리고 법 앞의 평등이 보장되어야 한다고 할 때, 이승만정권은 결코 민주적인 정부는 아니었다. 우리는 대다수의 한국민중이 총파업과 10월항쟁, 그리고 제주도민중항쟁을 통해 얼마나 세차게 미군정에 반대했으며, 또 이승만정권이 노동 및 토지정책과 여순항쟁 진압과정에서 얼마나 반민주적이고 억압적이었는지를 살펴보았다.

　일부 학자들은 일제식민통치에서 조선이 해방되자마자 미국군대의 남한지배가 시작되었다고 본다. 이런 견해는 일본이 조선을 떠나버리니 조선민중은 새로운 사회를 건설하기 위해 아무 것도 할 수 없었으며, 그래서 민주사회 건설을 위해서는 미국의 도움이 필요했다는 주장을 암시한다.

　이러한 설명은 일제가 항복하고 나서 미군이 사실상 남한 전체를 지배하게 되기까지 조선민중이 벌인 혁명적 자주·민주화 활동을 얼마나 거세게 억압했는지를 전혀 이해하지 못하고 하는 소리이다. 서울에서는 민족주의의 지도적 인사들이 조선인민공화국을 수립하고, 산업도시들에서는 노동자들이 노동조합을 결성하여 일제가 남기고 간 공장의 자주관리운동을 전개하였다. 한편 농촌에서는, 농민들이 농민조합을 결성하고 소규모 토지개혁을 시작하여, 일본인이 소유하던 토지를 소작인에게 분배했다. 노동자와 농민들은 독립민주정부 수립을 위한 준비로서 남조선 전역에 인민위원회를 조직하고, 자발적 자치기구로 등장한 조선인민공화국을 열렬히 지지했다.

　미군을 해방자로 설명하는 관변 역사와는 달리, 실제로 미군은 남조선을 점령한 정복자였다. 상륙시기로부터 전쟁과 학살과 억압정책을 펴온 오늘날까지의 결과론적으로 보아도 정복자로서의 정체는 뚜렷했다. 정복자의 통치기구인 미군정은 조선민중이 민주적 독립국가 건설을 위해 그 때까지 해놓은 일을 뒤엎어버리고, 일본과 미국의 정복자를 다함께 반대한 자주지향의 조선민족주의자들을 탄압했다.

미군정은 또 일본인 공장을 자주적으로 관리하던 노동자들을 몰아내고 그 대신 친일분자들을 관리자로 삼았다. 이런 행동은 노동자들의 강한 반대를 불러일으켜서, 미군정의 정책에 반대하는 총파업이 일어났다. 미군정은 인민위원회를 파괴하고, 친일부역자를 지지하고, 또 토지개혁을 연기했기 때문에 농민들에게서도 강한 반대를 불러일으켜서 미군정에 반대하는 10월 민중항쟁과 제주도민중항쟁이 발생됐다. 조선민중의 총파업과 항쟁은 미국의 지배와 친일부역자에 대한 그들의 반대를 표시했을 뿐만 아니라, 민족해방과 사회민주화를 위해 혁명을 하겠다는 그들의 노력을 드러낸 것이었다.

많은 미국인과 한국인 학자, 그리고 남한정부는 대한민국 정부수립을 외세로부터의 실질적인 독립과 민주적인 정부의 시발점으로 취급한다. 그러나 친일역적들을 응징하지 않고 새로 독립된 나라의 국회의원이나 장관·공무원으로 선임하는 등의 역사적인 증거들은 우리에게 이와는 매우 상이한 의미를 말해 주고 있다. 미군정에 의해 수립된 이승만정권은 형태에서만 한국적일 뿐 실질적 내용면에서 보면 미국식의 "친일파 주도 공화국"이었다. 이승만정권은 미군정의 반민족적 관료와 법률을 계속 이용했으며, 반공이데올로기의 옹호, 친일부역자의 지지, 노동자·농민 탄압, 토지개혁의 연기 등 미군정정책을 이어받았기 때문에 미군정의 계승자에 불과했다.

대한민국은 1948년 8월 24일 하지와 이승만 사이에 맺어진 군사협정에 따라 한국군대와 경찰은 미군사령관의 통제를 받게 되었기 때문에, 이승만정권의 정치적 안정은 미군에게 의존했다. 여순항쟁이 일어났을 때 이승만정권은 군사무기와 작전을 전적으로 미국에 의존했다. 이승만정권이 얼마나 억압적이었는지는 여순항쟁의 발생과 진압과정에서 여실히 나타났으며, 얼마나 반민중적이었는지는 이승만정권의 노동정책과 농업정책에 잘 나타났다.

(3) 문경 양민학살(1949. 12. 24)

전란중도 아니었고, 공비 출몰지역도 아니었던 문경에서 발생한 양민학살 사건은 그 원인과 진상이 바르게 규명되지도 않은 채 무장공비의 짓으로 둔갑되고 말았고. 5·16 이후 유족회 간부들이 정부에 진상규명을 촉구하는 호소문을 보낸 것이 포고령 18호 반국가행위 위반혐의로 구속되는 등의 사건으로 이어졌다.

경북 문경군 신북면 석봉리 석달마을 사람들이 당한 참변은 그야말로 마른하늘의 날벼락이었다. 전란중인 것도 아니고 다른 지역처럼 공비가 출몰하여 '통비분자'로 몰릴 일도 없었다. 때문에 빨치산의 소탕작전이 전개된 것도 아니었다. 그야말로 '마른하늘의 날벼락'이라는 표현밖에는 적합한 말이 없다.

49년 12월 24일, 6·25가 일어나기 여섯 달 전이었다. 중무장한 군인 80여 명이 평화롭던 이 마을에 들이닥쳐 집집마다 불을 지르고, 불길을 피해 뛰쳐나온 마을 주민들을 마을 앞 논바닥에 집합시켰다. 이날 군인들은 두 곳에서 나누어 마을 사람들을 학살했다. 부녀자와 어린애들은 논바닥에서 학살하고, 이보다 1시간쯤 뒤에는 학교를 다녀오던 국민학생과 마침 문경중학교 건립을 위해 벼 한 말씩을 이웃 마을 공동회에 공출하고 귀가하던 청장년들을 마을 동편 산기슭에서 학살했다. 군인들은 영문을 모른 채 공포에 떠는 마을 사람들에게 "빨갱이 새끼들"이란 욕설과 함께 무차별 공격을 가해 죽였다. 이들은 총을 맞아 부상당한 주민을 옆으로 끌어내어 확인사살까지 하는 잔인성을 보였다.(김삼웅 『해방후 양민학살사』 가람기획 102~106쪽)

이 사건으로 마을 주민 127명 가운데 86명이 숨지고, 사망자 중에는 1~3세 난 아기 11명과 5~11세짜리 어린이 9명도 포함되었다. 생존자들은 "당시 마을에 들어온 군인들의 차림새와 말씨, 그리고 그들에게 길을 안내해준 이웃 주민이 있었던 점 등으로 미루어 분명히 국군이었다"고 증언하여 국군의 양민학살로 기록되고 있다. 국군이 무엇 때문에 무고한 마을 사람들을 그토록 잔인하게 학살했는지는 아직도 그 이유가 정확히 밝혀지지 않고 있다. 단지 이웃 마을에 은닉한 빨치산을 체포하러 왔다가 마을을 잘못 알았거나, 군인들이 마을로 들어오면서 "영접하는 사람이 없다"고 화를 냈다는 주민들의 말에 따라 일시적인 화풀이가 아니었을까 추측되고 있을 뿐이다.

사건 발생 보름 뒤에 당시 신성모 국방장관이 현지에 내려왔다. 이로 미루어보아 문경 양민학살사건은 당시 군 정보계통을 통해 정부에 전달되었음이 분명하다. 50년 1월 8일 현지에 내려온 신장관은 금룡국민학교로 유족들을 불러모았다. 연단에 올라선 신장관은 자기가 3개월 전 여수·순천사건 현장에 다녀왔다는 이야기를 하면서 우리 나라에서 이런 일이 자주 일어나 가슴 아프다면서 유족들을 위로하는 말을 했다. 신장관은 연설이 끝난 후 이정희 문경군수에게 1백만 원을 건네주며 우선 유족들에게 집이나 짓고 살게 하라고 지시했다.

그리고 다시 찾아오겠다는 말을 남기고 떠난 후로는 문경 양민학살은 철저히 은폐되고 잊혀졌다. 양민학살이 무장공비들의 짓으로 둔갑되어 은폐된 것이다. 정부는 엉뚱하게 공비들의 양민학살을 막지 못한 책임을 물어 관할 경찰서장과 지서장을 파면조치하고, 생존자들과 유족들은 이승만 정권 아래에서 10여 년 동안 억울한 누명을 쓴 채 입도 뻥끗하지 못하고 살아왔다.

4월혁명으로 이 사건은 처음으로 세상에 알려지게 되었다. 민주당 주병환 의원과 자유당 윤용구 의원이 허정 과도정부를 상대로 이 지역의 양민학살을 공개한 것이다. 이들은 자신들이 현지에서 조사한 내용을 토대로 정책질의를 통해 이 사건이 국군에 의한 학살이었음을 밝혔다. 국회는 60년 6월 21일 열린 본회의에서 만장일치로 사건의 진상규명과 피해상황을 철저히 조사하도록 정부 쪽에 촉구했다. 그러나 5·16이 터지면서 다시 사건은 묻혀지고, 유족회 간부들이 정부에 진상규명을 촉구하는 호소문을 보낸 것이 포고령 18호 반국가행위 위반혐의로 구속되는 등 시련으로 이어졌다.

당시 생존자 등 마을 주민 40여 명은 민주정부가 수립되면서 다시 유족회를 구성하여 93년 5월, 양민학살 사건에 대한 진상규명, 위령탑 건립, 피해 보상 등을 요구하는 탄원서를 청와대와 국회·국방부에 제출했다. 군인들에 의해 할머니·어머니·형·누나 등 일가족과 사촌 등 9명이 죽었다는 유족회장 채홍탁(당시 국교 3년)씨는 "반세기의 세월이 지나도록 부모 형제들이 억울하게 숨진 사연과 함께 사건의 내막이 밝혀지지 않고 있다"면서 각계에 호소문과 탄원서를 보내고 진상규명을 요구했다. 현재 석달마을 학살 현장에는 6가구 20여 명의 유족이 살고 있다.

(4) 남원 양민학살(1949~1950)

1949년~1950년 남원 일대의 양민학살은 지리산으로 입산한 여순 반란군 잔당을 소탕하는 국군 진압작전 과정에서 발생하였다. '성분조사' '통비분자 색출'이라는 명목으로 무고한 양민들이 무참히 살해되었다. 전북 남원에서는 6·25 한국전쟁을 전후하여 좌우익에 의해서, 그리고 해방되던 해 10월에는 미군에 의해서 각각 양민이 학살되었다.

남원군 산내면 내삼동 마을에서는 49년 7월 20일 육군 제3연대 소속 2개 중대 병력이 마을 주민 13명을 무참하게 죽였다. 군인들은 6월 1일 작전상의 이유를 들어 내삼동 전지역 주민을 타지역으로 소개시켰다. 이들을 소개시킨 군인들은 여수·순천사건 후 반란군 잔당이 지리산으로 입산하자 이를 소탕하기 위해 파견된 부대 소속이었다.

50여 일이 지난 7월 20일 존면지서에서는 논의 참새를 쫓는다는 명목으로 15세 미만의 어린이, 50세 이상의 부녀자, 60세 이상의 노인들에게만 15일 동안 마을의 출입을 허용한다는 조처를 취했다. 경찰의 말을 믿고 해당 주민들이 마을에 돌아오자 3연대의 2개 중대 병력이 11세의 어린이로부터 팔순 노인에 이르기까지 13명을 무차별 학살했다.

남원군 대강면 강석마을에서도 학살사건이 있었다. 50년 11월 17일 새벽 남원에 주둔하던 제11사단 소속 1개 대대 병력이 느닷없이 총을 쏘면서 '기러기재'를 넘어 평화롭던 이 마을을 점거했다. 군인들은 90여 호의 500여 명 주민을 마을 앞으로 집합시켰다. 그리고 '성분조사' '통비분자색출'이라는 명목으로 색출해낸 90여 명의 주민을 일본도와 소총 등으로 무참히 살해했다. 군인들은 이 마을의 지리적 여건 때문에, 즉 산을 연결하는 연봉의 산세가 험준하고 골이 깊어서 공비들이 은거하기에 알맞아 주민들이 공비들과 내통했을 것이라고 지레 짐작하고 학살극을 벌인 것이다.

학살 당시 18세로 순창농림중학 4학년생이었던 최철우씨의 증언을 중심으로 학살사건을 재구성해본다. 11월 17일 새벽 5시께, 어둠이 막 가실 무렵에 토벌군이 나타났다. 이들은 주민들을 전부 끌어내어 마을 앞 논바닥에 모이게 한 다음 마을 뒷산자락에 있는 오두막을 제외하고는 모든 가옥에 불을 질렀다. 90여 가구 중 70여 채를 불태운 군인들은 총과 칼, 몽둥이로 주민들을 닥치는 대로 학살했다. 군인들의 소속은 제11사단 205부대로, 500~600명이 양민학살에 동원되었다. 군인들 중에는 노약자 19명을 마을회관 앞으로 끌고 가 한 명씩 일본도를 휘둘러 목을 자르는 잔혹한 방법으로 죽이는 자들도 있었다. 학살 현장에서 기적적으로 살아남은 김정동(72, 강석리)씨는 한 장교가 일본도로 자신의 목을 세 번이나 내리쳐 목이 절반 가까이 잘렸으나 살아남아 당시의 끔찍한 만행을 증언하는 유일한 생존자다.

구천면 고기리에서도 양민학살이 자행되었다. 49년 10월 5일(음) 남원에 주둔해 있던 육군 제12연대가 여순 제14연대 반란사건의 잔당을 소탕하기 위해 전남 구례군 산동면으로 이동하면서 학살사건의 악몽은 시작되었다. 제12연대장 백인기 대령이 지휘하는 이 부대는 14대의 차량에 분승하여 마을로 진입하다 반란군의 매복작전에 걸려들어 산동면 송평마을 어귀에서 몰살되는 참변을 당했다.

이 사건의 '후유증'이 엉뚱하게 고기리 마을 학살로 이어진 것이다. 사건 발생 13일 만인 10월 18일 제12연대의 예비부대가 고기리 마을을 기습하여 주민을 모두 모이게 한 뒤 청년 35명을 '통비분자通匪分子'로 몰아서 그 중 26명을 집단학살한 것이다. 당시 35명 중에 끼었다가 살아남은 박종상(78, 고기리)씨는 "같은 마을에 사는 정모씨가 국군에게 부역자들을 신고함으로써 혈안이 된 군인들이 몰아닥쳐 분풀이하듯 마을 청년들을 총살했다"고 증언했다. 박씨는 "신고한 정씨가 과장되게 신고해 어린 소년들까지 잡아가도록 하고 결국 5명의 소년들은 총살현장에서 구제되었다"고 밝혔다.

고기리와 주변 마을은 또 50년 10월 11일(음)에 제11사단이 강석마을의 소탕작전 후 이 사단의 예하부대와 경찰이 '통비분자' 색출과 빨치산의 거점을 없앤다는 이유로 고기리 · 덕치리와 운봉면 주촌리 등 5개 마을을 기습하여 300여 채의 가옥을 불태우고 30여 명의 마을 청년과 부녀자가 총살당하는 비극을 겪었다.

(5) 해방 후 미군에 의한 남원학살, 민족의 해방 자치조직 파괴

남원의 양민학살은 1945년 10월에도 있었다. 이때의 학살은 미군에 의해 저질러졌다.

당시 남원에서는 청년동맹 · 인민위원회 등이 일본군을 무장해제시켜 자치적으로 지역을 통치하고 있었다. 45년 10월 24일 남원에 도착한 미군이, 남원인민위원회가 일본인 재산을 몰수, 관리한 것을 불법행위라고 통보하면서 대립이 시작되었다. 제64 미군정 대장 베튼 중령은 인민위원회에, 모든 일본인 재산은 미군정에 귀속되므로 접수하겠다고 알렸다. 인민위원회는 남원군 내의 모든 일본인 재산을 통제할 수 있음을 입증하는, 일본인으로부터 받은 증명서를 내놓았다. 그러나 미군정은 이를 인정하지 않았다.

1945년 11월 15일 미군정의 명령을 받은 일제 경찰 출신인 전북경찰 국장 김응조는 무장경관 20여 명을 이끌고 남원에 도착하여 인민위원회, 건국군, 청년동맹의 해산을 명하고, 이들 각 단체의 사무실을 포위하고 간판을 떼고 문서를 압수했다. 그리고 인민위원인 김창한, 양판권 등 5명을 검속하여 전주로 압송했다.

이에 격분한 남원군민 100여 명이 전주로 돌아가던 경찰국장 김응조의 자동차를 정차시키고 검속한 5명의 석방을 요구했다. 김응조가 권총을 빼들고 위협하면서 군민들의 요구를 거부하자 몽둥이와 농기구로 무장한 군민들이 김응조를 차에서 끌어내 구타했다. 이를 계기로 저녁 늦게 미군이 추가로 남원에 파견되어 주동자 16명을 구속했다. 성난 남원군민들이 다음날 남원경찰서로 몰려가 구속된 주민들의 석방을 요구하자 미군전술단은 이들에게 총격을 가해 박병갑(18)·김철웅(33) 등 여러 명이 숨지고 10여 명의 부상자를 냈다.

현대사 연구가 김남식씨는 "남원의 충돌은 미군정의 인민위 파괴 과정에서 나타난 최초의 발포"라고 말하고, 그 역사적 의미는 "단순히 몇 명의 목숨을 앗아간 데 그치지 않고 인민위를 파괴함으로써 남원군민의 자치와 자주독립 열망을 멸살시켰다는 데서 미군의 '남원학살'은 조선 민족의 자치권을 빼앗은 전국적 점령의 선전포고와 같다고 이 사건의 의미를 부여한 바 있다.

4) 「보도연맹사건」의 전개 과정과 진상

(1) 보도연맹 결성 배경, 반공전쟁 예상, 예비검속·학살 추정

이승만의 반민중적 반공 적개심은 지독했다. 1946년 10월봉기와 1948년 제주 4·3봉기를 유혈진압하고 단독정부 수립(5 10선거)에 성공한 이승만은 그해 10월 여순사건을 다시 무력진압한 후 더욱 치밀하고 조직적으로 농민을 비롯한 자주독립 지향 세력에 대한 대대적인 소탕작전에 나섰다. 특히 그는 자신의 취약한 정치적 기반을 상쇄하기 위해 정치적 반대세력을 무조건 좌익으로 몰아 처단하기에 이른다.

1948년 12월 「국가보안법」을 만들어 49년 한해동안 무려 11만 8621명을 이 법에 의해 체포하거나 처형했고(권영진 「6·25살상 다시 본다」, 『역사비평』 90년 봄호), 1949년 10월에는 「국민보도연맹」을 만들어 전국에서 30만 명을 여기에 가입시켰다가 대부분 학살했다.

보도연맹保導聯盟이란, 친일파 척결과 완전한 자주독립 및 생존권 투쟁에 나섰던 농어민·노동자들을 「좌익」으로 몰아붙이면서 "좌익에서 전향한 사람이나 그 가족들을 도와서 올바른 방향으로 인도한다(輔導 또는 保導)"는 명분을 내세우고 앞으로 예견되는 전쟁에서 적대적으로 역할을 할 것으로 예측되는 자주독립 지향의 근로민중 청장년들을 사전에 처치해버리려는 음모였던 것으로 밝혀졌다.

그러니까 보도연맹의 결성목적은 "전향한 자주·민주세력을 통제·회유 하는 것"이었으며, 이들에게 강요된 활동목표는 "대한민국정부의 절대지지, 북한괴뢰정권 절대반대와 타도, 공산주의사상 배격·분쇄" 등의 강령으로 요약된다. 강령에 따라 보도연맹 참가자들은 "전향의 진실성을 입증해 보이기 위해 좌익분자(자주·민주 지향 세력)들을 색출하여 밀고하고 자수를 권유하는 등 반공활동을" 하기로 되어 있었다.

또 1949년 11월부터는 미국의 작전지도와 무기로 무장하여 본격적인 빨치산 토벌작전에 나섰고, 이 과정에서도 무수한 사람들이 빨갱이 협조자·동조자라는 이름으로 희생됐다. 이승만 정권의 이 같은 살육으로 한국전쟁 이전까지 한국의 근로민중 조직은 거의 와해되었다. 결국 친미 단독정권 수립을 위한 정지작업이었던 것이다.

전쟁이 일어나자 이승만 정부와 국군은 사흘만에 서울을 버리고 후퇴하면서 한강철교를 폭파함으로써 순진하게 정부 발표를 믿은 서울시민들을 고립시켰다.

1950년 7월 14일 맥아더에게 모든 한국군의 작전지휘권을 이양한 후 이승만 정부가 취한 행동은 경찰과 CIC(특무대)를 중심으로 후방에서 정치적 공세를 취하는 것이었다. 이런 정치적 공세는 전쟁 전부터 계속해온 자주독립지향의 반대 세력에 대한 억압의 연장이었고, 이 과정에서 거듭거듭 희생이 초래됐다.

이에 따라 가장 먼저 일으킨 사건이 서울을 제외한 남한전역에서 벌인 보도연맹원 집단학살극이었다. 서울은 사흘 만에 점령당했기 때문에 그럴만한 여유가 없었다는 것이다. 몇 명이 죽었고 몇 명이 살았는지는 아직도 알 수 없다. 다만 전국의 보도연맹원이 30만명에 달했고, 그중 미처 학살이 이뤄지지 않았던 서울이 1만 9800여명이었다고 하는 기록(동아일보 1950년 5월 5일자)으로 미루어 짐작해 볼 뿐이다. (김주완 『토호세력의 뿌리』 불휘 2006)

왜 죽었는지도 알 수 없다. 다만 이승만 정권은 전향한 좌익이라 하더라도 믿을 수 없다는 인식에 따라 이들을 위협적인 존재로 생각했을 것이다. 특히 인민군이 서울을 점령한 후 이들 보도연맹원이 적군에 대한 적극적인 협조자로 나선 것도 집단학살의 중요한 이유로 작용했을 것이다. 이런 이유로 시작된 보도연맹원에 대한 학살은 7·8월을 거쳐 9월 하순 형식적인 집단학살 금지령이 내려질 때까지 계속됐다. 7월 21일 경북 문경군 호계면 별암리의 경우 주평 앞산에서 약 200여명이 콩볶는 듯한 총소리와 함께 죽어갔다. 문경군 영순면 포내마을 뒤 야산에서도 300여명이 이렇게 죽었다. (「해방후 최대의 양민참극 보도연맹사건」, 『월간 말』 1988년 12월호)

(2) 마산 학살사건의 피 맺힌 증언

마산은 경북 문경보다 훨씬 많은 1681명이 희생된 것으로 전해진다. 이는 마산이라는 지역에 사람이 살기 시작한 이후 가장 많은 사람이 집단으로 희생된 사건이다.

마산 보도연맹원 학살사건은 1950년 7월 15일 일제히 소집령이 떨어지면서 시작됐다. 이 소집날짜는 당시 생존자 및 희생자 유족들의 증언과 1960년 4·19혁명 직후의 언론보도 기록이 모두 일치하고 있는 것으로 보아 거의 정확한 것으로 보인다. 홍중조씨 (전 경남도민일보 논설실장·재야사학자)가 보관해 온 1960년 6월초『대구일보』보도는 이렇게 유가족들의 주장을 전하고 있다.

"〔마산지사〕 인접 거창·함양·산청 등 경남일대의 양민학살사건이 보도됨과 아울러 이곳 마산에서도 6·25 당시 1,500여명을 수장(水葬) 내지 총살한 사실이 백일하에 폭로되고 있다. 현재 유가족들은 당시의 학살자들을 찾아내어 규탄해 달라는 요구를 내건 '데모'까지 할 기세를 보이고 있는데, 유가족들의 말에 의하면 83년(단기=서기 50년) 7월 15일 군(CIC·HID)과 경찰에서는 시민극장에서 시국강연회가 있다고 보도연맹 가입자를 포함한 양민들을 집합시켜 삽과 괭이 들을 들려 도로보수공사를 하러 간다는 구실로 트럭에 실어서는 창원군 북면 뒷산과 진해 앞바다에서 각각 수장과 총살을 감행했다 한다.(하략)"

남편 이용순씨(당시 25세)를 보도연맹사건으로 잃은 황점순씨(80·마산시 합포구 진전면 곡안리)노 이날을 분명하게 기억하고 있었나. "음덕 6월 초하루(양력 7월 15일)였나. 섬심 때가 좀 지났는데 지서 앞으로 보도연맹원들을 불렀다. 남편은 그날 이후 돌아오지 않았다. 소문으로는 마산형무소에 갇혀 있다가 다시 바다로 끌려 나가 수장당했다고 한다."

황 할머니는 그날 이후 5~6년간 남편을 기다렸다고 한다. 풀잎에 스치는 바람소리만 나도 남편이 오는 걸로 생각, 문밖을 서성거렸다. 그러나 남편은 끝내 오지 않았다. 그후 할머니는 마산형무소까지 함께 끌려갔다가 구사일생으로 살아나온 사람이 전해준 날짜(음력 7월 10일=양력 8월 23일)에 남편의 제사를 지내고 있다.

"남편은 아무 것도 모르고 죽었어. 빨갱이 심부름도 안했고 삐라도 안 돌렸는데 억지로 가입하라고 해서 순진하게 시키는 대로 했다가 그런 일을 당한거야." 할머니는 그때 남편을 잃은 데 이어 두 살 바기 아들까지 미군의 무차별 총격에 의해 잃고 말았다. 이 때문에 그 후 50년 세월을 자식 하나 없이 혼자 살아오고 있다.

황 할머니가 사는 곡안리에는 당시 보도연맹원으로 형무소까지 끌려갔다가 살아나온 사람도 아직 생존해 있다. 김영상씨가 바로 그 장본인이다. 김 할아버지는 당시 진전면 지서에서 보도연맹원들을 소집한 시점부터 형무소 생활까지 비교적 소상하게 기억하고 있었다.

① 유일한 생존자 김씨의 증언

김영상씨(85·마산시 합포구 진전면 곡안리)는 지난 1950년 7월 보도연맹원으로 소집돼 동네 사람 15~17명과 함께 마산형무소까지 끌려갔으나 부인 변정이씨(76)와 가족·친지의 온갖 노력에 의해 학살을 면했던 사람이다.

물론 김씨 말고도 일세 내 면장을 지냈던 김면장 등 5명이 풀려났지만 지금은 김씨만 유일하게 생존해 있다. 곡안마을의 보도연맹 피학살자 미망인들은 김면장이 일러준 날짜에 맞춰 제사를 지낸다. "그 사람들을 보면 항시 죄스런 마음이 들어. 나는 살아났으니까…. 죽지 못한 게 미안하지."

김씨가 진전지서의 보도연맹원 소집에 응한 것은 50년 7월 15일 오후 1시쯤. 김씨는 이날 아침부터 오서리 다리 밑에서 순경의 지휘에 따라 소방대 방위훈련을 받고 있었다. 여느 때처럼 점심시간이 되자 순경은 청년들을 집으로 돌려보냈다. 그런데 소방대 청년들을 해산시킨 것을 안 지서장은 노발대발했다. 당장 다시 소집하라는 것이었다. 상부의 지시에 따라 보도연맹원들을 모두 붙잡아 마산형무소로 보내기로 돼 있었던 것이다. 진전지서의 강모·박모 등 순경들은 다시 각 마을마다 보도연맹원들을 소집했다.

진전면에서만 70여명의 청년이 지서 앞에 모였다. 여름이라 대부분 땀에 절은 삼베바지 차림이었다. 대충 모일 사람이 다 모인 것으로 판단되자 갑자기 경찰관들이 총을 들고 이들을 포위했다. 그리곤 화물트럭에 이들을 모두 태웠다.

"뭔가 평소완 다른 분위기였어. 직감적으로 이젠 죽었구나 하는 생각이 들었지." 몇 달 전 학교에 사람들을 불러놓고 "죄가 있거나 지서에 잡혀간 적이 있는 사람은 손들어라"고 했을 때 순진하게 손을 들었던 게 화근이었다. 모든 죄를 삭감해 줄 테니 보도연맹에 가입하라는 것이었다. 그땐 그냥 좋은 것인 줄로만 알았다. 형이 아우에게 가입을 권유한 경우도 있었다. 해방 후 건국운동을 하면서 삐라 한 번 붙여보지 않은 청년이 없었던 터라 동네 청년들은 모두 가입대상이 됐다.

트럭에 실린 김씨는 그길로 마산형무소에 수감됐다. 형무소는 마산·창녕·함안 등지에서 잡혀온 사람들로 발 디딜 틈이 없었다. 감방은 들어갈 데가 없어 앞마당에서 며칠을 보냈다. 땡볕이든 비가 오든 상관없었다.

그로부터 며칠이 지났는지도 모른다. 어느 날, 함께 들어온 사람들이 무더기로 감옥을 빠져나갔다. 김씨가 있던 감방에는 15명 중 2명만 남았다. 나가는 사람들은 "이제 살았다"면서 즐거워했다. 아무래도 수자가 많은 편에 섞이는 게 유리할 것 같았다. 김씨는 간수에게 "내 이름은 왜 안 부르느냐"며 소리를 쳤다. 간수는 원인 모를 웃음을 짓고는 그를 남겨두고 문을 잠궜다. 그러나 그때 나간 사람들은 영원히 나타나지 않았다. 마산 앞바다에 수장됐다는 소문만 무성할 뿐이었다. 모두 억울한 죽음이었다. 아무것도 모르는 농촌사람들을 잡아다가 이승만이가 다 죽인 것이다.

② 창포동 해안의 목격자 윤씨의 증언

윤봉근씨(99년 증언 당시 69세, 이후 사망, 마산시 합포구 창포동)는 당시 스무살이었다. 당시 그는 철도경찰병원에 근무하고 있었다. 전쟁이 나고 한달쯤 됐을까. 아침 출근길에 만난 친구가 "오늘 시민극장에 모여 띠 메고 군대간다"고 말했다. 그게 보도연맹원 소집이었다. 국제극장(현 강남극장)에도 소집을 했다. 그때 끌려가 죽은 친구들만 해도 12명이다. 군에 입대해 전사한 친구가 8명이었는데 그보다 많은 수자가 아군과 경찰에 의해 죽은 것이다.

처음 소집 후 20여일이 지난 어느 날 점심 무렵이었다. 밥을 먹으러 창포동 집에 왔다가 병원을 향해 나서는데 갑자기 GMC 트럭이 줄줄이 해안가로 들어왔다. 여느 때처럼 동양주류 건물 벽에 피난민들이 죽 기댄 채 누워 있었는데 헌병이 이들을 일으켜 쫓아버렸다.

트럭이 열 몇 대는 족히 돼 보였다. 트럭에서 짚으로 만든 벙거지를 쓴 사람들이 내리는데 모두 손을 뒤로 묶었고, 앞 뒤 사람이 허리에도 로프가 묶여 있었다. 옷은 모두 파란 죄수복을 입었던 것 같았다. 그때 옛 유원회사 앞 뱃머리에 미제 상륙함(LST) 두 척이 왔다. 1개 연대병력이 탈 정도로 큰 배였다.

트럭에서 내린 사람들은 곧장 LST에 옮겨 탔다. 나중에 들으니 괭이바다에서 총살 수장당했다고 했다. 괭이바다까지 끌려갔다고 천우신조로 살아나온 선배가 있어서 그 내용은 잘 안다. 철도병원에서 만난 사람인데 이(李)씨였고 수영선수였다. 윤씨도 그에게 수영을 배웠다. 50년대 말 부산에서 윤씨가 대학에 다니던 중 우연히 그를 만났다. 그의 말에 따르면 군인들은 오랏줄을 묶은 채 사람들을 발로 차서 바다에 처넣은 후 무차별 총질을 했다고 한다. 물위로 머리를 내미는 사람은 집중사격을 받았다. 그때 운 좋게도 그의 손을 묶은 오랏줄에 총알이 명중했다. 물속에서 허리에 묶인 줄을 풀고 LST 밑으로 숨어들어 키를 잡았다. LST는 그 후로도 한참동안 바다 위를 빙빙 돌면서 총질을 했는데, 상황이 끝난 후 군인들의 눈에 띄지 않도록 헤엄쳐 설진리 해안에 닿았다. 그리곤 밤새도록 걸어서 진동의 집에 도착했고, 다시 잡히지 않기 위해 부산으로 도망쳤다고 했다. 그는 윤씨보다 일곱 살이 많았는데, 평생 빨갱이 취급을 두려워하며 살다 작년에 부산에서 숨졌다.

윤씨는 이 증언을 하면서도 한사코 "아직은 밝힐 시기가 안됐다"는 말을 되풀이했다. 당시 극우단체와 경찰 관계자들이 아직 살아 있기 때문에 신문사가 어떤 변고를 당할지 모른다며 걱정했다. 그러나 영문도 모른 채 젊은 남편을 잃고 평생을 수절하며 살아온 미망인들을 만나는 과정에서 오히려 늦었다는 생각이 들었다. 남편을 빼앗기고도 평생을 죄인처럼 살아온 그들 미망인마저 죽고 나면 누가 그 원혼을 풀어줄 것인가.

③ 희생된 원혼은 구천을 떠돈다

지난 1999년 마산 보도연맹원 학살사건으로 오빠를 잃은 한 할머니가 구천을 떠도는 오빠의 한을 풀어달라며 기자에게 글을 보내 왔다. 글을 보내 온 팽상림 할머니(99년 당시 63세)는 마산 오동동에서 태어나 마산여중과 마산여고를 졸업하고 창원 삼귀초교와 상남·봉덕초교 등에서 교편을 잡았으며, 지금은 부산으로 이사해 살고 있다. 팽 할머니는 일제강점기 마산의 대표적인 항일운동가였던 팽삼진 선생의 친조카로, 사건 당시 마산상업학교(6년제) 학생이던 오빠 팽현진씨(당시 19세)를 잃었다.

나라가 보호하고 잘 지도하겠다는 약속을 굳게 믿고 또 믿어 보도연맹에 가입한 것이 목숨까지 빼앗겨야 하는 큰 죄였던가. 귀중한 인권은 유린되고 무참히 희생된 원혼은 지금도 구천을 떠돈다. 마산상업학교 미술부 학생이던 오빠(19)는 아버지가 일본으로 건너간 사이 세상이 흉흉해진 줄도 모르고 당시 학생동맹에서 부탁해온 포스터를 그려줬다.

아! 그것이 큰 빌미가 될 줄이야 누가 알았으랴. 현대상업미술전집과 세계미술전집을 곁에 두고 학교에서 돌아오면 조용히 앉아 그림에만 몰두하던 오빠였다.

마산에서 가장 무섭다는 황형사는 혈안이 되어 오빠를 잡겠다고 설쳤다. 귀국한 아버지는 상황을 깨닫고 오빠를 산판일(벌목) 하는 곳에 은밀히 보냈다. 오빠를 찾지 못한 황형사는 바로 밑 남동생을 인질로 끌고 가 잠도 안 재우고 무자비한 고문을 계속했다. 겨우 16살의 작은 오빠, 온몸이 퉁퉁 붓고 흐릿한 정신으로 말도 제대로 못했다.

어스름이 깔리던 어느 날 저녁 큰오빠가 돌아왔다. 산판도 위험하더라는 것이다. 아버지는 아들을 살려보려는 일념으로 얇게 콘크리트가 덮인 마루 밑을 팠다. 연장소리를 안내려고 손으로 흙을 밤새도록 파내느라 피가 엉겨 붙었지만 작업은 며칠간이나 계속됐다. 은행나무 밑에 수북이 쌓여있던 흙을 보았고, 오빠는 감쪽같이 숨겨졌다.

어느 날 형사들이 권총을 들고 급습했다. 하필 그날은 오빠가 마루 밑에서 나와 방안에서 가까운 분들과 얘기를 나누고 있던 때였다. 혼비백산한 손님들이 활짝 열린 방을 나왔고, 형사들은 구둣발로 다른 두 방과 부엌, 2층을 오르내리며 광이며 가축우리, 변소까지 수색하고 갔다. 놀란 어머니의 얼굴은 사색이 됐다가 다시 흙빛으로 변하고 하품을 하는가 했더니 아사증 걸린 사람의 입으로 비뚤어져 버렸다.

아! 큰오빠는? 활짝 열어제친 양쪽 문의 각진 곳에 종잇장처럼 달라붙어 있었으니…. 이날 이후 큰오빠는 마루밑 토굴에서만 지냈다. 바닥에서 배어 나온 지기(地氣)는 오빠의 다리 피부를 상하게 했고, 2층 양철지붕을 이용한 공간에서 지낼 때는 뜨거운 지붕을 타고 피신하기도 했다.

그때 마산의 초대제헌의회 입후보로 출마했던 김순정씨로부터 권유를 받았다. 국민보도연맹에 가입하면 일체의 과거를 묻지 않고 애국적인 국민으로 포용하며, 사면은 물론 취직도 가능하다는 정부의 약속이 있었다는 것이다. 큰 오빠는 자신으로 인해 집안이 엉망이 됨을 걱정했고, 특히 작은 오빠에게 죄책감을 느껴 괴로워하고 있었기에 주저 없이 보도연맹에 가입하게 됐다.

오동동에서 산호동 바닷가로 이사한 우리는 큰오빠가 안전하게 된 것이 기뻐 우선 다리부터 열심히 치료를 했고, 거진 아물 무렵 1950년 4월 30일자로 공군입대를 희망하며 이력서를 썼다. 자수하고 보련에 가입하여 충실한 국민이 되겠다고 약속하는 글이 상벌란에 적혀 있었다.

보도연맹 소집날. 배를 앓는 오빠에게 "참고 어서 갔다오너라. 열성을 보이면 빨리 취직이 되거나 공군입대도 가능해 질런지…"하는 아버지의 재촉을 뒤로 하며 큰오빠가 손수 지어 만든 파란색 하복(교복)을 입고 집을 나섰다.

그것이 마지막이었다. 그날 이후 우리는 생을 포기했어야 했다. 아버지는 자식을 사지로 보냈다고 땅을 치며 가슴을 쥐어뜯었다. 해마다 6월이 가까워 뻐꾸기가 울면 흰 수건을 덮어쓰고 밭에 나가 우시던 어머니. 열네 살 문학소녀의 터지던 가슴. 반세기가 지난 지금도 큰오빠의 원혼이 구천을 떠도는지 "원한을 풀어 달라"고 애원하는 소리가 들린다.

한국의 현대사는 보도연맹사건을 은폐하고 있다. 『분단을 넘어서』『1950년대의 인식』『해방전후사의 인식』1·2편을 다 읽어봐도 없다. 중앙일보사에서 펴낸『민족의 증언』여덟권을 샅샅이 읽어봐도 없다. 밤을 새워 읽느라 눈만 상했다.

누구의 처벌이나 보상금도 원치 않는다. 지금도 살아있다는 오제도와 당시 내무·국방·법무부 등 관계자와 사회지도자들의 동의를 얻어 결성됐던 보도연맹의 진상을 밝히고, 그들로부터 사죄 한마디만 들어도 한이 풀릴 것만 같다. 이대로 잊혀져서는 안 된다. 칠순 밑자리를 깐 우리 세대마저 가고 나면 증언할 사람도 없다. 역사는 거짓되거나 은폐돼서는 안 된다.

④ 제삿날이라도 알 수 있다면

30대 남자 한 명이 기자에게 전화를 걸어왔다. 창녕군 계성면이 고향인 우모씨(39)는 "경남도민일보에 보도연맹 학살사건이 연재중이라는 걸 뒤늦게 알았다"며 "우리 할아버지도 그때 트럭에 실려 마산으로 끌려간 후 실종됐다"고 말했다. 그는 "언제 돌아가셨는지 제삿날이라도 알 수 있는 방법이 없겠느냐"고 울먹였다.

며칠 후 이번에는 기자가 그에게 전화를 걸었다. 할아버지가 끌려가던 당시의 좀 더 구체적인 상황을 물어보기 위해서였다. 그는 반색을 하며 "무슨 좋은 소식이라도 있느냐"고 반문해왔다. 그가 말하는 '좋은 소식'이란 언제·어디서·무슨 이유로 학살을 당했어야 했는지에 대한 답변이었다. 속 시원히 대답을 못해주는 게 못내 안타까울 뿐이었다.

그의 말에 따르면 당시 수많은 보도연맹원들과 함께 트럭에 실려 끌려가던 할아버지는 논에서 일하고 있는 큰아버지를 발견하고 "나, 마산 갔다 올게"하고 소리쳤다. 그것이 생전에 남긴 할아버지의 마지막 말이었다. 할머니는 그때부터 돌아가시는 순간까지 대문을 잠그지 않았고, 방문까지 열어놓은 채 주무셨다고 한다.

열두 살 때 부친을 잃은 우씨의 아버지도 지금까지 왜 그 많은 사람이 우리나라의 군인과 경찰에게 무참히 학살을 당했는지 도무지 이해할 수 없다고 한다. 아버지가 알고 있는 사람만 해도 당시 같은 마을에서 보도연맹원으로 끌려가 실종된 사람이 10여명에 이른다. 이들의 후손은 모두 사망일을 몰라 9월 9일 제사를 지낸다.

우씨는 당시 마산 앞 괭이바다에서 보도연맹원들이 수장 당하던 정황을 듣고는 목이 매여 차마 말을 잇지 못했다. 그리곤 이런 부탁을 남겼다. "혹시 지금이라도 진상규명 대책위원회가 만들어진다면 꼭 좀 알려주세요. 저는 물론 아버지도 적극 참여하실 겁니다. 돌아가시기 전에 할아버지의 한을 풀어 드리는 게 아버지의 마지막 소원이니까요."

⑤ "우리 신랑 소식 갖고 왔어?"

"면에서 나왔다고? 우리 신랑 소식 갖고 왔어?" 마산시 합포구 진동면에 있는 노인복지시설 애양원에서 만난 심서운 할머니(77)는 기자를 보자 대뜸 이렇게 물었다. "낯선 사람만 오면 그렇게 물어요. 헤어진 지 50년이 다됐는데도 할아버지가 그렇게 보고 싶은가 봐요." 애양원에서 자원봉사를 하는 아주머니의 말이었다.

"6년 전 면사무소 직원이 데리고 왔는데, 그때만 해도 시체 같은 몰골이었죠. 지금은 많이 좋아진 거예요."

"그때 세 살 먹은 딸이 병에 걸려 죽기 직전이었어. 남편이 보도연맹 훈련받으러 간다고 하길래 '아이가 아프니까 가지 말라'고 했지. 그랬더니 '이래 죽으나 저래 죽으나 마찬가지'라며, 걱정하지 말라는 거야. 그러면서 '내가 죽더라도 늙어서 진동에 가면 먹여주고 재워주고 할 텐데 뭐가 걱정이냐'고 하데? 그 사람 말대로 지금 먹여주고 재워주는 진동에 와있지 뭐야. 여기 양로원이 생길 줄 어떻게 알았는지….'"

심서운 할머니의 남편 이수천씨(당시 28세)는 초등학교도 나오지 못한 무식한 농사꾼이었다. 해방 후 혼란기에 좌익활동가들이 마을에 와서 밥을 달라고 하여 딱 한번 그들의 본거지에 져다준 것뿐이었다고 한다.

그 일로 남편은 수없이 지서에 불려 다녔다. 그러던 중 전쟁이 터지자 진전면 지서 앞으로 불러 모으더니 이튿날 마산으로 끌려갔다는 소문을 들었다. (할머니는 지금도 면(面)사무소와 지서를 곧잘 혼동했다.) 남편이 지서에 붙들려 있던 날 밤 앓던 아이가 끝내 죽고 말았다. 지서에서 그 소식을 들은 남편이 "나도 죽을 텐데 애도 죽었는가배…"하며 꺼억꺼억 울더라는 소식을 누군가 전해줬다. 할머니는 형무소에서 살아나온 사람으로부터 유월 열이렛날(양력 50년 7월 31일) 죽었다는 말을 듣고 그날에 맞춰 제사를 지냈다. 죽은 곳은 마산에서 구포 가는 길에 있는 어느 산골짜기라고 했다.

"여기(양로원) 있어도 그 사람 생각밖에 안나. 원통한 걸 말로 다하겠나. 하루는 어떤 남자가 왔는데 그 사람과 하도 닮아서 나이를 물어봤지."

그러던 할머니는 이제 시력까지 상실했다. 그리고 저승에서 남편을 만날 날만 기다리고 있는 처지였다.

⑥ "사진이라도 한 장 있었더라면"

마산시 합포면 진전면 곡안리 이귀순 할머니(80)도 남편 황치원씨(당시 22세)를 보도연맹 사건으로 잃었다. 50년 7월 15일 동네사람 15명과 함께 훈련 받으러 간다고 집을 나선 후 영원히 돌아오지 않았던 것이다.

"나갈 때 그랬어. '들녘에 매어 놓은 소도 데리러 와야 하니 어서 갔다 올게.' 하고 말이야. 그런데 지금까지 안돌아와." 할머니의 눈에는 하얀 이슬이 맺혔다. "아무런 죄도 없이 죽었어. 군대도 안가고 좋다고 해서 가입했는데 왜 죽였는지 몰라."

결혼한 지 3년만의 일이었다. 마산 앞바다에서 수장을 당했다고 한다. 그 후 할머니는 지금까지 딸 둘을 키우며 혼자 농사를 일구고 살아왔다.
"나중에 들으니 빨갱이여서 죽였다고 하데? 빨갱이 아니었어. 초등학교밖에 안나온 농사꾼이 빨갱이가 뭔지나 알았겠어?" 목소리를 높이는 할머니에게 지금 바라는 게 뭐냐고 물었다.

"어떻게 죽었는지, 왜 죽였는지나 속 시원히 알았으면 좋겠어. 그리고 사진이라도 한 장 있었으면 좋을 텐데. 난리통에 불에 다 타버렸어."

이들 할머니의 남편이 수장된 괭이바다와 가까운 해안에는 당시 수많은 익사체가 부패한 상태로 떠올랐는데 모두 손이 꽁꽁 묶인 채였다고 한다. 그때 살이 올라 큰 대구가 특히 많이 잡혔는데 모두들 이를 '사람고기'라 불렀다고 한다. 그때의 괭이바다는 지금 어떤 흔적이 남아 있을까.

⑦ 학살의 흔적을 찾아

50년 7월 15일 마산과 창원·함안·창녕 등지에서 1600여명의 보도연맹원들을 마산형무소로 잡아넣은 우리 군인과 경찰은 약 1주일에서 보름에 걸쳐 분류작업을 벌인 후 연맹원들을 어디론가 실어 나르기 시작했다.

이 과정에서 군인과 경찰의 가족이 빠졌다. 각종 '빽'을 동원하거나 돈으로 구워삶은 사람들도 학살 리스트에서 제외됐다.

나머지는 영문도 모른 채 GMC 트럭에 실려 갔다. 군경은 이들이 달아나지 못하도록 앞 뒤 사람의 허리를 나일론 줄로 묶었고 양손도 결박했다. 얼굴에는 짚으로 만든 벙거지를 씌웠다.

마산 창포동 해안가로 끌려간 이들은 다시 LST(상륙함)에 실렸다. LST는 엔진소리를 최대한 줄인 채 한참을 나아갔다.

약 한 시간이 지났을까. 속도가 서서히 줄어드는 듯 싶더니 공포에 질린 연맹원들을 뱃전에 세운 후 소총 개머리판과 군화발로 바다 속에 처넣기 시작했다. '타 타 타 탕'하는 총소리와 함께 여기저기서 비명과 고함이 터져 나오기 시작했다. 연맹원들을 모두 바닷물에 밀어 넣은 군경은 LST를 서서히 선회하며 물 위로 고개를 내미는 사람이 보일 때마다 조준사격을 가했다. 순식간에 푸른 바닷물이 핏빛으로 변해갔다.

이것이 지금까지 취재를 통해 나타난 마산 보도연맹원 학살사건의 윤곽이다. 물론 일부는 진해와 창원 북면·진전면 봉암리 등의 산골짜기에서 총살당했다는 증언도 있다. 그러나 가장 많은 사람들이 거제시 장목면과 마산시 구산면 사이의 '괭이바다'에서 이런 식으로 집단수장 당했던 것으로 나타나고 있다.

그렇다면 그때의 괭이바다는 지금 어떤 모습일까. 55년의 세월이 지났지만 어떤 흔적이라도 남아있지는 않을까.

⑧ 해안에 떠밀려온 시체들

구산면 옥계리에서 가장 먼저 만난 한 할머니는 "그해 여름 거제로 피란을 갔다가 돌아오니 나일론줄에 묶인 시체가 해변 곳곳에 떠밀려 와 있었다"고 말했다. 안녕마을의 최모씨(여·84)도 "우리동네와 옥계리 사이에 일본사람 어장막이 있던 큰골이라는 해안에 시체가 수없이 떠내려왔다"면서 "당시 동네 사람들이 그 자리에 시체들을 대충 한자리에 묻었다"고 말했다. 최씨는 "시체를 묻을 때 순경들도 왔는데, '귀신 나온다'며 조총을 쏘기도 했다"고 기억을 살려냈다.

같은 마을 노모씨(76)도 "거제도에 피란갔을 때도 지세포 앞 섬에 보도연맹원 시체를 본 적이 있었다"면서 "거기서 본 시체에는 발에 무쇠가 달려 있었던 것 같은데 큰골에 떠내려 온 시체에는 그런 게 없었다"고 말했다.

옥계리 이모씨(51)는 "약 10년전 그곳 어장막에서 홍합양식하는 일을 도왔는데, 그때 땅위로 노출된 유골을 수없이 봤다"면서 "노인들로부터 파도에 떠밀려온 보도연맹원들의 유골이라고 들었다"고 말했다. 그는 "그 후 방파제를 쌓으면서 포크레인으로 흙을 들이붓는 바람에 골짜기의 유골이 다시 묻혀버렸지만 지금도 파보면 유골들이 나올 것"이라고 말했다.

난포마을 선창에서 벼를 말리고 있던 조모씨(여·84)는 "그때 우리 마을에도 보도연맹 시체가 떠내려 왔다"면서 "그중 장가도 안간 듯한 젊은 청년 한명을 사람들이 마을 뒤 허이산 아래에 묻어줬다"고 말했다. 그녀는 "지금도 그 무덤 옆을 지날 때마다 참 불쌍하다는 생각을 한다"면서 "그런데 이제 와서 왜 그런 걸 묻느냐"고 되물었다. "불쌍하게 죽었으니 왜 그렇게 사람들이 죽었는지 이유라도 규명해줘야 하지 않겠느냐"고 대답하니 "어이구. 그래. 그래야지. 참 잘하네"라고 맞장구를 쳤다.

⑨ 피학살자의 무덤

심리에서 만난 어민 정모씨(88)는 당시 군에 입대하지 않은 대신 피란민들을 실어 나르는 문관으로 일했다. "지금 심리 어촌계 냉동창고 옆 해안에 아홉 개의 시체가 한꺼번에 묶인 채로 떠내려 왔어. 아마 경인년 음력 7월 초순쯤(양력 8월 14~20일)이었을 거야."

시체의 나이는 20~30대였고 허리와 팔은 나일론줄에 묶여있었다. 마을 사람들이 시체가 발견된 바로 그 뒷산에 매장하려 했으나 정씨가 반대했다. 동네 안에 묻는다는 게 꺼림칙하다는 이유였다. 그래서 마을사람 30여명이 동원돼 시체를 맞은편 해안으로 옮겨갔다. 그리고 범바위 밑에 시체를 눕혀놓고 그대로 흙을 덮었다.

"시체를 묶은 로프는 손가락 굵기 정도 됐는데, 나일론이서 지금까지 안 썩었을 거야." "그들의 시체가 보도연맹원이라는 걸 어떻게 아셨나요?" "왜 몰라? 내 사촌종형도 보도연맹으로 거기서 죽었는데, 노현섭이와 어울려 다니다가 그렇게 됐어."

60년 4·19혁명 직후 보도연맹 양민학살 진상규명을 외치며 전국피학살자유족회장까지 했던 노현섭씨의 이름이 할아버지의 입에서 튀어나왔다. 노씨 역시 보도연맹원으로 소집당했다가 구사일생으로 빠져나온 사람이다.

정씨는 "산너머 원전에도 수없이 시체가 떠내려왔다"면서 "거기 떠내려 온 시체는 서너명씩 묶여있었다"고 말했다. 그는 당시 9명의 보도연맹원을 묻은 장소를 정확히 알고 있었다. 그곳으로 갔다. 심리에서 원전으로 가는 도로 위에 위치한 피학살자의 무덤은 봉분도 없이 땅이 푹 꺼진 상태였다. 손으로 흙을 걷어내면 금방이라도 유골이 보일 것 같았다. 그는 "그들을 묻을 때 나도 함께 있었는데, 대충 흙을 덮는 식으로 묻었기 때문에 세월이 지나 이렇게 땅이 꺼졌다"고 말했다.

역시 시체가 줄줄이 떠내려 왔다는 원전마을은 학살현장인 괭이바다가 훤히 보이는 곳이었다. 그러나 아쉽게도 학살을 직접 목격했다는 사람을 찾는 데는 실패했다. 대신 수백 여 녕의 낚시꾼과 관광객이 바나를 향해 낚시를 드리우고 있었다. 9명의 보도연맹원이 떠내려 왔다는 심리 해안과 역시 수많은 유골이 묻힌 옥계리 큰골에도 온통 낚시꾼이 들끓고 있었다. 그들은 당시의 참혹했던 역사를 알고나 있을까. "그때 괭이바다에는 살찐 대구가 많이 잡혔는데 어민들은 한동안 대구를 안 먹었어. 사람고기를 먹어서 그렇게 살이 찐 걸로 생각했거든?"

(3) 식민통치 희생자도, 독립투사도 학살 · 학대

태평양전쟁 당시 제국주의 군인들의 성노예가 됐던 일본군 '위안부' 할머니들과 한국전쟁 때 아군에게 학살당한 민간인의 유족들. 이들은 한국현대사의 대표적인 희생양이자 반인륜적인 전쟁범죄의 피해자이면서도 사회로부터는 철저한 냉대와 소외를 받아왔다. 피해자가 오히려 죄인취급을 받아 온 셈이다. 이 때문에 그들은 거의 반세기동안 자신의 억울함을 호소해 보지도 못한 채 속으로만 통한을 삭여왔다.

이 과정에서 사회의 건전한 이성은 없었다. 각기 다른 이데올로기란 이름의 광기만이 곳곳에서 눈을 번득였다. '위안부' 피해자들에게 죄인의 굴레를 씌운 것은 우리 사회의 '순결이데올로기'였다. 피학살 민간인의 유족에겐 '반공이데올로기'가 덧씌워 졌다. 피해사실을 밝히는 것은 곧 「더럽혀진 여자」나 「빨갱이 가족」임을 스스로 인정하는 것으로 간주됐다. 죽은 후의 지옥은 차라리 이 생지옥에 비하면 평화로운 낙원이었으리라고 생각되었다.

아버지가 학살당한 사실은 자식에게도 비밀로 부쳐졌다. 사실이 알려지는 순간 혼약이 깨지는 일도 다반사였기 때문이다. 비밀이 드러난 것은 자식이 취직을 할 때였다. 제법 그럴 듯한 직장은 모두 신원조회에서 제동이 걸렸다. 연좌제 때문이었다.

피해자의 수자가 워낙 엄청나기 때문에 아무리 애를 써도 완전히 은폐할 수 없는 범죄라는 것도 공통점이다. 일제가 '위안부'로 동원한 아시아 여성은 대략 20만명, 이 중 약 80%가 조선여성이었던 것으로 추산된다. 6 · 25때 보도연맹원의 수자는 약 30만명, 이 중 80% 정도는 학살된 것으로 추정된다.

그럼에도 '위안부' 피해가 인권문제로 세상에 등장하기까지는 46년이라는 세월이 걸렸다. 91년 김학순 할머니가 "그렇소. 내가 왜놈군인들의 성노예였소"라고 외치고 나면서부터였다. 6·25 때 미군의 민간인 학살 문제가 전쟁범죄로 등장하는 데는 49년이 걸렸다. 이 문제를 최초로 끄집어 낸 것은 94년 충북 영동군 노근리의 정은용 노인이었다. 그는 직접 책을 통해 "아군으로 믿었던 미군이 왜 우리를 죽였냐"하고 절규했다. 그러나 미국과 한국정부는 이를 철저히 묵살했다. 99년 들어 AP통신이 다시 이를 보도한 후 노근리 사건은 비로소 한·미 정부가 해결해야 할 과제로 떠올랐다.

그러나 미군보다 훨씬 조직적이고 계획적이며 대규모로 이뤄진 우리 국군과 경찰의 보도연맹원 학살사건은 여전히 베일에 가려져 있다. 3·15의거와 4·19혁명으로 이승만 정권이 붕괴된 후 마산의 노현섭씨를 필두로 전국에서 수천명의 유족이 대책위원회를 결성, 진상규명을 요구하고 나섰고, 당시 대한민국 국회도 이를 조직적인 민간인 학살로 규정했건만, 뒤이은 5·16쿠데타는 유족들을 모두 '반혁명분자'로 몰아 감옥에 처넣어 버렸다.

① 국회 기록에 나타난 보도연맹

1950년 2월 11일 국회 본회의장에서는 장경근 내무부차관과 김갑수 법무부 차관이 출석한 가운데 8명의 국회의원이 보도연맹에 대해 집중질문을 퍼붓기 시작했다. 먼저 민경식 의원(민국당)의 질문이다.

"보도연맹은 과거에 공산주의 운동을 하던 자로서 자기의 죄과를 회개하고 전향한 자를 포섭하여 선도하는 단체인데, 최근 각지에서 해방 이후 인민위원회나 농민조합이 뭔지도 잘 모르는 상태에서 대세에 끌려 이름만 걸쳤던 주민들에게 보련 가입을 강요하고 있다. 가입하지 않으면 신분을 보장해주지 않는다고 협박하면서 1개 군에 1만여 장의 가입 권유장을 발부하고 있다. 이는 군내 청년 수의 절반이나 되는데 정부는 이 사실을 알고 있는가?"

여기서 주목할 것은 장경근 내무부 차관이 민 의원의 이같은 지적을 상당부분 인정하는 듯한 답변을 하고 있다는 사실이다.

"보도연맹은 공산도배의 사주를 받은 사람에게 건국이념을 이해시켜 건국노선에 참여케 하려는 것입니다. 그러나 보도연맹이 완전히 조직운영되지 못하고 있고, 워낙 방대한 기구라 말단에서 연맹의 정신에 이탈되는 폐단과 결함이 있더라도 제도자체를 부정할 수는 없는 것입니다. 다만 의원님이 지적하신 문제점은 시정토록 하겠습니다."

김갑수 법무부 차관도 역시 이를 시인하는 말투로 답변한다.

"보도연맹 운영에 일반국민의 이해부족으로 많은 난관과 애로가 있으나 관계직원의 열과 성
으로 극복하고 있습니다. 국회에서 관심을 환기해줘서 고맙습니다."

이날 대정부 질문에는 민경식 의원 외에도 김웅진(국민당)·황호현(무소속)·이원홍
(민국당)·이진수(국민당)·윤재욱(국민당)·오석주(국민당)·진헌식(국민당) 등이 나서
보도연맹과 관련한 각종 의혹을 제기했다.

이 중 주목할 것은 당시 이승만 대통령이 5월 10일로 예정돼 있던 선거에서 자신의 반
대파를 감시·장악하기 위해 보도연맹을 만든 게 아닌가 하는 의혹이다. 당시 국회의원
들은 이렇게 지적하고 있다. "중앙의 취지와는 달리 지방에서는 간혹 상대방을 중상·모
략하는 데 이용할 뿐 아니라 보도연맹조직을 암암리에 5·10선거운동에 이용하기 위한
기색이 있다." 그러나 이에 대해서는 정부측의 뚜렷한 답변이 없는 것으로 나타나고 있
다.

또 법무부 차관이 "자수기간이 끝난 후 1개월 만에 3,000명의 좌익혐의자를 체포한
바 있다"고 털어놓고 있는 것도 주목할 만 하다. 그렇다면 자수한 좌익혐의자 외에 진짜
좌익사범들은 별도로 잡아들였다는 이야기다. 그는 또 "보도연맹 회원의 수가 각 시·도
별로 얼마나 되는가"하는 국회의원의 질문에 대해 이렇게 답변한다. "서울시 보련 가맹원
은 1만 4000명이지만, 다른 지방은 보고가 아직 없어 알 수가 없습니다."

정부에서 만든 조직의 회원 수자를 정부조차 파악하지 못하고 있는 것이다. 그만큼
엉망이었기 때문이었을까. 이날 국회는 마침내 재석의원 108명 가운데 55명이 찬성하
고 2명이 반대한 가운데 보도연맹의 조직운영에 대해 내무치안위원회와 법제사법위원
회가 진상을 조사토록 하는 동의안을 가결하게 된다. 그러나 4개월 후 6·25가 터지
자, 정부측도 인정할만큼 '많은 폐단과 결함이 있었던' 보도연맹원들은 전국 각지에서
집단 학살당하고 말았던 것이다.

② 서부 경남에서도 수천명 학살

진주 등 서부경남지역에서도 1950년 7월말 수천여명의 양민이 보도연맹원으로 소집

돼 집단총살당한 것으로 드러났다

진주시 정촌면에서도 48명의 보도연맹원이 학살당했고(장상환「한국전쟁기 진주지역의 사회변동」경상사학. 1996), 금산면 갈전고개와 진성면 지내골짜기에서도 약 50~100명이 희생된 것으로 전해지고 있다.(「울부짖는 원혼」부산매일 1991)

진주지역의 경우 마산과 달리 그해 7월 31일 인민군에 의해 완전 점령당한 후 약 2개월동안 적 치하에 있었다. 이 때문에 전쟁 초기 우익과 군경에 의해 학살당한 보도연맹원의 가족들은 인민군 세상이 되자 거꾸로 군인 및 경찰의 가족과 반공연맹원 등에 대한 보복학살을 자행하기 시작했다. 진주가 점령되기 전 곳곳에서 이뤄진 보도연맹원 학살에 대한 가족들의 원한이 다시 무자비한 보복을 낳은 것이었다.

이로 인해 전 평거동 한청단장 강익수가 보도연맹원들을 밀고해 죽게 했다는 이유로 내무서에 체포·감금 됐으며, 민보단장 강황수도 15일간 감금됐다. 이현남동 구장 강별남은 인민군 후퇴시 함양군 지곡면 대황산록에서 총살됐다. 전 진주치안관 심판소 서기와 전직 경찰관도 감금됐고, 진주형무소 간수장도 이 과정에서 살해됐다.

인민군 후퇴시에도 학살이 만연했다. 50년 9월 20일쯤 '유엔군 상륙시 지주支柱가 될 모든 요소를 제거하라'는 지시에 따라 진주에서도 수감자 및 우익인사들에 대한 대량학살이 전개됐던 것이다(대검찰청『좌익사건실록』1975). 9월 25일 유엔군에 의해 진주가 수복되자 또다시 인민군 부역자에 대한 색출작업이 이뤄졌다. 마산이 주로 국군에 의해 일방적 희생을 당한 경우라면 진주는 국군과 인민군이 서로 빼앗고 뺏기는 동안 수많은 보복학살을 낳은 또 다른 비극의 현장이었던 셈이다.

다음은 김경현씨(경남근현대사연구회 연구원)가 경남도민일보에 기고한 진주시 명석면의 보도연맹 학살 전문이다.

한국전쟁이 일어난 후 1950년 7월말 진주지역이 인민군에게 함락되기 직전에 저질러졌던 진주지역의 국민보도연맹원에 대한 학살은 육군 특무대에 의해 조직적으로 자행된 만행이었던 것으로 나타나고 있다.

진주시 명석면 용산리 박우회씨(64)는 "당시 진주특무대장이었던 탁소령의 지시하에 저질러진 만행"이라고 폭로했으며, 명석면 우수리 학살을 직접 목격했던 우수리 최상훈씨(73)도 "이곳에서 보도연맹원들을 죽인 학살자는 육군 특무대원들이었다"고 증언했다.

특히 명석면은 진주지역 보도연맹원 학살사건 가운데 가장 대규모였을 뿐만 아니라, 명석면민 중에서도 보도연맹사건과 연루돼 상당히 많은 사람들이 희생됐다. 명석면은 진주와 가깝고 산간지역에 위치해 있어 깊고 인적이 드문 골짜기가 많았다. 이러한 지리적인 조건 때문에 이곳에서만 3곳에서 학살이 이뤄졌는지도 모른다. 그 3곳은 우수리 갓골과 용산리 용산치, 관지리 화령골 등이었다.

왕지리의 주민 가운데는 보도연맹에 가입했던 박봉규를 비롯해 박종한과 박두영 등이 영문도 모른채 끌려가 학살됐다. 박봉규는 일제 때 박노윤 면장이 세운 강습소에서 야학교사를 한 농촌계몽운동가였다.

또 관지리에서는 하용선과 외지에서 들어온 허주, 외율리에서는 심○○, 시기리에서는 강○○ 등이 이 때 학살되었다.

신기리의 강병근씨(83)는 조카를 보도연맹사건으로 잃었는데, 조카의 시체를 찾아 학살장소를 찾아 헤매다가 명석면으로 끌려갔다는 이야기를 듣고 수소문한 결과 관지리 신촌의 화령골에서 겨우 시신을 수습했다고 말했다. 강씨의 아들 강이조씨(61)는 "재종형님의 시신을 찾은 곳은 지금의 화령골 감나무산이 정확한 지점"이라고 설명했다.

③ 독립운동가도 학살

그래도 시신을 수습한 강씨는 운이 좋은 경우에 해당된다. 대부분의 유족들이 아예 시신을 찾지도 못했기 때문이다. 명석면만 하더라도 학살지가 3곳이나 분포되어 있는데다 이곳 이외에도 금산면의 골짜기나 문산면의 갈촌고개, 이반성면의 발산고개 인근 골짜기 등지에서 수많은 보도연맹원들이 학살됐다고 전해지고 있기 때문이다.

이들은 당초 진주형무소의 옥사와 진주경찰서 유치장 등에 수감되어 있었으나 인민군의 공격으로 진주함락이 임박해지자 곳곳으로 끌려가 무더기로 학살됐던 것이다. 특히 우수리의 경우 명석면의 대학살을 보도한 당시의 신문기사에도 우수리라는 지명이 분명히 표기돼 있다.

미 국립문서보관소 기밀해제에 따라 한림대에서 영인발간한 북한사 연구사료중 1950년 9월 3일자 『해방일보』에 따르면 인민군이 7월 31일 진주를 점령하기 전날 명석면 우수리 뒷산에서는 진주에서 차량으로 실려온 수많은 사람들이 기관총으로 집단총살 당했다고 당시의 목격자인 어느 명석면민의 인터뷰까지 덧붙여 소개하고 있다.

『해방일보』가 보도한 우수리 뒷산은 우수리 갓골내에 있는 밀밭골을 말한다. 밀밭골이 우수리에서 일어난 정확한 학살지로 인정되는 것은 학살의 광경을 직접 목격한 주민이 있기 때문이다. 직접 목격자 우수리의 최상훈(당시 용산리 조방거주)씨는 학살하는 광경을 현장에서 직접 목격한 유일한 생존인물이다.

그는 당시 갓골 근처 논도랑가에 있다가 용산고개의 학살지로 가는 진주형무소의 차량행렬을 바라보고 있었다. 그런데 그중 버스 1대가 고장 나는 바람에 50여명의 보도연맹원들이 이곳에서 내려 밀밭골로 끌려가 학살당하는 비극적인 장면을 목격할 수 있었다. 학살자의 정체가 밝혀지게 된 것은 갓골 학살직후 시체를 묻기 위해 주민들을 동원하려고 이들이 마을로 들어오면서부터였다. 그들은 당시 CIC(방첩부대)라고 불린 육군 특무대원들이었다.

『해방일보』의 보도는 명석면뿐만 아니라 하동과 산청 등지의 진주 이외의 다른 지역에서 있었던 보도연맹원 학살사건도 다루고 있어 학살이 서부경남일대에서 광범위하게 벌어졌음을 시사하고 있다. 용산리 조비마을의 박우희씨는 "진주지역 보도연맹원에 대한 학살은 우수리에서만 있었던 것이 아니다. 오미리와 용산리 등에서도 벌어졌으며 이때 진주의 3·1독립운동가 박진환 선생도 학살돼 지금까지 우리 문중에서는 그의 유골을 못 찾고 있다"고 밝혔다. 박진환은 해방정국 당시 인민당 진주지부장을 지냈다는 이유로 검속돼 보도연맹원 사건 때 학살당한 것으로 알려졌다.

용산리 용산치의 학살은 명석면에서 발생한 학살중 가장 대규모였던만큼 대부분의 주민들이 인정하고 있는 학살의 장소이다. 우수리 최상훈씨는 물론 용산리 박우희씨와 오미리 신판도씨(72)의 증언도 한결같이 용산치, 즉 용산고개에서 일어났던 학살이 가장 컸다고 이구동성 입을 모으고 있다.

현재 용산고개의 학살을 직접 목격한 사람들은 나타나지 않고 있어 얼마나 많은 인원이 죽었는지 대략적인 수자도 추정할 수 없으나 오랫동안 이곳에서 희생자의 유골이 지표에 드러나 있었다는 점이 대학살의 모습을 반증하고 있다.

④ 도처에 널린 유골

특히 우수리 동신마을 리장 정두석씨(68)의 증언은 캄보디아 내전에서 벌어진 학살(이른바 '킬링필드')을 연상시킬 정도로 충격적이다.

그는 전쟁이 끝난 후 하동에서 이사를 왔기 때문에 몇 년 전에 명석면에서 일어난 학살을 알지 못했다. 그러나 동네친구들과 함께 풀을 베러 갔다가 골짜기 도처에 널린 엄청난 수량의 사람 뼈다귀를 보고 기억에 지울 수 없는 상처를 남겼다고 말했다.

또한 화령골에서 있었던 관지리 학살의 직접 목격자 구자영씨(66·관지리 신촌마을)는 전직 명석면장(1994년 퇴임)이다. 구씨는 한국전쟁이 일어나던 해 16세의 청소년이었다. 1950년 7월 말로 기억되는 어느날 오전 11시쯤 신촌마을에 있던 구씨는 난데없는 차량들이 멀리서 행렬을 지어 관지리로 들어오는 것을 보았다.

그런데 신촌마을로 들어서기 전 삭평마을 근처에서 차량의 행렬이 멈춰섰다. 이윽고 3대의 버스에서 내리는 2백여명의 사람들이 하나같이 줄에 묶여 있었고 머리에는 용수(얼굴가리개)가 씌워져 있었다. 그들은 곧 관지리 신촌의 화령골짜기로 들어갔고 얼마 후에는 콩볶는 듯한 굉음이 메아리쳤다.

박우희씨는 "미군이 자행했던 학살은 보도연맹원이 당한 학살사건과 비교하면 별 것이 아니다"면서, "진주지역 보도연맹원 학살은 진주의 특무대장 탁소령이 저지른 만행이며, 좌익제거라는 미명하에 친일파들이 독립운동가 같은 정적제거에 그 목적이 있었기 때문에 전쟁을 핑계로 당시 진주의 인물이란 인물은 다 죽였던 것이다" 라고 말했다. 그는 보도연맹원 학살을 "반드시 밝혀져야 할 우리나라 최대의 사건"이라고 강조했다.

또한 왕지리 박종표씨(67·현 명석면사편찬위원회 감사)는 보도연맹원 학살에 대한 진상규명 의지가 어느 누구보다 강하다. 그는 일제 때 애국계몽운동가였던 자신의 부친을 보도연맹사건으로 잃은 아픔을 간직하고 있다. 그는 "보도연맹원 학살에 대한 진상규명을 외면한 채 미군의 학살만 강조하는 건 설득력이 없다"고 강조했다.

현재 명석면에서는 명석면사 편찬작업이 이뤄지고 있는데, 여기에 면역사상 최대의 비극이었던 보도연맹사건과 이곳에서 일어났던 대학살을 밝히는 진상규명 작업도 함께 추진하고 있다.

⑤ 온 나라가 진혼굿판 벌여야

"나라가 평온해지고 발전해 나가려면 전 국민 차원에서 커다란 굿판을 벌여야 할게요. 지금 나라 구석구석의 중천에는 수백만 원혼이 구천으로 들지 못하고 원귀가 되어 내려다보고 있어서 나라가 화평해질래야 화평해질 수가 없지. 이 원귀들을 위해서 대대적인 진혼을 올려야만 후손이 제대로 살아갈 수 있을 거라고 봐."(6·25 부산 임시수도 시절 경남도경국장으로 있던 박병배씨(작고)의 말, 정희상 『이대로 눈 감을 수는 없소』 돌베개, 1990)

과연 그랬다. 6·25 당시 우리 군·경과 미군에 의한 민간인 학살은 일부지역에만 국한된 사건이 아니었다. 특히 경남지역은 공비토벌을 빙자한 거창·산청·함양의 양민학살을 비롯, 마산·진주·김해·함안 등 도내 전역에서 자행된 보도연맹원 학살과 서북청년단 소속 비정규군에 의해 700여명이 총살·수장된 거제도 양민학살사건, 인민군 부역자를 처단하라는 명목으로 해군과 해군첩보대(G2)에 의해 800여명이 수장된 통영 학살사건 등등…. 4·19혁명 직후 통영사건을 보도한 신문 사설을 보자.

"이승만 자유당정권 하에서 그동안 비밀의 장막 속에 덮여 있던 처참·처절한 집단살인사건의 진상이 4·19민권혁명으로 백일하에 드러나고 있다. 통영에서 죄없는 양민을 창고에 가두어 넣고 옷을 벗기고 강제로 정교를 맺게 한 뒤 수십 명씩 묶어서 수장해버린 사건이 또 알려지고 있거니와 그러한 잔학한 집단학살이 각 지방에서 있었다고는 꿈에도 생각할 수 없는 일이었다. 새삼스러이 이승만 자유당 정권 치하에서의 폭악상에 전율을 금할 수 없으며, 동시에 유족들의 원한이 어떠하였을까를 생각할 때 이승만 자유당 정권의 말로야말로 하늘의 결정에 의한 것이 아닌가 하는 느낌이 없지 않다."(『자유신문』 1960년 5월 22일자 사설)

다음날인 1960년 5월 23일 『부산일보』에는 「또 하나의 학살, 10년 만에 터진 충무 일대의 참사」라는 제목으로 다음과 같은 기사가 실렸다.

"충무·통영군 양민 남녀 800여명의 학살은 6·25때 주둔한 헌병대 문관들이 부녀자 겁탈의 은폐책으로 양민을 빨갱이로 몰아 수장한 진상이 5월 21일 충무시 항남동 선문당에 설치된 「6·25동안 양민희생자 유가족 연락사무소」를 찾은 유가족에 의해 밝혀지고 있다. 유족들이 폭로한 양민학살은 괴뢰군이 충무시에 침입한 1950년 8월 16일 감행되었다는 것이다.…당시 헌병대 유치장으로 사용되었던 현 해무청 충무출장소 옆 해산회사 창고에 끌려들어간 남녀는 옷을 모두 벗기우고 난타당하여 매일 밤 20~30명씩 발동선으로 실어다 버렸다는 것이다. 그 뒤에 수장된 시체가 떠올라 항남동 동충일대 해변에 수없이 떠밀려온 일도 있었다고 한다. 양민학살을 하는데 직접적인 역할을 한 앞잡이들은 착실한 가정부인들을 위협해 강제로 몸을 바치게 했는데, 비상시국대책위원회 간부로 있었던 김모씨는 억울하게 난행을 당한 부녀자들이 현재 충무시에 살고 있다고 증언했다…."

⑥ 거제·통영 … 김해·진영에서도

진영에서도 수백여 명의 민간인이 학살됐다. 1950년 7·8월 두 달에 걸친 진영 민간인 학살은 다른 지방의 그것과 판이하게 달랐다. 이곳은 인민군의 수중에 들어간 일도 없었던 지역이었는데, 터무니없이 개인감정에서부터 비롯돼 무고한 주민들을 학살시켰던 것이다. 당시 진영 민간인 학살 가해자들은 김해경찰서에 사설군법회의까지 만들었다. 당시 진영지서장 김병희와 부읍장 강백수, 방위군 대장 하계백, 의용경찰 강치순 등으로 구성된 사설군법회의는 진영내의 권력을 독점하고 온갖 만행을 저질렀다.

그들의 손가락에 지목돼 죽어간 사람이 335명, 가해자들은 마을마다 돌며 평소에 사감이 있던 사람, 미모가 뛰어난 여자의 가족 등을 상대로 금품을 요구하거나 몸을 바칠 것을 요구했다가 말을 들어주면 놔주고, 거절하면 모조리 끌어다 진영창고에 가뒀다. 목숨을 부지하기 위해 광란의 도가니가 된 진영에서 그들 가해자에게 전답을 바치거나 소를 팔아 돈을 마련해준 사람들이 부지기수였고, 그들의 만행 속에 능욕당한 부녀자들도 셀 수 없었다고 한다.

그때 진영창고에 갇혔던 사람들은 매일 밤 트럭에 실려 생림면 나박고개, 진례면 냉정고개, 덕산골짜기 등에 끌려가 모조리 총살당했다.

이 같은 진영지역의 민간인 학살 외에 김해·의창군 지역에서도 당시 750여명의 비무장 민간인이 무참히 학살된 것으로 알려지고 있다. (『부산매일』「울부짖는 원혼」 1990)

⑦ 산청·함양 양민학살 (1949·1951)

빨치산의 활동 근거지가 될 만한 곳의 인적·물적 자원을 모두 철거시키라는 이른바 '견벽청야' 작전명령은 국군 제11사단 9연대에 의해 함양군과 산청군 일대에서 12개 마을주민 705명을 '통비분자'로 몰아 집단학살하고 마을을 초토화시키는 등의 무차별 양민학살로 변하고 말았다. (通匪 : 제국주의 침략시기 일본군·미국군·조선용병들은 자주독립을 위해 무기를 들고 일어나 싸운 의병과 인민유격대를 비적·공비 등으로 경멸적인 호칭을 붙여 일반 주민들과 접촉하지 못하도록 이간질시켰다.)

경남 산청군의회는 1993년 5월 22일 임시회의에서 지난 1951년 거창 양민학살사건이 일어나기 이틀 전에 공비토벌대에 의해 학살된 산청·함양 군민 700여 명에 대해서 즉각적인 명예회복과 함께 진상규명을 촉구하는 대정부건의안을 채택했다.

함양군의회도 청와대와 국회에 건의문을 보냈다. 51년 2월 8일 공비토벌에 나선 국군 제11사단 9연대(대대장 한동석 소령)가 거창 양민학살에 앞서 산청군 금서면과 함양군 유림면 일대에서 12개 마을 주민 705명을 '통비분자'로 몰아 무차별 학살하고 마을에 불을 질렀다.

비극은 당시 빨치산을 토벌중이던 육군 11사단 최덕신 사단장이 내린 작전명령 '견벽청야'堅壁淸野에서 비롯되었다. 빨치산의 활동 근거지가 될만한 곳의 인적·물적 자원을 모두 철거시키라는 이 명령은 무차별 양민학살로 변하고 말았다. (성벽을 굳게 막고 들에 있는 것을 말끔히 치움→물자를 얻지 못하게 하여 적을 괴롭히는 전법)

이 일대는 지리산 끝자락의 깊은 계곡으로 치열한 격전지였다. 국군과 인민군이 밤낮을 번갈아 고지를 뺏고 빼앗기던 곳이었다.

이 날은 며칠동안 계속되던 추위가 음력설을 맞아 다소 누그러지고 이따금씩 눈발이 날리던 푸근한 아침이었다. 오전 7시쯤 11사단 9연대 3대대 1중대 병력이 가현마을에 들이닥쳤다. 이 부대는 금서면 수철리에서 야영을 한 뒤 8일 아침 각 중대별로 산개하여 산을 넘었다. 막 아침식사를 끝낸 마을에 들이닥친 군인들은 주민들을 한데 모아서 200여m 떨어진 '산제당' 골짜기로 끌고 갔다. 이에 앞서 군인중 일부가 집집마다 돌며 닥치는 대로 불을 지르자 마을 40가구에서 삽시간에 불길이 치솟았다. (김삼웅, 앞의 책 142~153쪽.)

산제당 골짜기로 주민들을 끌어간 1중대 군인들은 이들을 열지어 꿇어앉힌 뒤 무차별

사격을 가했다. 이 마을 사람 123명이 일순간에 사살되었다. 학살을 마친 군인들은 가현 마을의 소와 돼지를 몰고 1km 가량 떨어진 아랫마을인 방곡으로 내려갔다.

비슷한 시각, 3대대의 2중대가 방곡마을에 들이닥쳤다. 이들은 "마을 좌담회를 열겠다"면서 주민들을 소집하여 마을 앞 논밭에서 210명을 학살한 뒤 72채의 민가를 불태웠다.

가현마을의 학살을 마친 3대대 1중대 병력은 2중대가 저지르는 학살현장을 지켜보면서 바로 아래 점촌마을로 향했다. 점촌마을에서도 마을 앞 논에다 끌어 모은 60여 명 주민 모두를 학살하고 집을 불태웠다.

삽시간에 3개 마을 주민을 몰살하고 마을을 초토화시킨 군인들은 이번에는 나머지 마을 주민들을 전부 한자리에 불러모아서 학살하는 방식을 취했다. 학살 마을의 대상은 함양군 유림면 손곡리의 손곡·지곡, 산청군 금서면 자혜리의 상촌·하촌, 화계리의 화계·화산·주상 등이다. 이 7개 마을 주민들을 유림면 서주리 엄천강 둔덕에 집결시켰다. 이른바 '통비분자'를 색출하기 위해서였다.

3대대 군인들은 주민 300여 명을, 젊은 장정 10여 명이 미리 끌려나와 자기들의 무덤이 될, 교실 넓이 만하게 판 구덩이에 분산시켜 몰아넣었다. 그리고는 수류탄을 던지고 기관총을 난사하여 마을 사람 310여 명을 처참하게 학살했다. 박격포를 수직으로 발사해 현장에 떨어지게 하는 등의 온갖 학살방법이 동원되었다. 이렇게 하여 불과 10시간 안팎에 이 일대에서 무고한 양민 705명이 학살되었다.

학살을 마친 11사단 9연대 3대대 병력은 2월 8일 밤 숙영지로 인근 함양군 생초면에 있는 생초국민학교를 택했다. 그리고 양민을 학살한 마을에서 끌어온 가축을 잡아 이곳에서 작전 축하잔치를 벌였다. 그 자리에 참석했던 생존한 한 관련자의 증언을 들어보자.

지금 산청군 금서면 신아리 구아마을에 거주하는 최남철씨(67)는 당시 청년방위대원으로 3대대 병력의 길 안내를 맡아 가현마을에서부터 서주리 집단학살 현장에 이르기까지 벌어졌던 참상을 낱낱이 목격한 유일한 민간인 신분의 증인이다.

"나는 당시 산청읍에서 청년방위대 훈련을 받다 설날 가현 뒷산 너머에 있던 수철리 집에 와 있었다. 초하룻날(2월 7일) 11사단 9연대 3대대 병력이 우리 집에 대대본부를 차리고 주둔했다. 다음날 새벽에 3대대는 세 중대가 각각 가현·방곡·점촌을 차례로 훑어내려온 군인들은 집집마다 불을 지르고 마을 사람들을 차례로 몰아세운 뒤 노인들에게는 아들의 소재를 물었고, 부녀자들에게는 남편의 소재를 물었다.

대부분 군대에 갔다고 대답했지만 더러 산에 갔다고(빨치산이 되었다는 뜻) 말한 주민들도 있었다. 그러나 군인들은 마을 주민 전원을 총살했다. 가현과 점촌 주민은 내가 짐을 져준 1중대장이 직접 총살했고 방곡 주민은 2중대가 총살했다.

이들이 살해한 주민의 대부분은 어린이, 노인, 부녀자들이었다. 방곡에서는 시체더미 속에서 세 살쯤 되어 보이는 아이가 울며 기어다니자 중대장이 정조준해 쏘아버렸다. 그 중대장은 옆에 따라 다니는 나더러 '기분이 안 좋아?' 하고 물었지만, 나는 죽음이 두려워 '좋습니다' 하고 대답했다. 점촌까지 학살을 마쳤을 때 자혜리 쪽 언덕에서 대대장(한동석인 듯)이 중대장을 불러오더니 갑자기 죽도록 팼다.

그 이유는 아직도 모르겠다. 중대장을 따라 서주리로 가니까 구덩이 두 개가 패어 있었다. 군·경이 끌고 온 주민 수백 명 중에서 군인·경찰가족을 고르고 있었다. 구덩이 주변에는 기관총 2대, 포 2대가 놓여 있었는데, 사격이 시작되자 구덩이에서 옷가지와 살점들이 튀어올라 근처 나뭇가지에 무수히 걸렸다.

그때가 해질 무렵이었다. 중대장은 그날 밤 부대 숙영지인 생초국민학교로 나를 데려간 뒤 쇠고깃국과 주먹밥을 주었다. 그러나 비위가 상해 음식을 넘길 수 없었다. 거기서 3대대장이 어디론지 무전으로 보고했다. '가현 70, 방곡 150, 점촌 35, 서주리 200 공비소탕 오버'라고 했던 것으로 기억한다. 그날 밤 귀가해도 좋다는 허락을 받고 부대를 빠져나왔다."

최남철씨는 당시 중대장이 "나는 제주도 출신인데 가족이 빨갱이들한테 죽어 보복하러 왔다"라고 했던 말이 아직까지 잊혀지지 않는다고 덧붙였다(정희상 「산청·함양 양민도 705명 학살」, 『시사저널』 1993년 6월 3일자 인용).

3대대 병력은 2월 9일 아침 생초국민학교를 출발해 거창 방면으로 향했다. 산악길 50여 리를 행군해 2월 9일 밤을 산 속에서 숙영한 부대는 2월 10일 거창군 신원면 덕산리 청연마을에 도착했다. 거창 양민학살의 시발인 청연마을 학살에서 주민 70여 명은 이날 뒷산에 끌려가 전원 죽임을 당했다. 이날 오후 부대는 다시 인근 와룡리, 대현리 주민 1백여 명을 탄량 골짜기로 끌어내 학살했다.

3대대 병력은 계속해서 와룡리, 과정리 일대 주민 500여 명을 면소재지에 있는 신원국민학교에 수용했다가 이튿날 아침 근처 백산 골짜기로 끌고 가 학살했다.

가히 초토작전이라고도 할 수 있는 학살사건 이후 기적적으로 살아남은 사람들이나 유족들은 대부분 고향을 뜨거나, 피해자이면서도 어디다 하소연도 하지 못한 채 숨죽이고 살 수밖에 없었다. 이것이 이승만과 박정희가 통치한 자유민주주의 나라 대한민국의 진상이었다.

다행히 4월혁명으로 사회 분위기가 바뀌고 지방자치제가 실시되면서 이 지역 도의원에 당선된 민치재씨(85년 작고)가 처음으로 도의회에서 "억울한 희생에 대한 진상을 규명해달라"고 발언하기도 했으나, 곧 이어 밀어닥친 5·16 쿠데타로 민씨는 용공분자로 몰려 한동안 산청경찰서에 수감되기도 했다.

1990년 유족들은 유족회를 결성하고 91년 4월에는 청와대와 국회에 진상규명과 명예회복을 탄원했다. 그러나 이를 넘겨받은 국방부는 "관련자료를 조사한 바 해당부대가 해당시기에 산청군 금서면과 함양군 서주리 부근에서 공비토벌작전을 벌인 것은 확인했으나 양민을 학살한 사건은 발견하지 못했다"는 내용의 회신을 보내왔다.

국방부는 이 회신에서 "민원인들의 주장이 사실이라면 거창사건과 동일한 차원에서 처리되는 것이 바람직하므로 '거창사건 관련자의 명예회복 및 배상에 관한 특별조치법안'의 심의과정에서 함께 검토 심의하는 것이 타당하다"는 의견을 제시했다.

⑧ 함양군 수동면 도북리 양민학살

"여기 서른 두 사람의 가엾고 애처로운 혼령들이 있다. 서기 1949년 7월 28일 도북마을에서는 통탄할 사건이 발생했다.

민족의 분열을 바라던 자들의 책동으로 인한 사상전 때문에 흙냄새 풍기는 청장년 32인이 불행히도 함양읍 이은리, 속칭 당그래산에서 국군의 오판에 의해 희생되었음이라.

43년이란 오랜 세월 동안 역사의 뒤안길에서 철저히 버림받은 이들 애꿎은 원혼 앞에서 자손들의 애원과 망주의 통곡소리가 온 누리를 메우는 가운데 1991년 12월 21일 낮 12시 32구의 유해는 이곳에 안장되었다."

님들이 뿌린 씨앗 단비 없이 자랐도다
해 가고 눈서리 져도 피고 지고 또 피나니
한맺힌 가슴 도려 산 넘어 내던지고
세세연년 무릎 펴고 고이 잠드소서

1949년 7월 '통비분자'로 몰려 경찰에 의해 학살되었던 주민 32인의 유해발굴과 장례식이 함양군 수동면 도북리에서 사건 발생 43년 만인 지난 1991년 12월 21일 엄숙히 거행되었다. 앞에 인용된 글은 유족들이 세워 이날 제막한 위령비문이다. 유족들은 자신들의 힘으로 위령비를 건립하고 억울하게 죽은 부모 형제들의 넋을 달랬다.

6·25전쟁이 있기 1년 전인 49년 7월 28일 정오께 수동면 도북리 일대에 살던 마을 주민 차재규(당시 36세)씨 등 장정 32명은 군 트럭에 실려가 속칭 '당그래산' 골짜기에서 총살당한 뒤 모두 한 구덩이에 매장되었다. 이들은 '통비분자'라는 죄명으로 재판도 없이 처형되었다.

당시 이 지역의 빨치산들은 밤이면 마을에 내려와 식량을 약탈하기를 예사로 했다. 지역이 워낙 산골 오지에 위치하다 보니 마을 주민들은 경찰이나 국군의 보호도 제대로 받지 못한 상태에 있었다. 이런 상황에서 마을 주민들은 스스로 마을을 지키기로 작정하고 15세 이상의 남자들이 밤마다 교대로 죽창을 들고 마을 순찰에 나섰다. 그런데 사단은 엉뚱하게 벌어졌다. 마을 주민 집단처형이 있기 이틀 전인 26일 밤 보초를 서던 주민들은 빨치산들과 내통하여 마을을 빠져나가던 마을의 이발사 정주상을 붙잡아 수동지서에 넘겼다. 이것이 이 마을을 쑥밭으로 만드는 사건의 발단이었다.

정씨를 넘겨받아 조사를 벌이던 경찰은 정씨로부터 엉뚱한 자백을 받아냈다. 마을 청년 대부분이 빨치산들과 연계되어 그들에게 식량을 주고 부역했다는 것이다. 정씨는 마을 청년들이 자신을 붙잡아 경찰에 넘긴 것에 앙심을 품고 이처럼 허위자백을 하기에 이른 것이다. 정씨의 '자백'을 받은 경찰은 그의 집을 수색하여 40여 명의 마을주민 명단이 적힌 장부 하나를 찾아냈다.

이 장부는 당시 농촌에서 돈이 귀해 이발을 하고 추수 때 곡식으로 갚는 명단으로서 '외상 이발'을 한 사람들이었다. 그러나 경찰은 장부에 적힌 명단을 빨갱이와 내통한 통비분자로 간주하고 곧장 마을로 들어와 주민들을 마을 서당으로 집합시켰다. '외상장부'에 적힌 명단 중 당시 그 장소를 피한 사람과 출타중인 사람을 제외한 35명이 모였다. 이들은 영문도 모르는 채 함양경찰서로 넘겨졌고 그 즉시 군부대로 인계되어 빨갱이라는 누명을 쓴 채 모진 고문을 당했다. 이들은 거꾸로 매달아 놓고 몽둥이로 패고 코에 고춧가루 물을 붓는 등 고문이 너무도 심해 대부분 실신한 상태가 되었다. 결국 군인들의 감시를 피해 달아난 3명을 뺀 나머지 32명은 28일 낮 12시게 '당그래산' 골짜기에 끌려가 한 구덩이에 세워진 채 총살당했다.

6·25 직전인 50년 4월 유족과 마을 청장년들이 '당그래산' 현장을 찾아내고 시신 발굴작업을 벌인 끝에 시신 1구를 찾아냈으나 곧바로 경찰의 저지로 다시 묻고 주동자들은 심한 구타를 당하는 등의 탄압이 계속되었다(이명춘 「43년 만의 원혼 장례식」, 『월간조선』 1992년 2월호).

⑨ 거창 양민학살 (1951.2)

1951년 2월 경남 거창군 신원면 일대에서 공비 토벌중이던 육군 제11사단은 '통비분자'라는 혐의로 무고한 양민 719명을 무차별 사살했다. 국회와 국방부는 합동조사반을 현지에 파견했으나 김종원 경남지구 계엄인사부장은 공비를 가장하여 조사단을 습격, 방해했다. 그해 12월 관련자들은 처벌되었지만 이들은 모두 1년 만에 석방되었고, 중요

고위직에 재기용되어 많은 의혹을 남겼다.

6·25전쟁이 한창인 1951년 2월 9일~11일 사이 경상남도 거창군 신원면에서 일어난 양민 대량학살사건은 국군에 의해 저질러진 어처구니없는 전쟁비극이었다.

군인들은 사흘 동안 무고한 양민 719명을 무참히 쏘아 죽였다. 이때 학살당한 사람은 열 살도 안되는 어린아이가 313명, 60살 이상 노인이 66명, 여자가 388명이었다. 군인들은 이들을 '통비분자'로 몰아 학살했다.

6·25전쟁 초기 남한지역을 거의 석권하던 인민군은 유엔군의 인천상륙작전과 9·28수복으로 허를 찔려 전선에 투입되었던 다수의 병력이 퇴로가 끊긴 채 협공을 당함으로써 산 속에 잠복하게 되었다. 그러나 50년 12월 중국군(중공군)의 참전으로 아군의 전세가 불리해지자 이들 인민군 패잔병들은 당시 지하로 들어가 있던 남로당 현지세력을 규합, 후방 게릴라로 활약했다. 특히 전쟁 초기에 진주·마산·창녕 방면에 진주했던 북한 제2사단·제6사단 등 패잔부대들은 험준한 지리산 일대 산악지대에 포진, 약 40만명의 병력으로 노령산맥의 줄기를 타고 순창·정읍·남원·장성·구례 등 호남 일대와 거창·산청·함양·합천 등지에 출몰했다.

이러한 상황에 대처하기 위해 정부는 50년 10월 2일 공비토벌을 위해 육군 제11사단을 창설, 사단장에 최덕신 준장을 임명하고, 사단본부는 남원에 13연대, 광주에 20연대, 진주에 9연대를 배치했다. 그러나 공비토벌은 쉽지 않았다. 험준한 산악지대를 거점으로 하여 기습공격을 가해오는 바람에 산골마을에는 국군과 공비의 뺏고 빼앗기는 공방이 거듭되었고, 지역에 따라서는 낮에는 정부군이, 밤에는 공비가 지배하는 양상이 전개되었다. 거창군 신원면도 그런 지역 중의 하나였다.

거창읍으로 통하는 한 가닥 길밖에 없는 신원면에 중국군이 대거 남하하기 시작한 12월 5일 400~500명의 게릴라들이 신원지서를 습격, 경찰과 청년의용대 대부분이 사살되고 10여 명이 간신히 탈출하는 사건이 벌어졌다.

이에 따라 제 11사단 9연대(연대장 오익경)는 51년 2월 초 거창·함양·산청 등 지리산 남부지역의 공비소탕작전을 펴기로 하고, 함양의 제1대대, 하동의 제2대대, 거창의 제3대대 합동작전을 명했다. 이 작전에 따라 거창의 제3대대는 경찰·청년의용대와 함께 51년 2월 7일 신원면에 진주했다. 군대가 진주하자 공비들은 아무런 저항 없이 산골로 퇴각했고, 제3대대는 경찰과 의용대 병력을 남기고 작전계획에 따라 산청 방면으로 계속 진군했다. 군대가 신원면을 떠나자 공비들은 이날 밤 다시 나타나 경찰과 교전하는 사태가 일어났고, 경찰병력만으로는 방어가 위태로운 지경에 빠졌다.

2월 11일 신원면에 재진주한 제3대대는 대현리·중유리·와룡리 주민 약 1천여 명을 신원국민학교로 소집, 경찰 및 지방유지 가족을 골라낸 뒤 박산 골짜기로 끌고 가 집단학살한 뒤 휘발유를 뿌려 불태웠다. 이 같은 사건은 10일 대현리·덕산리 일대에서도 자행되었다.

이때 학살된 사람은 경찰 추산으로도 600명에 이른다. 학살을 마친 제3대대는 학살자의 수자를 187명으로 줄여 공비 및 통비분자들을 소탕했다는 일일전과를 연대에 보고했다.

⑩ 은폐 조작에 광분한 신성모

현지 주둔군은 이 학살사건을 은폐하려고 피해 현지와 외부와의 왕래를 일절 차단하고 생존주민들에게 실상을 발설하는 자는 공비로 간주, 총살하겠다고 위협했다. 그러나 사건 후 약 한 달이 지난 51년 3월 21일 제11사단 자체가 진상보고서를 육군과 국방부에 올리지 않을 수 없었다. 사단장 최덕신의 이름으로 된 보고서는 "학살주민의 대부분이 양민이어서 군에 대한 신뢰가 땅에 떨어지고, 이밖에도 부녀자 강간, 물품 강요, 재산약탈 등으로 주민들이 분노하고 있다"는 내용이었다.

국민방위군 사건으로 궁지에 몰려 있던 신성모 국방장관은 "외국의 원조로 전쟁을 수행하고 있는 마당에 이 같은 군의 비행이 외국에 알려지면 전쟁수행에 지장을 초래하고 군의 사기를 해친다"고 사건을 묵살할 것을 지시하는 한편, 3월 중순 현장을 답사한 후 "희생자수는 187명이며 모두 통비분자였다"고 허위발표했다.

신성모의 허위발표에도 불구하고 거창 출신 국회의원 신중목은 국회에서 자신이 조사한 진상을 발표하고, 국회는 장면 총리, 신성모 국방장관, 조병옥 내무장관, 김준연 법무장관 등이 조사단을 구성, 현지 조사하기로 결의했다.

국회와 국방부측의 합동조사반은 51년 4월 7일 신원면으로 들어가려 했으나 조사활동을 방해하기 위해 공비로 가장한 군인들의 공격을 받고 성과 없이 철수했다. 특별지시로 진상조사가 실시되고 헌병사령부는 제 9연대장 오익경, 제3대대장 한동석, 동대대 정보장교 이종대 등을 구속, 군법회의에 회부했다.

51년 7월 27일 대구에서 열린 중앙고등군법회의에 이어 12월 26일 선고공판에서 김종원에게 징역 3년, 오익경에게 무기징역, 한동석 징역 10년, 이종대에게 무죄를 선고하여 거창사건의 책임추궁은 일단락 되었다. 그러나 이들은 1년 만에 모두 석방되고 오익경·한동석은 현역으로, 김종원은 경찰 고위간부로 재기용되어 많은 의혹을 남겼다.

4·19혁명 후인 1960년 5월, 이 사건의 희생자 유가족 70여 명은 당시의 신원면장 박영보를 잡아 생매장하는 등 보복에 나섰다. 이를 계기로 국회는 진상조사에 나서, 거

창을 비롯한 함양·산청·문경·한평 등지에서도 국군에 의해 저질러진 양민학살 사건들이 잇따라 폭로되었다. 유족들은 4·19 후 진상조사와 합동묘비건립 추진위원회를 구성하여 각계에 진정했으나 5·16쿠데타로 된서리를 맞고, 88년 1월 민주화합추진위원회에 진정서를 제출하는 등 최근까지 여러 차례 청원서·질의서·진정서 등을 냈다.

또 88년 11월에는 민정·평민·민주·공화 4당 대표로부터 약속 받고 야당의원 발의로 「거창사건 관련자의 명예회복 및 배상에 관한 특별조치법안」을 국회에 제출하였으나 이 법안은 3당 합당 뒤 흐지부지돼 사실상 폐기되었다. 산청군의회는 93년 5월 22일 즉각적인 명예회복과 함께 진상규명을 촉구하는 대정부 건의안을 채택했다.

(4) 학살 유족들까지 극형 처벌한 군사정권 사법부

① 쿠데타정권의 학살은폐 협박과 불법적 처벌

학계와 유족들은 8·15해방 이후 한국전쟁 전후에 이르기까지 집단 학살된 민간인의 수자는 100만에 이른다고 주장하고 있다. 우리가 흔히 알고 있는 나치의 유태인학살과 일제의 관동대지진 학살 및 중국 난징대학살을 훨씬 능가하는 극악패륜적(친일과 민족 반역세력이 자주독립 지향의, 같은 동포 근로민중을 전국적인 범위에서 조직적으로 대량 살육하였으니) 학살범죄사건이 반세기가 넘도록 철저히 비밀에 부쳐질 수 있었던 이유는 뭘까?

그것은 국가가 조직적으로 이 사건을 은폐해 왔기 때문이다. 뿐만 아니라 국가는 이 사건을 발설하거나 진상규명을 요구하는 유족들에게 용공분자라는 올가미를 씌워 저주의 악마놀음을 벌임으로써 아예 입을 틀어막아 버렸다. 이 때문에 유족들은 내 부모나 형제자매가 언제, 어떻게, 왜 죽었는지 알고자 하는 최소한의 권리마저도 박탈당한 채 벙어리 냉가슴 앓듯 50여년을 살아왔다.

물론 반세기동안 단 한번도 유족들에 의한 진상규명 요구가 없었던 것은 아니었다. 1960년 4·19혁명 직후 학살의 최고 책임자인 이승만 정권이 몰락하자 그동안 숨죽이고 있던 유족들의 통한이 터져 나오기 시작했다. 마산과 통영·김해·밀양·동래 등 경남도내에서도 속속 유족회가 결성되었고, 대구와 경주·경산에 이어 서울에서 전국유족회까지 결성돼 진상규명운동에 나서게 된다. 또한 국회도 비록 짧은 기간이지만 「양민학살 진상조사 특별위원회」를 만들어 조사활동을 벌인 결과 「양민학살 사건 처리 특별조치법」을 제정해야 한다는 건의안을 내놓기에 이른다.

그러나 박정희 등 일부 정치군인들에 의한 1961년 5·16쿠데타는 이 모든 것을 물거품으로 돌리는 것은 물론 유족들의 기나긴 침묵을 강요하게 된다. 유족회 간부들을 모조리 잡아들여 혁명재판에 회부하는 것도 모자라, 모든 활동기록을 압수하고 합동묘를 파헤치고 묘비까지 산산조각을 내버렸다.

② 판결문을 통해 본 진상규명운동

60년 5월 24일(화) 구름, 맑음.

상오 11시부터 하오 1시까지 "정부는 6·25당시의 보련(保聯)관계자의 행방을 알려라!! 만일 죽였다면 그 진상을 공개하라!!"라는 플래카드를 들고 김용국 군과 단 둘이서 침묵의 시위를 온 시내로 하였다. 1600명의 행방불명자의 영혼이 내 가슴에 스며드는 것 같았다.(노현섭씨의 일기 중에서)

이것이 4·19이후 최대의 현안으로 떠오른 마산 양민학살 진상규명운동의 첫 기록이다. 노씨의 이 같은 기록은 「경상남북도 피학살자 유족회사건」 공소장과 판결문에도 그대로 나오고 있다.

"피고인 노현섭 동 이병기는 공모하여 동 노현섭이 동년 5월 25일 공소 외 김용국과 합세하여 '정부는 양민처형의 내용을 밝히라'는 지(취지)의 푸랑카드를 들고 마산시내 일원에 걸쳐 시위행진을 하고 시민을 선동하여 동조자 다수의 공명을 얻은 다음 동년 7월 12일경 마산상공회의소 회의실에서 피고인 등 주동으로 전동 유족 약 100여명이 집합한 가운데 마산유족회 결성대회를 개최함에 있어서 노현섭은 개회사를 통하여 '경북지구에서는 이미 유족들이 단합하여 유족회를 결성하고 대정부투쟁을 전개하고 있으니 우리도 뭉쳐서 싸우자'는 지를 역설하고, 임원 선임에 있어서 동 노현섭은 부회장에 동 이병기는 조직부장에 각각 선임된 다음 공동투쟁목표로서 전시 제1사실의 대정부 투쟁방안과 동일한 내용을 결의하여서 대정부 투쟁방안을 강구함과 아울러 좌익처형자를 애국자인 것처럼 가장하고 허위사실을 선전하여 용공사상을 고취하고…."(공소장)

이에 대한 판결문도 공소장의 내용을 거의 그대로 베낀 듯 별로 다름이 없었다. 다만 마산유족회 결성일자가 공소장과 판결문에는 7월 12일로 되어 있으나 노현섭씨의 일기장과 당시 신문보도를 종합하면서 6월 12일이 맞는 걸로 나타나고 있다.(김주완 『토호세력의 뿌리』 124~134쪽)

노현섭씨와 함께 침묵시위에 나섰던 김용국씨는 해방 초 초대(1952년) 마산시위원 출신으로 6·25 당시 고향 통영에서 가족을 양민학살사건으로 잃은 경험이 있었던 것으로 전해진다. 그는 수산업을 하면서 이후 노현섭씨가 주도한 유족회 활동에 적지 않은 자금

지원을 했던 것으로 알려졌다.

노현섭(1920~1992)씨는 마산시 구산면 안녕마을 출신으로 일본 중앙대 법과를 졸업한 인텔리였다. 마산보통상업학교(현 마산상고)에서 교사생활을 하던 그는 한국전쟁 이후 3개 부두노조를 통합한 단일지역노조인 대한노총 자유연맹 마산부두노조를 결성, 본격적으로 노동운동에 뛰어들었다. 이와 함께 그는 마산자유연맹 위원장과 전국자유연맹 위원장으로 한국 노동운동을 주도했으며, 노동자 자녀를 위한 마산고등공민학교와 노동병원을 설립·운영하기도 했던 마산노동운동의 아버지와 같은 인물이다.

그 또한 6·25 당시 일본 와세다대학을 나온 친형을 보도연맹 사건으로 잃었으며, 자신도 트럭에 실려 끌려가던 중 달리던 차에서 뛰어내려 필사의 탈출을 한 끝에 구사일생으로 목숨을 건졌다.

그는 김용국씨와 침묵시위를 벌인 다음날부터 보도연맹사건으로 남편이나 아버지를 잃은 유가족들의 방문을 받기 시작한다. 25일 그의 일기에는 "과거 소위 보련 유가족 내방-사망일자 알기 위하여"라고 적혀 있다. 지난 10년간 언제 어디서 죽었는지도 몰라 제사마저 제대로 지내지 못한 유가족들이 실낱같은 희망을 안고 노현섭씨를 찾아오기 시작한 것이다. 노현섭씨는 바로 그날부터 다음과 같은 대자보를 시내 곳곳에 써 붙이고 유족신고를 받기 시작했다.

"6·25사변 당시 보도연맹 관계자로서 행방불명된 자의 행방과 그의 진상을 알고 관계당국에 진정코저 하오니 유가족께옵서는 좌기에 의하여 연락하여 주시옵기 자이경망하나이다. 임시연락사무소 마산시 중앙동 1가 1번지(마산자유노조사무실내)… 노현섭 근고"

이 같은 내용의 공고는 5월 30일자 마산일보에도 광고면에 게재된다. 당시 유족신고를 받은 기간은 5월 25일부터 31일까지 단 일주일에 불과했지만, 이 기간에 200여명에 이르는 유가족의 신고가 접수된 것으로 나타나고 있다.

이즈음 국회에서도 거창·함양·산청 및 통영·함평·남원·문경지구 양민학살사건에 대한 조사결의안이 심의되고 있었다. 5월 23일 본회의에서 진상조사특별위원회를 구성한 국회는 5월 31일부터 6월 10일까지 경남·경북·전남 등 3개 도에 대한 진상조사를 벌인다. 당시 경남지역 조사단(최천·조일제·박상길 의원)은 6월 6일 마산에 들러 노현섭씨 등이 접수한 내용을 전달받은 것으로 보인다.

6월 12일 마산상공회의소 회의실에는 소복을 입은 여인네들과 노인들이 모여들기 시작했다. 모두들 6·25때 남편이나 아들·형제를 보도연맹사건으로 잃은 후 제삿날은 물론 생사여부도 모르고 지내온 유가족들이었다. 이날 노현섭씨의 일기는 "장내는 울음의 바다였다"고 전하고 있다. 노현섭·김용국·한범석·이병기 등의 주도로 결성된 이날 마산지구양민학살유가족회는 △ 학살된 자의 법적조치 및 호적정리 △ 학살관계자의 사법처리 △ 유족에 대한 국가의 보호조치 △ 유골발굴 및 위령비 건립 등 4개항을 결의했다.

이날 유족회에 합류해 조직부장을 맡은 이병기씨는 기자였다. 경성실업학교 3년을 수료한 그는 함안 가야초등학교 교사와 연합신문사 마산지사장 겸 기자로 근무하다 양민학살 진상규명사업에 나섰다.

마산유족회를 결성한 노현섭씨 등은 이 문제가 마산지역만의 활동으로 해결될 수 없다는 데 인식을 같이했다. 이에 따라 노현섭·한범석·이병기씨 등은 때마침 충무시(현 통영)에서 진상규명운동에 나선 탁복수씨(여·1913년생)와 함께 경남유족연합회 및 전국유족회 결성을 추진하고 나섰다.

충무의 탁복수씨는 당시 경남지역 양민학살 진상규명운동의 핵심인물 가운데 유일한 여성으로 서울 숙명여중을 거쳐 21살 때 일본 동경여자대학 가정과를 졸업하고, 이 학교에서 조교로 근무하다 해방 후 귀국, 통영여중 교원으로 있던 지식인 여성이었다.

탁씨는 50년 전쟁이 일어난 후 인민군에 부역한 혐의로 통영헌병대에 25일간 구금된 적이 있는 것으로 유족회사건 공소장에 기록돼 있다. 또한 그녀의 남편은 좌익과 아무런 관련이 없는 교장이었으나 전쟁 당시 해상 방첩대장의 개인적인 감정에 의해 학살된 것으로 알려져 있다. 탁씨 또한 마산과 비슷한 시기인 60년 5월 하순부터 충무시 항남동의 한 인장포에 유족신고센터를 차려놓고 통영군과 충무시 전역에 유족의 피해신고를 요청하는 대자보를 부착했으며, 6월 중순에는 학살 가해자인 충무경찰서 최문숙 등 20여명을 통영지청에 고소하고, 8월초 통영초등학교 세병관에서 유족 100여명(공소장 기록)이 참석한 가운데 유족회를 정식결성했다.

통영유족회 결성에 이어 동래군에서도 8월 25일 문대현·송철순씨(생존) 등의 주도로 유족회가 정식 발족됐고, 27일에는 마산에서 대대적인 위령제가 열렸다. 마산역 광장(현 중앙동 삼익아파트 자리)에서 열린 이날 위령제에는 소복을 입은 유족 1000여명이 운집, 또다시 눈물바다를 이뤘다. 검찰 공소장과 재판부의 판결문은 이날 마산지구 합동위령제를 이렇게 기록하고 있다.

"마산역전 광장에서 청중 약 천여명이 운집한 가운데 소위 마산지구 합동위령제를 거행하여 제단을 설치하고 순서에 따라 발문 낭독, 분향에 이어 동 이병기는 '이(승만) 독재의 양민처형으로 내 부모형제가 무주백골이 된 지 10년이 지난 오늘 매우 감개무량하다'는 요지의 위령제

거행 경과보고를, 노현섭은 '원혼이 된 영령들이여 얼마나 지하에서 통곡하고 있는가'라는 요지의 추도사를 각 낭독하고, 전시 제3사실에서와 동일한 내용의 플래카드를 게양하고 유족들로 하여금 통곡케 하는 등 좌익사망자를 애국자인 양 가장 선전하고 그들을 찬양하여 일반시민으로 하여금 군경에 대한 반감을 포지케 하여 용공사상을 고취하고…."

이렇게 마산 위령제를 치른 바로 다음날인 28일에는 경남지역 각 시군 유족대표들이 부산상공회의소에 모두 참석한 가운데 경남유족연합회 결성대회가 열렸다. 탁복수씨의 사회로 진행된 이날 대회에서 동래유족회 문대현씨가 회장으로 선출됐고, 부회장에는 탁복수·이병기·하은수(함양)씨가 선임됐다. 노현섭씨는 이사, 오음전씨는 부녀부장으로 각각 선임됐다.

이들은 "민족의 원수들 손에 무참히 희생된 자의 한은 만고에 풀리지 않을 것이며, 피를 같이 한 삼천만 민족은 우리 유족의 혈소血訴에 지원해달라"는 내용의 선언문 채택과 함께 전국유족회 결성 추진을 결의했다.

이들 대표는 다음날인 29일 부산시 충무동 거제여관에서 다시 만났다. 1차 임원회의였다. 이날 회의에서는 다음 5개항이 의결됐다.

첫째, 경남도내 미조직 지구에 대해 시급히 유족회 결성을 추진하되, 도내 전역을 동·서·중·남부 등으로 4분하여 지도책을 파견토록 하고, 동부책에 최국, 서부책에 하은수, 중부책에 이병기, 남부책에 탁복수를 선임한다.

둘째, 전국유족회를 결성하여 대정부 투쟁을 강력히 추진하되, 경북유족회 대표들과 협조하여 추진한다.

셋째, 동 회기는 경북에서와 같이 흑색바탕에 백골을 표시한다.

넷째, 국회의사당 앞에서 유족회 대표들이 데모를 행한다.

다섯째, 유족회 취지를 선전하기 위해 경남유족회 취지문 및 선언문, 결성대회 현황, 임원 명단 등을 구비하여 각 신문사 및 방송국에 선전을 의뢰하고, 이로써 유족을 빠짐없이 포섭하자.

경남유족연합회의 이 같은 결의에 의해 대구·경북지역 유족회와 긴밀한 연락이 오간 끝에 마침내 그해 10월 20일 서울 종로구 견지동 전 자유당 중앙당부 회의실에서 전국유족회(회장 노현섭)가 발족된다.

이 자리에서 전국유족회는 양민학살 문제에 대한 해법으로 「특별법 제정」을 공식 요구사항으로 내걸고 활발한 활동에 들어가게 되지만, 이듬해 5·16쿠데타로 모든 핵심간부가 혁명재판에 회부되고 증거자료는 모두 압수되고 말았던 것이다.

③ 군사독재 재판부, 유족들마저 반공악법으로 극형처벌

천인공노할 방법에 의한 불법 살육으로 가족을 잃은 유족들이 그 억울함을 호소할 권리마저도 박탈당한 것은 얄궂게도 허울좋은 '법'과 '재판'에 의해서였다. 1961년 5·16 쿠데타로 정권을 찬탈한 박정희 국가재건최고회의 의장은 6월 6일 「국가재건비상조치법」을 제정하고, 6월 21일에는 현역 군인(장교)이 재판장이 되는 「혁명재판소 및 혁명검찰부 조직법」을 만든데 이어, 바로 다음날인 22일에는 자신의 집권에 반대하는 모든 사람과 세력을 마음대로 처벌할 수 있는 「특수범죄 처벌에 관한 특별법」을 만들었다.

혁명재판소 심판부는 국군 현역장교로 임명되는 재판장 1인과 군법무관 중에서 임명되는 법무사 1인, 그리고 군법무관과 법관, 변호사 각 1인으로 임명되는 심판관 3명 등 총 5명으로 구성됐다. 또 30명으로 구성되는 혁명검찰부 검찰관은 박정희 의장의 승인을 얻어 혁명검찰부장이 임명하도록 했다.

이렇게 구성된 혁명검찰부와 혁명재판소가 민간인학살 유족들에게 적용한 죄목은 특수범죄 처벌에 관한 특별법 제6조 「특수반국가 행위」였다. 이 조항은 '정당, 사회단체의 주요 간부의 지위에 있는 자로서 국가보안법 제1조에 규정된 「반국가단체의 이익이 된다는 정을 알면서 그 단체나 그 구성원의 활동을 찬양 고무·동조하거나 또는 기타의 방법으로 그 목적 수행을 위한 행위를 한 자」는 사형 무기 또는 10년 이상의 징역에 처한다"고 되어 있었다.

이에 따라 1961년 12월 7일 혁명재판소 심판부 제5부(재판장 김용국, 법무사 박용채, 심판관 심훈종, 이택동, 최문기)는 대구유족회 이원식 회장을 사형에, 전국유족회 노현섭 회장과 권중락·이삼근 경북유족회 총무를 징역 15년에, 문대현 경남유족회장을 징역 10년에 처하는 판결을 내렸다. 판결문에 나타난 이유는 다음과 같다.

"이상 종합하여 심안하니 북한괴뢰의 동조자였던 보련원 및 국가보안법 기미결수의 피살은 불법에 의한 것이라 할지라도 반공을 국시로 하는 대한민국의 충실한 국민이라고 할 수 없을진대 애국적이고 조국과 민족의 자주독립을 염원한 존재였다고 할 수 없다. 그들의 사고나 존재를 애국자연하게 위장선전하거나 과시할 가치는 없다 할 것이다. 공산주의 동조자 혹은 공산주의자였던 그들이 염원하였다면 북한괴뢰가 간접침략의 책략으로 기대하는 조국과 민족의 자주독립방안을 염원하였을 뿐이다. 이 점 선언문 취지서 및 추도사의 작자인 피고인 등이 누구보다도 더 인식하였다고 인정된다. 더구나 남로당원이요, 보련원이었던 동 이원식, 경북유족회 총무로서 혁신정당과 야합하여 실질적 회운영에 의식적으로 주동적인 활동을 한 보련원인 동 권중락, 경남유족회장인 동 문대현, 청구대학 문과 3년을 중퇴하고 민자통 경북연맹 상임위원 민민청연맹원이요 경북유족회 총무였고 전국유족회 사정위원 자격으로 지방조직을 열성적으로 하던 동 이삼근, 노동자 조직 생활에 경험이 풍부하고 경남유족회 및 간첩 소외 신석균과 전국유족회 조직에 주동적인 활약을 하고 동회 회장이 되고 지금 와서 유족회 성격을 이상하게 느낀다는 등 노현섭 등의 보통상식으로서도 유족회는 성격과 그 활동결과에 대하여 북한괴뢰가 간접침략의 한 방안으로서 기대하는 그들의 동조자의 확대 및 조직강화 그 사상선전에 동조하는 행위라는 것을 인식할 수 있음에 피고인 등은 전시 경력 및 활동과 〈돌꽃〉의 취지문, 선언문, 추도사의 문장요지에 비추어 동 회의 성격과 영향을 숙고한 결과 행동한 것으로 인정되는 등을 종합하여 이를 인정할 수 있으므로 판시사실은 그 증명이 충분하다."

판결문에서 특이한 것은 "보련원 및 국가보안법 기 미결수의 피살은 불법에 의한 것이라 할지라도"라는 부분이다. 재판부도 당시의 학살사건이 재판을 거치지 않은 불법처형이라는 사실을 인정하고 있었다는 것이다. 그럼에도 이에 대한 진상규명 요구가 북한을 이롭게 할 수 있다는 구실을 붙여 유죄를 인정한 것이다. 이 판결보다 앞선 11월 6일 동래유족회에 대한 혁명재판소의 판결문은 좀 더 구체적이다.

"6·25동란 시에 대한민국 군·경찰에 의해 작전상 처형되었음에도 불구하고 좌익분자가 아니라는 근거 없는 망언과 재판절차 없는 사형집행이 부당하다는, 당시의 전국戰國을 망각한 편견에 사로잡혀…군관민의 이간을 책동하면 결국 반공체제가 균열되어 간접침략을 획책하는 북한괴뢰집단의 이익이 된다는 점을 알면서도…국가의 안위 따위는 일절 불원하는 비국민적 사상의 불온분자이므로 피고인 김세룡, 동 송철순에게 각 징역 5년에 처한다."

학살된 민간인들을 가리켜 "반공을 국시로 하는 대한민국의 충실한 국민이라고 할 수 없을진대 애국적이고 조국과 민족의 자주독립을 염원한 존재였다고 할 수 없다"라고 하는 표현도 궁색하기 짝이 없다. '반공을 국시로 하는 대한민국의 충실한 국민이라고 할 수 없는' 국민이라면 재판도 없이 그냥 쏴 죽여도 좋단 말인가. 이와 관련, 한국전쟁이 발발하기 4개월 전 국회 속기록을 검토해볼 필요가 있다.

1950년 2월 11일 국회는 정부가 조직한 보도연맹이라는 조직의 문제점에 대해 국회의원들이 법무부와 내무부 차관을 출석시켜 추궁하는 내용이 나온다. 여기서 장경근 내무부차관과 김갑수 법무부차관은 보도연맹 가입대상이 분명히 "전향 또는 자수한 좌익"이라고 밝힌 바 있으며, 질의·답변과정에서 "보도연맹에 가입하면 국가에서 신분을 보장해준다"고 했던 사실도 밝혀졌다. 그리고 그들은 주로 반공강연회나 미전향 좌익세력 색출에 앞장섰던 사람들이었던 것이다. 또한 좌익 활동과 아무런 관계없이 할당량을 맞추기 위해 강제 가입시킨 사람도 대거 포함돼 있었던 것으로 드러났다. 당시 내무부차관의 답변을 들어보자.

"그 보도연맹에 가입한 중에 아마 안들 사람도, 보도할 필요가 없는 사람도 섞여 있을 것입니다. 그 사람들은 차차 검토해서…처음부터 분별하기가 어렵습니다. 위선 전부 포섭해놓고 그 중에서 필요없는 사람은 나가달라고 하고, 필요있는 사람중에는 어떤 인물을 거기에 적합한 어떤 보도를 하는 것, 적절한 방법으로 그것을 분류해 가지고 그런 방법으로 한다고 하는 것입니다."

또 법무부차관의 답변에도 이런 말이 나온다.

"노동자나 농민들이 아무것도 모른 채 멋모르고 농민조합 등에 가담했다고는 하지만 사람의 마음속은 알 수 없기 때문에 우선 선량한 사람이라도 1차 보도연맹에 가입을 시켜서 거기에서 일정한 절차를 거친 후에 다시 보도연맹을 탈퇴시킬 생각으로 있습니다."

정부 책임자의 이런 답변이 있고 나서 4개월 만에 6·25가 터졌고, 미처 옥석을 가릴 틈도 없이 대대적인 학살이 이뤄졌다는 것이다. 따라서 학살당한 보도연맹원 가운데 일부 위장전향자가 있었다고 하더라도 대부분은 좌익과 무관한 양민이거나 과거의 좌익단체와 결별하고 전향한 사람들이었다는 결론도 가능하다. 그럼에도 고기잡이 하듯이 멸치잡이 그물로 「반공투사」가 아니라며 양민들을 일망타진하고는, 친일파 박정희가 지휘한 5·16혁명재판부는 학살당한 보도연맹원들을 '재판 없이 살해해도 문제없는 사람들'이란 전제 아래 이에 대한 진상규명을 요구한 사람들에게 오히려 '유죄'를 씌워 극형에 처한 것이다.

이런 과정을 보면 당시 이승만 정권과 그 이후의 쿠데타 정권은 민간인 학살을 조직적으로 은폐했을 뿐 아니라, 진상규명을 요구하는 유족들의 입까지 철저히 틀어막았다. 그러나 이승만 정권 하의 국회나 4·19 직후의 국회는 최소한 이에 대한 문제를 제기하고 특별법 제정을 서둘렀다. 정권에 대한 견제 감시의 역할에 나름대로 충실했던 것이다.

그러나 그로부터 44년이 지난 뒤, 2004년 3월 16대 국회는 유족들이 요구한 특별법 제정을 보기 좋게 부결시켰다(찬성 72표, 반대 96표). 17대 국회에서도 "6·25전쟁 전후 민간인 희생사건 진상규명 및 명예회복 특별법안"이 다시 제출됐다. 이 법안에는 가해자에 대한 처벌 규정이 없다. 유족들은 이미 가해자를 용서했다. 다만 유족들이 이 법을 통해 알고 싶은 것은 '용서할 대상이 누구인지'일 뿐이다.

과연 이번 17대 국회가 4·19 직후의 국회 양민학살조사특위 입장을 계승할 것인지, 5·16쿠데타 세력의 은폐와 부관참시를 반복할 것인지 지켜 볼 일이다. (창원지방변호사회 『경남법조』 제6호 2004) (17대 국회가 거의 끝나가는 2008년 2월 현재까지 가결되었다는 소식은 없었다.)

2. 친일파 군경·관료·지주세력 뭉쳐 근로민중 수탈체제 계승

1) 근로계층의 자주독립·민주열망 누르고 반공 독재의 길로 매진

조선반도의 두 점령세력인 소련과 미국간의 조선 통일 정부 구성문제가 파탄나자 미국은 자기 휘하의 유엔에 떠넘겼고, 유엔은 소련 등의 반대에도 불구하고 선거 가능한 지역만의 단독정부 수립을 결의하고 실행에 옮겼다.

1948년 2월 26일 유엔소총회 결의에 의해 치러진 5·10선거는 성별과 신앙을 묻지 않고 21세 이상의 성인에게 동등한 투표권이 주어진 남한 역사상 최초의 보통선거였다. 일부 정치학자들은 보통선거·자유민주주의를 미국이 이식시켜 주었다고 주장하지만, 그것은 일면적 사실일 뿐이다. 사회주의자들이 1930년대 이후 급진적인 정치체제를 주장하기도 했지만, 독립운동 세력은 3·1운동 이후 이미 보통선거에 의한 민주공화제를 주장했고, 해방 이후 정치세력도 한결같이 보통선거제를 주장했다. 다만 이승만과 한국민주당(약칭 한민당) 등 보수세력은 유권자의 선거 연령을 높여 일종의 제한선거로 가고자 했으나 성공하지 못했다.

하지만 5·10선거는 남한만의 단독정부를 수립하기 위한 선거였다는 점에서 전체 조선반도 구성원들의 호감을 사기가 어려웠다. 김구와 김규식을 비롯한 중도파 민족주의자들은 선거 참여를 거부하고 남북협상을 추진했고, 자주독립 지향의 진보세력은 단선단정 반대 투쟁을 맹렬히 전개했다. 반면 이승만과 한민당 등 친미 극우세력은 선거 참여의 폭을 넓히려고 하기는커녕 지방에서의 중도파의 선거 참여를 색깔을 씌워 격렬히 비난하고 친일파 경찰까지 동원하여 반공분위기 조성을 위해 광분하였다.

(1) 5·10 선거 단독정권, 친일파 잔치, 민중은 투표 머슴

선거 결과 예상를 깨고 미군정 하에서 강권을 휘둘렀던 한민당이 참패했다. 민심이 투표로 연결된 것이었다. 한민당은 29명밖에 당선되지 않았지만 무소속 등을 끌어들여 60~70석이 되었고, 이승만 지지세력도 60~70석, 김구·김규식과 노선을 같이하는 무소속 의원도 60~70석 정도가 되었다. 무소속 당선자 가운데에는 이승만과 한민당에 대해 비판적이고 개혁적인 인사들도 다수 포함되어 있었다. 이들은 이른바 '소장파'로 불리었으며 1948년 12월부터 다음 해 6월까지 이승만에 대한 가장 강력한 원내 비판세력으로 활동했다.(서중석 『한국현대사』 웅진 2006, 77~106쪽)

5월 31일 소집된 제헌국회는 「대한민국」을 국호로 정하고 정치체제는 대다수가 내각 책임제를 선호했는데도 이승만의 주장으로 대통령중심제를 채택했다. 7월 17일에는 보통선거제에 의한 자유민주주의를 기본 원리로 한 제헌헌법을 공포했다. 주요 자원과 중요 산업의 국유·국영 또는 공영을 규정하는 등 경제부문에 사회주의적인 요소를 반영한 것은 제헌헌법의 중요한 특징이었다.

제헌국회는 7월 20일 대통령에 이승만, 부통령에 이시영을 선출했고 24일 취임식을 가졌다. 이승만은 한민당을 견제하기 위해 이윤영를 국무총리로 지명했으나 국회에서 거부되자 이범석을 지명해 승인을 받았다. 국무위원은 한민당을 배제하고 이승만 측근 중심으로 구성되어 거국 내각과는 거리가 멀었다. 8월 15일 대한민국 정부 수립이 공포되었다. 국군에 대한 작전통제권은 미군이 철수할 때까지 미군이 갖기로 했다.

북은 남한과 다른 방식으로 정부를 수립하였다. 북은 1948년 4월 연석회의에 이어 6월 29일부터 7월 5일까지 남북 제정당·사회단체 지도자협의회를 열어 남한의 선거를 부정하였다. 북은 남한에서 '지하선거'로 뽑혔다는 대표자들에 의해 선출된 대의원 360명과 북에서 선출한 대의원 212명으로 「최고인민회의」를 구성하고 9월 8일 헌법을 채택했으며, 9월 9일 김일성을 수상으로 한 내각을 구성했다. 국호는 「조선민주주의인민공화국」으로 정하고 독자의 국기國旗와 국가國歌를 새로 제정했다.

남쪽에서는 정부 수립 후 대규모 유혈사태가 잇달아 발생하였다. 제주 4·3항쟁과 여순사건은 이승만 정권이 부닥친 첫 번째 시련이었다는 점에서도 주목되지만, 군인과 경찰에 의해 엄청난 인명이 살상되었다는 점에서 심각한 문제로 되었다.

◎ 독립투쟁세력 제거, 한국군 친일세력 강화

　남한 단독정부가 수립되기 이전부터 군내부의 자주적 근로민중세력을 제거하기 위해 개별 부대 차원으로 진행되던 숙군은 4·3 항쟁을 거치면서 전군 차원으로 확대되었다. 이에 반발하여 일어난 여순사건은 결과적으로 대대적인 숙군이 단행되는 직접적인 계기가 되었다. 여순사건과 관련된 숙군은 1949년 3월에 일단락되었지만 한국전쟁이 일어나기 전까지 숙군肅軍은 계속되었다.

　숙군을 통해 군 전체병력의 5퍼센트가 숙청되었을 정도로 숙군의 결과는 엄청난 것이었다. 숙군은 사병보다는 위관급 장교와 하사관이 주 대상이었는데, 특히 육사 2, 3기생들이 가장 많이 희생되었다. 2기에는 박정희와, 대대를 거느리고 월북한 표무원·강태무 소령이 포함되어 있고, 3기에는 여순사건을 일으킨 김지회·홍순석이 포함되어 있었다. 출신 지역으로 볼 때에는 함경도 지역 출신을 제외하고는 대부분 이남 출신들이 숙청되었다.

　이승만은 숙군을 통해 군내의 좌익세력뿐 아니라 민족분단과 동족상잔을 반대했던 반이승만 세력들도 제거했다. 이를 계기로 군 내부의 반공이념은 더욱 강화되었고 부족해진 병력은 우익 청년단체 출신들의 입대로 보충했다. 하지만 무원칙한 숙청으로 국군의 전투력이 낮아졌을 뿐만 아니라 사적인 감정으로 상대방을 모함하는 등 상호 불신감이 커졌다.

파면자의 출신지별 분포(명)

지역	수	지역	수
경북	47	강원	12
전남	35	함남	11
경남	27	황해	8
함북	19	평북	7
경기	18	평남	4
충북	17	만주	2
충남	12	불명	85
합계　331			

기수별 장교 파면자수(명)

기수	임관자수	파면자수
군사영어학교	110	23
1기	53	9
2기	196	34
3기	286	70
4기	105	15
5기	379	39
6기	243	24
7기	565	46
8기	1801(?)	15

* 노영기 「육군 창설기(1947~1949년)의 숙군에 관한 연구」 성균관대 석사학위 논문, 47~52쪽 내용 재구성

(2) 「반민족행위 처벌법」 제정과 이승만의 훼방

제헌국회가 맡은 첫 번째 과업은 친일파 처단을 위한 법률 제정이었다. 일제가 패망하자 친일파 처단은 토지개혁과 함께 시급히 처리해야 할 민족적 과제로 등장했다. 친일파 처단은 민족의 대의와 국가 기강을 바로 세우기 위해서도 요구되었지만, 군국주의 파시즘을 청산하고 민주주의 사회를 이룩하기 위해서도 각별히 중요했다. 뿐만 아니라 친일파는 반통일분단 세력이었으며, 부정부패의 주범이었다. 그렇지만 미군사령부는 친일파를 미군정의 파트너로 삼았고 중용했다. 미군은 자신들을 비판하는 민족주의자를 싫어했고, 친일파가 일제에 충복 노릇을 했으면 자신들에게도 그럴 것이라고 믿었다.

제헌국회는 8월 16일 반민족행위처벌법(약칭 반민법)안을 국회에 상정하여 9월 1일 통과시켰다. 친일파들은 전단을 뿌리며 친일파 처단은 공산당이 주장하는 것이라고 국회를 협박했다. 정부는 반민법을 공포하지 않으면 국회가 다른 법을 통과시키지 않을 것 같자 할 수 없이 9월 22일 이를 공포했다. 그러자 악질 친일파들은 다음 날 반공구국궐기대회를 열었다. 정부는 이 대회를 적극 지원했다.

이승만 정부와 친일파의 끈질긴 방해와 압력에도 불구하고 10월 23일 국회의 승인을 받아 반민족행위자를 처벌할 반민족행위특별조사위원회(약칭 반민특위)가 구성되었다. 반민특위는 1949년 1월 8일부터 본격적인 활동을 개시하여 1차로 박흥식 · 최남선 · 이광수 · 김연수 등 거물 친일파를 잡아들였다. 하지만 1월 하순 노덕술 등의 악질 친일 경찰을 현직에서 체포하면서 반민특위는 중대한 위기에 직면했다. 이승만 대통령은 "경찰을 체포하여 경찰의 동요를 일으킴은 치안의 혼란을 조장하는 것"이라며 노골적으로 반민특위를 비난하고 나섰고 반민법 개정을 주장했다.

국회와 정부의 대결은 1949년 5월에 이문원 의원 등 소장파 의원 세 명이 구속되면서 한층 심해졌다. 국회는 세 의원의 석방동의안으로 맞섰다. 그러자 6월 초 친일파들은 민중대회를 열면서 국회를 습격했고 나아가 6월 6일에는 중부경찰서장이 경찰을 이끌고 반민특위를 습격했다. 경찰에 의한 일종의 쿠데타가 발생한 것이다. 한 걸음 더 나아가 이 대통령은 자신이 습격을 지시했다고 외신기자에게 밝힐 정도였다.

결국 6 · 6반민특위 습격사건으로 친일파 처단은 불가능하게 되었다. 이로써 1950~1970년대에 걸쳐서 친일파가 정계 · 관료 · 군대 · 경찰 · 경제계 · 학술문화계 등을 지배하는 시대가 왔다. 친일파에 맞서 사회정의를 확립하고 가치관을 바로 세워야 한다는 목소리는 계란으로 바위를 치는 격이 되고 말았다. 친일파들이 권력을 장악함으로써 친일파 얘기를 꺼내는 것조차 두려운 세상이 되었다.

반민행위 피의자의 반민법 위반조항별 현황

반민법 조항		해당 조항 대상자	건수
제2조		작위를 받은 제국의회의원	4
제3조		애국자 살상자	27
제4조	1항	작위를 받은 자	36
	2항	중추원 참의	102
	3항	칙임관(도지사) 이상	32
	4항	밀정	29
	5항	친일단체	26
	6항	군인·경찰	209
	7항	군수산업	20
	8항	도·부회 의원	63
	9항	관공리	50
	10항	국책단체	89
	11항	종교문화단체	42
	12항	개인 친일	16
제5조		해방 후 공직자	20
제7조		반민법 방해자	21

* 반민특위에서 취급된 인원은 총 688명으로, 이 중 경력이 확인된 547명을 대상으로 함.
* 자료출처:이강수『반민특위연구』나남출판. 2003, 229쪽.

(3) 김구 암살, 점령군과 이승만쪽에 범죄 혐의

1949년 6월 26일 낮 12시 36분 남북협상 이후 통일의 상징으로 떠오른 김구가 포병 소위 안두희의 흉탄에 의해 쓰러졌다. 이승만이 극우반공독재로 민중을 억누를 때 묵직한 거구의 김구는 따뜻한 보호자처럼 느껴졌다. 그래서였을까, 김구의 지방 순회 때에는 수많은 민중들이 그에게 존경심을 보냈다. 그리고 그의 장례식에는 50만 명이나 되는 한국 역사상 최대의 인파가 몰렸다.

전봉덕 헌병부사령관은 사건 발생 1시간 24분 만에 이 사건을 안두희 단독범행으로 발표했다. 이 대통령은 즉각 이 사건을 한국독립당(약칭 한독당) 집안싸움으로 시사하는 담화를 발표했고, 광복군 간부로 한독당 조직부장인 김학규 등이 구속되었다. 김학규는 엉뚱한 죄목으로 무기징역형을 받아 4월혁명 이후에야 석방되었다.

암살사건의 직접 배후는 신성모 국방부장관으로 말해지고 있으나, 여러 가지로 분석해볼 때 이승만 대통령이 어떠한 형태로든 깊숙이 관여되었을 것이라는 의심을 떨치기는 어렵다. 이 대통령은 민중의 지지를 받고 있는 김구를 극우반공 통치를 강화하는 데 커다란 걸림돌로 생각했다. 또한 김구는 그의 최대 라이벌로 차기 대통령 선거 경쟁자일 수 있었다.

김구 암살사건에 관련된 인물들이 모두 친일파라는 사실도 유의할 필요가 있다. 안두희의 직속 상관인 포병사령관 장은산은 만주군관학교 후보생 출신이고, 헌병부사령관 전봉덕은 일본 경찰간부였으며, 육군총참모장 채병덕은 일본군 중좌 출신이었다. 그리고 특수정보장교 김창룡은 일본 헌병 출신이고, 친일 정치브로커 김지웅은 여운형과 장덕수의 암살에도 관여한 것으로 알려진 의문의 인물이었다.

김구의 죽음은 미국도 환영했다. 미국은 반탁투쟁 이래 김구를 몹시 못마땅하게 생각했다. 김구의 통일노선은 남부를 장기 점유하려던 미국의 현상유지정책에 명백히 장애물이었다. 미국이 김구 암살계획에 관여했을 가능성은 배제할 수 없으며, 적어도 김구 암살계획을 알고 있었음에 틀림없다.

1949년 6월 5일 법에 의해서가 아니라 사상검사 중심으로 임의로 만들어진 국민보도연맹國民輔導聯盟은 전쟁이 일어나면서 현대사 최대의 비극을 초래하였다. 국민보도연맹은 해방 후 근로민중 옹호활동을 한 사람들이 가입 대상이었는데, 지방에서는 할당제로 강제 가입시키기도 하였다. 남로당원이나 좌익 활동가들은 이미 지하로 잠적했기 때문에 보도연맹에 가입한 사람들은 좌익활동을 그만둔 사람들이 대부분이었다. 정지용·김기림·황순원·이병기·백철 등 유명한 문인들도 이때 가입했는데, 약 30만 명이 맹원이었다고 한다.

10월에는 남로당 등 좌익계 정당·사회단체를 불법화하고, 11월에는 자수자 전향 기간을 설정하여 대대적인 전향 공작을 전개했다. 정부 발표에 따르면 이 기간동안 전국적으로 약 4만 명이 자수했다. 전향 기간이 끝난 12월 1일부터는 대대적인 검거를 시작해 감옥은 좌익수들로 넘쳐났다.

1950년 5월 30일 치러진 국회의원 선거는 2년 전 5·10선거에 불참했던 중도파 민족주의자들이 대거 출마하여 비상한 관심을 모았다. 이들은 서울과 부산 등지에서 큰 바람을 일으켰다. 이승만 정권은 그들을 간첩사건과 연루시키거나 투옥하는 등 온갖 방법을 동원하여 탄압했다. 그럼에도 불구하고 서울에서 조소앙이 조병옥을 누르고 전국 최다득표로 당선되었고, 부산에서는 장건상이 압도적인 표차로 옥중 당선의 영광을 안았다. 안재홍·윤기섭·원세훈·조봉암 등 5·10선거에 불참했거나 이승만에게 비판적인 중도파 민족주의자들도 다수 당선되었다. 그 반면 민국당과 이승만을 지지한 대한국민당은 가을바람에 낙엽처럼 우수수 떨어졌고, 무소속이 126명(60%)이나 당선되었다.

5·30선거는 이승만에게는 시련을, 민주주의를 소망하는 사람들에게는 밝은 희망을 안겨주었다. 이승만에게 비판적이었던 중도파 민족주의자들이 다수 당선됨으로써 이승만 독주를 견제하고 극우반공 정치만이 아닌 다원적 정치를 실현할 수 있을 것으로 기대되었다. 그렇지만 곧이어 일어난 전쟁은 이러한 희망을 송두리째 빼앗아버렸다. 김규식·조소앙·안재홍·윤기섭·원세훈 등 중도파 민족주의자들이 다수 납북되었다.

그렇다고 하더라도 제2대 국회의원들은 살벌한 전시 하에서 이승만 정권의 횡포와 인권유린을 막기 위해 노력했다. 국회부의장 조봉암은 제3세력으로 다크호스처럼 부상하여 이승만의 권력과 극우반공 통치를 위협했다.

◎ 5·30선거 최고의 대결, 조병옥과 조소앙

미군정 경무국장 출신 조병옥과 남북협상파 민족주의자 조소앙이 맞붙은 성북구 선거는 5·30 선거의 최대 접전이었다. 선거 초반부터 조병옥 측은 조소앙 측 선거운동원 83명을 경찰서에 구금하는 등 경찰을 동원한 압력과 테러 행위를 서슴지 않았다. 이 때문에 조소앙 측은 노인들만 선거운동에 참가하여 기호표를 돌리고 선전문을 나누어주었다. 특히 선거 하루 전날인 29일에는 "조소앙이 공산당의 정치자금을 받아쓴 것이 탄로나 투표일을 하루 앞두고 월북했다"는 사실무근의 벽보와 전단을 성북구 일대에 뿌렸다. 당황한 조소앙은 선거 당일 새벽에 지프에 확성기를 달고 지역구를 돌아다니면서 자신의 건재함을 알렸다. 선거 결과 조소앙이 전국 최다득표로 당선된 것은 민심의 통쾌한 심판이었다.

2) 제1공화국의 등장과 권력 유지를 위한 언론통제

(1) 이승만 정권의 언론정책

이승만은 1946년 6월 3일 정읍#론 발언에서 남한만의 단독정부 수립에 대해 구체적으로 언급하기 시작하여 끝내 단정수립의 길을 걷게 되었다. 그는 정읍발언에 이어 그해 12월 2일 미국으로 건너가서 미 당국과 교섭을 벌인 후 1948년 2월 3일에는 총선을 조속히 실시할 것을 미 정부에 촉구하고, 8월 15일에 남한 단정을 수립, 국가원수의 자리에 올랐다. 이로써 제1공화국의 이승만 정권이 출범한 것이다. 이렇듯 이승만은 남한 단정을 수립함으로써 남북분단이 고착화되는 역사의 서막을 열게 되었던 바, 그는 독립운동가라는 명성과는 반대로 반민족주의적 노선을 걷기 시작했다.

첫째, 이승만은 단정수립 과정에서 미군정의 지원을 받아 친미정권을 수립한 만큼 남한으로 하여금 미국이 수도하는 세계자본주의 경제체제에 편입되면서 구 식민세력을 대체한 신식민주의 체제의 지배 아래에 놓이게 했다.(鄭大秀, 「이승만의 지배전략과 대국민 커뮤니케이션 유형에 관한 연구」, 경남대학교 사회과학연구소, 『사회과학연구』, 제2집, 1990, 191쪽)

둘째, 2차대전 후 국제관계가 재편되면서 이데올로기를 중심으로 한 세계 냉전체제 아래에서 결과적으로 '국제적 냉전의 전위' 역할을 떠맡아 적대적 민족분단을 고착화시켰다.

셋째, 민족의 자주적 정통성을 외면한 채 미군정이 주요 동맹세력으로 선택했던 일제 식민지 시대의 친일 반민족 세력을 물려받아 집권기반을 강화했다.(송건호 『한국민족주의의 탐구』한길사, 1977, 145쪽. 안건 「분단고착세력의 권력장악과 미군정」역사문제연구소『역사비평』1989, 가을호, 52쪽)

넷째, 반공이데올로기를 지배이데올로기로 선택함으로써 민족의 통일된 장래보다 자신들의 집권통치에 우선을 두는 정치를 했다.

이승만은 이러한 지배전략 아래에서 소비재 중심의 원조에 의존하여 경제부흥정책을 추진하면서 자본계급의 형성을 지원하는 한편 권위주의적 안정체제 를 통해 장기집권을 기도함으로써 경제적 자립과 정치적 자주를 저해하게 되었다.(Gabriel A. Almond & G. Bingham Powell. Jr., *Comparative Politics*, (Boston ; Little, Brown and company), 1978, pp. 372~390)

그는 1948년 8월 15일 대통령에 취임하면서 시정방침으로서 민주주의의 실현, 자유민권의 보장, 정당한 자유권의 행사 등을 제시했으나 자신의 카리스마에 의존한 나머지 권위주의적 통치를 강행함으로써 자유당 독재를 낳았으며, 경제적 자립과 민주주의의 실현에는 관심이 없이 자유민주주의니 반공이니 하면서 친일파 자산계층 중심의 비민주적인 정치적 상징조작에 크게 의존했던 것이다.

사실 객관적 역사경험에 의하면, 「자유민주주의」란 민족반역의 길을 걸었던 친일파 세력의 정치 참여를 「자유롭게 하였다」는 점과 「경제 수탈의 자유」를 방임하는 등 반역 또는 범죄자들에게 정치경제활동을 가능케 하여 평등·자주·민주를 염원하던 근로대

중의 기본인권과 자유를 통제하려는 정치이념에 불과한 것이었다

따라서 이승만 정권은 이러한 위장된 민주주의 상징조작의 수단으로서 언론을 지배도구화 하려고 다각적으로 시도했다.

첫째로 원조자금으로 언론자본의 형성에 이바지하고, 둘째로 신문용지가 과부족한 상태에서 ICA 자금의 지원을 통해 용지난을 해소하도록 하는 한편, 셋째로 세 차례에 걸쳐 신문의 통폐합을 시도했으며, 넷째, 여섯 차례에 걸친 언론통제 입법의 시도 및 법제화, 다섯째, 민의조작을 통한 언론 길들이기, 여섯째, 각종 행정적 규제, 일곱째 언론사와 언론인에 대한 테러 등을 자행했던 것이다.(주동황「한국정부의 언론정책이 신문산업의 변천에 미친 영향에 관한 일고찰」 서울대 박사학위논문, 1992, 62쪽)

이승만이 취임하자마자 9월에 언론정책 7개항을 통해 다음과 같은 보도금지 사항을 발표하고 정부에 비판적인 신문의 정비에 착수했다. 국시·국책 위반, 정부 모략, 공산당과 북한정권 인정·비호, 허위사실 날조, 우방국과의 국교저해, 민심교란, 국가기밀 누설 등 애매모호하고도 추상적인 항목을 나열하여 집권 초기부터 친미반공 노선으로 언론 길들이기에 나섰다.

더군다나 이로부터 한 달 전인 1948년 8월 9일에 미군정청 경무부장 조병옥趙炳玉(대구 10월 봉기와 제주 4·3 봉기때 학살을 주도, 나중에 이승만 정권의 내무장관 역임)이 악법인 '광무신문지법'이 유효하다고 밝힌 바 있어 이와 같은 보도금지 조치가 당시 무엇을 뜻하는 것이었던가 하는 것은 말할 필요도 없다. 극악한 식민통치 악법을 그대로 적용할 만큼 억압적인 사회임을 드러내주었다.(송건호『한국현대언론사』삼민사, 1990, 79쪽. 좌익지, 또는 진보적 신문의 탄압책이라 할 수 있음.)

말하자면 일제의 언론탄압법인「광무신문지법」은 8·15와 더불어 당연히 폐기됐어야 마땅함에도 불구하고, 미군정을 거쳐 한국정부가 탄생한 후까지도 그대로 존재했다는 것 자체가 어떤 의도성을 드러낼 뿐만 아니라 노골적으로 유효하다고 인정을 한 후에 언론탄압을 시작했던 것이다. 즉『제일신문』을 비롯『조선중앙일보』『세계일보』등에 정간처분을 내리는 한편 해당사 언론인들을 구속하는 등 1차 정비작업을 감행했던 것이다. 이를 계기로 좌익계나 진보적인 신문들이 자취를 감추기 시작했으며, 1950년 한국전쟁을 계기로 자주독립 지향의 신문·잡지는 모두 사라지게 되었다.

친일파를 동맹세력으로 하여 좌익지와 정부에 비판적인 신문을 이렇듯 탄압하던 이승만 정권은 보수진영 내부에서도 도전을 받게 되었다. 1949년 6월 26일 임시정부의 대표인 김구의 암살을 전후한 일련의 사태들, 즉『서울신문』의 정간, 국회내 소장파 의원들의 국가보안법 위반혐의 구속, 서울시경의 반민특위 무력화,『서울신문』의 변질 등으

로 이승만은 언론계 내외의 비판을 받게 된다. 이렇게 되자 차기 집권이 어렵게 되었음을 절감하고 1951년에 들어와서 대통령 직선제 개헌을 시도하면서 원내 반대세력의 저항에 부딪히자 계엄령을 발동하는 등 정치파동을 일으키기에 이르렀다.(정간처분 후『서울신문』의 간부진이 친이승만계로 대체되면서 정부기관지로 변함.)

이 과정에서 이승만은 언론통폐합을 시도했으나 번번이 실패했다. 즉 1950년 10월 8일 일간신문 정비계획을 발표한 이후 1954년 10월, 1956년 10월 등 세 차례에 걸쳐 신문정비를 구실로 언론통폐합을 추진하려다 언론계의 반대로 뜻을 이루지 못하고 말았다. 또한 이 과정에서 1950년 7월에 언론 출판에 관한 특별조치령을 내린 데 이어 언론통제 입법도 기도, 1952년 3월에 폐기된 광무신문지법을 대신하여 새 신문 정기간행물법안을 국회에 제출한 것을 시발로 네 차례에 걸쳐 언론통제를 위한 입법을 시도했으나 실패했다.(정대수「이승만과 박정희의 언론통제론」, 송건호 외『민중과 자유언론』아침, 1984)

결국 1954년 11월 소위 사사오입 개헌을 강행, 장기집권의 길을 텄으나 반독재 투쟁 활동이 점차 가열해지게 되자 또다시 언론통제 입법을 시도, 1957년 12월에 소위 협상 선거법을 통과시킨 데 이어 1958년 12월에 국가보안법 개정안을 통과시킴으로써 국회의원 선거와 대통령 선거를 각각 앞두고 언론에 재갈을 물리고자 했던 것이다.

1958년 5월 2일 4대 의원 선거에 대비하여 이처럼 협상선거법을 만들기까지 국내 정국은 파행을 거듭했다. 학생들을 동원, 정치선전도구로 일삼는 데 대해 비판을 한『대구매일신문』에 테러가 자행되고, "백주에 테러는 테러가 아니다"는 끝간 데 없는 망언이 나왔는가 하면 양유찬 주미대사의 정치적 발언,『동아일보』무기정간, 신문의 배포방해 등 1956년 5월 15일 대통령 선거를 앞두고 온갖 행패를 부렸다. 그리고 대통령 선거 자체도 부정선거로 낙인찍히면서 이승만 정권이 지탄의 대상이 된 가운데 야당인 장면 부통령의 저격사건마저 일어남으로써 급기야 1957년 1월 25일에 대통령에 대한 경고 결의안이 국회에 제출되기에 이르렀다.

자유당의 부정선거를 규탄하기 위해 민주당이 조직한「국민주권 옹호투쟁위원회」가 중심이 되어 제출한 대통령 경고결의안은 역사에 없던 일로서 다음과 같은 내용을 담고 있었다.

이승만 대통령 경고 결의안

1. 대통령 이승만은 자신의 권력을 확대하기 위해 제헌 당시 내각책임제를 대통령 중심제로 급변시켰고, 재선을 노려 정치파동을 일으키고 사사오입이라는 부당한 방법으로 대통령 직선제 개헌을 감행하였다.

2. 국민의 기본권을 침해한 일이 허다하다
3. 권력으로 자유당을 조직하여 비민주적인 1인 정치를 자행하였다.
4. 각급 선거에서 경찰권을 이용하여 선거에 간섭하였으며, 경찰국가의 감感을 주었다.
5. 국방정보와 조치를 소홀히 하여 6·25기습을 초래하였다.
6. 무위무책 편파적 재정·경제행정으로 국민경제를 파탄위기에 몰아넣었다.
7. 인사행정의 난맥, 부패.
8. 중립성의 각종 단체를 자유당에 예속시켰다.
9. 사법권에 간섭하였다.
10. 장 부통령 저격을 경찰에서 배후조종한 것이 탄로되었는데도 내무장관을 두호하여 공포의 나라로 만들었다.

이어 1957년 4월 7일에 한국신문편집인협회가 결성되고, 4월 15일에는 진보당 서울시 당 및 경기도당 결성대회, 5월 25일 야당 측의 장충단 공원 시국강연회가 열리는가 하면 각 신문들은 자유당 정부의 반민주적 횡포를 공격하는 등 반 독재 투쟁 물결이 한층 높게 일고 있었다. 이에 자유당 정부는 장충단 공원 시국강연회에 정치깡패를 투입, 난장판을 만들고, 7월 24일에는 전국경찰에 가짜기자와 악덕기자 단속령을 내려 언론계에 위축 분위기를 만들었다.

이러한 가운데 야당인 민주당이 자유당과 협상선거법을 만들었다는 것은 당시 지도부의 의도가 어디 있었는지 의혹을 낳게 하는 대목이었다. 이에 대해 언론계는 협상선거법이 언론통제법이라고 하여 한국신문편집인협회를 중심으로 전국적으로 악법철폐운동을 벌였다.(송건호, 앞의 책(1990), 11쪽, "민주당이 이(협상선거법)에 동조한 것은, 의외로 현저한 진출을 보인 혁신세력을 보수 합동으로 저지키 위해" 취한 것이라 설명하고 있다.)

어쨌든 민주당의 야합으로 소기의 성과를 달성한 자유당 정부는 1958년 2월 25일에 조봉암이 이끄는 진보당의 등록을 취소한 데 이어 조봉암을 구속하기에 이르러 야당 위협세력의 노골적인 거세작전에 나섰다. 나아가 국가보안법 개정안을 야당의원들의 강제 축출 속에서 일방적으로 통과를 강행하는 등 자유당 정부의 횡포가 극에 달했다.

새 보안법은 "적을 이롭게 할 목적으로 국가의 기밀과 정보를 탐지, 수집, 또는 누설하는 자와 관공서, 정당, 단체 또는 개인에 관한 정보를 수집하는 자도 처벌토록" 했다. 따라서 '이런 추상적이고도 포괄적인 내용을 가지고 확대 해석을 할 경우 기자의 취재보도 활동은 "귀에 걸면 귀걸이 코에 걸면 코걸이" 식으로 처벌을 받게 될 소지를 안게 된 것이다. 이승만 정권은 소위 국가안보를 내세워 언론에 대한 탄압장치를 마련함으로써 반공 이데올로기 통치의 극치를 이룩한 것이다. 그리고 이것이 장차 한 세대가 지나도록 언론

뿐만 아니라 민주주의 실현을 갈망하는 민주인사들에게 족쇄를 채우는 시발점이 되었다. 사사오입개헌이 이루어진 1950년대 중반 이후 이렇게 자유당 독재가 마지막 장을 향해 치닫는 과정에서 언론탄압도 함께 자행되었다. 즉『동아일보』의 '괴뢰傀儡'오식에 의한 정간처분(1955.3.17),『대구매일』테러(1955.9.13), 진보당계 월간지『중앙정치』의 발매금지(1957.11.), 서울대 분리대생 유근일의『새세대』필화에 의한 구속(1957.11.14), 함석헌의『사상계』필화에 의한 구속(1958. 8.7.) 등이 잇따랐다.

그리고 1960년 정·부통령 선거를 앞두고 1959년 4월 30일『경향신문』을 폐간하고 말았다. 폐간 이유는 다섯 가지였다. 첫째, '정부와 여당의 지리멸렬상'이라고 통박한 사설(1959.1.11.), 둘째, '다수의 횡포'라고 한 칼럼(1959.2.4. '여적' 欄), 셋째, '사단장 기름 팔아 먹고'라고 한 사회면 기사, 넷째, 이 대통령 기자회견 기사 중 오보를 냈다는 것, 다섯째, 간첩 하모河某를 체포했다는 기사 등을 이유로 미군정 법령 88호를 적용했다. (손충식『제1, 제3공화국 언론과 정치』문학예술사, 1987, 222~249쪽. 송건호, 앞의 책, 119~120쪽. 미군정 법령 제88호는 당연히 정부수립과 동시에 폐지되었어야 했던 법률이었다.)

그러나 이 법령은 광무신문지법과 함께 정부수립과 동시에 폐기되었어야 할 것이었다. 따라서 이미 사문화된 법령을 적용하여 비판적인 언론을 잠재우려 할 만큼 이승만 정권의 이성은 상실되었던 것이다. 그럼에도 이승만은 집권 초기에 "…한국은 자유국가인 만큼 언론자유는 완전히 보장되어야 한다. 언론자유는 대한민국이 수립된 기본 정신의 하나인 동시에 본인이 친히 존경하는 원칙이다"고 했을 뿐만 아니라 말기에도 "완전한 언론자유는 열렬한 정치토론을 자유롭게 하고 있으며…"라면서 언론자유가 보장되고 있는 것처럼 공언을 했던 것이다. (이병국『대통령과 언론』나남, 1987, 33쪽. 공보실(편)『대통령 이승만 박사 담화집』제3집 1959, 69쪽)

그는 젊었을 때부터 언론경력을 가졌음에도 불구하고, 언론통제에 나섬으로써 그 뒤 언론계 출신의 정치인들이 언필칭 언론자유를 강조하면서도 실제로는 더 적극적으로 언론통제에 앞장서는 부끄러운 선례를 보여주었다.

(2) 이승만의 친미 독재성향과 대립세력과의 갈등

이승만 정권의 출범 후 광무신문지법과 미군정 법령 제88호가 그대로 살아있는 채로 신문정비가 시작되어 탄압에 못 견딘 좌익계나 진보적 신문들은 하나 둘 사라져 갔다. 그리고 6·25 동란을 거치면서 이념지가 자취를 감춘 대신 보수적인 신문 중에서도 정부에 비판적인 신문들이 등장하기 시작했다.

1948년 정부 수립 직후 『제일신문』을 비롯 『조선중앙일보』, 『세계일보』 등이 정간되고, 1949년에는 『국제신문』과 『수도신문』, 1950년에는 『황성매일신문』이 폐간되었다. 그리고 같은 해 5월에 『서울신문』을 정간처분한 데 이어 1950년 4월 15일 『서울신문』의 주식 중 48.8%가 귀속재산으로 되어 있는 것을 구실로 임시주주총회에서 임원진을 친이승만계로 구성함으로써 친정부신문으로 변질되고 말았다.

이러한 가운데 『동아일보』를 비롯 『조선일보』 『한성신문』 『경향신문』 등이 언론계를 주도하면서 정부 비판을 시작했다. 이를 계기로 장차 이승만이 이끄는 자유당 독재에 투쟁하는 이른바 야당지가 괄목할 만한 활동을 하게 된다.

한국동란 기간에는 『조선일보』의 경우 수원에서 3개월 전시판 신문을 발행하는가 하면 피난 수도 부산에 온 『동아일보』는 『민주신보』에서, 『서울신문』은 『국제신문』에서, 『연합신문』은 인쇄공장에서 각각 속간을 했다. 그리고 평양에서는 『서북 경향신문』을 비롯 『합동신문』, 『평양일보』(국방부 기관지), 『평양신문』(유엔군 기관지), 『승리일보』(육군 정훈감실 기관지) 등이 발행되었다. 당시 부산에서는 『국제신문』, 『부산일보』, 『자유민보』, 『민주신보』 등이 발행되고 있었는데 이중에는 지방지답지 않게 10만부 가까운 부수를 발행하는 『국제신문』이 사세를 과시하기도 했다.

한편, 1953년 7월 포로 교환이 시작된 후 1천7백여 명에 달하는 외국기자들이 한국을 취재해 갔다고 한다. 당시 이들 외국 기자들이 한국동란을 어떻게 보도했는가 하는 데 대한 조사 연구 결과가 알려진 바가 없기는 하지만 이데올로기에 의한 냉전체제가 강화되어 가던 때였던 만큼 이데올로기적인 편향보도뿐만 아니라 선진국 기자들에 의한 자국 이익 중심의 불공정 보도가 이루어졌을 가능성이 컸다.

1953년 8월 15일 정부의 서울 환도 후 차츰 수복이 되어감에 따라 신문들도 새로이 창간되기 시작하여 1955년 말 현재 일간신문·통신 56개, 격일간신문 1개, 주간신문 115개 등이 발행되었다. 일간신문을 지방별로 보면 서울 17개, 중부지방 6개, 영남지방 10개, 호남지방 9개, 관동지방 3개였다. 발행부수를 보면 『동아일보』가 석간 17만 6천 부로 가장 많았으며, 다음이 『경향신문』으로 석간 10만 부였다. 지역신문의 경우 부산의 『국제신문』이 석간 7만 8천 부로 가장 많았으며, 다음이 부산의 『자유민보』로 5만 6천부였다. 간별로 보면 서울의 경우 조간 10개, 석간 4개, 미상 3개였으며, 지방의 경우 조간 19개, 석간 6개, 조석간 1개, 미상 2개로서 조간이 압도적으로 많았다.

1955년을 지나 후반기로 가면서 신문지면과 부수가 늘어나기 시작했다. 1957년에 접어들자 『조선일보』가 먼저 6면 조석간제를 시작한 데 이어 『경향신문』이 역시 6면 조석간제(7월)와 타블로이드판 부록 4면 발행(1958.8.), 『서울신문』이 8면 조석간제(10월 1일)

에 이어 『동아일보』, 『조선일보』, 『경향신문』, 『연합신문』 등이 8면 조석간제(12월 17일), 『한국일보』가 8면 조석간제(1959. 1.6.)를 잇달아 실시했다. 이렇게 되자 지역신문들도 덩달아 『국제신문』, 『대구매일신문』, 『대구일보』, 『영남일보』 등이 1957년부터 2면제에서 4면제로 늘려갔다.

서울의 일간신문들(1955년 말 현재)

신 문	발행부수(부)	자본금(만 환)	종업원수(명)
조선일보(조간)	80,000	15,9	152
동아일보(석간)	170,000	150	120
서울신문	-	150	226
경향신문(석간)	100,000	10	237
한국일보(조간)	65,000	0.5	181
평화신문(조간)	68,000	0.5	158
자유신문(석간)	30,000	100	120
연합신문(조간)	32,800	500	112
중앙일보(석간)	40,000	-	70
매일신문(조간)	20,000	-	30
국도신문(조간)	20,000	500	47
대동신문(조간)	15,000	-	70
산업경제신보(조간)	17,000	-	30
상공일보(조간)	15,000	1,000	66

한편 신문 부수를 보면 1959년에 『경향신문』이 20만 부를 넘었으며 『동아일보』는 35만 부를 상회, 『조선일보』는 10만 부, 『한국일보』는 16만 부를 상회했다. 이때는 각 신문들의 사세가 확장되어 어느 정도 상업지로서 자리를 잡아가고 있었다고도 할 수 있으나 이미 1950년대 말이기 때문에 1950년대 신문 성격을 규정짓는 데는 문제가 없지 않다. 1950년대 신문기업의 소유주들 중에는 일부기업가나 정치인이 있었지만 대기업주는 별로 없었기 때문에 대기업 자본의 신문업 진출은 지배적인 현상이 아니었다.

○ 문화방송·경향신문사 『문화·경향社史』 1976, 211쪽. 동아일보사 『동아일보社史』 1978, 272쪽. 조선일보사 『조선일보 60년사』 1980, 320쪽. 『한국일보』 1964년 6월 9일 자. 최영석 「1950년대 한국신문의 구조적 성격에 관한 연구」 1988, 연세대 석사학위논문, 44~46쪽. 임근수 「한국 매스미디어 산업 경영의 변천과정과 현황분석」 『언론과 역사 : 林根洙 박사 논총』 정음사, 1984.

위에서 본 바와 같이 자본금이 대체로 1천만 환 미만이었던 만큼 기업으로서 신문사는 미약한 편이었다. 종업원의 수에 있어서도 거의 모두 2백 명에 못 미쳐 이러한 평가를 뒷받침해 준다.

한편, 기자들은 출입처별로 기자단을 구성, 같은 기관에 출입하는 기자들 간의 취재편의나 친목을 위해 활동했으며, 1957년 1월 4일에 일부 주미 특파원 출신 기자들을 중심으로 한 친목단체인 관훈(寬勳)클럽을 창설하여 사적인 친목활동을 했다. (관훈클럽『관훈클럽 30년사』 1989) 이어 4월 7일에 한국신문편집인협회를 창립, 유일한 공식 언론단체로서 신문윤리강령을 채택하여 언론의 자유와 함께 책임을 이행하는 데 관심을 기울였다. 특히 이 편집인 협회는 1958년 1월 11일에 전국 언론인 대회를 개최, 협상선거법의 언론조항을 규탄하는 한편, 1958년 말 보안법 개정안에 대한 반대운동을 전개한다. 1959년 6월 9일에는 『경향신문』의 폐간 반대운동을 벌이는 등 언론자유를 위한 투쟁에 나섰던 것이다. (1957년 4월 7일 제1회 '신문의 날' 기념식에서 윤리강령 선포)

이러한 가운데 기자들은 언론노조를 결성하지 않은 채 신문 발행의 자유와 취재보도의 자유를 위한 투쟁만을 전개했다. 당시 기자들은 신문기업의 경영이 취약한데다 전반적으로 낮은 경제수준에서 언론노동자로서의 계급의식이 형성되지 않고 있었던 것이다. 또한 서울 소재 일부 신문사 기자들은 1950년대 후반기에 제조업 노동자보다 임금 수준이 높았다고 할 만큼 당시로서는 신문경영진에 맞서야 할 상황이 성숙되지 않았던 것 같다.

또 다른 신문 성격의 규정 요인인 광고 자본은 이 시기에 신문기업에 크게 침투하지 않았다. 광고수입은 30% 전후였으며, 지대가 70%를 상회하여 오늘날 광고수입 대 지대의 비율과는 정반대였다. 그리고 주요 광고주라고 해도 산업자본보다 상업자본의 성격을 지니고 있었다.

이러한 상황을 종합하여 볼 때 1950년대는 신문의 성격을 규정짓는 요인들 중 신문기업 자본, 언론노동자, 광고주 등은 제대로 신문의 성격을 규정짓지 못했다고 볼 수 있다. 그러면서도 신문 성격의 규정력을 가진 국가권력조차도 집권 말기에 가서야 언론통제 입법을 강행할 정도로 크게 영향력을 행사하지 못했다.

이렇게 볼 때 이승만은 자신의 카리스마에만 지나치게 의존한 나머지 상징조작을 통해서는 언론자유와 책임을 강조했지만 실질적으로는 언론의 독점자본 형성에 크게 기여하지 않은 결과 언론통제를 시도만 했지 신문을 지배도구화 하지는 못했다. 그래서 이승만은 신문을 이용하기보다 "하루에 몇번씩 담화를 발표한다"고 할 만큼 자신이 직접 나서서 일방적 하향적 대 국민 커뮤니케이션 통로인 담화를 통해 반공 이데올로기를 전파하는 지배전략을 구사했던 것이다.

한편 기자들은 무력에 의한 북진 통일이 통일정책의 골간을 이루는 가운데 반공 이데올로기가 지배하는 사회상황에 직면하여 '부르주아적 자유주의'에 의한 언론자유투쟁을 전개했다.(방정배『여론과 정치설득』나남, 1989. 부르주아적 자유주의의 始原에 대해서는 45~48 쪽 참조)

(3) 100년 어용신문 『매일신보』(서울신문)의 독재 가담

① 이승만 독재의 악법 강화와 언론 동원

자유당은 1958년, 2년 앞으로 다가온 제4대 정·부통령 선거를 앞두고 이반된 민심으로 보아 정상적인 선거방법으로는 도저히 더 이상 집권 가능성이 없음을 인식하고 강압적인 방안을 찾기 시작했다. 민심이 가속적으로 떨어져 나가는 것이 야당과 언론의 선동적 비판 때문이라고 단정한 자유당 정권은 언론과 국민의 비판을 강력히 규제하기 위해 보안법을 강화해야 한다는 데 일치한다.

오제도·조인구·문인구 등 검찰실무자들이 마련한 보안법 개정안은 그야말로 "공산분자를 더 잡을 수 있는 이점보다는 언론자유를 말살하고 야당을 질식시키며 일반의 공사생활을 위협할 해악이 심대한"(당시 민주당의 반대성명) 반민주적인 내용이었다. 설상가상으로 정부는 당초의 개정안에다 "공연히 허위사실을 적시 또는 유포하거나 사실을 왜곡함으로써 인심을 혹란惑亂케 하여 적을 이롭게 하는 자는 5년 이하의 징역에 처한다"는 조항을 추가하고 나섰다. 야당과 언론·지식인을 때려잡자는 취지에서 발상된 이 보안법 개정안은 국민의 빗발치는 반대여론에 밀려 쉽게 국회 심의의 절차를 밟지 못하고 있었다. 그러자 정부와 자유당을 비롯하여 어용언론인·학자들은 온갖 곡필논리를 내세워 신보안법의 조속한 통과를 요란스럽게 떠들고 나섰다.(김삼웅『곡필로 본 해방 50년』한울 1995, 90~91쪽)

12월 24일 자유당은 야당의원들이 본 회의장에서 농성을 하며 보안법 국회통과의 저지에 나서자 경위권을 발동, 300여 명의 무술경위들로 하여금 농성위원들을 '개 끌듯이' 본회의장 밖으로 끌어내게 한 후 자유당 의원들만으로 천하의 악법을 처리하기에 이르렀다. 보안법의 내용은 차치하더라도 처리 자체만으로 하자가 이러한데 어용언론 지식인들은 마치 기다리기나 했다는 듯이 일제히 신보안법의 국회 통과를 지지하고 나서며 반대세력을 용공으로 몰아붙였다.

그 중 특히 『서울신문』은 1958년 12월 25일자에「신국가보안법 등의 국회통과를 보고: 야당에는 반성을 여당에는 배전의 노력을 요망한다」는 사설을 싣고 있는 것이 대표

저으로 곡필성이 두드러진다. 반민주적인 악법을, 그것도 변칙적으로 처리한 것을 적반하장격으로 야당을 나무라고 여당에 격려를 보내고 있는 것이다.

야당의원들의 법을 무시한 의사 방해로 월여에 걸쳐 진통을 겪고 있던 신국가보안법은 드디어 … 소정의 법절차를 필하고 완전 통과되었다. … 의장은 만 6일째 의사당을 불법 점거하고 있는 야당의원에게 그 불법상태를 해제하고 정상적인 합법적 회의로 들어갈 것을 요청하였으나, 야당의원들은 의장의 이 명에 순종하지 않을 뿐만 아니라 도리어 단상을 강점하고 공무집행차 출동한 국회의원들에게 폭행을 가하므로, 의장은 부득이 국회법 제88조 제2항에 의하여 그들을 퇴장시키기에 이른 것이다.

돌이켜 보건대 신국가보안법은 … 민주당의 이른바 '전면거부'라는 불합리하고 비애국적인 반항에 부딪쳐 이루 헤아릴 수 없는 파란곡절을 겪게 되었으니, 민주당은 동법안의 근본목적이나 내용 여하를 불문하고 무조건 이를 '악법'이라 일방적으로 매도하여 모략 선동을 일삼으며, 한편 원내에 있어서는 전혀 조리에 맞지 않는 억설과 궤변으로써 동법안의 심의 자체를 방해하기에 전력을 다해왔다. 이 동안 자유당은 원내의 과반수 의석을 보유하고 있음에도 불구하고 사태를 온화하게 수습하기 위하여 은인자중, 관용과 인내로 일관해 왔으므로, 우리 국회는 … 소수가 다수를 지배한다는 기현상을 연출하였던 것이다.

우리는 지금 국회에서 벌어진 사태가 확실히 정상적이 아님을 부인할 수 없다. 비상한 사태는 비상한 방법을 요구한다. … 금반의 비상사태는 그 우려와 원인이 전적으로 민주당내 완고분자들이 책임져야만 할 성질의 것이니, … 정권쟁탈욕으로 이성을 상실한 '전면거부' 투쟁과 무법난장의 의사방해 전술은 결국 경호권 발동이라는 비상수단을 초래하지 않을 수 없게 만든 것이다.

이에 우리는 이와 같은 사태를 초래케 한 민주당에 대하여 심심한 유감의 뜻을 표하는 바이다.…

적반하장도 유분수다. 정권안보와 영구집권을 위해 민주주의를 짓밟는 악법을 폭력적으로 처리시키고서는 이것을 야당에게 '정권쟁탈욕' '이성을 상실한 전면거부 투쟁' 운운하며 '심심한 유감의 뜻'을 보내는 따위의 곡필이 신문사설로 공공연히 나타나고 있는 것이다.

이렇게 통과된 국가보안법은 이승만 정권을 끝까지 지켜주지 못하였고, 1년여가 지난 후 자유당 정권은 4·19민주혁명(1960년)으로 타도되기에 이른다. 그러나 보안법만은 박정희 군사독재정권과 전두환 반동정권의 견고한 울타리 구실을 한다. 특히 "반국가단체나 그 구성원 또는 지령을 받은 자, 국외공산계열의 활동을 찬양 고무 또는 이에 동조하거나 기타의 방법으로 반국가단체를 이롭게 하는 자는 7년 이하의 징역에 처한다"는 동법 제7조 1,2항은 80년 12월 국가보위 입법회의에서 반공법을 폐지하면서 반공법 4조를 그대로 국가보안법에 옮겨놓아, 이 조항이 민주인사와 학생과 근로민중을 때려잡는 '전가의 보도' 傳家寶刀 역할을 하게 되었고 오늘에까지 이르고 있다.

점령군은 조국과 동포의 분단 · 분열을 낳았고, 분열은 증오의 정치 · 경제 · 사회 상황을 낳았으며, 경제수탈의 고통과 증오는 민중의 삶을 현대판 노예로 만들어 갔다. 까불면 「북의 악마」에 연결지워서 죽여버린다는 식이었다. 아무튼 농촌의 삶이 노예처럼 힘들어지자 도시로 도시로 밀려나와 도시 · 농촌의 인구비가 반대로 된 것도, 바로 이처럼 대변자 없이 당하기만 한 민중의 수탈 고통의 극단화에 있었다.

3) 근로민중의 경제적 자주 · 평등 · 민주화운동 파괴, 민중 봉기 빈발

일제 통치기간 조선에서는 수탈계층과 생산근로계층간의 계급대립이 민족해방투쟁에 가려져 있었다. 그러나 1945년 조선이 식민지상태에서 벗어나자 일제 통치 아래에서 쌓였던 계급모순은 전국에 걸친 혁명적 활동으로 폭발하였다. 이미 1894년에 일본의 개입으로 실패한 동학농민혁명의 경험을 가진 조선민중은 그들의 혁명활동을 다시 시작하였다. 그렇지만 이번에는 남부를 점령한 미국세력이 조선의 사회혁명에 끼어들어 다시금 계급투쟁을 민족투쟁과 혼합시켰다. 종속된 민족 동포 형제끼리 싸우도록 만드는 것이 제국주의 세력의 주특기였는데, 하물며 해방자의 명분으로 승리자이자 점령군이 되었으니 지배세력의 반공의 칼부림은 예사롭지 않을 수밖에 없었다. 그러면 우선 피착취 계급 해방과 민족의 해방을 동시에 추구하던 시기의 조선의 사회경제적 상황조건을 살펴보자.

미국의 남한 점령에 앞선 일본의 식민통치는 조선에 자본주의적인 사회관계를 일반화시켰지만, 조선인구의 5%에도 못 미치는 친일본성향의 지주와 자본가 등 소규모 집단만이 번영할 수 있도록 허용하였다.

일본 제국주의 세력은 조선의 경제자원을 자본주의적으로(불평등 경쟁에 의해) 착취할 수 있도록 조선의 사회 경제구조를 재조직하였다. 토지와 노동력은 고도로 불안정하게 방임된 채 상품화되었으며 경제활동에서 화폐의 사용이 일반화되었다. 그러나 다른 한편, 그들은 지주와 소작관계에 기초를 둔 전통적인 착취적 토지제도를 존속시켰다. 일부 조선인 지주들은 부일 협력자로 포섭 당했으며(동아일보 사주 김성수가 대표적) 1910년부터 1918년에 걸친 대규모 토지조사사업을 통하여 상당수의 근대적 소작인이 창출되었다. 전체 농가인구의 3 내지 4%에 불과한 지주가 전체 농토의 약50~60%를 소유하게 되었다. 100정보 이상을 가진 대지주 중 50~60%가 일본인이었다.(황한식 1985, 박경식 1986. 송광성, 앞의 책 73~77쪽)

일본이 15년 전쟁(1931년의 만주 침략부터 1945년까지) 수행을 위해 중화학공업에 대규모로 투자함으로써 조선경제는 공업화되기 시작하여 몇몇 조선인 자본가와 상당수의 공업노동자가 창출되었다. 조선의 GNP 중 제조업 생산비율은 1912년의 3.8%에서 1940년에는 39.1%로 증가하였으며 전체 제조업 생산품 중 중화학공업의 비율은 1929년의 12.1%에서 1939년에는 47%로 증가하였다(김성수 1985). 이와 같은 급속한 산업화는 제조업 분야의 노동자를 증가시켜서 1911년에 1만 2천명이었던 것이 1944년에는 59만 1천명으로 급증하였다. 통신·광업·수송 그리고 여타 부문을 포함하여 1944년의 산업노동자 총수는 210만명에 이르렀다(김윤환 1982). 1940년 현재 조선에 있는 제조업체의 94%와 광산업의 90% 이상을 일본인이 소유하고 있었으므로(정윤형 1981) 지주와 자본가로 구성된 조선의 지배계급은 아주 허약하였다.

1945년 조선이 식민지상태에서 벗어났을 때, 남한은 어느 모로 보나 생산력 수준이 아주 낮은 농업사회였다.

1944년에 실시된 인주조사에 따르면 2,500만명의 총인구 중 약 71%가 농업에 종사하고 있었으며, 12%가 공업과 광업에, 9%가 상업과 통신에, 그리고 3%가 공공 또는 전문서비스 부문에 종사하고 있는 것으로 나타났다.(McCune 1950. 매큔은 미국 선교사의 아들로 평양에서 태어나서 인생의 거의 절반을 그곳에서 살았다. 그는 1944년과 45년에 미국무성 관리였으며 조선역사의 중요한 시기에 미국의 조선정책결정에 중요한 역할을 했다. 그는 나중에 캘리포니아 대학 교수가 되었다.)

농가 중 48%가 소작농이며, 37%가 자작겸 소작농이었다. 따라서 대부분의 조선농민은 농업노동자인 셈이었다(조선은행 1948. 김병태 1981). 그리고 다른 직업들에서는 일본인들이 숙련을 요하는 일거리를 독점하였고 조선인 기술자를 훈련시키지 않았다. 그 때문에 대부분의 조선인은 미숙련 노동자들이었다. 1944년 고용된 조선인 중 96.6%가 단순노동자였으며, 1.8%가 점원 또는 노동자, 1.3%가 공공서비스 또는 소규모기업 종사자, 그리고 0.4%가 관리자 또는 전문직 종사자였다(McCune 1950). 그래서 한 일본인 학자는 식민지에서 갓 벗어난 조선을 "자본가 없는 자본주의 사회"라고 불렀다(나까오 1984).

○ 이 통계는 일본총독부 인구조사서 내용인데, 조선에 사는 일본인 직업분포는 다음과 같다. 공공 또는 전문서비스업 37%, 공장 또는 광산종사자 30%, 상업 또는 통신업 28%, 농업 3.4%. 기술수준 분포는 단순노동자 45.3%, 점원 또는 화이트 칼라 노동자 28.1%, 공공서

비스 또는 소규모 기업가 18.8%, 관리자 또는 전문직 종사자 7.7%.

이 항목에서는 조선의 군사적 점령이 조선의 자주적 민주사회를 건설하려는 노력에 얼마나 파괴적인 영향력을 끼쳤는가를 살펴볼 것이다. 조선의 정치와 경제에 대한 외세의 간섭은 제국주의 세력이 강요한 1876년의 개항과 함께 심각해지기 시작했다. 1905년 일본이 조선을 사실상 식민지화했을 때, 민족해방은 조선인의 가장 우선적 과제가 되었다. 1945년 조선이 비록 일본의 식민지배에서는 벗어났지만 소련이 북쪽을, 그리고 미국이 남쪽을 점령함으로써 조선의 민족해방운동은 새로운 장벽에 직면하게 된 것이다.

(1) 미군정, 조선 근로민중의 경제 자주권 봉쇄

1945년 이래 조선땅에서 전개된 자주·민주·통일을 위한 사회정치운동 가운데서 사회 민주화운동이 가장 오랜 역사를 가지고 있다.(송광성, 앞의 책 149~225쪽) 1876년에 조선이 자본주의 세계체제로 편입되기 전부터 계급적인 지배와 착취의 기초인 사회경제 구조의 근본적인 개혁, 즉 사회 민주화가 주요한 민족운동이었다. 이미 앞에서 살펴본 것처럼 1894년의 동학농민혁명은 조선왕조의 계급지배와 착취의 문제를 해결하여 민주화를 달성하기 위한 첫 번째 큰 시도였다. 그러나 농민혁명은 통치계급과의 투쟁에서 패배한 것이 아니라 일본 제국주의 군대의 간섭 때문에 실패했다. 1910년에 일본이 조선을 식민지로 만들었을 때, 사회 민주화운동은 더 크고 급한 과제인 민족해방운동에 흡수되고 말았다. 일본인 지주와 자본가에 대한 조선인 농민과 노동자들의 (계급) 투쟁은 곧 민족해방운동이 되었다. 2차 세계대전이 끝나고 조선이 일본에서 해방되었을 때, 조선인 지주와 자본가에 대한 농민과 노동자의 계급투쟁이 재폭발했다.

그러나 미국의 남한 점령은 조선을 남북으로 갈라놓았고, 점령군은 현상을 유지하려는 정책을 추구했다. 그래서 조선의 사회정치적 구조를 근본적으로 개혁하려던 농민과 노동자의 노력은 많은 장애에 부딪치게 되었다. 미군정은 일제통치 아래에서 반半프롤레타리아화된 농민들이 착취적 토지체제를 근본적으로 변혁시키려는 노력뿐만 아니라, 일본인과 친일파 조선인이 소유한 공장들을 인계받으려던 노동자들의 노력도 억압하였다. 미군정의 반자주적인 정책에 대한 노동자들과 농민들의 저항은, 1946년 9월의 폭발적인 총파업과 10월의 민중봉기로 이어졌고, 그들의 계속된 투쟁은 1948년에 미군정하의 제주도봉기와 이승만정권하의 여수·순천 민중항쟁으로 나타났다.

미군의 남한 점령에 대한 기존의 연구들은 이러한 정치경제적 역사를 충분히 설명하지 못하고, 몇가지 한계를 가진다. 그들은 1945년 8월 일본이 항복한 때부터 1948년 8월 대한민국이 성립되기까지의 3년을 하나의 시기로 취급하여, 1945년 8월 이후 두 시기 사이에 벌어진 중요한 차이점을 무시했다. 첫번째 시기에 조선인들은 자발적으로 민주적 독립국가를 건설하기 위하여 혁명적 활동들을 시작했고, 두 번째 시기에는 미 점령군의 살인적 절대 권력이 조선의 일체의 자주화 활동들을 억눌렀다. 기존 연구들은 이 두 시기를 구분하지 않았기 때문에, 조선 사람은 자치 능력이 없다는 왜곡된 미국의 주장과 철권통치를 지지하고 당연시하여 조선과 미국 사이의 민족적 모순을 없는 듯이 희미하게 만들고 장기주둔·영구지휘권 장악을 가능케 하였다.

또한 기존 연구들은 미국정책이 형성되는 과정이나 조선 지도자들의 활동에만 연구의 초점을 두어 민중의 활동을 무시하는 경향이 있었다. 이런 접근으로는 남한의 통치계급과 그들의 동맹자인 미국인들에 대한 노동자들과 농민들의 계급투쟁을 충분히 설명할 수 없었다. 연구자들이란 국내외의 수탈세력과 피수탈 근로대중간의 목숨을 건 강제·복종 관계의 현실을 느끼지 못했기 때문에 모순 관계의 심층이 아니고 표면적 현상만 수박 겉 핥기식으로 관찰하는데 그칠 수밖에 없었기 때문이다.

조선역사가 중요한 일관성을 보여주는데도 불구하고, 그들은 사회민주화에 대한 미군정과 이승만정권 사이의 정책적 차이를 가정했다. 이런 결점은, 한국과 미국 사이의 계급과 민족모순들을 간과하고 소련과 미국 사이의 이데올로기적 모순들만을 강조, 일방적인(소련은 악마, 미국은 형제) 친미반소의 냉전적 접근법으로 이 시기를 연구했다. 역사 청맹과니는 역사상의 바보가 되어버린 것이다.

이런 기존 연구의 약점을 극복하기 위해서, 여기에서는 다음의 의문들에 답하려 했다. 미국이 억압하기 이전에 노동자들과 농민들은 사회민주화를 위해 무엇을 하였는가? 조선의 사회민주화운동에 대해 미 점령군은 어떤 영향을 끼쳤는가? 조선인들은 미국정책에 어떻게 대응했는가? 사회민주화를 위한 정책에서 이승만정권은 미군정과 얼마나 달랐는가?

이런 질문들에 대답하기 위하여 다음과 같은 과제들을 다룰 것이다. 한국 노동운동에서 전평(조선노동조합 전국평의회)의 지도적 역할, 자주적 농민지도자들에 의한 인민위원회조직, 노동·토지·쌀에 대한 미군정 정책의 특징, 9월 총파업과 10월항쟁, 제주도 및 여수·순천에서의 봉기를 통한 미 점령군에 대한 조선민중들의 계급 및 민족투쟁들, 조선사람의 저항에 대한 미국인들의 무자비한 진압, 이승만정권의 사대·반민주 횡포 등을 알아볼 것이다.

① 미군정과 하수인들, 노동자 자주관리운동 방해공작

남한의 지도세력이 서울에서 민족의 통일과 해방을 추구하는 동안에, 남한의 민중은 공장과 농촌 마을에서 사회경제 구조의 혁명적인 변화를 추구했다. 일본식민통치 말기에 지하에 숨어있던 조선노동자들과 농민들의 독립혁명운동은 1945년 8월 15일 조선이 해방되자 그 실체를 드러냈다. 1946년 8월 현재 1,936만의 남조선 인구는 농업에 64%, 임시고용농업에 13%, 비농업적 직업에 23%가 종사하고 있었다.(USAMGIK 1947)

이와 같이 남한은 아직까지 농업생산을 중심으로 삼는 사회였으나, 사회관계는 일본 통치 동안에 상당히 자본주의화되어 있었다. 해방된 조선에서 사회민주화 운동은 인민위원회의 지도 아래 수행되었다. 비록 인구의 20% 정도로 추산되는 노동자들이 70% 이상으로 추산되는 반半프롤레타리아트화된 농민들보다는 수적으로는 적었지만 조직적으로는 농민들보다 더 잘되어 있었다. 그래서 노동자들은 일본인소유 공장들의 노동자 자주관리를 목표로 추구하며 사회민주화운동을 이끌어 나갔다.

1945년 당시까지 조선은 여전히 압도적으로 농업사회였지만, 해방되기 전 20년 동안의 산업발전은 노동자들의 수를 상당히 증가시켰다. 1944년에는 약 5백만명 즉 조선 인구의 20% 정도가 광산·공장·수송 그리고 상업회사에 종사하는 임금노동자였다(Meacham 1947). 해방 직후 노동조합은 조선 전국에 걸쳐 공장과 일터에서 조직되었다. 서울·인천·부산·함흥·흥남·원산과 같은 주요 산업도시에서는, 일제치하의 감옥에서 풀려난 지 얼마 안되는 노동운동 지도자들이 노동조합을 재조직하였다. 그들은 대부분 일본인과 조선인 자본가들에게서 크고 작은 공장과 기업을 접수하는 데 성공했다.

한 미국 당국자는 "실제적으로 거의 모든 큰 공장들은 이러한 방식으로 접수되었다"고 말했다. 그 당시의 조선노동운동은 경제적으로 발전된 나라들에서처럼 단지 노동환경을 개선하거나 임금을 인상하라는 요구만 한 것은 아니었다. 그들은 황폐된 경제 속에서 생존을 도모하며, 일본 식민세력이 남기고 간 사회경제 구조를 자주·민주적으로 고치는 투쟁에 착수했다.(김낙중 1981. 김태성 1987)

해방된 조선은 "자본가 없는 자본주의 사회"였다. 일본 식민주의는 강력한 조선인 자본가계급의 성장을 허용하지 않았고, 조선 산업의 80~90%를 장악하던 일본인 자본가들은 조선사회에서 자본주의적 경제 관계를 폭넓게 확대시켰다. 일본인 자본가들이 조선을 떠났을 때, 조선 경제를 회복하는 데는 두 가지 방법이 있었는데, 공장과 기업을 노동자들이 직접 관리하거나, 조선자본가를 새로 키우는 일이었다.

조선의 남과 북에서는 똑같이 첫 번째 방법을 택하여, 40여년 동안 일본의 착취하에 파괴된 경제를 회복시키기 시작했다. 조선의 북쪽에서는 노동자의 자주관리운동을 소련 점령군이 지지했으나, 남쪽에서는 새로 자본가계급을 키우려는 미 점령군 정책 때문에 노동자 자주관리 운동이 파괴되었다.

남쪽에서는 노동자의 자주관리운동이 2단계를 거쳐 발전되었다. 초기 운동은 중심조직이 없었으며, 노동자들이 생존을 위한 투쟁을 강조하다가, 전평(조선노동조합전국평의회)이 조직된 후에는 사회경제 구조의 혁명적인 변화를 강조했다(민전 1946). 미군정의 노동운동 탄압을 경험하면서, 노동자들은 민주적이고 독립적인 조선정부를 건설하지 않고는 그들의 삶이 충분히 개선될 수 없다는 것을 깨닫게 되었다.

운동의 초기에는 일본인이 소유한 많은 공장과 기업들에서 조선 노동자들은 떠나는 일본인 고용주에게서 퇴직수당을 얻어내려고 싸웠다. 왜냐하면 일본인 소유주가 떠난다는 것은 공장이 폐쇄되고 노동자들이 일자리를 잃게 됨을 의미했기 때문이다. 다른 공장에서는 공장문을 닫으려는 친일적 조선인 고용주들에 대항하여 노동자들이 공장을 살려서 계속 움직이게 하기 위해 투쟁했다. 이런 종류의 투쟁은 대개 노동자들의 자주관리운동으로 발전되었다.

일본인 자본가와 친일적 조선인 자본가들을 상대한 노동자들의 투쟁은 평화적인 시위나 파업이 아니라 일본인 군인까지 개입되는 격렬한 투쟁이었다. 민전이 펴낸 『조선해방연보』는 노동자들의 투쟁을 다음과 같이 묘사했다.

서울 영등포의 노동자들은 일본인들의 상점열쇠와 금고열쇠를 얻기 위해 그들의 집과 공장에서 일본인의 칼과 총에 맞서 싸웠다. 서울 노량진과 용산의 노동자들은 곡물을 한강에 버리려던 일본군대에게서 곡물차량들을 빼앗았다(민전 1946).

노동자들의 이런 활동은, 일본인 자본가와 군인들, 또는 부일 조선인과 부정축재자들이 식량·산업설비·원료·생산재와 소비재를 불지르고, 파괴하고, 팔아치우려고 하는 것을 막는 일반 조선사람들의 노력과 연결되어 있었다. 노동자들의 활동은 개인적인 이기심에서 나온 것이 아니고, 일본이 41년 동안 조선을 착취했다는 사실에 대한 그들 나름의 계급적 민족적 의식에서 싹튼 것이었다. 그들은, "그동안 우리들이 일본인 밑에서 열심히 일하던 공장은, 이제는 마땅히 우리 것이 되어야 한다"고 주장했다(나까오 1984). 노동자들이 사회경제 구조의 혁명적인 변화보다 생존을 위한 투쟁을 더 강조한 것은 파괴된 경제에서 생긴 비참한 삶의 조건 때문이었다. 노동자들이 당면한 두 가지 주요한 문제는 높은 실업률과 인플레이션이었다. 1946년에 고용된 노동자 수는 약 741만 명으로 전체인구의 약 38%였으며, 경제적으로 활동할 수 있었지만 일자리가 없는 사람은 약 105만 명이었는데, 전체인구의 약 5.4%이고, 경제활동 인구 848만 명의 약 12.4%에 해당되었다(조선은행 1948. 김준보 1977).

이들 실업자들이 대부분 과거의 농민이요 미래의 임금노동자들이라고 가정하고 1944년에 고용된 임금노동자 212만 명에 비교하면, 1946년에는 임금노동자의 절반이나 실업자였다고 말할 수 있겠다(조선경제사 1948. 한국노동조합총연맹 1979). 남한의 고용된 공업노동자 수는 1944년 1월에서 1946년 11월 사이에 59%나 줄어서 30만 1,000명에서 12만 2,000명이 되었다. 그 이유는 많은 공장들이(4,074개, 약 44%)이 해방 후에 주로 원료부족으로 문을 닫았기 때문이다(조선경제사 1949. 김태성 1987).

높은 실업률에 더하여 생활필수품의 높은 가격이 노동자들에게는 커다란 문제였다. 전체 통화량이 1945년 7월의 47억원(북반부를 포함하여)에서 1945년 9월에는 87억원(남한만)으로 증가했다. 주된 이유는, 일본인들이 자신들의 안전을 지키려고 조선인들에게 '특별 상여금'을 지불하느라고 막대한 지폐를 발행했기 때문이다(McCune 1950). 1945년의 농업생산은 1940년과 1944년 사이의 평균보다 30%나 감소했고, 1946년의 공업생산은 1939년도 생산보다 71%나 감소했다(USAMGIK 1947. 고현진 1985). 더구나 만주·북부·일본에서 돌아온 동포들이 많아서, 남쪽의 인구는 해방 첫해에 220만 명(13.8%)이나 증가했다(고바야시 1982. US State Dept 1948).

막대하게 증가된 통화량, 농업과 공업 생산의 감소, 그리고 인구의 급속한 증가는 위험스러운 인플레이션을 초래했다. 1945년 7월에서 9월까지 노동자 임금은 5배 올랐는데, 생활필수품 값은 무려 21배나 올랐다. 이렇게 높은 실업률과 인플레이션은 해방 후 남한 노동자들이 겪은 비참한 생활조건의 한 측면을 보여준다.

노동자 자주관리운동의 몇가지 예는 노동자들이 생존을 위해 어떻게 투쟁했는지를 보여줄 것이다. 일본인이 소유하고 서울 영등포에 있던 조선피혁공장에서는 해방 전에 1,300명의 조선인 노동자들이 군수품을 생산했다. 1945년 8월 일본이 항복한 후에, 10명의 그 공장 사무직 노동자들과 25명의 육체 노동자들이 자주관리회를 조직하고, 일본인에게서 소유권을 양도받았다. 자주관리위원회는 10월 8일에 공장을 다시 움직여 물품 생산을 재개했다. 8시간 노동일·주말휴일·의료보험 그리고 소비조합 등 개선된 노동환경 아래에서, 노동자들은 낡은 기계들을 수리하여 신발 생산을 100%, 그리고 가죽생산을 200% 증가시켰다.

그러나 1946년 4월 10일 미군정은 노동자들이 선출한 위원회 위원장 박인덕을 해고시키고 체포히였디. 그리고 조균훈을 공장의 새로운 경영지로 임명했디. 조균훈은 노동자위원회를 폐지하고 비효율적이고 비민주적인 경영으로 노동생산성을 67%나 하락시켰다. 노동자들은 새로운 경영자에 대항하여 파업을 일으켰다(해방일보 1946년 4월 22일. 성한표 1984. 고현진 1985).

또 다른 예는 경성방직의 경우이다. 1945년 8월 30일 서울 영등포에 있는 한 공장에서 여성 노동자들이 회의를 열고 노예적 노동조건의 중지를 요구했다. 그들은 8시간 노동일·야근철폐·식사개선·동일노동 동일급료·방문객을 만날 수 있는 자유·1년 동안 체불된 임금의 즉각 지급·노동자들의 공장자주관리를 요구했다(해방일보 1945년 10월 25일). 해방일보는 노동자들의 노예적인 작업환경을 다음과 같이 묘사했다. "어린 여성 노동자들의 비참한 삶을 보라! 썩은 호박죽과, 영하 20도의 기온에서 맨발과 얇은 의복, 하루 2교대 12시간 노동, 심지어 부모조차 볼 수 없는 방문객 금지법."

경성방직의 소유자 김연수는 전형적인 친일 협력자로서, 공산주의자가 선동해서 노동자들이 폭동을 일으켰다고 미군정에 보고해서, 9월 25일에는 미국군대가 공장에 나타나 공포를 쏘면서 노동자들을 위협했다. 김연수는 노동자들의 요구를 거부하고, 파업중에 있는 5명의 노조 지도자들을 해고하고, 식량과 원료의 부족을 핑계로 공장조업을 중단시켰다(해방일보 1945. 10. 22). 공장을 폐쇄하라는 김연수의 지시에도 불구하고, 노동자들은 자주관리위원회를 조직하여 8시간 노동과 야근철폐 등 개선된 작업환경 아래에서 공장조업을 계속했다. 개선된 작업환경과 노동자들의 자주관리는 생산성을 25%나 증가시켰다.(해방일보 1945년 10월 25일).

○ 김연수는 한민당수이자 동아일보 사주 김성수의 친동생으로, 일제 총독 미나미의 양아들로 행세한 자이며 만주에 수많은 농장·공장을 차려놓고 야반도주해간 조선농민을 착취하여 일제 관동군의 식량과 제복을 만들어 제공했던 친일범죄자이다.

노동자들의 자주관리운동으로 특징지어지는 해방후 조선노동운동은 1945년 11월 6일에 전평이 조직됨으로써 새로운 단계에 들어섰다. 지역을 중심으로 자발적으로 조직되어 주로 그들의 생존을 위해 싸우던 노동자들의 투쟁은, 전평의 지도 아래 전국적인 조직이 되어 주로 혁명적인 사회변화를 위한 운동으로 변화되었다. 1945년 11월 5~6일에, 노동조합 대표자들이 분산된 조합들을 한 조직으로 통합하려는 목적으로 남북조선을 망라한 40개 지역에서 서울로 모였다. 그 모임에서 출현된 중심 조직이 「조선노동조합 전국평의회」인데, 전평으로 더 많이 알려졌다.

전평을 만들 때 몇 명의 노조대표가 모였고, 전평 밑에 몇 개의 노동조합과 몇 명의 노동조합원이 있었는지 정확한 수자는 알기 어렵다. 그 모임의 의사록에 따르면 21만 7천명의 노동자들과 1,194개 지역조합을 대표하는 505명의 대표들이 모임에 참석했다.(고바야시 1982) 전평은 조선 전국의 16개 산업부문별조합, 주요 남조선 도시들의 17개 지역평의회, 그리고 북조선의 총평의회가 지지했다.(민전. 1946. 약 50만 조합원을 대표하는 615명의 대의원이 참가했다(민전, 1946). 40여 지역에서 1,194분회의 50만명을 대표하는 대의원 505명이 참가했다(전국노동자신문 1945.11.16. 나까오 1984)

전평조직은 1945년 12월 현재 223개 지부와 55만 3천명의 조합원을 대표하는 1,757개의 지역조합으로 급속히 확대되었다(현대일보 1946년 9월 3일. 김낙중 1982).

전평의 정치적인 입장은 그 지도자와 정강에 나타났다. 일본 식민통치 아래서 조선 노동운동은 좌익이 지도했던 전통에 따라, 일본 감옥에 있던 사회주의자들이 노동조합 중앙조직의 지도적 지위를 차지했다. 전평의장 허성택은 16세에 항일운동을 시작하고, 1937년부터 1945년 조선의 해방까지 감옥에 있었으며, 조선공산당원이었다. 집행위원회는 10명 다 정치범으로 일본 감옥에 있었다(김낙중 61. Cumings 1981. 김성태 1987).

전평의 정강은 다음과 같은 내용을 포함했다. 통일된 민족전선과 함께 친일협력자들에 대항해 싸우면서 독립적이고 민주적인 조선정부를 건설하는 데 참가하려는 계획, 양심적인 민족자본가들과 함께 조선의 민족경제를 재건하여 노동자들의 이익을 보호하려는 계획, 8시간 노동일, 최저임금제, 같은 노동에 대한 같은 임금, 어린이 노동금지, 그리고 일본인과 친일파 일본인 소유 공장들에 대한 노동자의 자주관리(민전 1946).

이 정강에 따라, 전평은 활동강령을 발표했다. 전평은 정치투쟁을 무시하던 조합주의와 대중에게서 노동조합을 고립시켰던 모험주의를 비판하면서 기존 노동운동의 오류를 수정하려고 시도했다. 그 대신, 전평은 경제투쟁과 정치투쟁의 결합을 주장했다. 그래서 전평은 노동자들을 위한 당장 눈앞의 이익과 민족해방과 경제적 재건을 포함하는 장기적인 조선민족의 이익을 동시에 추구했다(민전 1946. 나까오 1984). 이렇게 전평은 건준이나 인공 등 다른 모든 자주독립 지향의 민족주의 조직들이 한 것처럼 노동자들의 계급 이익뿐만 아니라 민족적 이익을 대표하려 했다.

더욱 구체적으로 전평은 퇴직수당을 얻기 위한 투쟁과 노동자들의 공장자주관리를 위한 투쟁에 대한 전략을 제시했다. 전평은 노동자들 자신의 생존을 위해 퇴직수당을 얻으려는 투쟁을 지지하면서, 퇴직수당을 받는 것은 일본인들이 41년 동안 그들에게서 빼앗아간 것을 되찾는 일이라고 이해했다. 그러나 어떤 경우에는 퇴직수당을 획득하는 것이 이미 심각한 실업문제를 더 악화시켰다. 왜냐하면 그것은 공장을 문닫게 하고 조합을 해체하는 결과를 초래했기 때문이다. 그래서 전평은 노동자들이 모은 퇴직수당으로 원료와 다른 필요한 생산재를 구입하여 공장을 계속 가동시키자고 주장했다. 다시 말하면, 퇴직수당을 얻기 위한 투쟁은 노동자의 자주관리운동으로 이어져야만 되었다.

노동자의 자주관리운동에 대한 전평의 관점은 전평 조직부장 현훈이 발행한 『전국노동자신문』에 잘 나타나 있다(1945년 11월 16일, 12월 1일, 1946년 1월 16일). 그는 노동자들의 자주관리운동은 모든 조선인들의 생활조건을 개선시키는 것이 자기 의무라고 믿는 혁명적 노동자의 올바른 행위라고 말했다.

"일본인 소유의 공장과 기업들의 경영에 노동자가 참여하지 않으면 반혁명적인 친일파 조선인과 외국인 자본가들이 그것들을 빼앗아갈 것이다. 일본 공장들의 경영에 대한 권리를 노동자들이 요구하는 것이 당시 남조선 상황에서 가장 바르고 정당한 행위라 하더라도, 그것 자체가 노동자운동의 궁극적 목표가 될 수는 없을 것이다. 노동자 자주관리운동은 조합조직을 확장하고 노동자의 계급의식을 깊게 하려는 노력의 한 부분이어야만 한다. 왜냐하면 그것들은 조선민중의 자주적 권력을 확립하는데 필요하기 때문이다. 민중이 정치권력을 획득하지 못하면 노동자들의 생활조건은 근본적으로 바뀔 수 없을 것이다."

이런 전제에서 현훈은 노동자들의 자주관리운동을 위한 실천적인 전략들을 도출해냈다. 노동자들은 민중이 정치권력을 확립할 때까지 일본인이나 친일 조선인의 공장이나 기업들을 보호하고 경영하도록 해야 한다. 심지어 미군정에 빼앗긴 공장이나 기업들 내에서도 노동자들은 공장 경영권을 얻기 위해 노력해야 한다. 그러나 조선의 자주적 민족주의자가 소유하는 공장들에서는 노동자들은 전체적인 자주관리를 요구하기보다는 공장경영을 같이하든지 공장경영에 참가해야 한다.

공장은 노동자들·기술자들·양심적 민족자본가들을 포함하는 공장관리위원회를 조직해야 하며, 이 위원회는 인민위원회와 협력해야 한다. 부정 축재자나 투기꾼과 같은 새로운 민족 반역자의 공장에서는 노동자들은 그들의 비행을 폭로하고 노동자들의 자주관리를 위해 공장을 접수해야 한다(나까오 1984).

여기서 전평이 노동자들의 자주관리운동을 민중의 자주권력을 확립하기전의 임시적 과정으로 여긴다는 것을 알 수 있다. 말을 바꾸면, 노동자들의 계급적 이해는 민족적 이해와 분리될 수 없다는 것이다. 이런 견해는 당시 조선의 사회적 상황이 노동자들·농민들·진보적 지식인 그리고 소규모 민족 자본가들을 포함하는 통일된 민족전선이 이끄는 부르주아 민주주의 혁명을 요구한다는 「민주주의 민족전선」의 주장과 유사하다(민전 1946).

전평의 지도에 따르는 노동자들은 잘 조직되어 있었으며, 따라서 오랫동안 지연된 사회혁명을 추진할 준비가 되어 있었다. 그러나 그들에 대한 미 점령군의 간섭과 반자주적 친일파들의 공격 때문에 그들은 자신들의 목적을 달성할 수 없었다.

우리는 미국과 친미 조선인들에 대항한 노동자들의 투쟁을 살펴봄과 동시에 인민위원회의 지도에 따라서 그들이 오랫동안 갈망했던 사회민주화를 달성하고자 애쓰던 조선민중의 대다수를 차지하는 농민대중의 노력을 살펴보자.

② 인민위원회 조직 및 자주화 투쟁과 좌절

해방된 조선에서 가장 중요한 두 가지 정치적 문제는 친일협력자들의 처벌과 근본적인 토지개혁이었다. 토지개혁은 농업을 주로 하는 남한사회의 경제체제에서 근본적인 변화를 의미했다. 식민지에서 벗어난 조선에서 토지개혁이 필수적인 이유, 그리고 어떠한 방법으로 농민들이 인민위원회를 통해 토지개혁을 추구했는가를 살펴본다.

탈식민지화된 조선은 지주와 소작인 사이의 착취적 사회관계를 민주화하고, 농민의 비참한 빈곤문제를 해결하기 위해서 광범위한 토지개혁이 필요했다. 1947년에 미군정의 농업부 관리는 남한의 생산액·수출액·투자자본·노동자고용·인구의 분포·민족적 이해 또는 자원의 성질로 볼 때, "남조선은 전형적인 농업사회"(USAMGIK 1947)라고 말했다. 남한농업은 일본식민지배 41년의 결과로서 심각한 문제들을 안고 있었다. 일본 식민세력은 지주를 조선농민들에 대한 착취수단으로 계속 이용했다.(다시 말하면 친일파 지주들은 동포형제의 고혈을 빨아서 일본 상전에게 바치고 자신도 자산을 늘려 갔던 것이다.) 그 결과로, 전체 농민 중 소작인의 비율은 1913년의 35%에서 1941년에는 54%로 증가했다. 반소작인(24%)을 포함하여 조선농민의 4분의 3이상이 지주에게 착취당했다. 전체 농업가구의 3%밖에 안되는 일본인과 조선인 지주들이 전일본지배 기간을 통해 전체 경작토지의 50% 내지 60%를 소유했다(조선은행 1948. 황한식 1985).

소작인들은 대개 1정보 미만의 소규모 땅에서 재배한 주요 곡물의 50~70%를 지대로 지불해야만 했다. 일본식민주의자들은 독립적인 조선농민들로 성장하는 것을 허용하지 않았다. 1940년에 독립자영농의 72%가 1정보 미만의 소규모 땅을 소유했으며, 그들이 소유한 땅을 모두 합해도 전체 경작면적의 10.4%밖에 안되었다.

소작농이건 자영농이건 조선농민들은 비참한 가난 속에서 살았다. 1930년에 전체 농민의 48.3%와 소작인의 68.1%가 기아 상태에 있었다(박경식 1986). 더구나 일제에서 해방된 남조선에는 만주와 일본에서 돌아온 동포들이 많아 인구가 급속히 증가했는데, 그들은 대부분 과거의 농민으로서 농토를 원했다. 그래서 지주와 소작인 사이의 착취적 관계를 민주화하기 위해서도 그렇고 또 조선경제를 회복시키고 광범위한 실업과 비참한 농민들의 빈곤문제를 해결하기 위해서도, 일본인과 조선인 지주들이 소유한 토지를 경작농민들에게 재분배하는 것이 절실히 필요했다.

노동자들이 노동조합을 조직했듯이 농민들은 일본에서 해방된 직후에 농민조합을 조직했다. 1945년 가을에 그러한 조합들은 어느 곳에나 존재했다. 어떤 사람들은 재빨리 일본인과 조선인 지주의 땅을 빼앗으려 하고, 어떤 사람들은 소작관계·소작료 등을 개혁하려고 활동했다. 많은 농민조합들은 또한 가을수확기에 쌀의 수집·저장·분배를 조직적으로 했다. 1945년 12월 8일에서 10일 사이에, 조선 전역에 걸친 239개 농민조합의 576명의 지도자들은 서울에 모여서 전국농민조합총연맹(전농)을 조직했다(전농 1945). 농민의 생활 조건을 반영하여, 전농의 강령은 일본인과 조선인 지주들의 토지를 몰수하여 경작농민에게 배분할 것, 지대는 30%로 인하할 것, 강요된 쌀공출의 금지, 농민들이 단체로 협상하고 계약 할 수 있는 권리의 요구를 포함했다.

전농과 인민위원회의 지도 아래 농촌지역에서 "소규모 혁명이 발생했다"(Cumings 1981). 예를 들면, 일본인 토지는 그 토지를 실제로 경작한다는 것을 근거로 소유권을 주장하는 무단정착자들이 점유했고, 대개의 경우 지방인민위원회는 그 토지를 그들에게 나누어주었다(Mitchell 1952). 그러나 광범위한 토지개혁은 장기적 계획과 정부정책의 지지를 필요로 했는데, 전농은 곧 미군정의 강력한 반대에 직면하게 되었다. 그래서 남조선 농민은 혁명적으로 토지개혁을 실시하려고 활동을 시작했으나 일제에서의 해방과 미군정의 계획된 공격 사이의 짧은 기간에 자주·민주 혁명을 실현시킬 수는 없었다.

이제 노동조합들과 농민조합들의 지지를 받는 인민위원회가 어떻게 착취적 사회관계의 혁명적 변화를 준비해나가는가를 살펴볼 것이다. 1945년과 1946년에 조선 전역은 도道·시·읍 그리고 마을 단위에 존재하는 인민위원회로 뒤덮여 있었다. 9월 6일 조선인민공화국이 수립된 후에 지방건준지부들(건국준비위원회)은 인민위원회로 이름을 바꾸었다. 11월 20일 서울에서 전국인민위원회 대표자회의가 열릴 당시에 인민위원회는 모두 13개 도, 218개 시, 그리고 2,244개 읍에 존재했고, 단지 남한의 3개 시와 13개 읍만이 인민위원회조직을 갖추지 못했다(전국인민위원회 1945).

인민위원회조직이 급속히 확산된 것은 조선에서 농민봉기의 역사가 오래고, 일본지배 하에서 토지관계와 관련된 사회부정의와 농민의 박탈감이 강했기 때문이었다. 자기 고향으로 돌아온 학생들, 군대에서 풀려난 군인들, 그리고 석방된 죄수들이 인민위원회를 조직하는 데서 중요한 역할을 했다.(Cumings 1981) 이처럼 농민들 가운데 혁명성이 높았기 때문에 미 점령군은 조선[한국]전쟁을 전후하여 농민들을 「보도연맹」에 강제 가입시켜놓고 집단으로 납치해다가 살해하여 20만여 명을 없애버림으로써 마치 전쟁인력을 사전에 처치해버린듯한 인상을 주었다.

지방인민위원회 조직의 구조와 정강은 조선인민공화국(북측의 국호가 아니고 8.15직후 전국적으로 만들어진 임시자치정부 내지는 지방정치조직)의 구조 및 정강과 비슷했다. 그들은 조직·선전·질서유지·식량공급 그리고 재정을 위한 부서를 갖춘 일종의 내각구조를 가졌다. 그들의 정강은 기본적 목표로 친일부역자들의 처벌과 광범위한 토지개혁을 요구하고, 또한 다음과 같은 요구도 포함했다. 모든 일본인 재산은 조선인에게 넘겨주어야 한다. 모든 토지와 공장은 노동자들과 농민들에 속하여야 한다. 모든 남성과 여성은 동등한 권리를 가져야 한다.(같은 책 270-71. 동아일보사와 조선일보사 사람들이 당시나 현재까지도 수탈에 저항하는 농민·노동자를 적대시하여온 이유이자 동기이기도 한데, 친일파들, 특히 정치꾼·재벌·형사끄나풀들에게는 이 두 신문이 정치·경제적으로 항상 믿음직한 보호자이자 대변자가 되어 상부상조하여 왔기 때문이다.)

커밍스는 조선의 각 도道에서 인민위원회가 가지고 있던 힘에 대해 상세히 연구하였는데, "전조선의 시·군의 절반을 인민위원회가 지배했다. 시·군에서 지배적이든 아니든 간에 인민위원회는 매우 짧은 기간에 조선 전역으로 퍼졌다"고 결론지었다. 각 도에서 인민위원회 세력의 성장은 미 점령군이 각 도에 도착한 시기와 관련이 있다. 왜냐하면 인민위원회는 결국 미 점령군에 의해 파괴될 것이었기 때문이다.(점령군에 대한 평화적인 저항세력이어서 외국군에겐 두려운 존재였다.) 각 도의 미군점령은 중요 지역의 상황을 관찰하기 위하여 미국장교로 구성된 탐색반이 9월 16일 부산에 도착하면서 시작되었다. 다음에 이어서 전술부대들이 남한의 모든 도를 점령했다. 11사단은 경기도·강원도·충청도에 머물었고, 6사단은 전라도에, 그리고 4사단은 경상도에 주둔했다. 많은 지역에서, 전술부대들은 당시에 다른 지방정부기구가 없었기 때문에 편의상 지방인민위원회를 인정했다. 그리고 나서 1945년 10월에서 12월까지의 기간 중 서로 다른 시간에, 군정 운영을 위해 특별히 훈련받은 군정중대가 전술부대를 대체했다. 미군정은 1946년 1월 14일에 확립되었으며, 따라서 인민위원회에 대한 미군정의 전면적 공격도 이때부터 시작된다(Cumings 1981).

미군정 확립 이전에 각 지방 인민위원회 활동에 대한 문서들이 드물기 때문에, 인민위원회에 대한 정보가 상대적으로 많은 전라남도에서 사회민주화를 위한 인민위원회의 활동을 살펴보겠다. 반도의 가장 남쪽에 위치한 전남은 "조선의 곡창"으로 불렸다. 왜냐하면 그곳에 다른 지방보다도 더 넓은 경작지가 있었고 쌀 생산에서 모든 지방을 앞섰기 때문이다(Summation no. 11. Aug. 1946). 전남은 또한 다른 도보다도 더욱 다양한 해산물을 지닌 어장을 가졌다.

전남 인구 290만의 약 82%가 농업에 종사했다(Meade 1951 : 19, 23. USAMCIK 1946). 미 점령군이 상대적으로 늦게 도착했기 때문에, 전남의 인민위는 다른 도보다도 성장할 시간을 더 많이 가졌다. 전술부대들은 10월 8일까지 도의 중심인 광주에 도착하지 않았고, 군정중대는 10월 22일에 도착했다. 미군들이 도착했을 때 그들은 인민위원회가 실질적으로 도 전체를 통제한다는 것을 알게 되었다(Cumings 1981).

전라남도 도민은 기독교 목사인 최홍종을 의장으로 임명하고 8월 17일에 도건준을 조직했다. 건준의 첫 번째 활동은 1,400명에 달하는 정치범들의 석방을 보증한 것이었고, 다음날 치안대를 조직했다. 며칠 내로 전남의 각 군은 제각기 지역인민위원회 지부를 조직했다. 지역 건준지부의 지도자를 선출하는 수단으로 주민 백명당 하나의 대표를 선출했고 선출된 사람들은 천명당 1인의 군 대표를 선출했다(Meade 1951). 전라남도 전체 인민대표자회의가 9월 3일 광주에서 열렸고, 전남 건준 의장에 진보파 박준규가 친미적인 최홍종을 대신하여 취임했다(광주부 1946. 김창진 1987).

다시 전도 인민대표자회의가 10월 10일에 열렸는데, 전남건준이 전남인민위원회로 바뀌었다. 여기서 선출된 71명의 인민위 핵심 지도자는 동학도 · 공산당 · 다양한 농민과 어민조합, 그리고 지역 노동조합 등 독립적인 집단 출신들로 구성되었다(Meade 1951). 그래서 좌파와 우파의 연합체이던 전남 건준은 좌파의 혁명적 조직인 전남 인민위원회로 되었다. 따라서 군정중대가 10월에 도착했을 때. 그들은 "상황을 완전히 통제하고 있는 좌파"를 발견했다. 한 미군정 관리는 군정의 첫 해 동안에 전남인민위원회는 전남에서 "도의 모든 구역과 마을을 관장하는 가장 큰 정치집단이었다"고 말했다(같은 책 158. 160). 결국 불완전하나마 민주적인 지방자치기구가 형성되었던 것이다.

한 미국인 목격자에 따르면, 인민위원회는 모든 군지역에 존재했으며 "거의 모든 군지역"에서 정부를 통제했다(Meade 1948). 조선이 일제에서 해방된 후 첫 2개월 동안에 전남의 신문은 5개에서 15개로 증가했다. 광주 · 목포 그리고 대부분의 시들은 최소한 1개의 신문을 발행했고, 어떤 시는 더 많이 발행했다. 그중 가장 큰 것은 일본도청 기관지였다가 광주인민위원회가 접수하여 만든 『전남신보』였다(Meade 1951). 10만 인구를 가진 광주의 건준지부는 좌익계 의장 양창수와 우익계 부의장 서우석을 중심으로 8월 30일에 조직되었다. 지도자들은 한 가구에서 한 표씩 던진 보통선거로 선출되었다. 10월 중순에 11년 감옥살이에서 풀려난 김석의 지도 아래 약 300명의 치안대 청년과 학생들이 광주를 통제했다(Cumings 1981. 김창건 1987).

10만 3천명의 인구를 가졌고 도내에서 가장 상업화된 항구도시인 목포는 실제로 인민위원회의 주요한 근거지였으며, 목포의 지위는 모든 주위 도시들의 정치적 색채를 지배했다. 목포시 인민위원회는 청년동맹·조선과학노동자연합·조선학생단체·목포동지청년연합과 같은 보조조직의 지원을 받았다. 인민위원회는 또한 2개의 주도적 신문사·2개의 영화관·소비자조합·목포기름보급주식회사·목표면실유주식회사·목포화학주식회사·목포벽돌공장을 소유하고 경영했다. 이것들은 모두가 일본인으로부터 접수한 것이었다(Meade 1951).

나주·화순·보성·장흥같은 군郡에서는 인민위원회 지도자들을 선출하기 위해 8월 15일 직후에 선거가 실시되었다. 일본에 봉사했던 기존 관료들은 선거에서 배제되었다. 왜냐하면 탈식민지화된 조선에서 정치적 정당성의 주요한 시험대는 일본 식민지하에서 유식계층이 수행한 역할을 배제하는 것이었기 때문이다. 지대·교육·구호를 위한 하위 조직들이 인민위원회 아래에 조직되었다.(Cumings 1981)

1945년 11월 23일 제45군정 중대가 도착했을 때, 진도·해남·완도군에서 인민위원회가 확고히 자리잡고 모든 정부기능을 통제했다. 8월 15일 직후 인민위원회는 법과 질서를 유지하고 지역수송과 통신시설들을 움직이고, 상점과 학교를 운영했다. 해남인민위원회는 지역버스사업, 군 해초 사업, 그리고 21개의 국민학교를 경영했다.

간단히 말하면, 도인민위원회의 활동은 치안유지, 일상생활을 위해 필요한 서비스의 제공, 그리고 일본인 재산의 경영이었다. 지역인민위원회는 민주적이고 독립적인 인공을 강화하려 했고, 인공이 사회경제적 구조를 혁명적으로 고칠 것을 기대했다. 인민위원회의 활동에 대한 저항은 거의 없었다. 인민위원회 활동에 대한 적극적인 반대는 미국 군대의 도착, 더 정확하게는 전남에서 군정이 확립되면서부터 시작되었다(Meade 1951). 남한의 다른 지방 상황 역시 전라남도의 상황과 유사했을 것이다. 조선민중 자치의 파괴자는 미점령군이었다.(Cumings 1981)

(2) 조국 분단, 북의 중공업·남의 농업 상호 의존성 파괴

우리는 일제에서 해방된 남한 노동자들이 전평의 지도에 따라서, 또 농민은 인민위원회 조직을 통해서, 일제가 남긴 사회경제 구조를 개혁하여 새로운 사회를 건설하려는 노력을 살펴보았다. 노동자들이 공장을 자주관리하는 활동을 통해 약간의 성과를 얻는 동안, 농민들은 사회·경제 구조와 토지제도를 혁명적으로 개혁할 민주독립정부를 세우기 위한 준비로서 인민위원회를 조직하고 강화하였다. 노동자들과 농민들의 혁명적 활동은 그들 자신의 직접적인 경제적 이해뿐만 아니라, 당시의 조선경제가 처한 상황에 근거한 것이었디.

1945년, 미 점령군은 일본이 40년 이상 착취하던 남한 경제를 계승하여 통제하기 시작했다. 그들은 조선에서 일본 식민통치가 초래한 온갖 경제적 문제에 직면하였다. 더구나 미국은 가련한 조선경제를 2개로 쪼갬으로써 공업 우세의 북조선과 농업 우세의 남한 사이의 상호보완적인 관계마저 파괴했다.

일본제국의 식민지인 조선의 경제는 자주적인 단위가 아니라 일본경제의 일부분으로 발전해왔다. 조선경제는 일본을 위해서, 특히 일본의 전쟁목적을 위해서 운영되었고, 대부분이 일본인 소유였다. 1940년 현재 일본인은 조선 공장의 94%와 광산의 90% 이상을 소유했다(정윤형 1981). 일본인은 또한 100정보 이상을 소유한 거대지주의 53.7%를 차지했다(장상환 1985). 조선은 일본경제에 통합되었기 때문에 기계설비와 부품의 공급을 전적으로 일본에 의존하였다. 실제로 1944년에 조선 생산공장들은 부품과 설비의 약 75.3%를 일본에 의존했다(김윤환 1978). 일본지배 밑에서, 조선사람은 기술적으로 훈련받지도 못했고, 책임있는 자리에 앉을 기회도 거의 없었다. 그래서 1945년 현재 기술자의 80%는 일본인이었다(이종훈 1981). 일본에서 분리된 조선경제는 자본·원자재·기계부품·기술자가 아주 부족했다(McCune 1946. 1950). 따라서 일제에서 해방된 조선 경제의 주요 문제는 전시경제를 평화경제로 바꾸고, 또 일본인의 욕구를 채워주던 것에서 조선사람의 필요에 봉사하는 것으로 바꾸는 일이었다.

38선에서 나라가 분단되어 남북간의 경제적 조화가 파괴되니 조선경제의 회복은 더욱 어렵게 되었다. 일본의 식민통치는 조선의 남쪽과 북쪽을 경제적으로 아주 불균형되게 만들어 놓았다. 북쪽은 풍부한 전력(94.1%)·광물·산림자원에 근거하여 중공업(86%)의 대부분을 차지하고, 남쪽은 기름진 농업용 토지(63%)와 경공업(74%)의 대부분을 차지했다. 북조선은 펄프·철·석탄과 전기를 남조선의 경공업에 공급했고, 화학비료를 남조선의 농업에 공급했다. 곡류(75%)와 직물(87%) 생산의 대부분을 차지하는 남쪽은 북쪽에 식량과 의복을 공급하였다(McCune 1950. Henderson 1974). 그래서 조선의 두 부분은 놀라울 정도로 상호보완적이었다. 그러나 38선이란 장벽은 이러한 물품들의 교역을 불가능하게 했다. 특히 북쪽에서는 풍부한 화학비료와 전력이 남쪽에서는 부족해서 경제에 큰 곤란을 겪었다.

일본의 식민지 상태에서 벗어난 조선경제는, 오랫동안 일본경제에 종속되었다는 사정과 조선이 남북으로 분단되어 경제적 상호보완 관계가 파괴되었기 때문에, 경제구조의 근본적인 개혁이 요구되었다. 그런데도 미군정은 남조선경제가 요구하는 개혁은 전적으로 무시하고, 현상유지 정책과 식민통치의 앞잡이였던 보수적인 친일파 조선인을 지지하는 정책을 추진하였고 이것은 노동자·농민 즉, 조선민중의 자주·민주화 노력과 기대에 정면으로 대립하게 되었다. 해방군이 아니고 식민통치를 계승한 두번째의 점령군임이 명백해졌다.

다음 부분에서, 미군정의 억압적 노동정책, 반동적인 토지정책과 쌀정책, 그리고 인민위원회의 탄압을 더 상세하게 살펴보자.

4) 일본 자산 접수, 수탈 계층엔 특혜, 근로계층엔 통제

(1) 친일·수탈계층에게 자산 헐값 매입시켜 충성 유도, 불평등 심화

사실 식민지 조선에서 침략자 일본인들이 가지고 있던 재산은 일본의 것 敵産이 아니라 원래대로 수만년 조선 민족동포의 땅이고 재산이었다. 그런데 이런 조선인의 자산을 미국군대가 자기들의 자산이라도 되는 듯이 빼앗았다가 앞잡이 친일파 수탈계층에게 특혜로 준다는 것은, 남의 물건으로 자기가 생색내는 꼴이었음에도 불구하고 힘없는 조선인들은 분통을 참고 있어야만 했다.

미군정의 남한경제 지배는 군정법령 제2호와 33호로 남한의 일본자산을 미군정에 귀속시키면서 구체화되었다. 일본자산의 귀속으로, 미군정은 전체 남한자본의 80%를, 공업투자액의 94%, 그리고 경작지의 13.4%를 직접 통제하게 되었다(고바야시 1982, 정윤형 1981).

1945년 9월 25일에 발표된 미군정 법령 2호의 요점은, 미 점령군이 일본의 공공재산을 접수한다는 것과 미군정이 사전에 거래조사를 한다는 조건에서만 일본인 사유재산의 매매를 허용한다는 것이었다(Gazette 1945-48, vol. 1). 이 법령은 사유재산의 보호라는 미국의 자본주의적 원리에 근거하였다. 11월 6일에 미군정청장 아놀드는 "미국은 비록 적의 재산일지라도 국제법에 따라 사유재산을 존중한다"고 말했다. 토지에 의해 살아가는 원주민의 생존권과 소유권을 완전 묵살하는 강도의 논리였다. 이 땅의 주인인 조선(한국)인들에게 소유권을 인정하지 않았으니, 사실상 이 땅의 주인은 강탈자 일본에서 미국으로 바뀌었다는 얘기가 된다.

미국 군인들은 조선남부에 도착한 직후에 사적·공적인 일본인 자산들을 접수하기 시작했다. 그들이 접수한 주요 자산들은, 3개의 에너지 생산회사(경성전기·조선전기·조선

석탄), 11개의 방송회사(10개의 리디오국과 동명통신), 2개의 신문(경성과 매일), 3개이 주식회사(조선주택공사·조선식품·조선생필품), 4개의 은행(조선·제국·안전·삼화), 그리고 동양척식회사를 포함하고 있다(나까오 1984). 10월 9일에 아놀드는 "미군정은 전부 42개의 회사와 공장을 접수했다"고 말했다(성한표 1984). 일본자산을 접수하는 미군정의 활동은 일본공장들을 스스로 경영하겠다는 조선노동자들의 활동과 직접적으로 부딪쳤기 때문에, 이런 대결은 피하면서 노동자들의 자주관리운동을 막기 위한 방법으로, 미군정은 일본인의 사유재산을 사고파는 것을 권장하는 형식으로 교묘하게 통제했다.

1945년 10월 23일에서 30일까지 일주일 동안 미 점령군은 일본인 재산 양도를 규제하는 4개의 법률조항을 계속해서 공포했다. 그 내용은 다음과 같다.

일본인 사유재산은 미군과 남조선 경찰이 보호할 것이다. 불법적 방법으로 구매된 일본인 재산은 모두 가까운 미군정 기관에 보고하고 인계해야 한다. 조선인들은 계약서를 작성하고 미군정 당국에 적절한 가격을 지불함으로써 일본인 재산을 합법적으로 살 수 있다(매일신문, 1945. 10. 24. 나까오 1984).

당시에는 친일하다가 친미하는 자들만이 일본인 재산을 살 수 있는 돈을 가지고 있었기 때문에, 이런 정책은 미국이 조선인 협력자들을 돕기 위한 하나의 음모였다. 미군정이 일본인 재산을 "차지하고 매매를 간섭하는 처사는", 조선에 있는 모든 일본인 재산들은 41년 동안 일본인이 착취해(빼앗아) 모았지만 원래는 수천년 대대로 조선 땅이고 조선인들의 피땀에 의한 조선인들의 재산이라는 우리의 생각과는 배치되는 행동이었다. 같은 논리로 일본인 공장을 노동자들이 직접 경영하는 것을 불법이라고 규정한 이런 법조항에도 불구하고, 노동자들의 자주관리운동은 점점 더 퍼져나갔다. 11월 8일 전평이 조직된 후, 노동자들의 운동은 더욱 강력해졌다.

미 점령군은 전평 지도하에 노동자 자주관리운동이 퍼져나가는 것은 조선인 협력자들(아부세력)에 기초해 반공 보루(사실상 반자주·반민주사회)를 건설하려는 미국의 목표에 대한 위협이라고 생각했다. 그래서 1945년 12월 6일, 노동자들의 자주관리운동을 통제하기 위하여 미군정은 "조선에 남아 있는 일본인재산 귀속권에 관한 법령 제 33호를" 발표했다. 이 법령은 "모든 일본인 재산과 거기서 생기는 이익은 … 1945년 9월 25일부터는 '미군정에 귀속되고', 미군정의 소유가 된다.…"고 선언했다(Gazette 1945-48, vol.1). 이 법령은 노동자들이 경영하는 공장과 노동조합에 대한 미국의 통제를 강화하기 위한 침탈 조치로서 점령자(정복자)로서의 강도적 본색을 노골적으로 드러냈다. 왜냐하면,

그 법령은 일본인 공장들을 접수하여 가동시키는 노동자들의 활동을 또 한번 불법화하였기 때문이다.

이때에, 미국인들은 미국의 이익을 증진시키는 가장 좋은 방법은 직접 일본인 공장들을 경영하는 것이라고 결정했다. 법령 33호에 따라 미군정 재산보호국은 12월 14일 다음과 같은 내용의 훈령을 발표했다. "모든 (일본인의) 산업적·금융적·상업적·농업적·주택적인 그리고 다른 자산들이나 기업들은 미군정 재산관리인이 인정할 때에만 운용·점유·사용할 수 있다".

그래서 미군정은 "공장과 관계가 있고 훌륭한 인격과 능력·경험 또는 부를 지닌 사람들" 가운데서 공장 경영자를 뽑았으며(나까오 1984) 1946년 2월까지 약 375명의 공장·작업장 그리고 사업 경영자들을 임명했다(HUSAMGIK 1946. Cumings 1981). 새로 임명된 조선인 경영자들은 대부분이 일본인 소유회사 고용인들이었으며, 노동자들의 자주관리운동에 대항하는 강력한 반민주 투사가 되었다. 그들은 대부분 이승만 정권이 들어섰을 때 그 회사들의 소유주가 되었다(McCune 1950 성한표 1984).

군정청장 아놀드는, 법령 33호의 목적은 "조선에서의 재정과 경제에 대한 일본인의 통제를 철폐하기 위한 것이고" 또 "일본인 재산에 대한 미군정의 소유는 그것을 관리할 자격있는 조선인들이 발견될 때까지의 일시적인 것이다"라고 말했다(중앙신문 1945년 12월 15일. 나까오 1984). 그러나 조선의 노동자들과 농민들은 "전쟁에서 진 일본제국주의를 대체한 강력한 미 점령군이 그들의 또 다른 적이라는 걸 깨닫게 되었다." 결국, 일본 재산들을 소유하고 그것들의 경영자를 임명한 미국인들과, 노동조합을 조직하고 자신들이 일본인 공장들을 경영하려고 하는 조선인 노동자들의 관계는 전형적인 자본가와 노동자 사이의 관계가 되었다. 계급모순과 민족모순이 중첩重疊된 상극관계였다.

(2) 노동운동에 3자 개입 금지로 노동자 연대투쟁까지 통제

미군정 경영자들과 조선인 노동자들 사이에 예상되는 분쟁을 해소하기 위해 1945년 12월 8일 미군정은 서울과 각 도에 노동중재국을 설립하는 법령 34호를 발표했는데, 군정법령 19호가 선언한 "노동보호와 노동분쟁의 중재"를 맡아보게 되었다(Gazette 1945-48, vol.1). 그러나 법령 19호에 규정된 "노동자의 일할 권리"는 "노동자가 함부로 해고 안될" 권리를 주지는 못했다. 게다가 그 규정은, "고용주와 고용인 사이의 노동관계에 제3자가 개입하는 것"을 금지하였다. 바꾸어 말하면, 그것은 "공개적 노동갈등에 관련

안되게 하는 보호"(Cumings 1981) 또는 "사업가와 전문가가 내세운 조건하에서 일할 권리의 보호"일 뿐이었다(Meacham 1947). 그리고 노동분쟁이 중재국에 의하여 해결될 때까지 "생산은 계속 되어야 한다"는 규정은 노동자의 파업금지를 의미했다(나까오 1984). 근로자만 규제하는 법령이었다.

전국노동중재국은 단지 형식적으로만 고용주와 고용인들 사이의 분쟁에서 중립적이고 미군정에서 독립적이었지, 실제 기능면에서는 미군정의 통제를 받았다. 법령 34호 1조와 4조에서는 "노동부 관리는 중재국의 고문이 되고 중재국은 군정의 노동부와 광산산업국이 미리 정한 절차들을 지켜야 한다"고 규정했다(Gazette 1945-48, vol.1). 또, 중재국에 임명된 조선인들은 "결코 임금노동자나 그들의 대표가 아니었고, …대부분 사업가·전문가 그리고 고용주들"이었다(Meacham 1947). 그러므로 노동중재국의 실제 기능은 고용주와 고용인 사이를 조정하는 것이 아니라, 노동자들에게 일방적으로 압력을 넣어서 고용주들의 말을 잘 듣게 하는 것이었다.

노동자 자주관리운동을 억압하려는 미국군대의 또 다른 노력은 1946년 7월 23일에 발표된 노동부 설립에 관한 미군정 법령 97호에 나타나 있다. 그 법령은 다음과 같이 선언했다.

미군정은 민주적 노동조합의 발전을 장려한다. 노동자들은 노동조합을 형성하거나 조합에 가입하는 권리와, 다른 노동조직에 도움을 주거나 받는 권리, 그리고 그들의 대표자들을 그들 자신이 선출하는 권리를, 자발적인 조직을 통해서 가진다.

이 법령은 공개적으로 미군정이 노동조직을 권장한다고 말하지만, 그 뒤에는 숨겨진 의도가 있었다. 여기서 민주적인 노동조합이란 단지 순수한 경제적 투쟁만을 추구하는 조합들을 말하며, 정치적 투쟁에 참여하는 조합들은 배제한다(성한표 1984). 여기서 "자발적인 조직"은 경영주에게서 독립한 조직이 아니라, 전평을 의미하는 제3자에게서 독립한(도움을 받지 않는) 조직을 의미한다. '다른 노동조직'에 대한 언급은 전평의 지도력을 빼앗기 위하여 어용적인 대한노동조합총연맹을 조직하려는 준비로서, 한 공장 내에 복수조합들이 존재하는 것을 장려하는 것이었다. 그리고 '그들 자신의 선출'이라는 구절은 후에 대한노총이 전평을 파괴할 때 중요한 무기가 되었다. 간단히 말하면, 법령의 주요 목적은 자주적인 전평을 억압하고, 친일·친미 사대적인 「대한노총」을 지지하기 위한 것이었다.

「대한노총」은 1946년 3월 10일 지역노동조합의 지지 없이, 우익청년단과 정당원들로 조직되었다. 그 정강은 공개적으로는 민주적 독립정부의 수립과 노동자와 고용주 사이의 협조를 요구했으나, 숨겨진 목표는 반공산주의 이름 아래, 전평 지도하의 노동조합들을 파괴하는 것이었다. 결국 대한노총은 친일적 기득권세력을 옹호하려는 정치적 조직이었지 진정한 노동조합이 아니었다. 왜냐하면 그것은 비노동자들로 구성되었고, 그 목표는 노동자들의 생활조건을 개선시키는 것이 아니라 반공산주의를 빙자한 노동자에 대한 투쟁이었기 때문이다(노총 1979). 이 시기부터 노동분쟁의 역사는 미군정의 지지를 받는 대한노총과 노동자들의 지지를 받는 전평 사이의 투쟁으로 전개되었다. 노동자 분열통치의 시작이었다.

○ 1960년 4·19 혁명이 나던 해의 3월 10일에도 '노동절' 참가자들은 서울운동장에 모여 노동자대회가 아니고 "이기붕 선생을 부통령으로 뽑자"는 집회와 함께 그의 대형 초상화를 어깨위에 '모시고' 시가 행진을 하였다. 「노동절」도 「5·1절」에 대립되는 날로, 근로민중에 대한 적개심이 어지간히 많았던 이승만이 노동절 날짜까지 바꾸었다고 한다.

(3) 경자유전 원칙과 분배를 위한 토지개혁 요구 묵살

농민에 대한 미군정의 정치적 조치는 인민위원회의 탄압이었고, 경제정책은 토지제도를 개혁하는 것과 쌀시장을 조절하는 것이었다. 조선왕조와 일본 식민주의 유산인 "착취적 토지제도의 근본적인 개혁과 친일협력자의 처벌에 대한 요구는 해방된 조선에서 가장 중요한 정치적 쟁점"이었다. 워싱턴에 소재한 한국문제연구소Korean Affairs Institute 소장 김용정은 "광범위한 개혁없이는 조선에서 건강한 경제와 안정된 정부 그 어느 것도 유지될 수 없다. …남조선에 철저한 토지개혁이 시급하게 요구된다"고 말했다 (Voice of Korea, 17 Jan. 1948).

비록 혁명적 민족주의자들과 반동적인 사대주의자들이 개혁의 범위에 대해서는 상당히 다른 견해들을 가졌지만, 정치집단들은 모두 토지개혁을 주장하였다. 전자는 일본인과 조선인 지주의 토지를 전부 무상으로 몰수하여 무상으로 경작자들에게 나누어주는 토지개혁을 요구했고, 후자는 일본인 소유의 토지는 무상으로 몰수하고 조선인 소유의 토지는 돈을 주고 사서 소작인들에게 유상으로 분배하는 토지개혁을 원했다(조선경제연보 1948, vol.1 : 345-46. 정영일 1967).

혁명적인 집단들의 주장은, 조선인 지주들은 대개가 착취적 기생寄生계급이라는 역사적 사실에다가 예외는 더러 있겠으나 그들은 토지를 강탈이나 사기적 수단으로 획득했으며, 그들 대부분은 의식적으로 일본 총독부와 협력한 민족반역아들이었다(Voice of

Korea, 17 Jan. 1948).

친일파 집단이라 할지라도 토지소유의 커다란 불평등과 그 결과인 소작인의 비참한 생활조건들을 무시할 수는 없었다. 1945년 현재, 농민의 약 83.5%가 소작인 또는 반소작인이었고, 쌀경작지의 70%를 소작인이 경작했다(조선경제연보 1948, vol.1. 정영일 1967). 더구나, 소작가구의 91%가 가구당 2정보 미만을 경작했고, 그들 중 70%는 가구당 1정보 미만이라는 작은 땅을 경작했다(조선경제연보 1948, vol.1. 황한식 1985). 이런 사정을 무시하고, 군정은 구질서를 그대로 유지하기를 원했다. 한 미군대령이 미군정의 정책을 다음과 같이 평했다.

조선에서 우리가 해야 될 사명은 부재지주들이 쫓겨나는 것을 막는 데 있었다. 조선 대중들은 농지를 직접 경작하는 사람들에게 나누어주기를 원했다. 우리가 해야 할 일은 이 소작농민들에게 소작료를 내라고 강요하는 것이었다(Journal 27 Oct. 1945. Cumings 1981).

미 점령군은 친일 지주집단인 한민당을 동맹자로 택했기 때문에(한국민주당, 당수는 동아일보 사주 김성수) 근본적인 토지개혁은 기대할 수도 없었고, 오히려 인민위원회가 소작인에게 분배한 약간의 토지를 빼앗으면서, "작은 민주화 개혁마저" 파괴했다.

토지개혁을 하라는 조선민중의 압력이 엄청나게 강해서 미군정은 지대를 낮추는 조치라도 취하지 않을 수가 없었다. 1945년 10월 5일 미군정 법령 9호는 "형태야 돈이건 실물이건 상관없이 지대는 이제부터 자연적인 수확량의 삼분의 일을 넘지 못한다"고 선언했다(Gazette 1945-46, vol.1). 물론 이것은 일본 식민주의 아래에서 전체 수확량의 50~80%를 지대로 지불하던 소작인들의 부담을 덜어주었을 것이다(Mitchell 1952).

그러나 이 법령은 효과적으로 실행되지 않았고, 대부분의 지주들은 이 법령을 지키지 않았다. 미군정 토지행정국장 미첼에 따르면, "다양한 특별선물·뇌물·소작권의 구입 등의 수단으로 지주들은 소작인에게서 법정 최고액보다 더 많은 지대를 계속해서 받았다"(1952). 이 법령은 인민위원회가 실시한 토지분배를 불법화했고, 토지제도에서 강자 편에 유리한 지주소작관계를 유지하려는 미국인의 의지를 분명하게 나타냈다.

① 일제의 동양척식회사 대신 신한공사 만들어 수탈체제 지속

1945년 9월 25일, 미군은 미군정 법령 2호로 몰수한 모든 일본인 소유 토지를 측정하고 관리할 「신한공사」를 만들기로 계획했다. 「신한공사」는 법령 52호로 1946년 2월 21일에 공식적으로 창설되었으나, 이미 1945년 11월에 활동을 시작했다(Cumings

1981). 1945년 12월에서 1946년 봄까지 신한공사는 조선의 모든 세무서와 토지기록부를 샅샅이 뒤져서 일본인이 소유하던 토지 약 24만 5천 정보를 찾아냈다.

이 조사는 곧 인민위원회가 분배한 일본인 토지를 소작인에게서 도로 빼앗는 일이니, 농민의 강력한 반대에 부딪쳤다. 미군정 토지행정국(신한공사의 새로운 이름) 장 미첼은 신한공사가 고용한 9명의 조선인들이 토지조사 작업 중 폭도에 의해 살해되었다고 보고했다(1952).

신한공사는 일본 동양척식회사가 소유한 모든 토지에 더하여, 다른 일본인 회사나 개인이 소유한 약 4만 2천 정보의 토지까지 감독하고 통제하게 되었다. 그렇게 해서 1948년 2월 현재, 신한공사가 경영하던 토지는 농장·과수원·산림을 포함해 약 32만 4천 정보나 되었다(Michell 1948). 그것은 신한공사가 남한 전체 토지의 13.4%를 관리했으며, 전체 농가의 27%를 통제했다는 것을 의미한다. 양질의 토지가 풍부한 전라도지방의 경우 신한공사는 전체 농토의 26%와 전체 농가의 43%를 통제했다(황한식 1985).

이리하여 신한공사는 남한에서 가장 큰 지주가 되었다. 212개 지역 지부들의 3,300명의 신한공사 고용인들은 씨앗과 비료를 제공하고, 소작인에 대한 감독, 그리고 가장 중요한 쌀 수집 등 지주와 마름의 기능을 수행했다(Mitchell 1952). 미첼은 신한공사를 다음과 같이 설명했다.

신한공사의 가장 성공적인 행위는 소작인들의 곡물을 재빠르고 효과적으로 수집하는 능력이었고, …신한공사의 수집량은 1947년 전국적으로 생산된 쌀의 32.5%였으며, …그리고 농부들에 대한 영향력은 막강했다(1948 : 9-10).

사업체로서의 신한공사는 대부분 농지대여와 쌀 수집에서 나오는 막대한 이윤을 챙겼다. 신한공사는 시장가격이 1,000원이었을 때, 쌀 1묘(1묘=54kg)당 단지 660원을 지불했고, 1947년 4월부터 1948년 3월까지 신한공사는 약 5억 8,800만원의 순이익을 남겼고, 토지 대여에서 번 수입은 약 13억 5,700만원에 달하였는데, 이것은 신한공사 전체 수입의 90%에 해당되었다. 1948년 미군정의 연간 예산이 3억 1,300만원이었다는 사실과 비교해 볼 때, 신한공사의 순이익과 토지대여에서 번 수입이 얼마나 큰가를 상상할 수 있다(김준보 1977). 신한공사는 일제시대의 「동양척식회사」처럼, 간신히 최저생존 수준에서 일하는 소작인에게서 잉여를 뽑아내는 효과적인 수탈 조직으로 기능했다.

② 토지개혁은 하는 시늉만 하다가 중단, 농민 궁핍화 가속

서울의 자주세력과 지방의 민중이 함께 토지개혁을 하라고 지속적으로 요구하자 미군정은 1946년 1월에서 3월에 걸쳐 3개의 토지개혁안을 고안했으나, 실제로 그중 어느 하나도 실행하지 않았다. 그해 1월에, 세계와 조선농업의 전문가이며 국무성의 재무관리인 번스(A. Bunce)가 일본인이 소유하던 토지의 재분배계획을 세웠다. 번스는 그의 계획이 단지 일본인 소유토지만 대상으로 삼았지만, 소련에서 실행된 토지개혁법보다 더욱 우수하다고 생각했다.

그러나 미군정은 그 계획을 "번스의 바보짓"이라 부르며 거부했다(Gayn 1948). 2월에는 미국무성 경제위원단이 소작인이 점유하고 있는 토지를 그들에게 나누어주는 '토지분배법'이라는 계획을 제안했다. 이 법에 따르면 소작인들은 그들이 1년간 생산한 가치의 3.75배를, 달리 말하자면 15년 동안 매년 작물의 25%를 땅값으로 지불하면, 토지에 대한 권리를 인정받게 되어 있었다. 그러나 이 계획은 만 2년이 지날 때까지 실행되지 않았다(McCune 1950).

1946년 3월 북쪽(북조선)에서의 급진적인 토지개혁 이후 토지개혁에 대한 압력은 매우 증대되었다. 북에서의 토지개혁은 일본인과 조선인 지주들이 소유했던 토지를 모두 무상으로 몰수해서, 소작인들에게 무상으로 분배하는 것이었다. 그래서 미군정은 3월 15일, 일본인 소유의 농토를 경작자에게 판매한다고 공포했다. 토지가격은 연생산가치의 5배였으며, 15년 동안 연수확량의 삼분의 일씩 매년 지불하여야 했다(사쿠라이 1982). 그렇지만, 미국인들은 심지어 그들 자신의 말도 지키지 않았다. 미군정은 1946년에 토지개혁을 실시하지 않은 것을 다음과 같이 변명했다. "미군정이 실시한 여론조사에 의하면… 남조선 소작인들은 지금 토지를 원하지 않고, 나중에 조선인이 세운 정부가 그들에게 토지를 나누어 줄 것을 기대한다"(Gayn 1948)면서 궁색한 처지를 모면해 갔다.

남조선 과도입법의원이라는 지주들의 집단이 1947년에 토지개혁을 연기시킬 때도 똑같이 변명했다. 그러나 1946년 3월 31일의 여론보고서는 명확하게 대다수 조선사람들이 일본인 농토의 즉각적인 분배를 원했다는 것을 보여준다. 하지만 미국인들은 부재지주들의 아성이던 서울에서의 여론조사를 이용하였고, 일본인 소유토지의 즉각적인 분배에 찬성하는 다른 지역에서의 여론조사를 묵살하였다(USAMGIK 1946b. Kim, jinwung 1983).

미국인들은 북쪽과 똑같은 형태의 토지개혁에 대한 지속적인 요구를 무시하다가는 혁명적인 자주·민주세력이 급속히 증가할 수 있는 조건을 제공하게 된다는 것을 점차 깨달았다. 따라서 미군정은 1946년 12월에 설립되고 그 구성원 대부분이 지주와 그 지지자인 남조선 과도입법의원에게 토지개혁법을 만들게 했다. 입법의원은 1947년 5월에 마지못해 토지개혁법안에 착수하였고, 결국 1947년 12월에 시안을 만들었다.

이 법안의 요점은 일본인 소유 토지의 무상 몰수와 조선인 소유토지의 유상몰수, 그리고 소작인과 피난 귀환자에게 토지의 유상분배였다. 토지의 매입자들은 한해 생산가치의 3배에 해당하는 땅값을, 15년 동안 연생산의 20%를 매년 지불하게 한다는 것이었다. 그러나 입법의원 대다수는 전혀 토지개혁을 원하지 않았기 때문에 토지제도는 새로운 조선정부아래에서 개혁되어야 한다고 주장했다. 입법의원은 1948년 3월에 해산될 때까지도, 시안을 법으로 만드는 데 대한 합의를 이루지 못했다(정영일 1967. 사쿠라이 182)

남한에서 1948년 5월 10일에 보통선거를 실시하기로 확정하자, 미군정은 더 이상 토지개혁을 연기할 수 없었다. 왜냐하면 농민들이 인구의 3·4으로 추산되었기 때문이다. 더구나 미국인들은 남한 단독선거에 대한 자주적 민족주의자들의 강력한 반대를 덜기 위해 농민 유권자들에게 양보할, 아니 속일 필요가 있었다. 번스는, "만약 토지가 지금 분배되지 않는다면 다가오는 선거에서 공산주의자들의 힘이 강화될 것이다"라고 말했다(Kim, Jinwung 1983). 미첼도 5월선거에 대한 3월 토지개혁의 영향을 인정했다. "일본인 농지의 처분은 조선농민이 투표에서 공산주의를 거절하게 하는 데 어느 정도 기여했다"(1949).

1948년 3월 22일, 미군정은 이전에 일본인 소유였으며 현재 신한공사 소유인 토지의 매매를 법령 173호로 발표하면서 신한공사를 국가토지행정국으로 고쳤다(Gazette 1947, vol.5). 이 토지매매 계획은 조선인지주 소유의 토지를 제외시켰다는 점과 한 가구가 가질 수 있는 최대토지가 3정보에서 2정보로 감소되었다는 점을 제외하고는 입법위원의 그것과 비슷했다(Mitchell 1952. 사쿠라이 1982). 그래서 결국 미군정은 부분적인 토지개혁을 시행한 셈이었다. 그렇지만 그 토지개혁은 토지소유의 불평등을 줄이고 농민들의 낮은 생활 수준을 향상시키는 일에서 성공하지 못했다.

1948년 5월에 토지매매가 꽤 많이 진행되었을 무렵 미국정부 자신도 "소작료의 억제나 일본인 소유토지의 매매는 남한에서의 토지소유의 극단적 불평등을 수정하기에는 충분하지 못하다"고 결론지었다(US State Dept 1948. Kim, Jinwung 1983). 이 토지개혁의 범위는 전체 소작토지의 6분의 1밖에 안되는 신한공사 소유의 토지에만 국한되었다(정영일 1967). 그래서 토지매매는 남한의 소작 상황을 별로 개선시키지 못했다. 신한공사 소유토지들 중에서도 매매는 단지 농토에만 한정되었고 전체 신한공사 소유토지의

82.8%에 달하는 과수원이나 산림지는 제외되었다(Mitchell 1948). 이승만정권이 수립된 8월 15일까지 계획된 토지의 85%만이 팔렸다(사쿠라이 1982).

소작인이 토지매매에서 얻은 이익 또한 크지 못했다. 김용정은 조선의 토지 가격이 너무 높았다고 주장하면서, 15년 동안 연생산의 20% 대신에 10년 동안 연생산의 10%, 또는 15년 동안 7%를 적당한 땅값으로 제안되기도 했다고 한다(Voice of Korea 17 Jan. 1948).

토지 구매자의 매년 지불액은 미군정의 지대인 연생산의 1·3보다 더 많게 되었고, 일본인 지대인 연생산의 50%보다도 결코 적지 않았다. 1940년에서 1942년의 평균생산에 기초한 연생산의 20%를 매년 분할지불하는 것은, 1948년 현재생산의 약 30%와 맞먹었다. 왜냐하면 조선이 해방된 이후 농업생산성은 비료의 부족과 일상화한 경제위기 때문에 감소하였기 때문이다. 이제 토지 소유자가 된 이전의 소작인들은 종자·도구·비료에 대한 잡다한 비용과 토지세와 수세, 그리고 수입·가옥 등에 대한 새로운 세금을 지불해야만 했다. 이러한 토지 소유주로서의 무거운 부담 때문에, 신한공사 토지를 구입한 많은 소작인들은 그들의 땅을 지키기 위하여 고리대를 빌리거나, 토지를 되팔고 다시 소작인이 되었다(인정식 1948, 황한식 1985).

미군정 토지개혁의 주요 원칙은 식민지시기 지주·소작관계에 기초한 수탈적 소유체제의 파괴 없이 자주독립세력 지도자들과 농민 대중들이 일으키는 격렬한 자주·민주화 투쟁을 막자는데 있었다. 1947년 7월 6일에 조선신문인협회가 실시한 여론조사는 조선인 지주 소유의 땅을 무상으로 몰수한다는 것을 68%가 찬성하고, 79%가 토지를 무상으로 분배하는 것에 찬성한다는 것을 보여주었다(G-2 PRPT, no. 578, 11 July 1947. Kim Jinwung 1983)

이런 대다수 조선인들의 압도적인 여론에 거역하면서, 미국인들은 일본인 소유토지를 가난한 조선인 소작인에게 팔고서는, "우리 미국인들은 어떤 사람의 재산을 다른 사람에게 무상 분배한다는 생각에 찬성하지 않는다"고 변명했다(Cho. B 1971). 그러나 그들은 조선인 지주 소유의 토지를 팔지 않는 이유를 설명하지 않았다. 부분적 토지개혁으로 미국인들은 착취적인 지주 소작관계와 일본식민주의의 유산을 그대로 유지시킴으로써 자신의 동맹자인 한민당세력의 이익을 보호하였고, 역시 지주 이익을 보호하려는 이승만 정권의 장차의 토지개혁에 대한 모형을 제공했다.(동아일보의 김성수는 1980년대까지도 그의 고향인 고창 농민들이 김가네 소유인 고려대학교에 찾아가 오물을 뿌릴 정도로 100년이 넘도록 착취·소유한 토지를 내놓을 줄 몰랐다.)

남한에서 실시한 미국 토지개혁의 결함은 일본에서 실시한 토지개혁과 비교해보면 명확해진다. 일본에서의 토지개혁은 1947년에 미 점령군이 실시했는데, 지주들의 소유지는 거의 몰수에 가까운 낮은 가격으로 매입되었다. 그래서 소작인의 관점에서 "토지개혁은 꿈도 꾸지 않은 횡재"였다(Kim, Jinwung 1983). 조선의 토지매매를 주관했던 미첼은 일본 토지개혁의 성공과 조선에서의 실패를 인정했다.

미국이 후원한 토지개혁은 일본에서 1947년에 시작되었다. …부재지주제도는 실질적으로 일소되었다. …조선에서 팔린 일본인 농지보다 7배나 많은 토지를 포함한 토지매매는 일본 농촌문화에 광범위한 변동을 가져왔다. 그렇지만 조선에서는 일본인 토지를 구입한 조선 소작인의 4분의 1이나, 소유주가 될 기회를 부여받지 못한 4분의 3에게나, 양자 모두에게 행해져야 할 많은 조치들이 행해지지 않았다(1952).

미군정은 급진적인 토지개혁을 바라는 조선 농민의 강력한 요구를 무시함으로써 1946년 10월 대구, 1948년 4월 제주, 그리고 1948년 10월 여수에서 일어난 피어린 농민항쟁의 조건을 제공한 셈이었다.

5) 친일파 지주의 수탈과 피수탈 농민과의 모순 심화

(1) 점령군 덕에 다시 취직한 친일경찰도 쌀 빼돌리기 한몫

조선 농민에 대한 미국의 반민주적인 정책은 미군정의 쌀정책에서도 분명하게 드러났다. 쌀은 단지 식량이 아니라 조선경제의 중요한 구성 요소였다. 미군정은 1945년 10월 5일 일반명령 1호와 2호로 남한에 자유시장체제의 수립을 공표했다(Gazette 1945). 이렇게 하여 미군정은 일본이 항복한 이후에 인민위원회가 지도하고 강화한 정책, 즉 가격통제와 쌀과 상품의 배급제도를 폐지했다(Lauterbach 1947).

그 결과, 경제는 전에 친일협력자이던 지주와 경찰, 그리고 미군정 관료들이 지배하게 되었다(Cumings 1981). '자유경제정책'의 즉각적인 결과는 투기와 사재기였다. 지주·경찰·다른 정부 관료들, 그리고 부자들은 전반적으로 투기에 몰두했다. 로빈슨Robinson은 고위 경찰간부가 "쌀을 불법적으로 서울로 운반하여 엄청난 가격으로 판매함으로써 부정축재했다"고 말했다(1947). 그는 또 쌀을 취급하여 "수지 맞추는 밀무역"이 조선과 일본 사이에 발달하여, 1945년 수확의 1·4이 거래되었다고 보고했다(같은 책 151). 미국 공문서에 따르면 지방의 미군정 고용인들은 투기에 광범위하게 관여했는데, 한 투기꾼은 쌀을 열차 열 대에 가득 실을 만큼 사들이기도 했다(HUSAFIK vol.3).

더구나 높은 인플레이션에 고무된 탐욕스런 지주들은 더 큰 이익을 바라고 쌀 공급을 중지하였다. 비싼 암시장 가격은 쌀을 암시장으로 모이게 했다. 그 결과, "1945년의 수확량이 1944년의 수확량보다 60%나 더 많았고," 또 해마다 수확량의 50%를 가져가던 일본에 대한 쌀 수출이 중단되었는데도 불구하고, 쌀수확이 끝난 지 석달 만에 정상 시장에서 쌀이 동이 났다. 서민들은 가격통제와 쌀 배급을 재개하고 쌀 매점매석을 중단시킬 근본적인 행동을 취하라고 요구했다. 그러나 "미군정은 주요 매점매석자들에 대한 행동을 꺼려했다. 왜냐하면 그들은 미군정을 지지하고, 미군정이 조언을 구하는 '존경할 만한' 조선인 사업가들이었기 때문이다."(Lauterbach 1947)(買占賣惜 : 물건값이 오를 것을 예상한 상인이, 부당한 이익을 탐하여 막 몰아 사둠.)

당황한 미군정은 1946년 1월 25일 법령 45호를 발표하여 일제하의 쌀 공출 제도를 부활시켰다(Gazette 1945-46 vol.1). 이 법령은 각 도의 쌀 수집을 마을의 연장자들, 읍과 면 관료들과 경찰들의 손에 맡겨놓았다. 각 농가에 공출할 쌀의 분량을 할당하는 일은 "고위 경찰관들·마을 연장자들·사업가·거대지주들로 구성되고, 미군정이 임명한 지방위원회가 맡았다." 할당된 쌀을 내놓지 못하는 농민들은 감옥에 갇혀서 심하게 얻어맞고, 재판을 거부당하기조차 했다(Robinson 1947). 미군정은 생산비의 약 1·3, 또는 시장가격의 1·4밖에 안되는 매우 낮은 가격으로 쌀을 수집했다(김준보 1977).

1945년에서 1948년까지 쌀의 공식가격이 매년 75%·92%·267%로 증가한 반면에, 시장 도매가격은 429%·921%·1300%로 증가하였다(같은 책 408. McCune 1950). 이렇게 낮은 쌀 가격정책은 미군정이 노동자들에 대한 저임금을 유지하는데 기여했다(농민 부모가 피땀흘려 생산한 쌀을 싼 값에 팔면, 그 아들딸들은 값싼 노동자가 되어 싼 값에 쌀을 사먹고 자본주는 큰 이익을 얻게 되니 농촌 파괴·수탈의 연속이었다. 이와 같은 방식으로 농촌은 피폐, 도시로 몰려드는 사태는 박정희 정권 때까지 계속되었다.). 불합리한 할당량과 낮은 가격 때문에 쌀 공출정책에 대한 반대가 확산되었으나, 미군정은 그것을 분쇄하기 위한 미국 군대의 사용을 허가했다(HUSAFIK 1948).

농민들이 쌀 공출에 강력히 반대하고 미군정은 이것을 잔인하게 진압한 결과 1,907명의 농민이 벌금을 내고, 6,357명이 체포되고, 367명이 감옥에 들어갔다(고바야시 1982). 특히 쌀 경작지가 넓은 호남 농민들은 봉건시대·식민지시대·군사 독재시대를 거쳐오는 동안 저와 같은 수탈의 고통과 멸시와 탄압을 참을 수 없을 정도로 혹독하게 겪었다(박정희의 경제성장 공치사도 명백한 농민 착취·농촌 피폐화의 증거 史例).

◎ 미군정, 경찰에 쌀공출 강요시켜 농민 투옥까지

미국인들은 1945년 가을에 폐지되었던 쌀 공출을 경찰을 앞세워 회복시켰고, 친일 전력을 가진 경찰은 강력한 조직과 물리적 힘을 통해 쌀 공출의 주요 담당자가 되었다. 미국 공식문서에 따르면, 경찰의 쌀 공출 과정에서 "많은 나쁜 관행들이 퍼져나갔다". 그들은 "종종 자기들 마음 내키는 대로" 행동했다. 경찰들은 그들이 공출 할당량을 채우지 못할 경우 처벌되었기 때문에 쌀 공출의 방법에서 거칠고 야만적이었다. 경찰은 또한 인민위원회나 농민조합과 관련된 사람들에게는 터무니없이 높은 할당량을 부과하는 경향이 있었다(USAFIK 1947). 국립경찰 조사국장인 최능진은 1946년 11월에 조선 농민들의 불평을 미소공동위원회에 다음과 같이 보고했다.

여름 내내 경찰은 할당량이 얼마인지도 모르고 맹목적으로 농민들에게 가서 쌀을 내놓으라고 강요했다. 만약 그들이 쌀을 내놓지 않으면 경찰은 그들을 수갑 채워서 경찰서로 끌고 가서 하루종일(때때로 전혀 음식도 주지 않은 채) 억류했다(USAFIK 1946).

경찰이 쌀을 공출하는 과정은 부정부패로 가득 찼다. 미국인 조사자들은 10월봉기 동안에 경찰관의 집에 쌓여 있는 쌀을 발견하곤 했다(HUSFIK vol.3 ch 4). 쌀 공출에 관한 미군정 정책은 소작인에게 불리하고 지주들에게 유리했다. "대농에게는 상대적으로 적은 할당량이 주어진 반면에, 소농들에게는 높은 할당량이 주어진 것"이 각 지방에서 발견되었다. 어떤 경우에는 한 동네에 할당된 쌀이 전부 소농에게서 공출되었다(USAFIK 1948).

쌀은 "소작인들보다는 신한공사의 토지, 즉 일본인 소유 농지나 지주에게서 공출해야 했다"(Summation 1946, vo 13, Oct. : 84). 심지어 하지 중장까지도 개별적인 농민에게서 쌀을 공출하는 일이 인기가 없다는 것을 인정하였다.

우리의 계획에 필수적이긴 하지만 모든 조선인들에게는 인기가 없다고 믿어지는 쌀 공출제도는 미군정에 대한 반대를 가중시키는 데 이용될 수 있겠다. …개별 농민에게서 강제로 쌀을 공출하다가는 진짜 혁명이 일어날지도 모르겠다.(FRUS 1946. vol.8)

미군정 변호사 사라판Sarafan은 다음과 같이 논평했다. "미군정이 쌀 문제를 잘못 처리해서, 조선사람들은 이제 미군정을 전혀 믿지 않게 되었다"(Lauterbach 1947). 쌀 공출에 대한 농민들의 불평, 특히 부패하고, 멋대로이고, 잔인한 경찰의 쌀 공출 방법에 대한 농민의 불만은 대구 10월 봉기의 주요 원인이 되었다.(이 당시 미군정과 친일경찰·지주들의 비행에 대한 신문기사나 역사기록은 전혀 없어서 미국인이나 일본인드의 보고서자료 밖에 남아있는 자료가 없고, 게다가 표현의 자유가 완전 통제되어왔기 때문에….

(2) 점령군과 친일세력에 거역한다며 인민위원회를 파괴

1945년 9월 9일 미 점령군이 서울에 도착하여 일본의 항복을 받는 순간부터 미국은 조선에 있는 일본 총독부의 통치기구와 인원들을 그대로 사용하면서 미군정을 시작했다. 미군은 이전에 친일하던 친미 협력자들, 거대 지주들, 그리고 서양에서 교육받은 친일·친미 경향의 지식인들을 모아 한민당을 만들었다. 동시에 자주적인 민족주의자 조직인 인공을 억압하였다. 그 다음 미군정과 한민당이 서울에서 어느 정도 자리가 잡혔을 때 점령군과 그들의 동맹자는 지방의 개혁세력인 인민위원회를 억압하기 시작하였고, 각 지역에 자주세력을 파괴할 반민중 단체들을 조직하기 시작하였다.

미군정 요원들이 1945년 11월과 12월 지방에 본부를 설립했을 때, 그들은 지방에서 새로운 정치집단을 만들자면 인민위원회를 먼저 파괴하지 않고서는 불가능하다는 것을 발견하였다(G-2 WSUM, no. 13, Dec. 1945). 그래서 미군들은 그들이 다른 좌익집단들을 탄압할 때 그랬던 것처럼, 인민위원회는 "공산주의자들이 주도하고, 북에 있는 소련군과 동맹을 맺었다"는 구실을 붙여 인민위원회를 조직적으로 파괴하려고 시도했다. 조선에 반공기지를 건설하려는 제국주의 미국의 목표에서 볼 때 미국에 고분고분하지 않는, 자주·평등·민주 지향의 인민위원회는 미국의 적이었다.

각 지방에 있는 인민위원회를 파괴하면서 미 점령군은 다음과 같이 변명했다. "조선에서 미군정의 활동과 태도는 적국에서 얻은 경험과 적국에 대해서 받은 교육과 훈련을 모델로 삼았다"(HUSAMGIK vol.3. Cumings 1981). 이런 정책을 지방정치에 적용하면 일본총독부의 일본인과 조선 관료들은 해방된 자들이고, 인민위원회와 관련된 다수의 조선 서민대중은 적이라는 말이었다.

이런 정책에 따라 인민위원회를 파괴한 후에, 미군들은 중앙정부를 설립할 때 그랬던 것처럼, 지방 정부의 확립을 위하여 "일본식 총독부 정치의 틀과 일제 때의 현직 하급 관리들을 토대로 삼겠다고" 마음먹었다(McDonald 1948). 당시 서울에서는 일본인들이 관직에서 다 쫓겨났는데도 지방에서는 아직도 일부가 관직에 남아 있었다. 더구나 일본인 관료들은 현직에서 쫓겨난 후에도 여전히 미군정의 고문으로서 관청의 빈 자리를 채우기 위한 조선인 명단을 추천·제공했다(HUSAFIK vol.3 ch.3. Cumings 1981). 일본인들이 해방된(?) 조선의 관리들까지 선별케 했으니, 아무리 미국 덕에 해방은 되었지만 계속 식민지 노예 신세의 조선동포가 한탄스럽기만 했다.

인민위원회와 그 지지자들을 탄압하기 위해 미군정은 중앙에서 통제할 수 있는 국립경찰을 이용하기로 결정했는데, 국립경찰은 제국주의 외국세력에 봉사하도록 잘 훈련된 친일 경찰로 구성되었기 때문이었다. 지방에서 일본 식민정부에 봉사했기 때문에 동포 조선인들에게 미움을 받는 경찰을 미군들은 보호하면서 이용하였다.(보도연맹으로 20만 명의 농민들을 묶어 죽인 것도 미군과 친일경찰이 주로 인민위원회를 파괴하는 데 목적이 있었다.)

미국이 인민위원회와 치안대를 파괴하려고 폭력을 사용했지만, 각 지방의 자주세력들은 미군 점령 첫해동안 아직도 강력한 세력으로 남아 있었고 1946년의 10월봉기를 이끌었다. 인민위원회와 치안대의 지도자들은 그들의 열렬한 항일투쟁 경력과, 소작농에게 호소력을 가졌던 토지개혁에 대한 계획 때문에 지방 민중들에게서 강력한 지지를 받았다.

우리는 인민위원회 세력이 강했던 경상남북도와 전라남도에 초점을 두고 미군정이 지방인민위원회를 탄압한 예를 살펴볼 수 있겠다.

전라남도에서, 미군들은 이 지역을 실제로 통제하고 있는 인민위원회에 대응하면서 일본총독부 기구를 재생하여 총독부에 종사하던 조선관료를 고용하는 정책을 썼다,. 그들은 1945년 12월까지 일본인 도지사 야끼 노부오를 유임시켰으며, 도 재정국장이던 임문무를 내무국장으로 임명했다. 야끼와 임문무가 제출한 조선인 비밀명단은 미군정이 조선인 도지사를 고르는 데 결정적인 역할을 했다(Gazette 1945-46, vol.7. Appointment No. 66. Cumings 1981). 하급 관료들은 "각 사무실에서 선임 조선인 관리가 그의 일본인 상급자를 대체하기 위하여 임시로 임명하는 식으로 선출되었다"(McDonald 1948).

전라남도 경찰은 일본 총독부에 봉사하던 조선인 경찰을 거의 다 채용하고, 또 새로 더 뽑는 사람은 그들의 추천을 받았다. 조선사람에 대한 경찰의 자세는 일본 총독부 때와 다름이 없었다. 한 미국인은 다음과 같이 말했다.

경찰은 여러 달 동안 일제 때보다 약간 약화된 모양이긴 했지만 비밀 '사상경찰' 노릇을 계속했다. …미군점령 초기에 그들의 활동은 좌익(진보)집단을 부당하게 탄압하고 박해하는 일이었다. 어떤 경우엔 고문까지 쓰면서(McDonald 1948).

일본 총독부의 조선인 고용인들을 재고용하여 지방정부와 경찰이 자리를 잡으니, 미군들은 경찰이 지방의 지주·민주 세력을 공격하고 친일보수주의자들이 반민주적 조직을 만들도록 고무하였다. 1945년 8월 18일에 일본 감옥에서 풀려나서 광주치안대의 지도자가 된 김석은, 10월 28일에 미군정 감옥에 다시 보내졌고, 곧이어 '암살음모'라는 죄목으로 유죄 판결을 받았다.

한 미국인은, "사법체계가 아주 부패하여 미국인 전술사령관이 판사에게 형량을 명령하였고, 검사는 주로 풍문과 신빙성 없는 증거들에 근거하여 구형했다"고 말했다. 그는 "김석의 재판은 자부심을 갖고 있는 앵글로 색슨식 정당한 재판을 내가 본 것 중에서 가장 우스꽝스럽게 만든 모습이었다"라고 말했다(Meade 1951). 미군정은 전 일본인 도지사의 다음과 같은 충고를 받고 김석을 체포한 것 같다.

지방의 안녕질서를 회복하고 또 앞으로 그것을 유지하기 위하여, 미군은 인민공화국의 요구를 모두 들어주든지, 아니면 그것을 단호하게 거부하고 모든 급진적인 사람들을 체포하는 것이 필요하다. 그 이외의 방법은 없다(HUSAFIK vol.3).

김석의 자리는 서민호가 차지했는데, 그는 1946년 11월 2일에 광주시장이 되고 그해 가을에 도지사가 되었으며, 강력한 반공주의자요 청년 테러집단의 두목으로 악명을 떨쳤다(Henderson 1968. 김창진 1987). 1945년 11월 3일 미국군대는 전남인민위원회를 폐지하고 11월 20일에 목사·사업가·지주·한민당 지도자들로 구성된 도 고문위원회를 설립하였다(G-2 PRPT 6. no.17. Meade 1951). 11월초 미군정의 동맹자인 한민당의 전남 도지부가 미군과 경찰의 지지를 받으며 수립되었다(김창진 1987).

이제 우리는, 미 점령군이 도착할 때까지 인민위원회가 도내에서 유일한 정치적 조직이었기 때문에 미군정은 인민위원회와 도민의 연대성을 파괴했으며, 모든 반자주독립적인 조직들이 미군과 경찰의 지지를 받으며 설립되었다고 결론지을 수 있다. 한 미국인 관찰자는 "인민위원회 지배가 끝나고 고문위원회가 설치되면서, 조선사람들이 단결하던 시대는 끝나고 극단적인 혼란의 시대가 열렸다"고 말했다(Meade 1951). 이제부터는 미군정과 그들이 새로 조직한 친일파집단의 요구에 거역하면 「빨갱이」라는 호칭의 쇠망치로 후려치는 방법밖에 없게 되었다. 「붉은 악마」로 저주된 세력의 주장(평등·민주·권리)을 되뇌면 악마처럼 처단될 수 밖에 없다는 논리였다. 조선인끼리 침략외세의 조종에 놀아나는 이이제이以夷制夷식 학살전쟁이 가동되었다.

경상남도 인민위원회는 조직적인 힘과 급진성에서 다른 모든 지역을 앞질렀다. 한 개의 군을 제외한 모든 군에 인민위원회가 조직되었고, 모두 19개의 군 중 14개군에서 인민위가 한때 군郡의 행정사무를 관장했다. 점령군은 10월 6일까지 일본인 도지사 오사무 토미야마를 유임시켰고, 그후에도 그와 그의 일본인과 조선인 부하들을 여러 주 동안 고문으로 활용했다. 미군들은, "만약 미군정이 조선인에 대한 정치적 권력을 포기한다면 조선 정부는 공산주의자가 차지할 것이다. 공산주의 이념은 조선인 사이에 깊이 뿌리 박혀 있다."는 일본인의 충고에 영향을 받았다(Cumings 1981). 10월 20일까지 일본인 도 경찰관리들은 해고되지 않았고, 일제 경남도경에 고용된 약 1,600여 조선인 경찰들도 제자리를 지키고 있었다.

일본의 비밀경찰(밀정 密偵)이던 조선인들도 많이 경남 도경찰에서 고위직을 차지했다. 1945년 이전에 이 비밀경찰의 활동은, "조선인들의 행동을 감시하면서 일본인 상사에게 정보를 주는 것, …반일·반전·반제운동에 대해 특별히 감시하고, 출판·연설·집회에 관한 모든 활동을 감시하고 통제하는 것"이었다.(G-2 PRPT no. 174. March 1946). 일본경찰 관리였던 조선인들은 처음에는 숨어 있어서 금방 찾지 못했지만 결국 그들을 찾아내서 일을 시켰다. 대체로, 그들은 자신들의 의무를 수행하기 위해 미국 군대가 옆에 있는 것이 필요했다. 미군이 물러나기만 하면 인민위원회는 곧바로 권력을 탈환했고 때때로 미국인이 임명한 관리들을 투옥시키기도 했다. 그래서 점령군은 다시 돌아와야만 했다.

이런 일이 하동·통영·양산·고성을 포함한 여러 군에서 일어났다(HUSAFIK vol.3. ch. 3. Cumings 1981). 9월 28일 경상남도 도청소재지인 부산에서 미군들이 인민위측의 치안대를 해산시켰는데, 치안대는 3,000명의 대원과, 본부와 12개 지부를 가지고 경찰 기능을 잘 수행하고 있었다(G-2 PRPT no. 22 Oct. 1945). 그리고 미군은 시 인민위원회에게 정부 노릇을 그만두라고 명령했다. 10월 24일까지 미군은 15개 군 인민위원회를 해체하려고 시도했다(HUSAFIK vol.3. ch 3. Cumings 1981).

경상북도에서는 미군들이 처음에 일제 도지사이며 악명높은 친일분자인 김대우를 유임시켰다. 1945년 10월 11일 헨Henn 대령이 그를 대신했지만 그를 자신의 고문으로 삼았다. 1946년초에 헨 대령은 새 도지사 김병규와 교체되었다(Cumings 1981). 그 역시 일본총독부 내무부의 고위 관리였으며, 미군정의 내무국장과 고문관이었다(Gazette 1945-46. vol.7. Appointment no. 73). 경상북도 도청소재지인 대구에서도 점령군은 11월 6일까지 일본경찰 간부들을 유임시켰다. 일본경찰들은 미군정 자문관으로 더 오랫동안 일했으며, "낮은 직위의 조선인들은 다시 채용되었다. … 경찰관 경험을 가진 사람은 다른 일을 하다가 높은 자리의 경찰책임자로 재등용되었다"(HUSAFIK vol.3. ch. 4. Cumings 1981).

일찌이 인민위원회의 치안대 때문에 쫓겨났던 친일 경찰들은 다시 기용되었고 1946년 1월까지 경찰서를 모두 치안대 손에서 다시 빼앗았다. 이제 도 경찰의 힘은 2,200명에서 3,100명으로 증가되었다(같은 책 327-328). 미군정 요원들은 10월 29일에 대구에 도착하여 며칠내로 전도에 퍼졌다. 그들은 "일본 총독부하에서 일하면서 배운 경험량에 근거해서" 뽑은 관리를 임명하여 인민위원회 관리를 대체시켰다(HUSAMGIK vol.3. Cumings 1981).

11월에 한민당원과 이전의 친일협력자들로 경상북도 고문위원회가 설립되었다(정해구 1987). 그러나 인민위원회는 해방 첫 해에는 대구의 다른 군의 정치에서 유력한 정치세력으로 존재했다. 1946년 3월 미군정 당국자는, 대구에 있는 우익(친일보수)정당들은 아직 당원이 별로 없고, "거의 활동을 못한다"고 보고했다(같은 책 328).

그래서 미 점령군이 자주세력인 지방인민위원회를 탄압하는 일은 1946년말이 되어서야 끝났다고 볼 수 있다. 여기서 우리는 미 점령군이 행정적으로 점점 더 깊은 단계에로 전진하면서 차례차례 자주독립 세력을 파괴한 주도면밀한 책략을 엿볼 수 있다.

1945년에는 싸웠다. 지방의 도청소재지에서는 몇 달 후에 점령군이 도착하면서 싸움이 시작되었다. 1946년은 지방의 군청소재지가 투쟁의 중심이었다. 그리고 1947년은 마을 수준에서 투쟁한 해였다(Cumings 1981).

그리하여 자주독립지향 민중투쟁의 끝은, 보도연맹으로 묶여 대량학살 당했고, 유격투쟁과 남북전쟁으로 이어져가며 동포 형제 자매들의 피를 흘렸다. 미국의 남반부 정복은 완료되고, 남북동포들은 서로 극악한 적으로 되어 통일의 희망은 사라져갔다.

6) 조선민중의 항쟁과 침략세력의 참혹한 학살 진압

우리는 조선인 노동자의 자주관리운동에 대한 미군정 당국의 탄압, 광범위한 토지개혁의 연기, 친일경찰을 앞세운 수탈적 공출제도의 강화, 자주·민주세력인 인민위원회에 대한 폭력적인 파괴에서 보인 미점령정책을 검토하였다. 일제가 떠나고 미군이 오기 전에 이미 사회혁명을 개시했던 조선민중은 이와 같은 미국정책에 강력하게 저항했다. (사회혁명 : 불로소득의 수탈계층과 피수탈 근로계층간의 빼앗고 빼앗기는 모순·대립 관계를 풀어서 해결하는 사회변혁운동과 실현)

미군정에 반대하는 조선노동자의 혁명적인 활동은 1946년 9월과, 다시 1948년 2월과 5월에 분출된 총파업으로 특징지을 수 있었다. 1946년 10월 항쟁은 남한 사람이 거의 모두 참여해서 미 점령군을 아주 혼내주었고, 제주도 민중항쟁은 1년 이상 지속되었다.

여기서는 위에서 말한 세 가지 역사적 사건을 그 당시의 사회적 상황, 사건의 전개과정, 그리고 사건이 일어난 원인과 주요 결과에 초점을 맞추어 검토하였다.

(1) 9월 총파업, 미군정 지명 관리자 배척과 생존권 투쟁

일본인 재산을 모두 몰수하고 그것을 통제할 새 관리자를 임명하는 미군정 정책은, 일본인 소유 회사를 접수해서 경영하려던 자주적 노동자들에 대한 공격을 의미했다. 노동자들은 미군정이 임명한 조선인 관리자와 맞서 싸웠다. 해방된 조선의 주인이 되었다고 생각(착각)한 이 땅의 근로민중은, 해방자를 자처하면서 등장한 제2의 점령세력이 차지하려는 재산과 권력을 두 번 다시 빼앗기지 않겠다는 결의에 따라 결사적 싸움을 전개하였던 것이다.

이 투쟁의 성격을 이해하기 위해, 대표적인 사례로서 인천시에 소재한 동양방직회사의 경우를 살펴보자. 동양방직회사는 남한에서 가장 큰 방직공장의 하나로서 거의 모든 노동자는 젊은 여성들이었다. 회사에 임명된 관리자는 이승만 계열에 속하는 최남이란 자였다. 쟁의의 발단은, 노동자들이 1946년 5월 1일 메이데이 행사에 참가하여 하루 쉬었다는 이유로 공장측이 일요일인 5월 5일에 작업하라고 강요한 데서 비롯되었다. 이에 노동자들이, "돈밖에 모르는 공장장, 직공을 기계와 같이 부려먹는 공장장"이라고 비난하자, 최남은 노조 간부 7명(여공 4명, 남공 3명)을 경찰에 넘겼다.

관리인 최남은 또 노동자들을 매수하거나, 해고한다고 협박하여 대한노총에 가입시켰다. 이에 격분한 노동자들은, "대한노총은 이승만・김구 일파가 노동자의 단결을 분열시키기 위하여 만든 유령단체이다. 우리들을 여기에 몰아넣으려고 하는 것은 우리 노동자들을 이승만・김구의 종으로 만들고 우리들의 피를 빨아먹자는 수작이다"라고 외치며 강력히 항의하여 체포됐던 노동자들이 석방되었다. 그러나 회사측은 석방된 노동자 중 노조위원장을 서울 본사로 강제 전근시키는 한편 허가일자에 늦게 복귀했다는 이유로 김정애를 비롯한 수명을 해고시켰다(해방일보 1946년 5월 17일).

그리하여 5월 25일에 동양방직 인천공장의 노동자들은 미군정청에 진정서를 접수시킨 후 다음의 요구조건을 내걸고 쟁의에 돌입했다.

1. 종업 후 외출자유와 기숙사내의 활동자유

2. 기숙사 사감은 노동자들의 선거로 임명할 것.

3. 8시간노동제 실시.

4. 강제 전근, 해고노동자의 무조건 복직.

5. 유급휴가제 실시

6. 기본임금을 최저 1만 5천원으로 인상할 것.

7. 물가수당을 균일하게 30원으로 인상할 것.

8. 약속한 제품 배급의 즉각 실시

9. 노동조합 활동의 자유

10. 후생시설을 급히 개선할 것 (현대일보 1946년 6월 7일).

미군정청 섬유과장 샤태트는 이같은 노동자들의 진정에 대해, "전평(전국노동조합총평의회)의 지시를 받는 조직은 노동조합으로 승인할 수 없으니, 노조를 재조직하고 간부 명단을 군정청에 제출하라"(같은 신문)면서 고압적인 자세로 대답했다. 사태가 이처럼 악화되자 노동자들은 파업 및 공장내 농성투쟁에 돌입했다. 그러자 공장측은 기계 가동을 정지하라고 명하고, 무장경찰과 미군 헌병을 출동시켜 농성중인 약 600여명의 노동자들을 강제로 공장 밖으로 끌어냈다.

다음날, 추방된 노동자들이 인천시청 앞에서 시위를 벌이자 미군이 출동하여 소방호스로 화학물질을 노동자들에게 퍼부었고, 공장에 다시 돌아오는 노동자들을 트럭에 강제로 태워 부평·소사 등 인근 도시의 들판에 내다버렸다.

동양방직 600여명의 노동자들은 1946년 6월 10일에 서울에서 개최된 6.10만세 사건기념 시민대회에 참가했다. 시민대회에서는 미군정청이 노동자들의 요구사항을 들어 줄 것을 요구하는 결의문을 발표했다. 이에 6월 12일 미군정청 당국자들이 전평 간부와 협의한 결과 합의점에 도달했다. 그 다음날, 노동자들은 작업장으로 돌아갔다(해방일보 1946년 6월 10일과 6월12일. 현대일보 1946년 6월 14일. 고현진 1985).

여기서 미군정청이 임명한 공장 관리인에 대한 노동자들의 반대투쟁을 억압하기 위해서 미군정청이 어떤 방법을 사용했는가를 보았고, 미군정청이 전평을 탄압하려고 노력했지만 전평은 여전히 막강한 힘이 있다는 것을 알 수 있었다. 하지만 노동자들의 투쟁은 전평의 힘이 쇠퇴함에 따라 많은 장애물에 직면하였다. 왜냐하면 친외·반자주세력인 대한노총이 경찰과 우익 청년테러집단 및 미군정청의 보호하에 이들을 공격하였기 때문이다.

미군이 남한을 점령하고 있는 동안 일어난 가장 중요한 노동자투쟁은 1946년의 9월 총파업이었다. 총파업은 임금인상, 해고·감원 반대, 미군정관리인 거부 등을 내세우고, 노동쟁의의 발생건수가 6월에는 7건, 7월에는 11건, 8월에는 25건 등 증가추세에 있을 때 발생했다(조선은행 1948. Vol.1. 나까오 1984).

노동자들의 행동은 높은 인플레이션과 실업률 등의 비참한 생활조건을 반영한 것이었다. 다른 한편, 파업의 발단은 미군정 당국이 자주화세력을 탄압하기 위한 노력을 증가시킨 데서 비롯되었다. 경찰이 1946년 8월 16일 전평의 서울본부를 습격했다(G-2 WSUM no.49 1949). 미군정 당국은 9월 6일 조선공산당의 박헌영·이강국·이주하 등의 체포령을 발표했고, 그 다음날 『인민보』·『현대일보』·『중앙신문』 등 3개의 진보계 신문을 포고령위반으로 폐간시켰다(Seoul Times 1946. 9월 7일, 9일. Cumings 1981).

전평은 "공장 관리자·경찰·미군 등이 노조에 대해 소모전을 펼쳐오자 이제 노조의 존립 그 자체가 위기에 처하는 상황에 이른 것을" 알게 되었다(Meacham 1947). 이런 미군정 정책에 대응하기 위해서 전평은 지금까지 미군정에 대해 협력적인 태도를 취하던 것을 근본적으로 바꾸고, 적극적이며 폭력적인 노동운동의 '신전술'을 발표했다. '신전술'은 미군정 당국에게 정부권력을 인민위원회로 이양할 것을 요구하면서 미제국주의와 친미 반민주세력에 대한 적극적인 공격을 강조했다(김남식 1984).

9월 총파업은 노동운동뿐만 아니라 전체 민중의 자주·민주화운동에 일대 전환점을 가져왔다. 왜냐하면 파업의 결과로 전평은 힘이 쇠퇴하였으며 이와 반대로 외세와 친일파 보수세력에 의해 급조된 대한노총은 성장하였고, 결국 10월항쟁이 일어났다. 높은 인플레이션과 쌀 부족에서 초래된 비참한 생활조건 때문에, 1946년 9월 13일 서울 용산에 소재한 경성공장 철도노조의 3천여명 노동자들은 미군정청 운수부 철도국장 맥크라인에게 진정서를 제출하였다. 그 요구조건의 내용은 다음과 같았다.

1. 일급제 반대
2. 기본급 인상
3. 가족수당 일인당 600원 지불
4. 물가수당 1,120원을 2,000원으로 증액할 것
5. 식량은 본인에게 4홉, 가족에게 3홉씩을 배급할 것.
6. 운수부 직원에 대하여도 같은 대우를 할 것
(전국노동자신문 1946년 9월. 24일. 나까오 1984. 노총 1979).

경성철도노조의 행동은 또 철도고용인의 30%를 해고시키고 월급제에서 일급제로 바꾸라는 9월 1일자 미군정 법령에 대응한 것이었다(G-2 WSUM 제55호, 1946. 9월 22-29일). 미군정 당국은 노조의 요구조건을 무시했으며, 운수부장 코넬슨은 "인도인들은 굶고 있는데, 조선사람은 강냉이라도 먹을 수 있으니 행복하지 않은가"라고 폭언을 퍼부었다(동아일보 1946년 9월 10일. 김낙중 1982).

(2) 철도노조도 전국 규모 파업, 민족자주권 투쟁과 병행

9월 23일 남한에서 가장 큰 항구도시인 부산에서 약 8천여명의 철도노동자들이 서울과 동일한 요구조건을 내걸고 파업에 돌입하면서, 총파업이 시작되었다. 그 다음날 서울의 약 1만 5천여명의 철도노동자들이 부산 노동자들에 호응하여 파업에 돌입했으며, 남한 전역에서 "파업은 거센 불길처럼 확산되었다"(G-2 PRPT no.337 Sept 1946. G-2 WSUM no.55, Sept 1946. 자유신문 1946년 9월 24일).

9월 24일 철도노동자들은 더 나은 삶을 위한 투쟁위원회를 결성했으며, "북조선의 민주노동법과 같은 내용의 노동법을 즉각 제정" 등을 포함하는 요구조건을 미군정 당국이 이행할 때까지 파업을 지속할 것을 천명하였다. 그리하여 철도노동조합 18개 지부의 전체 조합원 4만여명이 파업에 참가했으며, 철로수송이 전면 마비되었다(노총 1979. Sunoo 1979).

파업의 주요원인은 당시 경성지방 출판노동조합 총파업투쟁위원회가 발표한 「시민에게 고함」이라는 성명서에 잘 나타나 있다.

극소수의 대자본가와 대지주·모리배·정상배를 제외하고는 120만 시민에게 돈이 떨어진지 이미 오래다. 더구나 하루 종일 땀흘리고 일해도 아내와 자식들은 죽도 못먹고 굶고 있다. 먹지 않고는 노동하지 못하니 시민의 신문을 인쇄 못한다. 쌀을 달라고 요구하면서 경성지방 전역에 걸쳐 25일 총파업을 단행한다(노총 1979).

파업기간에 미군 서울방첩대(CIC)는, "쌀사정 때문에 인민은 철도파업자들에게 전적으로 공감하고 있다"고 경고했다(Cumings 1981). 여운형은 9월 30일 기자회견에서 "파업은 미군정 당국의 식량 및 인플레이션 정책의 실패에 원인이 있다"고 말했다(독립신보 1946년 10월 4일)

며칠 사이에 전신 및 체신·전기·화약·인쇄공·운송·방직·해운 등 모든 주요 산업의 노동자 약 25만 천여명이 파업에 합세하면서 총파업이 시작되었다. 서울에서만도 295개 공장에서 파업이 일어났으며, 노동자 3만여명과 학생 1만 6천여명이 가담했다고 한다. 노동자의 대부분은 전평의 후원하에 동원되었다(조선연감 1948. Cumings 1981).

9월 26일, 전평은 서울 용산에 「남조선 총파업투쟁위원회」를 조직하고, "조국의 완전한 자주독립을 위하여 남조선의 4만 철도노동자를 선두로 사생존망死生存亡의 일대 민족투쟁을 개시한다"고 파업목적을 선언했다(전국노동자신문 1946년 11월 22일. 나까오 1984). 철도노동자의 경제적 요구조건에 부가하여 전평은 다음과 같은 몇가지 정치적 요구를 내걸었다.

1. 정치범의 석방
2. 반동 테러 배격
3. 정간된 진보계 신문의 복간
4. 언론 · 출판 · 집회 · 결사 · 시위 · 파업의 자유 보장(같은 책).

전평은 「투쟁뉴우스」를 발행하면서 파업을 이끌었다(노총 1979). 자연발생적으로 시작되었으나 전평에 의해 지도되면서, 9월 총파업은 남한 전역에 파급되었으며 모든 공장의 가동이 중지되고, 운송 및 통신이 완전히 마비되었다. 학생 대중들도 파업에 합세했다. 대부분의 신문들은 정치면을 통해서 파업노동자를 지지했다(G-2 WSUM no. 56, 1946). 파업의 첫주에는 별다른 폭력사태가 발생하지 않고, 시위는 질서있게 진행되었다(같은 책 no. 55, 1946).

그러나 미군정 당국이 파업노동자를 잔인하게 탄압하자 질서있게 진행되던 파업은 폭력적인 투쟁으로 변질되었다. 과거의 유사한 위기 때와 같은 방법으로, 미군정 당국은 "북측의 공산주의자들이 파업을 일으켰다"고 비난했다(Seoul Times 1946. 9. 24). 9월 25일 러취Learch 군정장관은 라디오 특별 담화를 통하여 파업은 비합법적이며, 모든 파업자들을 구속하겠다고 선언하였다(자유신문 1946년 9월 25일. 김낙중 1982). 러취 군정장관의 선언은 9월 27일 다음과 같은 하지 점령군사령관의 성명으로 뒷받침되었다.

조선 철도노동자들은 급진적 선동가에게 잘못 인도되어 비합법적 파업을 일으켰다. … 파업은 조선에서 미군의 신용을 떨어뜨리고, 미군을 괴롭히기 위해 선동가들이 조장했다(Summation no.12, Sept 1946).

(3) 미군정은 친일경찰 앞세워 무자비한 노동자 탄압

이런 미군정 당국의 정책에 따라 9월 26일 서울 경찰은 모든 지역의 파업본부를 무자비하게 공격하고 전평을 지지하는 노조간부와 파업노동자들을 검거했다. 그 다음날 국립경찰은 남한의 전 지역에서 노동자들을 무자비하게 탄압했으며, 모든 공장과 도시에서 대량검거의 선풍이 일어났다(민주조선사 1949, Sunoo 1979). 9월 28일 대구에서, 무장경관이 노동자의 기숙사를 포위 공격하는 과정에서 수명의 노동자가 살해됐다. 부산에서는 70여명의 국립경찰과 3명의 미헌병이 한 공장의 노조 간부를 검거하기 위해서 파업노동자를 급습했다.

10월 2일 인천에서는, 어용노조 대한노총의 파업파괴자 600여명과 300여명의 파업노동자가 충돌하는 사건이 일어나, 30여명의 부상자를 내었다. 그리고 또다른 공장에서는 국립경찰과 미군헌병 약 300여명이 출동하여 400명의 노동자를 검거하였다(노총 1979). 근로민중은 침략 점령세력과 노동운동을 통한 구국 생존 전쟁을 벌인 것이었다.

미군정 당국이 파업노동자를 가장 큰 규모로 공격한 것은, 9월 30일 전평의 남조선 총파업투쟁위원회가 위치한 용산의 경성공장을 습격한 사건이다. 경무국장 장택상의 기획 하에 약 2,000명에 달하는 청년단의 파업 파괴분자들이, 시위하고 있는 2천여명의 철도노동자를 공격했다. 경찰의 총격과 파업파괴분자들의 구타로 3명의 노동자가 살해되고, 40명이 부상당했으며, 총 1,700명이 검거되었다(민주조선사 1949). (미군정 지배하에서 경무부장으로 10월봉기(1946년)와 제주 4·3봉기(1948년) 때 많은 사람을 학살한 조병옥의 두 아들은 국회의원이 되었고, 경무국장 장택상이 그 후 비서로 데리고 있던 김영삼은 나중에 대통령이 되었는데, 이들 후손·후배들 역시 선배들의 친미 사대주의적 생각을 가지고 그대로 실천하는 모습을 보여주었다.)

미 정보보고서는 2,100명의 경찰이 파업노동자를 공격하여 2명이 사망, 40명이 부상, 1,400명을 검거했다고 기록하고 있다(G-2 WSUM no. 56, 1946). 청년단을 이끌고 파업 파괴에 앞장섰던 김두한의 회고는 이날의 상황을 생생하게 그리고 있다.(김두환은, 일제 때 일본 경찰과 싸운 경력을 자랑하던 협객, 그는 나중에 국회의원이 되었고, 그의 딸 김을동도 나중에 여당 국회의원이 된다.)

나는 일본도를 빼어 들고 2층으로 뛰어 올라갔다. … 여러 곳에 숨어 있던 전평원을 색출, 창고에 몰아놓고 점검해보니 2천여 명이나 되었다. … "너희들 중에 이번 파업 간부를 뽑아내어라. 안 그러면 할 수 없다. 개솔린을 뿌리고 불을 지르겠다." 그리고 개솔린을 그들이 수용되어 있는 창고에 부었다. "자, 5분간의 시간을 준다. 내가 개솔린에 실탄만 쏘면 그만이다. 뛰어 나오는 놈은 모조리 쏴 죽인다." 나는 기관총 2대를 그들 앞에 정조준시켰다. 4분이 경과하니 전평 간부 8명이 내 앞으로 튀어나왔다(김두한 1963. 성한표 1985).

이어 대량 검거가 온종일 계속되었으며, 청년단 파업 파괴자들은 "몽둥이와 곤봉으로 무장하고 시가 중심지와 공장지대로 몰려다녔다." 약 200여명의 파업 파괴자들은 진보계열 신문인 『자유신문』의 사무소를 공격하였으며, 공산당 본부도 공격하였다(서울신문 1946년 10월 5일. G-2 WSUM no. 56, 1946). 철도노동자의 파업으로 시작된 9월 총파업을 미군정이 폭력적으로 탄압했다. 미군정 운수국장은 파업을 탄압하는 데 사용한 미국 측의 방법을 이렇게 설명했다.

우리는 전쟁하러 가는 태도로 파업장에 갔다. 우리는 그저 파업을 분쇄하러 갔지, 그 과정에서 혹시 죄 없는 사람 몇이 다칠지도 모른다고 걱정할 겨를이 없었다. 우리는 시 외곽에 정치범 수용소를 세우고 감옥이 가득 찰 때는 그곳에 노동자를 수용했다. 그것은 전쟁이었다. 우리는 전쟁하듯이 파업을 진압했다(Meacham 1947).

9월 총파업에서 총 1만 1천 624명의 노동자가 검거되었는데, 전평에 가입하지 않고 파업에 가담하지 않겠다고 서약한 사람들은 직장에 되돌아갔으나 서약을 거부한 사람은 직장에서 해고되고 쌀 배급을 못 받게 되었다(조선연감 1948. Meacham 1947). 약 150여 명의 파업 간부가 군사재판에 회부되었다(성한표 1985). 노동자들의 생존권 투쟁과 자기 조국 자주권 수호운동을, 굶어죽이는 작전으로 진압했고 끝내 고문·살해하는 결과가 되었다.

10월 3일이 되어서, 남조선 열차의 약 45%가 다시 운행을 시작했다(Seoul Times 1946년 10월 4일). 10월 4일이 되자 파업이 시작된 용산 경성공장의 3,700명 철도노동 자 중에서 약 2,500명이 직장에 복귀했고, 약 700여명이 여전히 투옥되어 있었다(노총 1979). 10월 14일 미군정 당국은 이제 전평 대신 철도노조의 지도부가 된 대한노총과 협정을 체결하여 적어도 서울에서는 총파업의 주도자인 철도노동자의 파업이 일단락 되었다(노총 1979).

그러나 철도노동자의 파업이 끝났다고 해서 미군정의 억압적인 정책에 대한 조선민중의 혁명적인 저항이 끝난 것은 아니었다. 총파업이 지방으로 확산되면서, 식량부족과 높은 인플레이션 때문에 노동자와 똑같이 비참한 생활에 놓인 농민들이 노동자에 합세하는 바람에 총파업은 민중 대항쟁으로 발전하였다.

미군정이 총파업을 폭력적으로 탄압하여 생긴 제일 중요한 결과는, 간부와 조합원들이 대량 피살되고 구속됨으로써 자주적 전평조직이 전반적으로 약화되고, 반대로 미군정의 보호하에 파업파괴자로 활약한 친외세적 대한노총 조직은 강화된 것이었다. 9월 이후, 대한노총은 공장이나 작업장에서 미군정이 임명한 관리인을 노동조합장으로 선출함으로써, 전평의 주도권을 용이하게 탈취할 수 있었다. 미군정 노동고문관 미챔Meacham은, "두세 군데를 제외한 모든 공장에서 대한노총하의 노동조합 간부는 모두 관리직 사원들이었다"고 말했다(1946).

대한노총의 빠른 성장에는 우익청년 테러단체의 도움이 크게 작용했다. 대한민족청년단(이하 민청으로 약칭)은 극우단체를 제외한 다른 세력, 특히 전평에 대해 테러를 자행하였으나 경찰은 그들에게 면책특권을 주었다. 그러나 이 단체의 테러활동은 너무 극단적이었기 때문에, 군정장관은 1947년 4월 22일 이 단체를 해산시키는 명령을 내리지 않을 수 없었다(Meacham 1946). 대한노총과 우호적인 관계에 있던 또 다른 단체는, 중국 장개석의 국민당 청년단체와 긴밀한 관계를 가졌고, 이범석이 지도하던 한국민족청년단(이하 족청으로 약칭)이었다. 미군정 당국은 재정적으로 이 단체들을 지원하였으며 미군장교들이 이 단체의 고문관이 되었다. 족청의 회원들은 군복을 입고 있었으며 군대 훈련을 받았다. 이 단체의 훈련과 조직은 나치청년단의 방식과 유사했다. 즉 대한노총은 준(準)관료들로서 군복을 착용한 사설군인들로 가득차 있었으며, 조직의 성격은 노동조합이 아니었다. 이들 극우 청년단체들은 조국의 민주적 건설을 방해하고 독재적 성격의 정부를 세우는데 큰 역할을 하였다.

1946년 9월 총파업 이후, 전평은 조직 간부의 대량 검거로 남한의 노동운동에서 지도력을 잃고 말았다. 그래도 계속해서 노동자들에게 영향력을 가지고 있었으며, 1947년 3월 22일에는 24시간 동안의 시한부 총파업을 이끌기도 하였다. 이 파업의 직접적인 원인은, 2월 19일에 불법집회를 개최하였다는 구실로 전평 중앙집행위원 51명을 미군정 당국이 검거한 데 있었다(Meacham 1947. 김낙중 1982). 파업은 그날 새벽에 시작되었는데 서울에서 철도·전기회사·인쇄공장 등 40여 개의 공장에서 작업을 중지했다. 곧이어 인천·부산·대구·광주와 다른 주요 도시 노동자들도 이에 합세했다.

3월총파업의 규모와 영향력은 9월 총파업보다 작았으나, 이번에는 전보다 정치투쟁을 더 강조했다. 파업자들이 내건 요구사항은 다음과 같은 것들이었다.

1. 전평 간부들을 즉시 석방
2. 폐간된 민중대변 신문의 재발행 허가

3. 테러 집단의 해체

4. 노동조합운동의 자유보장

5. 쌀배급 인상과 실업자의 취업 보장

6. 정부권력을 인민위원회로 이양(노총 1979 : 328-31. 김태성 1987 : 345).

이번에도 미군정은 파업을 불법이라고 선포하고, 총파업과 관련하여 2천여명에 달하는 노동자를 검거했다(한성일보 1947년 3월 30일. 노총 1979). 1947년 6월 미군정청 노동부장은 "정치색을 띤 노동조합은 정당한 단체로 인정하지 않겠다"는 담화를 발표하여 전평의 합법성을 공식적으로 부인하였다(동아일보 1947년 6월 8일. 김낙중 1982). 이렇게 되니 전평의 활동은 점차 비합법 지하투쟁으로 변했다.

(4) 근로민중의 단독정권 반대 호소 묵살, 5·10선거 강행

노동자들은 1948년에도 미 점령군에 반대하는 투쟁을 지속하였는데, 지하단체의 전평 지도부는 2·7파업과 5·8파업 등 2개의 총파업을 선도하였다. 1946년 9월 총파업은 경제적 요구로 시작되어 정치투쟁으로 발전되었지만 이번 파업은 처음부터 정치투쟁이었다. 1947년말까지도 미소공동위원회는 모스크바협정에 따른 임시정부를 수립하는 데 실패하였다. 그래서 미국의 영향을 받던 유엔은 유엔조선임시위원단의 감시하에 남한만의 단독선거를 실시하기로 결정하고, 1948년 1월 8일부터 남한에서 작업에 착수했다. 남한 단독정부 수립을 위한 유엔조선임시위원단 활동을 반대한다는 의사표시로서 노동자들은 2·7파업을 일으켰다. 2월 7일 아침, 서울과 남한 전역의 노동자들은 통신 및 운송설비의 가동을 중지시키고, 미군정청의 행정기능을 마비시키면서 총파업에 돌입했다. 파업의 구호는 다음과 같은 것들이었다. "쌀을 다오, 임금을 인상하라, 공출을 중지하라, 토지제도를 개혁하라, 미소 양군은 즉시 철수하라, 유엔위원단은 조선에 오지마라"(독립신보 1947년 2월 26일. 노총 1979).

전평의 보고서에 따르면, 서울에서는 철도노동자의 약 60%, 영등포의 방직노동자 약 5천명, 용산·서대문·동대문 지역 29개 공장의 노동자들, 그리고 몇 개의 신문사를 제외한 모든 인쇄공 노동자들이 파업에 참가하였다. 경상남도의 경우를 살펴보면 부산에서는 7개 공장과 23척의 선박에서 약 1만 5천여명의 노동자가, 진주에서는 약 7천여명이, 동래에서는 약 천여명의 학생과 시민이, 마산에서는 약 1만 2천여명의 노동자와 농민이 파업에 합세했다(독립신보 1948년 2월 26일. 노총 1979). 2·7파업의 특징은 통신 및 운송시설의 파괴와 야산대라는 빨치산조직이 만들어졌다는데 있다(김남식 1984. 이태 1988).

5·8 파업(1948년)은 전평 지도하의 마지막 총파업이었다. 그날 전평은 남쪽에 단독정부를 수립하려는 5·10 선거를 반대하는 투쟁위원회를 결성하고, 다음과 같은 총파업 선언문을 발표하였다.

우리는 미제국주의의 침략에서 조국과 민족을 구출하려고 남조선 전노동계급이 1948년 5월 8일 남조선 단독선거를 반대하는 총파업에 들어감을 선언하는 동시에, 전근로인민과 전애국동포에게 협조를 호소합니다(독립신보 1948년 5월 9일. 노총 1979).

선언문은 또한 다음 요구사항에 대한 전국 애국동포의 지지를 호소하고 있다.

1. 5·10선거의 보이코트.
2. 친미 대행기관인 유엔한국임시위원단을 우리 강토에서 추방.
3. 미소 양점령군의 즉시 무조건 철수
4. 인민위원회로 정부권력을 이양
5. 토지제도의 민주적인 개혁 및 민주노동법의 제정
6. 민주세력에 대한 폭력적인 탄압 중지
7. 구속된 민주투사의 석방
8. 미제국주의자의 충복인 민족반역자 이승만과 김성수 일당의 처단(같은 책)

5·8파업도 남조선 전역으로 급속히 확산되었으나, 여기에 참가한 사람의 수자와 영향력은 이전에 있었던 파업보다 작았는데 그 이유는, 앞선 파업에서 미군정의 탄압 때문에 전평정책을 따르는 노조들이 계속해서 힘이 약해졌기 때문이었다. 미군정 당국은 경찰, 극우 청년단체 및 대한노총을 투입하여 파업을 간단히 진압하였다. 5·8파업 이후로 전평은 완전히 와해되었다(노총 1979).

요컨대 미군정 탄압정책에 반대하는 노동자들의 저항은 미군정 당국이 임명한 공장관리인을 상대하여 노동자 자신의 생존을 지키려는 경제투쟁에서 시작하여, 점차 자주독립 및 통일정부 수립을 요구하는 정치투쟁으로 발전하였다. 경제투쟁에서 정치투쟁으로 변한 것은 그들의 지속적인 투쟁을 통해서 노동자의 계급의식과 민족의식이 점점 더 명확해졌기 때문이다. 남한 산업체의 대부분을 차지했던 식민지 강도 일본인들의 재산을 미군정청이 소유하고 관리하게 되니, 노동자들은 미군정에 협력하는 기업인과 미점령군을 상대로 계급투쟁과 민족투쟁을 동시에 치르게 되었다. 노동자들은 또 국토분단과 단독정부수립이 제국주의 외세와 그들의 조선인 동맹자들의 정책이기 때문에 통일을 위한 투쟁도 전개하였다. 즉, 미군점령하의 조선인 통일운동, 민족해방운동, 그리고 사회 민주화운동은 노동자들의 투쟁에 모두 결합되었다.

7) 노동자·농민의 투쟁 대상은 미군정과 친일경찰

(1) 대구 10월 대봉기를 비롯하여 전국으로 확산

일제에서 해방된 조선에서 주요 혁명세력인 농민들은 민주적인 독립정부를 세우기 위한 토대로서 인민위원회를 조직했다. 농민들은 독립정부가 일제의 잔재를 제거·청산하고 급진적 토지개혁을 포함하는 사회혁명을 수행하길 기대했다. 하지만 반민족·반민중세력인 미군정은 인민위원회를 탄압했으며, 인민위원회가 소작인에게 분배하는 토지를 몰수하면서 토지개혁을 연기시켰다. 다시 말해서 도시에서 노동자들이 미군정과 조선인 하수집단에 반대하여 총파업을 시작하자 농민들은 이에 합세해서 파업을 민중항쟁으로 전환시켰다. 미군정 통치기간중 가장 중요한 봉기는 1946년 10월 대구항쟁과 1948년 4월의 제주도 민중항쟁이었다.

1946년 가을 조선의 농민들과 노동자들은 미군점령 1년 동안의 결과를 역전시키고자 하였으며, 그들의 항쟁은 석달 동안 남조선 전역을 휩쓸었다. 미군정에 대한 민중의 반대는 인민위원회가 강력했던 경상도와 전라도에서 가장 활발하게 전개되었다. 항쟁을 통해 조선사람들은 미국지배에 대해 강한 불만을 나타냈으며, 미군정의 정치와 경제정책의 실패에 초점을 맞추었다. 하지만 항쟁을 미군정이 잔인하게 탄압한 결과 인민위원회와 대중조직이 거의 완전히 파괴되었으며 친일·친미 조선인 집단들, 특히 친일파 국립경찰이 각 도에서 권력의 주도권을 잡게 되었다.

남한의 관제 역사기록에서는 언제나처럼 10월 민중항쟁은 북에서 지령을 받은 공산주의자가 선동한 농민폭동으로 설명한다(국방부 1977. 송효순 1978). 커밍스는 풍부한 역사자료를 통해 항쟁의 자발성을 증명하여 관주도의 공식적 역사해석의 오류를 지적했다(1981 Ch.10). 그는 농민이 주도한 10월항쟁을 고전적인 농민반란이라고 보았다. 그러나 항쟁의 목적은 토지개혁이나 공출과 같은 농민문제의 해결만을 포함하고 있는 게 아

'니었으며, 공격대상 또한 지주만이 아니었다.

항쟁의 주요 목적은 노동자와 농민의 계급해방 및 민족해방이었으며, 그들의 주요 공격목표는 미군정의 반개혁적이고 탄압적인 정책과 잔인무도한 미군정 경찰들이었다. 10월 민중항쟁은 조선인 노동자와 농민의 계급적·민족적 이익에 기초한 혁명운동이었다. 10월 민중항쟁의 목적은 조선인 노동자와 농민들이 일제통치때부터 지금까지 계속해서 추구해온 민주화와 자주화이므로, 10월 민중항쟁은 '미완성 혁명'이었다. 게인 Gayn은 "이것은 수백만은 아니더라도, 수십만명이 참가한 대규모 혁명이었다"고 말했다 (1948).

10월 민중항쟁은 노동자의 9월 총파업에 뒤이어 1946년 10월 1일 경상북도의 도청소재지 대구에서 시작되었다. 9월 말일에 대구의 40여개 공장과 작업장의 약 3천여명의 노동자가 파업에 참가했다. 10월 1일, 투쟁하는 노동자를 지지하는 약 5천여명의 시위자들은 대구시가를 행진하면서 "우리에게 쌀을 달라"고 구호를 외쳤다. 이날 경찰은 시위대를 진압하는 과정에서 1명을 사살했다.(G-2 WSUM 제56호, 1946년 9월 29일-10월 6일) (시위자의 총수가 HUSAFIK(vol.2. pt. 2 : 3)에서는 200명 내지 300명이고, 『민주조선사』(1949)에는 2만명으로 기록되어 있고, 『박헌영』(1946)에는 사망자 총수가 6명이다.)

다음날 아침 약 2천여명의 군중이 그 전날 피살된 시위자의 시체를 짊어지고 대구시가를 행진하였다. 군중들이 대구 중앙역전 광장으로 몰려드니, 경찰관들은 옷을 벗어 던지고 도망쳤다(같은 책). 약 2만여 명의 시위자들이 파업본부에 집결하여 연설자의 연설을 듣고 있을 때, 150명의 경찰이 군중들을 공격하여 2명의 연설자를 사살했다(민주조선사 1949). 성난 군중들은 모든 경찰서와 교도소를 습격하여 죄수를 풀어 주었고, 조선인 관료와 경찰의 집을 습격하였다. 그리고 대구 전역의 행정기관 건물과 일본인 가옥을 파괴했다. 대구시민의 3분의 1에 해당되는 5만여명이 봉기에 참가했다(Gayn 1948).

오후에 미군은 탱크와 기관총으로 무장하고, 파업 간부와 선동자들을 체포하고자 했고 국립 경찰의 증원부대가 대구에 도착하였다. 그날 저녁 7시에는 미군정 당국이 계엄령을 선포하였으며, 밤새 총소리가 그치지 않았다(G-2 WSUM 제56호 1946년 9월 29일 -10월 6일. 박헌영 1946). 한 국제 통신사는, "24시간에 걸친 피의 폭동이 일어나 38명의 경찰관이 죽고 확인할 수 없는 많은 수의 시민들이 사살당했다. 이 도시는 마치 전쟁터 같았다"고 보도했다(Sunoo 1979).

10월 3일, 대구시 봉기는 군단위 지역으로 확산되면서 봉기의 주체는 도시민에서 농민들로 바뀌었다. 그들은 경찰에게 공출미 내놓기를 거부했고, 지주의 집과 경찰서를 공격했다. 농민들은 체포된 농민들을 풀어주기 위해서 교도소 문을 뜯어냈으며, 공출기록부와 토지소유대장을 불태웠고 무기를 집어들었다. 그러나 봉기한 농민들은 기관총 등으로 무장한 경찰과 미군에게 밀렸다. 어떤 지역에서는 미군 1개 분대가 각 경찰서에 배치되었다. 검거된 사람들로 감옥이 가득 차서, 계속 검거된 자들을 수용하기 위해 학교를 사용하였다(G-2 WSUM 제56-58호, 1946년 9월 29일-10월 20일, Gayn 1949).

농민봉기의 확산은 하나의 유형을 나타냈다. 봉기는 모든 도에서 동시에 발생한 것이 아니라 각 도간에 1주일 정도의 간격을 두고 발생했다. 10월 1일 대구에서 시작된 봉기는 10월 3일에는 경상북도로 확산됐고, 10월 7일에는 봉기가 충청남도에서 발생으며, 10월 20일에는 경기도·강원도·황해도 등 조선반도 중부지역으로 확산되었다. 마침내 10월 30일에 전라남도가 봉기사태에 돌입했다(같은 책. 독립신보 1946년 11월 3일). 봉기는 약 3개월 동안 지속되었다. 강력한 집단세력을 가진 농민봉기는 인민위원회조직이 강한 경상남도와 경상북도 그리고 전라남도에서 발생했으며, 그 세력이 약한 충청북도와 전라북도는 단지 몇 개 군에서만 봉기를 경험하게 되었다(Cumings 1981. 커밍스 1986).

(2) 농민 사살·체포의 주범은 언제나 미군·경찰·폭력단체

이와 같은 봉기 형태는, 모든 봉기가 조선공산당이 계획했고 선동했다는 미군정의 주장이 거짓임을 말해주었다. 10월 민중항쟁은 자연발생적이었으며 어떤 중심조직에 의해 통제되지는 않았다. 이 항쟁에서는 남한 전역을 통제할 수 있는 본부가 없었고, 또 각 도의 항쟁을 지도할 중심체도 없었다. 다시 말해서, 10월 민중항쟁은 각 군 단위별로 따로따로 발생했고, 학생과 인민위원회원, 그리고 농민조합원이 선구적인 역할을 수행했다. 각 군 단위의 봉기가 경찰과 미군에 의해 진압되면 비공식적인 민중의 통신수단으로 그 소식이 이웃 군에 알려져서 새로운 봉기가 일어나는 식으로 전파되었다.

봉기에 참가한 사람은 농민과 노동자들뿐만 아니라 학생, 지방행정의 하급공무원, 많은 여성과 어린이들도 있었다(Gayn 1948. Cumings 1981. 정해구 1987). 따라서 우리는 10월 민중항쟁은 미군정이 주장하듯이 소수 공산분자의 음모라기보다는(미군 점령후 반세기가 지나도록 써먹어 온 수법) 소수의 친일·친미협력자들을 제외한 모든 남한 민중들의 자발적인 저항이었다고 결론내릴 수 있었다(Summation 1946년 10월, 제13호).

그당시 서울의 자주적 민족주의자들은 두 개의 집단, 즉 여운형의 좌우합작 전략을 지지하는 세력과 박헌영의 급진적 반미군정 투쟁전략을 지지하는 세력으로 분리되어 있었기 때문에 10월 민중창쟁을 지도할 수기 없었디. 이들은 또한 지주적 민족주의정당들인 여운형의 인민당, 백남운의 신민당, 박헌영의 조선공산당이 남조선노동당으로 합당하는 일에서도 의견을 달리하였다(김남식 1984. 정해구 1987).

조선공산당은 전평의 조직을 통해 9월 총파업에는 어느 정도 영향력을 행사했지만, 10월 민중항쟁에서는 영향력을 행사하지 못했다. 9월 총파업에서는 상대적으로 소수인 노동자들, 특히 철도노동자들이 각 공장과 작업장에서 노동조합으로 잘 조직되었고, 도시에 있는 운수 및 통신시설을 이용할 수 있었다. 그러나 10월 민중항쟁에서는 시골에 광범위하게 흩어져 사는 농민을 조직하기가 어려웠고, 또 도와 군간의 통신망을 설치하기도 어려웠다.

조선공산당이 농촌의 광범위한 지역에서 일어난 봉기를 직접 계획하거나 조직해내지는 못했지만, 노동자·농민들의 지방봉기는 일제 때 노동자·농민투쟁을 조직한 경험이 있는 반일 자주독립지향의 인사들이 지도했다. 9월 총파업이 쌀·임금 인상·인민위원회로의 권력 이양 등을 소극적으로 요구했다면, 10월 민중항쟁에선 경찰서·지주의 가옥·지방 행정건물들을 적극적으로 공격했다.

10월 민중항쟁이 혁명세력들은 주로 경찰서아 경찰관·지주·지방 정부의 건물과 관료들·신한공사의 직원들과 쌀창고 등을 공격했다. 이런 점에서 혁명세력들은 일제시대 경찰 및 지방의 관료출신 친일분자의 처벌을 원했으며, 인민위원회를 탄압하고 토지개혁을 연기하며 공출제도를 강화하는 반민중적인 미군정 정책을 반대했다고 주장할 수 있다. 이런 주장은 여러 지방에서 발생한 봉기의 몇가지 사례를 검토하면서 뒷받침할 수 있다.

인구가 320만인 경상북도에서 총 77만 3,200여명의 노동자와 농민이 민중항쟁에 참가했다(USAMGIK 1946. 박헌영 1946). 10월 3일, 약 1만명의 군중들이 영천경찰서를 습격하여 군수를 죽였으며, 약 40여명의 경찰관을 납치했다. 농민들은 20여명의 '반동들과 악질 지주들'을 죽였으며, 그 지방의 대지주이며 한민당 요인인 이활의 아버지 이인석의 웅장한 저택을 파괴해버렸다. 이 지역에서 10월 이전의 몇 달 동안 경찰이 혁명적 민족주의자를 탄압한 사례가 45건 발생했으며, 140명을 체포했다. 총 6만 1,200명의 이 지역주민들이 봉기에 참가했다(G-2 WSUM 제 56호, 1946년 9월 29일-10월 6일, 박헌영 1946. Cumings 1981).

10월 3일 선산군에서는 약 2천명의 농민들이 대나무창·농기구 및 곤봉으로 무장하고, 공출된 보리를 빼앗아 현지 주민들에게 나누어주었다(US Army 1945-46, 제99중대, 1946. 10. 3. Cumings 1981). 포항에서는 약 700여명의 청년들이 포항 시가지를 행진했으며, 현지 미군정 관리에게 "민주주의를 건설하라. 우리는 굶주리고 울부짖는 인민을 구출해야 한다. 이 나라를 반역자의 것으로 만드는 것을 거부한다"는 내용의 편지를 제출했다(같은 책).

경상남도에서는 인구 320만명 중에서 약 60만 8,900명의 주민들이 항쟁에 참가했다(USAMGIK 1946. 박헌영 1946). 10월 7일, 진주에서는 경찰이 시위군중에게 발포하여 2명이 죽었고 다수의 군중들이 부상당했다. 그리고 약 100명의 시위자가 체포됐다. 7일 후에는 격렬한 충돌이 발생하여 군중 10명이 피살되고, 11명이 부상했다(G-2 WSUM 제57호, 1946년 10월 6일-13일).

체포된 시위자들을 조사한 결과 그들은 대부분 농민·임금노동자·행상인들이었다. 시위자들은 군정에 대하여 "특권층·악질지주 및 모리배들에게 도움을 주는 양곡 공출제도를 폐기하라"고 요구했다. 그들이 나누어준 소책자는 경찰을 "일본의 충견(忠犬)들"이라고 비난했으며 경찰에게 "당신들은 조선사람이 아니오? 우리와 같은 혈육이 아니오? 어째서 우리들에게 발포하는가?"라고 물었다(USAFIK 1945-47. Chinju 1946.10. 24. Cumings 1981, 1986).

미국측 자료에 따르면, 10월 8일과 11일 사이에 하동에서는 18세 내지 35세의 농민으로 구성된 군중들이 경찰과 기타 관리들을 여러 차례 공격했다. 그들은 "피억압계급의 분노의 폭발"을 상징하는 "혁명의 불꽃이 남조선 전역에 퍼져나갔다"는 내용의 전단을 뿌렸다. 또 다른 전단은 이렇게 말하고 있다. "농민들에게 : 우리 자신의 손으로 독립된 국가를 건설하자. 모든 권력을 인민에게 넘기자. 토지를 인민에게 균등하게 나누어주자. 모든 양곡의 공출을 반대하자"(USAFIK 1946C. Cumings 1981, 1986).

전라남도에서는 약 36만 1,500명이 9월 총파업과 10월 민중항쟁에 참가했다(박헌영 1946). 미군정 보고서에 따르면 상황은 다음과 같다. 10월의 첫 2주 사이에 50여 건 이상의 개별적 사건이 보고되었으며, 그 대부분은 곤봉·창·낫·호미·칼 및 갈퀴 등으로 무장한 농민들이 경찰지서를 공격한 사건이었다. 총 47개의 시·읍·면과 군 단위의 2·3에 봉기의 불길이 번졌다. 5건은 500 내지 천명씩 관련되었으며, 8건은 1천 내지 5천명씩 관련되었다. 그리고 1건은 5,000명이 넘는 인원이 참가했다. 미군정보고서는 대부분 농민들의 사망통계를 기록했다(USAFIK 1946. Cumings 1981).

예컨대, "인민위원회류의 군중들이 경찰주재소를 습격했다" "경찰이 군중에게 발포하여 6명을 사살했다" "천여 명이 경찰주재소를 습격했다…. 경찰이 군중을 향해 총을 100여발 쏘았는데, 사망자는 확인되지 않았다" "경찰이 군중 3천명에게 발포하여 5명 사살" "경찰이 군중 60명에게 발포하고…, 부대가 동원됐다". "600~800명이 경찰을 향하여

행진했는데, 경찰이 4명을 사살했다."(USAFIK 1946. Cumings 1981).

미군정은 국립경찰·청년테러집단·미군을 이용하여 10월 민중항쟁을 무자비하게 진압했다. 국립경찰은 잘 짜여진 조직을 가졌고 물리적인 힘의 자원을 대부분 독점하고 있었지만, 일제식민통치에 봉사하면서 민족을 배반한 과거경력 때문에 어떤 군지역에서는 성난 농민군중들을 강력하게 저지할 수 없었다. 따라서 기관총과 탱크로 무장한 미군을 배치할 필요가 있었다.

1946년 가을의 총파업과 민중항쟁 동안에 경찰이 반민중적 청년단체들과 긴밀하게 연결되었다는 건 누구에게나 뚜렷이 보였다. 미군정 역사는 민중봉기를 진압하는 데 이승만의 청년단체인 대한독립촉성청년연맹이 도왔다고 말하면서, "모든 소요지역에서 경찰을 지원하기 위해 청년단체 회원으로 구성한 의용경찰을 사용한 것이 아주 유효했다"고 기록했다(HUSAFIK vol.2).

미군정은 민중봉기를 진압하는 데 대부분 친일반역자 경력의 국립경찰에 주로 의존했다. 그들은 우선 도경 소속 경찰을 파견하고, 더 필요하면 서울 경찰이나 미군의 전술부대를 파견했다. 전라남도의 경우, 미군 전술부대의 지원을 받는 도경 소속 경찰을 신속하게 배치해서 소요를 진압했다고 보고되었다(같은 책 13). 그러나 경상북도에서는 동원될 수 있는 도 경찰과 전술부대로는 민중의 저항을 통제할 수 없어서 수백명의 경찰과 보조병력(폭력 단체)이 서울에서 수송되었다.

10월 5일에는 서울에서 경찰 411명을 태운 기차가 대구에 도착했다. 다음 날에도 미군정 교통부와 수도 경찰의 고관들이 인솔하는 '파업파괴자들' 약 80명을 태운 기차가 도착했다(Journal 99th Co. Cumings 1981, 1986).

경찰은 미군들이 깜짝 놀랄 정도의 잔인한 폭력으로 시위군중에게 보복했다. 미군정 역사는 "혼란의 와중에서 경찰의 극단적인 잔학행위가 다수 발생하였다"고 시인했다(HUSAFIK vol.2. Cumings 1981).

미군 전술부대의 잔학행위도 국립경찰의 그것과 크게 다르지 않았다. 10월 31일 전라남도 목포에서는 전술부대가 시위군중 사이로 트럭을 몰고 지나가 많은 사람이 부상당했다.(USAFIK 1946C : 같은 책 : 365에서 재인용)

(3) 농민봉기의 원인은 해방 1년간 미군의 반민주 폭정

미군정은 10월 민중항쟁이 공산주의 선동가 때문에 일어났다고 간단히 설명했다.

요점을 말하면 공산당의 선동과 지시가 없었다면 10월 2일의 유혈사태는 일어나지 않았고 그에 뒤이은 심각한 소요도 없었을 거라는 증거가 많다. 한 마디로 말해서 10월봉기는 공산당이 조종한 것이지, 결코 민중이 자발적으로 일으킨 게 아니다(HUSAFIK vol.2. Cumings 1981).

미군정에 따르면 10월 민중항쟁은 박헌영에 대한 명령과 북쪽에서 온 간첩을 통하여 "북조선이 직접 조장한 것이었다." 이렇게 주장하는 근거는 국립경찰과 동아·조선 등 친일파 신문들의 기사에서 얻은 정보였다(같은 책 25, 372). 그러나 당시 남한의 공산당이 경상도와 전라도 농민들에게 봉기를 일으키라고 서울에서 명령할 수 있는 능력은 없었다. 로빈슨은 이 주장을 뒷받침하여 "9월 총파업(과 10월 민중항쟁) 기간에 체포된 수만명 중에서 실제로 남한에 거주하지 않는 사람은 하나도 발견되지 않았다"고 말했다(1947).

10월 민중항쟁의 원인은 처음 1년간의 미군정 역사에서 찾아야 했다. 조선이 41년 동안의 일제 식민통치에서 해방되었을 때 조선민족은 친일민족반역자를 처단하고 급진적 토지개혁을 실시할 민주독립정부를 세우고 싶었다. 그러나 이런 조선민족의 열망을 무시하고, 미군정은 조선인민공화국과 인민위원회를 탄압하였으며, 친일 반역모리배를 미군정청의 관리와 경찰로 재고용하였고, 근본적인 토지개혁을 연기하였으며, 일제시대의 공출제도를 부활시켰다. 이런 반민족·반민주적인 미군정 정책들이 1946년 가을에 일어난 민중봉기의 실질적인 원인이라고 볼 수 있었다. 강도 일제의 충견세력을 총동원하여 민중 생존권 보장 요구를 총칼로 억압한 미국의 점령정책이 바로 민중봉기의 「원인」이면서 침략자로서의 본색을 재확인시켜주는 「결과」가 되었다.

한국측 공식자료에서는 지방인민위원회와 노동조합 및 농민조합이 사람을 동원하는데 중요한 역할을 수행했다고 인정했으나, 미국측 공식자료는 이것을 인정하지 않고 덮어놓고 공산주의자들의 짓이라고 우겼다. "공산주의(자)는 악마"라고 규정해 놓고 평등·민주를 주장한 근로민중을 "얼마든지 죽여도 좋은 존재"로 몰아친, 日·美 침략세력과 친일파들의 전형적인 민중탄압 수법이었다. 커밍스는 이렇게 결론을 내렸다.

인민위원회·농민조합·노동조합 및 관련집단들을 미군정 1년 동안에 조직적으로 탄압한 것이 가을 봉기의 씨앗을 뿌린 셈이 되었고, 최후까지 결사적으로 저항하게 만들었다(1981).

조선의 경제는 쌀을 기본으로 삼고 움직였는데 미군정의 자유시장 정책에 발맞추어 부당한 이윤추구·투기 매점 활동이 번성하는 바람에, 1945년은 쌀 풍작이었는데도 시장에서 쌀이 삽시간에 동이나 버렸다. 쌀 가격은 1946년 추수기 비로 이전에 엄청니게 뛰고, 이렇게 혼란한 쌀경제는 인플레이션과 실업을 증가시켰다. 1945년 8월의 물가와 임금을 100으로 했을 때, 1946년 10월의 물가지수는 891이 되었는데, 임금지수는 391에 지나지 않았다(김준보 1977). 직장을 가지고 있는 사람들도 생계를 이어갈 길이 막막했다. "조선의 임금 실정은 절망적이다. 생계비가 엄청나게 상승했다"(Meacham 1947). 1946년 12월 조선에는 1백만명 이상의 노동력이 직업을 구하지 못하고 있었다 (한국은행, vol.1. USAMGIK 1946).

인민위원회에 대한 무자비한 탄압과 미군정의 미곡정책이 초래한 대혼란과 더불어, 쌀의 공출이 농민들을 가을봉기에 가담시킨 주요 자극제가 되었다. 공교롭게도 미군정이 남한에서 식민지 공출제도를 부활시킨 1946년 봄은, 북쪽에서 토지개혁을 실시한 때였기 때문에 미군정에 반대하는 남한 농민의 불만을 심화시켰다.

쌀 공출에서 주요한 역할을 담당한 미군정의 신한공사는 봉기농민들에게 자주 공격당했다. 1946년 11월 3일, 전라남도 칠성리에서는 약 380명의 농민들이 신한공사의 창고를 습격하여 모든 공출기록을 불태웠다(USAFIK 1946). 미국자료에 이렇게 기록되어 있다. "군중들은 모든 공식기록을 손에 닿는 대로 파기하였으며 특히, 쌀과 보리 공출에 관한 기록은 남김없이 파기했다. … 신한공사의 쌀 공출 기록도 마찬가지로 파기되었다"(같은 책).

더욱이 양곡 공출의 책임은 조선 국립경찰에게로 넘어갔기 때문에, 경찰은 1946년 가을 추수기 민중저항에서 주요 공격대상이 되었다. 경찰에 대한 증오가 어찌나 심했던지 경상북도의 병원에서는 부상당한 경찰관의 치료를 거부했다(HUSAFIK vol.2). 일제통치하에서도 없었던 보리공출을 자행한 경찰의 "무자비한 방법"은 가을봉기의 "기본적 요소"였다고 미군정 농업담당관이 말했다(Cumings 1981). 헤롤드 선우학원은 봉기의 원인을 다음과 같이 요약했다. 기본적인 원인은 식량부족, 미군정의 악랄한 일제총독부 관리 재기용, 미군정이 조선민중의 신망을 얻는 데 실패, 그리고 기본적인 자유를 억압한 미군정 정책에 있었고, 직접적인 원인은 경찰의 파업자와 시위자에 대한 잔인한 살상과 많은 농민들을 기아로 몰아넣은 보리공출에 있었다(1979).

10월 민중항쟁의 피해와 영향은 엄청난 것이었다. 약 230만명이 봉기에 참가해서 미군들을 경악시켰다(박헌영 1946. Cumings 1981). 200명 이상의 경찰관이 살해됐고, 관리·노동자·농민의 사망자 수는 약 1천여명이 되었다. 석달 동안의 검거자 수는 약 3만명이 넘을 것으로 추산되는데, 경상북도에서만 7천~8천여명이 검거됐다(Cumings 1981). 1946년말이 되어 자주적 민족주의 세력이 패배했다는 게 분명해졌다. 농민은 그들의 이익을 보호해 줄 지방조직을 상실했다. 즉, 조선반도의 최남단에서 약 80킬로 미터 떨어진 섬 제주도를 제외한 남한 전역에서 인민위원회와 농민조합은 거의 완전히 파괴됐다. 중앙과 지방의 중요한 자주·민주화단체의 간부들은 대부분 사망·투옥·수배되거나 지하로 잠적했다. 따라서 그들의 지지세력들은 정치를 아예 포기하거나, 아니면 더욱 급진화되었다. 10월 항쟁이 진압되고 난 뒤에야 제주도를 뺀 남조선 전체를 미점령군이 사실상 통치하게 되었다. 미점령군은 비로소 조선의 자주독립세력을 총칼로 완전 진압한 정복자가 되었다.

10월 민중항쟁이 무자비하게 탄압된 후 1947년이 되어, 조선민중은 다시 열린 미소공동위원회에 관심을 가지고 조선반도 전체를 관장하는 임시정부가 수립될 것을 기대하게 되었다. 그러나 공동위원회에서 미국과 소련은 조선임시정부를 세우는 절차에 합의하지 못하고, 미국은 조선문제를 유엔에 넘겼다. 미국에 의해 좌지우지되던 유엔은 1948년 5월 10일에 남조선만의 단독선거를 실시하기로 결정하고, 이런 상황에서 1948년 4월 3일에 단독선거에 반대하는 제주도 민중항쟁이 일어났다.

(4) 대구·경북 10월항쟁의 편파적 역사기록과 영향

포학무도한 식민지 통치하에서 노예노동으로 신음하던 근로서민대중은, 일제日帝의 마수에서 벗어났다는 의미의 '해방공간'에서 또 다른 침략세력의 군사 강압통치를 맞이하게 되었고 이에 저항하는 과정에서 비참한 최후를 맞게 되었다.

여기에서는 전국 방방곡곡에서 수없이 당한 고문과 학살만행 중에서 몇가지 경우만을 골라 간략하게 실어서 당시의 상황과 관계를 부분적으로나마 이해할 수 있도록 하였다. 이들 항쟁사건들에서도 진압세력은 자신들의 죄과를 은폐하기 위해 자주독립 민주화 주창세력을 「증오의 외부악마」와 연결시키려고 온갖 음해적 호칭들을 동원하여 민중을 거짓설득하려 했다.

◎ 근로민중의 호소를 언제나 식민지 노예의 폭동 취급

1946년 10월 1일 대구에서 불붙기 시작하여 경북과 전국 여러 지역으로 번진 민중항쟁은 반세기가 훨씬 지나고 있는 현재까지도 그 내용은 거의 알지도 못하고 호칭을 둘러싸고도 첨예한 대립을 벌일 만큼 한국 현대사에 있어서 각별한 사건이었다.

이 사건을 역대 정부의 친일파 성향 인사들은 「대구폭동사건」이라 하는 데 반해 진보적인 지식인들은 「10월 민중항쟁」이라 부른다. 이밖에도 '대구봉기' '추수봉기' '10월

인민항쟁' 등 다양한 용어로 불려지고 있다. '대구폭동' '대구봉기'란 용어는 그것이 표현하고 있는 지역적 협소성 때문에 사건의 진상을 제대로 표현하지 못하고 '추수봉기' 역시 항쟁에 참여한 전민중적 성격을 축소하고 농민에게만 초점을 맞추고 있는 약점이 있다.(김삼웅 『해방후 양민학살사』 가람기획, 1996)

『대구시사大邱市史』에는 이 사건을 '10·1 폭동사건'이라는 항목에서 다음과 같이 다루고 있다. 이 글에서도 역시 서민대중의 대의大義였던 민족 공동체 전체의 자주·민주화 의지와 실천을 반공反共의 시각과 표현을 써서 음해 모략적으로 깎아내리고 있다.

1946년 대구에서 발생했던 10·1 사건은 남한 일대를 진동시키는 피비린내나는 동족살육의 비극이었다. 해방 후 우리 민족의 역사에 기록할 수 있는 수많은 불행스런 사건들 가운데 그 하나로 손꼽을 수 있는 사건이었다. 이러한 비극은 당시의 심한 사회적 불안을 틈탄 것이었다.

해방 후의 정치적 무질서, 점령군에 의한 국토의 분단, 자주독립노선과 신탁문제를 둘러싼 민족의 분열, 현실성 없는 관념적 대립 등에 의하여 사회의 긴장감을 조성해갔고, … 사회혼란과 국민생활의 경제적 궁핍이 누적되어 갔다. … 특히 대구지방에서는 해방 직후부터 심한 식량난으로 인하여 호남지방으로부터 식량을 사들이기 위해 소란을 피우고 있었다. … 굶주리다 못해 쓰러져 죽어 가는 동포가 많았다. 46년 7월에는 대구시민들에 의하여 일대 식량소동이 발생했었다. 관민이 협력하여 최선의 대책을 강구했지만 만족할 만한 해결을 보지 못한 채 오히려 민심은 역행하고 있었다. 거기에 좌우익간 세력다툼은 갈수록 심각했다.

이러한 실정을 배경으로 했기 때문에 좌익 가운데 일부 과격분자들에 의한 대중선동이 선량한 노동자·농민·학생들로 하여금 성난 폭도로 화하게 할 수 있었던 것이라 할 수 있겠다.

한편 대검찰청에서 발행한 『좌익사건실록』에는 '대구사건' 및 '9월 총파업'에 대하여 다음과 같이 기록하고 있다. 역시 조선 독립투사와 공산주의자들을 범죄자로 보는 일제와 미점령자의 반공적 시각이 강하게 표출되었다. 가해자와 피해자에 관한 언급은 간데 없고 엉뚱한 곳에다 대고 사건의 정황을 얼버무리는 왜곡과 희석과 악선전으로 여론을 호도하고 있다.

1946년 11월 23일 남로당이 출현하기까지에는 좌익 특히 조선공산당 내부에 내분이 분분하였고 파벌쟁투가 치열했다. 박헌영파와 전술상 의견이 불일치하고 당내 지위에 불만을 가진 공산분자들은 당대회를 개최하여 합당(공산당·인민당·신민당 등 좌익 3당 통합에 의한 남로당의 창설) 여부를 결정하자고 주장하여 소위 대회파(문갑송·강진·서중석 등)라는 분파를 공산당 내부에 형성하게 되었으며, 대회파에서 당대회 소집을 요구하는 성명을 발표함으로써 내분이 표면화되게 되었다. 박헌영 일파와 내통하고 있던 북조선 공산괴수층은 당황하여 대회파를 억압하기 위하여 전평全評을 위시한 남조선 노동계급의 조직력을 총동원시켜서 폭력행위를 통한 위압적 혁명투쟁을 전개하도록 박헌영 일파에게 지령했다. 이러한 사명의 수행과 미군정에 대한 반항이 바로 소위 남조선 9월 총파업이었다.

◎ 조병옥의 대구소요사태 경위서 (경무부)

① 폭동발단 및 만연의 과정

1946년 10월 1일 오후 1시 대구역전에서 동맹파업단의 무질서한 군중이 집합하여 치안을 교란할 염려가 있으므로 그 집합의 해산을 명령하였음에도 불구하고 또 그뿐만 아니라 남조선파업공동투쟁위원회 간판을 역전 전평본부 전(前)에 게시하고 군중의 위세를 보였다. 그러므로 동일(同日) 오후 2시경 수사과장 이하 30명의 경찰관을 파견하여 해산명령을 다시 발하고 동(同)파견원들은 전평간부와 해산에 관한 절충을 하는 동안에 포위를 당하였으므로 권청장은 무장경찰관 60명을 인솔하고 현장에 임하여 동 위원장과 직접 교섭하여 해산명령을 다시 발했다.(당시 한민당의 간부로 김성수 동아일보 사주와 함께 정국을 주도하던 조병옥 경무부장의, 항쟁을 보는 자세를 엿볼 수 있다. 그는 제주 4·3사태에서도 토벌·학살의 지휘자 중 한 사람이 되었다. 다 함께 한국민주당의 친외세 반민중의 성격을 상징해주는 동포 공동체 반역적 인물들이다.)

그런데 그때 집합한 군중은 파업자·공장직공·일반시민 약 1만 5천 명의 다수였는데 무장경관을 철퇴시키지 않으면 해산 안한다는 자구藉口 하에 해산명령에 불복했다. 그리고 역전에서는 운수運輸 경찰관과 운수노조간의 충돌이 발생되었으므로 대구경찰서 수사주임은 3명의 경찰관을 인솔하고 현장에 출동하였던 바 군중은 경찰관을 타살하라는 함성을 내면서 철봉으로 동 주임의 두부를 상해하고 권총 1정, 탄환 5발을 갈취했다. 그런 정보를 들은 청장은 특별경비대원 23명을 대동하고 현장에 출동하여 역전에 집결한 경찰관과 합류하여 강제해산명령을 다시 발하였으나 군중은 그 명령복종은 고사하고 도리어 경찰관을 타살하라는 고함을 치면서 혼란 상태를 이루어 사태는 극히 험악하므로 청장은 경찰관에게 발사명령을 발하고 엄중처단하 겠다는 위세를 높이었으므로 군중의 대부분은 해산되었고 그 군중 중 발사로 인한 사망자 1명을 내었다. 그러나 오직 약 600명만은 역전 전평본부를 사수하겠다는 위세였으므로 강제와 회유의 양책을 병용하여 그 군중을 해산시키고 그 밤은 무사히 경과했다. 동야同夜청장은 지방의 경찰력을 동원하고 대구에 있는 경찰 전원을 무장하여 순환경비를 실시하여 사태를 대비했다. 동야 대구의과대학에서는 공산당 대구책임자 손기채孫基采 지휘 하에 동 대학생, 기타 학생이 집합한 석상에서. 경찰관이 식량을 달라는 무고한 사람에게 발사하고 그 중에는 학생도 있다고 고의 선동하고 동 석상에서 각 학교 적색분자 교원, 학생들을 망라하여 관공서의 파괴와 경찰서 접수에 관한 면밀한 계획을 수립했다.

그런데 익일 즉 2일 오전 8시경에는 수천 명의 군중이 역전에 집합했다는 정보를 듣고 무장경찰관을 출동하여 해산에 착수하는 일방―方다시 소학생을 포함한 수만 학생이 대구서를 포위했다는 정보를 들은 청장은 동일 9시 반 동서同署에 출동하여 해산에 노력하였는데 군중이 학생들의 집합임에 감鑑하여 발포를 자제하고 오후 2시까지 절충을 거듭하였으나 성과를 얻지 못하고, 도리어 학생폭도의 일부는 40정의 무기탈취와 유치장 파괴의 폭거에 이르렀다. 동 오후 3시경 마침내 미군대가 출동하고 해산을 명령한 바 비로소 군중은 해산하기 시작했다. 그러나 폭도들은 귀도歸途 중 다른 폭도들과 합류하여 각 경찰서·파출소를 파괴하고 파출소 경찰관 우叉는 노상에 있는 경찰관을 살해하고 또 경찰관의 가족 납치, 가옥·가구 등의 파괴약탈을 자행했다. 그리고 폭도들은 다시 대구부 내에 있는 화물 급 여객자동차 회사 등의 운전수 급 차장을 선동 접수해가지고 인접 군부郡部로 이동하여 파괴공작을 개시했다. 그런 게릴라 공작대원은 경찰청 우는 경찰서 전부를 접수하고 경찰관 전부를 타살하겠다고 선동하면서 전대미문의 파괴적 폭동을 감행함에 이르렀다.

② 피해의 진상
○ 접수된 경찰관서 급 복원상태 → 완전접수된 경찰서는 대구·영천·군위·왜관·성주·선산·경주·의성 8개서인데 완전 탈환되고 치안이 복구되었다. (及 : '및'의 뜻)
○ 경찰관의 피사상수 → 경찰관 사망자 33명, 중경상자 135명(현재까지 조사된 것).
○ 경찰관 가족의 피사상자 → 가족 사망자 1명, 부상자 33명.
○ 일반관공리 → 영천군수 급 대구 운수경찰서 수사주임 피살 이외는 조사미료로 미분명.
○ 경찰관서 급 일반 관공서의 피해 → 경찰관서는 영천서 청사, 예천서장 관사, 일반 관공서는 영천군청, 동 우편국.
○ 경찰관의 주택 급 재산의 피해 → 경찰관 다수의 주택 급 가구를 파괴·약탈당했다.
○ 민간재산의 피해 → 다소 피해가 있다.

③ 현재 폭도 총검거수와 사망자수
검거 636명, 사망자 17명, 부상자 25명.

④ 수습의 방책 급 치안상태
수습방책으로는 국립경찰의 타관구 인원 약 1천 100명을 경무부 공안국장 한종건韓鍾建을 최고지휘관으로 한 그 지휘하에 출장시켜 기동작전의 원칙에 의하여 제5관구의 경찰력과 협력하여 경상북도 일원의 치안적 근본적 복구와 폭도관련자의 엄중 차且 치밀한 수사의 활

동을 실시하고 있다. 그런데 경비전화 불통으로 인하여 상주·문경·봉화·영양·청송 5개 서의 실상은 아직 언명할 수 없으나 이여爾餘의 지역은 약간의 지서의 미탈환한 이외는 대체 정상상태로 복구된 셈이고 앞으로 폭동의 만연 우는 재발생이 없다고 단정하여도 조계(무計)가 아니라고 생각한다.

⑤ 금번 폭동사건의 귀감

금번 폭동에 관련하여 다수의 경찰관의 고귀한 희생이 있음에도 불구하고 안녕 질서가 파괴되어 일반동포 특히 경북지구 동포로 하여금 위구의 경지에 방황케 함에 대하여는 치안의 책임자로서 실로 심심한 유감의 뜻을 표하는 바이다. 경무당국은 현상수습에 만족할 뿐 아니라 경찰력을 더 강화하여 치안유지에 유루遺漏가 없도록 매진하는 바이다. 그런데 일반 민중에게 경고하는 것은 금번 폭동에 관련한 야만적 행동은 눈물을 머금고 엄중 처단할 것이다. 진정한 노동운동은 최대의 성의로 지지할 것이나 노동운동을 가장한 간판하에 불순한 파괴적 정치운동을 전개하여 민중을 도탄에 빠지게 하고 조선민족의 장래를 말살하려는 자에게는 일대 철퇴를 내리지 않으면 안된다고 생각한다.

특별히 금번 폭동에 관계한 학도들에 대하여 통한의 눈물을 금치 못한다. 학업을 본업으로 할 학도의 신분으로서 불순분자의 책동으로 인하여 자기 일신의 장래를 파괴하고 국가의 장래를 위험케 하는 폭거에 참가한 자는 절대 용서치 않을 것이다.

바라건대 일반사회인은 우리 민족이 현하 건국상 시험기에 있음을 자각하고 오로지 건설로써 애국의 지성을 발휘하기를 기망企望하는 바이다.

⑥ 폭동에 희생된 경찰관에 대한 선후책

금번 폭동으로 말미암아 고귀한 희생이 된 경찰관의 영령에 대하여 심심한 조의를 표하는 동시에 폭동진압, 폭도검거에 헌신 노력하는 경찰관에 대하여 충심으로 감사의 뜻을 표하는 바이다. 정부로서 순직경찰관의 가족 급 부상한 경찰관에 대한 구제계획을 수립하여 최대의 성의를 다할 것이므로 경찰관은 일층 더 사기를 앙양하여 임무완수에 매진할 것이다.

⑦ 전국적 치안상태

경북 이외에 충북 영동, 경남 통영에 폭동이 발생하여 경찰서를 접수당하여 일시 혼란상태에 이르렀다. 경찰관을 동원하여 완전히 탈환되고 치안이 복구되었다. 또 이여의 지역은 전부 안전상태에 있다.

(『조선일보』 1946. 10. 8)

◎ "「대구 10월사건」 유족에 국가배상" 판결

「1946년 식량정책 항의 민간인학살 "경찰, 정당한 이유 없이 불법행위"」 희생자 60여명 소송

잇따를듯

　1946년 발생한 이른바 '대구 10월 사건'의 희생자들에게 60여년 만에 국가가 손해 배상을 해야 한다는 첫 판결이 나왔다. 1946년 10월 대구와 경북 등지에서 미군정의 식량 공출제도 등에 항의해 시위와 파업을 벌였다는 이유로 '빨갱이'로 몰려 학살당한 이 사건의 피해자 유족들이 국가를 상대로 낸 손해배상 청구 소송에서 처음으로 승소했다. 다른 피해자 유족들의 소송이 잇따를 것으로 보인다.

　부산지법 민사8부(재판장 심형섭)는 10월 사건 때 학살당한 정아무개·이아무개씨의 유족들이 국가를 상대로 낸 손해보상 청구 소송에서 "국가는 정씨와 이씨 유족한테 각각 5억9500만원과 3억9000만원을 지급하라"고 지난 16일 판결했다.

　재판부는 "10월 사건은 진실·화해를 위한 과거사정리위원회의 2010년 3월 조사 결과와 법정에 나온 참고인과 관련자의 증언으로 미뤄볼 때 경찰의 불법행위가 인정된다"고 밝혔다. 또 "경찰이 정당한 이유와 적법한 절차 없이 국민을 살해한 것은 국민의 기본권인 신체의 자유와 생명권, 적법 절차에 따라 재판을 받을 권리를 침해했다. 공무원들의 위법한 직무집행으로 희생자들과 유족들이 입은 손해를 배상할 의무가 있다"고 명시했다.

　이 사건은 미군정의 친일관리 고용과 토지개혁 지연 및 강압적 식량공출 시행 등에 항의한 노동자·농민 등이 파업과 항의시위를 벌인 게 발단이다. 경찰이 대구역 등에 모인 수천명을 향해 발포했고, 시위가 확산하자 미군정이 10월2일 계엄령을 선포해 진압했다. 하지만 시위는 같은달 6일 경북 칠곡군 등에 이어 12월엔 남한 전역으로 확산했다. 이후 시위가 진압됐지만 경찰은 당시 시위 참가자들과 가족들을 붙잡아 총살했다.

　정씨와 이씨는 49년 6월에 희생됐다. 정씨는 당시 철도노동자였던 형이 파업에 참가했다는 이유로, 이씨는 시위 참여를 호소하는 홍보물(이른바 '삐라')을 붙이고 심부름을 했다는 이유로 경북 칠곡경찰서로 강제로 연행된 뒤 칠곡면 석적읍 성곡리 벼랑 골짜기로 끌려가 사살됐다.

　과거사정리위원회는 2008년 1월~2010년 3월 '대구 10월 사건' 민간인 희생 조사를 벌여 60명이 경찰에 희생당했다고 발표하고 "국가는 민간인 희생자와 유족들한테 위령·추모사업 지원, 가족관계등록부 정정, 역사기록 수정 및 등재, 평화인권교육 강화 등 적절한 조치를 취하라"고 권고했다. 정씨와 이씨의 유족들은 2011년 4월과 지난해 5월 소송을 냈다.

　정씨의 아들인 정도곤(64)씨는 "한 살 때 아버지가 돌아가신 뒤 친척들로부터 '빨갱이 자식'이라며 손가락질을 받고 매를 맞아 고향을 떠났다. 정부는 국가가 저지른 잘못을 지금이라도 인정하고 10월 사건 희생자와 유족을 위한 특별법을 제정해야 한다"고 말했다. 소송을 이끈 변영철 변호사는 "국가권력이 친일 인사들을 등용하고 배가 고픈데도 강제로 쌀을 거둬가는 정부에 항의한 민간인들을 학살한 것이 명백히 잘못됐다는 것을 법원이 인정한 것이다. 유족들의 아픔을 덜어주기 위해서라도 국가는 항소를 하지 말아야 한다"고 말했다. (『한겨레』 2013년 1월 22일, 부산 김광수 기자)

◎ 대구 10월 사건, 성격 규명부터 제대로 하자

  1946년 10월1일 대구에서의 시민 봉기는 지금도 그 성격이 혼란스럽다. 과거 권위주의 정권은 조선공산당의 지령에 따라 일어난 대구폭동이라고 매도했다. 민주정부를 거치면서 학계와 관련자들은 대구항쟁으로 성격을 바로잡아야 한다고 주장했다. 미군정의 토지 및 식량 정책 실패와 일제 부역 경찰의 과잉 진압이 빚은 시민 봉기라는 것이다. '진실·화해를 위한 과거사정리위원회'(과거사위)도 조심스러웠던지 '대구 10월 사건'이라는 중립적 이름을 취했다. 다만 공권력에 의해 불법적으로 희생된 사람에 대한 명예회복과 배상을 권고했다.

  이런 현실에서 부산지법이 대구사건 희생자에 대한 국가 배상 책임을 인정한 것은 주목할 만하다. 대구사건에 직접 혹은 가족이 연루됐다는 이유만으로 아무런 법적 절차도 없이 경찰에 연행돼 살해됐으니, 국가의 배상은 당연한 일이다. 하지만 이런 경우가 한둘이 아니다.

  과거사위가 2010년 조사 결과 발표에서 국가 배상을 권고한 희생자만 60명에 이른다. 게다가 사건 당시 7500여명이 체포 구금돼, 취조 과정에서 고문 등 가혹행위를 당했거나, 석방 뒤 경찰 및 우익단체에 의해 가옥과 재산을 파괴·몰수 당했다. 그 가족들은 연좌제에 묶여 죄인으로 살아야 했다. 그 오랜 동안의 고통을 생각한다면, 당장 명예회복과 배상이 이뤄져야 하나 현재의 구조로는 불가능하다.

  아울러 과거사위조차 정리하지 못한 대구사건의 성격도 하루빨리 정립해야 한다. 진정한 명예회복은 사건의 제대로 된 성격 규정 위에서만 가능하다. 재판부는 대구사건이, 미군정의 친일관리 고용, 토지개혁 지연 및 강압적인 식량공출 시행 등으로 말미암아 민간인과 일부 좌익세력이 경찰과 행정당국에 맞서 발생한 사건이라고 보았다. 대구 봉기는 10월3일 계엄군의 진주로 사실상 진압되지만, 10월6일까지 경북 전역으로, 12월 중순까지는 남한 전 지역으로 확산됐다.

  재판부의 판단대로 대구 시민의 불만은 전 국민의 불만이었다. 심지어 군경 및 극우단체의 과잉 진압과 무차별 테러가 일부로 하여금 야산대를 조직하고 빨치산에 합류하도록 했다고 재판부는 보았다.

대구 10월 사건은 해방공간의 비극을 폭발시킨 도화선이었다. 박근혜 대통령 당선인의 큰아버지인 박상희씨도 그 와중에서 피살됐다. 부친 박정희 전 대통령이 남로당에 가입한 것도 이와 무관하지 않았다. 이런 사건에 대해, 피해자 가족이 일일이 법정 소송을 통해 명예를 구할 순 없다. 특별법 제정을 통해 성격을 바르게 정립하고, 피해자의 아픔을 일괄 치유하고, 역사적 교훈으로도 삼아야 한다. (『한겨레』 사설)

제5장
남북전쟁, 친미반공세력과
반제 자주독립세력의 충돌

1. 대륙봉쇄전략에 맞선 약소국 자주평등주의의 협상 실패

1) 이승만은 미국에 더 많은 경제지원과 무력강화 요구

전쟁은 그 시대의 역사를 구성하는 여러 가지 모순이 심화·집약되어 표출되는 가장 극단적인 갈등 현상이다. 이제까지 전쟁은 늘 그 시대의 역사를 배경으로 하여 발생하였다. 그렇기 때문에 전쟁이 왜 일어났는가 하는 문제를 이해하려면, 우선 그 전쟁의 근본적인 원인이 어디에 있으며, 어떤 갈등 요인들이 작용하였는가 하는 데 주목할 필요가 있다. 한국현대사에 커다란 획을 그은 한국[조선]전쟁 역시 이러한 흐름에서 예외일 수 없다. 한국전쟁이 발발한 이유와 과정을 이해하려면 우선 38선 분쟁을 반드시 짚고 넘어가야 한다. 왜냐하면 1949년 38선을 중심으로 발생했던 수많은 충돌들이 바로 1년 뒤 한국전쟁을 발발시키는 불씨였기 때문이다. 38선 분쟁은 한국전쟁이라는 '큰' 전쟁으로 이어지는 '작은' 전쟁으로서 역사적 의미를 지니고 있었던 것이다.

(1) 남측의 계속된 '북진통일' 허세에 북측은 위기감 높아져

미육군 제24군단이 1945년 9월 8일 점령군으로 남한에 진주한 이래, 정부 수립 때까지 주한미군은 절대군주 이상으로 강력한 군정의 주체로서 남한 사회의 각 분야에 걸쳐 결정적인 역할을 하였다. 자치정부 수립 이후에도 주한 미군은 막후에서 정치적 입지가 취약한 이승만 정권의 버팀목 역할을 하였으며, 남한의 방위를 지원하였다. 그러나 1948년 12월에 북반부에서 소련군이 완전히 철수함으로써 더 이상 미군이 남한에 주둔해야 할 명분이 사라지게 된다. 게다가 미국내의 동원령(2차대전 시기 발령) 해제와 의회의 철군 주장, 그리고 외교정책 결정과정에서 강화된 철군파의 주장 등은 미군의 철수를 기정 사실화하였다.

이러한 사태에 직면한 이승만은 미군 철수를 완강하게 반대하였다. 그 당시 이승만은 미군 철수를 미국의 대한對韓 정책의 약화로 인식하였고 정권 안정을 꾀하던 이승만에게 미군 철수는 커다란 위기였다. 1949년 여름, 당시 주한 미대사였던 무쵸가 이승만 정권의 태도를 지켜보면서 했던 발언은 이러한 상황을 매우 실감나게 표현하고 있다.

"한국인들은 정말 두려운 눈초리로, 일부 집단은 신경과민으로 미군 철수를 바라보았다. 그들은 철군을 지연시키기 위해 있는 힘을 다했다. 심지어 철군을 막기 위해 북측과 분쟁을 꾀하는 부대조차 있었다."

그러나 이승만의 완강한 반대에도 불구하고 1949년 6월 29일 마지막 전투요원 1천 5백명이 인천항을 떠났고, 미군의 남한 주둔은 다음날 자정을 기해 공식적으로 종결되었다. 미군이 철수한 후 미국은 형식(표면)적으로는 남한 군대와 경찰에 대한 작전통제권을 상실하게 되었다. 하지만 150명의 공군과 5백 명의 장교와 사병들로 구성된 주한미군사고문단KMAG이 잔류하여 남한군과의 협조관계를 지속하였다.(Korean Military Advisory Group)

1949년 여름 이승만 정권은 남한에 대한 미국의 안보공약과 추가 군사원조를 확보하고 북을 계속적으로 압박하기 위해 크게 다음과 같은 세 가지 전략을 구사했다.

먼저 외교적 노력의 일환으로, 이승만은 남한·대만·필리핀 등을 포괄하여 북대서양 조약기구NATO와 같은 '태평양 조약기구'의 창설을 모색했다.(North Atlantic Treaty Organization) 그는 1949년 4월 유엔 한국위원회 필리핀 대표에게 그 가능성을 타진하였다. 또한 8월 진해에서 대만의 장개석으로부터 이 조약에 대한 동의를 얻어내는 등, 한때 이승만의 외교적 노력은 성과를 거두는 듯했다. 그러나 결국 각 국가간의 이해관계가 대립되는 바람에 이러한 노력은 성사되지 못했다.

둘째, 이승만은 1949년 들어 빈번하게 '북진통일'을 주장하기 시작하였다. 일부 연구에서는 당시 이러한 북진통일 주장이 명분적인 선전일 뿐이라고 말한다. 또한 그것이 무력을 통한 실질적 통일전략이라기보다 남한 내의 남북협상론자들을 억압하기 위한 국내 대응책에 불과했음을 강조한다. 그러나 이승만이 주장한 북진통일에 관한 발언들이 미국민을 대상으로 진행되었다는 점으로 볼 때, 그의 주장은 미군 철수 이후 더 많은 군사원조를 끌어들이기 위한 전략이었음을 알 수 있다.

마지막으로, 무엇보다 이승만의 주된 관심은 전쟁을 도발하거나 적어도 38선 주변에서 전투를 벌임으로써 한반도 내에 위기감을 조장하여 주한미군이 계속 주둔하도록 미국을 설득하는 데 있었다. 이승만은 미국의 계속적인 주둔을 모색하고 개입을 유도하기 위해 분쟁을 교묘하게 조작하고 있었다.(한국정치연구회『한국현대사』녹두, 1993)

요컨대 38선 분쟁에 가장 큰 영향을 미친 것은 미군 철수였다. 그러나 몇 가지 다른 요인들도 이 분쟁을 촉발시키는 데 일조했다. 우선 미국과 소련이 38선을 경계하던 기간과는 달리, 남북 양군이 경계를 시작한 이후에는 38선의 개념이 뚜렷하지 않았다는 점을 들 수 있다. 이에 따라 남한군은 38선 이북의 몇 군데 고지에 진출해 있었다. 그리고 당시 남측 38선 경계 지휘관과 군수뇌들이 일제때의 관동군 출신 등 주로 반공 월남민들이어서 북에 대한 감정이 극단적으로 적대적이었다는 점 등이 그것이다.

(2) 전면 전쟁의 서막이 된 38선 분쟁의 진행과정

1949년 초에 남한군이 미군을 대신하여 38선 경계를 맡게 되면서부터 남북간의 무력충돌은 끊임없이 계속되었는데, 그해 여름의 무력충돌은 새로운 양상으로 발전해 갔다. 38선 분쟁의 주요 전투들을 살펴보면 다음과 같다.

① 개성 송악산 1차 전투(5.4~5.8)

송악산 1차 전투는 5월 4일 아침, 이 지역 주둔 1사단장 김석원이 이끄는 제2연대 병력이 38선을 넘어 송악산을 공격함으로써 시작되었다(김석원은 일본군으로 있을 때 김일성부대 토벌작전에도 참가했던 사람으로 박정희의 대선배인 셈이다). 이에 대해 북측은 3개 중대 병력으로 반격에 나서 38선 이북을 회복하고, 나아가 38선 이남 155고지와 유엔고지 일대를 점령하였다. 이후 전열을 정비한 남측이 3개 대대 병력으로 반격에 나섰으나 대대장 1명을 포함한 39명 사망이라는 값비싼 대가를 치르고 나서야 겨우 이남의 고지들을 탈환할 수 있었다. 이 전투는 실질적인 38선 분쟁의 출발이었다.

한편, 5일 송악산에서 치열한 전투가 벌어지고 있는 와중에 여순사건 이후 숙군의 위협을 느낀 춘천 제8연대 표무원·강태무 대대장이 1, 2대대를 이끌고 월북하는 충격적인 사건이 발생하였다. 월북자는 245명에 달했다. 송악산 전투에서의 패배와 월북사건은 남측 군수뇌부에게 위기감으로 다가왔고, 병사들의 사기에 막대한 영향을 끼쳤다. 이를 만회하기 위해 8일, 의정부 방면 제1연대 김종오 대령과 육군본부 정보국 김창룡 대위는 사직리社稷里를 통해 1개 대대를 위장 월북시켰다. 그들의 작전구상은 월북하는 대대를 접수하러 나오는 북측 부대를 격퇴하려는 것이었다. 그러나 이러한 기도는 북측에게 간파당했고, 도리어 역공을 받아 수명의 전사자가 발생하여 실패하는 듯하였다. 그렇지만 다음날 아침 매복해 있던 1개 소대가 이동하기 위해 집결한 북측 1개 중대를 일제 사격하여 1백여 명을 사살하였다.

② 옹진 1차 전투(5. 21~6. 24)

북쪽에서 삐죽 나온 옹진반도는 38선이 그어진 후 남측에서는 배를 타고 들어갈 수밖에 없는 섬 아닌 섬이었다. 1949년 1월, 이 지역에 주둔하고 있던 미군이 철수한 이후, 38선을 경계로 남측 군경 4개 중대와 북측 38경비 제3여단의 일부가 맞서고 있었다. 양측 주둔 이후 이 반도는 간혹 총격전이 벌어지기도 했으나 대체로 평온을 유지하고 있었다. 그러나 5월 21일, 심각한 사건이 발생하였다. 이 반도의 서쪽 38선상에 있는 국사봉에서 양측 초소의 사소한 총격전이 비화되어 북측 2개 경비 대대에 의한 대규모 공격이 촉발되었다. 북측은 국사봉 아래쪽 남측지역인 두락산과 그 일대 5킬로미터 지역을 점령하였다.

이러한 상황 속에서 남측은 6월 5일 관동군 출신 김백일 대령을 사령관으로 하는 옹진지구 전투사령부를 개설하고 5개 대대의 병력을 증파하였다. 그러나 전투사령부 설치 이후에도 남측의 반격은 거듭 실패했다. 이에 김백일은 북측을 혼란시키고 반격을 용이하게 하기 위해 6월 7일, 특수부대인 38부대로 하여금 38선 북쪽 10킬로미터 지점인 태탄苔灘을 습격케 하였다. 그러나 이들 역시 포위 공격을 받아 22명의 전사자만을 내고 철수하였다.

이 실패 이후 남측은 전열을 정비하여 북측의 지휘부가 된 두락산 정상의 관측소 포격에 성공하였고, 이를 계기로 남측은 총반격에 나서 두락산·국사봉을 연달아 탈환하였다. 6월 11일에는 38선 북측 850미터 지점에 위치하고 있는 군사요충지 은파산銀坡山을 점령하였다. 6월 말에 이르러서야 한 달여에 걸친 전투가 수그러들었다.

이 전투는 몇 가지 점에서 중요한 의미를 지녔다. 그것은 먼저 양측이 38선 분쟁과정에서 비교적 장기간에 걸쳐 대규모 접전을 벌인 최초의 전투였다는 점과 당시 북측이 화력이나 훈련, 규율 면에서 상대적으로 남측보다 앞선다는 것을 확인할 수 있는 전투였다는 점 때문이다.

③ 6, 7월 전투

5월의 대규모 충돌 이후, 옹진반도를 제외한 나머지 지역에서는 7월 중순까지 소규모 충돌이 간간이 이어졌다. 이 기간 동안에는 주로 남측이 북측 지역을 소규모 부대로 공격하였다. 6월 26일 남측은 특수부대인 호림虎林 유격대 150여 명을 38선 너머로 깊숙이 침투시켰다. 공교롭게도 이 날은 안두희에 의해 김구가 암살당한 날이기도 했다. 그들은 당시 38선 이북인 철원 근방을 돌아다니며 군사기밀을 탐지하는 한편 혼란을 유발시키다가 7월 5일경 소탕되었다.

한편 7월 4일, 38선 가장 동쪽인 주문진에 주둔하고 있던 남측 10연대 제3대대가 38선 바로 북방에 있는 양양을 향해 진격하였다. 그들의 진격 목적은 오대산 방면으로 남파되는 게릴라들의 대남유격대 기지를 파괴하는 것이었다. 그러나 그들은 남대천南大川 주변에서 포위망에 걸려 1개 중대가 괴멸당하는 피해를 입고 퇴각하였다. 이 패배로 10연대장 송요찬 중령이 해임되었다.

④ 송악산·옹진 전투

5월 대규모 충돌 이후, 7월 하순부터 대대 규모의 부대가 동원된 대규모 충돌이 개성 송악산(송악산 전투:7.25~8.3), 옹진반도(옹진 전투:8.4~8.8)에서 연이어 발생하였다. 5월 3일 발발한 송악산 1차 전투 이후 북측은 38선 이북인 송악산 정상에 포진하였고, 남측은 송악산 정상에서 2백 미터 거리인 264고지를 점령하여 상호대치 중이었다. 지형적 특성상 남측에서 볼 때 지극히 불리한 입장이었고, 개성 시내까지 내려다보이는 송악산 정상은 눈엣가시였다. 이에 1사단장 김석원 준장은 2연대 1대대로 하여금 산정을 기습케 하여 탈취에 성공하는 듯하였으나, 수일 동안 두 차례나 역전을 거듭한 결과 패퇴하였다. 이 와중에서 개성은 양측의 치열한 포격전으로 많은 피해를 겪어야만 했다. 이 전투가 종결된 바로 다음날인 8월 4일 옹진반도에서도 대규모 전투가 재발되었다. 5월 전투 이후 남측은 옹진반도에 4개 대대 규모의 병력을 상주시켰었다. 이것은 북측에서 볼 때 이 반도에서 멀지 않은 해주를 위협하는 것이어서 북측 또한 여기에 대처할 병력을 증파하였다. 따라서 반도 전역에 긴장감이 감돌았고 소규모 충돌들이 꼬리를 물었다.

이와 같은 와중에서 북측 수개 중대의 병력이 반도 중앙부를 돌파하는 사태가 발생하였다. 그들은 남쪽의 저항을 제압하면서 6일에는 옹진읍 북쪽 3.5킬로미터까지 육박하였다. 이에 대해 남측은 김백일을 옹진지구 전투사령관으로 재임명하고, 1개 대대를 증원하여 반격에 나섰다. 북측은 전진 속도가 빨라 인적·물적 증원이 불가능해지고 남측의 반격이 거세어짐에 따라 원래 전선으로 복귀하였다.

주한 미군사고문단 단장 로버츠 장군은 8월 상황을 다음과 같이 기술함으로써 남한측에 분쟁의 상당한 책임이 있음을 시사하였다.

"우리의 의견으로는 38선 북방에 위치하고 있는 소규모 남한기지의 존재가 각 사건의 원인인 것 같았다.······남한은 북측을 침공하고 싶어하였다. 우리는 그들에게 만약 그러한 일이 발생한다면 고문단은 남한과의 관계를 끊을 것이며 군사원조의 통로는 닫혀질 것이라고 경고하였다. 38선상의 모든 사건들은 대체로 적대적인 해당지역 남북군이 서로 자극을 받아 일어난 것이었다. 남북 모두 잘못한 것이었다. 그러나 북측의 공격은 결코 그렇게 심각할 정도는 아니었다."

⑤ 옹진 3차 전투(10. 14~10. 20)

8월 전투 이후 소강상태를 유지하던 양측은 옹진반도 은파산에서 세 번째 대규모 격돌을 벌였다. 이 전투는 5월 전투와 깊은 관련이 있었다. 그것은 남측이 38선 북쪽인 은파산을 점령하고 있었기 때문이다. 이 산은 옹진반도의 곡창지대인 취야벌을 끼고, 뒤로 옹진—해주 가도와 철로로 이어지는 중요한 군사요충지였다. 8월 4일 새벽 북측은 은파산을 향해 대대적인 포격을 개시한 데 이어, 오전 5시 30분에는 약 4천~6천 명 정도의 병사들이 돌진하였다. 남측 18연대 2개 중대 병력이 전멸하였고 북은 이 산을 점령하였다.

한편 이 전투에서 남측이 일방적으로 밀린 이유 중의 하나는 남측의 최대 구경 포인 105밀리 곡사포의 사용이 제한되었다는 점이다. 38선 분쟁이 격화되면서 미군사고문단은 이 포의 조준경을 보관하고 사용을 제한하였다. 이 전투에서도 남측 지휘관들이 미고문관에게 이 포의 사용 승인을 요청했을 때, 미고문관은 다음과 같은 말로 거절하였다.

"은파산이 방어의 요체인 것은 인정되나 이 산은 38선 북쪽에 위치한다. 그러므로 우리들이 이 산을 탈취하게 되면 적은 반드시 탈환하려고 공격할 것이 틀림없다. 이렇게 되면 분쟁은 끊이지 않을 것이며, 나아가 큰 충돌로 발전될 위험이 있다."

⑥ 옹진 4차 전투(12월 중순)

옹진 3차 전투 이후 38선 주변은 대체로 평온하였다. 옹진반도의 남측 병력 또한 2개 대대로 축소되었다. 그러나 백인엽 중령이 이끄는 제17연대가 옹진반도 경비를 인계받은 후 또다시 사건이 터졌다. 백인엽은 휘하 장병들의 사기 진작을 구실로 은파산을 기습

공격한 후 뒤로 빠져 북측의 대항 공격을 유도하였다. 여기서 북측 1개 대대가 매복에 걸려 심각한 타격을 받았다. 약 반 년 동안 4회에 걸쳐 치열한 공방전을 벌인 옹진반도는 이 사건 이후 대체로 평온하였다. 그리고 다른 지역도 한국전쟁 직전까지 가끔 경계비상이 걸리긴 했으나 대대적인 충돌은 발생하지 않았다.

(3) 잦은 북침의 이유, 점령 외세 환심 사려고 동포 살상 다반사

위에서 언급된 사건들은 38선 분쟁에서 중요한 것들만을 살펴본 것이다. 북의 공식 자료인 「38련선 무장충돌 조사결과에 대한 조국전선 조사위원회 보고서」에 따르면, 1949년 1월부터 1949년 9월까지 황해도 옹진반도로부터 강원도 양양 지역에 걸쳐 남한 군대의 38선 이북에 대한 침략은 총 432회였으며, 남측 군대와 경찰 총 4만9천여 명이 동원되었다고 한다. 한편 남한측 자료인 『한국전쟁사』는, "호전적인 김일성이 그의 혁명적 무장력인 인민군으로 하여금 장차 남한을 침공하기 위해 그들의 실전 훈련장으로 38선 분쟁을 격화시켰으며, 남침 직전까지 침공 및 불법 사격 회수가 874회에 달했다"라고 기록하고 있다.

그러나 여기서 주목해야 할 점은 남북의 교전 회수보다는 왜 38선 분쟁이 발생했으며, 한국전쟁과 관련하여 이 분쟁이 어떤 의미를 지니는가 하는 점이다. 이것은 38선 분쟁과 그 후 한국전쟁의 당사자들인 남북측과 미국의 대응방식이 어떠한 변화과정을 거쳤는가를 살펴보면 알 수 있다.

38선 분쟁이 발생한 데는 일차적으로 남측에 책임이 있다. 주한 미군의 철수는 이승만의 권력기반 약화는 물론 남한의 안보를 위협하는 중대 사안으로 부각되었다. 당시 국민들로부터 별로 신임을 받지 못하고 있던 이승만의 대응방식은 고의적으로 38선 분쟁을 유발시킴으로써 얻는 반사이득, 즉 가능하다면 미군을 붙들어두고, 미군이 철수한다 해도 군사원조의 증가와 정권의 안전보장이라는 안전판을 획득하는 것이었다. 이러한 의도에서 38선 분쟁이 격화되었던 것이다. 즉 38선 분쟁은 이북의 일부 지역을 점령하고 호전적 도발을 하고 있던 남측을 북측이 몰아내는 과정에서 발생했으며, 어떤 경우는 남측 지휘관이 주도한 공격에 의해 발생하였다. 그러나 이승만 정권은 이들을 거의 통제하지 않았다.

한편 이러한 사태에 대한 북측의 대응은 대체로 절제된 것이었다. 북측은 1949년 38선 분쟁이 있었던 시기에 전쟁을 치를 준비가 되어 있지 않았을 뿐만 아니라 이미 이승만

정권이 분쟁을 도발하는 의도를 알고 있었다. 실제로 북측은 미군이 철수하도록 자신들의 공격이나 반격을 제한하기도 하였다. 당시 그들은 남한보다 무력이 월등하게 우월하지 않았고, 오히려 내부 민주기지의 강화가 더 시급한 과제였다.

또 다른 당사자인 미국은 1949년 여름의 시점에서 아직 호전적인 반격정책인 이른바 롤백 정책을 채택하고 있지 않았다. 따라서 분쟁의 전과정에서 이승만 정권의 도발을 억제하는 데 주력하였다. 미 군사고문단은 남측이 지나치게 38선 충돌을 격화시키는 것을 우려했다. 당시 그들은 분쟁의 확대, 즉 전쟁을 원하지 않았던 것이다.

요컨대, 남측은 분쟁의 확대를 원했으나 북측은 분쟁의 격화를 원치 않았고, 미국 역시 그러했다. 38선 분쟁 이후 상황은 급변했다. 우선 남측은 여전히 기존의 북진정책을 고수하고 있었지만, 북측은 38선 분쟁으로 남측의 위협을 느꼈다. 이에 그들은 군비 증강과 만주 조선의용군의 인민군대 편입, 그리고 민주기지의 군사화 등을 서둘렀다. 미국의 대한 정책 또한 봉쇄정책에서 롤백 정책으로 변화되어 갔다. 이러한 정책 변화는 마침내 1950년 한국전쟁으로 이어질 수밖에 없었으며, 그런 의미에서 1949년 여름의 38선 분쟁은 그 불씨를 제공한 것이었다.

1949년 여름의 '작은' 전쟁은 1950년 한국전쟁이라는 '큰' 전쟁으로 연결되었던 것이다.

2) 조국통일 지향의 내전으로 출발, 참혹한 초토화 폭격으로 마감

한국전쟁은 한국현대사 최대의 결절점이자 오늘의 우리 사회가 안고 있는 고통과 모순을 배태시킨 가장 결정적인 역사적 계기였다. 민족사의 측면에서 그것은 8·15해방과 더불어 계승·진전되었어야 할 반제반봉건 민주변혁의 과제가 점령세력 일부의 제국주의적 침략성 노출로 방해를 받게 되면서 구조화된 계급모순과 민족모순, 그리고 체제모순을 둘러싼 갈등이 민중의 치열한 자주화 투쟁에도 불구하고 분단으로 이어진 결과, 필연적으로 폭발될 수밖에 없었던 해방5년사의 귀결로서 시작되어 상상을 초월하는 인적·물적 손실을 끼치면서 전개되었다. 그리하여 전쟁의 종결은 또한 정치·경제·이데올로기·문화·국토 등 민족의 모든 것을 갈라놓은 채 분단의 고착화를 통한 자본주의 사회와 사회주의 사회라는, 한 민족 두 사회체제에로의 이질적인 역사전개의 출발점이 되었다. 세계사적 수준에서도 그것은 2차 세계대전 후 심화된 평등민주화 지향 사회와 자본주의 수탈 경쟁사회라는, 체제간 대립과 갈등이 한반도라는 국지적 규모에서 폭발하고 그것의 종결은 곧 미국을 중심으로 하는 자본주의 진영과 소련을 중심으로 하는 사회주의 진영간의 대립구조를 뚜렷이 한 세계사적 획을 긋는 계기로서의 의미를 지닌다. 이러한 점에 비추어볼 때 한국전쟁에 대한 과학적 이해야말로 한반도 현대사를 총체적으로 이해하기 위한 기본적 전제라고 할 수 있다. 그러나 지금까지 한국전쟁에 대한 연구는 그 시각과 관점은 차치하고서라도 연구의 절대량에서 너무나 부족한 실정이다. 대부분의 연구가 '전쟁의 기원'을 규명하는 데 초점이 맞춰져 있었던 데 반하여 최근의 연구들은 전개과정, 점령정책, 전쟁과 한미관계, 휴전협상, 귀결 및 영향 등으로 일단 그 주제에 있어 진전을 보여주고 있다. 그럼에도 불구하고 한국전쟁에 대한 현단계 연구의 일차적인 임무는 사실확인, 즉 진실의 복원작업이다. 이 점에 유념하면서 한국전쟁을 간략히 고찰해본다.

(1) 친일파 앞세운 민중수탈체제 계승이 자주화 위한 재투쟁 의지 촉발

해방과 함께 제기된 민족적·민중적 자주독립의 과제가 제국주의의 종속화 야욕으로 저지되면서 자주화 혁명과 반혁명의 대립구조는 분단과 통일의 문제로 전화되지 않을 수 없었다. 따라서 혁명과 반혁명, 통일과 분단의 문제는 민족적·민중적 과제를 달성하기 위한 당대 민중의식과 변혁운동의 표리表裏구조를 이루고 있었다. 그러나 해방3년간 전개된 치열한 항쟁에도 불구하고 결국 조국의 남과 북에 한쪽에는 자주독립 혁명에 성공한 정권이 들어서고, 다른 한쪽에는 일제의 식민사회 성격이 거의 그대로 잔존된 반혁명이 성공한 정권(새로운 점령세력을 등에 업은 친일파 공화국)이 들어서는 분단을 결과함으로써 해방3년의 역사전개와 분단정권의 수립은 이미 그 자체 내에 조국통일(운동)의 역사적 당위성과 증오와 대결을 불러올 구조적 필연성을 내재하고 있었다.

자주민족의 입장에서 볼 때 미군의 남한 점령은, 조선민족이 결사항전으로 물리치려 했던 일제 식민통치자들과 거의 똑같은 형태의 반민족·식민지체제를 형성하게 되었다. 명령의 최고사령관만 바뀌었을 뿐 그가 지휘하는 군대와 경찰·관료·교육계·종교계·언론계 등의 하수인 집단과 통치이념과 무기까지도, 제공회사만 달랐을 뿐, 일제의 그것과 조금도 다를 바 없는, 근로민중을 수탈 대상으로 하는 민족 적대적 제국주의 군국체제였다. 전민족적 해방과 통일을 이루려면 전쟁밖엔 다른 방법이 없어 보였다.

이러한 자주독립과 통일을 위한 당위성과 필연성은 제반 상황적 조건과 주체가 누구냐에 따라 다양한 형태의, 정반대되는 방향의 통일 운동으로 나타날 개연성을 얼마든지 안고 있었다. 우리는 그것을 북진통일론, 38선 선제공격, 무장투쟁, 평화통일 노력, 통일전선전술 등 1948~50년 기간 동안 남북이 동원했던, 방향이 다른 여러 통일의 움직임에서 확인할 수 있었다. 다시 말하여 통일의 당위성, 통일운동의 필연성이 어떠한 형태의 통일운동으로 현재화되느냐는 것은 전적으로 그것을 주도하는 주체의 계급적 위치 및 정세인식과 제반 상황적 요인에 달려 있었다. 따라서 우리는 이러한 당위성·필연성이 전쟁이라는 최고형태의 정치투쟁으로 귀결되는 몇몇 주요 요인과 계기에 주목하지 않을 수 없다. 여기에서는 이를 미국·이승만정권·북조선정권의 세 주체를 중심으로 살펴보자.

첫째는, 동북아지역에서 강화되고 있던 미국의 반혁명노선(=착취체제 온존과 공세적 점령 전략)이었다. 소련의 핵개발과 중국(자주화·평등화·민주화)혁명의 성공은 침략의 길이 막힌다고 생각하는 미국의 세계전략을 가일층 공세적 전략으로 나아가게 만들었으며 동북아 수준에서 그것은 일본·장개석·이승만을 하위체계로 포섭한 거대한 반혁명 동맹구조로 나타냈고 한반도 수준에서는 이승만정권에 대한 지원을 통하여 북반부를 위협하고 있었다. 물론 이러한 미국의 반혁명 총노선·냉전격화전략은, 국제정세뿐만 아니라 2차대전 전쟁경제 해체의 과정에서 불황의 조짐을 보이고 있던 미국 자본주의의 위기에 그 직접적 연원을 두고 있었다.

냉전의 격화(전쟁은 말할 것도 없고)야말로 무기 상인이자 식민주의 침탈국으로서는, 이러한 대내외적 문제를 극복할 수 있는 가장 유용한 수단이자 탈출구였다. 미국의 공세적 전략이 북측지도부를 심각하게 자극했으리라는 점을 예견키란 어렵지 않다. 왜냐하면 북측지도부에게 있어서 이러한 미국의 공세는 이미 남한을 점령하여 자주독립 혁명을 좌절시키고 분단을 초래한 미국이 북부까지 점령하려 위협하고 있다고 인식하게 하는 데 부족함이 없었기 때문이다. 그러한 미국·이승만의 위협은 38선에서의 잦은 선제공격과 거듭되는 북진통일 주창으로 이미 현재화되고 있었다. 따라서 북측지도부는 미국-일본-이승만의 반혁명동맹이 북부지역에 대한 총공격을 개시하기 이전에 어떤 제한적 조치로써 이를 차단할 필요성을 충분히 느끼고 있었을 것으로 보인다.

둘째는, 이승만정권의 정치·경제적 위기였다. 단독정권 수립 이래 이승만정권은 끊임없는 정치·경제적 위기에 직면하고 있었다. 극악한 식민지 불평등 경제체제에 대한 반봉건개혁 없이 미국 자본주의의 한 하위체계로 종속되면서 파행적으로 재편된 남한경제는 거의 전면적인 파탄상을 드러내면서 남한민중들을 심각한 경제적 위기로 몰아넣고 있었다. 경제적 수준에서 이승만정권은 국가가 국민에게 제공해야 하는 '최소한의 경제적 생존'마저 제공할 능력을 상실하고 있었다. 일제의 압제수탈체제를 그대로 지속시키려는 듯한 토지개혁 지연, 천문학적 물가상승, 실업의 만연, 계속되는 국가재정 위기 등,

민중들은 이미 이승만정권에 대한 지지를 완전히 철회하고 있었다. 이와 같은 민중의 지지 철회는 이승만정권을 내부로부터 침몰시키는 요인이었으며 그것은 외부로부터 어떤 힘이 가해지기만 한다면 급속히 가속화될 것처럼 보였다.

정치적 위기는 정통성 부재의 이승만정권이 안을 수밖에 없는 구조적 태생적 요인이었다. 내석 지지기반이 허약한 이승만정권이 미국의 정치·경제·군사적 지원이 없다면 붕괴되어갈 것이라는 것은 단순한 사회과학적 상상에 근거한 것이 아니다. 예컨대 여순 민군봉기가 미 군사고문단의 '고문'으로 진압된 것이라든지, 한국전쟁에서의 미국의 개입에 의한 구원은 그 대표적 사례이다. 이승만정권은 민중과의 갈등, 지배세력 내의 갈등으로 끊임없이 직면했던 정치적 위기를 일면 억압과 일면 북과의 긴장격화로써 탈출코자 시도하여 대내적 위기극복과 대북견제·대미견인을 동시에 추구했다. 실제 통일전략으로서의 38선 선제공격, 북진통일론은 이와 같은 위기를 탈출할 수 있게 해주는 유용한 수단이었지만 그것은 실제로 북측을 극도로 자극시키고 있었다. 이승만정권의 정치·경제적 위기와 북에 대한 자극은 한국전쟁을 초래한 동전의 양면을 이루고 있었다.

카메라의 각도를 미국으로 비춰보면, 북진통일을 부르짖게 만든 것은 무기와 경제지원을 전적으로 제공하여 일제와 똑같이 대륙공략을 꿈꾸던 미국 자신에게 있었다고 볼 수 있으며, 최소한 북측으로서는 당연히 그렇게 자극을 받았다고 보아야 한다.

세 번째는 북측의 통일전략·정세인식의 문제이다. 1947년 조선문제의 유엔 이관으로 분단이 노골화된 이래 북측은 지속적인 통일전략을 전개해왔다. 우리는 앞에서 그것이 소시기별로 약간씩 상이한 모습으로 드러남을 살펴보았다. 전쟁 발발에 이르기까지 북측의 정세인식과 통일전략은 철저히 민주기지론에 입각해 있었다. 북측은 미국의 반혁명 총노선, 이승만정권의 위기와 공세에 대응하여 한편으로는 자체 (민주기지) 혁명역량을 강화하면서 다른 한편으로는 통일전선전술과 남한무장투쟁 지원이라는 이중적 통일전략을 구사했으나 모두 실패하고 말았다.

전자의 실패는 이승만정권의 존재 자체가 통일의 장애물이라는 인식을, 후자의 실패는 남한무장투쟁의 지원을 통한 이승만정권의 붕괴는 더 이상 가능하지 않다는 인식을 하게 만들었다. 민주기지론적 전략의 관철과정에서 남한의 5·10총선은 중요한 전기轉機(전환의 시기)였다. 총선은 남한민중의 이승만정권에 대한 지지 철회와 함께 통일에 대한 그들의 식지 않는 뜨거운 열망을 동시에 보여주었기 때문이다. (미군정의 특별계엄령 선포하에서, 안 찍으면 '빨갱이'라며 협박한 선거에서, 이승만의 독립촉성국민회 소속 의원은 53명, 무소속 85명, 한국민주당 29명, 기타 31명 등 198명) 북측은 이에 고무되어 즉시 평화통일방안을 제시했고 이것이 거부될 것에 대비하여 지속적으로 추구해오던 통일전선 전술에 입각해 이승만세력만을 제거시키고 남북의 통일세력끼리 연합하여 통일정부를 수립하기 위한 작업을 구체화시켰다. 정규군 남하가 그것이었다.

이상의 논의를 요약해보면 한국전쟁의 원인은 다음과 같이 정리될 수 있다. 첫째 미국의 반자주·종속화 총노선, 둘째 이승만정권의 정치·경제적 위기, 셋째 이승만정권의 여러 차례의 38선공격과 북진통일론, 넷째 남한내 무장투쟁을 통한 이승만정권 붕괴의 실패, 다섯째 5·10총선, 여섯째 평화통일 노력의 실패.

한편 전쟁의 기원 문제는 그 원인과는 약간 다른 수준의 논의이다. 이에 대해서는 매우 다양한 논의가 있을 수 있으나 여기서는 다만 그 시점의 문제만 간단히 언급하려 한다.

남북전쟁이 원근인遠近因이나 필연적 조건 없이 무매개적으로 1950년 6월 25일 갑자기 돌출된 우연이 아니라면 그것은 다음과 같은 몇몇 주요 계기에 그 기원이 있다고 할 수 있다. ①1945년 8월 10일, 11일 사이 미국의 38선 결정 ②미·소의 분할점령(조선민족에게는 선제 침략으로 볼 수 있다.) ③모스크바 3상회의와 정치세력의 양극화 ④미소공위 결렬과 1947년 미국에 의한 조선 문제의 일방적 유엔 이관 ⑤남로당의 무장투쟁으로의 전환 ⑥분단국가 수립 ⑦미·소 양군 철퇴 ⑧남한에 의한 북측평화통일 제의 거부 … 등 정치지형과 갈등양상의 변화를 결과한 계기들 중에 그 기원이 설정될 수 있다.

그것은 '구조적으로는' 정치적 대립구조를 통일운동세력과 분단국가 형성세력으로 뚜렷이 재편시켰을 뿐더러 통일민족국가 수립의 평화적 길을 완전히 봉쇄한 한국[조선]문제의 일방적 유엔 이관으로, 그리고 '현상적으로는' 이미 지방수준에서는 남로당과 민중들이 실질적인 전투(내전)로 돌입한 1948년 봄(2·7구국투쟁과 제주 4·3민중항쟁 및 여수·순천 무장대결)으로 설정될 수 있었다.

◎ 2·7 구국투쟁

1948년 2월 7일 「남한 단독정부 수립 반대」, 「유엔 선거감시단 입국 반대」, 「토지개혁 실시」, 「친일파 타도」, 「외국군 철수」 등을 외치며 전국적으로 봉기한 사건. 경찰 발표로는, 봉기 70건, 데모 103건, 봉화 204건, 파업 50건, 동맹휴학 34건이 일어나 8479명 체포, 1279명 송치.

(2) 남북전쟁 발발, 북의 반제 자주화 투쟁, 남은 멸공 투쟁의 일환

1950년 6월 25일은 남북전쟁 전사全史에서, 그리고 남북현대사에서 어떤 의미를 지니는가. 이에 대해 지금까지 우리는 남침이냐 북침이냐 하는, 이론적으로나 역사적으로 별로 중요하지도 않은 문제에 대한 논란을 수십년간 거듭했다. 이런 행위는 선제 공격사가 아니라는 것만으로 전쟁 도발의 원천적 책임을 모면 하려는 교활한 음모와 왜곡 선전을 하기 위해서였다. 우리가 앞의 논의에서 확인한 바와 같이 1950년 6월 25일 남북전쟁의 발발은 전쟁의 출발점임과 동시에 그것은 해방 5년사의 구조적 갈등의 한 종착점으로 폭발한 것임에 비추어볼 때 이러한 논쟁은 전혀 중요하지 않다. 사실상 1950년 6월 25일의 사건에서 최초의 총성이 어느 쪽으로부터 울렸느냐는 것은 중요하지도 않지만 알 수도 없다. 그 최초의 충돌은 그 이전 38선 충돌시기의 수준을 넘지 않았을 가능성도 얼마든지 있다.

그러나 최초의 총성이 어느 쪽으로부터 나왔든지 간에, 또 공격과 반공격의 주체가 누구였든 간에 어쨌든 '전쟁'이라는 형태를 띠게 된 것은 북측 정규군의 대대적 남하에 의한 것임은 부인할 수 없는 사실로 보인다. 그리고 이 정규군 남하의 결정이 북측지도부의 주도적 결정에 의한 것임도 역시 분명한 것으로 보인다.

그러나 문제는 북측 정규군의 남하라는 이 사실 자체가 아니라 그 남하의 내용과 의미가 무엇이었느냐는 점이다. 즉 그것이 과연 지금까지의 일반적 논의에서 말하듯 국가총동원하에 남조선 전지역 해방을 위한 전면적 남하였는가가 검토되어야 한다는 것이다. 이와 관련하여 앞에서 북측지도부의 정세인식을 간단히 고찰한 바 있다. 아마도 이 남하 결정은 이러한 공통의 정세인식의 토대 위에서 북로당·김일성계열의 통일전선전술과 남로당·박헌영계열의 남한지역 혁명전술이 결합된 총노선으로 결정된 듯하다. 전자와 후자의 결합은 이승만정권을 붕괴시키고 이승만·한민당세력의 주요 인물과 친일파·민족반역자만을 제외시킨 가운데 남북 제정치세력의 통일전선 결성을 통해 통일정부를 수립한다는 전략으로 구체화되었다.

당시의 상황적 요인 — ①6월 25일 조선인민군의 병력 동원상황(병력의 2분의 1만 동원) ②조선군 주공과 조공의 공격방향(공격방향의 서울 집중) ③조선군의 서울에서의 일시적 체류의 내용과 의미(국회소집을 통한 통일정부 수립 시도) ④보급 및 철수계획(동계작전 및 철수작전 전무) ⑤점령정책의 사전준비 여부(해방 후 북반부사회개혁의 준용) — 과 문건 및 자료(『한국전쟁사』『정일권회고록』『릿지웨이회고록』『흐루시초프회고록』'김일성의 초기 연설'『김일성선집』『조선중앙년감』) 등을 면밀히 분석해보면 6월 25일의 정규군 남하가 제한적 무력 동원을 통한 통일정부 수립 전술이라는, 이와 같은 추론의 타당성을 검증할 수 있다.

　○전쟁 쌍방의 자기 주장으로 끝없이 반복만 되므로 전쟁 도발자 규명은, 해양 멀리서 온 침략·점령세력과 자기 땅에서 싸운 원주민간의 싸움이니, 과학적 이성적으로 충분히 판별가능하기 때문에 당시의 정치주체들의 개인과 집단의 움직임을 시간·공간적으로 추적하여 보면 된다. 최소한 일제와 미제가 가쓰라·태프트 밀약을 할(러·일전쟁 1904년) 당시부터의 침략과 반침략·재반격 전쟁에서 침략의 원천적 주범들을 가려내야 한다는 것이다. 남쪽 사람들은 "북괴 남침"이라는 「선전폭우暴雨」 속에서 반세기 넘게 살아왔기 때문에 조국을 함께 하는 동포간의 의리도 잊은 채 적과 동지를 구별하지 못하고 있다.

　이러한 우리의 추론은 전 인민군 부참모장, 군사정전위 북측 수석대표, 주소대사였던 이상조(『한국일보』 1989년 6월 18일), 전 남로당 경북도당 간부 박진목(『민초』 원음출판사, 1983, 67, 68), 전 인민군 제6사단 정치보위부 책임장교 최태환(「6·25전쟁 발발의 실상을 밝힌다」 『역사비평』 1988년 가을, 383~88쪽), 전 인민군 공병부 부부장 주영복(「이렇게 남침했다」 김순현 편 『배신과 음모』 을지서적, 1988, 242~84쪽) 등 당시 인민군 주요 참전자의 증언에서도 확인된다.

　이상의 논의를 종합해볼 때 우리는 6월 25일 북측정규군의 남하가 전면적 남침이 아닌 제한적 무력동원을 통한 통일정부 수립의 몸부림임을 알 수 있다. 즉 6월 25일 정규군 남하는 제한된 무력 동원을 통해 서울을 점령, 이승만 친미 종속정권을 붕괴시킨 후 통일지향 세력이 다수를 차지하고 있던 남한국회를 소집하여 통일정부를 수립·선포하기 위한 제한적 무력 사용을 통한 통일전선전술이었던 것으로 보고 있다.

(3) 공세시기와 후퇴시기, 남북전쟁의 전개과정

　남북전생의 선개과정은 국년의 양상에 따라 '잠성적으로' 다음과 같은 네 개의 시기로 구분해볼 수 있다.

　제1국면(1950년 6월 25일~9월 중순) : 조선 인민군 공세기

　제2국면(1950년 9월 중순~11월 말) : 미국군 주축 유엔군 공세기

　제3국면(1950년 11월 말~51년 5월) : 조선 인민군과 중국 인민지원군의 공세기

　제4국면(1951년 6월~53년 7월) : 전선의 교착과 휴전협상시기, 미군의 초토화 폭격

① 제1국면 : 인민군 공세기

제1국면은 남북전쟁의 발발에서 9월 15일 미국의 인천상륙작전으로 전세가 역전될 때까지의 조선 인민군의 공세기가 이에 해당된다. 6월 25일 새벽 옹진반도에서 전쟁이 시작되자 인민군은 개전과 동시에 파죽지세로 남한군을 격파, 신속하게 전세를 장악했다. 개전 초 인민군은 병력의 2분의 1만을 투입했음에도 불구하고 남한군에게 궤멸적 타격을 입히며 개전 3일 만에 서울을 점령했고, 국회소집과 통일정부 수립을 위해 서울에서 며칠간 머문 뒤 이에 실패하자 후퇴하는 이승만정부를 쫓아 대추격전을 전개했다.

이승만정부의 신속한 남하와 그에 따른 통일정부 수립 실패, 그리고 미국의 즉각적 개입은 남북전쟁을 전면전으로 만들어버렸다. 이승만정부의 신속한 남하와 남한군의 예상 외의 패주가 무엇을 의미하는지는(의도된 유인후퇴일수도 있기 때문에) 여전히 의문에 가려 있지만 어쨌든 인민군은 8월에 이르기까지 경남북을 제외한 남한 전지역을 장악했다.

남한군은 후퇴하면서 국민보도연맹 가입자, 좌익 체포자, 정치범 등을 거의 무제한적으로 학살함으로써 내부의 자주적 혁명지원가능세력을 근절시키려고 광분했다.

8월에 이르러 전선은 낙동강 부근에서 교착, 양자는 낙동강을 사이에 두고 치열한 공방전을 전개했다. 병력은 이미 유엔군이 인민군을 상회하고 있었다. 지상에서의 전투를 제외한다면 전황 또한 이미 미군이 장악하고 있었다. 미공군과 해군은 전한반도를 상대로 막강한 화력을 퍼부으며 전국을 초토화, 전쟁의 주도권을 잡았다. 인민군은 미군의 개입으로 전한반도로 확대된 전쟁에서 세계 최고의 전쟁경험과 장비·물자·기술을 보유한 미군을 상대로 전쟁을 수행하기에는 이미 힘에 부쳐 보였으며 확대된 병참선과 작전지역은 그들에게 병력·보급·작전에서 숱한 어려움을 안겨주고 있었다.

인민군은 총력을 기울여 낙동강 방어선을 돌파하고자 했으나 미군의 무차별 폭격과, 38선에서 패주할 때와는 완전히 다른 모습으로 완강하게 버티는 남한군의 저항으로 실패를 반복하고 있었다. 이러한 제1국면의 전개과정에서 주목할 만한 몇몇 사항은 다음과 같다. ①6월 25일 인민군의 남하 ② 남한군·이승만정부의 예상 외의 패배와 신속한 남하 ③ 미군의 즉각 개입과 지휘권 장악 ④ 북의 점령지역 점령정책 등이다. 이 중 ①은 앞에서 간략하게나마 살펴보았고 ②는 아직 좀더 면밀하게 검토를 요하는 내용이다. 여기서 우리가 살펴보려고 하는 점은 ③과 ④이다.

한국에서 전쟁이 발발하자 미국은 이에 '즉각적'으로 개입했다. 점령군으로서 왔던 주한미군이 철수한 지 꼭 1년만의 재점령이었다. 남한에 대한 인적·물적 체제를 완전 종속상태로 만들어 놓았던 미국은 6·25가 나자 4일째인 6월 29일에 이미 이승만에게 작전지휘권을 반강제로 빼앗은 뒤에 '합법적' 지원세력으로 기회를 놓칠세라 서둘러 참전을 하였던 것이다. 미국에게 한국전의 발발은 자국내의 정치·경제적 제반 위기를 일소하고, 사회주의권에 대한 적극적 공세전략을 구체화시킬 수 있는 절호의 기회였다.

미국은 한국전쟁에 전면개입을 결정함과 동시에 8개월전에 독립정권을 세운 중공을 봉쇄하기 위해 대만해협에 함대를 파견하고 인도차이나와 필리핀에 대한 군사원조의 강화를 고려하는 등 전체 극동지역규모에서의 공세정책의 실현을 추구했다. 2차세계대전을 치르고 남은 무기들의 사용처를 고민하면서 대륙 봉쇄·지배의 계기를 호시탐탐 노리고 있던 미국의 군산복합체 집단으로서는 한반도에서의 전쟁 발발이 회심의 미소를 짓게 하는 반가운 기회가 되었다. 미군의 개입으로 전쟁이 전면전으로 확대되자 북은 이에 대응하여 신병모집을 통해 병력을 확충했고 전병력을 전선에 투입시키기 시작했다. 또한 전국가체제를 전시동원체제로 바꾸고 7월 1일에는 국가총동원령을 내렸다. 신문과 방송의 논조도 이승만에 대한 공격에서 미국에 대한 공격으로 초점이 바뀌어 있었다.

미군의 개입으로 "그것은 이미 다른 전쟁"이었던 것이다. 즉 미군의 개입은 남북전쟁의 성격을, 계급투쟁·내전에서 반제해방전쟁으로 바꿔놓은 계기였다. 미군의 개입은 예의 유엔의 동원을 통해 이루어졌다. 이것은 전세계 국가간의 이해관계를 중립적 위치에서 공정하게 조정해야 할 국제기구인 유엔 자체가 강대국쪽에 종속되어 이미 전쟁의 한 당사자가 되었음을 의미했다. 그리하여 미국은 언제나처럼 이미 병력은 먼저 파견해 놓고 추인·승인을 받는 식이었다. 공군·해군에 이어 지상군이 파견되었고 동북아 전 지역에 대한 봉쇄가 시도되었다. 그리고 공군과 해군의 38선 이북에 대한 작전권을 허용함으로써 개입과 동시에 이미 미국의 목표는 유엔에 평소에 표방하던 방어와 평화 유지, 전전戰前의 원상회복이 아님을 분명히 했다.

다른 몇몇 국가들도 유엔군의 이름으로 참전했지만 공군의 98퍼센트 이상, 해군의 83.8퍼센트, 지상군의 88퍼센트가 미군으로서 유엔군은 사실상 미군이었다. 유엔군의 지휘권을 장악한 미군은 이승만의 양도로 남한군의 작전지휘권까지 장악하게 되어(7월 14일 양도, 7월 16일 수락) 전쟁은 북의 인민군 대 미군의 싸움이라는 모습으로 전화되었다. 이로써 남한군은 전쟁의 한 당사자이면서도 오로지 미군의 명령체계에 따라 움직여야 하는 위치로 전락되어버린 세계전사상 유례를 찾아볼 수 없는 기현상을 노정露呈하였다.

다음으로 북측의 남한 점령정책을 살펴보자. 이것은 남북전쟁의 성격을 말해주는 중요한 점이 아닐 수 없다. 장악했던 지역에서 행한 정책은 대체로 해방 후 북에서 실시된 반제반봉건 민주주의개혁과 유사한 것이었다. 그것은 당·인민위원회·대중단체 등 와해된 정치조직의 부활, 토지개혁·노동법령 실시 등의 민주개혁, 친일파·민족반역자 숙청 등을 주요 내용으로 하고 있었다. 북은 남한 점령지역 108개 군, 1,186개 면, 1만 3,654개 리에서 선거를 통하여 인민위원회를 부활시켰고 1개 시, 9개 도에서 토지개혁을 실시하여 남한 전체 1,526개 면 가운데 1,198개 면, 전경지면적의 78퍼센트를 개혁시켰다(서울시·황해·경기·강원·충남·충북·전북에서는 완전실시). 이와 같은 토지개혁은 어쨌든 식민지시대 이래의 봉건적 토지소유관계의 청산을 의미하는 것이었다. 그러나 전쟁 중이라는 극한상황 속에서의 이와 같은 제반 민주개혁들이 얼마나 실효를 거두었는지는 의문이다. 민중들은 전쟁에 필요한 인적·물적 요구로부터 벗어날 수 없었기 때문이다. 한편 40만에 달하는 남한 청년들이 자발적이었든 강제적이었든 북의 의용군으로 가담하기도 했다(당시 CIA자료에 의하면 이들은 대부분 자발적 지원이었다). 이러한 현상은 전쟁의 성격을 시사해주는 중요한 점이다.

요컨대 제1국면의 특징은 북의 군대가 통일정부 수립을 목표로 제한적으로 남하했으나 이승만정권의 신속한 남하로 성공하지 못했다는 점, 이를 추격하면서 인민군이 남한의 광범위한 지역에서 토지개혁·노동법령 실시 등의 민주개혁을 실시했다는 점, 미국의 개입과 지휘권 장악으로 전쟁이 국제적 전면전으로 확대되고 그 주체와 성격도 바뀌었다는 점이다.

② 제2국면 : 유엔군 공세기

제2국면은 인천상륙 이후 중국군의 참전으로 유엔군이 후퇴할 때까지의 기간으로서 미군과 남한군의 공세기에 해당한다. 미군에 의한 인천상륙작전(크로마이트작전)의 성공은 전세를 인민군공세에서 미군과 남한군의 공세로 역전시켰다. 이미 한반도 허리 어딘가를 절단시키는 작전(블루하츠작전 등)을 전쟁 초기부터 구상해온 미군은 이 작전의 성공으로 전세를 일거에 역전시킨 후 남한지역의 인민군을 고립시켰다. 이로써 전선은 기본전선과 제2전선으로 나뉘었다. 기본전선에서의 주력은 패주를 거듭했고 후퇴의 대열에서 탈락한 인민군과 이에 가세한 남한 민중들은 제2전선을 형성하여 유격전을 전개함으로써 전쟁은 이중적 양상으로 전개되었다. 후퇴하는 인민군을 추격하여 급기야 미군이 38선을 넘음으로써 미국의 정책이 단순한 전전상태의 회복이나 침략저지·평화유지가 아님이 명백해졌다. 유엔군 참칭의 가면이 벗겨졌다.

맥아더는 중국의 참전으로 한국전쟁은 "완전히 새로운 전쟁"an entirely new war으로 바뀌었다고 말했으나 그 이전에 저지른 38선 진격이야말로 한국전쟁을 완전히 새로운 전쟁으로 만든 가장 결정적인 계기가 아닐 수 없었다. 맥아더는 자신의 임무를 "북반부 전역을 깨끗이 청소하고, 북을 자유롭게 하고, 또 한국을 통일시키는 것"이라고 규정했다. 이것은 북으로부터의 침략을 저지한다는 최초의 개입 명분에 대한 스스로의 부정이었다. 좁게는 북조선 붕괴, 넓게는 중국에 대한 공격과 소련에 대한 위협을 포함함으로써 한국전쟁을 계기로 한반도 전영역의 강제합병은 물론 아시아 대륙에 대한 대반격정책을 실질적으로 실현하겠다는, 애당초 품어왔던 침략의사의 표시에 다름아니었다.

한국전 개입 때와 마찬가지로 이번에도 미국은 유엔을 동원하여 자신들의 38선 북진을 결정한 훨씬 뒤, 그리고 현지 미군이 38선을 넘어간 훨씬 뒤에서야 유엔의 이름으로 사후 승인을 받았고, 그것을 외교적 승리로 간주했다. 다만 이때의 유엔은 안전보장이사회가 아니라 총회에서였다. 소련이 8월부터 안전보장이사회에 참여하여 거부권을 행사하고 있었기 때문이었다.

중국은 수차에 걸쳐 미군이 38선을 넘어 북진할 경우 참전하겠다고 경고해왔고 미군이 38선을 넘은 시점에서는 이러한 의사를 더욱 확실하게 표명하였다. 미군이 38선을 넘어 북진을 계속하자 10월 3일 중국은 유엔군의 북진은 명백한 개전 원인casus belli이될 것이라는 최후통첩을 보냈다. 이러한 경고에도 불구하고 미군은 진격을 계속했다. 10월 15일 맥아더는 트루먼과 웨이크섬 회담에서 "중·소의 참전이 없을 것이며 만약 있더라도 대살육전이 기다리고 있을 뿐"이라고 말했다.

세계 최강 미군의 국경으로의 진격은 신생 중국 공산정권에게(1949년 건국) 사활적 위기의식을 느끼게 했으며 실제로 미국은 만주폭격과 함께 이미 점령하고 있던 대만의 장개석 국부군을 동원한 중국 공격구상을 하기도 했었다. 중국의 계속되는 경고에도 불구하고 진격을 멈추지 않은 미군은 선만鮮滿 국경까지 진출함으로써 급기야 중국군을 참전하게 만들었다. 중국군의 참전은 미군의 공격에 대한 방어적 성격을 띠었다. 중국참전군의 정식 명칭은 '중국인민지원군'이었고 참여의 명분은 "미국과 싸워 조선을 돕고 조국(중국)을 보위한다"(抗美援朝保家衛國)는 것이었다.

10월 말경 선만국경 전투현장에 중국군이 등장하였다. 이제 전쟁의 양상은 국제전으로 변전되었다. 그러나 맥아더는 이에 아랑곳하지 않고 대규모 폭격으로 응답했다. 이것은 제3차 세계대전으로의 확전을 우려하여 중·소와의 직접 전투만은 피해보려는 위싱턴의 의사를 무시한 것이었다. 11월 24일 맥아더는 전쟁을 종결짓기 위해 총공격명령을 내렸으나 11월 26일 중국군과 인민군의 대대적인 총반격에 직면하여 이튿날부터 전면적인 후퇴를 하지 않을 수 없었다. 총퇴각이었다.

북측 정규군의 남하에 대응하여 인민군의 38선 이북으로의 원대복귀를 위해 38선 이남에 한해 해·공군을 투입한다는 명분으로 개입한 미군은, 38선 이북까지 미 해·공군의 작전지역 확대→미지상군 투입→38선돌파 결정→선만국경지대에 완충지대를 상정한 북진→완충지대 제거 및 국경선까지의 진격→만주폭격이라는 확전 일변도의 전쟁정책을 밀고나감으로써 중국까지 참전시켜 전쟁을 국제전화시켰다. 중국의 참전은 정권수립 직후의 어려움 속에서도 조국을 방위한다는 측면과 함께 사회주의권을 지키고 대소·대북관계를 고려한 복합적인 요인에 의한 것이었다.

한편 인천상륙작전으로 인민군이 퇴각하자 그들이 점령하였던 지역에서는 미군과 남한군에 의해 부역자들을 중심으로 대규모 처단이 감행되었고, 인민군 또한 후퇴하면서 살상행위를 자행했다. 38선 이남의 수많은 민중들이 역전과 보복의 악순환을 피해 산악지대로 이동했고 이들은 자연스럽게 유격대로 합류, 종전시終戰時까지 유격투쟁을 전개했다. 38이남에서 인민군 점령시 복원되었던 당과 인민위원회가 남은 곳은 없었으며 민주개혁 또한 대부분 원상복귀 되었다. 전세 역전 후 자행된 경찰·반공 청년단의 사형私刑은 민중들에게 감당키 어려운 더 많은 아픔을 감내할 것을 요구하고 있었다. 38이북에서도 상황은 마찬가지였다. 미군과 남한군은 북진하면서 '공산주의자' 소탕작전을 전개, 북쪽 민중들을 대량학살했다.

마을단위의 집단학살이 속출했다. 북측의 자료에 따를 것 같으면 미군이 점령하고 있던 45일 동안 황해도 신천군의 경우 14만 2,788명의 군민 중 3만 5,383명이 참살된 곳도 있었다(8·15후 토지개혁·친일파 타도·종교적인 박해 등으로 쫓겨나왔던 '서북청년'·기독교인 등에 의한 보복학살이 대부분이었다고 한다). 북쪽 주민들은 이를 피해 산악지대로 피신함으로써 유엔군 퇴각시 인민군·중국군과 함께 유격전을 전개하여 미군과 남한군에 커다란 피해를 입혔다. 한국전쟁 전 시기를 통하여 비전투원에 대한 학살이 그 어느 전쟁보다도 많았다는 점, 그리고 그것이 전세가 역전에 역전을 거듭한 2, 3국면에 집중되었다는 점은 전쟁 주체들의 전쟁정책, 그 중에서도 특히 압도적으로 우월한 노하우와 테크놀로지, 장비를 갖고 있던 미국의 전쟁정책을 극명하게 증명해주는 사례가 아닐 수 없다.

이러한 점은 필리핀과 그리스, 그리고 베트남과 라틴 아메리카 등 전세계의 광범한 지역에서 미국이 행했던 대량살륙작전, 몰살작전, 초토화작전을 유추해볼 때 예외적인 현상은 아니었다(그네들의 국교가 되다시피한 종교의 교리나 주장과는 정반대되는 악마의 짓을 저질렀다). 아무튼 친일·친미 교육과 언론에 의해 "중세 대량학살의 침략군을 정의의 십자군"으로 착각하고 있던 순진한 한국민들은, 한국전쟁에서도 "침략의 원흉은 동포형제인 북의 인민군이고 미군은 자유세계의 거룩한 십자군"으로 찬양토록 세뇌교육을 받았다.

38선 진격 후 38 이북지역에서의 유엔군의 점령정책은 인민군의 남한 점령정책과는 여러 가지로 달랐다. 우선 점령정책의 주도권을 놓고 미군측과 작전지휘권을 이양한 이승만간의 갈등이 적지 않았으며 점령의 형태도 민정이 아니라 미군이 지휘하는 군정이었다. 이것은 독립국 대한민국에서 미군의 직접통치에 의한 군정이 실시되었음을 의미했다. 법적으로는 유엔한국통일부흥위원단UNCURK의 관할 하에 있으면서 실제적으로는 미군의 책임하에 점령정책이 수행된 것이었다.(United Nations Commission for the Unification and Rehabilitation of Korea 1973년 해체)

이와 같은 상황에서 이승만정부는 행정권을 장악하기 위해 서북청년단 등 반공청년단을 동원했으나 이들이 전문적 행정능력이 결여되었을 뿐만 아니라 공권력의 이름으로 잔인한 사적 테러와 보복을 자행함으로써 이곳 민중들의 반감만 초래하였고 효율적인 점령정책을 전혀 시행하지 못했다.

제2국면을 지나면서 전국토는 이미 미군의 계속되는 폭격으로 황폐화되어 있었다. 대부분의 산업시설과 가옥들이 파괴되었고 남아 있는 것이라곤 아무 것도 없었다. 그러나 더욱 극심하게 파괴된 것은 인민군과 미군 및 남한군에 의해 각기 한번씩의 점령을 치르면서 무제한의 폭력과 물리력에 전라全裸(알몸뚱이)로 맞서야 했던 민중들의 삶과 가슴이었다. 1950년 말까지만도 미공군은 무려 9만 7천 톤의 폭탄과 780만 갤론의 네이팜탄을 투하했다(눈위에서도 불이 붙어 무엇이든 태워버렸다). 그러나 더욱 많은 폭탄이 이 이후에도 계속 쏟아부어졌다. 미군 극동포격사령부 사령관 오도넬Emmet O'Donnell은 이에 대해 이렇게 말하고 있다.

"한반도 전역, 거의 전지역이 공포의 지옥 그 자체였다고 말하고 싶다. 모든 것이 파괴되었다. 이름 있는 것으로서 서 있는 물체란 아무 것도 없었다. … 중국군이 진주하기 직전에야 우리는 지상에 내려앉았다. 한국에는 더 이상 폭격목표물이 없었기 때문이었다."

③ 제3국면 : 북의 인민군과 중국 인민지원군의 공세기

제3국면은 중국군의 참전으로 미군과 남한군이 전면적으로 퇴각하게 되는 11월말부터 휴전협상이 개시되기 전인 이듬해 6월말까지의 기간이다. 중국군의 참전에 뒤이은 인민군과 유격대의 총반격은 미군과 남한군으로 하여금 후퇴를 하지 않을 수 없게 만들었다.

끝없는 폭격에도 계속 밀려오는 중국군의 공격을 미군과 남한군은 엄청나게 많은 병력을 동원한 인해전술로 인식했다. 그러나 이 시점에서 유엔군의 병력은 오히려 공산군의 병력보다 훨씬 더 많았다. 병력뿐만 아니라 장비와 탄약, 모든 면에서 미군과 남한군이 압도적으로 우월했다. 중요한 점은 중국군이 반일민족해방전쟁과 국부군과의 내전경험으로 유격전술이 뛰어났다는 점과 그들과 인민군 및 주민간의 협조가 매우 긴밀했다는 점이었다. 인민군은 선만국경(압록강) 부분으로 패주하면서 산악지대에 유격대를 심으며 후퇴했고 주민들은 미군과 남한군의 폭격을 피해 대거 이들을 따라 입산했다.

이들이 바로 유엔군의 전략에 막대한 차질을 주었고 중국군이 승리하는 데 결정적인 역할을 했던 것이다. 무기·탄약·물자 등의 운반과, 미군과 남한군의 주둔·이동 등 정보의 제공, 그리고 식량 공급, 생필품 공급에 이르기까지 이들의 역할은 중국군과 인민군의 손과 발이었다. 중국군과 인민군의 총반격에 직면하여 총퇴각이 불가피해지자 맥아더는 장개석군대의 사용을 건의했다. 그러나 맥아더의 이러한 건의는 새로운 세계대전을 우려한 합참본부에 의해 거부되었다. 11월 29일이었다.

이에 맥아더는 곧바로 11월 30일 원자탄 사용을 주장했고 트루먼은 기자회견을 통하여 한국에서의 패배를 시인하면서 이를 역전시키기 위해 "원자폭탄의 사용을 고려중"이라고 발표했다. 그는 또한 국가비상사태를 선언까지 했다. 이것은 중국과의 전면전을 각오하고 있다는 의사표시였다. 트루먼의 원폭 사용 고려 기자회견은 전세계를 경악시키기에 충분했다. 이승만정부를 제외하고는 전세계가 이를 반대했다. 특히 중국과의 전면전으로 미국이 극동에 발목이 잡혀 있는 동안 소련의 침략을 두려워한 서유럽제국들의 반대가 거셌다(이 당시는 미국만이 원자탄을 가지고 있었다).

영국의 애틀리 수상이 즉각 트루먼에게로 날아갔고 양자의 회담에서 애틀리는 원폭 사용 고려에 대한 세계와 서유럽의 여론을 압력수단 삼아 트루먼의 원폭사용 철회의사를 받아내고 "우리는 교섭에 의해서 전쟁행위를 종식시킬 용의가 있다"는 합의를 끌어냈다. 맥아더는 계속 대만군 사용, 만주 공격, 중국 남부에 본토 수복을 위한 제2전선 구축, 일본 방위사단 4개 증파 등을 요구했으나 모두 거절되었다. 세계전쟁으로의 확전은 현실적으로 불가능했고, 전면철수는 위신과 명분상 도저히 참을 수 없는 굴욕이었다. 12월과 1월에 걸쳐 워싱턴과 유엔에서는 휴전안과 전선의 안정을 논의하고 있었다. 세계전쟁으로의 '확전'과 전면'철수'의 양극에서 미국은 '후퇴'를 통한 전쟁의 국지전화와 협상을 통한 해결이라는 절충적 선택을 택했던 것이다.

1950년 12월과 이듬해 1월에 걸쳐 미군과 남한군은 38선을 다시 넘어 평택-안성-삼척선까지 후퇴를 계속했다. 중국군과 인민군의 공세에 대한 반격작전이었던 울프하운드 Wolfhound작전, 선더볼트Thunderbolt작전, 라운드업Round up작전 등도 거의 효력을 발휘하지 못하고 있었다. 그러나 미군은 적의 진지를 탈환하거나 화력을 제압하는 것이 아니라 인명 살상을 통하여 적의 전투능력을 고갈시키는 작전인 '몰살'작전Killer과 리퍼 Ripper작전으로 전세를 만회했다. 3월 22일 38선 이남을 모두 다시 탈환한 뒤 4월 초 38선 이북의 캔서스-와이오밍선Kansas-Wyoming Line까지 진출한 뒤 전선은 교착상태에 빠졌다.

이후에도 쌍방간의 두세 차례의 대규모 공방전이 있었으나 전선에는 큰 변동이 없었다. 이 와중에서 3월 24일 맥아더는 38선 전면 재돌파와 대만군 사용, 중국본토 공격을 주요 내용으로 하는 확전성명을 발표하여 4월 11일 트루먼에 의해 전격 해임된다. 이때는 미국이 전선의 안정을 통한 38선 재설정정책(재분단정책)을 추구하고 있었기 때문에 맥아더의 성명은 수용될 수 없었다. 전선은 38선 부근에서 교착상태에 빠졌으나 미국의 공군기들은 가공할 폭탄세례를 북부 내륙과 해안, 도시와 농촌에 수없이 쏟아부었다. 38선 부근으로 오는 북측의 모든 보급을 차단하기 위해서였다.

미군과 남한군이 철수하는 동안 많은 북쪽 민간인들이 그들을 따라 월남했다. 이들 중 상당수는 물론 반공주의자들이었다. 그들은 기독교도·지주 출신 등 다양한 성분을 갖고 있었으며 일제시대 이래의 기득권 향유계급들은 전부 월남했다. 그러나 공산주의에 대한 반대가 월남의 모든 이유는 아니었다. 많은 사람들은 미군의 무차별 폭격을 피해 월남했고 더 많은 사람들이 원자폭탄 투하를 피해 월남했다. 38선 이남의 미군 작전지역으로 내려가거나 아니면 최소한 미군을 따라가면 폭탄세례와 원자탄은 맞지 않는다는 생각에서였다. 일부는 미군과 남한군에 의해 강제 이주되기도 했다(미군측의 "자유세계에로의 탈출"이라는 선전에 많은 사람들이 유도되었다). 월남은 미군과 남한군의 철수로를 따라 이루어졌다. 왜냐하면 미군의 폭격으로부터 안전한 곳은 그곳밖에 없었기 때문이었다.

한편 전세의 재역전과 전선교착은 남북간에 커다란 영향을 끼쳤다. 먼저 북측은 중국군의 참전으로 위기에서 탈출한 직후인 1950년 12월 21일 국경 부근 자강도 강계에서 로동당 중앙위원회 제3차 전원회의를 소집하여 전쟁기간 중 발생한 제반 문제들을 토의하였다. 이 회의에서는 전쟁으로 해이해진 당조직과 기강을 바로잡아 전선과 후방을 공고히 하는 문제가 집중적으로 토의되었다. 그 결과 이 회의에서는 많은 군간부와 당간부들이 무능력·과오·범죄행위·비겁행위 등을 이유로 비판받거나 제거되었다. 김일성계의 김일·최광·임춘추, 연안파의 무정·김한중, 국내파의 허성택·박광희 등이 이에 포함되었다. 그러나 38선 부근까지 다시 탈환한 후 이들은 무정을 제외하고는 대부분 복권되었다. 무정의 미복권은 연안파의 가장 중심인물이 북의 핵심정치권력에서 제거되었음을 의미했다.

남한의 경우 전시라는 위기상황에도 불구하고 부정과 파쟁, 민중에 대한 탄압은 그칠 날이 없었다. 100여 만이 넘는 청년들을 강제징집한 뒤 정부의 부정과 착복, 예산의 정치자금화로 인해 수많은 청년들을 기아와 질병, 추위로 내몰아 동사(凍死)·아사시킨 국민방위군사건(1951. 1~3)은 이승만정권의 부패상을 보여주는 한 대표적인 사례였다.

또한 이승만정권은 남한내 공산주의자들을 소탕한다는 명분으로 독립부대를 창설하여 대대적인 공비토벌작전을 전개하였으나 그 과정에서 무고한 양민들을 빨갱이·통비분자·좌익으로 몰아 무수히 학살했다. 1951년 2월 11일 한 마을 주민 600여 명을 집단 학살한 뒤 '공비토벌전과'로 보고한 거창양민학살사건을 비롯해 산청·함양·합천·남원·순창 등 여러 곳에서 정도의 차이는 있지만 비슷한 학살사건이 속출했다. 4·19 후 국회조사단의 보고에 의하면 이승만정권이 빨갱이로 내몰아 이렇게 학살한 수자가 경남 2,892명, 경북 2,220명, 전남 524명, 전북 1,028명, 제주 1,878명에 달했다. 이승만정권의 이러한 무차별 학살에 맞서 부통령 이시영이 사임했고 야당은 정부가 정치적 책임을 질 것을 요구했다. 이승만정권은 이에 맞서 오히려 야당 출신 장관들을 각료직에서 축출하고 야당계 경찰·공무원을 대량 해임시키는 등 폭압적 탄압으로 일관했다.

④ 제4국면 : 전선의 교착과 휴전협상시기

○ 휴전회담과 전쟁의 종결

남북전쟁의 제4국면은 휴전협상이 개시된 1951년 6월부터 1953년 7월 휴전시까지가 이에 해당된다. 전선이 교착상태에 빠진 이래 공산측과 유엔군측은 모두 휴전의 필요성을 인식하고 있었다. 미국은 이미 중국군 참전에 따른 후퇴시부터 세계전화와 철수의 절충으로서의 전선안정=휴전=38선 재설정 전략을 추구하고 있었고 공산진영도 휴전이 가장 효과적인 선택임을 인식하고 있었다. 이것은 전쟁당사국들의 국·내외적인 제반 요인과 함께 상호간에 공세와 방어, 공격과 반공격의 역전·재역전을 경험한 이후 상대방 소멸을 통한 군사적 승리는 불가능하다는 점을 깨달은 데서 직접적으로 연유했다.

이러한 인식으로부터 한국전쟁의 휴전문제를 논의하기 위해 1951년 초 이래 미·중간에 비밀접촉이 시도되었고 5, 6월에는 미·소간의 비밀접촉이 실현되었다. 이러한 비밀접촉을 거쳐 6월 23일 주 유엔 소련대사 말리크(Y. Malik)가 휴전협상을 제의하고 6월 25일 트루먼이 이를 수락함으로써 협상이 시작되었다. 양측간의 첫 대좌는 7월 10일 개성에서 있었다. 협상은 처음부터 난항에 부딪쳤다. 의제 선정과 회담장소 문제 때문이었다. 이 중 주로 대립된 것은 의제 선정 문제였는데 공산측이 정치적 내용을 의제로 포함시키려 한 데 반해서 유엔군측은 군사문제만을 의제로 삼으려 했기 때문이었다. 유엔군측이 정치회담을 하지 않으려 한 이유는 중국과 조선 당국은 미국이 인정하는 공식적인 존재가 아니라는 이유 때문이었다. 협상을 통하여 양측은 7월 26일에 ①의사일정 ②군사분계선 문제 ③휴전감시기구 문제 ④포로교환에 관한 문제 ⑤관련 각국에 대한 건의사항 문제 등 5개 의제를 확정했다. 그러나 이것은 시작에 불과했다. 이후 1953년

7월 27일까지 회담은 158회나 계속되며 만 2년 동안을 끌었다. 휴전회담이 이렇게까지 길어진 이유는 회담에 임하는 양측의 기본 자세가 달랐기 때문이기도 했고 의제별 이해가 충돌했기 때문이기도 했다. 특히 미국은 군사적·도덕적 승리를 모두 추구하여 폭격과 협상을 병행해나가는 자세를 취했고 남한정부는 북진통일을 주장하며 휴전회담 자체를 적극적으로 방해하여 휴전회담을 매우 어렵게 했다.

제 1의제인 군사분계선 문제에서 공산측은 38선, 즉 전전 원상회복을 주장한 데 반해 유엔군측은 미공군과 해군의 전선이 국경(압록강) 부근까지 걸쳐 있으므로 현전선 훨씬 북쪽에 군사분계선이 설정돼야 한다고 주장했다. 이와 같은 미국의 무리한 요구로 교섭은 지연을 거듭한 끝에 중단 되었다. 협상의 중단과 동시에 미국은 북측의 보급선과 통신망을 파괴하기 위해 대규모 폭격작전(교살작전, 絞殺: 목을 졸라매어 죽임)을 전개했다. 10월 들어 협상이 재개될 때까지 미군은 군사분계선 설정에서 유리한 위치를 차지하기 위해 군사적 공세를 계속했다. 결국 군사분계선 문제는 공산측의 양보로 협상 4개월 만인 11월 말 현전선을 기준으로 타결되었다.

두 번째 의제인 휴전감시 문제에서 양측은 휴전감시단의 출입지역 문제, 휴전감시단의 구성 문제를 둘러싸고 상호 입장을 달리했으나 1952년 3월과 5월에 휴전감시지역의 제한(5개소), 중립국감독위원회 구성(스웨덴·스위스·폴란드·체코슬로바키아의 4개국)에 각각 합의했다.

한편 제3의제는 휴전과 관련된 당면 현안이 아니었으므로 양측은 휴전 후의 회담(제네바 정치회담)으로의 이월에 쉽게 합의하였다. 문제는 제4의제, 즉 포로 문제였다. 이 문제는 1951년 12월부터 협상이 시작되었으나 1953년 6월에 가서야 타결되었다. 이 문제만으로 전쟁이 1년 반이상 더 계속되었던 것이다. 그러나 사실 이 문제는 양측이 국제협정을 지키기만 한다면 가장 쉬운 문제일 수도 있었다. 즉 포로교환 문제는 원래 1949년 조인된 제네바협정의 전쟁포로조항(제118조)에 강제송환을 규정하고 있었다. 공산측은 이 협정을 준수하여 강제송환을 주장했다. 그러나 미국은 이 협정을 무시하고 자유송환을 주장했다. 서방측의 대부분의 국가들은 공산측의 해석이 정당하다고 보고 그를 지지했으나 미국만은 예외였다. 미국도 역시 이 협정에 서명했음에도 불구하고 자신들 스스로 서명한 국제협정을 위반하고 있었다.

미국은 군사적 승리가 불가능한 상황에서 도덕적·심리적 승리만이라도 거둬보려고 억지논리에도 불구하고 스스로 국제협정을 위반했던 것이다. 포로 문제는 끝내 공산측의 양보로 미국의 자유송환원칙으로 합의를 보았다. 도덕적·심리적 승리만이라도 거둬 체면을 살려보겠다는 미국의 억지가 전쟁을 2년 가까이나 더 끌어온 것이었다. 전체적으로 보아 휴전협상과정은 공산측이 양보하고 미국측의 주장이 관철되는 과정이었다. 이러한 과정에서 미군의 공군력은 유용한 압력수단이었다. '소수' 포로의 인도주의적 자유송환을 주장한 미국이, 바로 그 이유 때문에 전쟁을 2년 가까이나 더 끌어왔으면서도, 해·공 폭격에 의한 초토화 작전이라는 가장 '비인도적'인 방법으로 '다수' 군인과 민중들을 죽음으로 내몰아 악착같이 학살하고도 "인도주의의 가면"을 썼던 것이다. 그러니까 "침략자는 자기 영토에서 싸운 인민군이 아니라 남의 땅, 이민족異民族을 마음놓고 폭격·포격·학살·방화해댄 미제국주의 군대"라는 사실을 만천하에 스스로 실증해 보였다.

한편 이렇게 휴전회담이 진행되는 가운데서도 양측의 군사적 충돌은 계속되었다. 이것은 주로 ① 미국의 공중폭격과 ② 전선에서의 충돌, 그리고 ③ 남한내 빨치산투쟁을 그 내용으로 하고 있었다. 휴전협상에서 유리한 고지를 선점하려는 미국은 그 압력수단으로서 북반부지역을 무차별로 폭격했다. 미국은 때로는 핵무기 사용을 들먹거리며 때로는 전면전으로의 확전을 들먹거리며 공산측을 압박했다. 미국의 공중폭격은 휴전 협상이 재개·중단을 반복해가는 동안 북반부지역을 초토화시켰다. 또한 미군은 교착된 전선의 후방에 제2전선을 구축코자 2만여 명의 한국인 유격대(민간인)를 훈련시켜 북반부지역에 침투시키고 있었다. 휴전협상이 재개·중단을 반복할수록 북반부지상에서 생물체를 찾는다는 것은 점차 어려워졌다. 이런 와중에 1952년 2월 22일과 3월 8일 북조선 외상 박헌영과 중국 외상 주은래는 미 공군이 세균전을 감행하고 있다고 유엔에 항의하는 성명서를 발표했다. 미국은 이를 강력히 부인했으나 북측과 중국은 "미국이 군사적 승리가 불가능하다는 것을 깨닫고 세균전을 감행하여 휴전협상을 유리하게 이끌려 한다"고 비난했다. 결국 북측과 중국의 요구로 미국의 세균전 감행 여부를 조사하기 위한 국제과학조사단과 국제민주법률가협회가 구성되었는데, 조사를 마친 이들은 북반부와 만주의 오염지대에 인간과 동물에게 각종 전염병을 감염시킨 여러 가지 물고기·풍뎅이·거미·벼룩·모기·쥐·파리 등이 흩어져 있는 것을 발견했다.(겨울철 눈위에 파리가 기어다니고 볏짚에 바다조개가 싸여 산중턱에 떨어져 있는 등) 이러한 곤충들은 대부분 이 지역 토산이 아니거나 아직 발생시기가 안 되었다는 점에서 미 공군이 2차 세계대전 중의 일본군이 사용한 것과 유사한 방법으로 세균을 퍼뜨렸다는 결론을 내렸다. 이러한 조사보고의 신빙성은 차치하더라도 미 공군이 이때 네이팜탄 등 각종 화학전 무기를 사용한 것으로 미루어볼 때 세균무기 사용의 개연성은 얼마든지 높은 것이었다. 나중에 세균전 실행은 사실임이 밝혀졌다.(MBC 취재·방영 『이제는 말할 수 있다』)

다음으로 전선에서의 충돌은 밀고 밀리는 공방전의 연속이었다. 비록 교착된 전선에서의 전투였으나 그것이 휴전을 앞둔 시점에서의 진지전·고지쟁탈전이었으므로 쌍방 간의 전투도 그만큼 치열했고 피해 또한 극심했다. 미국이 '자유' 송환원칙을 주장하는 동안 이곳에서의 전투를 통해 '자유'가 아니라 '생명' 자체를 잃은 수자는 쌍방에 걸쳐 '자유' 송환을 원하던 사람들의 수십 배에 달하고 있었다.

한편 남한내 빨치산투쟁은 1950년 말에서 1951년 봄에 걸친 강력한 토벌로 그 세력이 현저히 약화돼 있었다. 1951년 8월 31일 로동당 중앙위원회는 이른바 「결정서 94호」를 통해 금강정치학원을 설치, 1952년부터 남한의 각 지구당 사업을 지원하기 위해 수백 명의 금강정치학원 출신들을 남파시켰다. 그러나 이것 또한 대부분 실패로 끝났다. 이들의 존재는 1952년경부터 시작된 남로당계열의 몰락으로 잊혀지기 시작했고 휴전협상에서는 거론조차 되지 않았다.

결국 1953년 7월 27일 이 모든 투쟁을 종결짓는 휴전협정이 체결됨으로써 전투는 끝났다. 1953년 들어 발생한 스탈린사망과 아이젠하워의 등장은 전쟁을 종결시킨 주요한 계기였다. 이러한 외적 요인과 함께 남북전쟁의 휴전은 한반도 내부적으로도 이미 그 분위기가 성숙되어 있었다. 그러나 휴전은 전투의 종식을 의미했지 전쟁의 종식을 의미하는 것은 아니었다. 그것은 전쟁이 끝나고 평화체제가 구축된 종전(the end of the war)이라기보다는 항상적 전쟁 위협 속에 놓여 있는 정전(armistice)·휴전(cease-fire)이거나 아니면 단순한 교전 중지(truce)일 뿐이었다. 따라서 한국전쟁의 진정한 종식은 짧게는 남북간 평화구조 정착으로, 길게는 조국통일로서만 달성될 수 있는 것이다.

◎ **남북 정치과정의 전개**

전쟁의 제4국면에서 남북은 각각 주요한 정치적 변화를 맞았다. 이것은 전선의 교착에 따른 상대적 안정감과 전쟁기간 중 발생한 제반 문제점들에 대한 해결요구에 비춰볼 때 자연스런 현상이었다.

먼저 북측에서는 1951년 11월 2일 로동당 중앙위원회 제4차 전원회의가 소집되었다. 이 회의에서 김일성은 당 문호를 기본성분과 철저한 이념무장을 갖춘 자들에게만 국한시킨 관문주의를 강력하게 비판했다. 이것은 명백하게 남로당계열과 소련파 허가이를 겨냥한 것으로 보였다. 특히 3차 전원회의 이후 김일성과 대립을 보여온 소련파의 핵심인 허가이는 관문정책의 오류로 철직처분을 받아 실각하였다. 제3차 전원회의에서의 연안파 핵심인 무정의 탈락에 이은 북조선 권력구조내에서의 중대한 변화였다. 이로써 북조선 권력구조내에서 김일성에 대한 잠재적 경쟁세력은 구남로당계열이 유일하게 남았다.

1952년 12월 로동당 제5차 전원회의가 열렸고 이 회의에서 김일성은 '당성이 결여'된 일부 종파주의자들에 대해 엄중 경고했다. 국내파에 대한 공격이었다. 이미 5차 회의 이전에 박헌영 추종자들은 대거 체포되었고 5차 회의 직후인 1953년 2월 들어 박헌영은 공식 석상에서 모습을 감추었다. 실각이었다. 박헌영을 비롯한 구남로당계 12명은 미제 간첩, 남조선 혁명역량 파괴, 조선민주주의인민공화국 붕괴 음모 등을 이유로 재판에 회부되었고, 1953년 중엽에는 당과 정부에 남아 있는 구남로당계열들이 제거되었다. 요컨대 남북전쟁을 거치면서 김일성에 대한 잠재적인 도전자들은 모두 제거되었던 것이다. 이것은 김일성 일인체제의 확립을 보다 용이하게 해준 요인이 되었다.

　　한편 남한의 정치과정은 제2대 대통령 선출문제를 중심으로 전개되고 있었다. 전쟁의 와중에서 터져나온 정부의 무능력과 부패, 국민방위군사건, 숱한 양민학살사건 등으로 1952년 제2대 대통령선거(국회간선)에서 이승만의 연임은 원천적으로 불가능해보였다. 이승만은 이같은 사태에 직면하여 대통령직선제 개헌안을 국회에 제출하는 한편 반공단체들을 규합하여 신당(원외 자유당)을 창당하였다. 그러나 이승만의 개헌안은 국회에서 압도적인 표차로 부결되었다(재석 163명 중 가18표, 부143표, 기권 1표). 이에 이승만은 원외자유당, 각종 테러단체·반공단체들을 동원하여 직선제 지지, 국회의원 소환을 요구하는 관제데모를 조작하며 맞섰다. 1952년 4월 국회의원 123명이 내각제 개헌안을 제출하고 여론이 이의 통과로 기울자 비상계엄을 선포하여 정치군인과 경찰을 동원해 내각제 개정 주동 국회의원 체포에 나섰다. 국회의원에 대한 무차별 체포가 자행되었고 다수의 국회의원들이 도피하였다. 부통령 김성수는 이승만을 비난하며 사표를 제출했다. 체포·구속·도피로 의결정족수에 미달하자 이승만정권은 구속 중이던 국회의원까지 석방·출석시켜 경찰과 군이 국회를 포위하고 있는 가운데 직선제 개헌안(발췌 개헌안)을 기립표결로써 통과시켰다. 이 헌법에 따라 1952년 8월 5일 실시된 첫 직선제 대통령선거에서 이승만은 압도적 표차로 대통령에 당선되었다. 그러나 이 선거는 형식적인 요식절차에 지나지 않았다.

2. 인천상륙작전 성공으로 전세 반전, 38선 넘어 북침

1) 약소국의 자주통일 전략에 미국은 유엔군을 동원 · 반격

1949년 10월의 중국혁명 성공은 한반도 자주독립과 통일 모색에 열중하고 있던 북조선의 지도층을 흥분시켰다. 김일성은 1950년 1월 평양주재 소련대사 슈티코프에게 중국혁명을 거론하며 이른바 '남조선해방' 의 필요성을 역설했다. 사실 스탈린은 중국혁명이 성공한 1949년까지만 해도 김일성의 전쟁계획을 지지하지 않았다. 김일성은 그동안 스탈린에게 수차례에 걸쳐 전쟁의사를 타진했으나 번번이 묵살 당했다. 그러나 중국혁명의 성공을 목격한 스탈린은 1950년에 들어서면서 입장변화를 보인 것으로 추정된다.

전쟁계획을 의논하기 위해 조선노동당 중앙위원회 위원장이자 내각 수상인 김일성과 조선노동당 중앙위원회 부위원장이자 내각 부수상 겸 외무상인 박헌영이 요청한 모스크바 방문을 허락한 것이다. 이들은 1950년 3월 30일부터 4월 25일까지 거의 한 달간 모스크바에 머무르면서 스탈린과 세 차례에 걸쳐 회담했다. 여기서 스탈린은 김일성에게 "국제환경과 국내 상황이 모두 조선통일에 더욱 적극적인 행동을 취할 수 있도록 바뀌었다"고 강조하며 처음으로 북조선의 무력통일 의도에 긍정적인 입장을 나타냈다. 그러나 그는 "전쟁을 일으키기 위해서는 미국의 개입 여부를 검토해 보고 중국지도부의 찬성을 얻는 것이 전제되어야 함"을 분명히 했다.

이러한 스탈린의 입장은 그가 미국의 개입을 매우 우려하고 있었으며, 만약에 미군이 참전할 경우 여기에 맞서서 중공군을 참전시켜야 한다는 복안을 가지고 있었음을 보여준다. 이는 스탈린이 애초부터 한국전에 소련군을 참전시킬 의도가 없었음을 시사하는 것이기도 하다. 스탈린이 중국지도부의 찬성을 요구하자, 김일성은 모택동이 중국혁명만 완성되면 북조선을 도울 것이며, 필요할 경우 병력도 지원하겠다는 말을 여러 차례 했다고 설명했다.(이종석『북한 · 중국관계 1945~2000』중심 2001)

(1) 과연 미국은 기다렸다는 듯이 초기부터 파멸적 북폭으로 응수

실제로 모택동은 1949년 5월, 중공군 내 조선족 병사들의 조선 인도를 상의하기 위해 북경을 방문한 조선인민군 문화부 사령관인 김일이 전쟁협조를 요청하자, "현재로서는 중공군이 국민당 군대와 전투 중이기 때문에 도와주기 어려우니 국민당을 몰아 낼 때까지 기다려 달라"는 긍정적인 답변을 한 바 있었다.(슈티코프가 스탈린에게 보낸 보고전문, 1949.5. 15. 「6・25내막・모스크바 새 증언 6」『서울신문』 1995. 5. 28)

　김일성은 또한 미국이 왜 전쟁에 개입하지 않으리라고 예상하는지를 설명하며 스탈린을 설득했다. 이 자리에서 박헌영은 남한 내 빨치산 활동을 설명하면서 전쟁이 일어날 경우 20만 당원이 남조선에서 대규모 폭동을 주도할 것이라고 밝혔다.(김일성의 소련 방문건. 소련공산당 중앙위 국제국 1950.3.30~4.25. 「6 ・25내막・모스크바 새 증언 5」『서울신문』 1995. 5. 24. 이 부분『김일성 저작집』에 다음과 같이 표현되어 있다. "1차 반공격시 박헌영은 우리를 속였습니다. 그는 남조선에 20만 당원이 지하에 있다고 거짓말하였습니다." 김일성 「인민군대의 간부화와 군종・병종의 발전 전망에 대하여」 1954.12.23. 『김일성 저작집 9』)

　결국 김일성과 스탈린은 세 차례의 회담에서 조선인민군은 1950년까지 완전동원 태세를 갖추고 총참모부가 소련고문단의 지원을 받아 구체적인 침공(그들의 표현은 「반침략」) 계획을 세우기로 합의했다. 특히 스탈린은 김일성에게 다음과 같이 공격에 이르는 3단계 전략을 제시했다.

　　① 38선 가까이 특정지역으로 병력을 집결시킬 것.
　　② 평화통일에 관해 계속 새로운 제의를 내놓을 것. 상대는 분명히 이를 거부할 것임.
　　③ 상대가 평화제의를 거부한 뒤 기습공격을 할 것

　한편 모스크바에서 스탈린과 협의하던 김일성은 이주연 중국주재 대사를 통해 모택동에게 전쟁문제와 관련한 회담을 요청했다. 모택동은 이주연에게 회담 의제인 '조선통일'에 대해 구체적인 계획(즉 군사작전 개시계획)이 있으면 비밀 방문으로 하고, 그렇지 않으면 공식 방문으로 하라고 통고했다. 이에 따라 김일성의 북경 방문은 비밀 방문의 형식을 띠게 되었다.(소련대리대사 이그나티예프의 보고 1950. 4. 10. 「6 ・25내막・모스크바 새 증언 5」『서울신문』 1995. 5. 28.)

　김일성은 박헌영과 함께 1950년 5월 13일부터 중국을 방문했다. 그는 5월 13일 저녁에 모택동을 만나 스탈린과 가진 모스크바회담의 내용을 통보하며 전쟁협조를 요청했다. 그러나 모택동은 신중했다. 그는 저녁 늦게 김일성과 회담을 마친 뒤 중국주재 소련대사인 로신에게 전쟁 개시 문제와 관련해 스탈린의 설명을 직접 듣고 싶다고 요청했다.

　이에 스탈린은 5월 14일 모택동에게 필리포프라는 가명으로 "조선동지들과의 회담에서 필리포프와 그의 동지들은 국제상황의 변화에 따라 조선인들의 통일 제의에 동의했으며 최종결정은 중국과 조선동지들이 공동으로 내려야 한다는 데도 합의했음"을 통보했다. 아울러 "중국동지들이 이 결정에 동의하지 않을 경우 최종결정은 새로운 논의가 있을 때까지 미루어야 한다"는 점도 분명히 했다.(「6·25내막·모스크바 새 증언 6」『서울신문』 1995. 5. 29)

스탈린의 답변을 들은 모택동은 5월 15일에 김일성·박헌영과 2차 회담을 열어 무력진공에 대해 상세한 입장을 교환했다. 이 회의에서 김일성은 작전개시와 관련해 스탈린과 합의한 3단계 작전을 설명하고 모택동의 완전한 동의를 얻은 것으로 추정된다.

그런데 스탈린에게 보고한 로신 대사의 전문은 미군과 일본군의 개입 가능성과 관련해서 북조선과 중국이 회의 내용을 서로 다르게 해석했음을 보여 주고 있다. 회의가 끝난 뒤 주은래는 로신에게 "모택동이 일본군의 개입 가능성을 경고하는 한편 미국의 개입 가능성에 대해서도 우려를 나타냈으며, 이에 대해 김일성은 미국의 개입 가능성은 거의 없다고 주장했다"고 전했다. 그러나 박헌영은 로신에게 "모택동이 일본군의 개입 가능성은 거의 없으며 미군 개입시 중국이 병력을 보내 북측을 지원하겠다고 말했다"고 전했다. (「6·25내막·모스크바 새 증언 6」『서울신문』 1995. 5. 29)

똑같은 회의 내용을 둘러싸고 이렇게 서로 주장이 엇갈리는 것은 박헌영이 전쟁개시를 위해 가급적 북·중지도자 회담을 긍정적으로 해석한 반면, 주은래는 상대적으로 문제에 신중하게 접근한 데서 발생한 것으로 볼 수 있다. 양측은 5월 15일 회의를 통해 조선인민군의 남진과 유사시 북조선 지원에 합의한 것으로 보고 있다.

한편 스탈린은 미국과의 직접 대결을 두려워한 나머지 남진계획에 자신이 개입했음을 철저히 은폐하고 싶어 했다. 이와 관련해 일본 도쿄대학의 와다 하루키 교수는 북조선이 소련의 의도에 따라 자신들의 선제공격을 부정하고 '남한의 선제공격'을 주장했다고 보고 있다. 즉 소련이 한국전쟁에 가담했다는 비난을 살 만한 증거를 남기고 싶어 하지 않았기 때문에 북측의 전면공격 이전에 있었던 남측의 여러 차례 38선 이북으로의 침투사례를 강조하여 내세웠던 것으로 보고 있다.(和田春樹『朝蘇戰爭』東京. 岩波書店. 1995)

소련으로서는 북조선의 전쟁 도발 행위를 공공연히 지지하게 되면 얄타조약을 파기하는 것이 되고, 미국과의 군사충돌을 초래할 위험성이 있다고 판단했으리라는 것이다. 그렇기 때문에 하루키는 북측이 남측의 '침략'에 대항해서 행동했을 때만 소련이 북을 지지할 수 있다고 판단해, 양국이 「남한의 공격에 대응한 자위적 반격」으로 발표하기로 합의한 것으로 보고 있다.

와다 하루키 교수는 한 걸음 더 나아가, 소련이 미국과의 무력충돌을 피하고 전쟁확대를 미연에 방지하기 위해서 유엔군의 한국 파견을 결정한 유엔 안보리에 결석한 것으로까지 보고 있다. 즉 소련은 그들의 거부권 행사가 미국을 크게 자극하게 되어 미국이 소련과 북조선을 한통속으로 간주하고 공격하게 되면 전쟁이 확대될 가능성이 있다고 우려했다는 것이다. 이러한 맥락에서 그는 소련이 1950년 1월부터 대만으로 밀려난 국민당 대표의 안보리 추방을 요구하며 안보리 참석을 거부한 일련의 상황에 대해서도 북군의 남침과 그로 인한 유엔에서의 미국과의 충돌을 피하기 위한 원모시려遠謀志慮였을 가능성이 높은 것으로 보고 있다. 이 당시는 미국이 가진 핵무기를 갖지 못하고 있던 소련이 매사에 충돌을 피하려고 한 것으로 보고 있다.

(2) 인민군의 남진 즉시 미군 참전 결정, 중국도 출전 대비

1950년 6월 25일 북조선지도부는 38선 전역에서 남진을 개시했다. 이어서 6월 26일 전시 중 일체의 주권을 행사할 7인의 군사위원회를 구성해 위원장에 김일성, 위원에 박헌영(부수상 겸 외무상)·홍명희(부수상)·김책(부수상)·최용건(민족보위상)·박일우(내무상)·정준택(국가계획위원장) 등을 선임했다.(조선민주주의인민공화국 최고인민회의 상임위원회(정령).「군사위원회 조직에 관하여」『북한연구자료집』제2집. 고려대학교 아세아문제연구소 1974)

인민군은 초반부터 파죽지세의 공격을 진행하면서 전선은 한 달만에 낙동강 유역에서 형성되었다. 그렇지만 모택동과 중국지도부는 인민군의 빠른 남진이 이루어지고 있던 7월 초에 이미 전쟁의 역전을 우려하고 있었다. 그들은 대규모 미군 개입 가능성을 염려했으며, 특히 서울을 사수하기 위해서는 유엔군 상륙이 예상되는 인천지역에 강력한 방어선을 구축해야 한다고 판단하고 있었다. 이런 맥락에서 6월 30일에 미 지상군 참전이 결정되자 주은래는 모택동이 1949년 5월부터 개전 당시까지 줄곧 미국의 군사개입 가능성을 지적했음에도 불구하고 북조선지도부가 이를 과소평가했다고 지적했다.

중국지도부는 7월 초부터 참전에 대비하기 시작했다. 모택동은 만약의 경우(즉 출병)에 대비해서 중국 남부에 머무르고 있던 제4야전군을 압록강변으로 북상하도록 조치했다. 이를 위해 중공 중앙군사위 부주석인 주은래는 7월 7일과 10일에 국방문제회의를 열어 동북변방군 조성문제를 논의했다. 이 회의에서 '동북변방 보위에 관한 결정' 초안이 작성되었으며, 이것은 7월 13일에 모택동의 비준을 받아 실행에 옮겨졌다. 이때 결정된 주요 내용은 다음과 같다.(중공중앙문헌연구실 편 『주은래 연보 1949~1976 (上卷)』 북경 중앙문헌출판사 1997)

1. 제4야전군 13병단(38·39·40군)과 제42군, 포병 1·2·8사와 일정 수량의 고사포·공병·전차부대로 동북변방군을 조성한다.
2. 속유를 동북변방군 사령으로 한다.
3. 15병단 지휘부(사령원: 등화)를 기초로 13병단 지휘부를 구성한다.

당시 4야전군의 주력인 13병단은 중앙군사위의 전략 예비대로서 하남성에 머물러 있었으며 예하의 38군은 신양에, 39군은 라하에, 40군은 낙양에 주둔하며 농사를 짓고 있었다. 새로이 13병단에 편입된 42군은 하얼빈에 주둔하고 있었다. 제4야전군 소속 부대들이 동북변방군으로 선정된 가장 큰 이유는 이 부대에 만주 지방 출신 병사가 다수 있었으며, 항일전쟁 시기부터 만주지방에서 전투를 치른 경험이 많았기 때문이다.(『중국이 본 한국전쟁』: 중국인민지원군 부사령관 홍학지의 전쟁 회고록. 홍인표 옮김 한국학술정보 2008)

중국지도부는 중공군의 국경지대로의 이동에 대해 사전에 스탈린에게 알리지 않았다. 따라서 스탈린은 이 사실을 알고 모택동과 주은래에게 "우리는 귀하가 9개 중국 사단을 조선과의 국경에 배치키로 결정했는지 여부를 모르고 있다"며 그것이 사실이라면 소련은 제트전투기 1개 사단 124대를 이 병력의 공중지원을 위해 보낼 준비가 되어 있다는 의사를 전해왔다.

참전에 대비한 이러한 움직임 속에서 1950년 8월 중순까지 제4야전군 내 13병단의 4개 군 25만 5천명이 압록강 일대로 이동했다. 여기서 제38군은 통화에, 39군과 40군은 안동(현재의 단동)·관전에, 42군은 집안에 주둔했다. 당시 이 동북변방군의 편성과 지휘는 일단 동북인민혁명정부 주석이자 동북군구 사령인 고강에게 맡겨졌다. 모택동은 1950년 8월 5일, 그에게 9월 말까지 동북변방군이 출동준비를 완료하도록 준비할 것을 지시했다. 중국지도부는 13병단 외에도 8월 말에는 중국 중남부에 머무르고 있던 9병단과 19병단에게도 출동태세를 갖추도록 했다. 아울러 9월 상순에는 제50군을 13병단에 편입시켜 동북지방으로 이동시켰다.

이와 함께 중국지도부는 김일성과의 연계를 위해 그동안 북조선과 수교관계에 있으면서도 미설치 상태에 있던 대사관의 개설을 서둘렀다. 이를 위해서 주은래 총리는 6월 30일에 무관인 시성문을 불러 북조선에 나가 대사관을 개설할 것을 지시했다. 당시 북조선 주재 중국대사로 임명된 예지량은 병 치료를 위해 무한에 머무르고 있어서 부임이 불가능한 상태였다. 시성문은 선발된 군사간부 5명과 전문 해독원·무전수 등을 대동하고 7월 8일 밤 기차로 북경을 떠나 평양으로 향했다.(북조선과 중국은 1949년 10월 6일에 정식 외교관계를 수립했다.) 주은래는 그들로부터 "업무 중 소련고문단과 접촉하게 되면 어떻게 대해야 하는가라는 질문을 받고 "그들이 너희를 어떻게 대하는가를 보아 너희도 그대로 대하라"고 지시했다. 시성문 일행은 7월 10일 평양에 도착했으며 같은 날 김일성을 면담했다. 김일성은 중국 연안에서 항일운동을 한 경력이 있는 서휘를 지명해 중국대사관 무관들과 정기적으로 연락하며 전황을 알려 주도록 조치했다.

중국측의 이러한 분주한 움직임과는 달리 북조선은 7월 중순에 이르러서야 전쟁 발발 후 처음으로 중국지도부를 찾았다. 조선인민군 부총참모장 이상조가 7월 12일 군수품 지원을 요청하는 김일성의 편지를 휴대하고 북경을 방문한 것이다. 이상조는 모택동·주은래에게 전쟁 상황을 브리핑 하고 몇 가지 품목의 무기지원을 요청했다. 이에 모택동과 주은래는 전방포戰防砲와 자동소총을 제외한 나머지 필요로 하는 무기·탄약·물품을 모두 보내 줄 수 있다고 통지했다.

한편 전쟁이 장기전으로 돌입하고 미군의 대규모 상륙작전이 임박했다는 분위기가 고조되고 있던 9월 1일 주은래 총리는 시성문을 북경으로 불러 전쟁 상황을 보고받았다. 이때 이미 중국지도부는 전쟁이 역전될 가능성이 높은 것으로 판단하고 있었다. 따라서 주은래는 시성문에게 "만일 정세가 돌변해 우리가 조선전쟁에 파병해야 할 경우 어떤 곤란이 있을 수 있겠는가?"라고 물었으며 시성문은 운수와 통역문제라고 답변했다.

북경에 머무는 동안 시성문은 상부의 지시에 따라 중앙군사위 부주석 임표를 찾아갔다. 그는 국공내전 시기 제4야전군 사령원을 지낸 바 있어서 중공군 파병시 최고지휘관에 임명될 것으로 예상되고 있던 인물이었다. 이때 임표는 북조선군의 패배를 기정사실로 보고 북의 지도자들이 유격전을 할 용의가 있는지를 물어 보았다. 그는 "우리가 파병을 안하고 그들로 하여금 산에 들어가 유격전을 하게 하면 어떻겠느냐?"고도 물었다. 이는 임표가 일찍부터 출병 반대론자였음을 보여주는 대목이다.

시성문은 보고를 마치고 북조선으로 돌아올 때, 중공군 파병에 대비하여 조선의 최전선지역의 지형조사를 위해 5명의 무관을 추가로 대동했다. 그는 조선에 돌아오는 즉시 이들과 함께 1개월 동안 이 작업을 수행했다.

북조선지도부는 8월과 9월에 각각 한 차례씩 대표단을 북경에 파견해 전쟁 상황을 브리핑하고 제반문제를 협의케 했다. 특히 9월 15일 유엔군의 인천상륙이 이루어지고 전황이 급박하게 돌아가자 김일성은 박일우를 안동으로 보내 중국지도부와 대책을 협의하도록 조치했다.

그러나 유엔군의 인천상륙을 계기로 조선인민군의 패주가 계속되면서 중국지도부와 조선지도부 사이에는 연락이 제대로 이루어지지 않았다. 이러한 상황은 유사시에 군대 파견을 준비 중이던 중국 입장을 당황스럽게 만들었다. 따라서 중국지도부는 조선지도부에 불만을 나타내고 소련정부에 조선전쟁 상황에 대해 가지고 있는 정보를 공유할 것을 요청했다. (「6·25내막·모스크바 새 증언 14」 『서울신문』 1995. 6. 16)

2) 미국은 종속우방 지원 명분 즉각 참전, 신중국 방위력도 시험

(1) 소련의 배후조종 의심하면서도 예상된 전쟁 강력 대응 위협

38선에서 전쟁이 터질 당시 미국의 극동군사령관은 맥아더 원수였다. 그는 세 가지 주요 직책을 겸하고 있었는데 그 하나는 일본 점령을 통할하는 13개 연합국 극동위원회의 연합국 최고사령관, 태평양의 미 육·해·공군을 지휘하는 극동군사령관, 극동미육군사령관이었다. 7월 8일 네 번째로 유엔군총사령관으로 임명되었고 극동군사령부는 유엔군사령부가 되었다.

① General Headguarters · Supreme Commander for the Allied Powers.
② Commander in Chief in the Far East.
③ Commander in Chief of Army Forces in the Far East.
④ Commander in Chief of the united Nations Command.

이 시기 극동군사령부의 참모장은 아몬드였고, 참모부장은 히키 소장이었다. 제8군은 워커 중장이 지휘하고, 참모장으로 웨이블 소장이 사령부와 지원부대를 관리했다. 극동해군은 조이 중장, 극동공군은 스트레이트마이어 중장이 지휘했다.

전쟁이 발발할 당시 극동군사령부에 부과된 특별 임무는 다음과 같았다.

1.류큐와 일본의 방어 2.관할구역 내에 해상·항공 보급로 보호 3.대만의 보호 4.태평양 지역사령부·알래스카사령부·전략공군사령부 지원 5.필리핀 지원 6.주한 미국인의 안전 보호를 위한 준비 확립 등이었고, 공군력은 최우선적으로 적의 공군력을 무력화시키도록 계획되어 있었다.

극동군사령관 맥아더는 1950년 6월 26일 한국에 조사단을 파견하라는 지시를 받기 이전까지는 미 군사고문단과 미 대사관에 대해 군수 지원 외에는 어떤 책임도 갖고 있지 않았다. 한국전쟁이 발발하자 맥아더는 곧 극동군사령부의 13명의 참모와 2명의 사병으로 조사단을 구성하고 처치 준장을 단장으로 임명했다.

한국전쟁 발발과 동시에 문제가 된 것은 북조선의 침공에 대한 정보 판단의 오류에 관한 것이었다. 당시 미 중앙정보부 국장이었던 퇴역 제독 힐렌쾨터는 6월 26일 상원 세출위원회에서 미 중앙정보국 요원들이 북의 남침이 임박했다는 보고서를 보냈으나 다른 기관이 이에 적절한 주의를 기울이지 않았다고 주장했다. 윌로비는 이전부터 「주한미연락장교단」이라는 명칭으로 한국에 「감시분견대」를 설치하고 있었다.

그는 후에 자신은 워싱턴의 육군부 정보국에 남침에 대한 경고를 전달했다고 주장했다. 하지만 그의 보고서는 워싱턴에서 주목을 받지 못했다. 그 이유를 제임스는 다음과 같이 세 가지를 들었다. 첫째, 윌로비가 이전에 자신의 관할 영역에서 전략정보국OSS · 중앙정보국 · 국무부 정보국을 매우 오만하게 취급했고, 둘째 한국은 윌로비가 관할해야 할 영역이 아니었다는 것과 셋째, 가장 중요한 것으로 윌로비의 경고는 침략이 곧 일어나지 않을 것이라는 내용이었기 때문이라는 것이다.(Clayton James, The years of MacArhur)

북의 전면 공격 소식은 무초를 통해 국무부에 알려졌다. 무초는 주한미군사고문단의 보고에 기초해 인민군의 군사 행동이 새벽 4시에 시작되었고, 공격의 성격과 방법으로 보아 남한에 대한 전면 공격일 것이라고 보고했다.(이상호 『맥아더와 한국전쟁』 푸른역사 2012)

맥아더사령부 역시 시간적 지체가 있었지만 북의 전면 남침 보고를 확인했다. 맥아더사령부는 "북군이 옹진 · 개성 · 춘천 등 여러 지점에서 남한 영토를 침범해왔으며 강릉 남부 동해안에서는 상륙작전이 전개되었다. 한국 시각 11시에 북측방송은 선전포고를 했다. 야크형 공군기가 서울 상공을 저공비행 정찰했다는 보고가 있다"고 육군부에 보고했다.

북의 전면 남침은 급기야 서울 상공에 공군기를 출격시키는 상황까지 이어졌다. 6월 25일 오전 11시 35분 2대의 북 전투기가 김포공항에 출현했고, 오후 4시에는 김포공항에 기총사격을 가하기까지 했다.

주일 미정치고문으로 재직하던 시볼드의 전문을 애치슨에게 보낸 덜레스와 앨리슨은 북의 전면 남침을 알리며, 남 혼란이 북의 공격을 제대로 막아내지 못한다면 소련의 대응이라는 위험에도 불구하고, 미군의 개입이 필요할 것으로 보았다.

이러한 보고를 접한 미 육군부의 첫 반응은 북의 남침이 소련에 의한 것이 아닌가라는 의심이었고, 이를 확인하기 위해 긴급전문을 극동군사령부에 발송했다. 이 전문에서 육군부는 인민군에 중국군, 즉 이전의 만주부대가 소속되어 있는지, 북측 해군 병사들의 국적 문제, 그리고 소련군사고문단이 38선 이남에서 활동하고 있는지에 관해 질문했다. 그러면서 만일 이러한 남한 공격이 성공한다면 소련은 유고슬라비아와 인도차이나에서도 같은 방식의 공격을 감행할 것으로 예측했다. 미국당국은 북의 공격을 소련에 의한 공산화의 일환으로 인식했던 것이다.

당시 미국은 소련의 정확한 의도를 면밀하게 분석하지 않고서는 한국전쟁에 대한 어떠한 정책도 결정할 수 없었다. 미국은 설사 실제 현상이 그렇지 않다고 하더라도, 한국점령의 배후자가 소련이라고 믿었다. 따라서 한국 사태에 관해서 무엇을 결정할 때는 항상 "소련은 어떻게 나올 것인가"하는 것을 고려할 수밖에 없었다.

미국측의 이러한 인식과 거듭된 표명은 "조선인들끼리의 내전을 국제전, 즉 (소련으로 추정되는) 외침에 대해 대응하는 다른 외국세력의 정당한 우방 지원 반격전쟁"이라는 구실·명분 아래, "방어전쟁에 개입했다"는 것을 선전하기 위한 의도된 표현의 일환으로 볼 수 있었다.

육군부의 작전참모부장으로 있던 볼테는 6월 28일 페이스 육군 장관에게 "남한을 침략한 (북군의) 행동은 소련에 의해서 계획되었고 냉전 상태 하에서 미국을 희생시켜 소련의 국제적 지위를 높이려고 계획된 침략 행위임이 틀림없다"고 보고했다.

북군의 전면 남침이 알려지자 미국의 워싱턴 당국은 기민하게 움직였다. 그로스 주유엔 미국대사는 현지 시각 5일 오전 3시(한국 시각 오후 4시)에 트리그브리 유엔사무총장에게 전화를 걸어 유엔안전보장이사회 회의를 소집할 것을 요청했다. 결국 안보리는 한국전을 심의하기 위해 25일 오후 2시에 회의를 개최했다. 이 회의에 앞서 그로스는 유엔미국대표단 특별회의를 소집하여 미국의 주장에 따르는 제반문제를 협의했다.

그로스는 유엔안보리 특별회의 연설에서 "북조선군의 불법적이고 부당한 공격은 미국정부가 보기에는 평화 침해이며 침략 행위이다. 이는 명백히 국제 평화와 안보를 위협하는 것이다. 이러한 공격은 유엔 헌장의 근본 목적에 정면으로 도전하는 것"이라고 주장하며 북조선 당국에게 남한에 대한 적대행위를 중지하고 북위 38도선의 경계선으로 군대를 철수시킬 것을 촉구하는 결의안 초안을 제출했다. 이 결의안은 소련이 결석한 가운데 참석 회원국 10개국 대부분의 찬성인 9 대 O(유고 기권)으로 가결되었다.

한국정부도 기민하게 대응하기 시작했다. 국방부 정훈국장 이선근 대령이 발표한 담화에 의하면 "오늘 오전 5시부터 8시 사이에 38선 전역에 걸쳐 이북 괴뢰집단이 불법남침하고 있다. 즉 옹진 전면으로부터 개성·장단·의정부·동두천·춘천·강릉 등 각지 전면의 괴뢰집단은 거의 동일한 시각에 행동을 개시하여 남침해왔고 선박을 이용해 상륙을 계획했으므로 각 지역의 우리 국군부대는 이를 요격해 긴급 적절한 작전을 전개하고 있다. 전 국민은 우리 국군 장병을 신뢰하며 동요하지 말고 각자의 직장에서 만단의 태세로 군의 행동과 작전에 적극 협력하기를 바라는 바이다"라고 언급했다. 이승만 정부는 급박한 상황에 따라 긴급국무회의를 소집했고, 이승만은 맥아더에게 한국 사태를 수습하기 위해 미국이 시급하게 원조해줄 것을 요청했다.(『경제신문』1950년 6월 27일 호외판)

주말 휴양지 미주리에 머물던 트루먼 대통령은 6월 25일 급거 워싱턴으로 귀환해 고위 정책 담당자들과 회의를 개최했다. 이 자리에서 미국은 공군과 해군을 동원한 남한군의 지원과 대만 해역에 제7함대를 파견할 것을 결정했다.("Memorandum of Conversation: Korean Situation"(1950. 6. 26) 한국방군사연구소 『한국전쟁 자료총서 39: 미국무부 한국 국내상황 관련문서』1999)

(2) 소련군 개입 없는 국지전으로 파악, 미국인 소개 서둘러

한편 미국은 북조선의 남침 목적과 이에 따른 소련의 의도를 분석한 결과, 북의 남침 목적이 전 한반도를 지배하고자 하는 것이고, 7일 이내에 서울을 함락시켜 결정적인 승리를 얻고자 한다고 파악했다. 북은 전적으로 소련의 통제 하에 있으므로 사전지시 없이 행동을 개시 했을 가능성이 없고, 남한에 대한 북의 공격이 소련의 의도와 동일한 것으로 판단했다.

그러나 국무장관 애치슨은 소련이 서방과의 전면전을 준비하고 있지는 않으며, 따라서 소련이 한국전쟁에 직접 개입하지는 않을 것이라고 주장했다. 이러한 판단에서인지, 미 행정부는 한국전쟁을 공식적으로 '전쟁'이라고 선포하지 않았고, 이에 대한 개입을 제한적인 경찰 행동police action에 지나지 않는다고 선언했다.

한편 미 지상군의 투입을 최초로 제기한 인물은 주일정치고문인 시볼드였다. 국무부에 보낸 전문에서 그는 북군의 침입을 격퇴시키지 못한다면, 소련의 참전 위험이 있더라도 즉각 미군이 투입되어야 한다고 밝혔다.

한국 현지에서 미국의 행동은 매우 신속했다. 주한 미군사고문단은 한국군에 공급할 10일 분량의 탄약을 부산항으로 즉각 보내줄 것을 극동군사령부에 요청했다. 주한미대사인 무초는 안전을 위해 미국인의 소개疎開를 준비했다. 무초는 26일 아침 인천항을 통해 미국인 부녀자와 아동들을 소개할 계획을 극동군사령부에 통보했다.

한국에 관한 미국의 정보 보고는 당시 주한미군사고문단을 위시해 주요 기관이 무초의 관할 하에 있었기 때문에 주한미대사 → 국무부 → 극동군사령부의 계통을 밟았다. 극동군사령부에 보낸 전문에서 국무부는 북군의 총병력을 3개 보병사단과 2개 경비여단을 포함해 5만 여 명으로 추산했다. 또한 북군의 탱크 역시 70여 대로 추산했다.

반면 남한의 총병력은 9만6,000여 명으로 계산했기 때문에 해·공군만 지원한다면 북의 남침을 막아낼 것으로 예측했다. 동시에 6월 26일 트루먼 대통령의 지시에 따라 극동군사령부의 해군과 공군에 대한 모든 작전 제한을 해제했다.

하지만 극동군사령부는 모든 상황을 이미 파악하고 있었다. 6월 25일부터 6월 30일까지 워싱턴의 육군부와 극동군사령부 사이에 전문회담이 개최되었다. 여기에는 극동군사령부의 알몬드 참모장·윌로비 정보참모·라이트 작전참모·이벌 군수참모와 합동참모본부의 리지웨이 참모장·볼테 작전국장 등이 참여했다. 6월 25일 회의에서 윌로비 정보참모는 믿기는 어렵지만 파괴된 탱크에서 3명의 러시아 군인을 목격했다고 보고했다. 그리고 700명에 달하는 미국 민간인들의 소개계획을 제시했다. 이들은 인천에서 사세보와 큐슈 지역으로 이송될 계획이었다.

극동군사령부는 오래 전부터 한반도 내 자국인들을 소개할 계획을 준비하고 있었다. 자료로서 확인되는 것은 1947년 12월 8일에 수립된 'STRONGBARK'와 1948년 4월 10일의 'STRETCHABLE', 1949년 2월 23일의 'TAILRACE' 그리고 개정판인 'CULDESAC', 최종판인 1949년 7월의 'CHOWCHOW' 작전이다.

주한미군이 철수하기 전인 1949년 6월 이전의 소개계획은 주로 소련에 의한 위험, 즉 소련과의 전쟁 발발 시 한반도 지역의 미국인과 외국인의 철수 문제를 상정想定했다. 주요 책임은 당연히 극동군사령부가 맡았는데 해군과 공군을 동원한 해상 및 항공 수송이 계획되었다.

그러나 1949년 6월 주한미군의 공식적 철수와 함께, 한반도에 남아있는 주한미군사고문단 및 미국인들의 수송 책임은 당시 주한미대사인 무초가 중심이 된 주한미외교단이 담당하고 있었다. 따라서 이러한 소개계획도 당연히 극동군사령부의 주도 아래 이루어지는 것이 아니라 주한미대사의 요청과 합동참모본부의 지시에 의해 개시되는 것으로 설정되었다.

극동군사령부는 "긴급 위험 발생이란 북조선군의 침공과 이에 동조하는 남한 내 추종세력에 의해 이루어질 것"으로 가정하면서 북군의 서울~인천 진입을 최대한 96시간(4일) 이내로 예상했다. 즉 미국 관리들과 민간인 소개는 4일 이내에 처리되어야 하는 것으로 계산하고 있었다. 이미 「1949년 7월경에 1년 뒤에 있게 될 한국전쟁의 초기 전개과정」을 거의 정확히 반영한 것이었다.

한국군이 충분히 인민군을 저지할 것이라는 주한 미군사고문단장의 언급과 이들이 자국인의 소개 계획을 세운 것은 엄밀히 따져본다면 상당한 불일치를 나타내고 있는 것이다. 어쨌든 극동군사령부의 소개 계획은 김포와 부산비행장에서 항공 수송으로, 그리고 인천과 부산에서 해상 수송으로 민간인 및 미 정부 요원들을 철수시킨다는 것이었다. 특징적인 것은 이미 이 계획에서 지상 목표물에 대한 공격을 가정했다는 점이다. 이러한 계획은 아마도 전쟁 개시 후 맥아더가 상부의 훈령을 받지 않고도 해·공군을 이용할 근거로 활용한 것이라고 판단된다.

그렇다면 전쟁 초기 한국전쟁에 대한 미국의 입장은 무엇이었을까? 한반도의 전략적 가치를 부인하던 미 군부의 주장으로 한국에서 미 지상군은 1949년 6월 말 일부 군사고문단을 남겨둔 채 철군했다. 그러나 한국전쟁이 발발하자 미국은 즉각적인 반응을 보이며 우선 미 해군과 공군을 6월 27일 한국전쟁에 투입했으며, 곧 이어 미 지상군 파견을 결정했다.

물론 이러한 즉각적인 반응은 대통령 트루먼의 성명에서 보듯 "공산세력에 대한 자유세계의 수호"라는 언명으로 미화되었지만 이는 철저하게 미국의 국익을 계산한 것이었다. 당시 동아시아에서 중국의 공산화와 함께 일본을 새로운 주도국으로 등장시키려는 미국의 계산은 한국전쟁의 발발로, 방패기능 중심국으로의 결정을 잘 했다는 입증의 기회와 함께 새로운 도전을 받게 된 것이다.

따라서 미국의 즉각적인 전쟁 개입은 일본을 중시하는 측면과 안보적인 측면으로 설명할 수 있었다. 일본을 중시하는 측면으로는, 만일 북군의 남침을 허용한다면 일본에서의 미국의 이익에 직접적인 위협이 된다는 점이다. 즉 미국의 관리들은 북의 남침 목적이 실제 일본의 약화에도 있으므로 이에 대비하기 위해 한국전쟁에 개입할 필요성을 느꼈다. 또한 미국의 한국전쟁 개입이 실패로 나타날 경우 일본은 미국의 영향권에서 벗어나 중립화를 취할 가능성이 있기 때문에 미국의 목적은 일종의 이중봉쇄의 성격을 갖고 있었다. 다시 말하면 미국은 한국전쟁을 통해 공산주의의 공격을 봉쇄하는 것과 동시에 미국의 군사적 영향력 하에 확고하게 일본을 관할한다는 두가지 목적을 동시에 이루려했다.

미국의 안보적 측면에서는 다음과 같이 설명할 수 있다. 만약 한국이 공산세력의 수중에 떨어지면 일본의 안보는 위협받을 것이고, 더 나아가 만약 일본에서 전쟁이 벌어지면 잠재적인 적대세력보다 미국의 긴 수송거리가 문제가 되고, 일본의 상실은 미국의 호수라고 간주되던 태평양을 적의 세력과 양분해야 한다는 의미이다.

이러한 상황이 현실화된다면 서태평양 연안 방어를 통한 공산세력의 봉쇄라는 그들의 전략은 완전히 붕괴되는 것이고 따라서 미국 서부 해안 지역의 주요도시가 적국의 군사적 공격의 목표가 되는 위험에 직면하게 된다. 미국으로서는 전략상 중요 지역, 특히 일본을 사수한다는 목표를 명백히 가지고 있었으며 따라서 한국전쟁의 개입은 일종의 예방전쟁의 성격을 갖는다고 할 수 있었다.(이상호 「미국의 한국전쟁 개입과 태평양 안보정책」 『미국사 연구』 9집, 한국미국사학회 1999)

태평양에 대한 안보의식 때문에 미국은 초기부터 한국전쟁을 제한전으로 국한하고자 했다. 전투는 지역적으로 신중하게 제한되었으며, 정치적인 결정은 상위의 차원에서 군사전략을 통제했고, 물론 조선반도의 남·북 정부 당국은 예외였지만, 자국의 전 전투역량을 사용한 교전국은 하나도 없었다.

○ 원래 제한전이라는 개념은, 전쟁의 현실을 포착하기 위하여 클라우제비츠가 절대전이라는 개념과 대비시켜 발전시킨 것이다. 김영호 『한국전쟁의 기원과 전개과정』 두레 1998. 클라우제비츠 1780~1831 : 프로이센(독일)의 장군. 베를린 사관학교 출신. 프랑스의 나폴레옹이 러시아를 침공하자 러시아로 가서 러시아를 도와 원정군과 싸웠다. 그가 쓴 『전쟁론』은 중국의 『손자병법』과 비슷하게 많이 읽힌 병서이다.

6월 27일 극동군사령부는 북군의 능력으로 보아 24시간 이내에 서울이 점령당할 것으로 보았다. 극동군사령부 조사팀이 악화된 전황때문에 되돌아왔고, 이를 뒷받침하는 주한미군사고문단의 보고를 전달받고 극동군사령부는 한국군이 총체적인 붕괴 상황에 임박해 있다고 평가했다. 또한 소련의 의도에 대한 정보가 부족하다고 밝히며, 극동군사령부의 본격적인 군사작전이 실행되면 소련의 보복행동이 일본이나 남한에 대해 이루어질 것으로 예측했다. 따라서 이러한 북조선군의 공격이 동남아시아 공산주의자들의 공격과 어떠한 연계가 있는지 조사 중이라고 보고했다. 6월 30일 미국 육군부는 급히 1개 전투단을 부산으로 보낼 것을 지시했다.(한국전쟁 발발 당시 합동참모본부 의장에 브래들리, 육군참모 총장 콜린스, 공군참모총장에 반덴버그, 해군 참모총장에 셔먼 제독으로 구성되었다.)

(3) 맥아더, 대만 방어, 부산·진해 확보, 북폭 개시 명령

6월 30일 미 합동참모본부는 극동군사령부 휘하의 해·공군을 동원하여 남한지역으로부터 북군을 몰아내고 군사적 목표물을 공격할 권한을 부여했다. 그리고 부산과 진해지역에 있는 항구와 비행장의 보호를 지시했다.

이 전문에는 추가적으로 대만에 대한 중국군의 공격을 방어하도록 해·공군의 작전을 부여했지만 이것이 중국 본토에 대한 공격의 빌미가 되어서는 안된다는 것도 강조했다.

여기에 덧붙여 군사적 목표물에 한정한다면 비행장·항구 등 북조선 북부 지역에 대한 작전도 승인되었다. 그러면서도 합동참모본부는 만주와 소련에 접해 있는 국경 지역에 대한 작전에는 특별한 주의를 기울일 것을 주문했다. 그러나 후에 문제가 되기도 했지만 맥아더는 합동참모본부에 대한 정식보고를 통해 문제를 처리한 것은 아니었다. 즉 정식 보고라인을 통한 상부의 지시에 의해 움직인 것이 아니라 전역戰域 사령관으로서 자신의 판단에 의거해 해·공군작전에 대한 명령을 하달했다. 맥아더는 전쟁이 발발하자 군수 지원을 명령했다. 이는 맥아더의 독단적인 조치였다. 그는 6월 26일 13시 30분까지 합동참모본부로부터 한국을 지원하라는 어떠한 지시도 받은 적이 없었다.

전쟁이 발발한지 4일 후인 6월 29일 맥아더가 한국 전선에 도착했다. 그는 한강변까지 시찰한 후 도쿄로 돌아와 미 국방부에 "한국군은 반격작전능력이 없고, 더욱 위험한 상황이 되고 있으며, 적의 돌파가 지속된다면 남한은 무너질 것이다. 현재의 전선을 유지하기 위한 유일한 방법은 미 지상군을 투입하는 것이다. 이를 위해 일본에 있는 2개 사단을 증파할 필요가 있다"고 보고했다.

합동참모본부는 맥아더에게 한국군을 지원하도록 극동군사령부가 사용할 수 있는 해·공군력을 동원하고 제7함대의 작전통제권을 보유하라고 훈령했다. 또한 38선 이북 지역으로 작전 확대가 필요하다면 공군기지·보급창·전차 등 순수한 군사 목표에 대해 이를 허가한다고 알렸다. 그러나 만일 소련군이 개입한다면 상황을 악화시킬 어떠한 행동도 취해서는 안 되며 이를 즉각 보고할 것을 지시했다.

하지만 맥아더의 전용기 바탄의 조종사 스토리에 의하면 맥아더는 한국 시간으로 1950년 6월 29일 오전 8시 비행기 통신을 통해 도쿄에 있는 공군사령부에 "스트레이트 마이어로부터 패트리지에게 북의 비행장들을 즉각 파괴하라. 공포하지 말 것, 맥아더가 승인함"이라는 명령을 하달했다고 한다. 이 행동은 합동참모본부가 대통령의 승인에 의한 작전을 승인하기 24시간 전에 이루어진 것이었다.

한편 6월 26일 대만의 장제스는 한국전쟁을 기회로 한국 전선에 국부군을 파병하기로 결정하고 중국 국민당 제67군단 장군 리우리엔이를 한국지원파병사령관 으로 내정했다. 그리고 6월 29일 주미대사인 구웨이쥔을 통해 3개 사단 3만 3,000명과 1개 기갑여단 그리고 20대의 수송기를 한국전에 투입하겠다는 의사를 미국정부에 타진했다. 하지만 합동참모본부는 이러한 제안을 받아들여야 할지 고민했다. 다만 국무부는 장제스의 제안을 거부하기를 바랐다. 애치슨 장관은 만약에 대만 국부군을 한국전쟁에 투입한다면 중국을 불러들일 위험성이 있다고 경고했다.

맥아더 역시 대만 국부군 이용에 대해 부정적인 입장을 표명했다. 맥아더는 합동참모본부에 보낸 메시지에서 자신은 국부군의 참전을 원하지 않는다고 밝혔다. 그 이유는 우선 국부군의 한국 파병은 대만 자체의 방위를 약화시키고 다음으로 제8군이 탄약과 군수품을 지원해야 하는 부담이 따르기 때문에 한동안 미군의 골칫거리가 될 것이라고 강조했다.

한편 외신에서는 중국군 부대의 압록강 이동설이 보도되었다. UP통신에 따르면 약 20만의 중국군이 압록강 연안 일대에 집결 중이라는 것이었다. 홍콩에서도 중국군이 만주 지역으로 이동 중이라는 소식이 전해졌다.

(4) 북군 진격속도를 늦추기 위해 미 특수부대 긴급 투입

북의 진격을 지연시키기 위해 한국에 처음으로 진주한 부대가 바로 제24사단 21연대 1대대인 스미스특수임무대대였다. 맥아더의 회고록에 의하면 스미스특임대의 파견은 북군에게 미군의 참전을 공개적으로 알리고 북군을 심리적으로 압박한다는 계산이 깔려 있었다.

그의 회고록에 의하면 "무엇보다도 시급한 문제는 북군이 한국 전체를 석권하기 전에 그 전진을 늦추는 일이었다. 이 목적을 달성할 수 있는 유일한 길은 비록 소규모의 병력일지라도 지상부대를 가급적 빠른 시간 안에 일선에 배치해 미국의 지상부대가 전투에 참가했다는 사실을 알리는 일이었다. 그것으로 적의 사령관으로 하여금 조심스럽고 시간이 걸리는 방법을 취할 수밖에 없는 전략을 계획하도록 유도하자는 것이었다. 이와 같은 방법으로 시간을 버는 동안에 나는 장래 작전기지로 사용할 수 있는 부산에 부대를 집결시킬 작정이었다"고 기술했다.

○ 일본육전사연구보급회 편·이원복 역 『한국전쟁』 1권 「38선 초기전투와 지연작전」 명성출판사 1991. 미국의 주요 군사연구기관인 합참 산하의 Joint History에서 발간한 Joint Military Operations Historical Collection은 Task force의 정의를 다음과 같이 적고 있다.
1. 특수한 작전이나 임무를 수행할 목적으로 한 지휘관 하에 임시적으로 조직된 부대.
2. 지속적으로 특수 임무를 수행할 목적으로 한 지휘관 하에 반영구적으로 조직된 부대.
3. 특수한 임무를 달성하기 위해 함대사령관에 의해 조직된 연합함대 등이다.

하지만 맥아더의 판단은 나중에 잘못된 것으로 밝혀졌다. 그는 북군의 규모와 사기에 대해서 아는 것이 전혀 없었다. 당시 맥아더의 한강변 시찰을 동행했던 히긴스 기자에 의하면 맥아더 자신이 지나치게 상황을 낙관적으로 인식했다고 한다. 이러한 잘못된 판단이 스미스특임대대로 하여금 값비싼 손실을 경험하게 했다.

당시 이 대대는 스미스 중령이 지휘하는 부대로 한국전쟁에서는 처음으로 북군과 교전했다. 미 해·공군은 6월 27일 오후부터 적과 교전상태에 들어갔지만 지상군은 29일에 맥아더가 수원에 도착한 후 트루먼 대통령이 전선 투입을 결정했고, 또한 병력이 일본에 있었기 때문에 7월 5일에야 북군과 전투를 시작할 수 있었다. 미 육군과 공산군이 처음으로 맞붙은 오산전투는 한국전쟁의 분수령을 이루었다는 점에서 그 의미가 크다. 그 이유는 북군이 예상했던 시기보다 훨씬 빨리 미 지상군을 투입함으로써 북군의 작전에 차질을 빚게 만들었기 때문이었다. 또한 이 전투를 통해 북군 중 최강부대의 진출을 저지시킴으로써 이후 전개되는 미군 후속부대의 전개에 시간을 확보했다.

1950년 6월 30일 맥아더는 제8군 사령관 워커에게 제24사단을 한국으로 급파하라고 구두로 명령했다. 이는 제24사단이 한국에 근접해 주둔해 있었기 때문이었다. 워커는 제24사단장 딘 소장에게 즉시 예하부대를 한국 전선으로 투입하라고 지시했다. 이 명령에는 1대대장의 지휘 하에 4.2인치 박격포대와 75밀리미터 무반동소대를 갖춘 2개 중대의 병력을 급히 부산으로 파견하여 처치 준장의 명령을 받을 것, 2. 사단사령부와 1개 전투연대 역시 항공편으로 부산으로 파견할 것, 3. 나머지 사단의 예하부대는 해로로 뒤따를 것, 4. 사단사령부는 초기 공격 작전계획을 수립할 것 등이 포함되었다.

1950년 7월 1일 오전 8시, 일본 이타즈케 공군기지의 제21연대 제1대대장 스미스 중령은 제24사단장 딘 소장에게 부대 이동 준비 완료를 보고했고 딘 소장으로부터 대전지역으로 이동하라는 명령을 받았다. 스미스 중령은 C54수송기로 그의 부대원 406명과 함께 출동했다.

이 부대가 바로 한국전쟁 발발 이후 북군과 최초로 전투를 치르게 되는 스미스특임대대로 병사들은 대부분 20세 전후였으며 6명에 1명 정도만이 전투 경험이 있었다.

스미스부대는 7월 1일 오후 1시 부산수영비행장에 도착해 시민환영대회를 받은 후 오후 10시 부산을 출발, 7월 2일 오전 10시 대전에 도착해 전선사령부 처치 준장에게 신고한 후 전방으로 지형 정찰을 나갔다. 7월 5일 오전 3시 스미스부대는 오산북방 5킬로미터 지점의 죽미령에 포진했다.

아침 8시, 후방에 있던 미군 포대가 탱크를 향해 포격을 시작했고 전위부대는 대전차포와 무반동총을 쏘기 시작했다. 그러나 북군은 후퇴하지 않았다. 탱크 4대가 파괴되었지만 29대의 다른 탱크들은 미군 방어선을 돌파했고 3대의 탱크와 2개 연대의 북군 지원부대가 뒤따라왔다. 오산에서의 접전은 미군의 출현만으로는 한국에서 군사적 균형을 반전시킬 수 없음을 보여주었다.

죽미령에서 철수할 때 스미스부대는 적 공격에 의해 병력이 분산되었고 모든 공용화기를 유기하는 등 인원·장비의 손실이 상당했다. 이 병력이 안성을 거쳐 천안에 집결했을 때 스미스 대대원의 전사·부상·실종을 합해 총손실은 150여 명에 달했다. 죽미령 전투는 미군과 북군의 첫 전투로, 북군으로서는 미 지상군의 참전이 확인된 전투였다.

미군의 재빠른 출현은 북군 지도부로 하여금 일면 당황스러운 사태로 받아들여졌으나 이후의 전투 결과에 따라 이는 과소평가되었다. 북측의 한 저작물에서는 미군과의 첫 격전을 다음과 같이 묘사하며 그들의 승전을 평가했다.

오산계선전투는 위대한 수령 김일성 동지의 령도를 받는 조선인민군의 불패의 위력을 온 세상에 시위하였으며 이른바 세계 '최강'을 자랑해온 미제 침략군의 거만한 콧대를 꺾어버리고 놈들이 결코 '무적의 군대'가 아니라는 것을 실천적으로 확증하여 주었다.

『조선인민보』와 『해방일보』 7월 8일자 기사에 의하면 북군은 미군과 처음으로 조우해 150여 명을 살상하고 50여 명을 포로로 사로잡았다고 보도했다.

(5) 오산전투에서 미군 패배하자 유엔군사령부 설치·동원

결국 이 오산전투는 맥아더가 미군의 대폭적인 증강 파병을 요청하는 계기가 되었다. 7월 7일 맥아더는 현재 적의 강력한 공격을 제어하기 위해서는 적어도 완전 편성 4개 사단 이상의 병력과 공수연대, 3개의 탱크대대 및 지원부대가 필요하다고 주장했다. 그리고 이러한 부대가 보충되면 상륙작전을 통해 적의 후방을 공격할 계획이라고 밝혔다. 인천상륙작전의 구상을 처음으로 밝힌 것이다.

그러면서, 중국과 소련의 외부 원조가 이루어진다면 전쟁은 예상치 못할 새로운 상황으로 바뀔 것이라고 주장했다. 여기에 덧붙여 이러한 병력 동원에 따른 일본 방어의 공백을 위해 일본의 경찰예비대를 4개의 경보병사단으로 개편할 것을 주장했다. 일본 재무장과 전쟁참여의 시작이 되었다.

한편 1950년 7월 7일 개최된 유엔안보리에서 미국이 작성하고 영국과 프랑스가 제안한 유엔군사령부 설치에 대한 결의안이 채택되었다. 미 합동참모본부는 유엔군사령관에 맥아더를 추천하고 1950년 7월 8일 대통령의 승인을 받아 이를 공표했다. "유엔군사령부의 발족으로 모든 유엔군이 통합지휘를 받게 되자 미국정부는 한국군의 작전지휘권 이

양문제를 검토하게 되었다.

유엔안전보장이사회의 7월 7일자 「통합군사령부」 설치 결의는 참전 각국 군대의 작전지휘를 일원화하여, 상호협조와 작전능률을 도모하려는 미국의 의도를 반영한 것이었다. 7월 10일 트루먼은 맥아더를 유엔군사령관에 임명했다. 1950년 7월 12일 대전에서 한국의 외무부와 주한미국대사관은 「재한미국 군대의 관할권에 관한 협정」을 각서교환으로 체결했다.

흔히 「대전협정」이라고 불리는 이 협정은 재한 미국 군대의 구성원에 대해 미 군법회의가 배타적인 재판권을 행사하며, 미군은 미국군대 또는 그 구성원에게 가해 행위를 한 한국인 현행범을 일시 구속할 수 있도록 규정했다. 그리고 7월 14일 유엔기가 맥아더에게 전해져, 북군의 공격을 막는 부대는 공식적으로 유엔기를 게양하게 되었다. 다음 날인 15일 이승만은 「맥아더에게 한국군의 작전지휘권 이양」을 제의하는 서한을 전달했다.

「작전지휘권 이양에 관한 이승만 대통령의 서한」

맥아더 장군 귀하

대한민국을 위한 국제연합의 공동 군사 노력에 있어 한국 내 또는 한국 근해에서 작전중 국제연합의 육·해·공군 모든 부대는 귀하의 통솔하에 있으며, 또한 귀하는 그 최고사령관으로 임명되어 있음에 비추어 본인은 현 작전상태가 계속되는 동안 일체의 지휘권을 이양하게 된 것을 기쁘게 여기는 바이며, 이러한 지휘권은 귀하 자신 또는 귀하가 한국 내 또는 한국 근해에서 행사하도록 위임한 기타 사령관이 행사해야 할 것입니다.

이틀 뒤 맥아더는 지휘권 인수를 수락하는 회신을 무초 주한미국대사를 통해 이 대통령에게 보내고 워커 제8군 사령관을 주한유엔군 사령관으로 임명했다. 이승만 대통령의 편지 한 장으로 한국군의 작전지휘권을 유엔군사령관에게 이양한 조치는 전쟁기간 중의 잠정적인 양해사항에 불과한 것이었다. 맥아더를 총사령관으로 하는 유엔군 사령부는 7월 25일 정식으로 일본 도쿄에 설치되었다.

7월 19일 트루먼은 한국 문제에 관한 특별교서를 발표했다. 이 교서에서 유엔안전보장이사회가 즉시정전 및 침략군의 철퇴를 요구한 결의안을 가결시켰음을 알리며, 자신은 38선 이북의 특수 군사 목표 공격에 해·공군을 동원할 것을 맥아더에게 지시했다고 밝혔다.(「트루먼 대통령의 한국문제에 관한 특별교서」(1950. 7. 19) 대한민국국방부 정훈국전사편찬회 『한국전란일년지』 1951)

한국전쟁을 통해 맥아더는 미 국방력의 증가를 계획했다. 트루먼에게 보낸 개인전문에서 맥아더는 한국전쟁과 극동 상황을 설명하고 추가적인 군대 수요를 충당하기 위해 주州방위군과 예비대의 사용, 그리고 100억 달러에 달하는 추가 군비를 계획해 달라고 요청했다.

맥아더의 추가 파병 요구는 지속적으로 이루어졌다. 8월 1일 그는 북부 지역의 폭격을 위해 2개의 중형폭격단을 추가 배속해줄 것을 요청했다. 이는 현재의 작전을 위해 군수물자가 집결되어 있는 4개 지역을 폭격하기 위한 것이라고 설명했다. 폭격 목표는 평양 (2개 탄약공장, 철도시설)・흥남(3개의 화학공장)・원산(1개의 오일정제와 철도시설)・나진동 (1개의 석유저장소) 등이었다.

또한 향후 인천상륙작전을 이미 계산해두고 8월 8일 해리만 대통령 특사와의 회담에서 9월 15일까지 전투부대를 추가로 증강해줄 것을 요청했다. 7월 20일 맥아더는 미군의 작전이 제8군 주력의 전개 완료에 의해 그 1단계를 완료했고 따라서 북군의 승리 기회도 사라졌다고 언급했다.

그렇다면 한국전쟁 초기 맥아더의 작전 개념과 기본전략에 대해 좀 더 상세하게 살펴보자. 이에 대해서는 맥아더청문회에서 맥아더가 발언한 내용이 주목을 끈다. 모스 상원의원이 한국군과 북군의 전력 차이를 묻는 질문에 대한 답변에서 맥아더는 자신이 전선시찰차 6월 29일 수원비행장에 도착했을 때 아직도 전선은 한강선을 따라 유지되고 있었다고 주장했다. 하지만 그의 생각으로는 한강선이 견고하게 유지될 수 없을 것 같았다고 회고했다. 따라서 한국군의 잔류 병력을 구하고, 이를 후방에서 재구축하는 것이 선결 문제였다고 밝혔다.

이때 맥아더는 부산 근처에 교두보를 확보할 구상을 수립했다고 밝혔다. 따라서 맥아더는 제24사단을 한국으로 공수해 방어망을 구축하는 대신 한국군을 재빨리 퇴각시키는 작전을 전개했다. 이를 통해 북군이 맥아더 자신이 실제로 보유하고 있는 군대보다 더 많은 수의 군대를 보유하고 있다고 믿게 하려고 희망했다고 주장했다. 결론적으로 그의 이러한 지연작전은 성공했고 이 작전은 가장 최선의 방법이었다고 주장했다.

맥아더에 따르면 북은 아마도 이러한 전략을 이해하지 못했고, 따라서 자신들의 진격작전을 늦추었을 것으로 평가했다. 한국전쟁 초기 미군과 한국군의 전략은 지연작전이었다. 탱크와 자주포로 중무장한 북군에 맞서 한국군의 퇴각과 재편성 시간을 벌기 위해 해・공군으로 북군 보급선을 공격하고, 일본 주둔 미군을 공수해 북군의 진격을 저지한다는 것이었다.

국방군사연구소에서 발간한 『한국전쟁사』는 미 제24사단의 신속한 투입이 북군의 공격을 결정적인 시기에 지연시켜 북군에게는 충격과 피해를 주었고, 한국군에게는 사기 앙양과 재편성의 기회를 주었으며, 후속부대인 제25사단과 제1기병사단의 한반도 투입을 위한 시간을 획득한 것으로 평가했다. 즉 미군의 조기 투입은 전쟁의 전반적 상황에서 볼 때 적절한 조치였다는 것이다.

3) 유엔을 지배한 미국, 「유엔군사령부」 깃발로 작전 지휘

(1) 「유엔군」 이름으로 인천상륙작전과 학살전쟁 본격화

전쟁 초기 인민군의 우세한 화력에 밀려 한국군은 전면적 후퇴로 이어졌다. 극동미군의 해·공군 지원이 6월 27일부터 이루어졌으나 지상군이 전개되지 않은 전선에서는 쉽게 북군의 진격을 막기 어려웠다. 결국 전차를 앞세운 북군의 맹공으로 8월 1일 유엔군은 낙동강 방어선으로 후퇴했고 치열한 공방전이 전개되었다. 이 진행 과정 속에 전세를 전환시킬 작전이 구상되고 있었다.(이상호 『맥아더와 한국전쟁』 푸른역사 2012)

1950년 6월 29일 서울이 함락되고 북군의 진격이 기속화 되자, 한강 방어선을 시찰한 맥아더는 사단 규모 병력의 상륙을 감행해 조기에 전쟁을 승리로 종결짓는다는 작전을 구상했다. 이것이 최초의 상륙작전 구상으로 알려져 있다. 우세한 해·공군 폭격작전으로 적의 후방을 우회해 보급병참선을 공격하는 일종의 「섬 건너뛰기 작전」은 맥아더가 즐겨 사용하는 전법이었다.

① 미군의 상륙작전 훈련은 「전쟁 발발 이전에」 이미 마쳐
그러나 한국전쟁이 발발하기 이전에 맥아더는 이미 점령지 일본의 지리적 특성을 고려해 상륙작전의 필요성을 예견하고, 1950년 봄에 극동미육군의 상륙전 교육을 위해 필요한 지원을 제공해주도록 해군 및 해병대에 요청했었다. 1950년 4월과 5월 사이에 해군·해병대로부터 3개의 교관단이 일본에 도착했고 주일미군은 대대급까지 상륙작전을 훈련하고 있었다. 이것이 맥아더로 하여금 한강 전선 시찰 후에 '블루하트'라는 작전 구상을 가능하게 한 것으로 보인다.

7월 4일 극동군사령부 회의실에서 육·해·공군 대표자가 참석한 가운데 맥아더와 알몬드가 상륙 지점에 관해 토의를 했으며, 이때 '블루하트' 라는 작전이 계획되고 작전일자는 7월 22일로 결정되었다. 즉 극동군사령부 G-3 참모 리이트 준장 통제 하에 있는 합동전략기획단이 전선 남쪽에서 미 제24사단 및 제25사단으로 반격작전을, 해병 1개 연대전투단 및 제1기병 사단을 돌격상륙부대로 심아 상륙작전을 감행한다는 내용이었다.

7월 6일 극동군사령부는 게이 소장을 불러 인천에 상륙할 준비를 하라고 지시했다. 그러나 이는 전선 상황의 급속한 악화로 7월 8일에 중단되었고 블루하트 계획은 7월 10일 무효화 되었다.

맥아더는 상륙 지역으로 인천을 강조했으나, 동시에 다른 지역에 대해서도 그 가능성을 연구·검토하도록 지시했다. 합동전략기획단은 인천·군산·해주·진남포·원산·주문진등가능한 모든 해안지역을 일단 대상으로 검토하고 상이한 몇 개의 계획을 발전시켰다. 이 초안이 7월 23일 극동군사령부 관계 참모들에게 회람되었다.

② 「유엔군사령부」는 이름뿐, 미 「극동군사령부」가 작전 수행

1950년 7월 24일 맥아더는 도쿄에 유엔군사령부를 설치하라고 지시했다. 거의 예외 없이 극동군사령부의 참모진이 유엔군사령부에 대응한 직해이 참모에 임명되었디. 사실상 유엔군사령부의 구성은 극동군사령부가 부가적인 임무를 더 부여받은 것이었다. 맥아더는 도쿄에 정식으로 유엔군사령부를 설치하고 다음날 유엔군 성명서 1호를 발표했다.

맥아더는 상륙작전을 위한 군단참모 구성에 앞서서 극동군사령부 참모들로부터 인원을 차출해 임시계획 참모진을 편성할 것을 지시하였다. 8월 15일 이 편성의 본래 목적을 감추기 위해 그는 이 새로운 참모진을 극동군사령부 내의 특별계획 참모부라고 명명했다. 그리고 참모장에 러프너 소장을 임명했다. 사실상 맥아더는 알몬드를 위시해 다른 참모들을 극동군사령부의 참모부로부터 빌려 상륙작전을 위한 군단사령부를 구성했던 것이다.

결국 합동전략기획단은 8월 12일 극동군사령부 작전계획 100-B를 하달했다. 목표 지역으로 인천~서울이 특별히 지정되었으며 잠정적인 D-Day는 9월 15일이었다. 1950년 가을, 인천 해안에서 상륙작전이 가능한 일자라고는 9월 15일, 10월 11일, 11월 3일과 이 날짜들을 포함해 전후 2~3일 뿐이었다. 10월은 기후관계상 인천에 상륙하기에 너무 늦은 시기이다. 5월과 8월 사이에는 인천의 만조 때 물의 높이가 비교적 낮고 10월에서 이듬해 3월 사이는 비교적 수면이 높다. 9월은 전환기로서 인원과 장비를 상류시키는데 적합한 조건을 갖춘 유일한 달이었다. 이렇게 기후 상황을 고려해 작전 개시 일자가 9월 15일로 결정되었다.

본격적인 작전 준비를 위해서는 무엇보다 상륙부대의 선정이 우선시 되었다. 당시 제 7사단은 낙동강전선에 있는 제24·25사단에 인원이 차출되어 심각한 병력 부족 현상을 겪었다. 따라서 8월 11일 맥아더는 워커에게 제7사단의 부족 병력을 보충하기 위한 방법으로 한국군 약 7,000명을 확보해 일본으로 보내도록 긴급 지시했다. (국방부 전사편찬 위원회 편, 앞의 책)

이에 대해 북은 이후 공식전사에서 일본군 6,000여 명이 인천상륙작전에 참가한 것으로 판단했으나 이는 한국군이 일본으로 이동, 훈련을 받고 배치된 것을 잘못 알고 일본군의 공식 참전으로 이해한 것이다. 즉 당시 전우조의 편성으로 인해 제7사단에는 8,000여 명이 넘는 한국군(일명 KATUSA, Korean Augmentation Troops to United States Army 미 육군에 파견 근무하는 한국 군인)이 미군에 배속되어 있었는데, 북측의 공식전사는 이를 두고 일본군의 배치로 오해한 것으로 한국측은 기록했다. 8월 21일 맥아더는 자신의 관할 하에 있는 가용인력으로 제10군단 사령부를 설치하는 문제를 육군부에 건의해 승인받았다.

○ 강석희 『한국해방전쟁사』 2 과학백과사전종합출판사 1993. 이에 따르면 "1950년 9월 중순 2,000여 명씩 3차례에 걸쳐 6,000여 명의 일본침략군 무력이 미제침략군 7보병사단을 비롯한 10군단의 여러 사단과 연대들에 분산 배치되어, 인천상륙작전에 참가하였다"는 것이다. 남정옥 『한미군사관계사 1871~2002』 국방부군사편찬연구소 2002.)

인천상륙작전의 구상은 북군의 모든 역량이 낙동강 전선에 집중되어 있고 인천에 대한 방어 능력은 극히 미약하며 북군의 증원 또한 기대될 수 없으리라는 가정을 전제로 한 것이었다. 맥아더는 전략적·심리적·정치적 이유를 들어 서울을 신속히 탈환해야 한다는 점을 강조했다. 이는 서울이 한국의 상업 중심지이고 주요 도로와 철도의 주요 교착지점이기 때문이었다. 즉 주요 도로는 남으로 대전, 동남쪽으로는 충주와 부산, 서로는 인천, 북서로는 평양, 북동으로는 원산에 이르렀다.

맥아더는 군산은 북군의 병참선을 차단할 수 없을 뿐만 아니라 북군이 조금만 물러서면 뜻하는 대로 포위할 수 없게 된다고 주장했다. 북측 또한 인천 상륙은 불가능하다고 볼 것이기 때문에 이 지역의 방어에 소홀할 것이라고 확신했다.

8월 22일 해병 제1사단장인 스미스 소장은 인천보다 그 남쪽 20마일 지점으로 오산 서쪽에 위치한 포승면을 제시했으나 아몬드는 인천에는 적의 조직적인 병력이 없고 상륙 지점과 날짜가 이미 확정되었다는 점을 들어 반대했다. 맥아더 또한 북군이 전 병력을 낙동강 지역 전투에 투입하고 있기 때문에 상륙부대인 해병대는 별로 큰저항을 반지 않을 것이라는 아몬드의 의견을 지지했다.

1950년 8월 23일 도쿄의 사령부에서 가진 브리핑에서는 육군 측에서 맥아더를 위시한 콜린스 대장·아몬드 장군·라이트 장군이 참석했고, 해군에서는 셔먼 제독을 비롯하여 조이·스트러블·도일 제독이 참석했다. 여기서 다시 맥아더는 적의 병참선상에 가장 중요한 지점이 바로 인천-서울지역이고 한국의 수도를 다시 탈환함으로써 얻을 수 있는 정치적·심리적인 이점을 들어 작전 강행을 주장했다.

8월 24일 인천상륙작전의 지원을 위한 새로운 사령부가 설치되었다. 제8군 사령부 자리에 극동군주일군수사령부를 설치하고 사령관에 웨이블 장군을 임명했다. 그리고 27일 극동공군과 극동해군을 유엔군사령부의 예하기구로 통합하여 유엔군총사령관의 지휘 하에 두었다. 미국군 지휘하의 육·해·공 총병력이 유엔의 깃발 아래 새로운 확대전쟁을 감행하고 있었다.

맥아더는 8월 26일 공식적으로 제10군단을 창설했다. 그리고 9월 1일 인천상륙작전의 명칭을 「크로마이트CHROMITE작전」이라고 부여했다. 부산 교두보선에는 남쪽에서 미 제25사단, 미 제24사단, 미 제1기갑사단, 한국군 제1사단, 제5사단, 제8사단, 수도사단, 그리고 동해안에 제3사단 순으로 배치되었다.

8월 28일 제10군단의 정보 판단에 따르면 서울의 적 병력 규모는 약 5,000명, 인천에 약 1,000명 그리고 김포비행장에 500명 정도로 추정되었다. 이를 두고 최근의 한 연구는 북측이 인천상륙작전에 대비해 8월 22일경 방어태세를 완비했던 것으로 평가했다. 그 근거로 든 자료는 북군 107연대의 『전투명령 No.92』였다.

적은 50. 8. 20. 6:00(1950년 8월 20일 6시에) 령흥도·대구(부)도에 함포사격 엄호 하에 미군과 국군 패잔병 약 1개 중대가 상륙하였으나 령흥도를 경비하는 내무원들과 의용군에 의하여 일부 역량이 소멸되었다. 계속 함포사격을 가하면서 상륙을 기도하고 있다. 해안으로부터의 적의 침입(입)을 불허하고 그의 기도를 분쇄하기 위해 다음과 같이 부대배치를 변개할 것. 107연대의 31대대의 1개 중대를 안중리에 배치, 아산에 주둔한 27대대의 구분대와 아산만 방면으로부터의 적의 침습을 불허할 것. 1개 중대는 대구(부)도와 령흥도에 완강한 해안방어를 조직할 것. 1개 중대는 당진·서산·태안·해미 일대의 잔적을 소탕하는 동시에 제27대대 본부를 아산에 이동하여 아산만 방면으로부터의 적 침입에 대치, 해안방어를 조직할 것. 이상의 부대 배치는 8월 21일 야간 중으로 이동 완료할 것.

그러나 이러한 평가가 정확한 것이라고 예단하기는 쉽지 않다. 왜냐하면 7월부터 인천 지역에 주둔한 인민군 부대의 지휘 정찰 및 전투 명령과 비교해보면 큰 차이를 보이지 않기 때문이다. 북군은 유엔군이 서해안 주요 도서를 점령할 것에 대비해 방어부대를 배치했다. 따라서 8월 21일자 전투 명령은 한국 해군의 주도 아래 이루어진 서해 연안의 도서 점령과 관계가 있는 것으로 보인다. 즉 그 이전에 한국 해군이 서해안의 일부 도서를 점령한 때문이었다.

한국 해군의 덕적도 및 영흥도 상륙작전은 8월 18일 덕적도에 상륙작전을 개시하고 8월 20일에는 영흥도에 상륙을 감행해 8월 23일 확보했다. 즉 8월 21일자 전투 명령은 이러한 상황에 대한 대비책이라고 볼 수 있다.

극동군사령부는 원활한 작전 수행을 위해 인천 앞바다를 정찰할 것을 명령했다. 해군은 8월 31일 클라크 대위를 인천의 수로 입구인 영흥도에 보내 적정을 조사하도록 했다. 클라크는 일행과 함께 8월 31일 군항 사세보를 출발해 9월 1일 영흥도에 상륙했고 9월 10일에는 팔미도를 정찰했다.

한편 상륙작전계획의 구체적인 보고를 극동군사령부에 요구한 8월 28일 이후 계속 아무런 통보를 받지 못하던 합동참모본부는 작전 1주일을 앞둔 9월 8일 인천상륙작전을 승인하는 최종적인 청신호를 맥아더에게 보냈다. 9월 5일경까지도 합동참모본부는 그들이 지난 8월 28일의 요구에도 불구하고 맥아더로부터 작전계획에 대한 아무런 보고도 받지 못하자 계획에 관한 상세한 내용을 요구한 것이다.

맥아더는 9월 11일까지 책임 있는 장교를 통해서 상세한 내용을 알려주기로 전했다. 그러나 이는 제대로 전달되지 않았다. 작전의 비밀을 지키려 한 맥아더의 의도 때문이었다. 다만 맥아더는 9월 8일 인천상륙작전을 통해 적의 보급망을 공격함으로써 적을 분쇄할 것이라는 보고로 대체하고 자세한 작전계획을 제시하지 않았다. 맥아더는 9월 6일에 주요 사령관에게 훈령으로써 인천 상륙의 D-Day가 9월 15일이라는 것을 통보했다. 결국 합동참모본부도 최종계획을 대통령이 승인했다고 알려줌으로써 인천상륙작전에 대한 권한을 인정했다.

최종적으로 제10군단 정보참모부는 서울~인천 지구에 통합 6,500명의 북군이 배치되어 있는 것으로 판단했다. 그리고 서울 북동쪽 3개 지점에는 북군 107연대가 주둔한 것으로 평가했다. 그 후에는 큰 변동이 없었다.

(2) 인천상륙작전에 대한 북측의 서해안 방어 태세

북측이 '인천상륙작전에 대해 사전에 인지했는가' 하는 문제는 이후 전개되는 한국전쟁의 전개 과정에 비추어 볼 때 자세한 분석이 필요한 주제이다. 만약 북이 미군의 상륙작전을 사전에 인지하고 있었다면 인천상륙작전에 대한 평가는 기존 연구에서 알려진 것처럼 완벽한 기습이 아니라, 미군의 물량공세를 막아내지 못한 북측의 전술적 실패로 귀결되기 때문이다.

이를 위해 우선 북측의 공식전사에 나타나는 사전인지설의 내용을 살펴보자. 북의 『조국해방전쟁사』에 의하면 김일성은 서울·인천 지역을 점령했을 때부터 미군이 북군의 전선과 후방을 차단할 목적으로 인천에 대규모적인 상륙작전을 감행할 수 있을 것이라고 예상하고 1950년 7월 경기도 방어지역군사위원회를 조직했고 특히 인천·서울 지역의 해안 방어를 강화하도록 지시했다고 한다.

그러나 김일성의 이러한 지시에도 불구하고 당시 경기도 방어지역군사위원회의 책임자인 이승엽과 '반당반혁명종파분자'들이 인천·서울 지구 방어를 강화하는 그 어떤 실제적 조치도 취하지 않았다고 주장한다. 특히 낙동강 전선으로부터 주력부대를 인천 방향으로 기동하라는 김일성의 명령을 당시 군단장인 김웅이 고의적으로 집행하지 않아 서울 지구 방어에 심대한 난관을 조성했다는 것이다.(노획문서에 의하면 경기도 방어지역군사위원회는 8월 중에 실제했던 것으로 보인다. 그러나 정확히 어떠한 지시에 의하여 창설되었는지는 확인할 수 없다.「경기도방어지역군사위원회 조직요강」국사편찬위원회 『북한관계사료집』 11. 강석희, 앞의 책)

당시 낙동강 전선의 인민군은 전선사령관 김책의 지휘 아래 전선사령부를 김천에 두고 1개 전차사단 및 2개 전차여단의 지원 하에 총 13개 보병사단을 마산에서 포항까지 전개했으며 그 병력은 10만 명에 달하는 것으로 미8군 사령부는 판단했다. 그 가운데 제1군단은 김웅 중장의 지휘 아래 제2, 4, 6, 7, 9, 10사단 등 6개 사단이 배치되어 있었고 제2군단은 무정 중장의 지휘 아래 제1, 5, 8, 12, 15사단이 배치되어 있었다.(국방군사연구소『한국전쟁』上 1995)

박명림에 의하면 북측은 8월 21일 「전투명령 No.92」를 통해 당시 인천 방어를 담당하던 제107보병연대의 방어작전을 변경했고 이후 8월 26일자 「전투명령 No.94」, 8월 27일자 「전투명령 No.100」으로 보강하여 8월 28일 이후는 인천상륙작전에 대한 완벽한 방어가 이루어진 것으로 평가했다. 그러나 여기서 주목해야 하는 것은 북군 제107연대의 8월 21일 이후의 방어작전이 유엔군의 상륙작전에 대한 방어보다는 당시 서해안에 상륙한 한국 해군과 미군 함대에 주목했다는 사실이다. 즉 앞에서도 지적했듯이 8월 18일 한국 해군은 덕적도 및 영홍도 상륙작전을 전개하였고 8월 23일에는 영홍도를 확보했다. 이에 따라 북측의 제107연대는 서해안의 주요 섬을 장악한 한국군과 미군에 대한 경계태세를 유지한 것으로 보인다. 그 이유는 다음에서 확인하려고 하는 7월의 북군 부대의 전투명령과 큰 차이를 보이지 않기 때문이다.

당시 제10군단에서 기록한 북군 제107연대의 참모장 김연모 중좌의 포로 심문서를 살펴보면 역시 북군은 인천상륙작전에 대해 정확한 정보를 갖고 있지 못했던 것으로 드러난다.

1950년 9월 15일 107연대는 김포에 주둔하고 있었다. 김연모 중좌는 임시로 이 연대의 참모장이 되었다. 107연대는 인천상륙작전에 대한 어떠한 정보도 받지 못했다. 그러나 강력한 함포 사격과 항공작전으로 인해 유엔군의 침입이 14일 전후에 있을 것이라고 예상했다. 107연대는 인천시 외곽 김포 지역 해안선을 방어하도록 명령받았다. 이 당시 서울 지역에 주둔한 것으로 알려진 북군 부대는 18사단과 64연대였다.

소문에 의하면 18사단은 서울 방어를 위해 보충지원을 받은 것 같다. 107연대는 김**가 이끄는 서울방어부대 예하로 최한 중좌가 지휘했다. 인천상륙작전 이후 최한 연대장은 서울 방어부대의 명령 없이 자신의 부대를 북쪽으로 후퇴시켰다. 따라서 그는 체포되었고 서울의 군사법원으로 보내진 것 같다. 107부대원들은 평균 20~30일의 군사 훈련을 받았을 뿐이었다.

낙동강 전선의 대치 상황으로 인해 훈련받은 인원은 대부분 전선으로 보내졌고 해안 방어에 투입된 부대원들은 단기간의 훈련을 받은 인원들이었다. 더구나 107보병연대의 해안 방어전술이 그 이전보다 특별했던 것도 아니었다. 당시 인천지역 방어부대는 여러 번 변경되었는데, 현재 확인할 수 있는 인천 지역 방어부대의 문서는 7월 9일경부터이다.

이 자료에 의하면 인천을 방어했던 북군 부대는 제23보병연대·제1보병연대(317군부대)·제3보병연대(321군부대)·제107보병연대로 배치가 이루어졌다. 즉, 7월 초에는 연대장 태병렬이 이끄는 제23보병연대가 인천 지역을 관할했고 7월 말에는 연대장 현춘일이 이끄는 제1보병연대가 담당했다. 그리고 8월 중순(확인된 날짜는 8월 14일임)에는 신금철이 지휘하는 제3보병연대가 인천 지역을 담당했다. 그리고 그 이후는 제107보병연대가 인천 지역의 방어 임무를 맡았다.

북측의 주장대로 7월부터 인천 지역에 대한 미군의 상륙작전을 알았다면 충분히 훈련된 제23보병연대를 그대로 주둔시켰을 것이다. 그러나 전세가 금박해지자 북군 수뇌부는 계속해서 후방부대를 전선으로 보냈다. 당시 7월 초에 인천에 주둔한 것으로 확인되는 북군 부대는 제23보병연대였다.

참모장 지룡성·작전참모 조영택이 작성한 지휘정찰계획은 인천 방어계획에 대해 주로 소월미도·송화정 우측고지·인천각·49.3고지 등을 주요 방어 지역으로 설정했다. 그리고 여기서도 볼 수 있는 것은 방어태세 준비 자체가 해안으로 접근할 적에 대한 경비 그 이상이나 그 이하도 아니었다는 점이다. 통상적으로 군부대가 지정된 지역에 배치되어 할 수 있는 방어태세 수준이었다.

이는 7월 30일 참모장 지함임과 작전참모 박규면이 작성한 제1보병연대의 지휘정찰계획과, 8월 11일에 참모장 강도건과 작전참모 리근순이 작성한 제3보병연대의 지휘정찰계획표에서도 확인할 수 있다. 따라서 북이 특별히 미군의 인천상륙작전을 알고 대비태세를 갖추었다고 판단하기는 어렵다. 1950년 7월 북측이 특별히 인천 지역에 대해 미군의 상륙을 예견하고 충분한 준비를 했다는 것은 사실이 아닌 것으로 보인다.

다음으로 앞에서 언급한 각 보병연대의 전투명령서철을 확인해보자. 박명림의 주장대로 8월 20일경 이후에 인천 지역에 대한 방어태세가 완전히 전환되었다고는 볼 수 없다. 이것은 8월 11일경 작성된 제3보병연대의 전투명령과 큰 차이를 보이지 않는다. 더욱이 만약 북측이 8월 20일 전후로 해서 인천상륙작전에 대한 정보를 가지고 있었다면 제3보병연대를 제107보병연대로 전환하기 보다는 증강 내지 보조부대로 활용하는 것이 더 적합했을 것이다.

그렇다면 북측이 미군의 상륙작전을 분명하게 예견하면서 명령을 내렸다고 지적한 8월 28일 인천방어지구사령부 「전투명령 No.3」을 확인해보자.

조선반도의 남동에서 패배하여 급속한 퇴각이 있은 후 적은 육군 및 공군의 지원을 받아 적극적 방어를 유지하며 조선반도 남반부 경상도 일각을 보지保持하고 있다. 적의 함대는 조선의 동해안 및 서해안에서 순항하면서 대대까지 되는 역량으로 아군 후방의 개별적 섬들과 해안 지역에 해병대를 상륙시키고 있다. 전선으로부터 아군 역량의 일부분을 끌어당길 목적으로 전선공급로를 절단하는 해군기지 창설 및 서울 위협을 조성하기 위해 인천 지구에 적측으로부터 작전 전 상륙대가 상륙할 가능성이 있다.

그러나 이 문서의 내용이 앞에서 제시한 인천방어계획과 관련된 다른 전투명령서들과 달리 완전한 방어작전의 변경이라고 볼 수 있는 근거는 엿보이지 않는다. 특히 인천 해안에서의 방어전투계획표를 분석해보면 박명림이 주장하는 8월 28일 이후의 방어계획과 특별한 차이가 없다.

제1보병연대·23보병연대·제3보병연대에서 작성한 각 연대 인천 해안방어전투계획 일람표에는 각각의 예하 단위부대들이 상황 변화에 따라 어떻게 대응할 것인지를 밝혀놓았다. 이는 주둔지 경계에 따른 통상적인 전투계획에 지나지 않았다. 따라서 8월 28일 갑작스럽게 인천 지역의 북군 부대들이 미군의 인천상륙작전이 임박했다는 정보를 가지고 비상체제에 돌입했다고는 볼 수 없다. 다만 해안에 대한 이러한 방어계획은 미군의 상륙작전을 정확히 알지 못했지만 예상되는 지점(인천·원산·목포·진남포·군산)에 대해 특별히 경계태세를 유지했다고 평가해야 할 것이다.

9월 6일 인천 지역을 담당하던 884군부대의 지령을 살펴보면 이와 같은 내용을 더욱 자세히 확인할 수 있다. 참모장 리규섭·정찰참모 김문호가 작성한 지령에는 북측이 9월에 인천상륙작전에 대해 구체적인 정보를 갖고 있었거나 이에 대한 완벽한 준비를 했다고 보기 어려운 구절들이 눈에 띈다. 즉 이는 소규모 부대에 의한 해안 상륙 기도나 적의 간첩 등을 잡기 위한 통상적 감시체계에 지나지 않는 것이다

「884군부대 참모부 지령 : 각 구분대 감시구역 강화에 대하여」

적은 다시금 군사적 모험으로서 기회만 있으면 인천 또는 서울을 회복하기 위해 인천항의 기습상륙을 기도하고 있다. 오늘 우리 부대는 이러한 기도를 제때에 발견하고 그들과 맹렬한 투쟁을 전개하여 인천항을 방어하고 우리 조국 수도 서울시를 방위하는 중대한 임무를 수행하고 있는 구분대로서 군대 내의 귀가 되고 눈이 되는 감시 강화에 대한 문제는 중요하다는 것을 강조하면서 아래와 같이 지령한다. 부

1. 매감시원들로 하여금 자기 감시 구역을 철두철미하게 인식케 하기 위해 감시략도를 작성하여 1부는 감시소에 배치할 것이며 1부는 참모부에 9월8일까지 보고할 것.
2. 사업의 증거물로 되는 감시일지를 제때에 기입하여 그의 결과를 2시간에 1 회씩 전화로 오후 5시에는 그날 감시사항을 구체적으로 발견한 사실과 그의 지점에서 상선·어선·발동선 등이 몇 척이 왕래하였으며 그에 인원 물품목적지들을 자세히 통계를 내어 보고할 것.
3. 자기 감시구역 내에 있는 상선·어선·발동선들이 하루 평균 몇 척이 왕래하며 그의 목적지 등을 기입하여 9.8일까지 보고할 것.
4. 자기 감시구역 내에 있는 공장사택·개인집 통계 등을 장악하고 있을 것.

1950. 9. 6
제884군부대 참모장 리규섭·정찰참모 김문호

(3) 중공 지도부, 일본 주둔 미군의 상륙작전 가능성 충고

또 하나 지적할 것은 이러한 해안지대 방어 문제가 김일성의 선견에 의해 이루어진 것이 아니었다는 점이다. 당시 북측의 전쟁 수행 능력을 주의 깊게 관찰하던 주은래는 모택동과 중국 지도부가 작성한 조선반도의 정치·군사 상황에 관한 평가를 소련정부에 전달할 것을 요청했다. 중국 측 평가에 의하면, 미국은 일본 점령 주둔군 12만 명 중 약 6만 명을 한국에 투입할 수 있는데, 이 병력들을 부산·목포·마산 등의 항구에 상륙시켜 철도를 따라 북으로 진격할 수 있을 것이라고 지적했다.

따라서 북조선군은 이 항구들을 점령할 수 있도록 남으로 신속히 진군해야 한다고 설명했다. 이후에도 중국은 북에 여러 번 상륙작전에 대한 주의를 주었다. 그러나 모택동 역시 특별히 인천상륙작전에 대해 구체적인 정보를 가지고 있지는 않았다.

○1950년 6월 맥아더 휘하의 전투병력은 일본에 있는 4개의 보병사단과 7개의 대공포대대, 오키나와에 있는 1711의 보병연대와 2개의 대공포대대에 불과히였다. 그중에서 주요 전투부대는 일본 중부 지방에 있는 제1기병사단과 북부지방과 홋가이도에 위치한 제7보병사단, 큐슈의 제24보병사단, 남부 중앙에 위치한 제25보병사단과 오키나와에 있는 제9대공포여단 들이었다.

극동군 예하의 주요 전투부대인 8군은 1950년 6월 25일경 원래 인가된 병력의 93퍼센트를 유지하였다. James Schnabel, op. cit. 1950년 7월 2일, 대한민국 외무부 『한국전쟁 관련 러시아외교문서』 1994.7.20.)

러시아 외교문서에 따르면 1950년 8~9월 초순 모택동은 두 차례에 걸쳐 조선정부의 대표를 접견하고 전쟁 상황에 대해 협의했다고 한다. 이때 모택동은 조선전쟁이 두 가지 유형으로 전개될 것으로 가정했다. 첫 번째는 북군이 미군을 전멸시켜 그들을 바다로 몰아넣는 것이며, 두 번째는 전쟁이 장기화될 것이라는 전망이다. 두 번째의 경우에 미국은 대구~부산 지역 방위를 강화해 북군의 전력을 이 지역에 묶어놓으면서 다른 방향으로 상륙작전을 전개할 것으로 판단했다. 그리고 예상 가능 지역을 제물포~서울지역, 진남포~평양지역으로 보고 그 지역의 경계문제에 더 주의를 기울이도록 권고했다.

모택동은 북이 소련군과 중국군의 경험을 기초로 하여 모든 전선에 군사력을 산재시켜서 적을 전멸시키는 것이 아니라 적군을 몰아내어 영토를 확보하려는 오류를 범해서는 안 된다고 지적했다. 특히 북군은 예비전력이 없으므로 모택동은 모든 북의 군사력을 전투에 투입해서는 안 된다고 강조하면서 향후 가능한 경우 병력 재편성을 통해 새로운 전선을 구축하기 위한 신속한 퇴각의 가능성을 신중히 검토해야 한다고 언급했다.

나중에 확인된 사실에 의하면 중국은 7~9월 사이 세 차례에 걸쳐 조선 최고지도부에게 미군의 상륙작전에 대해 주의를 준 것으로 알려졌다. 주지안룽에 의하면 모택동은 "7월 중순과 하순 그리고 9월 중순에 우리는 세 차례에 걸쳐 조선 동지들에게 적들이 해상으로부터 인천과 서울로 쳐들어와 인민군의 뒷길을 끊어놓을 위험이 있으며, 따라서 인민군은 이에 대해 철저히 준비해야 하며 적절히 북쪽으로 철수해 주력을 보존하고 장기전에서 승리할 준비를 해야 한다"고 충고했다고 한다.

8월 하순이 되어 중국 지도부는 미군이 상대의 의표를 찔러 공격해 오는 경우를 크게 걱정했다. 8월 23일 총참모부 작전실 주임 레이잉 푸는 모택동과 주은래에게 유엔군이 인천에 상륙해올 가능성에 대한 보고서를 제출했다. 레이잉푸가 훗날 공개한 증언록에는 총참모부 작전실이 정리한 유엔군의 인천상륙작전에 대한 가능성을 지적해 놓았다.

그러나 앞에서 언급했듯이 이 내용은 다양한 각도에서 분석을 요한다. 중국 지도부가 인천 지역만을 선택해서 정보를 준 것은 아니었기 때문이다. 인천지역 이외에도 상륙할 가능성이 있는 지점 모두에 대한 주의를 요구했기 때문에 이 역시 주목을 받지는 못했다. 낙동강방어선에 대한 과도한 집중이 결국 후방에 대한 방어를 소홀하게 만든 것이었다.

다음으로 북의 전쟁 수행 능력을 세밀히 파악하고 있었던 소련의 입장은 어떠했는가를 살펴보자. 1950년 7월 4일 평양에서 슈티코프가 스탈린(핀시라는 가명을 사용)에게 보내는 비밀전보를 살펴보면 다음과 같다. 슈티코프가 7월 4일(7월 3일의 오기) 김일성·박헌영과 면담했을 때 그들은 북군이 점거한 영토 내에서 벌어진 상황에 대해 토론했다고 한다. 이때 김일성은 그에게 북조선 후방의 항구에 미군이 상륙할 가능성 내지 미군이 북부의 다른 지역에 공중에서 강습할 가능성에 대비하기 위해 무기 탄약 보급을 증가할 필요가 있으므로 지원을 부탁한다고 언급했다.

김일성이 요청한 무기의 내역은 장총 5만 정, 자동총 5,000정, 권총 1,500정, 중기관총 350정, 박격포82밀리미터 200문, 박격포120밀리미터 78문. 야포76밀리미터 380문, 야포120밀리미리 유탄포 24문, 고사포 120문, 수송차량 500대 등이었다. 이 비밀전보는 김일성이 이러한 무기로 2개 사단, 12개의 육전대대와 보안부대를 무장시킬 것이라고 설명했다고 밝히고 있다.

그렇다면 과연 소련은 미군의 인천상륙작전을 사전에 정확히 알았을까? 최소한 8월 28일까지도 소련은 이 작전에 대해 알지 못한 것으로 보인다. 8월 28일 핀시(스탈린의 가명)가 조선주재 소련대사에게 보내는 암호전보에 의하면 소련 공산당(볼셰비키) 중앙위원회는 곧 미국 세력이 한반도에서 물러날 것이라는 것을 믿어 의심치 않는다고 하면서 김일성에게 전선의 안정을 위해 공군을 분산시키지 말 것을 충고하라고 지시했다.

한편 김일성은 7월 9일 친필서명으로 조선주재 소련 특명전권대사 슈티코프에게 해안 방어를 위한 지원을 요청했다. 그는 이 서신에서 해안저지용 수뢰 2,000개와 어뢰정 10척, 그리고 어뢰정용 어뢰 3개 전투 정량을 요청했다. 하지만 조선은 미군의 인천상륙작전에 대해 구체적인 대비를 하지 못한 것으로 보인다. (편시가 평양 소련대사에게 보내는 암호전보 75021호. 1950년 8월 28일, 대한민국 외무부 『한국전쟁관련 러시아문서 : 보충문헌 1949~1959』 조선민주주의인민공화국 각료회의 의장 김일성이 조선민주주의 인민공화국 주재 소비에트 사회주의공화국연방 특명전권대사 슈티코프 동지에게 보내는 서신 1950년 7월 9일, 대한민국 외무부 한국전쟁관련 러시아문서 : 보충문헌』)

만약 조선이 인천상륙작전을 인식하고 있었다면 왜 인천 수로에 기뢰를 설치하지 않았을까? 나중에 밝혀진 사실에 의하면 인천 앞바다에서 제10군단이 발견한 기뢰는 총 12개에 지나지 않았다. 즉 김일성이 요청한 수뢰는 인천 지역에서 거의 사용되지 않았던 것이다. 이는 당시 북군 수뇌부가 대규모의 유엔군상륙작전을 인지하지 못했다는 것을 보여주는 한 예이다.

4) 미·영 혼성군, 서해안 양동작전 펴며 인천상륙 성공

(1) 미군 손실은 4명 전사, 21명 부상 뿐, 북군은 후퇴 불가피

1950년 9월 12일 미·영 혼성의 기습부대가 군산에 양동작전을 감행하고, 동해안 전대는 9월 14일과 15일 삼척 일대에 맹포격을 가하며 인천상륙작전이 시작되었다.(陽動 : 적의 주의를 딴데로 돌리기 위하여 일부러 본래의 목적과는 다른 행동을 함)

포로들의 진술에 의하면 월미도와 소월미도에는 제918해안포연대 제2대대의 2개 포대 지원을 받는 북군 육전대 소속 제226연대의 예하부대 약 400명이 있었던 것으로 확인되었다.

인천상륙작전으로 미군은 손쉽게 교두보를 확보했다. 9월 16일 해병사단이 전진교두보를 확보하고 본격적인 진격작전의 토대를 마련할 때까지 총 손실은 전사자 4명과 부상자 21명 뿐이었다.

제10군단은 작전명령 제1호로 해병사단에게 서울 시가지와 그 북쪽의 고지들을 탈취 확보하기 위해 9월 20일에 한강 도하작전을 감행하도록 지시했다. (국방부 전사편찬위원회

편, 앞의 책)

　김포비행장이 탈환되었을 때까지도 북측은 표면적으로는 인천에서 어떠한 일이 일어났는지에 대해서 어떠한 반응도 보이지 않았다. 그러나 대규모 유엔군이 인천에 상륙해 김포를 지나 서울쪽으로 작전 구역을 넓혀나가자 북군은 낙동강 전선으로 이동 중이던 부대까지 재배치 하기 시작했다

　9월 18일 김일성은 중국 대사 예지량과 오랜만에 만나 인천 상륙 후 3일간의 전황을 소개하고, 인천 방면에는 갓 편성된 북군이 2개 연대 밖에 없고 후원부대도 기대하기 어려우며 미군이 이미 서울을 압박해 오고 있어서 전쟁이 장기화될 수밖에 없다는 것을 인정했다.

　주은래는 주중소련대사 로시친과 군사고문관 코토브코노프를 초청해 9월 15일 시행된 미군의 인천 상륙에 관한 정보가 있는지 질문하고, 중국 지도부는 평양 라디오 및 신문 보도 외에는 다른 정보가 없다고 언급했다. 또한 주은래는 모택동의 충고와 판단을 북측이 무시했다고 불만을 토로했다. 다만 만일 북측이 서울과 평양에 10만의 예비병력을 보유했다면 상륙한 적군을 섬멸시킬 수 있다고 평가했다.

　인천을 방어하던 부대는 북의 해군 소속 육전대의 제226독립연대와 이들을 지원하던 제918포병연대 예하의 2개 포대, 그리고 소규모의 지원부대들이고 경인국도를 따라 북군 제18사단이 투입되었다. 북군 제107보병연대는 김포반도에 배치되었다. 북은 유엔군이 인천에 상륙을 개시하던 시기에 서울을 떠나 낙동강 전선으로 이동 중이던 제18사단을 다시 서울 쪽으로 끌어올리고 수원 주변에 있던 제70연대를 이들과 합류시켰다. 해병사단이 도하작전을 준비 중이던 무렵, 서울 방어에 동원된 북군의 규모는 약 2만명으로 추산되었다.

　당시 경인지구를 담당하던 조선군 전선지구 경비사령부 참모부에서는 문화부사령관 김두환의 이름으로 전투 명령 곧, 제107연대에 김포비행장을 재탈환하도록 명령했다. 그는 9월 21일 서울에서 영등포로 진격하는 유엔군을 막기 위해 제107보병연대 제31대대, 33대대, 포대대의 협동작전으로 김포비행장을 탈환하라고 지시했다. 전투명령에 의하면 이러한 작전은 진격하는 유엔군의 후방을 타격할 수 있다는 것이었다.

　이러한 전투 명령에 대해 제107보병 연대장은 상급 보고에서 김포 지역에 있는 미군을 격퇴한 것으로 보고했다. 제107보병연대 참모장 박근만이 작성한 전투 보고는 오전 2시 30분 김포시를 해방시켰고 4시에 김포비행장을 탈환할 작전을 폈던 것으로 보고했다. 그러나 곧 미군의 반격을 받아 퇴각을 명령했다고 보고함으로써 실제로 제대로 된 반격작전이 이루어졌는지는 의심스럽다. 이러한 전투 보고가 책임을 면하기 위해 우선 작

전 지시를 수행했으니 역부족으로 추퇴하기에 이르렀다는 정황을 자연스럽게 드러내고 있기 때문이다. (「107연대 '전투보고' 1950. 9. 21」『5656부대 참모부 상급보고서철』)

21. 4.00까지 금포(김포) 비행장을 해방시킬 임무를 받은 32대대는 먼저 1중대 및 보위성 중대가 20일 밤 10.00까지 한강 도하를 완료하고 21일 오전 2시 30분에 금포시를 완전히 해 방시켰음. 금포시의 적의 무력은 극소수였음.

3시 30분에 대대 전원이 합리되어(합류되어) 4시에 비행장을 향하였음. 벌써 날이 밝기 시 작하였음. 때문에 금포시부터 1,100미터 지점 도로교차점으로부터 200미터 전방에 은폐하 려 하였을 때 급격히 사격을 받기 시작했음.

포성에 의하면 직사포 4문, 중기 수종, 경기 소수의 각종 화력이 배치되어 있음을 확인하였 음, "병원수는 "우리" 부락에서 국방군이 식사 준비를 하는데 백미 3섬을 보았음. 이를 보아 적 은 수백 명이 됨을 추측하였음. 엄폐(은폐)를 목적하고 준비 중 불의의 공격을 받은 우리 부대 들에게 전투 개시 명령을 하달 하였으나 포 사격이 심하고 부대들이 "신병"인 관계로 대원들은 분산되기 시작하였음. 각 지휘관들은 이를 수습하기에 노력하였지만 불가능하였고 화력이 급 격한 공격 등은 모든 조건과 환경에 비추어 전투하기 불가능함을 느끼고 개별적 지휘관들은 퇴각 명령을 내렸음.

나는 제2차 공격을 목적하고 약 1소대를 인솔하고(간부를 포함함) 검단을 통과하여 서해안 을 거쳐서 통진에 오후 6시에 도착하여 31대대를 만났음. 포사격으로 인해서 우리 부대들이 손실 인원 및 대대장의 행방도 모르고 있다. 그러나 대대장이 퇴각하는 것을 보았음.

이 보고는 사실이 아니었다. 108연대 36대대장 리창실은 같은 날 추신리 대대본부에 서 전선지구 경비사령관 앞으로 보내는 정찰 보고에서 김포 지역이 미군에 의해 완전히 점령당했음을 보고했다. (「108연대 36대대 '보고' 1950. 9. 21」『5656부대 참모부 상급보고서 철』)

본대대 정찰 참모 박병식은 인민군 61연대 31부대 정찰원으로부터 들은 정보에 의하면 인 민군61연대 31부대는 20일 밤 김포를 향하여 전진하다가 21 밤 새벽 5시경에 김포에 완전히 도착 못한 지점에서 미군으로부터 타격을 받았다 하며 땅끄 11대와 보병 1개 중대로 대항하고 있으며 적은 김포에서 방어하고 있다 함.

통신수단의 미비와 유엔군의 맹공으로 인해 북측의 전선사령부는 이러한 전황에 대해 자세한 내막을 알지 못한 것으로 보인다. 제5656부대 작전참모 장인준이 문화부사령관 에게 보내는 보고는 제107연대에 의한 역습이 완벽히 달성되지는 못한 것으로 평가했다.

정형을 전선사령부에 보고한 결과 계속 대오를 수습 금포 방향에서 적을 타격 주라는 명령입니다. 금일 저녁 김포비행장에는 보안대 부대들이 습격을 감행하는 모양인데 아직 결과는 알 수 없습니다. 급속히 지휘부 인원들을 수습조직하여 연대를 지휘하며 107연대는 강안에 방어할 것이 아니라 계속 금포 방향에서 적을 타격 주며 적이 세력을 확장 하지 말도록 하며, 자기의 진지를 유지하면서 적을 익측과 후로를 차단할 것이라고 합니다.

금일 15.20분에 무전으로 전달한 사령관 동무 명령 내용은 금포비행장의 적은 계속 영등포 방향으로 진격함으로 107연대는 신속히 주간 행동으로서 금포비행장을 공격하야 적의 후면을 타격할 것이라고 명령한 것입니다. 그리고 제36대대는 인접 부대와 협동하여 부대의 인접점을 잘 보장할 것이 요구됩니다.

만일 107연대가 방어로 이전하고 금포 일대에서 타격을 주지 않으면 적은 계속 북쪽으로 지향할 것이라는 상부의 의도입니다.

제33대대는 신속히 종전에 하달한 사령관 동지의 명령대로 금포 방향에 지향하여 행동하여야 하겠습니다. 좀 더 구체적인 부대 행동은 앞으로 사령관 동지에게서 하달될 때까지 이상 내용대로 행동하랍니다.

107연대의 105미리미터 포 2문은 임시 파견되는 참모장 동무가 있는 곳을 알고 계시니 그대로 포를 이동 수습하여야 하겠습니다.

결국 북군은 김포 지역을 탈환하지 못했다. 북군의 방어 준비가 부족했지만 대규모 유엔군 상륙으로 인한 양륙작전의 지연으로 인해 9월 21일에서야 해상에 머물던 제10군단의 지휘소가 인천에 설치되었다. 이때부터 알몬드는 전 육상부대의 지휘권을 장악했다.

이러한 상황 전개에 대해 스탈린은 인천에서의 실패는 북군이 한국군 뿐만 아니라 미·영국군과 동시에 교전하고 있기 때문이며 만일 한국군하고만 싸웠다면 인천 함락도 없었을 것이고 남한에서는 이미 반동주의자들이 제거되었을 것이라고 평가했다. 이와 관련하여 그는 다음 사항을 언급했다.(1950년 9월 20일, 대한민국 외무부 『한국전쟁 관련 러시아외교문서』 1994.7.20. 내부용 번역본)

I. 인천 및 서울 지역에서 전개된 복잡한 상황에 대처하기 위해 활용된 북군의 전술, 즉 각 대대와 연대의 분산배치 및 전투는 실수였다.

2. 동 자전은 주전선으로부터 정예병력을 차출하여 서울의 동부와 북부에 강력한 전선을 형성함으로써만 성공할 수 있었다.

9월 21일 소련은 북군의 패배를 예상하고 벌써 평양 방어를 위해 항공부대를 지원할 것을 고려했다. 그날 바실리예프스키는 스탈린에게 보낸 전문에서 평양 방어를 위해 40대의 야크-9 전투기로 편성된 전투비행연대 이동을 건의했다.

그렇다면 당시 예하부대의 상황은 어떠했는지 「북의 노획문서」를 통해 살펴보자. 제107연대 참모장 대리 박근만은 도선導船과 조수관계로 인해 김포군에 대한 해방작전이 지연되었다고 연대장에게 보고하였다. 즉 9월 22일 연대장에게 보내는 보고에서 제31대대와 33대대가 전투 임무를 수행할 수 없는 위치에 있고 또한 도선과 조수관계로 인해 김포에 대한 도하 자체가 어렵다고 보고했다. 그러면서도 23일까지는 김포비행장을 점령할 것이라고 보고했다.

그러나 충분한 준비가 이루어지지 못한 제107연대는 김포지구의 전투에서 계속 패배했다. 특히 미군이 상륙한 이후 접전을 치른 연대는 탄약 부족 현상도 심각한 상태였다. 9월 24일 제107연대 참모부에서 전선지구 경비사령부 제5656부대 앞으로 보내는 「전투보고 No.3」은 각종 탄알과 보급물자의 부족을 호소했다.

남아 있는 2개 대대의 역량은 비무장대원이 수다하며 무장대원은 탄알이 부족되어 전투를 계속할 탄알이 부족합니다. 적들은 계속 금포시나 양곡리에 병력을 강화하고 아방에게 진공할 기도로 준비하고 있습니다. 나는 금(김)포비행장을 점령할 결심으로 사령부에다 우리의 후방에 지원부대를 요구합니다. 각종 탄알과 후방 조직에서 곤란을 당하고 있습니다.

제107연대 참모부는 9월 24일 오후 8시 문화부사령관에게 보내는 보고문에서 각 대대의 실정을 자세히 보고했다. 이에 따르면 유엔군의 화력에 당황한 전투원들이 지휘관의 명령에 불복하거나 공격 명령에 응하지 않아 후퇴하고 있다는 것이다. 또한 김포 시내의 인민들도 분산되면서 '반동파의 치안대'가 조직되어 북군을 발견하는 즉시 무조건 총살하고 있고 심지어 연락병을 파견하기도 어렵다는 내용이다. 또한 정찰병을 파견해도 치안대의 검문에 걸려 돌아오지 않고 있고, 더욱이 무기도 제대로 갖추지 못해 전투 시 전투원 사이에 혼란이 일어나고 있다고 밝히고 있다.

(2) 인천상륙작전 성공은 상대의 전선 분열, 북진에 유리

결국 이러한 예하부대의 곤란한 상황에 대해 문화부사령관 김두환은 전선지구 경비사령관에게 보고하면서 각종 보급품을 지원해주도록 요청했다. 특히 각종 탄알과 포탄 외에 내의·청년화·발싸개·모자·비누 등과 함께 남한 화폐 800만원을 요구하고 있는 것이 눈에 띈다.

여기서 한 가지 논의할 것은 유엔군의 인천상륙작전과 서울 수복까지의 시간적 지체에 관한 문제이다. 기존 연구에서 인천상륙작전은 예상치 못한 기습이 아니었으며 북측은 대비태세를 강화해 상당 정도로 준비했다고 지적했다. 따라서 그 결과 상륙 이후 인천에서 서울까지 진격하는데 13일이라는 짧지 않은 시간이 걸렸다는 것이다.

그러나 이는 당시 인천 연안의 조수간만의 차이를 간과한 것으로 판단된다. 당시 인천의 조수간만의 차이는 세계적으로도 두 번째일만큼 매우 심한 상태였다. 그리고 기본 상륙 함정이 해안에 접안할 수 있는 시간도 오전과 오후를 합해 약 3시간에 지나지 않았다.

9월 15일 중 인천에 상륙한 병력은 약 1만3,000명에 450대의 차량을 포함한 장비와 보급품이었다. 따라서 모든 부대의 상륙은 적어도 5일 이상 걸릴 것으로 예상되었고 한강 도하장비도 해상으로 수송해야 했다. 그리고 인천 상륙이 개시된 당초부터 해안 지역에서는 물론 그 후 전투부대가 진격하는 만큼 근무지원 소요는 더욱 증가하기 마련이어서 이때까지도 군단 전반에 걸쳐 수송수단이 원활하지는 못했다. 전형적인 상륙작전에서 군수 기능은 대단히 복잡하고 어렵다는 것이 일반적인 사실이다. 이러한 관점에서 본다면 인천 상륙 이후 서울 수복까지 유엔군의 진격이 13일 정도 걸린 것은 그리 늦은 것도 아니었다. 미군의 전투 전개가 충분한 보급을 전제로 이루어진다는 점을 고려해보면 이는 당연한 시간 소요였다고 볼 수 있다.

미 해병 사단장 스미스는 인천상륙작전의 전반적 성과를 다음과 같이 세 개 항으로 적절하게 요약했다. 첫째, 적에게 결정적인 위협이 된 인천상륙작전은 직접적으로 낙동강 전선의 적군을 급속히 와해시켰다. 둘째, 서울을 탈환함으로써 적의 전 병참선이 차단되었으며 여타 부대들의 공격이 이에 수반됨으로써 적의 참패가 동시에 초래되었다. 셋째, 성공적으로 완수된 이 작전에 의해서 인천 항만 시설과 서울에 이르는 제반 병참 시설을 북진작전에 이용할 수 있게 되었다.

① 상륙작전의 결과, 인민군 사살 1만 4천, 포로 7천명

제10군단의 보고에 의하면 상륙작전의 성과는 사살 1만 4,000명, 포로 7,000명이었다. 인천상륙 이전의 적정 판단에서는 조직적인 부대로 서울에 있는 전 병력을 약 5,000명으로 보았었다. 그러나 실제로는 서울에만 약 8,000명이, 그리고 영등포 지역에 별도로 5,000명의 적 병력이 있었으며, 인천 상륙이 감행된 뒤에 증원된 북군 부대가 적어도 2만 명에 달했던 것으로 작전 결과에서 밝혀졌다. 인천-수원-서울 일원에서 전투에 가담한 적 부대는 3만 명 이상이었다.

당시 북군 내의 군인들이 인천상륙작전에 대해 어떻게 인지하고 대응했는지는 다음의 자료를 통해서 살펴보도록 하겠다. 작전 당시에 관한 문건이 그리 많지는 않으나 제10군단에서 포로로 잡힌 서울연대 장철 대위의 심문 기록을 보자.

서울연대 대위였던 장철은 인천상륙작전이 개시된 9월 15일 서울연대에 배속되어 있었다. 그는 9월 16일에서야 미군이 인천에 상륙했다는 사실을 알았다. 그러나 더 이상의 자세한 정보는 얻지 못했다. 이 당시 그는 서울 연대 제1대대 1중대장 대리 역할을 맡고 있었다. 연대는 서울과 그 근교에 방어망을 형성하는 임무를 맡았다. 서울연대는 이 당시 서울에 주둔한 유일한 부대였다. 서울연대에 지원 병력이 있을 것이라는 소식은 없었다.

장철은 상급자로부터 "서울을 방위하기 위해 필요하다면 죽음으로라도 사수하라"는 명령을 받았다. 서울연대는 이경우 대좌가 이끌었다. 장철은 실제적인 전투 훈련을 받지는 않았다. 서울연대의 인원들은 고작 길어야 두달 짧게는 15일의 군사훈련을 받았을 뿐이다. 결국 서울연대는 지원을 받지 못했다. 장철은 북군 내에 많은 사상자를 불러온 미군의 공중 폭격으로 인해 1950년 9월 22일경에는 서울 사수에 대한 희망을 포기했다.

장철 대위에 의하면 서울연대의 장교 또한 미군의 인천 상륙을 9월 16일에서야 알게 되었고 그 연대의 전투원들은 훈련을 제대로 받지 못한 상태에서 방어할 수밖에 없었다.

1950년 9월 15일 27여단은 서울 북쪽 금천에 주둔하였다. 이철근은 이 여단의 문화부 대대장이었다. 1950년 9월 초, 고위장교 사이에서는 가까운 미래에 미군이 원산·인천 혹은 목포에 상륙할지도 모른다는 풍문이 돌았다. 인천상륙작전 이후 27여단은 38선과 평행한 서울 북쪽24킬로미터 지역을 방어하도록 명령받았다. 이는 미군의 서울수복 이후 북쪽으로의 진출을 막기 위한 것이다. 남부 전선의 북군 주요 부대에 관한 소식은 알 수 없었다. 빈약한 통신수단으로 인해 더 이상 남부전선에 대한 정보는 받을 수 없었다.

이철근은 자신의 부대원들에게 "죽음으로써 이 지역을 사수하자"고 자주 강연했다. 27여단은 남쪽으로부터 지원병을 받지 못했다. 27여단은 강연길 여단장과 참모장 신리봉이 지휘했다. 27여단의 부대원들은 평균 고작해야 20여 일간의 훈련을 받았을 뿐이다. 상륙한 연합군에 관해 그는 아무런 정보도 가지고 있지 않았다.

27여단 이철근 중좌의 심문 기록에서도 북측은 열악한 통신수단으로 인해 전황을 제대로 파악하지 못했고 더욱이 상륙한 연합군에 대해 어떠한 정보조차도 가지고 있지 못했다.

여러 가지 자료를 통해 볼 때 북군이 인천상륙작전을 정확히 인지하지 못했고, 또한 해안 방어를 위해 배치된 주요 전투부대들도 급조된 임시부대에 지나지 않았음을 확인할 수 있다.

② 북측, 통신 두절 · 병력 부족 · 주력부대 후퇴작전 실패

북측은 인천상륙작전 이후를 조국해방전쟁 제2단계로 설정한다. 이때의 전략적 방침은 "변화된 군사 · 정치정세에 대처하여 적에 대한 새로운 결정적 타격을 준비하며 전쟁의 전반적 형세를 유리하게 전변轉變시키기 위해 한편으로는 적들의 진공 속도를 지연시키면서 시간을 쟁취함으로써 인민군 주력부대들의 전략적 후퇴를 보장하는 것이고 다른 한편으로는 새로운 후비부대를 편성하여 강력한 반공격집단을 형성하는 것이었다"고 기술한다. 그러나 현실은 그러하지 못했다.

9월 26일 마트베에프가 스탈린에게 보낸 암호전문에 의하면 당시 이미 북군은 괴멸상태에 이른 것으로 보인다. 그는 암호문에서 북군의 상황을 다음과 같이 보고했다.

서부(서울)와 남동부(부산)로 파병된 북조선군은 상황이 어려워졌다. 서울에 있는 적의 탱크부대는 충주 지역에서 전과를 거두었으며 이로 인해 인민군 제1군이 포위될 위험에 처해 있다. 인민군은 주로 미 공군에게 큰 손실을 당하고, 거의 모든 탱크와 대포를 상실한 채 힘겨운 전투를 하고 있으며, 수송시설 등이 크게 부족한 상태이다. 무기와 탄약도 부족한 형편이다. 통신체계가 마비되어 상부에서 하부로의 명령도 잘 전달되지 않는다.

따라서 이 전문에 의하면 북군은 그들이 주장하듯 전략적 후퇴를 한 것은 아닌 것으로 보인다. 계속해서 마트베에프는 소련군 군사고문단에게 서울 배치 부대와 북부 지역에서 활동 중인 2군에게 남동부(부산) 지역에서 적군을 차단하고 방위하라는 지시를 내리고, 중부 지역과 남부 지역에서 활동 중인 제2군에게는 대전 지역으로 철수해 서울 · 여주 · 충주 · 울진 지역으로 이어지는 방어선을 구축할 것을 지시했다.

그러나 북의 공식전사는 낙동강 전선 부대들이 전략적 후퇴를 한 목적은 주력을 보존하고 이를 확대 강화해 강력한 예비부대를 편성함으로써 이후 반공격으로 넘어갈 수 있는 유리한 조건을 마련하는데 있었다고 평했다.

이를 위해 함안에 주둔한 북군은 지리산에 집결, 소백산맥을 따라 북상해 자강도 지역으로 기동하고, 낙동강에 있던 서부전선부대는 소백산 줄기와 태백산 줄기를 따라 북상해 38선 이북으로 기동했으며 포항 방면의 북군은 해안을 따라 조직적 후퇴를 하여 장진 일대로 기동했다고 한다. 북군이 10월 10일 현재선 이북으로 철수시킨 병력은 약 9만 3,000명으로 그리 적은 수는 아니었다. 하지만 이 병력은 급히 인원만을 보충한 것이었고 지역별로 7월 중에 동원되어 무기도 없이 목총으로 훈련 받던 독립연대들이었다. (김광수 「인천상륙 이후 북한군의 재편과 구조변화」 『한국전쟁시 한·미 군사적 역할과 주변국의 대응』 2003년 6월 26일 국방부 군사편찬연구소 국제학술세미나)

그러나 이 숫자는 아래에서 밝혀지듯 순수하게 낙동강 전선에서 후퇴한 숫자로 볼 수 없다. 9월 현재 북군의 낙동강 전선 병력 현황은 약 9만 8,000명이었다. 조성훈의 연구에 의하면 1950년 9, 10월 두 달에 걸쳐 사로잡힌 북군 포로의 총수는 약 6만여 명에 달한다. 더욱이 11월경에는 약 3만5,000여 명이 포로로 사로잡힌 것으로 나타난다. (조성훈 「한국전쟁 중 유엔군의 포로정책에 관한 연구」 한국정신문화연구원 한국학대학원 역사전공 박사학위논문 1998)

전선에 있던 북군이 정확히 얼마나 38선 이북으로 후퇴했는지는 계산할 수 없으나 거의 대부분의 전투원들이 포로로 잡혔고, 이후 38선 이북으로 철수시킨 병력 수는 남한에서 입대시켜 함께 넘어간 10만 명으로 추정된다. 시기에 차이는 있지만 1950년 11월 6일 극동군사령부가 육군부에 보낸 전문에 따르면, 당시 유엔군 관리 하에 있는 북군 포로의 수는 13만5,000명이고 적어도 그때까지 북군의 손실은 20만 명이 넘는 것으로 추산했다. 따라서 북측의 군사적 손실은 33만5,000명으로 이 수치는 거의 사실과 부합한 것으로 평가되며 북군의 대응 능력은 거의 사라진 것으로 판단되었다.

한편 김일성은 남한 측이 예비병들을 활용치 못하게 하고 이들을 북에서 신규부대 편성에 사용할 수 있도록 남쪽으로부터 예비병을 후송시키기 위해 필요한 조치를 시급하게 취할 것을 명령했다.

9월 29일 슈티코프가 상부 보고를 위해 외무상 그로미코에게 보낸 암호전문에는 인천상륙작전으로 인해 북군이 겪게 된 혼란을 다음과 같이 보고했다. (슈티코프가 외무성 그로미코에세 보내는 암호 전문. 1950년 9월 29일, 대한민국 외무부 『한국전쟁 관련 러시아외교문서 : 기본문헌 1949~1953』)

김일성은 이전에 군대를 조직적으로 퇴각시킬 수 있을 것으로 생각하였으나 기강해이와 명령불복종 등으로 인해 미군이 제1군을 차단했으며, 문경과 제천에서의 붕괴로 인해 제2군도 차단되었다. 김일성은 미군이 38선을 넘어 진격해 올지에 관해 내가 어떻게 생각하느냐고 물었다. 나는 현재로서는 잘 알 수 없으나 조선은 38선 방어를 위해 신속한 조치를 취해야 할 것이라고 답변했다.

이어지는 보고에서 슈티코프는 미군이 6개 사단과 2개 여단으로 구성된 제1군을 완전히 차단하고 공주 지역으로부터 진출해 7개 사단으로 편성된 제2군을 차단하는 데 성공했다고 평가했다. 아울러 서울은 미군에 의해 점령되었고 38선을 향해 진군하는 연합군에 반격할 준비가 되어 있는 군대가 없으며, 북에서 새로이 편성된 부대들은 수송 수단의 파괴와 부족으로 전선으로의 이동이 매우 느리다고 평가했다.

이에 관해 좀 더 자세한 내용은 김일성과 박헌영의 연서로 스탈린에게 보낸 전문에서 확인된다. 1950년 9월 29일 조선로동당중앙위원회 김일성 · 박헌영의 연서로 시작되는 이 전문은 인천상륙작전으로 인해 상황이 완전히 반전되었음을 시인했다.

인천(제물포) 지역에서의 상륙작전 이전에는 전선에서의 형편이 우리들에게 불리하다고 평가할 수 없습니다. 적들은 패배를 거듭하면서 남조선 최남단의 작은 지역으로 후퇴하게 되었으며 우리는 최후의 결정적인 전투들에서 승리할 가능성이 컸습니다. 1950년 9월 16일 인천상륙작전을 실시한 적들은 인천을 장악하고 서울에서 직접 시가전을 전개하고 있습니다. 우리는 아군에게 있어서 대단히 불리한 상황에 대하여 당신께 보고하는 것이 필요하다고 봅니다. 적들은 우리 부대들의 통로를 차단시키고 인천지구에 상륙한 상륙부대와 우리 전선을 돌파한 남부전선부대들을 연결시켜서 서울시를 완전히 장악할 실질적인 가능성이 있습니다. 그 결과 조선의 남부에 있는 인민군 부대들은 적들에 의해 북부로부터 차단되었으며 남한에 있는 부대들은 여러 갈래로 분산되고 이제는 탄약 · 무기 및 식량을 공급받지 못합니다.

이는 인천상륙작전에 대해 북측이 충분한 대비를 하지 않았음을 반증하는 것이다. 그러면서 김일성은 남한에서 동원한 10만 명의 군대를 작전상 가장 유리한 지역에서 이용하면서 장기적인 전쟁에 대비해 전 인민을 무장시키는 조치를 취했다고 밝혔다. 그리고 미군이 38선을 돌파할 경우 소련의 직접적인 군사 원조가 절실히 요구된다고 밝혔다

결국 슈티코프는 9월 29일자로 그로미코 외무차관에게 유선 암호 전문을 보내 김일성이 미군이 38선을 돌파할 경우 소련군의 직접 출동을 요구한다는 내용을 전했다

10월 1일 스탈린은 주북경 소련대사를 통해 모택동과 주은래에게 전문을 보냈다. 스탈린은 미군이 38선을 돌파할 경우 소련의 직접 지원을 바라는 김일성의 요청을 중국측

에 전달했다

모스크바는 이미 지난 9월 16일 미군의 제물포 상륙은 큰 의미를 지니고 있으며, 이는 북의 제1, 2군을 북쪽의 후방과 차단시키려는 목적을 띠고 있다고 북측 동지들에게 경고한 바 있다. 모스크바는 남쪽으로부터 4개 사단을 신속히 이동시켜 서울 북쪽과 동쪽에 방어선을 구축하고 점차 남쪽에 있는 군대의 주력을 북쪽으로 이동시켜 38선을 지킬 것을 권고했었다.

그런데 제1, 2군 사령부는 부대를 북쪽으로 이동시키라는 것에 대한 김일성의 명령을 수행하지 않았으며 이로 인해 부대가 차단당하고 포위당하게 된 것이다. 서울 지역의 북측 동지들에게는 반격을 가할 수 있는 부대가 없으며 38선을 향한 길은 열려 있다고 생각해야할 것이다.

이를 통해서 다시 한 번 확인되는 것은 소련과 중국의 입장에서는 북측이 미군의 인천상륙작전을 인지하지 못했음을 보여주고, 더욱이 북측이 주장하는 전략적 철수는 사실상 불가능 했다는 점이다.

북군은 상황이 다급해지자 지휘관들을 우선적으로 북쪽으로 철수시키려 했다. 10월 2일자 전문에서 스탈린도 철수작업은 중요한 일이고 우선적으로 지휘관들을 북쪽으로 철수 시키는 것부터 시작해야 한다고 강조했다. 그는 현 상황에서는 남쪽에 남아 있는 부대들에게 우선 지휘관부터 단체로든 개별적이든 모든 방법을 다 강구해 북쪽으로 철수하도록 명령해야 하고 이를 이행할 수 있는 모든 조치를 취하라고 지시했다. 그리고 그 결과를 보고하라고 끝맺었다. (창푸가 마트베에프에게 보내는 전문, 1950년 10월 2일. 대한민국 외무부 『한국전쟁 관련 러시아외교문서 : 기본문헌 1949~1953』 창푸는 스탈린이 사용했던 가명 가운데 하나이다.)

북군의 전략적 후퇴 실패와 이로 인한 유엔군 진격에 대한 방어 실패는 맥아더로 하여금 조선 북부의 완전한 수복을 목표로 설정하게 했다. 또한 유엔군의 압록강·두만강 국경으로의 진격은 중국의 대對북 군사지원으로 이어지게 되었고 한국전쟁은 미·중 대결의 국제전으로 확대되었다.

한국전쟁 초기에 북군의 재빠른 선점으로 인해 남부군이 낙동강 방어선으로까지 후퇴하면서 수세에 몰리게 되자 전세를 바꾸기 위해 계획된 것이 바로 인천상륙작전이었다. 북쪽 역시 이러한 연합군의 상륙작전에 대해 어느 정도 예상은 하고 있었으나 정확히 언제, 어느 지역에 상륙할지는 예견하지 못했다. 더욱이 남한의 대부분을 점령한 북군 수뇌부는 전투부대를 나누어 해안 방어에 배치하기보다는 더욱 낙동강전투에 전력을 집중하여 남한 전역을 석권하고자 했다.

따라서 인천상륙작전은 북군 수뇌부에게는 예상치 못한 기습작전이었고 이에 따라 전선에 배치된 북군은 괴멸상태에 이르게 되었다. 지금까지 일부 학자들의 주장에 따르면 북측이 인천상륙작전을 미리 알고 대비했다고 하나 이러한 주장은 자료의 해석에 문제가 있다. 또한 북측 공식전사가 밝히고 있듯 북조선의 군 수뇌부가 전략적 후퇴를 단행했다는 것도 당시 북조선과 중국·소련과의 최고위급 전문에 비추어 볼 때 설득력이 떨어진다. 9만여 명의 전투병이 후퇴했다는 북측의 주장은 실제 그 숫자가 전선에서 이동한 것인지는 확인할 수 없으나 당시 북군의 포로 숫자와 비교해보면 시실이 아닌 것으로 판단된다. 라주바예프 보고서에도 상륙 지역에서 상륙을 저지하기 위한 북군의 필수적인 방위력 결여로 인해 인천상륙작전이 성공한 것으로 평가했다.

인천상륙작전의 성공은 맥아더에게 전쟁의 주도권을 갖게 했으며 이러한 자신감은 38선 북진과 북부군 괴멸이라는 목표 수정으로 이어졌다. 이는 10월 1일 김일성이 스탈린에게 소련군의 직접 참전을 요구하도록 만들었고 결국 유엔군의 38선 북진은 중국의 참전을 불러와 미·중 대결의 국제전으로 발전했다. 이 모든 전쟁의 확대 과정에서는 너무나 쉽게 이루어진 인천상륙작전이 있었던 것이다.

찾아보기

2·7 구국투쟁/539

4·3 민중봉기/258

5·10선거 강행/510

경자유전(耕者有田)원칙/405

단정單獨政權/168

대륙통제 교두보/43

독립운동가도 학살/432

동양척식회사 대신 신한공사/489

마산 학살사건/418

매일신보(每日新報)/106

맥아더에게 한국군의 작전지휘권 이양/572

문경 양민학살/413

반공법의 「국가보안법」으로의 흡수통합/389

반공친미 성향 종속화/25

반민족행위처벌법/454

보도연맹保導連盟/114

보도연맹사건/417

북진통일론/537

산청·함양 양민학살/436

송악산 1차 전투/530

신의주 학생시위/286

심지연『한국민주당연구』/134

원자탄 실험 성공/31

유신 체제의 성립과 「사회안전법」/386

이승만, 독립촉성중앙협의회의 결성/153

인민민주주의혁명의 내용/305

일반명령1호/72

제민일보 4·3취재반/195

제주도민 참혹한 희생/192

조선인민에게 주는 적군 포고문/111

착취와 불평등의 근원/328

토지개혁/337

포고 제1호/109

포고 제2호/110

학살 보도기사/258

해방일보(解放日報)/106